Wolfgang Behringer
Kulturgeschichte
des Sports

Wolfgang Behringer

Kulturgeschichte des Sports

Vom antiken Olympia bis
zur Gegenwart

C. H. Beck

Mit 62 Abbildungen

© Verlag C. H. Beck oHG, München 2012
Gesetzt aus der Dante MT und TheSans bei der Janß GmbH, Pfungstadt
Druck u. Bindung: Druckerei C. H. Beck, Nördlingen
Umschlagentwurf: Geviert Büro für Kommunikationsdesign, München,
Christian Otto
Umschlagabbildung: Antike Läufer, Bibliothèque des Arts Décoratifs, Paris
© Bridgemann – Moderne Läufer © Ocean/Corbis
Gedruckt auf säurefreiem, alterungsbeständigem Papier
(hergestellt aus chlorfrei gebleichtem Zellstoff)
Printed in Germany
ISBN 978 3 406 63205 1

www.beck.de

Inhalt

Einleitung
9   Als Erstes: kein Sport!

Kapitel 1
25   **Die Spiele der Antike**

25   Der Geist von Olympia

33   Vorolympischer Sport im Mittelmeerraum

38   Panhellenische Sportpraxis

48   Römische Spiele

62   Von Sklaven und Frauen

70   Christliche Sportfeindschaft

78   Asien und Amerika

Kapitel 2
84   **Die Turniere des Mittelalters**

86   Kampfspiele

95   Wehrübungen

100 Auf dem Weg zur Sportifizierung

113 Mannschaftskämpfe

128 Herbst des Mittelalters

Kapitel 3
137 **Die Renaissance der Spiele**

137 Vom Kampf zum Spiel

142 Die Umprogrammierung der Körper

162 Sportunterricht

Kapitel 4
174 **Die Erfindung des Sports**

174 Sport als Prestigeobjekt

184 Sportfürsten

198 Institutionalisierung

212 Professionalisierung

227 Kommerzialisierung

238 Umbruch des Sportgeschmacks

251 Die Suche nach neuen Formen

260 Auf dem Weg zum neuen Olympia

Kapitel 5
271 **Der Sport in unserer Zeit**

271 England als Vormacht des modernen Sports

281 Die Olympischen Spiele der Neuzeit

295 Entwicklungsprobleme

301 Globalisierung

316 Traditionelle Sportarten

329 Neue Sportarten

336 Kraftsport und Behinderung

347 Fußball

360 Spitzensport

370 Superlative

387 Olympia in Perspektive

396 Gipfelglück

Kapitel 6
402   **Epilog: Was ist Sport?**

Anhang
423   Anmerkungen
468   Abkürzungen
470   Literatur- und Quellenauswahl
475   Abbildungsnachweis
477   Register

Einleitung
Als Erstes: kein Sport!

Im Geschichtsunterricht und auch im Geschichtsstudium an der Universität haben wir von Sport nichts gehört. Aber das sagt über die Geschichte gar nichts aus, sondern nur etwas über die Vorlieben von Bildungspolitikern und von Historikern. Ein Grund, warum wir in der traditionellen Geschichtsschreibung so wenig über Sport erfahren, liegt vermutlich darin, dass sich die Schüler des Bücherwurms Leopold von Ranke historische Akteure wie Kaiser Karl V. oder die Könige Franz I. von Frankreich und Heinrich VIII. von England nicht als schwitzende Sportler oder brüllende Fans vorstellen wollten. Aber wir werden sehen, dass sie genau das waren. Ein Paradebeispiel für das Missverhältnis zwischen historischer Realität und Geschichtsschreibung ist Kurfürst Friedrich IV. von der Pfalz. Dieser Held des Protestantismus wurde vom Herausgeber seines Tagebuchs noch nach 300 Jahren gescholten, weil darin fast täglich von Sport und Spiel und fast überhaupt nicht von Religion und Politik die Rede ist.[1] Der Historiker Moriz Ritter schrieb abfällig: «Der junge Fürst war eben eine innerlich leere Natur, von unersättlichem Hang nach Jagd und Ritterspielen, nach Bällen und lärmenden Lustbarkeiten.»[2] Selbst in der Ablehnung machen sich noch Klischees bemerkbar, denn laut seinem Tagebuch galt die Liebe des Kurfürsten gar nicht dem Tanzen oder der Jagd, sondern dem Tennis. Ein friedliebender Sportler passte aber nicht ins Bild: Im Zeitalter des Nationalismus wollte man heroische Krieger, keine Ballspieler, als Vorbild für die Jugend.

Wir werden sehen, dass sportliche Aktivitäten in den meisten Gesellschaften einen hohen Stellenwert einnahmen und Wissenschaftler wie Politiker entsprechend handelten. Der antike Philosoph Platon nahm in seiner Jugend an den Isthmischen Spielen teil und war ein preisgekrönter Ringer.[3] Der Begründer der modernen Physik Sir Isaac

Newton zeigte noch in hohem Alter gerne seinen Bizeps vor und erinnerte an seine Zeit als erfolgreicher aktiver Boxer.[4] Der König von
Spanien, der als Kaiser Karl V. hieß, war ebenso ein begeisterter Tennisspieler wie seine politischen Gegenspieler in Frankreich und England.
Ihr Körpereinsatz diente nicht nur dem Spaß, sondern demonstrierte
auch ihre Regierungsfähigkeit. Wir kennen das aus unserer Zeit: Der
alternde Mao Zedong zeigte sich vor Beginn der Kulturrevolution für
die Kameras beim Schwimmen im Jangtse-Fluss, um der Welt zu zeigen, dass er noch fit sei.[5] Die englische Zeitung *The Mail* machte mit
dem Wortspiel «Running for Election» auf und zeigte diverse Politiker
beim Jogging.[6] Bewerber um die amerikanische Präsidentschaft demonstrieren mit täglichem Sport – haben sie eigentlich nichts anderes
zu tun? – ihre Leistungskraft. Präsident Barack Obama zeigt sich beim
Basketball und beim Jogging. Ein Schwächeanfall beim Laufen wie
1979 bei Präsident Jimmy Carter macht keinen guten Eindruck.[7] Das
berühmte Diktum «Sport ist Mord», auf das sich Sportverächter gerne
berufen – es ist nicht verifizierbar: Sir Winston Churchill, Jugendfecht-
meister, Leutnant der Kavallerie in Indien und bis in höheres Alter
begeisterter Polo- und Golfspieler, hat es ebenso wenig geäußert wie
den immer noch viel zitierten Spruch: «First of all: no sports!»[8]

Dennoch scheinen sich manche Sportwissenschaftler dieses Motto
zu eigen gemacht zu haben. Angeblich soll es Sport bis vor 100 oder
200 Jahren gar nicht gegeben haben, sondern höchstens zeremonielle
Spiele im Rahmen eines religiösen Rituals.[9] Der Soziologe Pierre Bourdieu unterscheidet ganz im Sinne dieser Theorie zwischen modernem
Sport und älteren Bewegungskulturen.[10] Die Anglistin Christiane
Eisenberg vertritt die Ansicht, Fußball sei erst 1863 in England erfunden und dann von englischen «Missionaren» im Rest der Welt verbreitet worden.[11] Ihrer Meinung nach war nur Soccer eine Sportart, weil es
den von der englischen Football Association definierten Regeln folgte,
von Clubs mit definierten Statuten organisiert wurde und in regulären
Wettbewerben ausgetragen wurde. Wenn man aber Sport über Medien
und Institutionen des 19. Jahrhunderts wie Club oder Nationalliga definiert,[12] dann ist es kaum überraschend, dass es vorher keinen Sport
gab. Vereine waren typische Institutionen der bürgerlichen Gesellschaft, und ohne Eisenbahnen konnte es in größeren Ländern keine
nationalen Ligen, ohne Flugverkehr kaum Weltmeisterschaften geben.
Aber was tun wir bei einer so engen Definition mit all den Leuten, die

schon vor dem 19. Jahrhundert Sport getrieben und evidentermaßen
Fußball gespielt haben, wenn auch vielleicht noch nach etwas anderen
Regeln?[13]

Eine alte Debatte unter Historikern, die inzwischen beigelegt ist,
drehte sich um die Frage, ob Sachverhalte oder Dinge, für die es noch
keine Begriffe gab, in der vergangenen Wirklichkeit überhaupt existieren konnten.[14] Viele analytische Begriffe sind relativ jung, entsprechen
einem neueren Erkenntnisinteresse und sind deshalb nicht in älteren
Texten zu finden. Phänomene wie «Politik» oder «Gesellschaft» gab
es aber schon, bevor man darüber zu sprechen begann.[15] Ähnlich ist
es beim Sport. Die Behauptung in einem Teil der jüngeren Sportwissenschaften, «Sport» habe es als Begriff und als Sache nicht vor
dem 19. Jahrhundert gegeben, lässt sich außerdem widerlegen. Ety-
mologisch betrachtet kommt der englische Terminus *sport*, mittel-
englisch *disport*, vom Altfranzösischen *desport* bzw. von *se desporter*.
Dieses beruht auf dem lateinischen *de(s)portare* mit der Bedeutung «sich
vergnügen».[16] Wörtlich bedeutet es «wegtragen», und noch heute werden ja Millionen von Menschen von ihren Lieblingssportarten, entweder als Aktive oder als Fans, buchstäblich «davongetragen» (*carried
away*). Das Wort *desporter* taucht im Französischen im 13. Jahrhundert
mit der Bedeutung «unterhalten werden» auf und verbreitete sich Anfang des folgenden Jahrhunderts nach England. Eine Akrobatin wurde
Anfang des 15. Jahrhunderts als *disporteress* bezeichnet. Mit Beginn der
Neuzeit wird von aktiven *sporters* gesprochen, und im Englischen verbreitete sich die Abkürzung *sport* als generischer Begriff.[17]

Wenn König Heinrich VIII. von England guten Sport hatte, sprach
er noch stundenlang darüber («when he hath had good sport, he will
talk thereof three or four hours after»). Königin Katharina von Aragón
und der gesamte Hofadel «passed the Summer in disports». Ritterspiele, Ringreiten, Wettreiten, Jagen (zu Pferd, mit Hunden, mit Fal-
ken etc.), Schwertkämpfe zu Pferd und zu Fuß, Tierkämpfe (von Stieren, Bären, Hunden, Kampfhähnen etc.), Bogen- und Armbrustschießen,
Federball, Tennis, Ringen, Bowling, Darts und Weitwerfen, Billard
und Schach, Tanzen, Ausreiten und Spaziergehen bildeten ihren täglichen Zeitvertreib. Hunderte von Sportlehrern, Trainern, Schiedsrichtern und Balljungen, Architekten, Landschaftsplanern, Platzwarten
und Gerätewarten waren notwendig, um allein für den englischen
Hofstaat in seinen Dutzenden von Residenzen und Lustschlössern die

Verbrennung des königlichen «Book of Sports» («Boocke of Sportes») durch den Henker auf Betreiben der radikalen Protestanten, die in der Erlaubnis des Freizeitvergnügens eine Missachtung der Sonntagsheiligung sehen wollten. Anonymer Holzschnitt, England 1618

notwendige Infrastruktur zu schaffen und aufrechtzuerhalten. Zu den Hofämtern gehörte «The Keeper of the Tennis Plays». Und für Festzeiten, in denen sich die Freizeitveranstaltungen häuften, wurde zur Koordination zusätzlich ein «Master of Merry Disports» ernannt.[18]

Radikale Protestanten verbrannten 1618 das *Book of Sports*, in dem König Jakob I. gegen den Willen der puritanischen Geistlichkeit auch am Sonntag populäre Vergnügungen wie Bogenschießen, Tanzen, Springen etc. erlaubte.[19] Sport war im Englischen in etwa gleichbedeutend mit *pastimes* für Dinge, die aus Spaß oder zum Zeitvertreib gemacht wurden.[20] Diese Doppeldeutigkeit blieb bis ins 19. Jahrhundert erhalten, wie man an der Publikation Joseph Strutts *The Sports and Pastimes of the People of England* sehen kann, die das Vorbild für alle Sportgeschichten wurde.[21] Natürlich gibt es in allen europäischen Sprachen entsprechende Begriffe, wie man zeitgenössischen Wörterbüchern entnehmen kann. Im Deutschen hieß der entsprechende Oberbegriff im 16. Jahrhundert «Kurzweil».[22] In Johann Heinrich Zedlers *Universal-Lexicon* vereint der Artikel «Wett-Rennen» entsprechende Sportevents (Wettlauf, Wagenrennen, Pferderennen und ein Querverweis zur Regatta) aus der griechischen und römischen Geschichte sowie aus dem zeitgenössischen Deutschland, Frankreich, Italien und England, inklusive der Nennung von Rekordzeiten und der Höhe der Wetteinsätze.[23] Im Italienischen verwandte man für Sportereignisse den Oberbegriff *giuochi*,[24] im Französischen *jeux*,[25] im Spanischen *juegos*,[26] genauso wie man auch im Englischen von *games* oder im Deutschen von den «Spielen» spricht. Unter diesem Oberbegriff gelangt man bei Zedler zum Billardspiel, zum «Pallemail» (Pallamaglio), aber auch zum Quintanrennen und zum Turnierspiel. Nach unseren heutigen Begriffen handelte es sich dabei – zum Teil im expliziten Unterschied zum Glücksspiel,[27] zu Karten-, Brett- oder Kinderspielen – um Sport im modernen Sinn.[28]

Man findet in der Literatur auch die Vorstellung, zwischen der olympischen Antike oder dem ritterlichen Mittelalter und dem 19. Jahrhundert habe der Sport einen absoluten Tiefpunkt erlebt. Dies zeigt sich an der einzigen Publikation, die den Titel *Sportgeschichte der frühen Neuzeit* trägt und drei charakteristische Fehlurteile enthält: Zum Ersten soll der Sport im 19. Jahrhundert und im Mittelalter geblüht haben, während er sich in der Frühen Neuzeit angeblich im Niedergang befand. Zum Zweiten sollen frühneuzeitliche Vergnügungen nicht kompetitiv gewesen sein, angeblich wurden keine Punkte gezählt und Preise vergeben. Und drittens soll es eine Zäsur im 17. Jahrhundert gegeben haben: Bis dahin hätten mittelalterliche Militärübungen vorgeherrscht, danach Tanz und Ballett, bis endlich im 19. Jahrhundert der richtige Sport erfunden worden sei.[29] Doch eine zunehmende Anzahl von Historikern neigt der Ansicht zu, dass «Sport eine anthropologische Konstante ist, die innerhalb der jeweiligen Kultur eine eigene Ausprägung erfahren hat, welche von den wechselnden natürlichen, politischen, gesellschaftlichen und historischen Bedingungen bestimmt ist».[30]

Konzepte zum Verständnis des Sports

Versuche, zu definieren, was Sport ist, haben bisher niemanden glücklich gemacht. Die neuere Sozialtheorie kommt deswegen zu dem vernünftigen Schluss, dass es sich bei Sport überhaupt um eine «soziale Konstruktion» handele. Allerdings überzeugt die Schlussfolgerung, man solle nicht mehr ontologisch fragen, was Sport sei, sondern «kontextualistisch» fragen, «was Sport bedeutet»,[31] nicht wirklich, denn dies setzt ja bereits wieder eine Definition von Sport voraus. Aus Sicht des Historikers muss das Fazit lauten, dass unterschiedliche Formen von Gesellschaft unterschiedliche Formen von Sport hervorbringen. Der amerikanische Sportsoziologe Allen Guttmann hat in einer seiner jüngeren Publikationen eine Art Diagramm binärer Unterscheidungen entworfen, um herauszufinden, in welcher Beziehung Spiel und Sport stehen. Den Oberbegriff sieht er im Spiel (*play*), dabei gehört Sport seiner Ansicht nach nicht zu den spontanen, sondern zu den organisierten Spielen (*organized play = games*), unter dieser Subkategorie nicht zu den nichtkompetitiven, sondern zu den kompetitiven Spielen (*competitive games = contests*), und unter diesen nicht zu den geistigen, sondern zu den körperlichen kompetitiven Spielen (*physical contests = sports*).[32] Einerseits erscheint diese Differenzierung (*play, games, contests, sports*) als Denkmodell hilfreich, andererseits auch als sprachlich limitiert, denn dieselben Unterscheidungen gibt es in anderen Sprachen – etwa im Deutschen – gar nicht. Und in der Praxis kann man damit vermutlich wenig anfangen. Gibt es z. B. darüber Auskunft, warum heute Pistolenschießen als Sport betrachtet wird, Sackhüpfen aber nicht?

Wenn unterschiedliche Gesellschaften unterschiedliche Sportarten hervorbringen, müssen wir offenbar anerkennen, dass Sport kein bloßes Konstrukt der Zeitgenossen ist, die unseren Sportbegriff noch nicht kennen konnten, sondern eine Aktivität, die wir als solche identifizieren können. Ist dies der berühmte «Sport aller Völker und Zeiten» des Gustav Adolf Erich Bogeng?[33] In seinem Beitrag «Ethnologie des Sports» kommt der Leipziger Völkerkundemuseumsdirektor Karl Weule zu der Einsicht, dass nur eine solche Ethnologie die Grundlage für eine umfassende Betrachtung liefern könne. Dafür trägt er aus der ethnographischen Literatur seiner Zeit erstaunliche sportliche Leistungen von Naturvölkern – wie man damals sagte – aus allen Teilen der Erde zusammen. Er kann zeigen, dass in den anderen Zivilisationen im Wesentlichen dieselben Sportarten betrieben wurden wie im Alten Europa: Laufen, Springen, Werfen, Klettern, Stockfechten, Ringen, Schießen, Schwimmen, Rudern, Jagen, Turnen, dazu Mannschaftswettbewerbe in den Fuß-, Hand- und Schlagballspielen etc. – mit dem einzigen Unterschied, dass die Sportler in vielen Gegenden Afrikas, Amerikas, Asiens und Australiens ihren Sport nackt (oder fast nackt) betrieben.[34] Das hatten sie immerhin mit den alten Griechen gemeinsam. Seit den 1980er Jahren wird Sport in traditionalen Gesellschaften von der neueren Anthropologie intensiv erforscht. Dass man es bei den körperbetonten Wettkämpfen anderer Zivilisationen mit Sport zu tun hat, steht nach ihren Befunden nicht mehr in Frage.[35]

Jeder Leistungsvergleich enthält ein spielerisches Element. Der niederländische Kulturhistoriker Johan Huizinga hat Spiele als eine der Wurzeln der menschlichen Zivilisation bezeichnet. Homo ludens – der spielende Mensch – hob sich vom Tier ab und setzte Kräfte frei für höhere Kulturleistungen. Die These lautet: Spiel ist «die agonistische Grundlage der Kultur».[36] Hauptkennzeichen sind nach Huizinga Interessefreiheit, «Außeralltäglichkeit», räumliche und zeitliche Begrenztheit, Wiederholbarkeit, Bindungskraft und «Regelgeleitetheit».[37] An dieser Definition brachte der Anthropologe Edward Norbeck einige Korrekturen an, die sie für eine kulturvergleichende Analyse tauglich machten: Er betonte, dass menschliches Spielverhalten, zu dessen Äußerungen außer Spiel und Sport auch Theater, Musik und Kunst gehören, durch eine genetische Neigung bedingt sei und kulturspezifische Formen annehme.[38]

In den Sozialwissenschaften gibt es die Annahme, dass Sport einen Schlüssel für die Analyse der kulturellen Leitideen oder sogar für die Funktionsweise einer Gesellschaft bilde. Vorbild ist ein Essay des amerikanischen Anthropologen Clifford Geertz über den Hahnenkampf auf der Insel Bali. Darin wird der Nachweis versucht, dass dieser – damals schon illegale, aber trotzdem häufig durchgeführte – Hahnenkampf zentrale Werte der balinesischen Gesellschaft verkörpere. Man lerne mehr über diese, wenn man den Kampf untersuche, als wenn man sich anderen Gegenständen – wie etwa Verwandtschaft – zuwende. Wichtigste Erkenntnis war, dass die Hähne als Stellvertreter ihrer Besitzer und deren Verwandtschaft, auch deren Dörfer betrachtet werden und dass die Performanz der Kämpfe zusammen mit dem Wettverhalten der Zuschauer entlang aller möglichen Sozialbindungen eine andere Tiefendimension bekommt – und damit zum auf mehreren Ebenen bedeutungsvollen *Deep Play* wird.[39] Allen Guttmann hat in ähnlicher Weise die Bedeutung des Baseballs als typisch US-amerikanische Sportart interpretiert, ein Ballspiel, das weder in Europa noch in anderen Teilen der Welt großen Anklang gefunden hat, aber den Pioniergeist Amerikas repräsentiere.[40] Nachdem Baseball an Zuspruch verloren hat, konstruierte der Politikprofessor Michael Mandelbaum eine chronologische Abfolge der beliebtesten US-Teamsportarten: Baseball sei die Idealsportart einer «timeless rural world»; das schnelle und brutale Kampfspiel American Football der Teamsport des industriellen Amerika, dessen Bedeutung ebenfalls abnehme; und das im Aufstieg begriffene Basketball mit seiner gewaltfreien Virtuosität, das auch für Frauen spielbar ist und über die Grenzen Amerikas hinaus Anhänger findet, sei das Spiel der postindustriellen USA.[41]

Guttmann wollte mit seinem grundlegenden Werk *Vom Ritual zum Rekord* das «Wesen des modernen Sports» herausarbeiten.[42] Seine Diagnose vom religiösen Charakter früher Sportübungen und der Rekordsucht des 20. Jahrhunderts lohnt eine Auseinandersetzung. Denn die kultische Bedeutung des Sports in traditionalen Gesellschaften ist unübersehbar. Nach der Definition heutiger Anthropologen erscheinen auch zeitgenössische Sportereignisse hochgradig ritualisiert, denn auch sie sagen etwas über gemeinsame Werte der Zuschauer aus und laufen immer nach denselben Formen ab: die Anfahrt zum Stadion, Schlangestehen am Eingang, das Aufsuchen der eigenen Kurve, das Abspielen einer Hymne, die Beflaggung mit der eigenen Fahne, gemeinsames Trinken, die Verwendung bestimmter Accessoires (Schal, Kappe, Abzeichen), gemeinsame Bewegungen (Aufspringen, Arme heben), Sprechchöre, Singen, Jubeln, evtl. Siegerehrung, Stadionansagen etc. Wir nehmen dies nur nicht als Ritual wahr, weil es uns selbstverständlich erscheint.

Seit wann gibt es überhaupt Sport? Die Befähigung zu körperlichen Leistungen ist sicherlich ein entwicklungsgeschichtliches Erbe der Menschheit. Ausdauerndes Laufen, Springen und Werfen gehörten zu den Voraussetzungen des Überlebens für unsere entferntesten Vorfahren, die sich von Jagen und Sammeln ernährten. Man kann nur darüber spekulieren, seit wann es dabei zu Leistungsvergleichen gekommen ist. Aber der Vergleich von Leistungen im Tierreich spricht dafür, dass auch schon unsere entfernten Vorfahren ihre Kräfte «gemessen» haben.[43] Das Sesshaftwerden des Menschen nach dem Ende der letzten großen Eiszeit und die Vermehrung der Nahrungsproduktion durch Ackerbau und Viehzucht ist wiederholt mit der Entstehung von Sport und Spiel in Beziehung gebracht worden.[44] Doch wir wissen seit den Forschungen von Marshall Sahlins über die «original affluent society», dass Jäger und Sammler besser ernährt waren als Ackerbauern, über

Fußball in der Steinzeit, oder: Wie alt ist unser Sport?

mehr freie Zeit verfügten und wegen ihrer vielseitigeren Bewegungen auch in besserer körperlicher Verfassung waren.[45] Vielfach ist angenommen worden, dass sich mit Beginn der Sesshaftigkeit vor etwa 10 000 Jahren die Arten der Körperübungen verändert haben, aber sicher ist das nicht. Denn der Prozess der Sesshaftwerdung ist höchst komplex, mit Übergängen vom Halbnomadentum zur periodischen Sesshaftigkeit. Außerdem bewahrten in den bäuerlichen Kulturen seit der Jungsteinzeit die aristokratischen Oberschichten ihre Liebe zur Jagd und zum Kampf, mit entsprechendem Training und Wettkämpfen. Die Domestizierung von Wildtieren ermöglichte neue Formen der Jagd, der Kriegführung und der Wettkämpfe. Die Nutzung des Pferdes erforderte ein systematisches Training, das dem Pferd ermöglichte, das Gleichgewicht zu halten. Erst seit etwa 2000 v. Chr. finden wir in Assyrien den Einsatz des Pferdes als Reittier. Die Ausbildung für das Fahren von Streitwagengespannen dauerte im 18. Jahrhundert v. Chr. drei Jahre. Erst im 16. Jahrhundert v. Chr. wurden Streitwagen für die Jagd und den Krieg, zu Prozessionen und Wettrennen im Alten Orient üblich, aber es dauerte weitere 1000 Jahre, bis man auch in Griechenland so weit war.[46]

Natürlich kann man die Sportgeschichte mit den üblichen soziologischen Konzepten traktieren, etwa Staatsbildung, Reformation, Zivilisationsprozess, Industrialisierung, Professionalisierung etc. Der

Soziologe Norbert Elias, der im Exil zu einem Pionier der Sportwissenschaften wurde, hat die Methode der Figurationsanalyse, die er in den 1930er Jahren zur Interpretation der höfischen Gesellschaft der Frühen Neuzeit entwickelt hatte,[47] auf die Sportgeschichte angewandt und untersucht, in welcher Weise Veränderungen in den Körpertechniken Veränderungen in der Gesellschaftsstruktur reflektieren.[48] Solche Ansätze wurden von Henning Eichberg aufgegriffen, der für das 17. Jahrhundert zeigen konnte, wie «Geometrie als barocke Verhaltensnorm» so unterschiedliche Bereiche wie den Tanz, Fechten, Reiten, Gartengestaltung und Schlossbau durchdrang.[49] Eichberg entwickelte sich allerdings später zu einem Vertreter der Sattelzeit-Hypothese, der zufolge ein tiefer Zeitgraben die Welt um 1800 in ein Vorher und ein Nachher trennt. Seiner Ansicht nach war es die Industrialisierung, welche die Gesellschaft so sehr veränderte, dass sich Körperübungen «vom Fest zur Fachlichkeit» entwickelten. Vor diesem Zeitgraben habe es nur das Fest gegeben, erst danach den Sport.[50]

Diese ältere Sportgeschichte wurde von der Kategorie des Fortschritts geleitet. Angesichts der Grausamkeiten des 20. Jahrhunderts tut man sich aber heute mit dem Konzept eines unaufhaltsam fortschreitenden Zivilisationsprozesses schwer. Theodor W. Adorno schrieb in einem Anhang zur *Dialektik der Aufklärung*: «Schon der Sport ist kein Spiel, sondern ein Ritual. Unterworfene feiern die eigene Unterwerfung. Sie parodieren Freiheit durch die Freiwilligkeit des Dienstes, den das Individuum dem eigenen Körper noch einmal abzwingt [...]. Die Leidenschaft für den Sport, in der die Herren der Massenkultur die eigentliche Massenbasis ihrer Diktatur wittern, gründet darin.»[51] Und auch die Skepsis gegenüber Makrotheorien und Globalkonzepten steigt. Dies hat Konsequenzen, wenn frühere Verhältnisse an der Elle der gegenwärtigen gemessen werden. Gerade in unserer Zeit befindet sich der Sport in einem so rapiden Wandel, dass man nicht genau sagen könnte, worin der Maßstab eigentlich bestünde, außer in einer chaotischen Nachfrage auf einem Markt der Möglichkeiten. Das Feld der sportlichen Betätigung hat sich vom Breitensport bis zum Behindertensport oder auch Funsport so ausgeweitet, dass das olympische Motto «schneller, höher, stärker» (*citius, altius, fortius*) nicht mehr richtig greift.[52] Was bei der *Halfpipe* noch Sinn ergibt, tut das in der rhythmischen Sportgymnastik nur noch bedingt und im Synchronschwimmen überhaupt nicht mehr. Leistungssport ist nur (und war

auch nie mehr als) eine Komponente in einem breiten Spektrum sportlicher Betätigung.

Was dieses Buch bringt

Seit der eher zufälligen Teilnahme an der Gründungstagung der Zeitschrift *Ludica*, die von Gherardo Ortalli und Bernd Roeck mit Hilfe
der Fondazione Benetton unter Beteiligung führender Sportsoziologen wie Eric Dunning veranstaltet wurde,[53] hat mich Sportgeschichte
als ein Bereich der Alltagsgeschichte, der in den Geschichtsbüchern
nicht vorkommt, interessiert. Vertiefen konnte ich das Interesse mit
der Einladung zu einem Vortrag auf einer Sport-Tagung der *German
History Society* in London[54] sowie als Fachherausgeber der *Enzyklopädie der Neuzeit* (16 Bde., Stuttgart 2005–2012).[55] Mit der zunehmenden Konzentration auf die Kulturgeschichte des Sports wuchs die
Erkenntnis, dass nach Lage der Literatur entscheidende historische
Quellen bis dahin kaum genutzt worden waren. Dazu zählen Briefwechsel, Memoiren, Tagebücher, Rechnungsbücher, Protokollbücher
von Kirchengemeinden, Stadtgerichten oder Regierungen, die Auskunft geben über das tägliche Leben und die Einstellungen der Zeitgenossen, aber auch Zeitungsartikel und überhaupt das weite Feld
der zeitgenössischen gedruckten Literatur. Nach der Lektüre neuer
Publikationen namentlich von Arnd Krüger und John McClelland,
die viele Aspekte in neuem Licht erscheinen lassen,[56] schien mir der
Versuch einer Gesamtdarstellung sinnvoll zu sein.

Ein Anliegen des Buches besteht in der Darlegung der Erkenntnis,
dass die sogenannte Frühe Neuzeit, also etwa die Periode zwischen der
Erfindung des Buchdrucks und dem Eisenbahnbau,[57] eine Scharnier-
funktion einnimmt zwischen der olympischen Antike und dem Aufschwung des modernen Sports seit dem 19. Jahrhundert, ohne deren
Kenntnis man die neuere Sportentwicklung gar nicht verstehen kann.
Die These ist nicht völlig extravagant, denn der historischen Forschung
ist nicht verborgen geblieben, dass im Zeitalter der Renaissance der
antike Sport wiederentdeckt wurde und in diesem Zusammenhang
«die Anfänge des modernen Sports» gefunden werden können.[58] Im
Verlauf der Frühen Neuzeit wurde der Körper des Menschen geformt
und trainiert.[59] Dies geschah im Rahmen eines Normensystems, das in

der neu entstehenden Pädagogik und in Verhaltenslehrbüchern ausformuliert wurde. Dieses Trainingsprogramm können wir noch heute als Sport bezeichnen, und so wurde es in England auch damals schon bezeichnet.

Doch nicht allein die Tatsache, dass in der Frühen Neuzeit mehr Sport betrieben wurde als jemals zuvor in der europäischen Geschichte, soll hier ins Bewusstsein gehoben werden, sondern der grundlegende Charakter dieses Vorgangs, der – wenn man so will – Auswirkungen bis heute hat. Am Ende des europäischen Mittelalters bzw. zu Beginn der Neuzeit finden wir eine *Sportifizierung* sowohl der militärischen Übungen als auch der populären Spiele. Wir haben es mit einer Konvergenz der Entwicklungen zu einem neuen Verständnis des Körpers und seiner Bewegungen sowie mit einer Veränderung der Rahmenfaktoren wie des Verhältnisses von Arbeit und Freizeit zu tun. Die Forschung argumentiert seit einigen Jahren, in der Frühen Neuzeit – und nicht erst im 19. Jahrhundert – seien die Freizeit und die dazugehörigen neuen Freizeitaktivitäten quasi erfunden worden. Der Begriffskomplex für *divertissement, leisure, pastime, passare il tempo*, Zeitvertreib und Kurzweil – also ein ganzes semantisches Feld – habe sich seit dem 15. Jahrhundert in Europa verbreitet. Und diese Beobachtung passt mit der Entwicklung des Wortfeldes der *sports* in England und entsprechender Begriffe in anderen Sprachen zusammen.[60]

Die These des Buches besteht darin, dass der Vorgang der Sportifizierung zu den Fundamentalprozessen der Moderne gerechnet werden muss. Er sollte als einer von etwa einem Dutzend Schlüsselbegriffen der Neueren Geschichte verstanden werden, die grundlegende Prozesse der Veränderung beschreiben, wie Disziplinierung, Verrechtlichung, Säkularisierung, Modernisierung, Globalisierung etc. Sie setzen in der Frühen Neuzeit ein und dauern bis heute an, sind also konstitutiv für die Neuzeit überhaupt. Solche Begriffe dienen dem Vorverständnis der Geschichte, indem sie als heuristisches Instrument neue Themen erschließen und erklären.[61] Wie zentral der Vorgang der Sportifizierung ist, zeigt sich daran, dass er mit allen vorgenannten Prozessen Schnittmengen aufweist, aber darüber hinaus noch ganz neue Dimensionen erschließt, nämlich die des Körpers und der Perspektive des Individuums. Die Einstellung zum Körper hat sich zu Beginn der Neuzeit verändert.[62] Überhaupt haben sich der Alltag und die materielle Kultur gegenüber früheren Perioden der Geschichte

grundlegend gewandelt.[63] Dass der Fundamentalprozess der Sportifizierung von den Klassikern der Gesellschaftstheorie nicht als solcher
erkannt worden ist, liegt daran, dass sie sich ebenso wie die Historiker
mindestens bis in die 1920er Jahre nicht für Sport interessierten.[64] In
dieser Hinsicht waren die Anthropologen weiter, weil die erste Generation von empirischen Feldforschern einfach verblüfft war über die
Intensität sportlicher Aktivitäten bei traditionell lebenden Völkern und
darüber zu publizieren begann.[65]

Welche Bedeutung in der heutigen Gesellschaft Sport hat, kann
man an vielen Indikatoren ablesen, etwa an der großen Zahl der aktiven
Sportler, am Beliebtheitsgrad und der Einkommenshöhe von Spitzensportlern, am Fassungsvermögen der Sportstätten, die ein weit größeres
Publikum zulassen als Kirchen, Theater oder andere Versammlungs-
bauten, sowie am Anteil des Sports am Freizeitbudget, an den Tageszei-
tungen oder am Fernsehprogramm. Man kann seine Bedeutung ablesen
an der Präsenz von Politikern bei sportlichen Großereignissen – selbst
die eher sportferne Bundeskanzlerin Angela Merkel fühlte sich verpflichtet, bei der Fußball-WM in Deutschland im Stadion zu erscheinen.
Zum Teil sind dies Entwicklungen der letzten Jahrzehnte, in diesem
Buch möchte ich aber zeigen, dass einige dieser Phänomene eine sehr
lange Vorgeschichte haben. Die Frage ist nicht nur, wo genau man historisch ansetzen soll, sondern auch, in welcher Beziehung der europäische
Sport zu dem in anderen Zivilisationen und in welcher Beziehung der
moderne Weltsport zu den traditionellen Sportkulturen innerhalb und
außerhalb Europas steht. Und schließlich eine Frage, deren Beantwor-
tung umso schwerer fällt, je mehr man darüber nachdenkt: Was ist
überhaupt Sport?

Für ein einzelnes Buch sind dies viele Fragen. Als Methode der
Darstellung bleibt daher, große Schneisen in das Dickicht der Informationen zu schlagen, um die Grundzüge der historischen Entwicklung
darzulegen. Wichtige Aspekte wie Sportrecht,[66] Sportpublizistik,[67] die
moderne Sportmedizin,[68] auch manche wichtige Einzelprobleme wie
das Doping,[69] kommen dabei leider zu kurz. Auch konnten nicht alle
sportlichen Disziplinen gleichermaßen behandelt werden. Ein Autor
hat kürzlich allein 320 Ballspiele beschrieben und angemerkt, dass er
sich nicht zutraue zu sagen, wie viele es tatsächlich gebe.[70] Die Auswahl der Sportarten folgt ein wenig den eigenen Vorlieben. Worum es
aber immer geht, ist, ein Thema nicht um seiner selbst willen zu be-

handeln, sondern als Mittel zur Darlegung von übergreifenden Aspekten. Als Historiker liegen mir der Aspekt der Veränderung in der Zeit und die Ursachen dafür am Herzen, doch hängen die Antworten zusammen mit der Frage nach den Funktionen des Sports in der Gesellschaft. Zur Schärfung des historischen Blicks sind die Kapitel chronologisch angeordnet. Zur besseren Lesbarkeit sind die Kapitel in kurze und auch einzeln verständliche thematische Portionen aufgeteilt. Da Zeit nicht nur im Sport, sondern auch im wirklichen Leben kostbar ist, möchte dieses Buch informieren, erstaunen und unterhalten. Ganz im Sinne der älteren Definition von *Sport* möchte es keine Rekorde brechen, sondern zur Kurzweil beitragen.

Technische Hinweise

Die Belege in den Fußnoten sind wegen ihrer großen Zahl auf das Nötigste beschränkt. Die benutzte Literatur wird aus Platzgründen ohne Untertitel und die üblichen Angaben zur verwendeten Auflage und Übersetzung zitiert. Cluster-Artikel in Enzyklopädien werden unter dem Lemma zitiert. Steht ein Beleg am Ende eines Absatzes, bezieht er sich auf den gesamten Absatz. Eine kleine Literaturauswahl zum Weiterlesen wird im Anhang mit vollem Titel angeboten. Unkontroverse Informationen stammen – wenn nicht anders angegeben – von den Homepages der Sportverbände oder den Wikipedia-Übersichten zu Weltmeisterschaften und Olympischen Spielen. Ebenso wurden Informationen über Finanzdaten, Stadien, Sportergebnisse, Vereine und Sportler offiziellen Websites wie *sports-reference.com* u. Ä. entnommen. Internet-Ressourcen wurden im Dezember 2011 und Januar 2012 eingesehen. Zur Durchsicht von Fachzeitschriften wurde *JSTOR* benutzt, das digitalisierte Volltextarchiv. Dank zahlreicher Digitalisierungsprojekte sind Frühdrucke zunehmend online benutzbar.

Danksagung

Ohne die Institution des Forschungsfreisemesters und fähige Mitarbeiter, die sich um Buchausleihe, Fernleihen, Kopien und Korrekturlesen kümmerten und für Diskussionen zur Verfügung standen, wäre dieses

Buch nicht zu schreiben gewesen.[71] Im Rahmen des internationalen DFG-Netzwerkes *Körpertechniken der Frühen Neuzeit* von Rebekka von Mallinckrodt ergab sich in den letzten Jahren auf produktiven Workshops in Berlin, Paris und Saarbrücken die Möglichkeit, Kontakte auf europäischer Ebene zu knüpfen, zuletzt auf einer am GHI London 2011 von Angela Schattner mitorganisierten Tagung.[72] Den Teilnehmern dieser Tagungen sowie denen des internationalen Sommerkurses an der Herzog-August-Bibliothek in Wolfenbüttel[73] und den Studenten meiner Seminare zur Geschichte des Sports sei für zahlreiche Anregungen gedankt. Ebenfalls möchte ich erwähnen, dass diverse Landes- und Stadtarchive in Österreich und Deutschland großzügig auf schriftliche Anfragen mit eigenen Recherchen reagiert haben. Dank gilt schließlich meiner langjährigen Ansprechpartnerin und Lektorin Christine Zeile beim Verlag C.H.Beck für ihr Interesse an kulturgeschichtlichen Projekten und ihre kompetente Betreuung und ihrer Mitarbeiterin Simone Gundi sowie Bettina Braun für Kürzungsvorschläge und kompetentes Lektorat. Besonders bedanken muss ich mich natürlich bei meiner Familie, in der jeder eine andere Sportart betreibt.

Kapitel 1

Die Spiele der Antike

Der Geist von Olympia

Was nützt der Menschheit ein Sieg in Olympia?

> «Griechenland kennt viele Übel,
> am schlimmsten aber ist das
> Volk der Athleten.»
> Euripides, 5. Jh. v. Chr.

Was nützt es wohl den Menschen, dass irgendwann einmal ein Athlet in Olympia im Wettkampf unbesiegt geblieben ist? Als sich der römische Architekturtheoretiker Vitruv so über die Nutzlosigkeit des Sports und der Sportler mokierte, stellte er sich in eine lange Tradition der Sportkritik. Der Philosoph Platon hat den Verdacht geäußert, dass die Konzentration auf die Funktionsfähigkeit der Muskeln möglicherweise die Ausbildung des Verstandes hemmen könnte. Der griechische Dramatiker Euripides verhöhnt in seinem Theaterstück *Autolykos* die Athleten wegen ihres hohen Kalorienbedarfs als «Diener ihrer Kauwerkzeuge» und «Sklaven ihrer Mägen». Die Bürger der griechischen Staaten sollten lieber darauf achten, dass sie gut regiert werden, als ständig in Scharen nach Olympia zu pilgern, um dort Menschen zu bejubeln, deren Lebensziel das Fressen sei. Und die Politiker ließen diesen Unsinn aus purem Populismus zu, anstatt darauf zu achten, dass die wahren Tugenden der Menschheit gefördert werden.[1]

Erfolge in Sportwettbewerben konnten bereits in der griechischen Antike den Weg für eine geschäftliche oder politische Karriere bereiten. Wie der Historiker Thukydides berichtet, schickte der reiche Jungpolitiker Alkibiades, der ein militärisches Kommando für einen Kriegszug nach Sizilien anstrebte, in Olympia sieben Pferdegespanne ins Rennen, um sich durch einen Sieg zu qualifizieren. Und bereits frühe Geistesgrößen wie Herodot sollen die Olympischen Spiele zur Verbreitung ihres Ruhms genutzt haben, wie der römische Schriftsteller Lukian von Samosata, der selbst im Jahr 165 n. Chr. die Olympischen Spiele besuchte, schreibt: «Nun stand gerade das große Kultfest in Olympia bevor. Herodot erkannte, dass sich ihm hier genau die Gelegenheit bot, nach der er suchte. So reiste er nach Olympia und trug dort im rückwärtigen Raum des Zeustempels aus seinem Geschichtswerk vor. Danach gab es in Griechenland niemanden mehr, dem der Name des Herodot noch fremd gewesen wäre. Wer ihn nicht in Olympia selbst gesehen hatte, hörte von ihm, als die heimkehrenden Festteilnehmer in der Heimat über das in Olympia Erlebte berichteten.»[2]

Die Bedeutung von Olympia

Die Kritik an der Sportkultur war – anders als seit der Spätantike – nicht religiös begründet, denn die Wettkämpfe fanden zu Ehren der Götter und an religiösen Kultstätten im Rahmen eines Kultfestes (*Panegyris*) statt. Olympia war vermutlich zuerst der Ort eines lokalen Kultes. Seit dem 11. Jahrhundert v. Chr. finden sich Votivgaben in Tiergestalt, meist Rinder oder Pferde, aber auch Widder und Hunde. In antiken Texten ist auch immer von der besonderen Fruchtbarkeit dieser Gegend die Rede. Fruchtbarkeit galt im alten Griechenland – wie in vielen anderen Kulturen – als eine Gabe der Götter. So liegt es nahe, dass hier eine Göttin der Fruchtbarkeit verehrt wurde, Artemis oder Aphrodite, Demeter oder die Erdmutter Gaia. Spätestens seit dem 7. Jahrhundert war Olympia ein Heiligtum des Zeus. Neben dem Zeus Olympios wurden weitere Götter verehrt, denen erst später Tempel errichtet wurden, z. B. Hera oder der athletische Göttersohn Herakles.

Olympia zeichnete sich also durch eine Akkumulation von Kultstätten aus. Der Grund dafür liegt sicher darin, dass die Orakelsprüche aus Olympia erfolgreich waren, durch entsprechende Propaganda begleitet wurden und immer mehr Pilger anzogen. Olympia war auf dem Höhepunkt seines Erfolges ein regelmäßiger Treffpunkt der Auslandsgriechen aus dem gesamten Mittelmeerraum, die alle vier Jahre dort zusammenkamen. Um das Jahr 700 v. Chr. wurden im Tal von Olympia zur Vergrößerung des Sakralgeländes weite Flächen für größere Besuchermassen planiert, der Fluss Kladeos verlegt und eine

Schutzmauer gegen sein Hochwasser errichtet. Gleichzeitig wurden tiefe Brunnenschächte gegraben, um eine Versorgung der Pilger mit Trinkwasser sicherzustellen. Aufwändige Tempelanlagen und Unterkünfte für die Pilger sowie Schatzhäuser für die Weihegeschenke wurden errichtet. Für die Überlieferung zentrale Autoren wie der Odendichter Pindar oder der Geograph Strabon sprechen vom großen Glanz der Feierlichkeiten, die sich außer durch Kulthandlungen wie in Griechenland üblich auch durch Tänze, Bankette und Gespräche auszeichneten.[3]

Seit wann in Olympia Wettkämpfe von Athleten stattfanden, kann man aufgrund der Schwierigkeiten des archäologischen Nachweises nicht mit völliger Sicherheit sagen. Doch vieles spricht dafür, dass wenigstens die Laufwettbewerbe sehr alt sind und vielleicht ins 11. Jahrhundert zurückreichen. Bei den Bauarbeiten um 700 v. Chr. wurden erstmals feste Anlagen für Sportveranstaltungen geschaffen: eine mehrspurige Laufbahn mit Start, Ziel und einer Zuschauertribüne, ein erstes, noch etwas schlichtes *Stadion*. Vermutlich nicht viel später wurde parallel dazu eine sehr viel größere Sportanlage für Pferderennen angelegt, das *Hippodrom*. Die Bauten zeigen, dass zu diesem Zeitpunkt Kultfest (*Panegyris*) und Wettkämpfe bereits untrennbar miteinander verbunden waren. Vermutlich gehörten die Sportveranstaltungen zum Rahmenprogramm des überregionalen Treffens. Die Institutionalisierung der Wettkämpfe bedeutete aber auch, dass die Wettkämpfer nicht mehr aus dem Kreis der normalen Pilger kamen, sondern spezialisierte Athleten waren, die an ihren Heimatorten in der gesamten griechischen Welt für dieses Treffen trainierten.

Der Münchner Althistoriker Christian Meier interpretiert die Bedeutung der Olympischen Spiele im Hinblick auf einige Besonderheiten der griechischen Kultur. Diese war geprägt durch Stadtstaaten, die peinlich genau auf ihre politische Unabhängigkeit achteten. Auch im Zeitalter der griechischen Kolonisation seit dem 8. Jahrhundert v. Chr., als neue Städte rund um das Mittelmeer und das Schwarze Meer gegründet wurden, bildeten die Griechen kein Großreich, sondern verteidigten vielmehr ihre Welt der Stadtstaaten durch politisch-militärische Bündnisse gegen innere und äußere Feinde. Die unabhängigen Stadtstaaten benötigten Orte der Verständigung, um die Gemeinsamkeiten ihrer Kultur aufrechtzuerhalten. Dazu dienten die Heiligtümer ihrer gemeinsamen Götterwelt. Das abseits gelegene Olympia wies den Vorteil auf, dass sein Aufstieg keiner der griechischen Städte einen Heimvorteil verschaffte und das Heiligtum in der gesamten griechischen Welt anerkannt war.[4] Die Attraktivität der Sportwettbewerbe erhöhte das Ansehen der Heiligtümer und umgekehrt. Sowohl in der archaischen Adelskultur als auch während der Periode der Demokratie spielten in der *Magna Graecia* die Öffentlichkeit und der Wettbewerb eine große Rolle. Rivalitäten zwischen den Stadtstaaten wurden eher durch sportliche Wettbewerbe als durch Krieg ausgetragen. Der Kulturhistoriker Jacob Burckhardt hat in dem Wettbewerb das Wesensmerkmal der griechischen Kultur gesehen und dafür den Begriff des *Agonalen* geprägt, das er als Motor der griechischen Kultur sah: Wetteifer, öffentlicher Wettkampf, Leistung, Ehrsucht. Dies sei schon in einem Zitat von Homer zusammengefasst: «Immer Bester zu sein und überlegen den anderen».[5]

Griechische Wettbewerbe waren stets Einzelkonkurrenzen, es gab bei den Spielen keinen Mannschaftssport. Durch diese Individualisierung wuchsen einzelne Sportler in die Rolle von Repräsentanten ihrer Städte hinein, ihre Erfolge stärkten die Identität und die innerstädtische Solidarität. Entsprechend stark wurden sie in ihren Heimatstädten gefördert und im Falle des Erfolgs gefeiert. Sport wurde zu einer wichtigen Institution in allen griechischen Städten, weil Erfolg bei den Olympischen Spielen nur durch jahrelanges systematisches Training zu erlangen war. Und die Olympischen Spiele stiegen zu einer den ganzen griechischen Kulturkreis überwölbenden Einrichtung auf. Die Spiele, deren Ausrichtung durch Herolde alle vier Jahre in allen griechischen Städten publik gemacht wurde, waren in jeder Stadt präsent. Sie wurden seit ihrer Etablierung 293-mal alle vier Jahre ausgerichtet, bestanden als Einrichtung also über 1000 Jahre lang und überlebten den Übergang von der Adelskultur zur Demokratie und schließlich sogar den Übergang zum Hellenismus und die Integration in das Römische Weltreich. Die Olympischen Spiele waren damit ein zentrales Element der Kultur des antiken Griechenland. Die Götter, die nach Ansicht der Griechen so große Freude an den Wettbewerben hatten, haben zum Aufstieg des Sports beigetragen. Aber der Sport hat das Bild der Götter geprägt, die wie Sportler dargestellt wurden, mit nacktem und perfektem Körper.[6]

Olympia und die Perserkriege

Obwohl die Geburtsstunde – und damit die Grundlage der Zählung – der Olympischen Spiele bereits seit der Antike auf das Jahr 776 v. Chr. gelegt wurde, wird sie in der Forschung mit einem späteren zentralen Ereignis in der altgriechischen Geschichte in Zusammenhang gebracht, nämlich mit den Perserkriegen. Zu Beginn des 5. Jahrhunderts v. Chr. machte das Persische Weltreich zweimal den Versuch, das griechische Mutterland zu unterwerfen. Aufgrund ihrer Zersplitterung in einzelne Stadtstaaten fiel den Griechen die Gegenwehr schwer. Trotzdem gelang ihnen im Jahr 490 v. Chr. mit knapper Not die Abwehr der Perser in der Schlacht von Marathon. Als die Perser zehn Jahre später erneut anrückten, ergaben sich viele Städte freiwillig der scheinbar unbezwingbaren Übermacht. Quasi im letzten Moment gelang einem Zweckbündnis von Athen, Sparta und Korinth doch noch eine Wende, zuerst in der Seeschlacht von Salamis, dann im Jahr 479 in der Schlacht von Plataä. Der siegreiche Feldherr Themistokles besuchte im Jahr 476 v. Chr. Olympia, wo er – sehr zum Ärger der Athleten, die einmal nicht im Mittelpunkt standen – von der Menge als Held gefeiert wurde. Da die persische Gefahr nur durch eine gemeinsame Aktion hatte abgewehrt werden können, entstand die Idee, am Zeusheiligtum von Olympia ein Schiedsgericht einzurichten, das innergriechische Streitigkeiten unkriegerisch beilegte. Zwei solcher Schiedssprüche aus den Jahren 476 und 472 v. Chr. können auch archäologisch belegt werden.

Olympia wurde damit zum Symbol der Eintracht aller Griechen. In diesem Zusammenhang taucht für die olympischen Wettkämpfe erstmals der Begriff «Gottesfriede» (*Ekecheiria*) auf. Das Schlüsseljahr 476 v. Chr. bildete einen Höhepunkt in der Geschichte des olympischen Heiligtums. Die Bedeutung dieses Jahres wird durch den Baubeginn eines neuen, gewaltigen Zeustempels hervorgehoben, der in den folgenden Jahrhunderten das Heiligtum von Olympia prägen sollte. Weitere Tempel- und Saalbauten sowie Verwaltungsgebäude und erweiterte Tribünen- und Theaterbauten ließen die Gesamtanlage sehr viel repräsentativer erscheinen als jemals zuvor. Dieser olympische Bauboom setzte sich im 5. und 4. Jahrhundert fort. Nun entstanden auch große repräsentative Gästehäuser, Badehäuser und Trainingsanlagen, gestiftet teils durch reiche Freunde (*Leonideion*), teils durch die makedonischen Könige (*Philippeion*, Echohalle) oder die griechischen Könige von Ägypten, die Ptolemäer (*Palästra*).

Olympische Zeitrechnung

Die Spiele wurden «Olympien» genannt, während die «Olympiade» eigentlich den Zeitraum von vier Jahren zwischen den Spielen meinte. Allerdings verwenden einige Autoren – z. B. Pindar und Herodot – den Begriff «Olympiade» auch für die Spiele selbst.[7] Die Zeitrechnung der Olympiaden, die für sich genommen schon für die Bedeutung dieser Spiele spricht, setzte sich erst mit deren zunehmender Popularität durch. Anders als in den orientalischen Großreichen gab es in der Welt der griechischen Stadtstaaten keinen dominierenden Herrscher, nach dessen Regierungsjahren man hätte zählen können, und keine Herrscherlisten zur Strukturierung längerer Zeiträume. Und anders als in Rom genügte es auch nicht, von der Stadtgründung an zu zählen, denn in Griechenland gab es viele konkurrierende Städte. Damit konnte man auch gut leben, solange diese Staaten vor allem für sich selbst blieben.

Mit der griechischen Kolonisierung des Mittelmeerraumes und der Notwendigkeit einer politischen Koordination gegen äußere Feinde war jedoch ein gemeinsames Referenzsystem notwendig. Der Historiker Thukydides verwendete den Beginn des Peloponnesischen Krieges zur Synchronisierung der verschiedenen griechischen Zeitrechnungen. Der in Sizilien und Athen lebende griechische Historiker Timaios von Tauromenion verknüpfte diesen absoluten Nullpunkt um 300 v. Chr. mit der Liste der Olympiasieger und erfand damit die Datierung nach Olympiaden. Wenig später verwendete der Mathematiker und Historiker Eratosthenes von Kyrene den vermeintlichen Beginn der Olympischen Spiele zur Datierung. Mit der regelmäßigen Wiederkehr der Olympischen Spiele seit dem Jahr 776 v. Chr. hatte man einen konsensfähigen Bezugsrahmen gefunden. Die Historiker Censorinus und Marcus Terentius Varro lassen sogar die absolute Zeitrechnung mit der ersten Olympiade beginnen. Die Olympiaden wurden damit zur Basis der gesamten griechischen Historiographie, und ihre Bedeutung wies damit weit über das ursprüngliche Kultfest oder das panhellenische Sportereignis hinaus, wie die sogenannte *Olympische*

Läufer bei den Panathenäischen Spielen, Vasenmalerei, ca. 530 v. Chr. Preisamphore,
Staatliche Antikensammlung, München

Chronik von 276 v. Chr. erkennen lässt.[8] Der Beginn der Olympiaden
spielte als Zäsur im Zeitstrom damit in der griechischen Zeitrechnung
dieselbe Rolle wie in der christlichen Ära Christi Geburt. Sogar die
Römer verwendeten die Olympiaden in ihrer klassischen Zeit für die
Synchronisierung der griechischen mit der römischen Zeitrechnung.
Diese Zeitrechnung nach Olympiaden behielt ihre Gültigkeit über
viele Jahrhunderte und prägte damit das Zeitempfinden bis in die Spätantike.[9]

Die olympischen Sportarten

Die Siegerlisten des Hippias von Elis setzen mit dem Gründungsjahr
776 v. Chr. ein, doch soll es anfangs mit dem Stadionlauf überhaupt nur
eine Sportart gegeben haben. Noch im selben Jahrhundert sollen andere Laufwettbewerbe, der Fünfkampf (*Pentathlon*) und der Ringkampf
hinzugekommen sein, im folgenden Jahrhundert der Faustkampf und

verschiedene Formen von Wagen- und Pferderennen, außerdem ein Allkampf (*Pankration*) und spezielle Sportwettbewerbe für Jugendliche (Laufen, Ringen, Boxen und Fünfkampf), zur Zeit der Perserkriege schließlich noch der Waffenlauf (*Hoplites*). Diese ganze Abfolge bewegt sich im Bereich des Legendären, denn vor dem Jahr 520 v. Chr. gibt es überhaupt keine sicheren Daten. Die Siegerliste spiegelt jedoch in einem Punkt ganz richtig die Entwicklung wider: Anfangs kamen die Sieger aus der Umgebung von Olympia und am Ende aus der gesamten griechischen Welt. Aus einem Lokalfest war eine Sportveranstaltung für den ganzen Mittelmeerraum geworden, an der allerdings nur Griechen teilnehmen durften.

Nach den Perserkriegen dauerten die Olympischen Spiele genau eine Woche lang, und zwar konkret während des zweiten Vollmonds nach der Sommersonnenwende, also Ende Juli oder Anfang August. Am ersten Tag marschierten die Wettkämpfer und ihre Trainer vor dem Zeusheiligtum des *Zeus Horkion* auf und leisteten ihren Eid. Die Wettkämpfer und auch die Pferde wurden danach in Altersklassen eingeteilt. Am zweiten Tag fanden die Jugendwettkämpfe statt. Am dritten Tag wurden vormittags Pferde- und Wagenrennen (die hippischen Agone) und nachmittags der Fünfkampf durchgeführt. Am vierten Tag fand eine große Prozession mit Opfern zu Ehren des Zeus und abends bei Vollmond ein Festmahl statt. Am fünften Tag standen vormittags die Laufwettbewerbe und nachmittags die Kampfsportarten (Ringen, Boxen, *Pankration* und Waffenlauf) auf dem Programm. Am sechsten Tag wurden die Sieger morgens im Zeustempel geehrt und abends bewirtet.[10]

Besondere Aufmerksamkeit verdient in diesem Wettbewerbsprogramm das *Pentathlon*, das Vorbild aller Mehrkämpfe in der Sportgeschichte. Unser Einstieg liegt allerdings auch hier in einer mythischen Zeit. Hergeleitet wurde der Fünfkampf aus der Geschichte von Jason und den Argonauten.[11] Angeblich wurde er erstmals während der Olympischen Spiele von 708 v. Chr. durchgeführt, was wir aber nicht überprüfen können. Seit seiner Einführung war das Pentathlon aus dem Wettbewerbsprogramm offenbar nicht mehr wegzudenken, seine starke ikonographische Präsenz – etwa in der Vasenmalerei – lässt auf große Beliebtheit schließen. Wie noch heute bestand der Fünfkampf aus den sogenannten leichtathletischen Disziplinen, speziell Diskuswerfen, Speerwurf, Weitsprung, Wettlauf, erweitert allerdings um die Kampfsportdisziplin des Ringens. Während Laufen und Ringen auch eigene olympische Disziplinen waren, wurde geworfen und gesprungen nur im Rahmen des Fünfkampfs. Beim Sprungwettbewerb wurde ohne Anlauf beidbeinig aus dem Stand gesprungen, wobei der Springer mit Bleihanteln (*halteres*) in beiden Händen Schwung holen konnte, um in einer Abfolge von fünf Sprüngen die größtmögliche Weite zu erzielen.[12]

Eigenartig war auch die Ermittlung des Siegers, die wie immer bei den griechischen Spielen durch Schiedsrichter erfolgte. Nach den Ergebnissen der ersten drei leichtathletischen Wettbewerbe schieden die schwächeren Bewerber aus, und nur die vier stärksten Bewerber traten noch im Stadionlauf gegeneinander an. Über den Gesamtsieg entschied der Ringkampf der beiden Bestplatzierten des Laufwettbewerbs. Das Ringen kann dabei am ehesten mit dem heute noch ausgeübten japanischen Sumo-Ringen verglichen werden, bei dem alle Griffe erlaubt und nur Schlagen und Würgen sowie das Verdrehen der Gelenke verboten sind.[13]

Vorolympischer Sport im Mittelmeerraum

Ägypten

Im Mittelmeerraum ist die Tradition des Sports sehr alt. Sie reicht so weit zurück, wie wir überhaupt bildliche Darstellungen und Inschriften besitzen. Dies ist zuerst im alten Ägypten der Fall, später im vorgriechischen Kreta, aber, wie wir aus griechischen Texten wissen, auch bei anderen Völkern der alten Welt. Von besonderer Bedeutung ist dabei Ägypten, weil es an die Anfänge der schriftlichen Tradition überhaupt zurückreicht und außerdem eine kulturelle Kontinuität von über 3000 Jahren aufweist. Bereits aus dem vordynastischen Ägypten gibt es Darstellungen von Läufern und möglicherweise von Laufwettbewerben, die wahrscheinlich wie in Griechenland die älteste sportliche Betätigung darstellten. Außerdem ist es die einzige altägyptische Sportart, die später eine Art Institutionalisierung erfahren hat, wenn man die Laufbahn der Pharaonen für das Jubiläumsfest dafür gelten lässt. In der Totenanlage des Pharaos Djoser wurde sie neben der ersten großen Pyramide, der Stufenpyramide von Sakkara, samt zwei

Wendemarken im Abstand von 55 Metern (= 100 ägyptische Ellen) in Stein gebaut und hat sich deshalb für die Nachwelt erhalten. Allerdings handelte es sich bei der Laufbahn im Totenbezirk eher um eine Replik einer wirklichen Laufbahn, in welcher der tote Pharao in Ewigkeit seine Runden drehen konnte. Das Diktum von der «ältesten Sportanlage der Weltgeschichte» ist daher mit Vorsicht zu nehmen.[14]

Die wichtigste Beobachtung ist vielleicht, dass der ägyptische König von der ersten bis zur letzten Dynastie sportlich zu sein hatte. Dabei kamen nur Sportarten zur Darstellung, bei denen der Pharao – der Garant der Weltordnung – als Sieger dargestellt werden konnte. Er konnte kein Wettkämpfer sein, weil er *per definitionem* immer Sieger war. Beim Erneuerungsfest stand das Laufritual im Zentrum des kultischen Geschehens, es symbolisierte vermutlich die territoriale Besitzergreifung und war eine Kraftdemonstration des Pharaos. Seit der Fremdherrschaft der Hyksos, die im 17. Jahrhundert v. Chr. von Osten in das Niltal eindrangen und Unterägypten unterwarfen, veränderte sich die Darstellung des Pharaos. Der Kriegführung der Fremden mit ihren Pferden, Kampfwagen und Kompositbogen konnten die Ägypter zunächst nichts entgegensetzen. Nach der Vertreibung der Fremdherrscher (18. Dynastie) ließen sich alle Pharaonen auf einem pferdegezogenen Streitwagen im Kampf gegen die Feinde darstellen, was entsprechende körperliche Fähigkeiten (Pferdetraining, Wagenlenken, Bogenschießen etc.) voraussetzte. Vielleicht ist es kein Zufall, dass aus keiner Periode der altägyptischen Geschichte so viele Sportdarstellungen existieren wie gerade aus dieser Dynastie, denn der Widerstand hatte ihren kriegerischen Geist geweckt. Seit Thutmosis III. kehrten die Ägypter den Spieß um und überfielen in jährlichen Kriegszügen ihre Nachbarn. Das Waffenhandwerk benötigt wie Sport ständiges Training, und etwa beim Bogenschießen waren Sport und Militärübung nicht zu trennen.

Anders als in der Sphäre des Königs war in der restlichen Gesellschaft Wettkampf möglich und wurde häufig dargestellt. Bereits auf einem Grabmal der 5. Dynastie (Grab des Ptahhotep, Sakkara) finden sich Darstellungen von jugendlichen Ringern mit Griffansatz am Körper und Überwurf. Ringkampf-Abbildungen auf Papyri und als Reliefs erscheinen bis in die griechische Zeit. Große Berühmtheit erlangt haben die Ringerszenen im Grab des Gaufürsten Bakti III. in Beni Hassan, die wie in einer Art Lehrbuch des Ringens nicht weniger als

Darstellung einer Akrobatin beim Überschlag. Ägypten, ca. 1250 v. Chr. (19. Dynastie), bemalter Kalkstein. Ägyptisches Museum, Turin

219 Stellungen zeigen. Die Kämpfer sind unbekleidet bis auf einen Gürtel, der – wie bei japanischen Sumo-Ringern – eigens für den Ringkampf angelegt wurde.

Die Darstellungen von Sportwettkämpfen in den Grabmälern könnten bedeuten, dass der jeweilige Pharao zu Lebzeiten solche Veranstaltungen schätzte, es könnte aber auch sein, dass sie – wie später in Griechenland und Rom – bei der Totenfeier zu seinen Ehren veranstaltet wurden. So scheinen Stockgefechte neben dem Grabmal des verstorbenen Thutmosis III. ausgetragen worden zu sein. Die entsprechenden bildlichen Darstellungen wurden erst zu Beginn der 19. Dynastie angebracht, doch wären sie damit immer noch die mit Abstand ältesten Darstellungen von Leichenspielen. Auf einer Stele aus Rosengranit ließ sich Amenophis II. im Amuntempel von Karnak als Bogenschütze abbilden, der von einem Streitwagen erfolgreich auf eine Zielscheibe schießt. Die Entdeckung dieser Stele im Jahr 1936 und ihre Teilpublikation setzten das Thema Sport überhaupt erst auf die Agenda der Ägyptologie.[15] Aus dem alten Ägypten kennen wir ausführliche Darstellungen von Wettlauf,[16] Springen, Wagenrennen, Bogenschießen, Boxen und Ringen,[17] Stockfechten und Stangenklettern, Tanz und Akrobatik. Abbildungen von Ballspielen sind selten, aber einige Bälle haben sich erhalten. Aus dem Wassersport wurden Schwimmen, Tauchen, Harpunieren und Rudern dargestellt sowie eine Art Turnier auf dem Wasser, das in Deutschland als «Fischerstechen» bekannt ist: Zwei Boote rudern aufeinander zu, und die beiden Kämpfer versuchen, sich mit Hilfe einer langen Stange vom Boot zu werfen.[18] Wie in allen aristokratischen Gesellschaften spielte auch das Jagen eine große Rolle, und damit Speerwerfen und Bogenschießen, Werfen mit Wurfhölzern (für Vögel) und mit Lassos (für das Einfangen von Stieren).

Die meisten dieser Sportarten waren später im ganzen Mittelmeerraum verbreitet und werfen die Frage auf, wie spätere Kulturen – etwa die minoische oder die griechische – von der ägyptischen beeinflusst wurden.[19] Obwohl viele überlieferte Belege aus Ägypten – da die meisten Inschriften und Kunstwerke mit der Verherrlichung der Götter oder der Pharaonen oder mit dem Totenkult zusammenhängen – aus dem zeremoniellen Bereich stammen,[20] wurden sie doch bei den Griechen als Sportwettbewerbe wahrgenommen. Bereits in den ältesten griechischen Texten, etwa bei Homer, gibt es Nachrichten über die Kunst des Bogenschießens bei den Pharaonen. Herodot von Halikarnassos, der «Vater der Geschichtsschreibung», hat Ägypten Mitte des 5. Jahrhunderts v. Chr. selbst bereist und berichtet von verschiedenen Wettkämpfen und sportlichen Ritualen. Ein Jahrhundert zuvor sei sogar eine Delegation von den Veranstaltern der Olympischen Spiele zu den weisen Ägyptern entsandt worden, «um deren Urteil über ihre Wettkampfregeln in Erfahrung zu bringen».[21]

Kreta

Auf der Mittelmeerinsel Kreta zeichnete sich die minoische Kultur durch eine Reihe von Sportpraktiken aus, die im Rahmen von Kultspielen in der Kunst dargestellt wurden. Im Zentrum steht dabei das akrobatische Stierspiel, bei dem ein Athlet den angreifenden Stier mit einer Art Handstandüberschlag überspringt. Da der Stierkult im ganzen Vorderen Orient mindestens seit der Jungsteinzeit im Zusammenhang mit der Fruchtbarkeit eine Rolle spielte, dürften auch die minoischen Stierspiele Teil eines Fruchtbarkeitskultes gewesen sein. Inwieweit diese, aber auch Boxen, Akrobatik oder andere sportliche Betätigungen – wie etwa Tanzen, Schwimmen oder «Turmspringen» (Hechtsprünge ins Meer von hohen Felsenklippen) – auch außerhalb des Kultzusammenhangs als autonome Übungen praktiziert wurden, lässt sich den Wandmalereien oder Vasenreliefs nicht entnehmen.[22]

In der Zeit der mykenischen Kultur wurde in Griechenland das Tableau von Sportarten entwickelt, welches auch die Olympischen Spiele prägte. Wie auf Kreta finden sich seit dem 14. Jahrhundert v. Chr. auf Vasen Darstellungen von Faustkämpfern, aber auch bereits von Wettläufern und schließlich von Wagenrennen. Auf einem bemalten Tonsarkophag aus dem 13. Jahrhundert werden Wettkämpfe aus Anlass einer Totenfeier dargestellt. In diesem Zusammenhang ist eine Totenfeier interessant, die Homer 400 Jahre später ausführlich beschreibt. In der *Ilias* ist das 23. Buch der Totenfeier des Patroklos gewidmet, eines Freunds von Achilles, der im Zweikampf gegen den Trojaner Hektor sein Leben gelassen hatte. Etwa zwei Drittel dieses Kapitels beschäftigen sich mit den Wettkämpfen, davon der längste Teil mit Wagenrennen und kürzere Passagen mit Faustkampf, Ringkampf, Wettlauf, *Hoplomachie* (Zweikampf mit Waffen), Diskuswerfen, Bogenschießen und Speerwerfen. Die ausführliche Wiedergabe des Wagenrennens hat den Charakter einer Sportreportage, bei der die einzelnen Pferde und ihre Wagenlenker vorgestellt und charakterisiert werden. Außer dem Sieger, der neben einem kostbaren Pokal («Dreifuß») auch eine Sklavin bekam, erhielten auch die drei Nächstplatzierten größere Preise. Sieger sind zum Teil die Helden des Trojanischen Krieges, so gewinnt etwa Odysseus als Außenseiter den Wettlauf, Agamemnon das Speerwerfen. Die Wettkämpfe der «Patroklos-Spiele» spiegeln damit den sozialen Rang und festigen das öffentliche Ansehen der Athleten.[23]

Wie unterschiedlich die Anlässe für sportliche Wettkämpfe im archaischen Griechenland sein konnten, zeigt sich an einem anderen homerischen Epos, der *Odyssee*. Auf der Insel Scheria wird Odysseus von den Phäaken mit einem Sportfest geehrt, das vielleicht auch die Leistungsfähigkeit der Gastgeber beweisen sollte. Unter Beteiligung der Söhne des Königs Alkinoos werden auf dem Marktplatz Wettbewerbe im Laufen, Ringen, Springen, Diskuswerfen und im Faustkampf abgehalten. Einer der Königssöhne fordert dabei Odysseus mit den Worten heraus, es gebe keinen größeren Ruhm für einen Mann, als das, was er mit seinen Armen und Beinen vollbringe, was in diesem Kontext bedeutete: den Sieg in einem sportlichen Wettkampf. Die Verdächtigung, Odysseus sei dazu nicht in der Lage, bringt den Helden so in Rage, dass er den Diskus voll bekleidet weiter als alle bisherigen Wettkämpfer schleudert und sich im Laufen, Ringen und Boxen, Bogenschießen und Speerwerfen messen will. Der König beschwichtigt jedoch den Gast, der durch Tanz- und Ballspiel-Vorführungen besänftigt wird.

Panhellenische Sportpraxis

Panhellenische Sportfeste

Der Stellenwert des Sports in der Kultur des alten Griechenland lässt sich am Bedeutungswandel des Wortes «Agon» festmachen. Ursprünglich war damit die Versammlung freier Männer gemeint, die über ihre Angelegenheiten berieten. Aus Anlass dieser Zusammenkünfte, die oft im Schutz einer gemeinsamen Gottheit stattfanden, wurden auch Märkte und sportliche Wettkämpfe abgehalten. Diese gewannen offenbar so an Bedeutung, dass der Begriff «Agon» im nachhomerischen Griechenland überhaupt nur noch den Wettkampf bzw. das Sportfest bezeichnete. Lokale oder regionale Sportfeste fanden meistens mindestens einmal jährlich statt. Daneben bildeten sich jedoch einige überregionale Feste aus, deren Bedeutung mit der griechischen Expansion im Mittelmeerraum sogar weit über Griechenland und seine Inseln hinausreichte. Zu diesen Panhellenischen Sportfesten reisten auch Griechen aus dem Schwarzmeergebiet, aus Anatolien und Italien sowie aus dem westlichen Mittelmeerraum an, wo so wichtige griechische Kolonien wie Massilia (Marseille) gegründet worden waren.

Diese Panhellenischen Spiele fanden wegen der langen Anreise allerdings nicht jährlich, sondern nur alle zwei oder vier Jahre statt. Sie standen jeweils unter dem Schutz einer bedeutenden Gottheit und profitierten von deren Kult. Im klassischen Olympia war dies Zeus, in Delphi Apollon, am Isthmus von Korinth war dies Poseidon und in

Nemea erneut Zeus. Gemeinsam war allen Austragungsorten, dass sie relativ weit von der nächsten größeren Stadt entfernt waren und sich deshalb als Ort größerer Versammlung offenbar besonders eigneten. Die Panhellenischen Spiele nahmen in ihrer Organisation aufeinander Rücksicht, um sich nicht gegenseitig Konkurrenz zu machen.

Zeitplanung der Panhellenischen Spiele im späten 5. Jahrhundert v. Chr.

Jahr	Frühjahr	Sommer
480	Isthmien	Olympien
479		Nemeen
478	Isthmien	Pythien
477		Nemeen
476	Isthmien	Olympien
475		Nemeen
474	Isthmien	Pythien

Die Sportfeste ergänzten sich und förderten die Entwicklung eines professionellen Sportlertums. Die Disziplinen des Sports waren an allen vier großen Austragungsorten im Wesentlichen dieselben, wie heute bei internationalen Wettbewerben traten daher dieselben Spitzenathleten immer wieder gegeneinander an. Galt der Sieg an einem Ort bereits als hohe Ehre, so konnte ein Athlet seinen Ruhm noch vermehren, indem er bei mehreren Panhellenischen Spielen auftrat und gewann. Dabei gab es auch so etwas wie den heutigen *Grand Slam* im internationalen Tennis, nämlich den Sieg in einer Disziplin an allen vier großen Orten. Der Umlauf der vier Sportfeste wurde «Periode» genannt, der Sieger an allen vier Orten erhielt den Ehrentitel eines «Periodoniken».[24]

Die Athleten kämpften bei allen Panhellenischen Spielen zunächst einmal um den Ruhm. Als Preis gab es – im Unterschied zu den regionalen oder lokalen Wettbewerben – nur einen Siegeskranz zu gewinnen. In Olympia bestand dieser aus Zweigen vom heiligen Olivenbaum des Herakles, in Delphi aus Lorbeerzweigen aus dem Apolloheiligtum. Dennoch zahlten sich die Siege für die Sportler auch materiell aus, da sie als Vertreter ihrer Heimatorte verstanden wurden. Diese sorgten für den feierlichen Einzug der Sieger und belohnten sie mit Geld, Ämtern oder Sachwerten. Viele Städte hatten die Entlohnung sogar gesetzlich festgelegt. So erhielten Olympiasieger aus Athen zu Zeiten des Gesetzgebers Solon eine einmalige Zuwendung von 500 Drachmen, was einem Gegenwert von 500 Schafen entsprach. Außerdem wurden zu Ehren der Sieger Statuen errichtet, und ihre Namen wurden in Inschriften verewigt. Der Olympiasieg war der größte Erfolg, den ein Sportler in der Antike erringen konnte.[25] Die Panhellenischen Spiele blieben die wichtigsten Veranstaltungen für eine Sportlerkarriere, denn die prestigeträchtige Position eines Ausnahmeathleten war während der gesamten Antike ohne einen Sieg bei den Panhellenischen Spielen undenkbar.[26]

Griechische Zweckbauten für den Sport: Stadion,
Hippodrom und Gymnasion

Charakteristisch für die Institutionalisierung des Sports im alten Griechenland war die Errichtung von Zweckbauten. Am Anfang stand das *Stadion*, eine künstlich planierte Ebene für Laufwettbewerbe, die sich durch feste Abmessungen der Laufstrecken, Orientierungshilfen für die Athleten und mindestens eine Tribüne für die Zuschauer auszeichnete. Ein Stadion war zunächst einmal nichts anderes als ein Längenmaß. Es umfasste sechs *plethra* bzw. 600 Fuß. Alle diese Maße waren bis zu ihrer Eichung durch den Urmeter Ende des 18. Jahrhunderts regionale Normen. Das Stadion in Olympia betrug nach heutiger Messung ca. 192, das in Athen 184 und das in Delphi nur ca. 177 Meter. *Stadion* war in Griechenland das Längenmaß für alle größeren Strecken, die Marschleistung der Soldaten wurde z. B. mit 150 Stadien pro Tag angegeben. Aristoteles berechnete den Erdumfang mit 400 000 Stadien. Eine römische Meile (ca. 1,5 Kilometer) wurde mit acht *Stadien* umgerechnet. Ein Stadionlauf – die erste olympische Disziplin, angeblich seit 776 v. Chr. und später der kürzeste Laufwettbewerb – war zunächst einmal ein Wettrennen über die Strecke von einem Stadion.

Seit ca. 600 v. Chr. bezeichnete Stadion auch die Anlage zur Austragung von Wettläufen über diese Distanz. Als Synonyme für diesen Kampfplatz werden zunächst die Begriffe *dromos* und *agon* benutzt. Erste Anzeichen für eine Institutionalisierung waren die Planierung

Das auf dem antiken Grundriss für die erste Olympiade der Neuzeit neu gebaute Panathenäische Stadion von Athen, Griechenland

der Laufbahnen und die Anbringung von Startschwellen (*balbides*) im Boden, die den Läufern Halt geben sollten. In Olympia, wo diese Bauphase um 540 v. Chr. angesetzt wird, waren dies nicht weniger als 20. Wie der Start war auch das Ziel markiert. Charakteristisch für die frühen Laufanlagen war, dass sie in natürliche Geländestufen eingepasst wurden, sodass sie archäologisch schwer nachweisbar sind. Das Stadion als Bautyp wird in der griechischen Literatur Anfang des 5. Jahrhunderts v. Chr. zum ersten Mal erwähnt. Typisch dafür ist die klare Zweiteilung der Anlage in einen Bereich für die Wettkämpfer und einen für die Zuschauer. Als dritter Teil wurde eine Tribüne für die Kampfrichter gebaut, schließlich trat an die Stelle der natürlichen Geländestufe eine gebaute Zuschauertribüne über die gesamte Länge der Laufstrecke. Im 5. Jahrhundert wurden solche Anlagen an allen großen Heiligtümern gebaut, in Olympia ebenso wie in Delphi, Nemea, Isthmia oder Epidauros. Im 4. Jahrhundert wurden diese Stadien in dauerhafte Steinarchitektur überführt, und ähnliche Sportstätten wurden in den griechischen Städten errichtet, meist im Zusammenhang mit einem *Gymnasion* oder einem *Theatron*, manchmal auch in der Nähe der *Agora*. In der Endphase dieser Entwicklung wurden die Laufbah-

nen von beidseitigen Tribünen umschlossen, die an Start und Zieleinlauf – bzw. bei längeren Distanzen den Wendemarken – durch ein
Halbrund miteinander verbunden wurden. Als Prototyp dieser Bauwerke gilt heute das Panathenäische Stadion von Athen, in dessen
moderner Rekonstruktion 1896 die ersten Olympischen Spiele der
Neuzeit ausgetragen wurden und das heute noch zu bewundern ist.[27]

Zumindest in Olympia war das Hippodrom (*hippos* = Pferd, *dromos* = Rennbahn) der zweite Zweckbau für sportliche Zwecke. Wie das
Stadion für die Laufwettbewerbe war es ein planiertes Gelände mit festen Abmessungen, sehr viel länger und breiter als das Stadion und mit
mindestens einer Tribüne für die Zuschauer. Pferderennen gehörten
zu den Hauptvergnügen der Griechen, sie sind schon in Homers *Ilias*
erwähnt und waren Bestandteil aller großen griechischen Spiele. In
Olympia gab es seit 680 v. Chr. Rennen mit der *Quadriga* und seit
648 v. Chr. reine Pferderennen, später noch andere «hippische Wettbewerbe». Und nur in Olympia wurde, parallel versetzt zum Stadion, im
5. Jahrhundert ein Hippodrom mit Zuschauertribünen gebaut. Auch
die Start- und Wendepunkte waren lediglich hier dauerhaft markiert,
aber es gab keine festen Plätze für die Schiedsrichter oder Schutzvor-
richtungen für die Zuschauer.

Der dritte griechische Zweckbau für den Sport war das *Gymnasion*,
eine Trainingsstätte für Athleten in großen Sportwettbewerben. Der
Begriff leitet sich von *gymnos* (nackt) ab, also dem üblichen Outfit des
griechischen Leistungssportlers. *Gymnasion* bedeutete so viel wie «Gym-
nastikschule», also eine Schule für Körperübungen. Das griechische
Gymnasion wurde speziell für das Training der Athleten eingerichtet,
außerdem auch für gemeinsames Baden und Lernen, das sich nicht nur
auf den Sport beschränkte, sondern auch musische und philosophische
Übungen umfasste. Dominant war aber immer der sportliche Aspekt.
Der griechische Begriff *gymnast* bedeutete so viel wie Trainer. Im 6. Jahrhundert v. Chr. wurde das Gymnasion durch einen Kampfplatz für
Ringer und die Wettlaufbahnen (*dromos*) dominiert, die ganze Anlage
war noch wenig durch feste Bauten strukturiert.

Im 5. Jahrhundert v. Chr. entstand der Gebäudekomplex der *Palästra*, bei dem der Kampfplatz von Säulenhallen umgeben war und damit
zu einem großen, meist quadratischen Innenhof wurde. Diese Struktur blieb in der Folgezeit der markanteste Bauteil des Gymnasions und
diente als Trainingsplatz für Ringen, Boxen und wohl auch für Ball-

spiele. Solche Anlagen entstanden im 4. Jahrhundert in zahlreichen griechischen Stadtstaaten und bei den Heiligtümern von Delphi, Nemea und Thera. Das Gymnasion von Olympia wurde im 2. Jahrhundert v. Chr. völlig neu gebaut. Trainiert wurden dort – wie in den meisten anderen Gymnasien – alle olympischen Sportarten, die nicht mit Pferden verbunden waren. Angegliedert an die Palästra, die um zahlreiche Funktionsräume (Garderoben und Umkleideräume, Bäder, Duschen, Räume zum Einölen, Sauna, Geräteräume, eine Küche und Latrinen sowie Räume zur Vorbereitung der sportlichen Wettkämpfe) ergänzt wurde, waren meist eine oder mehrere offene Laufbahnen, zu denen später eine überdachte Bahn (*xystos*) hinzukam, die das Training auch bei Regen oder im Winter ermöglichen sollte, sowie lange Säulenhallen mit Übungs- und Unterrichtsräumen. Diese Baukomplexe umfassten nicht selten ein Gelände von zwei Hektar oder mehr. Das Gymnasion wurde gewissermaßen zum Markenzeichen einer griechischen – im Unterschied zu einer barbarischen – Stadt und damit zu einem Prestigeobjekt, das mit öffentlichen Geldern und Spenden errichtet wurde. Als städtische Repräsentationsbauten wurden die Gymnasien mit kostbaren Materialien errichtet und mit reicher Bauplastik geschmückt. Griechische Städte in Kleinasien erhoben wie Milet, Ephesus oder Priene ihre Gymnasien zu luxuriösen Kulturzentren, indem sie an die ohnehin großen Anlagen auch noch Institutionen wie Theater und öffentliche Bibliotheken angliederten. In Athen entwickelten sich die drei auf das 6. Jahrhundert v. Chr. zurückgehenden Gymnasien zu Philosophenschulen, die mit den Namen Platon (*Akademie*), Antisthenes (*Kynosarges*) und Aristoteles (*Lykeion*) verbunden sind. Aus dieser Verbindung von Sport und Bildung entstand seit dem Humanismus die Vorstellung, das Gymnasion sei eine Bildungseinrichtung für eine gesellschaftliche Elite gewesen.

Das Gymnasion als Sport- und Trainingszentrum war ein Spezifikum der griechischen Kultur, das von den meisten Fremdvölkern abgelehnt wurde. Die Römer kritisierten den Nacktsport, weil sie ihn mit der in Griechenland verbreiteten Pädophilie assoziierten. Auch andere Völker im hellenischen Mittelmeerraum – etwa Syrer oder Ägypter – konnten mit der griechischen Sportkultur wenig anfangen. Allerdings fand das Gymnasion mit den Feldzügen Alexanders des Großen als Teil der hellenistischen Kultur Verbreitung. Die makedonischen Generäle richteten solche Trainings- und Unterhaltungszentren in Persien, Baktrien, Mesopotamien und Ägypten ein. In den Nachfolgereichen des Alexanderreiches, etwa im Seleukidenreich, erlangten Gymnasien als Merkmale der hellenistischen Identität große Bedeutung, so in den phönizischen Städten Sidon, Tyros und Biblos. Der Philosoph Poseidonios mokierte sich allerdings darüber, dass die Syrer ihre Gymnasien – wie die Römer – praktisch nur als Badehäuser benutzten.[28]

Lokale und regionale Sportfeste

Lokale Sportfeste waren Ausdrucksform des Selbstverständnisses eines Ortes, sie waren Selbstdarstellung der dortigen Oberschicht, stifteten Gemeinschaft und Identität, sowohl lokal als auch in Bezug auf die gesamtgriechische Kultur. Die Wettkämpfe (*Agone*) waren über den ganzen griechischen Siedlungsraum verbreitet, selbst in abgelegenen Regionen wie in Lykien im südlichen Kleinasien. Oft verfügten die Feste über ein eigenes Stiftungskapital von einem reichen Kaufmann oder Aristokraten. Sie hatten ihr jeweils eigenes Gepräge, so lag an manchen Orten der Akzent eher auf dem Bereich der Künste als auf dem Sport, während in Griechenland kein Unterschied zwischen musischen und körperlichen Wettkämpfen gemacht wurde. Viele dieser Feste dauerten nur drei Tage, manche wie die Panhellenischen Feste eine Woche, manche aber auch über drei Wochen, wie die Veranstaltung im lykischen Oinoanda. Von den 22 Tagen des Festes waren hier zwölf agonistisch geprägt, der Rest entfiel auf Versammlungen, Markt und Kulthandlungen.

Die Dauer des Festes war aber kein Indikator für seine Bedeutung. Das Hauptkultfest von Athen, die *Panathenäen*, dauerte nur vier Tage. Gestiftet oder restrukturiert im Jahr 566 v. Chr. durch den späteren Tyrannen Peisistratos, bestand es aus einem jährlichen Fackellauf, einem großen Opfer an die Stadtgöttin Athene sowie einer feierlichen Prozession auf die *Akropolis*. Hinzu kamen alle vier Jahre «hippische, gymnische und musische Agone», also Wettbewerbe in Pferde- und Wagenrennen, Leichtathletik und Kampfsport und musischen Vorführungen. Wie in Olympia waren die Wettbewerbe nach Altersklassen unterteilt, wobei in Athen zwischen Knaben, Jugendlichen und Männern unterschieden wurde. Seit dem 4. Jahrhundert v. Chr. wurden die athletischen Wettbewerbe der athenischen Spiele im Panathenäischen Stadion ausgetragen. Neben dem Stadion spielte das Hippodrom eine besondere Rolle, da die Reitwettbewerbe sehr viel differenzierter waren als in Olympia. Die Sieger der Panathenäischen Spiele kamen aus der ganzen griechischen Welt, etwa aus Ligurien, Ägypten und Palästina oder aus Bagdad. Darunter befinden sich illustre Namen wie König Eumenes II. von Pergamon und sogar eine Frau, nämlich Königin Kleopatra II. von Ägypten. Sieger in den Wettbewerben wurden die jeweils fünf Besten, die eine abgestimmte Menge an Olivenöl, Gold, Silber oder Drachmen erhielten.[29]

Griechischer Breitensport und beginnende Sportartikelindustrie

Die Vielzahl der panhellenischen, regionalen und lokalen Wettbewerbe, auch die Anzahl und Qualität der Sportanlagen deuten bereits darauf hin, dass Sport in der griechischen Antike keine Angelegenheit einer kleinen Minderheit gewesen sein kann, sondern dass ein erhebliches Reservoir an gut trainierten jungen Männern vorhanden gewesen sein muss. Dieses Reservoir beschränkte sich keineswegs auf eine bestimmte gesellschaftliche Schicht, etwa die Jugend der Aristokratie oder der städtischen Unterschichten. Der Philosoph Platon empfahl vielmehr allen Jugendlichen – und er meinte damit nur die Männer – die Teilnahme am Pentathlon, was ein regelmäßiges Training im Laufen, Springen, Werfen und Ringen voraussetzte. Zur Kunst der Gymnasten zählten auch die Psychologie und die Rhetorik. Systematisches Training (*gymnastikos*) erforderte natürlich professionelle Trainer (*paidotribai*). Eine Liste bei Pindar zählt namentlich fünf Spezialisten für die Kampfsportarten auf. In der Spätantike war eine «Tetradensystem» genannte Abfolge von vier Trainingstagen mit unterschiedlich dosierter Trainingsintensität üblich, dazu kam eine Art Sportdiät (*anankophagia*) für die Athleten. Während in Griechenland die Stadien offenbar zur allgemeinen Verfügung standen, wurde in Rom der Breitensport in den riesigen öffentlichen Thermenanlagen und den privaten Bädern der Kaiserzeit ausgeübt. Hier wurde vor allem das Ballspiel betrieben, für das es keine eigenen Sportplätze gab.[30]

Sportliche Ereignisse trafen auf breites Interesse beim Publikum. Bereits im 5. Jahrhundert v. Chr. mussten die Zuschauer in der Höhe gestaffelt werden, damit noch allen die Sicht auf die Sportler ermöglicht werden konnte. Und im Jahrhundert darauf erhielten zumindest die Stadien steinerne Tribünen. Für die Sportbegeisterung des Publikums besitzen wir zahlreiche Beispiele, stellvertretend sei eine Beschreibung des Sophisten Philostratos von Lemnos zitiert: «Sie schreien, von ihren Sitzen aufgesprungen, und die einen werfen beide Hände empor, die da springen von der Erde auf, und jene ringen aus Freude mit ihren Nachbarn, denn wirklich aufregende Schauspiele erlauben den Zuschauern nicht, gefaßt zu bleiben.»[31] Dieser Autor wusste, wovon er sprach, denn er war selbst von der Stadt Athen mit einem Standbild in Olympia geehrt worden.[32] Philostratos verfasste eine Abhandlung über die griechische Athletik (Gymnastikos) mit besonderem Augenmerk auf die Olympischen Spiele, die aber im Unterschied zu seinen Bildbeschreibungen lange nur in Fragmenten zugänglich war und erst im 19. Jahrhundert als Ganzes wiederentdeckt und ediert wurde. Datierbar ist diese Schrift durch die Erwähnung des siegreichen Sportlers T. Aurelios Helix, der in den Jahren 213 und 217 Olympiasieger wurde und im Jahr 219 Doppelsieger bei den römischen Kapitolien.[33]

Die anhaltende Sportbegeisterung führte nicht nur zum Bau der Sportstätten, sondern auch zur Entstehung einer «Sportartikelindustrie», welche die für die Wettkämpfe und das Training notwendigen Geräte produzierte. Kam man beim Laufen – auch aufgrund der Nacktheit der Wettkämpfer – noch ohne Accessoires aus, so war dies schon bei den Sprungwettbewerben des Pentathlons nicht mehr der Fall. Die mit Griffen versehenen Sprunggewichte (halteres) wurden eigens für den Sport angefertigt. Archäologische Funde zeigen, dass diese Sprunggewichte aus Blei oder aus Ton sein konnten und zwischen 1,5 und 4,5 kg wogen. Ebenso waren die Disken für den Diskuswurf reine Sportgeräte. Auch hier waren – bei recht ähnlicher Form – Gewichte von 1,4 bis 4,8 kg in Gebrauch, wobei zu vermuten ist, dass die Wettkämpfer in einem Wettbewerb jeweils mit demselben Diskusgewicht warfen. Die im Speerwurf verwendeten Speere waren viel leichter als die im Krieg verwendeten Waffen. Sie waren etwa fingerdick und körperlang, und ihre Spitze war abgestumpft, um Unfälle zu vermeiden.

Die griechisch-römischen Sportfeste

Mit dem Niedergang der griechischen Staatenwelt wurden die Panhellenischen Spiele immer stärker zum Anachronismus. Bereits im 5. Jahrhundert v. Chr. erzwang der Makedonenkönig Alexander I., dass auch die von den Griechen für Barbaren gehaltenen nördlichen Nachbarn an den Wettkämpfen teilnehmen konnten. Alexander der Große ließ zur Erinnerung an seinen Vater sogar in Olympia mit dem *Philippeion* ein besonders markantes Gebäude errichten.[34] Mit der Expansion des Römischen Weltreiches gerieten die griechischen Stadtstaaten im Laufe des 2. Jahrhunderts v. Chr. in den Machtbereich der Römer. Im Jahr 145 v. Chr. spendete der Prokonsul L. Mummius nach der Zerstörung Korinths mehrere Weihegaben in Olympia.

Die neuen Herren ließen die hellenischen Spiele nicht nur bestehen, sondern fügten in der Kaiserzeit weitere Spiele in den Festzyklus ein. Kaiser Augustus stiftete nach seinem Seesieg über Antonius bei Aktium im Jahr 27 v. Chr. die «Aktischen Spiele» von Nikopolis. Die griechische Agonistik wurde damit in den Dienst des römischen Kaiserkultus gestellt. Offenbar fand dieser erste römische Kaiser solchen Gefallen am Sport, dass er im Jahr 2 n. Chr. ein weiteres Sportfest etablierte, diesmal in Italien selbst, nämlich in der ehemals griechischen Kolonie Neapel. Diese Spiele wurden «Sebasta» genannt, nach der griechischen Übersetzung von Augustus (*Sebastos*, der Erhabene). Kaiser Domitian schließlich gründete im Jahr 86 das erste römische Sportfest in der Reichshauptstadt Rom selbst, die «Kapitolien». Die Vermehrung der internationalen Sportfeste führte allerdings dazu, dass der Titel des «Periodioniken» nicht mehr recht der Wirklichkeit entsprach, denn dem Sieger von Olympia, Delphi, Nemea und am Isthmus fehlten immer noch drei Titel. Deshalb rühmte sich der Ringer T. Aelius Aurelius Maro aus Seleukeia Mitte des 2. Jahrhunderts, der die Wettkämpfe an allen sieben Austragungsorten gewonnen hatte, der erste «vollständige Periodonike» geworden zu sein.

Eine besondere Liebe zu Olympia fasste ausgerechnet Kaiser Nero. Er war durch den Philosophen Seneca in besonderer Nähe zur griechischen Kultur erzogen worden, er sprach Griechisch, umgab sich mit griechischen Beratern, errichtete in Rom ein Gymnasium im griechischen Stil und stand überhaupt bei den Römern in Verdacht, die Hauptstadt des Reiches nach Griechenland verlegen zu wollen. Der Auftritt Neros in Olympia wurde deswegen von allen römischen Chronisten mit Argwohn betrachtet, und entsprechend kritisch muss man die Berichte darüber lesen. Im Herbst des Jahres 66 schiffte sich der Kaiser mit großem Gefolge und 500 Soldaten nach Alexandria, der griechischen Hauptstadt von Ägypten, ein. Auf dem Weg dorthin wollte er die Heiligtümer auf dem Isthmus von Korinth, in Argos, Nemea, Delphi, Aktium und Olympia besuchen. Römische Historiker wie Sueton und Cassius Dio stellen den Kaiser als einen irren Tyrannen dar, der mit einem Zehnergespann das Wagenrennen gewinnen wollte, dabei aus dem Wagen geschleudert wurde und sich dennoch zum Sieger des Rennens ausrufen ließ. Tatsächlich wurde für den Auftritt Kaiser Neros sogar der Termin der Spiele verlegt. Archäologische Untersuchungen haben aber ergeben, dass Nero den griechischen Kultorten mit großem Respekt begegnet ist und in Olympia den Bau eines Vereinshauses für die Athletengilde gestiftet hat, das bis zum Ende der Olympischen Spiele in Gebrauch war. Während die herkömmliche Liste der Olympiasieger im Jahr 277 endet, ist in einer Bronzeinschrift des Vereinshauses noch für das Jahr 385 der Athlet Aurelios Zopyros aus Athen als Olympiasieger im Boxen der Jugendklasse belegt. Alles spricht also dafür, dass die Spiele tatsächlich bis zu ihrem Verbot durch den christlichen Kaiser Theodosius I. im Jahr 393 durchgeführt wurden.[35]

Römische Spiele

Ludi Romani

Die römischen Kaiser versuchten, mit Griechenland auch die griechischen Spiele in ihr Reich zu integrieren, aber das stellte sich als schwieriger als erwartet heraus. Der Grund dafür war nicht nur, dass die Römer bei aller generellen Bewunderung für die überlegene griechische Kultur manche ihrer Aspekte – wie etwa die Nacktheit der Athleten – einfach nicht leiden konnten, sondern auch, dass sie bereits über ein eigenes Repertoire an Veranstaltungen verfügten, an dem sie mit erstaunlicher Hartnäckigkeit festhielten. Die autochthonen römischen

Spiele (*ludi romani*) schienen die eigene Identität gegenüber den fremden Importen zu wahren. Zwar waren viele dieser Spiele von Nachbarn wie den Etruskern oder den Samniten übernommen worden, aber sie stammten eben aus Italien und wurden nicht als fremd empfunden.

Manche dieser *ludi romani* hatten – wie die Olympischen Spiele – eine sakrale Wurzel und waren mit religiösen Prozessionen und öffentlichen Opfern für bestimmte Götter verbunden. Bei der Stiftung solcher Sakralspiele gab es eine Konkurrenz zwischen bestimmten Heiligtümern, ihren Priestern und ihren Verehrern, und die Pracht der Spiele war ein Gradmesser für die Bedeutung des Heiligtums bzw. des Gottes. Andere Spiele hatten religiöse und private Gründe, etwa wenn mit der Stiftung eines Spiels ein Gelöbnis eingelöst wurde. Oft waren solche Votivspiele zunächst als einmaliges Ereignis geplant, wurden jedoch wegen ihres Erfolges im nächsten Jahr wiederholt, bis schließlich eine Verdauerung des Votivspiels gelobt wurde. Noch stärker im weltlichen Bereich angesiedelt waren Spiele, die an ein bestimmtes Ereignis erinnern sollten, etwa an einen Triumph der Römer, den Tod eines Kaisers oder andere Ereignisse aus dem Leben der Kaiser.

Was immer der Anlass der Spiele war: Die Sportveranstaltungen standen – von wenigen Ausnahmen wie den *ludi scenici* abgesehen – im Mittelpunkt der *ludi romani*, vor allem sie machten die Veranstaltungen für die meisten Besucher attraktiv. Darin unterschieden sich die Römer nicht von den Griechen. Während jedoch die griechischen Spiele eher partizipativ in dem Sinne waren, dass jedermann die Sportplätze nutzen oder sogar an Wettkämpfen teilnehmen konnte, wurden die römischen Spiele eher von professionellen Kämpfern für ein interessiertes Publikum inszeniert. Dieser Unterschied mag auf den ersten Blick erstaunlich erscheinen, doch in Wirklichkeit ist er gar nicht so groß. Denn auch im griechischen Stadion gab es eine strikte Zweiteilung zwischen Sportplatz und Tribüne, so wie wir dies auch aus unseren heutigen Stadien kennen. Und selbst in Zeiten des modernen Breitensports dürfte die Zahl derer, die z. B. ein Fußballspiel von den Rängen im Stadion oder gar auf dem Sofa zu Hause verfolgen, weitaus größer sein als die der aktiven Leistungssportler.

Die Tendenz zur Verdauerung, die allen römischen Spieltypen gemeinsam war, führte im Laufe einiger Jahrhunderte zur Ausbildung eines charakteristischen Festkalenders, sodass im 4. Jahrhundert beinahe jeden zweiten Tag im Jahr irgendwo in Rom irgendwelche Spiele stattfanden. Die meisten dieser Spiele wurden einmal jährlich über einen oder mehrere Tage abgehalten. Die Ausbildung dieses Festkalenders illustriert eine Liste der wichtigsten Feste mit Sportveranstaltungen in der Chronologie ihres ersten Auftretens:

Ludi Romani – *eine Übersicht über die wichtigsten Spiele*

Name	Einführung	Termin	Sportarten
Equus October	[sehr alt]	15. 10.	Wagenrennen
Equirria	[sehr alt]	27. 2.	Wagenrennen
			Pferderennen
		14. 3.	Wagenrennen
			Pferderennen
Consulia	[sehr alt]	15. 12.	Wagenrennen
Ludi magni	4. Jh. v. Chr.	4.–19. 9.	Wagenrennen
			Pferderennen
			Ringkampf
			Tänze
			Zirkusspiele
Ludi Florales	238 v. Chr.	28. 4.–3. 5.	Venationes
			Zirkusspiele
Ludi Plebei	215 v. Chr.	4.–17. 11.	Zirkusspiele
Ludi Apollinares	212 v. Chr.	6.–13. 7.	Wagenrennen
			Pferderennen
Ludi Megalenses	204 v. Chr.	4.–10. 4.	Zirkusspiele
			Pferderennen
Ludi Cereales	202 v. Chr.	13.–19.4	Zirkusspiele
Ludi Taurii	186 v. Chr.	25.–26. 6.	Pferderennen
			Stierkampf
Ludi Romani	161 v. Chr.	4.–19. 9.	Zirkusspiele
Ludi Sevirani	2 v. Chr.		Reiterspiele
Ludi Palatini	14 n. Chr.	17.–22.1	?
Neronia	40 n. Chr.		Laufen
			Springen
			Werfen
			Ringen
			Pferderennen

Überreste des Circus Maximus, Rom

Brot und Zirkusspiele

Für «Brot und Zirkusspiele», so die Diagnose des römischen Schrift-
stellers Juvenal, habe das römische Volk seine Souveränität an den Kaiser und seine Beamten abgegeben.[36] Den Spielen und speziell dem Circus als Institution kommt eine besondere Rolle zum Verständnis der
römischen Kultur zu, ganz ähnlich wie in Griechenland den athletischen Wettbewerben. Für den größten Teil der Bevölkerung waren die
Zirkusspiele die Hauptattraktion der Weltstadt Rom – sie wurden deswegen von den Kaisern gefördert und im ganzen Reich nachgeahmt.
Von den Gebildeten wurden sie dagegen verachtet und von den Christen verteufelt. Dies vor allem, weil die *ludi publici* Teil der römischen
Staatsreligion waren. Öffentlich waren diese Spiele nicht nur, weil sie
für jedermann zugänglich waren, sondern auch, weil sie von den
Amtsträgern der Republik und später des Imperiums veranstaltet wurden. Sie wurden als öffentliche Aufgabe auf Staatskosten durchgeführt
und waren für die Besucher gratis.[37]

Die Zirkusspiele hatten sich zu Zeiten der Römischen Republik im Rahmen eines Kanons von Jahresfesten ausgebildet und waren damit Bestandteil des Festkalenders. Spiele zu Ehren des *Jupiter Capitolinus* sind seit 366 v. Chr. belegt, seit 322 v. Chr. wurden sie jedes Jahr in der zweiten Septemberwoche abgehalten. Eine weitere Festwoche mit Spielen zu Ehren Jupiters – des römischen Pendants zum griechischen Zeus – bürgerte sich seit dem Jahr 220 v. Chr. Anfang November ein. Ebenfalls seit Ende des 3. Jahrhunderts v. Chr. fanden Mitte April Spiele zu Ehren der Göttin Ceres und Mitte Juni zu Ehren Apollons statt. Im 2. Jahrhundert kamen Wettkämpfe im April und Mai zu Ehren der Göttinnen Kybele und Flora hinzu, später auch Wettspiele anlässlich militärischer Siege, der Einweihung von Tempeln (gewissermaßen das antike Kirchweihfest), der Geburtstage von Kaisern, Regierungsjubiläen etc. Nach dem Kalender des Philocalus aus dem Jahr 354 n. Chr. wurden in Rom an 64 von 175 Sonn- und Feiertagen Wettkämpfe veranstaltet.[38] Dies ist eine Spieldichte, die sich durchaus mit modernen Verhältnissen vergleichen lässt.

Auch wenn man bei Zirkusspielen zuerst an Wagenrennen à la *Ben Hur* denkt und Wagenrennen unter einigen Kaisern – wie z. B. in der kurzen Amtszeit des Kaisers Caligula – tatsächlich stark im Vordergrund des Interesses standen, war das Programm doch sehr viel reichhaltiger. Wie bei den griechischen Spielen gab es athletische Wettkämpfe wie Laufwettbewerbe, Faust- und Ringkämpfe, außerdem paramilitärische Reiterspiele der Jugend, schließlich die beliebten Tierkämpfe und Tierhatzen (*venationes*), oft mit exotischen afrikanischen Raubtieren, und Gladiatorenkämpfe (*munera*), die später vom Circus in die Amphitheater abwanderten. Öffentliche athletische Wettkämpfe wurden auch auf diversen freien Plätzen in Rom ausgetragen, Kaiser Nero schuf für Wettkämpfe in seinem Namen – die *Neronia* – sogar einen eigenen Kampfplatz, Kaiser Domitian rief die Kapitolinischen Spiele ins Leben und ließ dafür das *Stadium Domitiani* errichten, an dessen Umrisse heute noch die barocke *Piazza Navona* erinnert. Die Erinnerung an ihre frühere Funktion ging nie verloren. Der englische Reisende John Evelyn schrieb 1645 bei seinem Besuch in Rom über diesen Platz: «This was formerly the Circus, or Agonales, dedicated to Sports and Pastimes, and is now the greatest market of the city.»[39]

Unvermeidlich brachten die Zirkusspiele Stars hervor, die mit Anerkennung, Ehrenstatuen, Geld und Geschenken überhäuft wurden, wie etwa den Rennfahrer Scorpus, den erfolgreichsten Sportler der flavischen Epoche, der 2048 Siege errungen hatte, als er im Alter von nur 27 Jahren verstarb. Praktisch jede Generation hatte einen solchen Superstar, dessen Siege die Phantasie beflügelten. Inschriften und Statuen feierten nicht nur die Reiter oder Fahrer, sondern manchmal sogar ihre Pferde, bei Gespannen immer das Leitpferd (*equus funalis*) auf der linken Seite des Rennwagens, dessen Geschick in der Kurve über Sieg oder Niederlage entschied. Bei den Rennfahrern handelte es sich wie bei den Athleten um professionelle Sportler, die außerhalb der Wettkämpfe ihre Tage mit gezieltem Training verbrachten. Als Trainer dienten meist ehemalige Aktive. Finanziert wurde dieses Leben für den Sport durch reiche Sponsoren, speziell in Rom auch von den vier *Faktiones*; das waren Parteien mit eigenen Farben, also so etwas wie antike Sportvereine. Sie bezahlten auch den Ankauf von Spitzenpferden für ihre aktiven Protagonisten. Spitzensportler genossen ein beträchtliches Maß an Autonomie, sie konnten die Partei für ein besseres Angebot wechseln. Aufgrund ihrer Prämien und Preisgelder konnten sie ein Leben im Luxus führten. Der Wagenlenker Diocles erwarb durch seine Siege ein Vermögen von 36 Millionen Sesterzen, was einem dreistelligen Millionenbetrag heutiger Währung entsprochen haben soll.[40]

Römische Zweckbauten für den Sport: Circus und Arena

Die Römer kannten die griechischen Zweckbauten für den Sport, betrachteten sie jedoch als Institutionen, die eher für Griechen als für Römer tauglich waren. In ihrer Bewunderung für die griechische Kultur erhielten und pflegten sie die Stadien in den griechischen Teilen des Römischen Weltreichs, aber sie übernahmen sie nicht. Nur ganz ausnahmsweise wurde im lateinischen Westen ein Stadion errichtet, wie das Stadion des Kaisers Domitian in Rom. Außerdem war der Breitensport in der römischen Kultur – wo man professionelle Sportler bewunderte – weniger verbreitet, und öffentliche Trainingsstätten waren damit unnötig. Deswegen wurden griechische Gymnasien im Römischen Reich tendenziell in *Thermen* – also in Badehäuser – umgewandelt, während für den Sport mit der Arena eine neue Bauform entwickelt wurde.

Der römische *Circus* war in erster Linie der Ort der Pferde- und Wagenrennen, allerdings konnte man die großen Freigelände grundsätzlich auch für alle anderen Arten von Spielen nutzen. Im Unterschied zum griechischen Hippodrom war der Circus eine aufwändigere, dauerhafte bauliche Struktur, gekennzeichnet durch eine relativ schmale, bis zu einem halben Kilometer lange, planierte Bahn, bei der an beiden Enden drei Kegel auf einem Podest als Wendemarken dienten. Beide Bahnen wurden durch eine feste Barriere getrennt, welche gleichsam die Wirbelsäule (*spina*) der Anlage darstellte. Diese wurde durch Denkmäler, Heiligtümer, Altäre, Götterbilder oder Obelisken geschmückt. Mit einer Anzeige-Anlage wurde das Publikum über die Zahl der gefahrenen Runden informiert. Die *Arena* des Circus war auf beiden Längsseiten und auf einer der Schmalseiten (an einer Wendemarke) mit Tribünen für die Zuschauer ausgestattet, die oft aus mehreren Rängen bestanden und evtl. noch durch eine Galerie gekrönt waren. Der Start an der zweiten Schmalseite war mit (oft zwölf) festen Toren ausgestattet, die einen gestaffelten Start ermöglichten. Für Magistratspersonen und Ehrengäste gab es Logen nahe der Ziellinie und entlang der Strecke, und an den Wendemarken eigene Plätze für die Schiedsrichter, welche die Einhaltung der Regeln überwachen sollten.

Als Vorbild dieses römischen Circus mit seinem höheren Institutionalisierungsgrad sieht die Forschung die etruskischen Rennbahnen, die bereits für das 6. Jahrhundert v. Chr. erwähnt sind und von denen einige Abbildungen in den etruskischen Nekropolen erhalten sind. Auf diesen Bildquellen kann man neben den Sitzen für die Zuschauer Logen für die Magistrate und Plattformen für die Preisrichter erkennen. Wie in Griechenland sind auch hier keine dauerhaften Strukturen erhalten. Der *Circus Maximus* geht allerdings direkt auf eine Anlage zurück, die der etruskische König Tarquinius Priscus um 600 v. Chr. an gleicher Stelle hatte anlegen lassen. Während der Römischen Republik wurden 329 v. Chr. Startanlagen (*carceres*) aus Holz erbaut.

Die Monumentalisierung des *Circus Maximus* fand erst im Übergang zur Kaiserzeit unter Caesar und Augustus statt. Nach dem neronischen Stadtbrand wurde die Anlage unter Kaiser Trajan völlig neu aufgemauert und prächtiger ausgestattet als je zuvor. Teile davon sind heute noch erhalten. Alle Ränge auf den Zuschauertribünen waren jetzt aus Stein, zuoberst war eine Galerie, und gekrönt wurde die Anlage durch eine Attika, vergleichbar dem *Kolosseum*. Die Außenseite der Tribüne wurde zur Erhöhung der Repräsentativität durch Arkaden gegliedert. Das inzwischen 620 Meter lange und 140 Meter breite Bauwerk war frei stehend und von einer breiten Straße umgeben, um den Zugang zu erleichtern. Die überwölbten Eingänge führten direkt zu den Ladenpassagen im Erdgeschoss, von hier gelangten die Besucher über Treppen und Aufgänge zu den Tribünen. Die Spina – die Trennwand zwischen den beiden Seiten der Rennbahn – bestand jetzt aus mehreren Wasserbecken und Fontänen sowie aufwändigen Statuen, etwa von der Göttin Kybele mit einem Löwen. In der Spätantike wurde die Ausstattung durch immer größere Statuen, Türme und Obelisken immer kostbarer.

Der *Circus Maximus* war mit seinem Fassungsvermögen von 150 000 Zuschauern eines der größten Bauwerke weltweit, vermutlich sogar das größte seiner Zeit. Er diente als Vorbild aller anderen Rennstrecken in Italien und im übrigen Römischen Reich. Vor allem in Spanien und Nordafrika mit ihrer Tradition der Pferdezucht waren die Bedingungen dafür günstig, sodass in der Nähe von Städten solche Anlagen errichtet wurden, z. B. im 1. Jahrhundert in Mérida und Tarragona und seit dem 2. Jahrhundert in Africa (z. B. in Karthago und Leptis Magna). Dagegen waren in Gallien, Germanien und Britannien die Pferde- und Wagenrennen weniger populär, und entsprechend wenige Anlagen wurden errichtet. Lediglich an den Residenzen der *Tetrarchen* (Trier, Mailand) wurden im 4. Jahrhundert Rennbahnen an die neuen Palastanlagen angegliedert. Anlagen im griechischen Osten (z. B. in Antiochia, Thessaloniki, Nikomedia) wurden in griechischer Weise abgewandelt (mit breiteren Rennbahnen) und entsprechend den griechischen Bedürfnissen auch für die athletischen Wettbewerbe genutzt.[41]

In seinen *Zehn Büchern über Architektur* berücksichtigt der römische Baumeister Vitruv bei der Stadtplanung von vornherein die Anlage von Sportplätzen. Solche Anlagen wurden in der Zeit des Kaisers Augustus allmählich von den Griechen übernommen, mit ersten Trainingsstätten (*palaestrae*) und *Gymnasia* sowie größeren Badeanlagen und Theatern. Allerdings macht Vitruv geltend, dass bereits bei der Anlage römischer Städte darauf geachtet wurde, dass das *Forum* groß genug war für die Abhaltung von *spectacula*. Im Unterschied zu den griechischen Städten, wo der Marktplatz quadratisch angelegt wurde, war das Forum bei den Römern ein längliches Rechteck, «weil von den Vorfahren der Brauch überkommen ist, dass auf dem Markt Gladiatorenspiele veranstaltet werden».[42] In den oberen Stockwerken sollte es Balkone für die Zuschauer geben. Die Größe des Platzes richtete sich nach der Einwohnerzahl, Länge zu Breite sollte das Verhältnis von 3:2 haben: «So nämlich wird seine Form länglich und seine Anlage für das Erfordernis der Spiele zweckmäßig sein.»[43]

In seinem Buch über den Bau der öffentlichen Anlagen (lib. 5) widmet Vitruv auch ein Kapitel der Anlage von «Ringschulen» (*palaestrae*), in welchem er die Anlage eines Gymnasiums beschreibt, das aus vier Säulenhallen um einen großen Innenhof besteht. Eine dieser Säulenhallen soll doppelt tief sein, damit sie den im Innenhof trainierenden Athleten Schutz bieten kann, «wenn von Sturm begleitete Regenschauer auftreten». Das Gymnasium besteht aus einem Unterrichtssaal für die Jugend (*ephebeum*), einem Aufbewahrungsraum für die Gerätschaften (*coryceum*), einem Raum mit feinem Sandboden, in dem sich die Ringer nach der Einölung wälzen können (*conisterium*), einem Kaltwaschraum (*frigida lavatio*, griech. *loutron*), einem Auskleideraum, in dem auch die Ölvorräte aufbewahrt werden (*elaeothesium*), einem Baderaum mit Bassin (*frigidarium*), einem Warmbad zum Vorwärmen (*propignaeum*) und einem Schwitzraum (*sudatio*). Aus den Säulenhallen führen gebaute Stufen auf den ebenen Innenhof, der in unterschiedliche Wettkampfplätze unterteilt ist. Im Winter können die Athleten in den Säulenhallen trainieren. Hinter der Säulenhalle (*xystum*) aber ist das Stadion mit seinen Tribünen, auf denen die Zuschauermenge bequem den Wettkämpfen zuschauen kann.[44]

Die Gladiatorenspiele

Im Sinne der soziologischen Versuchung, aus einem Spiel oder einer bestimmten Sportart heraus zentrale Werte einer Gesellschaft zu erklären – etwa bei den Olympischen Spielen für Griechenland, dem Hahnenkampf für Bali oder dem Baseballspiel für die USA (siehe Einleitung) –, müsste man für das Römische Reich die Gladiatorenspiele (von *gladius*, das Schwert, *gladiator*, der Schwertkämpfer) anführen. In erster Linie für sie wurden das *Kolosseum* und die anderen Arenen und *Amphitheater* in Italien und in den Provinzen des Reiches erbaut. Während viele römische Schriftsteller die griechischen Spiele oder auch das römische Theater in Frage stellten, gab es weder zur Zeit der Republik, geschweige denn während der Kaiserzeit – abgesehen von dem Philosophen Seneca[45] – namhafte Schriftsteller, welche die Gladiatorenspiele ablehnten. Nicht einmal die christlichen Autoren der Spätantike taten dies. Sie sorgten sich zwar um das Seelenheil der Kämpfer, wagten es aber nicht, an dem römischen Konsens über die Großartigkeit der Gladiatorenspiele zu rütteln. Aber was machte diese Spiele so attraktiv? Und worin bestanden sie überhaupt?

Ihren Ursprung hatten die Gladiatorenspiele (*munera*, Plural von lat. *munus*, das Geschenk) vermutlich im vorrömischen Etrurien. Die Etrusker begingen Leichenfeiern mit «Totenspielen» zum Ruhm des Verstorbenen. Die *munera*, bei denen der Verlierer des Kampfes sein Leben lassen musste, waren gewissermaßen Opfer an die Götter. Später wurden sie aber eher zu Geschenken an die Teilnehmer der Feiern und noch später für die Öffentlichkeit, und der Tod der Verlierer war nicht mehr unbedingt notwendig. Sie entsprangen privater Initiative und waren nie Teil des offiziellen Kultes. Im Jahr 264 v. Chr. kämpften bei einem Begräbnis in Rom erstmals drei Gladiatorenpaare gegeneinander. Der Brauch fand Gefallen und wurde zunächst von den Aristokraten übernommen, wobei es zur Konkurrenz zwischen den Familien über eine möglichst prächtige Ausstattung kam. Im Jahr 216 v. Chr. kämpften bei den Totenspielen des M. Aemilius Lepidus bereits 22 Gladiatorenpaare auf dem Forum. Bei der Umgestaltung des römischen Forums um 200 v. Chr. wurde nach dem Zeugnis Vitruvs bereits die Abhaltung von Gladiatorenkämpfe berücksichtigt.[46] Gaius Iulius Caesar veranstaltete im Jahr 46 v. Chr. zur Feier seiner Triumphe Gladiatorenspiele von einer Qualität und Pracht, wie man sie noch nie gesehen hatte. Die Totenfeier seiner Schwester bildete nur den Vorwand. Die römischen Veranstalter (*editores*) interessierten sich eigentlich nicht für die kultische Begründung. Vielmehr trennten sie die Gladiatorenkämpfe von den Totenfeiern (*ludi funebres*) ab und richteten sie zur Steigerung ihrer Popularität dann aus, wenn sie für ein wichtiges Amt (Ädil, Quästor, Prätor) kandidierten.

Die gewachsene Bedeutung der Gladiatorenspiele bereits während der Republik geht daraus hervor, dass seit 105 v. Chr. Gladiatoren als Instrukteure der römischen Legionen übernommen wurden, um die Kampfmoral und die Effizienz der Truppen zu erhöhen. Seit 42 v. Chr. begannen einige Magistrate, Gladiatorenkämpfe auch im Rahmen offizieller Spiele aufzuführen. Der erste Kaiser Augustus regelte im Jahr 22 die Durchführung aller *spectacula* reichsweit neu. Er setzte fest, dass die Prätoren jährlich *munera* veranstalteten, und begrenzte die Zahl der teilnehmenden Gladiatorenpaare auf 120, um den ruinösen Wettbewerb der Veranstalter zu beenden. Ihre Bindung an Totenfeiern wurde jetzt auch offiziell aufgegeben. Damit etablierten sich die Gladiatorenspiele als römischer Nationalsport, die staatlichen Spiele bildeten den Rahmen für den römischen Festkalender. Kaiser Claudius übertrug die Veranstaltung der jährlichen Spiele schließlich dem Collegium der Quästoren. Das wohl aufwändigste Gladiatorenspiel wurde im Jahr 80 von Kaiser Trajan aus Anlass des Sieges über die Daker inszeniert. An 123 Tagen kamen damals etwa 10 000 Gladiatoren zum Einsatz.[47]

Wenn in der Kaiserzeit von «Brot und Spielen» die Rede war, dann waren in erster Linie die Gladiatorenspiele gemeint. Aber was machte diese für die Römer so attraktiv? Die Kämpfer setzten sich eigentlich aus Gruppen der Bevölkerung zusammen, die kein hohes Ansehen genossen, nämlich Sklaven, Kriegsgefangenen und Schwerverbrechern. Hinzu kamen jedoch Freiwillige, die sich durch einen Eid für die Dauer ihres Vertrags in einen sklavenähnlichen Zustand begaben. Sie taten dies manchmal aus persönlicher Not, oft aber auch aus Abenteuerlust und Ruhmsucht. Die Freiwilligen wurden dann wie die anderen Gladiatoren in einem Trainingscamp, dem *ludus gladiatorius*, ausgebildet. Die größte dieser Gladiatorenkasernen, der *ludus magnus* in Rom, beherbergte etwa 2000 Gladiatoren gleichzeitig, große Gladiatorenschulen gab es außerdem in Pergamon, Alexandria und in Capua, aber allein Rom verfügte noch über mehrere weitere Trainingszentren. Die Gladiatoren waren keine Amateure, sondern ausgebildete professionelle Kämpfer. Die gut trainierten Sportler waren so attraktiv, dass Frauen, die wegen eines Gladiators ihre Ehe aufgaben, zum Thema wurden. Aber auch der Kampfsport selbst war so attraktiv, dass Angehörige der römischen Oberschicht als Gladiatoren auftreten wollten. Der relativ alte Kaiser Tiberius verbannte alle Angehörigen des Ritter- und Senatorenstandes aus Rom, die freiwillig als Gladiatoren auftraten. Doch mit dem jugendlichen Kaiser Commodus stieg sogar ein Reichsoberhaupt selbst in den Ring, da er «den Siegernimbus der Arena in die kaiserliche Majestät aufnehmen» wollte.[48] Dabei waren die Kämpfe lebensgefährlich, sowohl für die Athleten mit Netz und Dreizack (*retiarii*) als auch für die Kämpfer mit kurzem Schwert und Rundschild (*mymillones*). Sie konnten sich lebensgefährliche Verletzungen zuziehen, und im Fall ihrer freiwilligen Niederlage – jeder Gladiator konnte durch das Heben der Hand den Kampf abbrechen – entschied das Publikum in der Arena über das Leben oder den Tod des Kämpfers. Dass dieses nicht unbedingt für den Tod votierte, zeigt ein Grabstein des Gladiators Flamma, der viermal in die Freiheit entlassen wurde, der es aber vorzog, Gladiator zu bleiben. Auf seinem Grabstein in Sizilien steht geschrieben: «Flamma, *secutor*, lebte 30 Jahre lang, er kämpfte 34 mal, gewann 21 mal, erkämpfte neun Unentschieden und verlor viermal, er war ein Syrer von Nationalität. Delicatus ließ diesen anfertigen für seinen verdienten Waffenbruder».[49]

Anreiz für Sklaven, Verbrecher und Kriegsgefangene war aber normalerweise die vage Aussicht auf eine ehrenvolle Freilassung, die ihnen garantiert war, wenn sie drei Jahre überlebten. Da ein Gladiator pro Jahr etwa zwei oder drei Kämpfe bestehen musste, bedeutete dies insgesamt sechs bis neun erfolgreiche Auftritte in der Arena. Danach mussten sie noch zwei weitere Jahre im *ludus gladiatorius* dienen, sie mussten aber nicht mehr in die Arena. Als Freigelassene waren sie Bürger mit minderem Recht, sie blieben von öffentlichen Ämtern und vom Militärdienst ausgeschlossen. Der Grund für diesen Ausschluss war u. a., dass erfolgreiche Gladiatoren – wie heutige Sportstars – zu großer Beliebtheit und zu Reichtum aufsteigen und so zu einem politischen Faktor werden konnten. Als Helden verkörperten sie die Tugenden der römischen Nation. Gladiatoren, sie sich im Kampf bewährten, verkörperten Mut und Tapferkeit, Disziplin und Technik, Kalkül und Todesverachtung und damit die Überlegenheit der römischen Ordnung über ihre Feinde. Die Veranstalter der Spiele und die Zuschauer identifizierten sich mit den Siegern und fanden in ihren Heldentaten ihre eigenen Vorstellungen bestätigt. Die Spiele dienten natürlich der Unterhaltung, doch gleichzeitig konnten die Zuschauer in der gemeinsam erlebten Spannung und dem anschließenden Bewertungsritual ihre Gemeinschaft mit Rom, mit dem Kaiser oder den jeweiligen Provinzeliten erleben. Auch deswegen breiteten sich die Gladiatorenkämpfe – samt der zugehörigen Architektur des Amphitheaters – über das gesamte Römische Reich aus. Ihr Niedergang ereignete sich parallel mit dem Niedergang des Reiches.

Tierhetzen

Im Kontext der Gladiatorenspiele fanden auch die in Rom weniger beliebten leichtathletischen Wettkämpfe ihren Platz, Ringer und Boxer traten auf, natürlich kam es zu den beliebten Tierhetzen und Kampfspielen mit exotischen afrikanischen Großsäugern wie Löwen, Leoparden, aber selbst Nilpferden, Nashörnern und Giraffen. Diese *Shows* erforderten eine ganz erhebliche Logistik, weil die Tiere erst im Inneren von Afrika gefangen oder auf Tiermärkten in Nordafrika gekauft und dann nach Italien verschifft werden mussten. Ihre Fütterung und Betreuung auf der Fahrt und am Bestimmungsort erforderte Spezialisten, denn die teuren Attraktionen durften nicht vor ihrer Vorführung eingehen. Den Stellenwert dieser Vorführungen kann man daran sehen, dass in der Kaiserzeit für den Transport der großen Käfige eigene Gänge und Aufzugssysteme in die Amphitheater eingebaut wurden, was teuer und aufwändig war und teilweise neue technische Lösungen erforderte. Die Bedeutung der exotischen Tiere war offenkundig: Sie waren wegen ihrer Neuigkeit eine Sensation für das Publikum, wegen ihrer Stärke und Größe ein Nervenkitzel und wegen ihrer Exotik ein sichtbarer Beleg für die Ausdehnung des Reiches und die Größe des Kaisers, der solche Vergnügungen ermöglichen konnte.

Die erste bekannte *Venatio* (eigentlich Jagd, später das Erlegen von Tieren unter künstlichen Bedingungen) in Rom fand noch zu Zeiten der Republik im Jahr 186 v. Chr. statt, als in Erweiterung der mit dem Staatskult verbundenen Spiele zur Unterhaltung des Publikums 63 afrikanische Raubkatzen, 40 Bären und einige Elefanten gegeneinander gehetzt wurden.[50] Zu dieser Art der Show trat bald der Kampf Mensch gegen Tier. Unter Diktator Sulla wurden über 100 Löwen in die damals noch temporären Arenen geschickt, um sie dort von afrikanischen Bogenschützen erlegen zu lassen. Dessen Zögling Pompeius, der Gegenspieler Caesars, ließ eine Generation später einmal in fünf Tagen 700 Tiere in den Kampf schicken. Hier hatte sich das *Spectaculum* bereits vom Staatskult gelöst. Der triumphierende Gaius Iulius Caesar veranstaltete Tierhetzen, die fünf Tage andauerten und mit einem Gefecht beendet wurden, bei dem zwei Abteilungen von je 500 Mann 20 Elefanten und 300 Reitern gegenüberstanden. Nero erfand mit der

condemnatio ad bestias die Variante Tier gegen Mensch, bei der zum
Tode Verurteilte zur Freude des Publikums in der Arena von wilden
Tieren getötet wurden. Dies waren eigentlich Schauhinrichtungen mit
Hilfe von Tieren.

Aufstieg und Niedergang des römischen Kaisertums spiegelte sich
in den folgenden Jahrhunderten in der Größe der Tierhetzen. Während
Kaiser Augustus während seiner ganzen, 41 Jahre langen Regierungs-
zeit etwa 3500 Tiere in die Kämpfe schickte, verbrauchte Kaiser Titus
allein für die Einweihungsfeier des *Kolosseums* nicht weniger als 5000
Tiere. Kaiser Trajan ließ im Jahr 106 zur Feier seines Sieges über die
Daker angeblich 11000 Tiere in das Amphitheater schicken, diese
Mammutveranstaltung stellte den Höhepunkt der Sportart dar. Kaiser
Probus feierte einen Triumph im Jahr 281 noch mit 600 Tieren. Kaiser
Konstantin I. erließ zwar im Jahr 325 ein erstes Edikt gegen das Tierhetzen, doch dauerte es Jahrzehnte, bis dieses Verbot gegen den Widerstand der Bevölkerung und des römischen Adels durchgesetzt werden
konnte. Noch nach der Abdankung des letzten römischen Kaisers wurden Tierkämpfe veranstaltet, der letzte bekannte durch den Ostgotenkönig Theoderich den Großen im Jahr 523.

Tierkämpfe fanden mit dem Bau der großen Arenen ihren festen
Platz im Amphitheater. Üblicherweise gehörte im Rahmen von großen
Gladiatorenspielen der erste Vormittag der Wettkämpfe den *Venationes*, also den Programmteilen, die mit Tieren verbunden waren. Zuerst
kämpften möglichst exotische und gefährliche Tiere gegeneinander.
Als Zwischennummer wurden besonders wertvolle Tiere vorgeführt,
wenn möglich in Form einer Dressur. Zu den Venationes zählten auch
komödiantische Einlagen, bei denen Schauspieler in die Felle von
Tieren – etwa von Bären – schlüpften. Als Höhepunkt des Vormittags
folgten die Tierhetzen, bei denen eine besondere Gattung von Gladiatoren in Erscheinung trat, die *bestiarii*. Dieser Programmpunkt glich
am ehesten den Stierkämpfen, die in einigen Regionen Spaniens und
Lateinamerikas noch heute abgehalten werden. Zum Abschluss des
Vormittags wurden Verbrecher in die Arena geführt, die zur Tötung
durch wilde Tiere verurteilt worden waren. Erst der Nachmittag
gehörte den eigentlichen Gladiatorenkämpfen.

Im Rahmen der Gladiatorenspiele gehörten die Venationes eindeutig zu den weniger beliebten Teilen und die *bestiarii* zu den weniger
geschätzten Gladiatoren, vielleicht weil ihre Vorführungen weniger

gefährlich waren und die Kämpfer daher in geringerem Maße die erwähnten römischen Tugenden zu verkörpern schienen. Die zunehmenden Darstellungen in Bodenmosaiken im Verlauf der Kaiserzeit scheinen jedoch auf eine steigende Beliebtheit der Tierhetzen hinzudeuten. Die Taten der Gladiatoren wurden auf Bodenmosaiken quer durch das gesamte Reich verherrlicht, in Nordafrika ebenso wie am Schwarzen Meer oder nördlich der Alpen. Manche besonders gut erhaltene repräsentativen Villen, etwa die Villa Borghese in Rom oder die Villa Nennig an der saarländischen Mosel (mit dem größten erhaltenen Bodenmosaik nördlich der Alpen), zeigen unter den reichen Motiven eine eindeutige Dominanz der Venationes. Natürlich boten die Tierdarstellungen den Künstlern gute Entfaltungsmöglichkeiten, doch darf man wohl annehmen, dass die Motivwahl nicht ohne Einverständnis der Auftraggeber erfolgte.

Von Sklaven und Frauen

Spartakus

Von den Gladiatorenschulen kann man kaum sprechen, ohne auch Spartakus zu erwähnen, den berühmtesten Gladiator der Antike und vielleicht der Weltgeschichte. Berühmt wurde er allerdings nicht als Sportsmann, sondern als Anführer des größten Sklavenaufstandes der antiken Welt. In die römische Geschichtsschreibung ging dieser als «Dritter Sklavenkrieg» (73–71 v. Chr.) oder als «Gladiatorenkrieg» ein. In der Nachwelt ist die Rebellion als Spartakusaufstand bekannt. Wer der Ansicht ist, dieses Kapitel der römischen Innenpolitik habe mit Sport nichts zu tun, der sei daran erinnert, dass die größten Sportfeste der kommunistischen Länder im 20. Jahrhundert – sozusagen das Gegenmodell zu den Olympischen Spielen der kapitalistischen Welt – die *Spartakiaden* waren, eine Zusammensetzung aus «Spartakus» und «Olympiade». In der DDR gab es noch die Kinder- und Jugendspartakiaden, die seit 1964 Breiten- und Leistungssport verbinden sollten und den westdeutschen Bundesjugendspielen entsprachen. Zahlreiche Sportvereine in Russland, Bulgarien und der Slowakei haben den Gladiatorennamen angenommen und tragen ihn heute noch, wie z. B. der

Fußballverein Spartak Moskau. Spartakus ist nicht nur eine Symbol-figur für den Aufstand der Entrechteten, sondern auch für die Sportgeschichte.

Wenn man römischen Geschichtsschreibern glauben soll, dann stammte Spartakus aus Thrakien, einem Gebiet im Osten des Balkans (heutiges Bulgarien und Westtürkei), das 341 v. Chr. von den Makedoniern unterworfen wurde, um 305 v. Chr. aber nach dem Zerfall des Alexanderreiches unter einem hellenistischen Diadochenkönig noch einmal selbständig und erst 44 n. Chr. als Provinz Thracia dem Römischen Reich angegliedert wurde. Der griechische Schriftsteller Plutarch schreibt, Spartakus sei ein Thraker von nomadischer Herkunft gewesen und seine Frau, die mit ihm versklavt worden sei und die als Seherin während des Sklavenaufstands wirkte, habe dem thrakischen Stamm der Maedi angehört. Er beschreibt Spartakus als einen Mann, der nicht nur über einen starken Körper, sondern auch über einen starken Geist verfügte, sehr gebildet und intelligent und möglicherweise von guter Herkunft war.[51] Der Name Spartakus kam in der Antike in der Schwarzmeerregion öfter vor. *Thraker* hieß allerdings auch ein bestimmter Gladiatorentyp, der mit Krummschwert, kleinem Schild, Helm, Armschutz und Beinschienen kämpfte. Unklar ist, wie Spartakus Gladiator geworden ist, ob als Kriegsgefangener oder als Verbrecher. Er gehörte dem *ludus gladiatorium* des Gaius Cornelius Lentulus Batiatus in Capua an, und sicher ist, dass die Gladiatoren mit der Behandlung dort nicht einverstanden waren. Im Jahr 73 v. Chr. floh Spartakus mit 70 anderen Sklaven aus dieser Gladiatorenschule, und diese kleine Truppe von gut trainierten Kampfspezialisten wurde zum Kern einer Sklavenarmee, der auf dem Höhepunkt der Rebellion ca. 200 000 Menschen angehörten.

Der Spartakusaufstand lehrte die römische Sklavenhaltergesellschaft das Zittern, sie drohte binnen weniger Wochen das Römische Reich von innen zu zerstören. Der zunächst kleinen Gruppe von Gladiatoren, die Spartakus und zwei gallische Sklaven zu ihren Anführern wählten, schlossen sich binnen Wochen Tausende von Sklaven von den Latifundien an, und auch verarmte landlose Freie liefen den aufständischen Sklaven in Scharen zu. Im Unterschied zu allen früheren Sklavenaufständen zeichnete sich der Aufstand der Gladiatoren aus Capua durch seine hervorragende Organisation aus. Spartakus konnte die immer größer werdende Anhängerschaft versorgen, trainieren und bewaffnen. Dabei wurde angeblich auch noch auf den fairen Umgang mit der Bevölkerung geachtet. Nach dem Ausbruch aus der Gladiatorenschule zogen sich die Rebellen zunächst auf das unwegsame Gelände des Vesuvs zurück, von dort aus unternahmen sie Raubzüge in die Umgebung und besiegten am Ende des Jahres zwei römische Milizarmeen. Im Frühjahr 72 v. Chr. bewegte sich Spartakus mit seiner Sklavenarmee nach Norden und besiegte auf dem Weg nach Norditalien (*Gallia Cisalpina*) zwei Prätorianerarmeen vernichtend. Obwohl damit der Weg nach Gallien frei war, kehrte Spartakus im Jahr 71 v. Chr. wieder um und zog nach Süden. Doch nun war das Imperium bereit, zurückzuschlagen. Der Prätor Marcus Licinius Crassus bekam vom römischen Senat den Oberbefehl übertragen und stellte sich Spartakus mit acht Legionen entgegen. Nach schweren Kämpfen gelang es ihm, die Rebellen bis an die Straße von Messina zu treiben und schließlich zu besiegen. Spartakus fiel in der letzten Schlacht. Mehrere Tausend gefangene Sklaven wurden entlang der Via Appia zur Strafe für ihre Rebellion ans Kreuz geschlagen. Im Jahr darauf wurde Crassus zusammen mit Pompeius, der von Spanien kommend noch in den Endkampf gegen Spartakus eingegriffen hatte, zum Konsul gewählt, zehn Jahre später gehörte er zusammen mit Pompeius und Caesar dem ersten Triumvirat an.

Bereits einige antike Schriftsteller hatten wie Appian den Edelmut des Spartakus hervorgehoben, der sich auch auf dem Höhepunkt des Sklavenaufstands nicht an der Beute bereicherte, sondern sie gerecht unter allen Angehörigen seines Heeres verteilte. Angeblich soll er gesagt haben: «Man darf das Leben nicht für Schauspiele einsetzen, sondern nur für die Freiheit».[52] Wegen der zahlreichen Erwähnungen bei römischen Schriftstellern – und sei es in den Biographien von Crassus und Pompeius – blieb die Figur des Spartakus ein Kristallisationspunkt von Phantasien. Der Gründer des geheimen Illuminatenordens, Adam Weishaupt, legte sich im 18. Jahrhundert den Decknamen «Spartacus» zu, der Anführer eines Sklavenaufstands auf Haiti, Henry Christopher, wurde von seinen französischen Gegenspielern als «schwarzer Spartakus» bezeichnet. Seinen dauerhaften Nachruhm verdankte Spartakus nicht zuletzt Karl Marx, der ihn als den «wahren Vertreter des römischen Proletariats» geadelt hat. Allerdings hatte der antike Spartakusaufstand nicht die Errichtung einer kommunistischen Gesellschaft zum Ziel, sondern nur die Flucht aus dem Machtbereich der Römer.

Zuschauerinnen und Gladiatorinnen

«Beiläufig mag hier noch erwähnt werden, daß das olympische Fest (wie wohl alle wichtigen *Agone*) ausschließlich eine Sache von Mannsleuten war, und daß man die Weiber davon drakonisch fernhielt.» So schrieb Jacob Burckhardt, und er sah dafür folgende Ursache: «Der Grund war ohne Zweifel die Besorgnis vor schrankenlosem weiblichen Beifall aus nicht gymnastischem, sondern anderem Motiv, nach nicht gymnastischen Qualitäten. Nur beim Wettlauf im Stadion waren auch Jungfrauen nicht vom Zusehen ausgeschlossen, und die Priesterin *Demeter Chamyne* hatte dort ihren offiziellen Sitz».[53] Doch selbst in Griechenland gelang es offenbar einigen Sportlerinnen, durch einen Trick ihren Ausschluss von den Spielen zu umgehen. Dies war z. B. beim Pferderennen möglich, wo nicht die Reiter, sondern die Besitzer der Tiere geehrt wurden. Kyniska von Sparta gewann in den Jahren 396 und 392 v. Chr. im Hippodrom mit einem Fohlen-Viergespann. Zu Ehren der Götter stiftete sie eine Figurengruppe aus Bronze im Zeustempel von Olympia, deren Inschrift suggeriert, dass sie sogar selbst die Wagenlenkerin gewesen sein könnte. Dort heißt es: «Spartas Könige sind mir Väter gewesen und Brüder, doch zu Wagen ich siegte mit stürmenden Rossen, Kyniska, stell ich das Bild hier auf, und es hat den Kranz von den Frauen aus ganz Hellas vor mir keine noch, rühm ich, empfangen.» Kyniska wäre demnach die erste Olympiasiegerin gewesen.[54] Bei diesem ganz ungewöhnlichen Vorgang könnte hilfreich gewesen sein, dass sie die Tochter des spartanischen Kriegsherrn im Peloponnesischen Krieg, König Archidamos II., war sowie die Schwester der Könige Agis II. und Agesilaos II., welche durch ihre militärischen Erfolge die Vorherrschaft im griechischen Stadtstaatensystem erlangten. Vielleicht konnte man unter diesen politischen Umständen der Schwester des Griechenland dominierenden Kriegsherrn die Olympia-Teilnahme nicht verweigern.[55]

Dafür, dass weibliches Publikum nicht nur musische Unterhaltung liebte, sondern auch die Kampfspiele in der Arena und im Circus, gibt es zahlreiche Belege.[56] Aber Frauen traten offenbar nicht nur als Zuschauerinnen in Erscheinung, sondern versuchten sich selbst in der Arena. Ein Dekret des Kaisers Tiberius bestimmte, dass die Töchter von Senatoren, ihre Enkelinnen und Urenkelinnen und «jede Frau, deren Ehemann oder Vater oder Großvater, ob von väterlicher oder mütterlicher Seite, oder Bruder jemals das Recht besessen hat, auf den reservierten Plätzen für den Ritterstand zu sitzen», vom Training oder vom Auftritt als Gladiatoren ausgeschlossen werden sollten, was wohl impliziert, dass einige Frauen dies tatsächlich getan hatten. Bei den Gladiatorenspielen, die Kaiser Nero zu Ehren seiner Mutter Agrippina gab, traten nicht nur weibliche Entertainer auf, sondern auch Frauen, die Pferde ritten, gegen wilde Tiere und als Gladiatorinnen kämpften, und zwar einige freiwillig, andere aber gegen ihren Willen.[57] Im Jahr 66 gab der Kaiser bei einem Staatsbesuch von König Tiridates I. von Armenien ein großes Spektakel. Der Satiriker Petronius berührt das Thema in seinem *Satyricon*, wo der Lumpenhändler Echion im «Gastmahl des Trimalcion» auf diesen Bestandteil der Show eingeht und von einer Frau spricht, die in einem Wagenrennen kämpfte.[58] Seither wurden als besondere Attraktion Kampfspiele mit weiblichen Gladiatoren aufgeführt, die bei Nacht im Fackelschein auftraten. Wie die männlichen Kämpfer traten auch die *Gladiatrices* mit nacktem Oberkörper auf, im Unterschied dazu allerdings ohne Helm. Aus der eher beiläufigen Erwähnung der Schwertkämpferinnen ist geschlossen worden, dass ihre Auftritte möglicherweise verbreiteter waren, als man bisher angenommen hat. Außerdem schließt Amy Zoll aus den nächtlichen Auftritten, dass es nicht um eine erotische Einlage ging, sondern eher um eine Hauptattraktion der Kampfvorführungen.[59] Manche Forscher sind der Ansicht, dass Frauen eine reguläre Ausbildung für die Arena erhielten, zwar nicht in der Gladiatorenkaserne, aber in einem *Collegium iuvenum*.[60]

Über den Charakter dieser Frauenkämpfe wird man trotzdem diskutieren können, denn dass Domitian die Gladiatorinnen nicht nur gegeneinander, sondern auch gegen Zwerge antreten ließ, spricht nicht gerade dafür, dass man sie auf eine Ebene mit den männlichen Kampfmaschinen stellte, sondern eher, dass man sich auf der Suche nach immer neuen Sensationen befand. Handelte es sich hier um eine Freakshow? Der Kaiserhistoriker Sueton berichtet von Kämpfen zwischen Gladiatorinnen im Kolosseum und im Circus Maximus zur Zeit des Kaisers Domitian, wo sie wieder nachts bei Fackelbeleuchtung auftraten.[61] Auf einem Relief aus Halikarnassos werden Gladiatorinnen in schwerer Rüstung als «Amazonen» bezeichnet. Nach einer Satire Juvenals waren es vor allem Frauen aus den römischen Oberschichten, die als Akteurinnen im Gladiatorenkampf auftreten wollten, um ihre

Ballspielerinnen im Bikini. Mosaik, ca. 350 n. Chr., Villa Romana del Casale, Sizilien

Langeweile zu bekämpfen und Aufmerksamkeit zu erlangen. Von Kaiser Septimius Severus wurden weibliche Gladiatoren um das Jahr 200 mit einem Bann belegt, doch wenig später zeigt eine Inschrift in Ostia, dem Hafen von Rom, erneut kämpfende Frauen.

Das Kolosseum

Dass das *Amphitheater* zur bevorzugten Sportarena des Römischen Weltreiches werden würde, war für Vitruv offenbar noch nicht abzusehen. Nur an untergeordneter Stelle in seinem letzten Buch über die Maschinen erwähnt er das große Sonnensegel, welches den Besuch der Arenen im heißen römischen Sommer ermöglichte. Der lateinische Begriff *arena* (Sand) leitet sich von dem Sand ab, mit dem der Kampfplatz bestreut wurde. Der latinisierte Begriff *Amphitheatron*, der erstmals in der Zeit des Kaisers Augustus erwähnt wird, meint eigentlich «doppeltes Theater» oder «Theater mit zwei Hälften» und besagt, dass für dieses Bauwerk zwei Halbrunde eines klassischen Theaters (*theatron*) zu einem großen Oval zusammengefügt wurden. Bauhistoriker sind verblüfft über die Tatsache, dass das Amphitheater im 1. Jahrhundert v. Chr. quasi bereits in seiner endgültigen Form auftaucht, und fragen deshalb, ob es nicht als Vorläufer seit dem 3. Jahrhundert v. Chr. temporäre Holzkonstruktionen gegeben haben muss, die für die Zeit der Spiele auf den Marktplätzen aufgestellt und danach wieder abgebaut wurden. Dabei gibt es als Grundtypen zum einen das massive, in die Erde oder in den Felsen gebaute Amphitheater, das wie die meisten griechischen Theater und Stadien natürliche Geländeformen einbezieht. Zwei der frühesten Amphitheater gehören dieser Form an und waren in die Erde gegraben (70 v. Chr. in Pompeji) bzw. in Tuffstein gehauen (50 v. Chr. in Sutri). Das zweite Modell repräsentiert der frei stehende und von Gängen durchzogene Monumentalbau, wie man ihn vom Flavischen Amphitheater kennt, das erst viel später – nämlich im 8. Jahrhundert n. Chr. – wegen seiner Größe als *Kolosseum* bezeichnet worden ist.

In Rom war das erste Amphitheater im Jahr 52 v. Chr. – also noch zu Zeiten der Republik – durch einen Senator errichtet worden. Sein Schicksal ist unklar, denn bis zum Bau des nächsten Amphitheaters auf dem römischen Marsfeld im Jahr 29 v. Chr. kannte man nur temporäre Holzbauten für die Spiele auf dem *Forum Romanum*. Falls Kaiser Augustus tatsächlich bereits den Bau eines großen Amphitheaters geplant haben sollte, wie der Kaiserhistoriker Sueton berichtet, ist es doch eigenartig, dass sein Architekt Vitruv diesem Vorhaben keine größere Aufmerksamkeit schenkte. Nero ließ im Jahr 57 erneut eine hölzerne Arena errichten, die aber wenige Jahre später beim großen Stadtbrand wieder vernichtet wurde. Erst die Dynastie der Flavier, Kaiser Vespasian und Kaiser Titus, verwirklichte schließlich den Bau des Kolosseums. Es wurde im Jahr 80 eingeweiht, diente über die Zeit des Römischen Imperiums hinaus als Schauplatz von Spielen, und seine Überreste sind heute noch zu bewundern und dienen als Ort von Kulturveranstaltungen. Dieses gewaltige Bauwerk, mit seinem Fassungsvermögen von 50 000 Zuschauern das größte jemals errichtete Amphitheater der antiken Welt, wurde vollständig aus Mauerwerk auf

Das Kolosseum in Rom, erbaut 72–80 n. Chr. unter Kaiser Vespasian.
Es bot Platz für 50 000 Zuschauer und blieb in Betrieb bis in die Zeit des Ostgoten-
kaisers Theoderich des Großen (letzter Beleg 523 n. Chr.).

einem ebenen Gelände errichtet und war auch in technischer Hinsicht
eine Meisterleistung. Ein kompliziertes System von Räumen, Gängen,
Hebemaschinen, Aufzügen und Wassertanks ermöglichte nicht nur
den für das Publikum unsichtbaren Transport schwerer Kulissen und
von Tierkäfigen, sondern sogar die Flutung der Arena zur Abhaltung
von Seeschlachten (*Naumachien*).[62]

Das Kolosseum war der Höhepunkt einer architektonischen Erfindung Italiens und Vorbild für alle späteren Amphitheater. Dieser Bau-
typus verbreitete sich im 1. Jahrhundert vor allem über den lateinischen
Teil des Reiches von Nordafrika bis Britannien im Norden und bis nach
Pannonien im Osten. Im griechischen Osten des Reiches verfügte man
mit Stadion und Hippodrom bereits über etablierte Sportstätten mit
den damit verbundenen Sportarten. Wo man im griechischen Osten
römische Gladiatorenspiele etablieren wollte, baute man manchmal
bestehende Theaterbauten um (z. B. in Dodona und Korinth), aber nur

relativ selten wurden Amphitheater neu errichtet. Im lateinischen Westen des Reiches wurde hingegen das Amphitheater zur neuen Leitform des Sportstättenbaus. Zu den etwa 15 Amphitheatern aus republikanischer Zeit kamen Hunderte, vielleicht Tausende von Neubauten in der Kaiserzeit. Selbst in kleineren Städten Italiens, etwa in Pompeji, Pozzuoli oder Verona, fassten die Arenen 20 000 bis 30 000 Schlachtenbummler, das Amphitheater von Capua sogar 40 000. Aber gewaltige Anlagen gab es nicht nur in Italien, sondern auch im heutigen Frankreich (z. B. in Arles, Bordeaux, Bourges, Limoges, Nîmes, Nizza, Paris, Sens, Tours), in Spanien (Carthago Nova = Cartagena, Córdoba, Mérida, Tarragona), in Britannien (Chester, Colchester, Dorchester, London, Silchester, St. Albans), in Deutschland (z. B. Trier, Xanten), in der Schweiz (Aventicum = Avenches, Augst), in Österreich (Carnuntum bei Petronell), in Ungarn (Budapest), in Kroatien (Pula, Solin), in Albanien (Durrës) und in Bulgarien (Hisarya, Plovdiv, Sofia, Stara Zagora), aber auch in Nordafrika. Das noch sehr gut erhaltene Amphitheater von El Djem im heutigen Tunesien dürfte ebenfalls 30 000 Zuschauern Platz geboten haben. Große Theater standen auch im heutigen Libyen (Cyrene, Leptis Magna, Ptolemais und Sabratha), in Algerien (Cherchell, Lambèse, Tebessa, Tipaza) und Marokko (Lixus), in Syrien (Bosra), im Libanon (Batroun) und in der heutigen Türkei (z. B. in Pergamon). Bis heute existieren mehr oder weniger gut erhaltene Überreste von etwa 230 römischen Amphitheatern.[63]

Christliche Sportfeindschaft

Tertullian und die christliche Sportfeindschaft

Wenn die Puritaner im frühen 17. Jahrhundert das *Book of Sports* des englischen Königs Jakob I. verbrannten, weil sie in der Ausübung des Sports am einzigen freien Tag der Woche eine Missachtung der Sonntagsheiligung sahen,[64] so standen sie damit in einer langen Tradition christlicher Körperfeindlichkeit. Der nordafrikanische Schriftsteller Quintus Septimius Florens Tertullianus, in der Kirchengeschichte als lateinischer Kirchenvater Tertullian bekannt, hat in seiner um das Jahr

200 n. Chr. verfassten Abhandlung *De spectaculis* alle Übungen und Spiele in den antiken Sportstätten – dem Stadion, dem Circus und dem Amphitheater – und auch in den Theatern als Teufelswerk bezeichnet. Tertullian verfasste seine Abhandlung, die für die nächsten eineinhalb Jahrtausende das Fundament für die Beurteilung aller Freizeitvergnügungen darstellen sollte, in genauer Kenntnis der griechischen und römischen Literatur. Er kannte sowohl die einzelnen Sportarten wie auch ihre Austragungsorte, denn er hatte vor seiner Konversion zum Christentum selbst Gladiatorenkämpfe besucht. Konkret erwähnt er die Pferde- und Wagenrennen im Circus, die Munera und Venationes im Amphitheater, die Lauf-, Spring- und Wurfwettkämpfe von Athleten im Stadion. Alle diese Aktivitäten – wie auch das Theaterspiel – werden mit Götzendienst (*idolatria*) gleichgesetzt, weil sie im Kontext der Götzenverehrung entstanden seien und die Orte der griechischen und römischen Spiele nach wie vor die Wohnstätten von Dämonen seien. Denn die heidnischen Götter galten den christlichen Theologen als Dämonen. Die Olympischen Spiele waren nach diesem Denksystem – wie alle anderen Sportveranstaltungen – nichts anderes als Teufelsverehrung.[65]

Tertullians Abhandlung mag heute in vielem abstrus erscheinen, sie ist aber nicht nur hervorragend geschrieben, sondern greift tatsächlich zentrale Fragen auf, z. B. das Argument mancher Christen, die Spektakel seien im Wort Gottes nicht ausdrücklich verboten und deshalb sei es auch erlaubt, das Amphitheater, den Circus und das Stadion zu besuchen. Hier erweist sich Tertullian als Meister jener spitzfindigen Beweisführung, für die sowohl die griechische Philosophie als auch ihre Erbin, die römische Theologie, berüchtigt sind. Zum Ersten argumentiert Tertullian historisch: Sowohl die griechischen als die römischen Spiele seien aus Festen zu Ehren der heidnischen Götter oder aus dem heidnischen Totenkult entstanden. Auch wenn zu den Totenfeiern später Feiern für Lebende gekommen seien, blieben sie doch dem Kontext des Götzendienstes verhaftet. Zum Zweiten argumentiert er theologisch, indem er darauf hinweist, dass die Aufführungsorte aller Spiele heidnischen Göttern geweiht waren und damit auch deren Verehrung dienten. Zum Dritten argumentiert er moralisch auf der Basis der griechischen Affektenlehre, also der zeitgenössischen Psychologie: Die Sport- wie auch die Theaterveranstaltungen seien geeignet, heftige Gefühle wie Raserei und Zorn, Wut und Schmerz hervorzurufen, die mit einer christlichen Zucht nicht vereinbar seien: «Wenn uns also Raserei untersagt wird, dann halten wir uns von jeder Art von Schauspiel fern – auch vom Circus, wo speziell die Raserei den Vorsitz führt. Sieh dir das Volk an, wie es zu diesem Schauspiel schon unter Raserei hinkommt, schon lärmend und tobend, schon verblendet, schon in heller Aufregung durch die Wetten.»[66]

Bei aller Radikalität gibt es in Tertullians Streitschrift aber auch Argumente, die wir heute noch bedenkenlos unterschreiben würden. Dies betrifft z. B. die Paradoxie, dass die hochverehrten Stars der Wettkämpfe, denen Männer ihre Seelen und Frauen ihre Körper opfern würden, gleichzeitig rechtlich als Ausgestoßene behandelt wurden: «Welch eine verkehrte Welt! Sie lieben die, die sie erniedrigen, würdigen die herab, denen sie Beifall spenden; sie feiern die Kunst und brandmarken die Künstler!»[67] Tertullian kritisiert aber vor allem die Zurschaustellung von Menschen, die in die Arena zu den wilden Tieren (ad bestias) geschickt wurden: «Wer aber verbürgt sich mir dafür, dass es immer Schuldige sind, die zum tödlichen Kampf mit wilden Tieren oder zu irgendeiner anderen Todesstrafe verurteilt werden, dass eine solche Strafe nicht auch einen Unschuldigen trifft, sei es aufgrund der Rachsucht des Richters, sei es wegen der Schwäche der Verteidigung, sei es infolge der Heftigkeit der mittels Foltern durchgeführten gerichtlichen Untersuchung?»[68] Auch im Hinblick auf die Psychologie des Sportfans sind Tertullians Beobachtungen bemerkenswert, etwa bezüglich der paradoxen Veränderung, die mit ihnen (bzw. mit uns) im Stadion vor sich gehe, wo «derselbe, der handgreifliche Auseinandersetzungen schlichtet oder wenigstens verabscheut, wenn sie sich auf der Straße ereignen, im Stadion schweren Faustschlägen Beifall zollt».[69] Die Gemengelage von Abgötterei, Fanatismus und Grausamkeit ist es auch, die andere Kirchenväter mit mindestens ebenso deutlichen Worten verurteilen. Stellvertretend sei der hl. Augustinus zitiert, der wie Tertullian aus Nordafrika stammte: «Durch ihre Begierde nach Schauspielen werden sie Teufeln ähnlich, indem sie Menschen mit ihrem Geschrei dazu anfeuern, sich gegenseitig umzubringen.»[70]

Bemerkenswerterweise bedienten sich jedoch noch die führenden spätantiken Theologen auch Metaphern aus dem Bereich des Sports, um ihr eigenes Anliegen zu verdeutlichen. So schrieb etwa der in Trier geborene Kirchenvater Ambrosius, Bischof von Mailand, über die Priesterweihe: «Du bist gesalbt worden, gleichsam wie ein Athlet Gottes, gleichsam wie einer, der den Ringkampf dieser Welt bestreiten wird.» Und der Kirchenvater Augustinus spielt mit derselben Metapher: «Das Salböl ist das Symbol dafür, daß wir Ringkämpfer gegen den Teufel sind.»[71]

Kaiser Theodosius I. und das Ende der antiken Spiele

Die Christen stellten zunächst nur eine Minderheit im Römischen Reich dar, und die Ansichten ihrer Ideologen blieben folgenlos. Auch Naturkatastrophen wie ein schweres Erdbeben Ende des 3. Jahrhunderts konnten den Olympischen Spielen nichts anhaben. Die aufwändige Infrastruktur des Kultzentrums wurde instand gesetzt, gepflegt und erweitert. Um das Jahr 300 wurde ein neues Badehaus gebaut, um die Hygiene der Athleten und der Zuschauer zu verbessern. Mit der zunehmenden Akzeptanz des Christentums hatte die Ablehnung der Spiele durch christliche Theologen jedoch langfristige Folgen. Der erste christliche Kaiser des Römischen Reiches, Konstantin I., zog das Wagenrennen den Gladiatorenkämpfen vor, weil es weniger stark an den heidnischen Kult erinnerte. In seiner Neugründung Konstantinopel (das heutige Istanbul), das er zur Hauptstadt des Reiches erhob, erweiterte er das soziale Zentrum der Vorgängerstadt Byzantion, das Hippodrom, zu einer gewaltigen Sportstätte von 450 Metern Länge, deren Tribüne nicht weniger als 100 000 Zuschauer fassen konnte (heutiger Sultan-Ahmed-Platz). Die Kaiserfamilie hatte direkten Zugang zur Kaiserloge (Kathisma) durch eine Passage vom nahegelegenen Kaiserpalast (an dessen Stelle heute die Sultan-Ahmed-Moschee, die sogenannte Blaue Moschee, steht). Zum Schmuck des Hippodroms gehörte die vergoldete Bronzeplastik des Pferdegespanns aus vier lebensgroßen Pferden, die im Jahr 1204 bei der Plünderung Konstantinopels von Kreuzfahrern gestohlen und nach Venedig gebracht wurde. Heute steht sie über dem Haupteingang der Markuskirche. Das Hippodrom, das baulich gesehen mehr mit dem römischen Circus Maximus zu tun hatte als mit den offenen hellenischen Wagenrennbahnen, blieb das ganze Mittelalter hindurch das soziale Zentrum Konstantinopels und damit des Byzantinischen Reiches.[72]

Eine letzte Blütezeit erlebten die Olympischen Spiele unter Kaiser Julian, der noch einmal zu den alten Göttern zurückkehrte, was zu einem Aufblühen der heidnischen Kulte führte. Natürlich machten auch Christen bei den Spielen mit. Der letzte Olympiasieger, den wir namentlich kennen, ist der christliche Prinz Varazdates von Armenien, der im Jahr 385 im Faustkampf siegte, bei den 291. Olympischen Spielen des Altertums.[73] Möglicherweise gab es auch noch eine oder zwei weitere Spielperioden (also in den Jahren 389 und 393), doch haben wir davon keine positiven Belege.

Der christliche Kaiser Theodosius I. verbot jedenfalls in den Jahren 391 und 392 in mehreren Dekreten alle heidnischen Kulte und im Jahr 394 explizit auch die Olympischen Spiele.[74] Das Spielverbot wirkt insofern überraschend, als derselbe Kaiser im Jahr 390 den riesigen Obelisken des Pharaos Thutmosis III. unter großem Aufwand nach Konstantinopel bringen und im Hippodrom aufstellen hatte lassen, wo er heute noch steht. Damit hatte er sich auch in die Tradition Kaiser Konstantins gestellt, der das Wagenrennen zur Sache des christlichen Kaisers gemacht und damit gegen Angriffe der Kirche immunisiert hatte.

Mit Theodosius I. begann ein neues Kapitel der Spätantike, denn er führte faktisch das Christentum als neue Reichsreligion ein. In der christlichen Geschichtsschreibung erhielt er dafür den Beinamen «der Große». Vor seinem Tod teilte er das *Imperium Romanum* in eine lateinische westliche und eine griechische östliche Hälfte, die fortan getrennt blieben und auch in ihrem Verhalten zum Sport unterschiedliche Entwicklungen nahmen.[75] Im Oströmischen Reich war das Dekret von 393 nicht von durchschlagender Wirkung, und so sah sich der oströmische Kaiser Theodosius II. im Jahr 426 genötigt, das Verbot der Olympischen Spiele noch einmal zu erneuern, das olympische Zeusheiligtum zu schließen und den Tempel zu zerstören. Kaiser Theodosius II. ging gegen Heiden und Juden vor, er verbot den Bau neuer Synagogen und ordnete 438 die Umwandlung aller Synagogen in christliche Kirchen an. Andererseits wurden weder Juden noch Heiden verfolgt, und auch sportliche Übungen blieben unbehelligt, solange sie nicht dem heidnischen Götterkult dienten. Der Kaiser selbst starb an einem Reitunfall, bei dem er sich die Wirbelsäule brach.[76]

Auch archäologisch konnte nachgewiesen werden, dass etwa seit dem Jahr 400 eine Umnutzung des symbolträchtigen Geländes einsetzte. Möglicherweise wurde das Heiligtum von Olympia bereits bei Kriegszügen der Goten in Mitleidenschaft gezogen, deren König Alarich I.

plündernd durch Griechenland zog. Der Zeustempel wurde zwar nicht zerstört, aber danach wurden auf dem ehemaligen Sakralgelände Wohnungen und Arbeitsstätten von Handwerkern errichtet. In Olympia siedelten jetzt Christen, die ihren Gottesdienst in einem eigens umgebauten Saal eines ehemaligen Verwaltungsgebäudes abhielten. Die vorhandene Infrastruktur – Wasserleitungen, Bäder und Latrinen – war attraktiv. Eines der heidnischen Bäder wurde zu einer christlichen Weinkelter umgebaut. Im Frühmittelalter bekam Olympia eine neue Funktion als Militärsiedlung an der Westgrenze des Byzantinischen Kaiserreichs. In den Wirren der Völkerwanderungszeit, als die Gegend nacheinander von Goten, Vandalen und Slawen eingenommen wurde, kam es nach Erdbeben und Überschwemmungen im 6. Jahrhundert schließlich zur Aufgabe des Siedlungsplatzes. In den folgenden Jahrzehnten verschwand die verlassene Kultstätte unter Sandablagerungen. In Rom selbst, wo der christliche Kaiser Constantinus III. das Spielverbot erneuerte, dauerten die Gladiatorenspiele und Tierhetzen bis ins 5. Jahrhundert hinein. Das letzte Wagenrennen im Circus Maximus fand im Jahr 549 statt.[77]

Wagenrennen und Zirkusparteien in Byzanz

Trotz des Verbots der Olympischen Spiele und anderer Sportwettbewerbe, die mit den heidnischen Kultstätten verbunden waren, galt im Oströmischen Reich von Byzanz die Devise «Brot und Zirkusspiele» weiter. Das Hippodrom blieb bis zur Eroberung Konstantinopels durch die Osmanen im Jahr 1453 – also das ganze Mittelalter hindurch – das soziale Zentrum der Stadt. Größte Attraktion waren die Wagenrennen, bei denen regelmäßig vier Rennställe gegeneinander antraten, die von verschiedenen Stadionparteien (*demoi*) finanziert wurden und sich durch Farben unterschieden: Die Blauen (*venetoi*), die Grünen (*prasinoi*), die Roten (*rousioi*) und die Weißen (*leukoi*). Die Farben der Zirkusparteien prägten – wie heute die drei großen Istanbuler Fußballvereine Galatasaray, Fenerbahçe und Beşiktaş – die Phantasien und das Leben ihrer Anhänger bis hin zur Gestaltung ihrer eigenen Kleidung. Mit ihnen verbanden sich immer wieder auch politische und manchmal sogar religiöse Anliegen, wobei aber die Sportveranstaltungen immer noch im Mittelpunkt standen. Jedes Team konnte zwei

Rennwagen betreiben, sodass regelmäßig bis zu acht Fahrer an den Wagenrennen teilnahmen. Die Rennen zogen die Volksmassen in das Hippodrom und entfachten große Leidenschaften. Auf den Sieg wurden große Geldsummen gewettet.

Wie in Rom waren die Zirkusveranstaltungen nicht einfach Sportereignisse, sondern sie vereinten den Kaiser, das Kaiserhaus und die führenden Politiker des Reiches mit dem Volk. Die Volksmenge konnte in der gewaltigen Kulisse des Hippodroms ihre Zufriedenheit oder Unzufriedenheit mit der Regierung ausdrücken. Im Rahmen der Sportveranstaltungen bot sich die beste Gelegenheit zu politischen Diskussionen. Die Gegensätze zwischen den Grünen und den Blauen, den beiden stärksten Parteien in der Hauptstadt, die sich in der Spätantike die Weißen und die Roten als Juniorpartner hielten, vermischten sich immer wieder mit religiösen und politischen Rivalitäten und führten so zu Unruhen oder Aufständen.

Die schlimmste dieser Unruhen war der Nika-Aufstand des Jahres 532. Kaiser Justinian I., ein Anhänger und Unterstützer der «Blauen», war nach seinem Amtsantritt mit überraschender Härte gegen Unruhestifter vorgegangen, die gegen Steuererhöhungen protestiert hatten. Als im Jahr 531 nach einem Wagenrennen einige Parteigänger der Grünen und der Blauen wegen Mordes inhaftiert und zwei Anführer hingerichtet worden waren, erschien am 13. Januar 532 eine verärgerte Volksmenge im Hippodrom, die den Kaiser mit Beleidigungen begrüßte. Nach dem 22. Wagenrennen vereinten sich die Grünen und die Blauen in der Forderung nach Freilassung der gefangenen Anhänger. Mit dem Schlachtruf «Nika, Nika» («Sieg, Sieg») brachen sie aus dem Hippodrom aus und griffen den Palast des Stadtpräfekten an. Als am Tag darauf die Zirkusspiele abgesagt wurden, begannen Tumulte, in denen die Holzbänke des Hippodroms und die Verkaufsarkaden in Flammen aufgingen. In den nächsten Tagen wurde der Kaiserpalast belagert, die Senatskurie, das Kaiserforum und das Palastviertel wurden angezündet, und die Brände zerstörten Teile der Stadt, während in den Straßen Häuserkämpfe tobten. Die Aufständischen ernannten Hypatius, einen Neffen des früheren Kaisers Anastasius I., zu ihrem Kaiser. Justinian erwog bereits zu fliehen, doch soll ihn seine Frau, die einflussreiche Kaiserin Theodora – ihr Vater war Bärentrainer der Blauen im Hippodrom gewesen – mit den Worten überzeugt haben, dass man eine Krone nur durch den Tod verlieren könne.[78] Daraufhin beauftragte der Kaiser seinen Feldherrn Belisarius, die Aufständischen im Hippodrom anzugreifen. Der populäre Eunuch Narses ging, bewaffnet nur mit einem Sack Gold, hinein und erinnerte die Anführer der Blauen daran, dass der Kaiser immer ihre Partei unterstützt habe. Der Gegenkaiser Hypatius sei dagegen ein Grüner. Zusammen mit dem Gold wirkte dieses Argument so überzeugend, dass die Blauen das Hippodrom verließen. Die kaiserlichen Truppen marschierten in das Stadion ein und schlugen den Aufstand blutig nieder. Gemäß dem byzantinischen Geschichtsschreiber Prokopius von Caesarea, einem Augenzeugen des Nika-Aufstandes, sollen die Kämpfe 30 000 Menschenleben gekostet haben. Aus Vorsicht und zur Bestrafung der Hauptstadtbevölkerung wurden danach längere Zeit keine Wagenrennen mehr im Hippodrom veranstaltet.[79]

Die Zirkusparteien und auch die Zirkusspiele blieben jedoch erhalten und erlangten bald ihren Einfluss zurück. Der byzantinische Kaiser Maurikios fiel im Jahr 602 einem Aufstand meuternder Truppen zum Opfer, die es geschafft hatten, die Partei der Grünen für sich zu gewinnen und die Partei der Blauen zum Stillhalten zu verpflichten. Der Kaiser wurde samt seiner Familie umgebracht, der Anführer der Meuterer als Kaiser Phokas und als erster erfolgreicher Usurpator der byzantinischen Geschichte auf den Thron gesetzt. Als Phokas danach versuchte, den Einfluss der Grünen zurückzudrängen, indem er die Blauen unterstützte, stürzte dieser Seitenwechsel das Reich in den Bürgerkrieg. Die erste Amtszeit Kaiser Justinians II. endete mit einem Aufstand, der von den Blauen angeführt wurde. Die Macht der Zirkusparteien endete nach dem Regierungsantritt der makedonischen Dynastie, welche im 9. Jahrhundert die Verwaltung umorganisierte. Kaiser Basilios I., der Begründer dieser Dynastie, starb an einem Fieber, das er sich nach einem schweren Jagdunfall zuzog.[80] Die Bedeutung der Wagenrennen ging im 13. Jahrhundert – nach der Plünderung der Stadt durch europäische Truppen – zurück, das Hippodrom verfiel und wurde nur noch gelegentlich für Spektakel benutzt.

Asien und Amerika

Sport im antiken und mittelalterlichen Asien

Wenn wir bisher fast nur von Sport in der griechisch-römischen Antike geschrieben haben, dann liegt dies zum einen an unserem Fokus auf Olympia, zum anderen an der Begrenztheit unseres Wissens über die anderen Zivilisationen und der Schwierigkeit, die Literatur in asiatischen Sprachen und Schriften zu lesen. Das soll aber nicht heißen, dass Sport eine europäische Angelegenheit gewesen sei. Wettbewerbe in den Bewegungstechniken hat es vermutlich in allen menschlichen Kulturen gegeben, und dasselbe gilt auch für Kampfspiele. Manche Sportarten können auf eine Tradition zurückblicken, die sich nicht in Jahrzehnten, sondern in Jahrhunderten und in einigen Fällen in Jahrtausenden bemisst.

Manche dieser Sportarten findet man in fast allen Zivilisationen, wie z. B. das Ringen. Im sumerischen *Gilgamesch*-Epos ringt der Held mit seinem Gegenspieler Enkidu, um seine Glaubwürdigkeit als Anführer zu etablieren. Das altindische *Mahabharata*-Epos beschreibt einen Ringkampf zwischen dem starken General Bhima und dem König Jarasandha von Magadha. Über 4000 Jahre alte Anleitungen zum Ringkampf wurden in ägyptischen Grabkammern gefunden, teilweise mit einer großen Zahl von Abbildungen, die Wurf- und Hebetricks veranschaulichen, die auch heute noch im Ringen zur Anwendung kommen. In China soll die Technik des *Shuai Jiao* auf eine Tradition von 4000 Jahren zurückblicken. In der Mongolei ist das Ringen bis heute eine populäre Sportart, die neben Reiten und Bogenschießen die «Drei Übungen des Mannes» ausmacht. Höhlenmalereien im Südwesten der Mongolei beweisen das hohe Alter dieser Vorliebe. Dschingis Khan und spätere mongolische Kaiser hielten das Ringen für eine wichtige Körperübung, um ihre Kämpfer in guter körperlicher Verfassung zu erhalten. Sieger im Ringen erhielten hohe Auszeichnungen. Während der Herrschaft der Mandschu-Dynastie in China (1644–1911) erfreute sich der kaiserliche Hof an Ringer-Wettbewerben zwischen Mandschus und Mongolen. In der heutigen Mongolei spielen solche Wettkämpfe und nationale Meisterschaften eine herausragende Rolle. Beinahe genauso populär sind Ringkämpfe bei allen Turkvölkern quer durch Zentralasien bis in die heutige Türkei geblieben, wobei sich hier die Kämpfer mit Öl einreiben (*Yağlı Güreş*).[81]

Bei China kann man das Fußballspiel besonders hervorheben, das ganz unabhängig von den Entwicklungen im Mittelmeerraum und in Europa eine sehr lange Tradition hat. Aus der Zeit der Tang-Dynastie (618–907) besitzen wir künstlerische Darstellungen des *Cuju*-Spiels, bei dem Gruppen von Menschen – meist Männer, manchmal aber auch Frauen und Kinder – mit einem großen Ball spielen.[82] Dieses Spiel wird bereits in chinesischen Werken der Han-Dynastie (206 v. Chr.–220 n. Chr.) erwähnt und hat vermutlich auch seinen Ursprung in China.[83] Von dort verbreitete es sich nach Korea, Japan und Vietnam. Manche meinen, das Spiel sei während der Periode der Streitenden Reiche (476–221 v. Chr.) als eine Art Fitnessprogramm für Militärs entstanden. Der Han-Kaiser Wu Di soll das Spiel sehr geliebt haben, und während seiner Regierungszeit entstand eine besondere Form des Innenhofes als Spielanlage für Cuju. Während der Zeit der Tang-Dynastie wurde der bis dahin mit Federn gestopfte Ball durch einen aufblasbaren Ball mit zweilagiger Hülle ersetzt. In der Hauptstadt Chang'an gab es viele Cuju-Spielplätze, sowohl in den Hinterhöfen größerer Gehöfte als auch im Palastbereich. Soldaten bildeten Mannschaften und spielten zum Vergnügen des Kaisers und seines Hofes. Angeblich gab es auch weibliche Mannschaften, und einmal soll ein 17-jähriges Mädchen ihrem Team gegen eine Mannschaft von Soldaten zum Sieg verholfen haben.[84]

Seit der Zeit der Song-Dynastie (960–1279) erlangte das chinesische Fußballspiel in allen gesellschaftlichen Schichten große Popularität. Damit setzte auch die Professionalisierung und Kommerzialisierung des Spiels ein. Die Profispieler traten entweder für den Kaiserhof auf, oder sie waren Privatleute, die sich durch das Cuju-Spielen ernährten. In den großen Städten gab es Cuju-Clubs (*Yuan She*), in denen Amateure bei den Profis Unterricht nehmen konnten und dafür Beiträge zahlten. Ein Cuju-Club (*Qi Yun She*) veranstaltete im 10. Jahrhundert jedes Jahr chinesische Meisterschaften (*Shan Yue Zheng Sai*). Beim bürgerlichen Cuju (*Bai Da*) spielten in jedem Team zwischen zwei und zehn Spieler. Der Ball durfte mit jedem Körperteil außer der Hand berührt werden. Beim höfischen Cuju (*Zhu Qiu*), das auf Hoffesten oder bei diplomatischen Ereignissen aufgeführt wurde, traten zwei Teams von 12–16 Spielern gegeneinander an. Kaiser Song Taizu fand solchen Ge-

Polo am Hof Schah Mahmuds von Persien, Täbris 1546.
Persische Buchillustration zu dem Gedicht «Guy u Chawgan» (Der Ball und der Polo-Schläger).
Polo ist in Persien belegt seit ca. 600 v. Chr. Im Zuge der islamischen Expansion verbreitete es sich nach Arabien, Afghanistan, Indien und China. Britische Kavallerie-Offiziere brachten den Polo-Sport nach England und gründeten dort 1859 den ersten Polo-Club.

fallen an dem Spiel, dass er selbst mit seinen Ministern spielte – oder sich zumindest von einem Hofmaler als Spieler darstellen ließ. Dieser Kaiser war überhaupt dem Sport sehr zugetan. Er etablierte eine Kampfsportart, die im Chinesischen «*Taizu Changquan*» (Kaiser Taizu Lange Faust) heißt und eine Art Weiterentwicklung des *Shaolin* darstellt. Mit dem Beginn der Ming-Dynastie (1368–1644) setzte ein Niedergang des Cuju-Spiels ein. Neben Cuju reichte die Bandbreite des chinesischen Sports vom Jagen und Bogenschießen über Fußballspiele, Reiten, Polo und Golf bis zum Tanzen, Schwimmen und Eislaufen. Der Ursprung dieser physischen Kultur wird in der Zeit gesehen, die in Europa das Frühmittelalter darstellte, als in vielen Sportarten Rekordleistungen aufgezeichnet wurden.

In der Periode der Tang-Dynastie wurzelt auch die Kampfsportkunst des *Karate*, das noch bis 1930 im Japanischen mit dem Schriftzeichen für «chinesische Hand» bezeichnet und erst im Zeichen eines anschwellenden Nationalismus in «leere Hand» umbenannt wurde.[85] Angeblich soll diese Kampftechnik ohne Waffen im 6. Jahrhundert von

dem buddhistischen Mönch Daruma Taishi aus Indien in China eingeführt und in einem Kloster der Stadt Shaolin gelehrt worden sein, das
sowohl als Pflanzstätte des Zen-Buddhismus als auch der chinesischen
Kampfkunst gilt.[86] Wie in der Neuzeit das Britische Weltreich die weltweite Verbreitung standardisierter Sportarten ermöglichte, so war dies
im frühneuzeitlichen China durch die Großreichsbildung für Ostasien
der Fall.[87]

In Japan geht die Kampfsportkunst des *Judo* bis in das 8. Jahrhundert zurück. Seit 717 fanden am japanischen Kaiserhof jährlich Preis-
ringen statt, aus denen sich verschiedene Gattungen von waffenlosen
Kampfsportarten entwickelten, die sich am Prinzip des Nachgebens
(*Ju*) orientierten, dem *Ju-Jutsu* («Nachgeben, um zu siegen»). Angeblich
gehen sie auf einen Arzt namens Akiyama Shirobei zurück, der bei seinem Studium in China bemerkt hatte, dass viele Äste unter der Last
des Schnees brachen, aber die Zweige des Weidenbaums nachgaben
und den Schnee abgleiten ließen. Dazu gehörten in der Ashikaga-Peri-
ode (1336–1568) z. B. das *Tai-Jutsu* (Körperkunst) und das *Torinawa-Jutsu*
(Kunst des Ergreifens und Einwickelns). Die Entwicklung des modernen Judo fällt bereits in die Meiji-Periode, als Jigoro Kano, der 1909 als
erster Japaner in das IOC aufgenommen wurde, in Tokio eine Schule
gründete, die Aspekte aus verschiedenen Ju-Jutsu-Techniken kombinierte. Nachdem sich das Judo in Wettkämpfen anderen Nahkampf-
techniken als überlegen erwiesen hatte, wurde es 1911 als Pflichtfach in
der Schule eingeführt.[88]

Im Zentrum das Ballspiel: die Kulturen Altamerikas

Auf kaum einem anderen Kontinent scheinen Ballspiele so verbreitet
gewesen zu sein wie in Amerika. Bereits in den ältesten Zeugnissen
der mittelamerikanischen Kultur, bei den Olmeken in Mexiko, finden
sich über 3000 Jahre alte Hinweise auf rituelle Ballspiele.[89] Über das
ganze Verbreitungsgebiet der Maya-Kultur sowie im Großreich der Azteken haben sich Texte, Malereien, Glyphen und nicht zuletzt die großen gebauten Ballspielplätze der klassischen Zeit erhalten, die keinen
Vergleich mit griechischen oder römischen Sportanlagen zu scheuen
brauchen. Keine große Kultanlage kam ohne einen oder mehrere Ballspielplätze aus, und große Anlagen wie in Chichén Itzá hatten Ball-

spielfelder mit 166 Metern Länge und 68 Metern Breite.[90] Nach Ansicht vieler Forscher hängt die Affinität zum Ballspiel mit den Fruchtbarkeits- und Todesmythen der klassischen Hochkulturen zusammen, in denen Vertreter der Menschen mit Göttern der Unterwelt in einem Ballspiel um das Leben kämpfen und nach ihrem Tod und ihrer Zerstückelung aus der Unterwelt wiederauferstehen und das Leben zurückbringen.[91] Der Kampf Gut gegen Böse – den wir heute z. B. durch das Betrachten von Kriminalfilmen oder in Computerspielen nachvollziehen – wurde in den altamerikanischen Gesellschaften mit dem rituellen Ballspiel veranschaulicht.[92]

Die Ballspiele (in Maya *ullamaliztli*) wurden früher oft mit Menschenopfern in Verbindung gebracht. Aber das war zu stereotyp gedacht. Auch wenn kaum noch bestritten wird, dass in den mittelamerikanischen Hochkulturen besonders in Krisenzeiten Menschen den Göttern geopfert wurden, so sehen Anthropologen den Zweck der Ballspielplätze doch mehr im Kontext dessen, was wir aus der ethnographischen Forschung in Nord- und Südamerika wissen. Allein schon die große Zahl von bisher über 1500 entdeckten Ballspielplätzen in den Ruinenstädten der Maya lässt es undenkbar erscheinen, dass dort ständig Menschen geopfert wurden. Sachlich werden diese Ballspiele als Wettkämpfe zwischen zwei Teams mit einer gleichen Anzahl von Spielern beschrieben, die einen Ball ein Spielfeld auf und ab bewegten, um Punkte zu sammeln, indem sie ein Ziel im Feld des Gegners trafen oder durchschossen. Gewinner war die Mannschaft, die eine vereinbarte Anzahl von Punkten gesammelt hat. Diese abstrakte Beschreibung zeigt, dass die mittelamerikanischen Ballspiele fernab jeder Exotik in vielem den Mannschaftsspielen ähneln, die wir heute noch kennen und schätzen. Man benötigt nicht unbedingt einen Mythos, um die Verbreitung des Ballspiels in allen Teilen Amerikas zu verstehen.[93]

In klassischer Zeit repräsentierten die Teams ihre jeweiligen Gemeinschaften, und die Spieler benutzten ihre Hüften, um einen großen Gummiball über das Spielfeld zu bewegen. Entweder sollte ein Tor des Gegners getroffen werden, oder der schwere, aber schnelle Ball, der von den steinernen Seitenwänden der Ballspielplätze mit großer Geschwindigkeit abprallte, musste durch kleine steinerne Ringe geschossen werden, die in der Mitte des Feldes in etwa acht Metern Höhe angebracht waren. Der schwere Ball konnte Verletzungen und im Extremfall sogar den Tod verursachen, wenn man nicht aufpasste und am Kopf getroffen wurde. Bei den Maya hieß dieses Spiel *pok-ta-pok*, bei den Azteken *tlachtli*. Bei den großen Spielen ging es um hohe Wetteinsätze, und Sieg oder Niederlage konnten erhebliche soziale, ökonomische und sogar politische Konsequenzen haben. Aztekenkaiser Axayacatl verwettete z. B. den Marktplatz von Tenochtitlán gegen einen Garten. Als er die Wette verlor, erschienen am nächsten Tag mexikanische Soldaten bei dem glücklichen Gewinner und legten ihm eine Blumengirlande um den Hals. In dieser war ein Lederriemen verborgen, mit dem sie ihn erdrosselten.[94] Archäologen gehen davon aus, dass sich das mesoamerikanische Ballspiel von Mexiko aus in weit entfernte Gegenden sowohl nach Süd- als auch nach Nordamerika verbreitet hat. Im Südwesten der USA sollen die Hohokam noch vor 500 Jahren dieses klassische Spiel gespielt haben.[95]

Kapitel 2

Die Turniere des Mittelalters

Steigt man auf der Ebene der Standardwerke in das Thema Sport ein, dann stellt man schnell fest, dass das zehnbändige *Lexikon des Mittelalters* im Unterschied zu ähnlichen Lexika anderer Epochen, etwa der *Enzyklopädie der Neuzeit*, dem *Lexikon der Antike*, dem *Neuen Pauly*, kein eigenes Stichwort «Sport» enthält. Vielmehr verweist es unter diesem Begriff auf den Lexikonartikel «Spiele» – und außerdem speziell die «Ballspiele».[1] Spiele werden im Spätmittelalter – wie noch in der Frühen Neuzeit bis ins 19. Jahrhundert – unter dem zeitgenössischen Begriff «Vergnügen» oder «Kurzweil» (*sublevamen temporis*) gefasst. Vorher wurden Körperübungen – soweit wir bei der oft prekären Quellenlage der «dunklen Jahrhunderte» sagen können – entweder im Rahmen des militärischen Kampftrainings oder der jahreszeitlichen Feste durchgeführt. Möglicherweise haben sich die einzelnen Akteure auf die Wettbewerbe bei den Festen vorbereitet, wenn es dort attraktive Preise zu gewinnen gab. Allerdings wurde der dafür notwendige Müßiggang (*otium*) von der Kirche sehr negativ gesehen und kam nur für Freie oder für Hörige, die im Auftrag ihrer Herren auftraten, in Frage. Im Unterschied zur antiken Sklavenhaltergesellschaft, wo *otium* angesichts einer Verachtung der Handarbeit als erstrebenswert galt, war das mittelalterliche Europa durch den kategorischen Imperativ des benediktinischen Mönchtums (*ora et labora* – *bete und arbeite*) geprägt. Weder im Kloster noch in der bürgerlichen Welt der Stadt war Müßiggang gerne gesehen.[2]

Im christlichen Mittelalter war der Jahresablauf einerseits durch die notwendigen Arbeitsabläufe einer Agrargesellschaft, andererseits durch das Kirchenjahr geprägt, das versuchte, die Arbeitsrhythmen mit den Kirchenfesten in Einklang zu bringen. Die großen und kleinen kirchlichen Feste knüpften sich an entscheidende Arbeitsabschnitte und vorhandenes, zum Teil vorchristliches Brauchtum. Die Zeit der Wintersonnenwende, die christianisiert von Weihnachten bis Dreikönig reichte, und auch die Marienfeste im Februar eigneten sich aufgrund der Witterung wenigstens im nördlichen Europa für Sportwettbewerbe weniger. Ebenso blieben die großen christlichen Feste Ostern und Pfingsten eher den kirchlichen Feiern vorbehalten. Dagegen eigneten sich viele mit Jahrmärkten verbundene Heiligenfeste und vor allem die das Ende des Winters signalisierende Zeit des Karnevals – vor Beginn der agrarischen Frühjahrsarbeiten – hervorragend dafür. Die Feier des Karnevals war dem gesamten christlichen Europa gemeinsam und ein Mittelpunkt des Sportjahrs. Dagegen richteten sich die wichtigsten lokalen Wettbewerbe oft nach der Feier des Stadtheiligen. In Florenz war dies der hl. Johannes der Täufer (24. Juni),[3] in Neapel der hl. Januarius (31. Januar), in Venedig Christi Himmelfahrt (Vermählung der Stadt mit dem Meer), in Barcelona der hl. Georg (23. April). Manchmal waren die Feiertage auch doppelt determiniert, wenn z. B. am Giovedì grasso, dem ohnehin für Sportveranstaltungen beliebten Faschingsdonnerstag, auch noch der Sieg über den Patriarchen Ulrich von Aquileia gefeiert wurde, der im Frühmittelalter zur Unabhängigkeit Venedigs geführt hatte. Da der Kirchenfürst zur Anerkennung der venezianischen Freiheit einen Tribut von zwölf Schweinen und einem Stier hatte zahlen müssen, wurde dieser Tag mit einem Stierkampf auf der Piazza San Marco begangen. In vielen spanischen Städten richtete sich der Höhepunkt des Festjahres nach dem Heiligen, der die Stadt von den Muslimen befreit hatte: in Valencia der Tag des hl. Dionysius (9. Oktober), in Sevilla der Tag des hl. Clemens (23. November). Die zeitliche Versetzung der großen Stadtfeiern hatte für Wettkämpfer den großen Vorteil, dass sie von Wettkampf zu Wettkampf reisen konnten.[4]

Wenn auch ein Konzept der Freizeit wie in modernen Gesellschaften nicht existierte, so ist doch argumentiert worden, dass im christlichen Mittelalter die Zahl der kirchlichen Feiertage so groß war, dass dies einem Jahresurlaub durchaus entsprach. Gerechnet wird im Durchschnitt – zusätzlich zu den Sonntagen – mit 50–65 arbeitsfreien Feiertagen, sodass mit den Sonntagen im Ergebnis bis zu einem Drittel aller Tage des Jahres arbeitsfrei waren. Und auch wenn viele Theologen im Gefolge des Kirchenvaters Tertullian Spiel und Sport vollkommen abgeneigt waren – und religiöse Eiferer wie die Bettelmönche Bernhardin von Siena oder Girolamo Savonarola Spielbretter und Sportgeräte nach ihren Predigten auf Scheiterhaufen verbrannten –, ist doch zu beobachten, dass zumindest manche Theologen den Spielen und Körperübungen etwas mehr abgewinnen konnten. So unterschied der in Lauingen gebürtige Dominikaner Albertus Magnus zwischen drei Arten von Spielen: 1. «Das zweckfreie Spiel» (*ludus liberalis*), das den Geist frei und tüchtig macht und – wie die Musik – zu Freundlichkeit des Herzens führt. 2. «Das nützliche Spiel» (*ludus utilis*), wie z. B. die Reiterspiele, das der Verteidigung des Vaterlandes dient. Und 3. «das verabscheuungswürdige und schändliche Spiel» (*ludus obscoenus et turpis*), das zur Sünde anreizt, dazu zählte er das Glücksspiel und das Theater.[5]

Sein Schüler Thomas von Aquin, wichtigster Vermittler zwischen antiker Philosophie und christlicher Theologie im Mittelalter, betrachtete in seinem Hauptwerk *Summa Theologiae* Erholung und körperliche Fitness als notwendig: «Um Glück zu erlangen, sind sowohl Vollkommenheit der Seele als auch des Körpers notwendig. Weil die Seele natürlicherweise mit dem Körper vereinigt ist, wie ist es dann glaubhaft, dass die Vollkommenheit der einen die des anderen ausschließen sollte?»[6] Der amerikanische Sporthistoriker Robert Mechikoff argumentiert, dass sich der Dominikaner im Anschluss an Aristoteles mit dieser Ansicht gegen die Körperfeindlichkeit Platons, vor allem aber gegen die zeitgenössischen Ketzerbewegungen der Katharer und Waldenser wandte, die den Körper als etwas prinzipiell Schlechtes betrachteten.[7] Konsens bestand bei spätmittelalterlichen Theologen über die Ächtung des Glücksspiels – das trotzdem weit verbreitet blieb – und über die Nützlichkeit von Körperübungen. So empfiehlt Nikolaus Cusanus in seinem «Fürstenspiegel» für den jungen König Ladislaus von Ungarn das Reifenschlagen und das Ballspiel.[8]

Kampfspiele

Das Ritterturnier als mittelalterlicher «Leitsport»

Der Grund, warum manche Sporthistoriker dem Mittelalter eine besondere Sportlichkeit zubilligen, liegt in seiner Leitsportart, dem Ritterturnier. Wie das antike Olympia hat auch das mittelalterliche Turnier bis hinein in die Sprache unsere Vorstellungen von sportlichen Wettkämpfen geprägt. Turniere in Sportarten wie Tennis oder Fußball gehen begrifflich darauf zurück, sogar das «Turnen» wurde als Kunstwort im 19. Jahrhundert danach gebildet. Kaum ein Mittelalter-Roman oder -Film kommt ohne die Szenerie dieser Großveranstaltungen aus. Diesen Darstellungen liegt aber oft ein Missverständnis zugrunde. Denn Ritterturniere entstanden – wie andere Sportarten – unter ganz spezifischen Bedingungen, zu bestimmten Zeiten und an bestimmten Orten. Ritterturniere in Verfilmungen der Artuslegende sind Anachronismen, denn weder gab es im Frühmittelalter Ritter, noch ritterliche Großveranstaltungen. Während der Periode der Völkerwanderung gingen die antiken Spektakel in Circus und Amphitheater verloren, ohne dass zunächst neue Formen an ihre Stelle traten. Mit dem Zusammenbruch der antiken Großreiche gab es dafür weder Bedarf noch die entsprechenden Austragungsorte. Das bedeutet nicht, dass es keine militärischen Übungen oder populäre Wettkämpfe gegeben hat, nur wissen wir aufgrund der Quellenarmut dieser Zeit wenig darüber.

Nur ausnahmsweise hören wir etwas darüber, wie die Reiterspiele vor dem Aufkommen des Ritterturniers – etwa am Hof Karls des Großen – ausgesehen haben. Auffällig ist dabei, dass das Kernstück des Ritterturniers, nämlich das frontale Aufeinanderprallen von Reitern oder Reiterverbänden mit scharfen Waffen, noch fehlt. Voraussetzung für dieses Ritterturnier war die Weiterentwicklung der Lanzentechnik sowie der Ritterrüstungen. Widukind von Corvey berichtet in seiner «Sachsenchronik», dass sich König Heinrich I. persönlich in den Kampfspielen ausgezeichnet habe. Das *Nibelungenlied*, das allerdings erst im 13. Jahrhundert entstand, traut dem Burgundenhof in Worms im Frühen Mittelalter Wettbewerbe wie Steinstoßen und Speerwerfen zu, wenn König Gunther *kurzwile* – also Kurzweil – haben wollte.[9]

Das Aufkommen der Ritterturniere ist an die Sozialform des gepanzerten Reiterkriegers – eben des Ritters – geknüpft. Erst die neu entstehenden Reiche des Hochmittelalters und die europäische Expansion zur Zeit der Kreuzzüge schufen den Rahmen dafür. Die Ressourcen wurden durch den hochmittelalterlichen Bevölkerungsanstieg und den dadurch ermöglichten Landesausbau freigesetzt. Eine anwachsende bäuerliche Bevölkerung und intensivere Landwirtschaft konnten wachsende Zahlen von Kriegern und Klerikern ernähren und bildeten die Voraussetzung für die Städtegründungen und die glanzvolleren Hofhaltungen dieser Epoche. Die «Erfindung des Turniers» wird in einer französischen Chronik dem Adeligen Geoffroy de

Herr Dietmar der Setzer, Miniatur von ca. 1340. Der elsässische Ritter Setzer durchschlägt mit seinem Schwert im Zweikampf (Tjost) vor den Augen mehrerer Zuschauerinnen den Topfhelm des Gegners und fügt ihm eine klaffende, vermutlich tödliche Wunde zu.

Preuilly zugeschrieben. Das erste belegte Ritterturnier aus dem Jahr 1095 endete gleich mit einem Turniertod: Graf Heinrich III. von Löwen wurde bei diesem Kampfspiel von der Lanze seines Gegners direkt ins Herz getroffen und starb auf der Stelle.[10] Weitere Belege für Ritterturniere haben wir mit einem Bericht Galberts von Brügge über die Besuche des Grafen von Flandern, Karls I. des Guten, und seiner Ritter auf Turnieren in der Normandie und in Frankreich. Zeitgenossen galt das Turnier als französischer Brauch. Vieles deutet darauf hin, dass das klassische Ritterturnier in Nordfrankreich entstand, dort sein frühes Zentrum hatte und sich dann nach Flandern, Burgund und England verbreitete. In England fand das erste Ritterturnier anlässlich der Belagerung von Lincoln 1141 statt, als der englische König Stephan von Blois mit dem Ritter Robert von Gloucester in die Schranken ritt. Die Blütezeit der Turniere müssen die 1170er und 1180er Jahre gewesen sein. Allein in der Lebensgeschichte des Ritters Guillaume le Maréchal werden für diese Zeit zwölf große Turniere beschrieben,[11] davon je vier in der Île-de-France und in der Grafschaft Blois und drei in der Champagne. Historiker rechnen, dass in Nordfrankreich in diesen Jahrzehnten etwa alle zwei Wochen ein Turnier stattgefunden haben

muss.[12] König Richard Löwenherz hob das bis dahin in England bestehende Turnierverbot auf und erließ 1194 Turnierregeln, die den Wert
des Turniers in der Ausbildung englischer Ritter im Vergleich zu denen
Frankreichs hervorhoben. König Eduard I. galt selbst als großer Turnierkämpfer, sein Enkel König Eduard III. versuchte, das Rittertum als
gesellschaftliche Elite durch die Stiftung des Hosenbandordens (*Order
of the Garter*) in die Nähe der Artuslegende («Ritter der Tafelrunde») zu
rücken.

Zu dieser Chronologie passt, dass wir 1130 von einem ersten christlichen Turnierverbot hören, erlassen auf dem Konzil von Clermont. Es
untersagte «die Abhaltung jener abscheulichen Märkte oder Jahr-
märkte, auf denen die Ritter sich nach ihrer Gewohnheit zusammen-
finden, um ihre Kräfte und ihre Kühnheit zu messen, was oft zum Tod
von Männern und zu großer Gefahr für die Seelen führt».[13] Zur Ab-
schreckung verweigerte die Kirche den im Turnier getöteten Rittern
die Bestattung in geweihter Erde, was sie in eine Reihe mit Selbstmör-
dern stellte. Die kirchliche Verurteilung des Ritterturniers, die wie das
Turnier selbst von Frankreich ausging, erlangte 1139 auf dem Zweiten
Laterankonzil Geltung für die gesamte lateinische Christenheit. Auf
dem Dritten Laterankonzil von 1179 wurde dieses Verbot wiederholt.
Die französischen Könige folgten von Ludwig dem Heiligen bis zu
Johann dem Guten diesem kirchlichen Turnierverbot, nicht zuletzt
weil es als dem eigentlichen Kriegsdienst abträglich galt. Erst am Ende
des Hochmittelalters, als die Turniere durch die Einführung fester Regeln an Brutalität und Gefährlichkeit verloren, wurde dieses Turnierverbot im Jahr 1316 aufgehoben. Das Papsttum erkannte jetzt an, dass
die Ritterturniere eine nützliche Vorbereitung für die Kreuzzüge dargestellt hatten. Unter dem französischen König Philipp VI. von Valois
legte Geoffroy de Charny in seinem *Livre de Chevalerie* (*Ritterbuch*) dar,
dass sich Ritterturnier und Kriegsdienst ideal ergänzten.

Der deutsche Begriff «Turnier» (auch *turnei*) leitet sich vom französischen *tournoi* oder *tournoiement* ab, erstmals belegt bei Otto von Freising 1160 bzw. in seiner deutschen Form eine bis zwei Generationen
später im *Eneas*-Roman des Heinrich von Veldeke. Die ausführlichste
Turnierbeschreibung stammt von dem Minnedichter Ulrich von Liechtenstein, der als Ritter selbst wenigstens an einem Turnier 1224 in
Friesach in Kärnten teilgenommen hat und den eine Buchmalerei in
voller Turnierrüstung in der *Manessischen Handschrift* zeigt.[14] Von sei-

ner Etymologie geht er auf das lateinische *torneamentum* (im Deutschen *tornament*) zurück. Durch die normannische Eroberung gelangte der Begriff rasch nach England (*tournament*). Gemeint war in jedem Fall ein kriegerisches Kampfspiel zwischen zwei Parteien von Berittenen auf einem freien Kampfplatz, entweder als Einzel- oder als Gruppenkampf. Der Begriff leitete sich von der charakteristischen Drehbewegung ab, mit der sich der Kämpfer auf seinem Pferd mit dem Schwert oder der Lanze dem Gegner zuwandte. Weil die Militärübung die Daseinsberechtigung des Ritterstandes ausmachte, rückte der ritualisierte Schaukampf ins Zentrum der hochmittelalterlichen Adelskultur. Der Gruppenzweikampf wurde als *Buhurt* bezeichnet, wobei anstatt der Schwerter meist ungefährlichere Schlagwaffen oder nur die Schilde eingesetzt wurden. Beim Turnier zweier Ritter zu Pferd, dem *Tjost* (frz. *joute*, von lat. *juxta*, engl. *joust*), unterschied man zwischen dem Zweikampf mit scharfer Lanze oder Schwert (Rennen) bzw. mit stumpfen Waffen (Stechen). Allgemein wurde der Zweikampf mit Lanze, Schwert oder Schlagwaffen zu Pferd oder zu Fuß als Gefecht bezeichnet. Um dieses zu bestehen, musste man Fechten lernen.

Das Ritterturnier breitete sich von Nordfrankreich in den französischen Süden, nach England und in die Niederlande sowie nach Deutschland und in die Kreuzfahrerstaaten aus. Auch bei der ältesten Erwähnung eines Turniers in Deutschland geht es um einen Turniertod: Der Mönch Berthold berichtet in seiner *Zwiefalter Chronik* über die Ausgelassenheit des Heinrich von Habsburg: «Bei einem der unseligen Kampfspiele, einem gefährlichen Vergnügen, dem er sich allzuoft hingab, wurde er unglücklich getroffen und starb.»[15] Turniertode durchziehen seither die mittelalterlichen Chroniken. Über das Heilige Römische Reich Deutscher Nation verbreitete sich die Turnierkultur im Verlauf des 13. Jahrhunderts nach Ostmitteleuropa in die Königreiche Böhmen, Polen und Ungarn sowie in die Länder des Deutschen Ordens an der Ostseeküste. In der städtisch geprägten Kultur Italiens fand das Rittertum dagegen keinen guten Nährboden. Bei einer Erwähnung von 1115 bleibt unklar, ob nicht eigentlich von einem Pferderennen (*cursus equorum*) und Kampfspielen mit Lanzen (*hastarum ludi*) die Rede ist. Im Zusammenhang mit dem Italienzug Kaiser Friedrich Barbarossas kam es 1158 möglicherweise zu einem turnierartigen Wettkampf (*certamen*) zwischen Stadtbürgern von Cremona und Piacenza (*quod modo vulgo tornoimentum vocant*), bei dem es allerdings zu Verwundeten, Toten und Gefangennahmen kam, was nicht für eine Sportveranstaltung spricht. Erst mit der Eroberung des Königreichs Neapel durch die französische Dynastie der Anjou wurden Turniere nach 1266 wenigstens in Süditalien häufiger. Danach heißt es bei Landino: «Turniere und Tjoste sind militärische Übungen, die bei Festen und Spielen zur Unterhaltung des Volkes abgehalten werden. Im Turnier führen Gruppen gegeneinander eine Art Kampf vor. Im Tjost stellt ein Mann gegen einen anderen eine Art Einzelkampf dar.»[16] Eine Kombination zwischen Pferderennen und Tjost waren Wettkämpfe wie das Quintanrennen, die *bigordi* und *armeggiere*, die als ungefährliche *giostre all'italiana* auch in Spanien Verbreitung fanden. Allerdings verwandte man auch hier Waffen, die sich wenig von Kriegswaffen unterschieden.

Noch weniger Anklang fand das europäische Ritterturnier in Griechenland. Im Kaiserreich Byzanz wurden zwar Turniere veranstaltet, doch handelte es sich dabei um Aufführungen vor der kaiserlichen Hofgesellschaft aus einem fremden – nämlich dem lateinischen – Kulturkreis. Eine erste sichere Nachricht über ein Ritterturnier im byzantinischen Antiochia (heute Antakya in der Südosttürkei) findet sich bei dem griechischen Geschichtsschreiber Niketas Choniates für das Jahr 1159, bemerkenswert wohl vor allem deshalb, weil Kaiser Manuel I. Komnenos selbst dabei auftrat. In Byzanz gab es zwar eine reguläre Armee mit Kavallerie, aber keinen adeligen Ritterstand, der dem europäischen entsprach. Folglich fanden die Ritterspiele hier keine soziale Trägerschicht. Erst mit der Eroberung Konstantinopels durch lateinische Kreuzritter begannen in den besetzten Gebieten für einige Jahre Turniere, an denen Byzantiner teilnahmen. Lebendig blieb diese Körperübung jedoch nur in den auch weiterhin von Venezianern oder Franzosen dominierten Gebieten, nicht aber in denen unter griechischer oder türkischer Herrschaft.[17]

Hochmittelalterliche Hoftage als Sportfeste

Nicht umsonst ranken sich Ritter- und Turnierphantasien um abenteuernde Kreuzfahrer wie König Richard Löwenherz von England und Kaiser Friedrich I. Barbarossa, denn in ihrem Umkreis fanden tatsächlich große Turniere statt und wurden allgemeine Turnierregeln erlassen. In der Zeit der Dynastie Hohenstaufen ragen die Mainzer Hoftage von 1184 und 1188 als Höhepunkte der Ritterkultur hervor. Die Ritterturniere anlässlich dieser großen Reichsversammlungen waren bereits hochgradig ritualisiert. Zu den Regularien zählten die Festlegung der Spielregeln, förmliche Einladungen, der Aufbau regulärer Kampfplätze, die Überwachung des Kampfes durch Kampfrichter, die Ausrufung des Siegers durch ein Schiedsgericht und die Siegerehrung bzw. Preisverleihung aus der Hand einer Dame. Die Turniere bildeten für die Adelsgesellschaft das sportliche Kernstück der Festveranstaltungen, zu denen außerdem Gottesdienst, Musik, Bankett und Tanz gehörten. Die große Wirksamkeit dieser Geselligkeitsform kann man auch daran ablesen, dass andere Gesellschaftsschichten versuchten, das Ritterturnier nachzuahmen, etwa beim ländlichen Niederadel, der sich in Turniergesellschaften zusammenschloss, oder in der Stadt mit dem Gesellenstechen.[18]

Auf dem berühmten Mainzer Hoftag Kaiser Friedrich Barbarossas im Jahr 1184, bei dem angeblich 70 000, mindestens aber 20 000 Ritter anwesend waren, hatte man zwar ausgiebige Reiterspiele vorgesehen, angesichts des kirchlichen Turnierverbots verbannte man das Turnier jedoch in das entfernte Ingelheim und sagte es am Ende ganz ab.[19] Im Rahmenprogramm der Hoffeste kam es schließlich auch zu sportlichen Darbietungen und Wettkämpfen aller Art. Kaiser Friedrich II. ließ bei einem Besuch des englischen Grafen Richard von Cornwall 1241 an seinem Hof in Sizilien arabische Mädchen mit akrobatischen Kunststücken auftreten, die sich für den modernen Leser nach rhythmischer Sportgymnastik anhören.[20] Chroniken sind allerdings für solche Details weniger ergiebig als die zeitgenössische höfische Literatur, die zumindest den Eindruck vermittelt, wie man sich ein ideales höfisches Fest vorstellte. Da musste es natürlich prächtige Kleider und Kulissen, Tanz und Musik geben, daneben aber auch Lanzenstechen, Armbrust- und Bogenschießen, Speerwerfen (*schefte schiezen*), Steinwurf, Weitsprung mit und ohne Anlauf, aber auch Wettläufe, Hürdenlauf, Ringen und Ballschlagen kamen vor. Am Ballspiel konnten sich auch Mädchen beteiligen. In einem Text heißt es: «Buhurdieren, Ritterspiel, sich mit dem Schild decken, den Speer schleudern, den Stein werfen, springen, fiedeln, harfen, singen; man konnte dort auch Tänze von Mädchen und von Damen sehen.»[21]

Massenturniere machten immer noch den sportlichen Kern der

Hoftage aus, sie bildeten die Königsklasse des Ritterturniers. Zum Turnier gehörte die formelle Einladung, in der auch von den Turnierpreisen die Rede war, die oft von Damen gestiftet oder überreicht wurden, was mit der Vorstellung vom ritterlichen Minnedienst zusammenhing. Nach der Ankunft der Turnierkämpfer – und ihre Zahl konnte in die Hunderte, bei Hoftagen sogar in die Tausende gehen – folgten die Aufteilung der Scharen, die Einquartierung und die Regelung der finanziellen Fragen. Sehr wichtig war die Ausweisung eines Sicherheitsbezirks. Oft gab es zwei solcher Bezirke, etwa einen innerhalb einer Stadt und einen außerhalb, sodass automatisch auch die Bildung von Parteien damit verbunden war. Seit dem 13. Jahrhundert kennen wir die Herrichtung des Turnierplatzes. Damit war man allerdings schon auf dem Weg von der offenen Schlacht hin zu mehr zeremoniellen Schauveranstaltungen. Dem eigentlichen Turnier ging oft am Vortag noch ein Vorturnier voraus, die *Vesperie*, die meist aus Einzelstechen bestand. Im Hauptturnier wurde im 12. Jahrhundert in geschlossenen Verbänden geritten, deren Taktik von einer Art Spielführer bestimmt wurde. Der Turnierkampf im Verband ging hin und her, bis es keine größeren Bewegungen mehr gab, erst dann begann der Kampf Mann gegen Mann mit dem Ziel, so viele Gegner wie möglich aus dem Sattel zu werfen, kampfunfähig zu machen oder gefangen zu nehmen, wobei sich die Angriffe vor allem gegen den Anführer richteten, der von seinen Mannen entsprechend abgeschirmt wurde. Im Handgemenge wurden die Ritter von ihren Knappen und Knechten unterstützt, die mit Stöcken und Keulen bewaffnet waren, die sogenannten Kipper. Es konnten aber auch Turniere ohne sie vereinbart werden. Der Wettkampf endete, sobald der Anführer einer Partei gefangen oder diese in ihren Bezirk zurückgedrängt und eingeschlossen war, spätestens beim Anbruch der Nacht. Es gab aber auch Turniere, die sich über mehrere Tage hinzogen. Abends wurde den Rittern ein Bad bereitet, danach saß man zusammen und sprach über die Heldentaten. Später wurden auch Kampfgerichte eingesetzt, die formell über Sieg oder Niederlage entschieden.[22]

Unzweifelhaft gab es eine Tendenz zur Zivilisierung der Ritterturniere, wie sich schon an der Ausweisung fester Turnierplätze und der Einsetzung von Kampfgerichten ablesen lässt. Hinzu kam der Übergang von scharfen zu stumpfen Waffen. Entgegen der Annahme, dass in Turnieren im Unterschied zum Krieg immer mit stumpfen Waffen gefochten wurde, hält Joachim Bumke fest, dass es dafür zunächst keinerlei Anzeichen gibt. Die große Zahl an Turniertoten spricht vielmehr dafür, dass im 11. und 12. Jahrhundert auch die Turniere mit Kriegswaffen ausgetragen wurden. Erst für die Mitte des 13. Jahrhunderts berichtet Matthäus von Paris, dass bei einem englischen Tafelrundenturnier im Jahr 1252 ein Ritter mit einer Lanze erstochen worden sei, «deren Spitze nicht, wie es hätte geschehen sollen, abgestumpft worden war».[23] Zu diesem Zeitpunkt war es also üblich, die Waffen zu entschärfen. Um 1270 ist auch in Deutschland die Rede von Lanzen, die keine scharfen Wunden schnitten, sondern nur Beulen machten. An der Spitze der Lanze wurde ein «Krönlein» aufgesetzt. Etwa gleichzeitig endeten auch die großen Massenturniere, die allein schon durch ihre Unübersichtlichkeit große Risiken für die Kämpfer mit sich gebracht hatten.[24] An die Stelle der tumultartigen Ritterschlachten im Massenturnier oder im Buhurt trat im Spätmittelalter der geregelte Einzeljost, bei dem die Ritter nicht mehr auf Leben und Tod, sondern mit entschärfter Lanze in die Schranken ritten, zum sogenannten Krönleinstechen, einem Schaukampf ohne Todesgefahr. Der Tjost, der im Hochmittelalter gewissermaßen das Nachprogramm des großen Turniers gebildet hatte, rückte damit ins Zentrum der Aufmerksamkeit. Turnieren und Tjostieren waren ursprünglich zwei verschiedene Veranstaltungstypen gewesen.

Mit dem Aufkommen des Artuskultes im 13. Jahrhundert entstanden schließlich in England und in Flandern die Tafelrundenspiele, die an die Stelle des Massenturniers eine Serie von Einzeljosten setzte, der Veranstaltungstyp, den wir aus den Ritterfilmen kennen: Schauplatz war ein geregelter Turnierplatz mit festen Schranken – entsprechend den Leitplanken bei Autobahnen –, in welche die Ritter zum Rennen einschwenkten, um sich dann in der Mitte des Platzes unter der Tribüne des Königs und der Ritterfräulein sowie des Kampfgerichts mit dem Gegner zu treffen, häufig im Kontext großer Hoffeste. Vor der Tribüne waren die bunten Schilde aufgesteckt, durch ihr Berühren konnte man die Ritter herausfordern. Johann von Luxemburg, König von Böhmen, hat 1319 ein solches Turnier in Prag veranstaltet. Die Anwesenheit der Damen und Fräulein scheint zivilisierende Bedeutung gehabt zu haben, nicht zuletzt weil die Ritter den Damen gefallen wollten und sich die Feierlichkeiten am Abend mit Tanz und Gesang fortsetzten. Hier waren plötzlich andere Qualitäten gefragt als auf dem

Schlachtfeld. Außer Kraft und Fitness zählten jetzt auch Anmut und eine gute Stimme.

Wehrübungen

Bogenschießen

Wenn selbst die Tauglichkeit des Ritterturniers als Übung für den militärischen Kampf umstritten war, so traf dies natürlich umso mehr für Spiele ohne Waffen zu, allen voran die Ballspiele. In England im Spätmittelalter versuchte ein Verbot nach dem anderen, die Freude am Fußballspiel zu mindern. Dagegen wurde die Übung im Bogenschießen (*archery*) dort durchweg gefördert. Hier ging es nicht um Kinderspiele, sondern um die am meisten gefürchtete Kriegswaffe der Engländer vor der Erfindung des Schießpulvers, den englischen Langbogen. Zwar wurden nach der normannischen Eroberung durch ein Dekret von 1184 Pfeil und Bogen aus den Königsforsten verbannt, um Wilderei zu verhindern, doch wurde bereits 1252 im *Statute of Westminster* die regelmäßige Übung im Bogenschießen für jeden Mann im Alter zwischen 15 und 60 verbindlich vorgeschrieben. Jeder sollte einen Bogen von der Länge seines eigenen Körpers besitzen – dies waren die berühmten englischen Langbogen. Sie sollten aus spanischer Eibe gefertigt sein, die Pfeile aus englischer Esche, mit Gänsefedern als Befiederung. Um die Hauptstadt London herum wurden zahlreiche Schießplätze eingerichtet, die dieses Training ermöglichen sollten. Die Bedeutung der Bogenschützen kann man heute noch in englischen Telefonbüchern nachlesen, wo sich die Namen Archer, Arrowsmith, Bowman, Bowyer und Fletcher über viele Seiten erstrecken.

Die englische Volksbewaffnung mit dem Langbogen zahlte sich wiederholt in militärischen Siegen aus, vor allem in den Entscheidungsschlachten gegen französische Ritterheere von Crécy (1346), Poitiers (1356) und Azincourt (1415). Die große Popularität des Bogenschießens zeigt sich nicht zuletzt an den Geschichten des guten Räubers Robin Hood, der in den Wäldern des Sherwood Forest der Legende nach das Volk gegen die Bedrückungen durch den Sheriff von

Der Schutzpatron der Bogenschützen, gemartert durch Langbogenschützen.
Martyrium des hl. Sebastian, Altarbild von 1493, Augustiner-Eremiten-Konvent
St. Anton in Köln, heute Wallraf-Richartz-Museum, Köln

Nottingham beschützt haben soll.[25] Die militärische Bedeutung des englischen Langbogens hielt sich bis ans Ende des Mittelalters. Nach einem Inventar lagerten noch 1523 im Tower of London nicht weniger als 11 000 Langbogen, 6000 Bogenstäbe, 86 400 Bogensehnen und 384 000 Pfeile für den Fall der Stadtverteidigung.[26]

Nach der Einführung der Feuerwaffen wurde das Bogenschießen allerdings zu einer reinen Freizeitbeschäftigung. Der englische Gelehrte Roger Ascham erklärte 1545 in seinem Standardwerk *Toxophilus. The School of Shooting*, dass dieses Freizeitvergnügen jedem Gentleman zu empfehlen sei, weil es ideal zur Übung des Körpers beitrage.[27] Heinrich VIII., selbst ein begeisterter Bogenschütze, gewährte seiner Tochter Elisabeth den Wunsch, Ascham als ihren Erzieher einzusetzen, sicher nicht zuletzt wegen dessen bekannter Vorliebe für die *Archery*. Alle englischen Könige des 16. und 17. Jahrhunderts waren begeisterte Bogenschützen.[28] Der Sport blieb selbst unter der deutschen Dynastie Hanover populär, auch wenn der Hof diese Begeisterung nicht mehr teilte. Als 1781 der Sportclub der *Toxophilite Society* gegründet wurde, die an den Buchtitel Aschams anknüpfte, begann die Umwandlung des alten Volkssports in einen neuen Vereinssport. Bei der Londoner Olympiade von 1908, wo die Bogenschießwettbewerbe von der späteren *Royal Toxophilite Society* ausgetragen wurden, dominierten die Briten sowohl bei den Männern als bei den Frauen. Olympiasieger wurde Willy Dod, der seine Familie auf einen Kommandeur der Bogenschützen in der Schlacht von Azincourt zurückführte.[29]

Schützenfeste als Zentrum der bürgerlichen Festkultur

Der Begriff «Schützen» hatte zunächst nichts mit «Schießen» zu tun, sondern leitet sich von dem Wort «Schutz» ab. Die Bewohner eines hochmittelalterlichen *burgus*, wie die Vorform der Stadt genannt wurde, nämlich die «Bürger», mussten für diesen Schutz selbst sorgen. Das Privileg zum Aufstellen von Bürgerwehren, das sie im Jahr 924 durch Kaiser Heinrich I. erhielten, führte zur Bildung von Schützengesellschaften, die in vielen europäischen Städten zum Kristallisationskern des bürgerlichen Festwesens wurden. Die Gesellschaften, die oft bis in die Gegenwart hinein bestehen, organisierten im Spätmittelalter nicht nur die Stadtverteidigung, sondern auch städtische Feierlichkeiten, die Schützenfeste, mit Umzügen, Wettspielen, Musik und Tanz.

Da sich die Schützengesellschaften aus den Notwendigkeiten der Stadtverteidigung heraus entwickelt hatten, spielten militärische Übungen von Anfang an eine große Rolle. Allerdings hatten diese Übungen einen völlig anderen Charakter als beim Adel. Zwar musste auch die Bürgerwehr körperlich fit sein, ihr Training richtete sich aber nicht auf den Angriff im offenen Feld, sondern auf die Verteidigung der Stadt von den Zinnen einer Stadtmauer. Entsprechend musste nicht vorrangig der individuelle Zweikampf eingeübt werden, sondern der Gebrauch von Distanzwaffen. Dies war zuerst der Bogen, später die Armbrust und erst einige Zeit nach der Erfindung des Schießpulvers der Gebrauch von Büchsen und Kanonen. Die Identifikation von «Schützen» mit «Schießen» ist also erst eine Entwicklung des Spätmittelalters. Die modernen Schusswaffen waren städtische Erfindungen und wurden von städtischen Handwerkern produziert. Sie waren den ritterlichen Waffen überlegen und standen daher auch für eine Überlegenheit der Stadtkultur über die des Rittertums. Es ist kein Zufall, dass das städtische Schützenwesen zusammen mit den städtischen Freiheiten – zumal in den freien und in den Reichsstädten – seinen Höhepunkt im 15. Jahrhundert erlebte, bevor viele Städte ihrer Freiheiten in der Neuzeit durch die erstarkenden Territorien wieder beraubt wurden. Auch nachdem die Schützenfeste militärisch relativ bedeutungslos geworden waren, blieben sie Symbole städtischer Freiheit, Leistungskraft und Macht. Dazu trugen nicht nur die kostbaren Preise – goldene Ringe, silberne Pokale oder auch Geldprämien – bei, die für die Schießwettbewerbe ausgesetzt wurden und deren Wert in den öffentlichen Ausschreibungen meistens genau bekannt gegeben wurde. Wesentlich war hier die Ausweitung der Wettbewerbe auf immer mehr Sportarten, die keine Investitionen in teure Schusswaffen erforderten und damit jedem Bewerber offenstanden. Anders als die Adelsturniere kannten die bürgerlichen Wettbewerbe keine feudalständische Zugangsbeschränkung wie die Ahnenprobe, die große Teile der Bevölkerung von den Wettbewerben von vornherein ausschloss. Vielmehr kam es hier meistens allein auf die Leistung an, und es geschah nicht selten, dass Preise gar nicht an Bürger der eigenen Stadt gingen, sondern an Ortsfremde, und oft nicht einmal an Stadtbürger, sondern an Angehörige der unterbürgerlichen Schichten oder an Bauern vom Land. Man könnte wie bei den Olympischen Spielen der Antike argumentieren, dass die Schützenfeste dazu dienten, die gemeinsame Kultur der europäischen Stadtstaaten zusammenzuschweißen. Sie hatten im Adel und seiner Kultur der ritterlichen Fehde und der kostspieligen, überflüssigen Kriege einen gemeinsamen Gegner. Außerdem trugen die großen Sportfeste dazu bei, Kontakte zwischen den Städten zu pflegen und Spannungen zwischen ihnen im sportlichen Wettbewerb abzubauen. Es ging also auch um die Herstellung eines städtischen Gruppenbewusstseins, um Identität.[30]

Bei den großen Schützenfesten haben wir es mit überregionalen, manchmal sogar internationalen Wettbewerben zu tun, die ausdrücklich jedem Bewerber offenstanden. Zu Schützenfesten der süddeutschen Reichsstädte kamen Teilnehmer aus der Schweiz, aus Frankreich, aus Franken, Böhmen, Schlesien, Österreich und Bayern. Schiedsrichter waren normalerweise die lokalen Schützenmeister, bei den internationalen Wettbewerben wurde aber in republikanischer Tradition ein

Panel von Schiedsrichtern aus den Reihen aller beteiligten Delegatio
nen von den Schützen gewählt. Den Schützenmeistern stand ein Pritschenmeister zur Seite, der mit seiner Pritsche symbolische Bestrafungen aller jener vornahm, welche die Regeln verletzten, und zwar
unabhängig von Rang und Stand. Der Pritschenmeister trug eine Art
Narrenkostüm und hatte damit Züge eines Clowns. Oft handelte es
sich um einen Poeten, der die Untaten der Bestraften gleichzeitig in
Gedichten und Liedern kundtat, die manchmal zusammen mit dem
Festbericht überliefert sind und nach Erfindung des Buchdrucks auch
gedruckt wurden. Bei einem Armbrustschießen in der Reichsstadt
Memmingen an Pfingsten 1447 kamen die drei am weitesten gereisten
Wettbewerber aus Freiburg im Üchtland (heutiger Schweizer Kanton
Fribourg), den Hauptpreis in Form eines edlen Rosses gewann ein
Schütze aus Rottweil, den zweiten Preis einer aus der Reichsstadt
Augsburg. Den kostbarsten Pokal gewann ein Bauer aus Kirchberg,
drei andere gingen an Einwohner der Reichsstädte Isny, Lindau und
Kempten. Dieses Memminger Schützenfest dauerte acht Tage.[31]
   Den Schützenfesten gingen schriftliche Einladungen voraus. Diese
Einladungen, die neben einer Beschreibung der Preise auch die genauen Spielregeln und Wettbewerbsbedingungen enthielten, wandten
sich direkt an befreundete Stadtregierungen. Entsprechend sandten
manche Städte offizielle Delegationen zu diesen Sportfesten. Zu einem
Schützenfest in der Reichsstadt Ulm, das am Johannistag 1468 beginnen sollte, kleidete die Reichsstadt Memmingen ihre zehn Vertreter
«alle in eine Farb», man ließ also eine Art Uniform anfertigen, die sie
als zusammengehörige Mannschaft für jedermann kenntlich machte.
Die Memminger Vertreter gewannen zwei Pokale im Wert von 25
bzw. 14 Gulden, wie der Memminger Stadtchronist akribisch vermerkte.[32] Wie bei den Olympischen Spielen der Antike kam es auch im
spätmittelalterlichen Schützenwesen zu einer Professionalisierung:
Manche Schützen entwickelten sich zu Spezialisten, wie etwa der
Memminger Bürger Thoman Schütz, der 1472 zuerst bei einem Büchsenschießen in Göggingen bei Augsburg und unmittelbar danach bei
einem Schützenfest in der Tiroler Hauptstadt Innsbruck den Hauptpreis abräumte.[33]

Auf dem Weg zur Sportifizierung

Allgemeine Sportwettbewerbe im Rahmen der Schützenfeste

Teil der Schützenfeste waren auch allgemeine Sportwettbewerbe. Teils hatten sie den Charakter einer Volksbelustigung, wie z. B. der Wettlauf der – stets nur leicht bekleideten – städtischen Prostituierten gegen Männer oder der Auftritt von Akrobaten, die ausgefallene Körperkünste mit und ohne Seil oder anderen Geräten vorführten. Es fanden Wettläufe zwischen unverheirateten Frauen statt, denen neben den Preisen auch noch die Aufmerksamkeit vor allem der unverheirateten Männer sicher war. Natürlich gab es auch Wettrennen zwischen Männern. Diese maßen ihre Kräfte auch beim Heben schwerer Gewichte und dem Werfen schwerer Steine, die zwischen 20 und 50 Kilogramm wogen. Man könnte annehmen, dass diese Form der Schwerathletik vor allem eine Angelegenheit der städtischen Unterschichten und der ländlichen Bevölkerung gewesen wäre, doch tatsächlich setzten sich im 15. Jahrhundert selbst Angehörige des Hochadels diesem Wettbewerb aus. So gewann in den 1480er Jahren mehrmals Herzog Christoph «der Starke» von Bayern, ein jüngerer Bruder des regierenden Herzogs, die Augsburger Wettbewerbe im Steinstoßen. Diese Persönlichkeit, die bei der berühmten Landshuter Hochzeit von 1475 im Ritterturnier den Woiwoden von Lublin aus dem Sattel gehoben hatte, lebt als eine Art Volksheld bis heute in der Münchner Lokalsage fort.[34] Ein typisches Beispiel für die Umwandlung des Festschießens in eine allgemeine Sportveranstaltung ist das Augsburger Schützenfest, das am Tag des hl. Ulrich – des Augsburger Stadtpatrons – im Jahr 1470 begann und eine Woche lang andauerte. Die Aufzählung aller Preise, durch die Teilnehmer aus nah und fern angelockt werden sollten, nimmt im Einladungsschreiben zwei volle Seiten ein. Neben den Schießwettbewerben werden Pferderennen, Wettlaufen über eine Distanz von 350 Schritt, Weitsprung mit Anlauf, Dreisprung, Weitwurf mit einem Stein von 45 Pfund und andere leichtathletische Übungen angekündigt, wie eine Regensburger Chronik berichtet.[35] Aus anderen Quellen wissen wir, dass es bei derselben Gelegenheit außerdem Wettbewerbe im Kegeln und ein Ritterturnier zu bestaunen gab.[36]

Wie wir den Schützenbriefen – also den Einladungsschreiben – und den anschließenden Festberichten entnehmen können, bildete sich bei den großen Schützenfesten des 15. Jahrhunderts eine Art Kanon von leichtathletischen Wettbewerben heraus. Bei einem Straßburger Schützenfest von 1456 wurden Wettbewerbe im Steinstoßen, Springen und Laufen ausgeschrieben, in Zürich 1472 differenzierten sich die Sprungwettbewerbe in den Weitsprung aus dem Stand, dem Weitsprung mit Anlauf und den Dreisprung, dazu gab es Wettrennen und das Steinstoßen mit Gewichten von 15, 30 und 50 Pfund.[37] Der Schützenbrief des Augsburger Schützenfestes von 1507 macht klar, dass die leichtathletischen Wettbewerbe nicht etwa nur eine Zutat, sondern integraler Bestandteil dieser sportlichen Großveranstaltung waren. Der Stadtrat lobte vier erste Preise im Wert von vier Goldgulden aus, welche an die Sieger im Wettrennen über 350 Schritt, im Dreisprung, im Steinstoßen – der Stein hatte ein Gewicht von 45 Pfund und jeder Athlet hatte drei Versuche – und schließlich im Weitspringen mit Anlauf ging.[38] Beim Augsburger Schützenfest von 1509 gab es über die üblichen Wettbewerbe hinaus auch noch Vorführungen von Ringern und eine Fechtschule, was neben der Möglichkeit des Unterrichts auch Schaukämpfe und ein Fechtturnier umfasste.[39]

Damit sind wir bei den anspruchsvollen Disziplinen, mit denen die Städter ihre Ebenbürtigkeit mit dem Adel demonstrieren wollten. In diese Kategorie gehörte das Pferderennen, das doch die Mittel zum Besitz und Training laufstarker Rösser – die also nicht als Arbeitspferde dienen konnten – voraussetzte. Noch mehr gehörten dazu die Ringrennen, die man gelegentlich auch bei den Schützenfesten finden konnte, sowie das «Scharfrennen», ein Turnier mit scharfen Lanzen. Quer zur mittelalterlichen Ständeordnung standen auch die Fechtschulen, die oft separat, aber auch anlässlich der Schützenfeste abgehalten wurden. Dabei offerierten erfahrene Fechtmeister Kurse im Gebrauch der Hieb- und Stichwaffen, doch wurden auch Wettkämpfe und Fechtturniere ausgetragen. Gebräuchliche Waffen waren dabei in Deutschland lange noch das Schwert und der Dolch, bevor auch hier im 17. Jahrhundert leichtere wie der Degen eingeführt wurden.

Daneben gab es Geschicklichkeitswettbewerbe wie das Messerwerfen, üblicherweise wurden auch Kegelwettbewerbe ausgetragen, womit mehrere Spiele stattfanden, die wir auch von Dorffesten kennen. Bei einer ganzen Reihe von Wettbewerben, die meist gar nicht in den Schützenbriefen erwähnt werden, wird die Grenze vom Sport zur allgemeinen Volksbelustigung überschritten. In diese Kategorie gehören z. B. Kletterwettbewerbe, bei denen an der Spitze eines eingeölten Baumstammes Preise befestigt wurden, oder das «Hahnschlagen», bei dem die Wettbewerber mit verbundenen Augen mit einem Stock einen lebenden Hahn schlagen mussten, der aber nur auf einem schmalen Brett über einen Graben zu erreichen war. Hier sind wir ebenso im Bereich der «Blood Sports» wie bei dem «Gansreiten», das eine Variante des Ringrennens darstellt. Anstelle des Rings diente eine an beiden Beinen hoch zwischen zwei Pfählen aufgehängte lebende Gans als Ziel, die der Reiter im Anreiten von seinem Pferd aus ergreifen musste, wobei dieses nur mit Halfter, aber ohne Steigbügel geritten werden durfte. Wenn der Reiter nicht sehr geschickt war, griff er entweder ins Leere oder fiel vom Pferd, sobald er den Hals der Gans zu fassen bekam. Zusätzlich zu diesen Geschicklichkeitswettbewerben gab es Vorführungen der lokalen Zünfte. Dazu gehörten Masken- und Schwerttänze ebenso wie das Fischerstechen – ein Turnier auf dem Wasser, bei dem sich die Kontrahenten mit langen Stöcken von den Booten werfen mussten.[40]

Neben solchen allgemeinen Schützenfesten gab es auch Wettbewerbe, bei denen bestimmte Gruppen der Gesellschaft angesprochen wurden. Im Unterschied zu den Turnieren des Adels ging es in der bürgerlichen Sphäre wieder nicht um soziale Exklusion, sondern um die Bevorzugung sozialer Gruppen, die in der Stadt mindere Rechte genossen, aber ein Unruhepotenzial darstellten, wie etwa die Handwerksgesellen. Anders als ihre Arbeitgeber, die Meister, waren sie vom vollen Bürgerrecht ausgeschlossen, das an Eigentum geknüpft war, andererseits beruhte das Handwerk auf ihrer Arbeitskraft, und die Mehrzahl der Gesellen gehörte einer Altersgruppe an, die bei allen Tumulten und Rebellionen an vorderster Front stand. Sicher auch zur Befriedung dieser Gruppe wurden besondere Wettbewerbe abgehalten, etwa die «Gesellenstechen», bei denen Ritterturniere nachgeahmt wurden, sowie die «Gesellenschießen», bei denen die Teilnahme und damit auch die sozialen Ehren und die wertvollen Preise dieser Bevölkerungsgruppe vorbehalten blieben. Die *Memminger Chronik* des Stadtarztes Christoph Schorer lässt anlässlich eines großen Büchsenschießens im Jahr 1484 erkennen, dass die Stadt außer den Preisen für die Dauer des Festes auch noch die Verpflegung und den Wein stiftete.[41]

Der junge Weißkunig erlernt das Fechten mit Schwertern und anderen Waffen. Holzschnitt von Hans Burgkmair zu Kaiser Maximilians I. «Der Weißkunig», ca. 1512

Die Vereinigungen der Marxbrüder und der Federfechter

Die Marxbrüder waren eine im 15. Jahrhundert gegründete Vereinigung, die das Fechten zivilisieren und in geregelte Bahnen lenken sollte. Ihren Namen trugen die Marxbrüder nach dem hl. Markus, sie waren eigentlich eine Bruderschaft des hl. Markus. Zu den Gründern der Marxbrüder soll mit dem Fechtmeister Hans Thalhoffer, der seit 1459 einen Markuslöwen im Wappenschild trug, der Verfasser von sechs der frühesten illustrierten Fechtlehrbücher gehört haben. Mehrere davon sind später ediert worden.[42] Die Bruderschaft ist erstmals 1474 anlässlich ihres Jahrestreffens in der Reichsstadt Frankfurt am Main quellenmäßig fassbar. Dort wählten die Marxbrüder ihren Hauptmann und hielten natürlich Schaukämpfe und Fechtschulen ab. 1487 verlieh ihnen Kaiser Friedrich III. das Privileg zur Führung des Titels *Meister vom langen Schwert* und erhob sie praktisch zu einer kaiserlichen Fechtergilde. Ihre Mitglieder bekamen das Monopol verliehen, im Heiligen Römischen Reich Deutscher Nation herumzuziehen und Fechtschulen abzuhalten.[43] Illustrationen von Albrecht Dürer zeigen, dass sie aber keineswegs nur mit schweren Schwertern oder Beidhändern kämpften, sondern eine breite Palette von Waffenübungen für den Zweikampf zu Fuß lehrten.

Während die Ritter des Mittelalters vor allem Angriffstaktiken für Krieg und Turnier trainierten, lehrten die bürgerlichen Fechtmeister die Kunst der Selbstverteidigung. Dies verlieh ihnen in den freien Städten großes Prestige. Die Marxbrüder stehen in dem größeren Zusammenhang der deutschen Fechtschule, die ihre Blütezeit vom 13. bis zum 17. Jahrhundert erlebte, bevor sie von den eleganteren italienischen und französischen Schulen abgelöst wurde, aus denen sich das moderne Sportfechten entwickelte. In Sportgeschichten werden die verschiedenen Stile oft ohne Beachtung des sozialen Hintergrunds miteinander verglichen. Die romanischen Schulen verkörperten jedoch eine Form des adeligen Sports nach dem Untergang des Rittertums. Er sollte gemäß den Lehrbüchern zierlich und elegant sein und wurde damit im höfischen Zeitalter des Barock und des Rokoko zum Vorbild auch der Studenten an Ritterakademien und Universitäten. Erst zu diesem Zeitpunkt galt die robuste bürgerliche Fechtkunst, die ihrerseits funktionslos geworden war, als überholt und altmodisch. Zum Zeitpunkt ihrer Entstehung – während des Kampfes der Städte um ihre bürgerliche Freiheit – stellte sie jedoch eine avantgardistische Technik dar.

Ein frühes Fechtbuch der deutschen Schule stammt vom Ende des 13. Jahrhunderts und wurde von einem deutschen Mönch in lateinischer Sprache geschrieben.[44] Seit dem Ende des 14. Jahrhunderts wurden Dutzende von Fechtbüchern verfasst, wobei der Fechtmeister Johann Liechtenauer aus Mittelfranken als eigentlicher Gründer der deutschen Fechtschule angesehen wird, da sich die meisten Fechtmeister der nächsten Generation auf ihn beriefen.[45] Die Fechtbücher entwickelten sich zu einer eigenen Gattung der Literatur und wurden vor Erfindung des Buchdrucks – zum Teil aber auch danach noch – in Manuskriptform zusammengestellt. Charakteristisch für sie sind hochwertige Illustrationen, die eine große Bandbreite von Körperstellungen abbilden. Dies führte nicht zuletzt dazu, dass führende Künstler an der Schwelle zur Neuzeit – wie Albrecht Dürer und Lucas Cranach – selbst Bücher zur Fecht- und Ringkunst illustrierten.[46] Mit der Dominanz der romanischen Fechtschulen ging die ältere deutsche Schule praktisch verloren.

Die Umwandlung des Florentiner Johannisfests durch die Medici

Dem Tagebuch des Gewürzhändlers Luca Landucci kann man entnehmen, welchen Bedeutungswandel das Hauptfest der Stadtrepublik Florenz mit dem Aufstieg der Medici zu Stadtherren durchmachte. Der
Autor hielt seine Beobachtungen nicht jeden Tag fest, sondern schrieb
nur besondere Ereignisse auf. Deshalb geraten alltägliche Sportveranstaltungen nur ausnahmsweise in den Blickpunkt: Florentiner Fußball etwa dann, wenn der Arno zufriert und die Spiele ausnahmsweise
als «Eisfußball» durchgeführt werden. Ebenso verhält es sich mit der
Fiesta San Giovanni, dem Johannisfest, das an jedem 24. Juni zu Ehren
des hl. Johannes des Täufers durchgeführt wurde. Als 1478 Giuliano
de' Medici – der Bruder des Großbankers Lorenzo de' Medici – einem
Mordanschlag zum Opfer fiel, musste das Heiligenfest verschoben
werden und fand ausnahmsweise erst am 5. Juli statt. Dafür wurde es
besonders prächtig gefeiert, mit Schauprozessionen und Akrobaten in
den Straßen, einem großen Feuerwerk am Abend und als Höhepunkt
dem Pferderennen, bei dem der *Palio* – ein kostbarer Goldbrokatstoff
im Wert von ca. 500 Gulden – der erste Preis war.[47]

Drei Jahre später begeistert sich der Tagebuchschreiber für Pferderennen, weil sein Bruder Gostanco Landucci mehrere Preise abräumte.
Beim *Palio* von Santa Reparata, deren Jahrestag der 8. Oktober war, gewann er mit seinem Berberross *Draghetto* ebenso den ersten Preis wie
am 26. Dezember 1481 beim *Palio* von Prato, einer Nachbarstadt von
Florenz. In den Folgejahren tut sich ein ganzes Panorama von Pferderennen auf, denn Gostanco gewann bis zum 25. Juni 1485 – also in vier
Jahren – nicht weniger als 20 Palios, darunter an den Festen der hl.
Anna und des hl. Vittorio gleich mehrmals. Die unglaubliche Siegesserie brachte seinem Bruder jedoch kein Glück, wie Luca Landucci
schreibt, denn er verstarb am 12. September 1485.[48]

Im Jahr 1510 wird der *Palio* zum Thema, weil er während einer
Grippeepidemie stattfand und außerdem auf der *Piazza San Giovanni*
ein Fußballturnier und ein Stierkampf veranstaltet wurden. Auf den
dafür errichteten Tribünen waren «ganz Florenz und eine große
Menge von Fremden anwesend». 1513 nahm schließlich die Fiesta San
Giovanni einen völlig anderen Charakter an, nachdem Kardinal Giovanni de' Medici zum Papst – Leo X. – gewählt worden war und dieser

seinen Nepoten Giulio de' Medici zum Bischof von Florenz und wenig später zum Kardinal erhob. Das Johannisfest dieses Jahres wurde damit zu einem propagandistischen Großereignis, das vom Ruhm der Stadt Florenz künden sollte. Am 24. Juni wurde auf der *Piazza della Signoria* ein großes Kampfspiel veranstaltet, bei dem 300 Angreifer eine Burg mit 100 Verteidigern erobern sollten. Bei einem Stierkampf am 26. Juni entkamen zwei Stiere und rannten quer durch die Innenstadt.

Im Jahr 1514 waren die Feiern noch prächtiger, bereits Tage vorher wurde ein Turnier angekündigt, es gab eine Messe von Seidenhändlern, Goldschlägern und Waffenschmieden, eine große Schauprozession, dann «am 24. des besagten [Jahres] das gewöhnliche Fest und das Wettrennen des Palio und am Abend die Girandola». Doch damit noch nicht genug. Am Tag darauf wurde auf der Piazza della Signoria eine Tierhatz mit Löwen, Bären, Leoparden, Stieren, Büffeln, Hirschen «und vielen anderen wilden Tieren verschiedener Gattung» veranstaltet. Hunde kämpften wie im alten Rom mit Löwen. Am Ende griffen Menschen in fahrbaren Maschinen («Schildkröte», «Stachelschwein») die verbliebenen Wildtiere mit Lanzen an. Für die Zuschauer wurden aus Holz große Tribünen errichtet, dass «es gar nicht zu glauben, dass irgendeine Stadt in der Welt eine solche Menge von Holz besitzen kann». Um auf eine Tribüne zu gelangen oder einen Fensterplatz zu bekommen, wurden Wucherpreise bezahlt, «und es füllten sich alle Tribünen, die Fenster, die Dächer, so dass man niemals so viel Volk gesehen hatte, denn es war auch eine große Menge von Fremden aus vielen Ländern gekommen. Und aus Rom waren unerkannterweise vier Kardinäle da, und viele Römer, die eine Menge Reiterei mit sich hatten». Eine solche Tierhatz habe es in Florenz zuletzt vor mehr als 60 Jahren gegeben.[49] Am 26. und 27. Juni fanden Lanzenstechen und andere Turnierübungen auf der *Piazza Santa Croce* statt, und am Ende wurden die Preise verteilt. Bei diesem Turnier traten Giuliano und Lorenzo de' Medici wie Fürsten auf, wie der Republikaner Landucci missbilligend vermerkte, obwohl das Turnier – wie auch er eingestehen musste – «nicht wenig Unterhaltung und Zeitvertreib» bot.[50] Der Auftritt der Löwen enthielt einen unübersehbaren Hinweis auf den Hintergrund der Festwoche: Es war Leo X., welcher der Stadt und ihrer Feier zu solch internationaler Aufmerksamkeit verhalf. Mit seinem Pontifikat erreichte der Ruhm der Medici seinen Höhepunkt. Und

mit der Einführung von Gladiatorenspielen und Tierhatzen machte
der Pontifex klar, dass er nicht an die republikanische Tradition seiner
Heimatstadt, sondern an die imperiale Tradition des antiken Rom anknüpfen wollte.

Athletische Wettbewerbe auf Jahrmärkten und Dorffesten

Wenn das Turnier der Fokus der Adelsgesellschaft und Schützenfeste
das Zentrum spätmittelalterlicher Bürgerkultur waren, wo war dann
der Platz der einfachen Körperkultur, die z. B. bei den «Spielen» im
alten Griechenland im Mittelpunkt gestanden hatten? Laufen, Springen und Werfen spielten natürlich im Rahmen der ritterlichen Ausbildung eine Rolle, sie waren aber auch so elementare Körperübungen,
dass sie in jedem Stand einen Platz finden mussten, weil sie bereits von
Kindern ausgeübt werden konnten. Und wie in der Adelskultur dienten sie auch in der stadtbürgerlichen Kultur zur Demonstration von
Stärke. Bereits im Spätmittelalter gab es hier Veranstaltungen und Helden von überregionalem Interesse. Mitte des 16. Jahrhunderts war es
der Söldner Hans Gerhard aus dem Kanton Zug, der aufgrund seiner
Erfolge im Steinstoßen als stärkster Mann der Eidgenossenschaft galt.
Etwa im Abstand einer Generation wurden solche Volkshelden gekürt,
die die Phantasien beflügelten.[51]

Daneben konnte Sport auch – ohne Schießwettbewerb – direkt mit
den Jahrmärkten verbunden sein, die in der Regel zusammen mit den
Heiligentagen gefeiert wurden. Bis heute finden ja auf dem Jahrmarkt
neben dem geschäftlichen Teil alle möglichen Formen von Volksbelustigungen statt, zu denen auch das Kräftemessen junger Männer («Hau
den Lukas») und Auftritte von Akrobaten gehören. Dagegen würden
wir leichtathletische Wettbewerbe seit der Erfindung der reinen Sportveranstaltungen nicht mehr damit in Verbindung bringen. Wie jeder
Wettbewerb bedürfen auch der bürgerliche und der bäuerliche Wettbewerb des Trainings. Aus der bäuerlichen Welt haben wir davon kaum
Nachrichten, aus den Städten des Spätmittelalters wissen wir jedoch,
dass dafür oft bestimmte Plätze oder Wiesen vorgesehen waren. In
William Fitzstephens Beschreibung von London hören wir bereits aus
dem späten 12. Jahrhundert, wie sich die jungen Männer außerhalb der
Stadt die Zeit vertrieben: «On festival days throughout the summer

young men exercise through sports such as athletics, archery, wrestling, shot-put, throwing javelins (by use of a strap) beyond a marker, and duelling with bucklers.» Konkret ging es also um Laufen und Springen, Bogenschießen, Ringen, Kugelstoßen, Weitwerfen und einen Zweikampf mit Rundschilden, vermutlich ausgetragen mit Schwertern.[52] «Unter den Linden», am Ufer der Limmat in Zürich, konnte man Ballspielen, mit der Armbrust schießen, Laufen, Werfen oder Springen üben, auch Brettspiele oder Schach spielen. Auch Sportwettbewerbe wurden dort veranstaltet.[53]

Auf Abbildungen von Dorffesten sehen wir zu Beginn des 16. Jahrhunderts regelmäßig Pferderennen und Wettläufe dargestellt, oft auch Wettrennen von Frauen, deren Darstellung für die Künstler offenbar attraktiver war. Wettrennen und manchmal Wettreiten bildeten Höhepunkte dieser Feste. Daneben finden sich in der Regel Andeutungen an das Vogelschießen, oft einfach nur ein hölzerner Zielvogel auf einer Stange. Sieger war natürlich, wer den sprichwörtlichen «Vogel abgeschossen» hatte. Unverzichtbarer Bestandteil des Dorffestes war das Kegelspiel, von dem es eine ganze Reihe von Varianten gab. Auf manchen Bildern der Zeit um 1520 finden wir neun Kegel in einer Aufstellung, wie sie auch heute meistens benutzt wird, mit dem «König» in der Mitte. Beliebt war auch die Aufstellung von drei Kegeln hintereinander. Geschicklichkeitswettbewerbe wie das Messerwerfen, die wir dort vermuten dürfen, hielten die Künstler nicht für bildwürdig, dagegen wird regelmäßig die Aufführung eines Schwerttanzes dargestellt.

Wettrennen

In seiner Autobiographie widmete Enea Silvio Piccolomini ein ganzes Kapitel den «Wettrennen und den dafür ausgesetzten Siegesprämien». Papst Pius II. behandelt hier ausführlich seine Heimatstadt Pienza. Stadtheiliger war der Apostel Matthäus, an dessen Heiligentag die Wettbewerbe jedes Jahr stattfanden. Am 21. September 1462 wurde wegen der Anwesenheit des Papstes besonders ausgiebig gefeiert, Pius stiftete allen Ratsbürgern zu diesem Anlass neue Amtskleidung und Geld für die Feierlichkeiten, wobei er die Ausschreibung der Siegesprämien der Stadtverwaltung überließ. Es gab «für den Sieg bei den Rennpferden acht Ellen Purpurstoff, für das Eselsrennen vier Ellen Stoff einer anderen Farbe, für das Wettrennen der Männer denselben Preis, für das der Knaben eine Gans». Frühmorgens wurde in der Kathedrale eine Messe gefeiert, dann begab man sich auf die Festwiesen außerhalb der Stadt, wo Festzelte aufgebaut waren und die Wirte 30 große Ochsen und viele kleinere Tiere zur Verköstigung der Zuschauer brieten. Daneben gab es auch einen Jahrmarkt. Hauptattraktion in Pienza waren die Wettrennen der Männer und der Knaben, was vielleicht doch für den ländlichen Charakter der Kleinstadt spricht.

«Beim Wettlauf kämpften mehrere starke und schnelle junge Leute, die schon oft im Stadion gegeneinander angetreten waren, miteinander. Es hatte ziemlich stark geregnet, und so war die Rennbahn recht schlammig. Sie liefen nackt, und bald war der eine, bald der andere vorne, und man sah bald den einen, bald den anderen ausrutschen und zu Boden fallen, wobei sie sich im Schlamm wälzten, so dass die, die die letzten waren, dann wieder vorne liefen. Sie rannten also vier Stadien weit [ca. 800 Meter] bis zum Stadttor, wobei zwischen Sieger und Verlierer nur ganz wenig Abstand war, und alle so voller Schlamm waren, dass man sie gar nicht mehr unterscheiden konnte.»

Überraschend kam es zu einem Betrugsversuch, da einer der Köche des Papstes namens Trippa unterwegs frisch ins Rennen ging und als Erster ins Ziel kam.

«Der hinter ihm ins Ziel kam, war recht niedergeschlagen, da er, der ja schon fast gesiegt hatte, sich nun besiegt glaubte, und er trug es nur mit schwerem Herzen, dass der Sieg ihm nun entrissen war. Aber er erkannte den Betrug auf der Stelle, da er bemerkte, dass der Sieger viel zu wenig beschmutzt war und außerdem seine Schürze anhatte, in der er wohl kaum ein so langes Rennen hätte laufen können. Die Richter brachen in lautes Gelächter aus, disqualifizierten den Koch und gaben den Preis dem jungen Mann aus Sarteano, der als erster ins Ziel gekommen war.»

Der Höhepunkt des Renntags kam zuletzt: «Der Lauf der Knaben war das beste Rennen. Viele noch nicht erwachsene Jungen waren im Stadion, die beim Startzeichen nackt aufsprangen und – im Bemühen, den anderen zu überholen – mit erstaunlicher Leidenschaft kämpften. Sie konnten ihre Füße kaum heben in dem zähen Lehm: bald fielen sie vor Erschöpfung hin, bald kamen sie wieder zu Atem und rafften sich auf;

den einen halfen dabei die Eltern, den anderen die Brüder, und sie feuerten sie mit ermunternden Worten an. Man lief ungefähr ein Stadion [ca. 200 Meter] bis zum Stadttor, wobei der Sieger lange nicht feststand.» Nach einem weiteren erfolglosen Betrugsversuch ging der Sieg an den Jungen aus Pienza: «Dieser bekam die lebendige Gans und wurde auf den Schultern seines stolzen Vaters nach Hause getragen. Eine große Menschenmenge folgte ihm, und die ganze Nachbarschaft war stolz auf ihn. All dies betrachtete der Papst aus einem ganz weit oben gelegenen Fenster seines Palastes, zusammen mit den Kardinälen, und sie hatten große Freude daran. Trotzdem besprachen sie daneben auch wichtige politische Fragen.»[54]

In der Erzählung des Papstes über den sportiven Heiligentag in seiner Stadt geht es erkennbar um Exempel der Großzügigkeit und der Gerechtigkeit aufseiten des Stadtherrn. Es geht auch um die Begeisterung für körperliche Wettbewerbe, um den Stolz auf die eigenen Leistungen und den kennerhaften Genuss des Beobachters. Die vielen Einzelheiten des Narrativs legen die Interpretation nahe, dass besonders die Wettläufe den Kern dieses Heiligenfestes in der italienischen Provinz ausmachten, eine Sportart also, in welcher die einfachen Leute nicht nur mit den Großen konkurrieren konnten, sondern aufgrund ihrer körperlichen Überlegenheit sogar ganz unter sich blieben.

Frauensport im Mittelalter

Mit dem Nibelungenlied werden gewissermaßen Standards für den Frauensport gesetzt: Burgunderkönig Gunther, der die Isländerkönigin Brünhild heiraten will, bekommt von ihr drei Bedingungen gestellt: Er muss sie in drei Kampfspielen besiegen, im Steinwurf, im Weitsprung und im Speerwurf, also drei Wettbewerben aus dem Begleitprogramm hochmittelalterlicher Turniere. Gunther ist dafür zu schwach und erbittet die Hilfe des Helden Siegfried, der seine Schwester Kriemhild heiraten will. Mit seiner Tarnkappe wirft Siegfried anstelle von Gunther den Stein und den Speer und springt weiter als Brünhild.[55] Diese muss nun Gunther heiraten, doch noch einmal muss Siegfried einspringen, um Brünhild auch noch in einem Ringkampf im Ehebett zu überwältigen. Unübersehbar mischen sich hier mythische, sagenhafte, historische und literarische Bestandteile. Die historischen verweisen

mit dem Burgunderkönig Gundeharius ebenso in das 5. Jahrhundert
wie der Untergang der Burgunden von Worms im Jahr 437 nach einem
Überfall der Hunnen. Hinter Brünhild verbirgt sich vielleicht die mit
Frankenkönig Sigibert I. von Reims verheiratete westgotische Prinzes-
sin Brunichild, die nach der Ermordung ihres Mannes durch Königin
Fredegunde von Soissons mit dieser Todfeindin in einen tödlichen
Konflikt verwickelt war und ein Bündnis mit König Guntram von Or-
léans schloss.[56] Obwohl das *Nibelungenlied* wiederholt auf Personen aus
dem Frühmittelalter anspielt, ist es – ebenso wie seine skandinavischen
Seitenzweige, in denen Brynhild ein Totendämon aus dem Gefolge
Odins, eine Walküre, ist – erst aus dem 13. Jahrhundert, also einer Zeit,
in der das mittelalterliche Turnierwesen bereits in Blüte steht.[57]

In Wirklichkeit bot das Mittelalter dem Frauensport wenig Raum.
Raue Kampfspiele wie die Ritterturniere oder Steinschlachten schienen
sich wenig für Frauen zu eignen, und die wirtschaftliche Arbeitsteilung
wies ihnen üblicherweise einen Platz im Haus zu. Dennoch muss man
festhalten, dass Frauen – anders als in der Antike – nie von den Kämpfen
ausgeschlossen waren und adelige Frauen gerade beim Ritterturnier wie
auch bei Regatten oder Ballspielen einen konstitutiven Anteil des Publikums ausmachten. In der *Manessischen Liederhandschrift* aus dem 13. Jahrhundert symbolisieren Frauen oft überhaupt die Zuschauerschaft, und
dies selbst bei den brutalsten Vorführungen. Ausgerechnet eine Frau,
nämlich Christine von Pizan, forderte König Karl VI. von Frankreich
zur regelmäßigen Abhaltung von Turnieren für den gesamten Adel auf.

Eine der erstaunlichsten Sportgeschichten des Spätmittelalters be-
richtet von einer Frau namens Margot, die aus dem Hennegau nach
Paris kam und dort alle Männer im Tennis besiegte. Der Verfasser des
Artikels über die Herstellung von Tennisbällen und -Schlägern in einer
Enzyklopädie der Pariser Akademie der Wissenschaften, François
Alexandre de Garsault, berichtete 1767 über ihren Fall.[58] In der autori-
sierten Übersetzung von Daniel Gottfried Schreber aus dem folgenden
Jahr liest er sich so: «Im Jahre 1427 aber kam ein junges Frauenzimmer
von 28 Jahren, mit Namen Margot, von Hennegau nach Paris, welche
den Ball außerordentlich künstlich spielte, und die geschicktesten
Männer übertraf. Sie hatte ein kleines Ballhaus auf der Straße Grenier
S. Lazare, welches man den kleinen Tempel nannte, zu ihrem Schau-
platze erwählt; und hier nahm sie es mit den größten Ballmeistern auf.
Jedermann lief aus Neubegierde, sie als etwas ganz außerordentliches

zu sehen. Man spielte damals den Ball mit bloßer Hand.»[59] Wir wissen inzwischen, dass diese Passage fast wortgleich auf die zeitgenössische Chronik eines unbekannten Pariser Bürgers zurückgeht,[60] was dafür sprechen könnte, dass die Geschichte nicht einfach erfunden ist. Ort und Zeit passen jedenfalls zusammen, und auch ein früher Tennisplatz am Temple ist belegt. Folgende Fakten lassen sich entnehmen: Eine junge, unverheiratete Frau hatte ohne Probleme Zugang zu einem prominenten Pariser Tennisplatz. Offenbar fand es niemand ungehörig, dass eine Frau über Männer siegen konnte, Leistung war somit unabhängig von äußerlichen Merkmalen einer Person (Rasse, Geschlecht, Alter) möglich. Wir haben hier gewissermaßen eine Jeanne d'Arc des Tennis vor uns, nur nicht aus Lothringen, sondern aus dem Hennegau. Wenn man davon ausgeht, dass ihre Spielkünste nicht durch Feenkräfte zustande gekommen sind, kann das nichts anderes bedeuten, als dass sie bereits in ihrer Heimat Tennis trainieren konnte. Die Provinz Hennegau (frz. Hainaut) gehörte damals zur Grafschaft Hennegau. Diese wurde regiert von Herzogin Jakobe von Bayern-Straubing-Holland, die allerdings kinder- und glücklos blieb und ihr Land 1433 an Herzog Philipp von Burgund übergeben musste. In den Niederlanden dieser Zeit war das spätere Tennis als *Kaetsen* oder *Kaetsspiel* bekannt. Bereits 1338 war in Oudenaarde das Kaetsen auf dem Kirchhof verboten worden.[61] Die Beteiligung von Frauen an Ballspielen oder ähnlichen Vergnügungen ist bei höhergestellten Frauen des Spätmittelalters mehrfach belegt, etwa auf Fresken des 14. Jahrhunderts auf Burg Runkelstein über Bozen, auf denen die letzte Gräfin Margarethe von Tirol-Görz mit ihrer Hofgesellschaft bei einem Ballspiel dargestellt wird. Der zwischen 1388 und 1410 gemalte Freskenzyklus der Burg umfasst neben mehreren Szenen von Ritterturnieren (Buhurt, Tjost) auch Szenen von Jagd und Tanz.[62]

Die Beteiligung von Mädchen oder Frauen an Wettläufen hatte in Europa eine lange Tradition. Doch ist diese nicht leicht zu interpretieren, denn wie bereits im alten Rom, wo man Frauen gegen Zwerge kämpfen oder mit nacktem Oberkörper auftreten ließ, waren die Frauenwettbewerbe von allerlei Ambivalenzen gekennzeichnet. Das mittelalterliche München kannte den Wettlauf der «Hübschlerinnen», das waren die Prostituierten der Stadt, die sich bei dieser Gelegenheit der Öffentlichkeit präsentieren konnten und von den Veranstaltern der Jakobidult dem johlenden Publikum vorgeführt wurden.

Dies war zwar ein sportlicher Wettbewerb, denn die Siegerin gewann ein kostbares Stück Tuch, trotzdem war es ein Wettkampf in einer besonderen Kategorie. Von italienischen Städten kennen wir aus den spätmittelalterlichen Städtekriegen den Brauch, vor einer belagerten Stadt zur Verhöhnung und Verwirrung der Verteidiger Wettrennen von Frauen mit nackten Brüsten zu veranstalten. Auch dies waren leichtathletische Wettbewerbe, aber mit einer definierten Funktion außerhalb des Sportlichen. Andererseits kennen wir seit dem Spätmittelalter auch Wettläufe von Frauen, bei denen der sportliche Aspekt überwog. In Florenz sind sie seit 1325 wiederholt belegt, seit 1382 in Wien, seit 1442 in Nördlingen, seit 1444 in Brescia, seit 1472 in Basel.[63] In der Schweiz waren Wettrennen zwischen unverheirateten Mädchen weit verbreitet, meist liefen sie über kürzere Distanzen als die Buben.[64] In einigen Fällen sind die Erstbelege eine Frage der schriftlichen Überlieferung, die um diese Zeit einsetzt: Vermutlich weisen viele Wettläufe ein noch höheres Alter auf. In anderen Fällen wurde mit dieser Tradition offenbar neu begonnen, vielleicht um dem Beispiel einer Nachbarstadt zu folgen, vielleicht weil man den weiblichen Teil der Bevölkerung stärker beteiligen, oder auch nur, weil man den lokalen Jahrmärkten eine neue Attraktion hinzufügen wollte, denn diese standen ja im Wettbewerb mit denen konkurrierender Städte.

Mannschaftskämpfe

Steinschlachten, Stockturniere und Faustkriege

Während die städtische Oberschicht versuchte, den Adel mit Turnieren nachzuahmen, erfreuten sich die Unterschichten an weniger kostspieligen, aber kaum minder gefährlichen Kampfsportarten. Dazu gehörten vor allem in italienischen Städten die *Battaglie de' Sassi* (Steinschlachten), bei denen sich – quellenmäßig nachweisbar seit dem 13. Jahrhundert, aber möglicherweise älter und ländlichen Ursprungs – jeweils zwei Mannschaften mit Steinen bewarfen. An solchen martialischen Wettkämpfen nahmen bis zu 2000 Personen teil. In Perugia war zur Durchführung des Kampfes, bei dem die

Ober- gegen die Unterstadt antrat, eigens eine *Compagnia de' Sassi* gegründet worden. Wie bei einem Krieg ging es bei dieser Schlacht um die Eroberung und Besetzung von Plätzen oder eines bestimmten Platzes in der Stadt. Die Krieger trugen zum Teil Helme und versuchten, ihren Körper und ihre Extremitäten durch Panzerung und Wattierung so gut wie möglich gegen den Steinhagel und auch Stockschläge zu schützen. Solche Kämpfe begannen zu einem festgesetzten Zeitpunkt am Morgen und konnten – wie die tatsächlichen kriegerischen Schlachten dieser Zeit – den ganzen Tag bis zum Einbruch der Dunkelheit dauern. Der Einbruch der Nacht beendete mangels Beleuchtungsmöglichkeit alle Kämpfe, kriegerische wie sportliche. Trotz des Körperschutzes war dieses Kampfspiel extrem gefährlich, deshalb versuchten die Magistrate, solche Veranstaltungen zu unterbinden, in Siena z. B. schon im Jahre 1253. Die Zeit für diese Steinschlachten umfasste in manchen Städten die Winterzeit von Allerheiligen bis zum Beginn der Fastenzeit, etwa in Orvieto. In Perugia bemühte sich 1372 der päpstliche Vikar erfolglos um die Unterdrückung des beliebten Spiels. Die Stadtregierung unterstützte aber das Kampfspiel, das stets am Tag des hl. Ercolano ausgetragen wurde. Offenbar wurde mit diesem Spiel der politische Kampf zwischen den in Italien üblichen Fraktionen der Guelfen und der Ghibellinen ausgetragen, der oft auch den Gegensatz zwischen verschiedenen Stadtvierteln widerspiegelte.[65]

Am vehementen Widerstand von Predigern sehen wir, dass ihnen diese Veranstaltungen ein besonderes Ärgernis waren. Bernhardin von Siena forderte in seinen Massenpredigten im Jahr 1425 das unbedingte Verbot der *Battaglie de' Sassi*. Tatsächlich wurden die Steinschlachten im Anschluss daran durch den Magistrat von Perugia erneut untersagt, was allerdings wenig half.[66]

Außerdem gab es weitere Kampfspiele wie die Stockturniere und Faustkriege, die kaum minder gefährlich waren. Diese Massenveranstaltungen hatten von der Durchführung her manches mit den Steinschlachten gemeinsam. Faustkriege, in Siena *Giochi della pugna* (Faustspiele) genannt, fanden u. a. in Orvieto, Perugia und Florenz statt, waren also zumindest in Mittelitalien verbreitet. In Pisa wurde ein solches Kampfspiel im Jahr 1168 auf dem zugefrorenen Arno durchgeführt. Siena verbot wegen der extremen Gefährlichkeit im Jahr 1291 alle diese Kampfspiele inklusive der Schneeballschlachten,

Joseph Heintz, Guerra dei Pugni, Venedig ca. 1625

doch wie bei den Steinschlachten mit wenig Erfolg. Im Jahr 1324 artete ein Faustkrieg in Siena derart aus, dass es zu bürgerkriegsähnlichen Zuständen in der Stadt kam und erst ein Einschreiten des Bischofs verhinderte, dass mehr als vier Tote auf dem Schlachtfeld blieben. Um 1425 versuchte ein geistreicher Humanist, der Kampfeswut seiner Mitbürger mit Ironie zu begegnen: «Wohlan denn! Morgen wirst du anmutig blutunterlaufene Augen, fein bleiche Gesichter, viele verbundene Arme und Beine und so manche Zahnlücken sehen, von den inneren Verletzungen ganz zu schweigen. [...] zwei Drittel des Genusses gehört den Zuschauern, der Rest verbleibt den Mitspielern, als Zugabe erhalten sie Rippenbrüche, zerschrammte Stirnen, verrenkte Glieder, gebrochene Arme und Beine, Rippen, Kieferknochen».[67]

Eine Zivilisierung dieser Kampfspiele bestand am Ende des Mittelalters darin, dass man ihre Austragung auf bestimmte Örtlichkeiten beschränkte, in Italien vorzugsweise Brücken. In Venedig wird der Kampf zweier Stadtviertel auf einer Brücke 1292 erwähnt. In Parma schildert ein Städtelob von etwa 1330 (*De Laudibus Paviae*) ausführlich den Brückenkampf, der immer zwischen Neujahr und dem Beginn der Fastenzeit stattfand. In Pisa bestand der *Gioco del Ponte* seit dem 15. Jahrhundert darin, dass sich die beiden Mannschaften auf dem Scheitelpunkt einer gewölbten, geländerlosen Brücke über den Arno trafen und dort vor Tausenden von Zuschauern mit langen Holzstöcken aufeinander eindroschen. Für jeden ins Wasser gestürzten Kämpfer rückte ein anderer nach, und der Kampf dauerte so lange, bis eine der Parteien von der Brücke vertrieben war. Dieses Brückenkampfspiel konnte als *Mazzascudo* ausgeführt werden, also mit Hilfe von Keulen (*mazza*) und Schilden (*scudo*) zur Abwehr der Schläge. Sehr beliebt war allerdings auch die *Guerra dei Pugni*, der «Krieg der Fäuste», der sich in Venedig zu einem ganz besonderen Ritual ausgebildet hatte, bei dem einmal im Jahr die Stadtviertel auf einer bestimmten Kanalbrücke gegeneinander antraten.[68] Auf dieser Brücke, der *Ponte dei Pugni*, kann man auch heute noch die Fußstellungen sehen, welche die beiden Anführer der Stadtviertel, die den Kampf eröffneten, einnehmen mussten. Die Zuschauer standen in den Straßen, auf Booten und benachbarten Brücken, in den Fenstern, auf Balkonen und auf den Hausdächern, wie man einigen erhaltenen Ölgemälden entnehmen kann.[69] Auch aus anderen italienischen Städten besitzen wir Abbildungen solcher Brückenschlachten. Die venezianischen Brückenkämpfe waren auch bei Ausländern außerordentlich beliebt und wurden bei Staatsbesuchen sogar außer der Reihe aufgeführt. Kaisern und Königen sollte gezeigt werden, dass eine Republik mit so kampfesmutigen Einwohnern uneinnehmbar war.[70]

Mittelalterlicher Fußball

Mittelalterlicher Fußball war ein derart raues Spiel, dass es in einer Reihe mit den Steinschlachten und Faustkämpfen steht. In frühmittelalterlichen Chroniken, etwa der *Historia Brittonum*, werden nur unspezifizierte Ballspiele erwähnt. Vielleicht kam Fußball erst mit der normannischen Eroberung nach England, denn aus sächsischer und dänischer Zeit gibt es offenbar keine Belege. Der vielleicht älteste Nachweis des Fußballspiels ist ein Bericht aus dem Jahr 1137 vom Tod eines Knaben, der einen Schlag beim Fußballspiel erlitten hatte. In einer Beschreibung Londons etwa aus dem Jahr 1180 beschrieb William Fitzstephen einen frühen «Shrovetide Football»:

> «After lunch all the youth of the city go out into the fields to take part in a ball game. The students of each school have their own ball; the workers [exercitatores] from each city craft are also carrying their balls. Older citizens, fathers, and wealthy citizens come on horseback to watch their juniors competing, and to relive their own youth vicariously: you can see their inner passions aroused as they watch the action and get caught up in the fun being had by the carefree adolescents.»[71]

Eine um 1200 entstandene Chronik berichtet von einer Fußballschlacht zwischen zwei Dörfern in Flandern Anfang des 11. Jahrhunderts auf einer breiten und ebenen Wiese, auf der vorher die Bauern zum Trinken und zum Fußballspielen zusammengetroffen waren. Wie die Steinschlachten dauerte der mittelalterliche Fußball von morgens bis zum Einbruch der Dunkelheit. Weder war die Anzahl der Teilnehmer begrenzt, noch gab es große Beschränkungen beim Körpereinsatz – nur Mord und Totschlag waren verboten –, noch ein klar definiertes Spielfeld. Die Stadttore dienten – falls vorhanden – als Ziel, und je nachdem, ob das Spiel innerhalb einer Stadt stattfand oder zwischen zwei Orten, unterschied sich das «Spielfeld». Es konnte sich über Kilometer erstrecken, und das Spiel wurde selbst dann nicht unterbrochen, wenn der Ball in einen Fluss fiel. Ein Ordenspriester aus Nottinghamshire schrieb: «Junge Burschen befördern während dieses Spiels einen riesigen Ball, aber sie werfen ihn nicht etwa mit der Hand, sondern stoßen ihn mit den Füßen. Ein recht abscheuliches Spiel, um nicht zu sagen gewöhnlich und unwürdig des Menschen, unnützer als jedes andere Spiel. Überdies endet es selten ohne Unfall.»[72]

Entsprechend der Gefährlichkeit des Spiels hagelte es Spielverbote. In England wurde es erstmals 1315 in der Regierungszeit König Eduards II. durch den Lord Mayor von London, Nicholas de Farndone, verboten: «For as much as there is a great noise in the city caused by hustling over large balls, from which many evils may arrive, what God forbid, we can command and forbid on behalf of the King, on pain of imprisonment, such games to be used in the city in future.»[73] Das nächste Verbot kam 1349 unter dem Nachfolger, König Eduard III., der das Fußballspiel zusammen mit anderen unnützen Vergnügungen

LVDVS QVEM ITALI APPELLANT IL CALCIO

*Das Spiel, das die Italiener Calcio nennen: Darstellung eines Genueser Calcio,
Kupferstich aus: Pietro Bertelli, Diversarum nationum habitus, Padua 1594*

wie Handball, Hockey und Hahnenkampf im Jahr 1363 erneut untersagte.[74] Das schottische Parlament verhängte 1424 in seinem «Football
Act» sogar eine Geldstrafe für alle, die das Verbot übertraten. Zwischen 1314 und 1667 wurden insgesamt 30 königliche und lokale Spielverbote gezählt.

Typischer Fußballtermin ist bereits in den frühesten Belegen der
Faschingsdienstag. In einer normannischen Chronik heißt es 1387, «die
Bewohner der Dörfer Vulguessin de Normand und Forest de Lyon hätten beschlossen, sich jedes Jahr am Dienstag vor Aschermittwoch am
Abteiportal der Notre Dame de Mortever zu einem Fußballspiel zu
treffen».[75] Diesen Fußballtermin kennen wir aus Italien und Frankreich ebenso wie aus England. Allerdings scheint der Fußball in England bereits im Spätmittelalter größere Bedeutung gehabt zu haben als
anderswo. In Chester gab es zwar ebenfalls den berühmten Faschings-
termin («Shrovetide Football»), in Frage kamen jedoch auch Ostern,
Weihnachten und der Jahrestag des Schutzpatrons der Stadt.

Ähnlich alt wie in England ist das Fußballspiel in Italien. Als die
Quellen einsetzen, ist es schon da, sodass man über seine Anfänge nur
spekulieren kann. Eine dieser Spekulationen besagt, dass sich das Spiel
mit dem großen Ball – dem *Pallone*, der *Palla Grossa* oder der *Palla Gon-
fiata* – erst ab einem gewissen Zeitpunkt ausdifferenzierte zu Fußball
(Calcio) und Faustball (Pallone).[76] Erst im 15. Jahrhundert lichten sich
die Nebel, dafür aber gleich – wie man bei Italien erwarten kann – mit
einem Heiligen: Der hl. Anton von Florenz brach sich den Arm beim
Spiel mit dem großen Ball, also vermutlich dem Pallone-Spiel.[77]

Andere Ballspiele

Das hohe Alter der Ballspiele ist in der Forschung immer wieder betont
worden. Laut einer südfranzösischen Quelle aus dem Jahr 1147 erhielt
ein Kloster sieben große Bälle («VII maximos ballones») für das *Soule* –
wie in Frankreich das Fußballspiel genannt wurde – als Spende.[78] Ein
sicheres Indiz für seine gesellschaftliche Bedeutung ist die Regelung
der Ballproduktion, die uns in Paris bis in das 13. Jahrhundert zurück-
führt. Im Jahr 1292 gab es dort nicht weniger als 13 Handwerksmeister,
die sich auf die Produktion von Bällen spezialisiert hatten. Offenbar
war in diesem Bereich die Konkurrenz groß, denn wiederholt setzten
sich die Meister gegen Pfuscher zur Wehr und veranlassten den französischen König zur Regelung der Produktion. 1480 wurde festgelegt,
dass zur Füllung von Tennisbällen keine Sägespäne, Moos, Kreide,
Kalk, Erde, Kieselsteine oder Sand benutzt werden durften, sondern
nur Tuchscherer-Abfälle. Der Überzug bestand aus feinem Leder über
einer Leinwandschicht, und die Bälle durften – nach einer Ergänzung
der Regel aus dem Jahr 1504 – nicht mehr als 33 Gramm wiegen. Auf-
blasbare Bälle für Faustball oder Fußball bestanden dagegen aus einer
Lederhülle, gefüllt mit einer Blase mit Ventil, und sollten höchstens
300 Gramm wiegen.[79]

Ballspiele gerieten vor allem durch Verbote oder durch Sportun-
fälle in die mittelalterlichen Quellen. Daran können wir auch sehen,
wann einzelne Spiele an den Höfen adaptiert wurden, wie etwa das *Jeu
de Paume*, bei dem ein kleiner Ball mit der Handinnenfläche (lat. *palma*)
geschlagen wurde. Auf dieses Spiel stoßen wir bei König Ludwig X.
von Frankreich, der angeblich als begeisterter Ballspieler über andau-

erndes schlechtes Wetter so erbost war, dass er Ende des 13. Jahrhunderts als Erster einen überdachten Tennisplatz innerhalb eines Schlosses erbaut habe. Im Anschluss an ein anstrengendes Spiel in Vincennes im Juni 1316 soll er eine solche Menge gekühlten Wein getrunken haben, dass er daran verstarb. Der französische König wäre damit auch der erste namentlich bekannte «Tennisspieler» – allerdings spielte er sicherlich eine Vorform des Tennis, bei der noch keine Schläger zum Einsatz kamen.[80]

Die Regatta

Eine der berühmtesten Wassersportarten war im Spätmittelalter und in der Frühen Neuzeit die *Regatta*. Dieses venezianische Wort ist in die wichtigsten europäischen Sprachen eingegangen als generischer Begriff für den Wettkampf auf (unmotorisierten) Schiffen. Die Etymologie des Wortes ist umstritten, manche leiten es von *riga* (Reihe) her, andere von *aurigare* (an einem Wettbewerb teilnehmen) und wieder andere von *ramigium* (Ruder). Dieser für die Seerepublik Venedig typische Wettkampf diente seit jeher als Attraktion sowohl für Einheimische als auch für Touristen.

Giovanni Antonio Canal (Canaletto), Einfahrt der Frauen-Regatta in den Canal Grande vor der Piazzetta mit Blick auf Santa Maria della Salute, ca. 1765

Regatta der Frauen, in: Giacomo Franco, Habiti d'Huomeni et Donne venetiane, Venedig 1610

Erste Berichte über Regatten haben wir für die zweite Hälfte des 13. Jahrhunderts, doch spricht vieles für ein höheres Alter dieses Wettbewerbs. Venedig war eine dem Meer zugewandte Stadt, sie leitete ihre städtische Freiheit sogar von dem Umstand ab, dass sie nichts mit dem vom Feudaladel beherrschten Festland zu tun hatte. Die Ausbildung tüchtiger Ruderer für Boote und Galeeren war zur Erhaltung der städtischen Freiheiten oberstes Gebot und könnte früh durch Wettbewerbe stimuliert worden sein. Regattatermine waren der 31. Januar, der Tag, an dem die Reliquien des Stadtpatrons San Marco nach Venedig gebracht worden waren, oder das Marienfest *Purificatione di Maria Vergine* am 2. Februar. An diesem Tag wurden im Jahr 942 Piraten aus Istrien überwältigt, die bei einem Überfall auf Venedig die Jungfrauen geraubt hatten – der mythische Anfangspunkt aller Regatten.

In der Renaissance wurden die Regatten vorwiegend von den *Compagnie della Calza* (Vereinigungen junger Patrizier) organisiert. Seit der Mitte des 16. Jahrhunderts lag die Leitung in Händen von venezianischen Adeligen, die in Venedig den relativ hohen Anteil von etwa 5 % der Bevölkerung ausmachten und die von der Regierung damit beauftragt waren, als *direttori di regata* (Leiter der Regatta) zu fungieren. Die Regatta als Ganzes teilte sich stets in mehrere Einzelrennen auf, die jeweils auf bestimmten Arten von Booten ausgetragen wurden. Die unterschiedlich großen, breiten und schweren Bootstypen waren üblicherweise mit einem bis zu zehn Ruderern besetzt und traten dementsprechend in unterschiedlichen Rennen an. Vor dem Dogenpalast und auf dem *Canal Grande* wimmelte es bei den Regatten von prächtig herausgeputzten Booten aller Art, auf denen die Einwohner dem Rennen zuschauten und sich selbst zur Schau stellten. Eine Chronik aus dem Jahr 1700 spricht davon, dass bei den Wettfahrten durch den *Canal Grande* die Fassaden der Paläste ein großartiges Theater abgäben und die Zuschauer von 18 619 Balkonen, die mit bunten Teppichen geschmückt gewesen seien, dabei zugesehen hätten.

Regatten konnten privater oder öffentlicher Natur sein, sie schieden sich in *sfide*, das heißt Herausforderungen zwischen einzelnen Bootsführern oder *Gondolieri*, und in *regate grandi*, das heißt große Regatten, die aus Anlass von Staatsakten, religiösen Feiern oder oft auch Staatsbesuchen ausgetragen wurden. Jahrhundertelang wurde der feierliche Einzug der Dogen und der Prokuratoren von San Marco in den Dogenpalast mit einer großen Regatta begangen. Am besten dokumentiert sind allerdings nicht die jährlichen oder gewöhnlichen Regatten, sondern die großen Staatsereignisse, die sich in den Chroniken, Reiseberichten oder in der Neuzeit in gedruckten Zeitungen niederschlugen. Das erste dieser Ereignisse war der Besuch des Markgrafen Niccolò d'Este von Mantua im Jahr 1369. Eine der prächtigsten Regatten wurde 1574 für den König von Polen und künftigen König Heinrich III. von Frankreich veranstaltet, der auf der Flucht aus Polen seinen Weg über die Lagunenstadt genommen hatte.

Bootsrennen gab es natürlich nicht nur in Venedig, sondern sie wurden bei Bedarf an vielen Orten veranstaltet. Als Beispiel soll ein Wettbewerb dienen, den ein Bischof von Corneto gestiftet hatte und der seither jedes Jahr am Heiligenfest Johannes des Täufers (24. Juni) auf dem Bolsenasee durchgeführt wurde.[81] Wir wissen davon nur wegen eines Aufenthalts von Papst Pius II., der den Papstsitz in Viterbo wegen einer Seuche verlassen hatte, auf dem Farnese-Schloss Capodimonte. Der Schlossherr stiftete zu Ehren seines Gastes wertvolle Preise, «um dem Fest mehr Glanz zu verleihen» und natürlich, um tüchtige Sportler anzulocken. Erster Preis waren acht Ellen bestes Florentiner Scharlachtuch. Ausgewählt aus einer größeren Menge von Bewerbern wurden Boote mit gut trainierten Ruderern aus Bolsena, Clarento, Marta, San Lorenzo

und Corneto (1922 in Tarquinia umbenannt). Das Rennen der Vierer mit
Steuermann ging über eine Strecke von zwei Meilen von Capodimonte
zur Isola Bisentina. Die Schilderung des Rennens ist so ausführlich, dass
es nur in Auszügen wiedergegeben werden kann, doch diese genügen,
um das Talent Piccolominis als Sportreporter erkennen zu lassen:

«Aufregung ließ ihr Herz klopfen, und ungeheurer Ehrgeiz erfasste
sie. Sobald die Trompete [das Startsignal] erklang, stürzten sie alle
aus ihren Schranken [der Startvorrichtung] hervor und erschütter-
ten mit rauem Geschrei die Luft. Das Wasser schäumte hoch, auf-
gepeitscht von ihren Armen; sie zogen nebeneinanderliegende Fur-
chen, und aufgewühlt von den Rudern und Kielen klafften die Tiefen
des Sees auf.

In nächster Folge folgte die Flotte der Kähne, auf denen die Zuschauer, Anhänger der einen oder der anderen, ungeheures Geschrei
und Applaus hören ließen und alles mit ihrem Getöse erfüllten. Die
auf den nahen Bergen befindlichen Wälder gaben das Echo zurück;
am Ufer entlang rollte die geballte Kraft des Lärms, und die Hügel,
vom Lärm getroffen, warfen ihn zurück.

Als erstes Schiff entkam das von Bolsena aus dem Getöse und
Gedränge und überholte die anderen um eine ganze Länge. Als
nächstes kam das aus Corneto, gleichauf mit dem aus Marta, die
übrigen folgten in kurzem Abstand. [...] Da sagte der Bootsführer
der Martaner zu seinen Leuten: ‹Was sollen wir tun Kameraden? [...]
Können wir diese Schande ertragen, dass wir, sonst unbesiegt, in Anwesenheit des Papstes besiegt werden? Da wäre es doch besser, gleich
zu sterben. Los geht's Jungs! Konzentriert eure Kräfte, legt euch tüchtig in die Ruder und wendet so eine Schande von unserer Stadt ab!›

Die beherzte Jugend hörte dies, stemmte sich mit voller Kraft in
die Ruder, peitschte mit heftigem Schlag das gurgelnde Wasser und
zog mit zitterndem Heck das Boot aus der Tiefe. Es überholte die
Clarentaner und lag, Bug an Bug, eine Weile gleichauf mit dem Boot
von Bolsena. Dann aber fuhr das sieggewohnte Boot der Martaner
den anderen weit voraus. Auch die Clarentaner und sogar noch die
Cornetaner überholten das Bolsenaboot [...] Die Martaner erreichten
mit großem Vorsprung den Hafen und trugen den Siegespreis davon.
Der nächste Preis ging an die Clarentaner.»[82]

Wintersport

Fitzstephens Beschreibung von London überliefert uns auch ausführliche Schilderungen des hochmittelalterlichen Wintersports. Allerdings beginnt er mit einem Vergnügen, das wir heute vielleicht nicht mehr teilen würden, nämlich den Tierkämpfen. Außer den beliebten Hahnenkämpfen finden wir Kämpfe von Bären, Wildschweinen und Kampfhunden, die vermutlich bereits damals in England gezüchtet wurden: «On most festival days during winter, before lunch, boars foaming at the mouth and hogs armed with tusks lightning-swift fight for their lives; they'll soon be bacon. And fat bulls with horns or monstrous bears, under restraints, are set to fight against hounds.» Der eigentliche Wintersport wie z. B. Eislaufen mit Schlittschuhen war davon abhängig, dass die Sümpfe nördlich des damaligen London zufroren – an die heute noch die Londoner Platznamen *Moorfields* und *Moorgate* erinnern –, da die Themse im Hochmittelalter selten zufror. Dies änderte sich erst mit der Kälteperiode der Kleinen Eiszeit.

«When the great marsh that laps up against the northern walls of the city is frozen, large numbers of the younger crowd go there to play about on the ice. Some, after building up speed with a run, facing sideways and their feet placed apart, slide along for a long distance. Others make seats for themselves out of ice-slabs almost as large as millstones, and are dragged along by several others who hold their hands and run in front. Moving so quickly, the feet of some slip out from under them and inevitably they fall down flat. Others are more skilled at frolicking on the ice: they equip each of their feet with an animal's shin-bone, attaching it to the underside of their footwear; using hand-held poles reinforced with metal tips, which they periodically thrust against the ice, they propel themselves along as swiftly as a bird in flight or a bolt shot from a crossbow. But sometimes two, by accord, beginning far apart, charge each other from opposite directions and, raising their poles, strike each other with them. One or both are knocked down, not without injury, since after falling their impetus carries them off some distance and any part of their head that touches the ice is badly scratched and scraped. Often someone breaks a leg or an arm, if he falls onto it.»[83]

Der Winter war dem Sport einerseits günstig, weil witterungsbedingt
die Landwirtschaft ruhte. Andererseits war auch für Sportveranstaltungen oft das Wetter ungünstig, und außerdem waren die Tage besonders
im Norden kurz. Für Indoor-Veranstaltungen fehlten noch geeignete
Hallen. Die beste Zeit für Sport begann, wenn die Tage wieder länger
wurden und die Landwirtschaft noch keinen großen Arbeitseinsatz erforderte. Diese Zeit fiel im christlichen Kalender mit dem Fasching oder
Karneval zusammen – u. a. deswegen liegen viele große Sportveranstaltungen wie der englische *Shrovetide Football* in dieser Zeit. Überliefert
sind uns besonders kuriose Ereignisse, etwa ein Ritterturnier in Venedig
auf dem *Canal Grande* in einem der Kältejahre der Kleinen Eiszeit, in denen die Lagune zugefroren war. Dies war allerdings seit dem 14. Jahrhundert häufiger der Fall als je zuvor in historischer Zeit, denn mit dem
Anbruch der Kleinen Eiszeit froren die Lagune, aber auch die großen
Alpenseen und die großen Flüsse und Kanäle, die Ostsee und sogar Teile
des Mittelmeers immer wieder zu.[84]

Aus mittelalterlichen Chroniken hören wir immer wieder, dass Ex-
tremwinter Anlass zu einer Verlagerung von Sportveranstaltungen auf
das Eis boten. So berichtet der Florentiner Chronist Luca Landucci,
dass am 10. Januar 1491 der Arno so dick zugefroren war, dass man auf
dem Eis habe *Calcio* spielen können. Zwanzig Jahre später, im Winter
1511, war dies erneut der Fall.[85] Beide Male handelt es sich nicht eigentlich um Wintersport, sondern um allgemein beliebte Sportarten, die
ausnahmsweise im Winter ausgeführt wurden. Anders verhält es sich
bei Spielen, die direkt an den Winter gekoppelt sind, wie etwa Schneeballschlachten, Eislaufen oder Schlittenfahren, von denen man annehmen kann, dass sie eine längere Vorgeschichte besitzen. Nachweisen
können wir dies nur ausnahmsweise, etwa wenn auf Fresken von 1397
im Adlerturm der Bischofsburg von Trient auf dem Monatsbild für den
Januar eine solche Schneeballschlacht festgehalten wird.[86] Außerdem
bleibt wieder der weite Bereich der obrigkeitlichen Verbote, die auch
die Wintervergnügen nicht verschonten. Da harte Schneebälle in
etwa die Schlagwirkung von Steinen haben konnten, wurden Schneeballschlachten z. B. 1371 in Perugia und 1378 in Basel verboten. In Perugia waren wenige Jahre vorher gerade die Steinwurfkämpfe untersagt
worden.[87]

Denken wir an Wintersport im heutigen Sinn, so werden wir auf
den Norden Europas verwiesen, denn während der «Hochmittelalter-

Eislaufen, Skifahren und Jagen: Wintersport im hohen Norden.
Olaus Magnus, Historia de gentibus septentrionalibus, Rom 1555

lichen Warmzeit» erlaubten weiter im Süden – von den dünn besiedelten Hochalpen abgesehen – die Temperaturen nicht in jedem Jahr Wintersport. Für die Anfänge des Skisports werden wir sprachlich auf die Landschaft Telemark im Süden Norwegens verwiesen, deren Hauptstadt nicht umsonst *Skien* heißt. Die Stadt wurde im Jahr 1000 gegründet und entwickelte sich in den Jahrhunderten danach zum wichtigsten Holzproduzenten Norwegens. Die Begrifflichkeit des Skifahrens wurde angeblich durch den Skifahrer Sondre Norheim geprägt, einen der besten Abfahrtsläufer und Skispringer seiner Zeit, der die Skier und die Seilzug-Skibindung weiterentwickelt hat, die Technik des *Telemarkens* erfunden und den Begriff *Slalom* geprägt haben soll.[88] Verbreitet wurde das Skilaufen und -springen erst Ende des 19. Jahrhunderts von Norwegen aus, vor allem nach Österreich, in die Schweiz und die USA. Zum Massensport wurde der Skisport seit den 1950er Jahren. Sprachlich bedeutet *Ski* (altnordisch *skid* = Scheit, Schneeschuh) nichts anderes als das deutsche Scheit, gemeint ist ein langes, schmales und flaches Holz, welches als Lauffläche für das Sportgerät dient. Für den Einsatz als Sportgerät benötigt man eine aufgebogene Spitze und eine Verbindung mit dem Schuh. Dass diese technische Herausforderung schon in der Vorzeit gelöst wurde, davon zeugen über 4000 Jahre alte archäologische Funde und Petroglyphen in Norwegen und Schweden sowie doppelt so alte Funde im Nordwesten Russlands. Nordgermanische Götter wie Ullr oder die Göttin Skadi werden auf Runensteinen oder in den nordischen Sagas auf Skiern imaginiert. Skadi wird auch als *Öndurgud* (Skigöttin) bezeichnet.[89] Als der dänische Wikingerfürst Ragnar Lodbrok das nördliche Norwegen überfiel, unterlag er den wenigen Bauern, die sich auf Skiern viel besser bewegen konnten als die schwer bewaffneten Dänen. Aus der Zeit des norwegischen Königs Sverre Sigurdssons gibt es um das Jahr 1200 Nachrichten von Soldaten auf Skiern.[90] Im Mittelalter waren Skier – weil relativ billig und selbst herstellbar – weit verbreitet. Sie variierten in der dünn besiedelten Landschaft von Tal zu Tal, es gab bis zu drei Meter lange Bretter, die im Schnee wie Tretroller benutzt wurden, es gab kurze, schwere und leichte Skier, die von den Mädchen bevorzugt wurden. In der *Geschichte der Völker des Nordens*, die der Bischof Olaus Magnus veröffentlichte, zeigt bereits der erste Holzschnitt einen Samen auf Skiern, der mit Pfeil und Bogen auf die Vogeljagd geht.[91] Seit dem 18. Jahrhundert haben wir Nachrichten aus der Landschaft Telemark, dass Skier zum Spaß gebraucht wurden, aber wahrscheinlich war das auch früher schon der Fall. Das 1932 etablierte *Birkebeinerrennet* – eine Art Skimarathonlauf über 54 km – erinnert an Loyalisten, die dem norwegischen Thronfolger Haakon Haakonsson im Bürgerkrieg durch einen waghalsigen Skilauf durch einen Blizzard im Jahr 1206 das Leben retteten.[92] Aus einem ähnlichen Anlass wird in Schweden seit 1922 der *Vasaloppet* über eine Distanz von 90 km veranstaltet, der an die Flucht des Freiheitskämpfers und späteren schwedischen Königs Gustav Eriksson Wasa vor seinen dänischen Verfolgern im Jahr 1520 erinnern soll.[93]

Wie wir bei Olaus Magnus lernen können, gehörten zu den Wintervergnügen im Norden wie im übrigen Europa neben Schach (*ludus Latrunculorum, seu Schacorum*) und Glücksspielen auch Zielschießen, Scheibenschießen und Vogelschießen, Reiten und Rudern, Jagen und Fischen, und zur Ertüchtigung der Jugend (*pro exercenda iuventute*) Schwerttänze und andere gymnastische Übungen (*quodam gymnastico ritu & disciplina*), die unter Musik und Gesang und Publikum zur Zeit des Karnevals bis zu acht Tagen dauerten. Pferderennen über das Eis werden bei Olaus Magnus in einem eigenen Holzschnitt illustriert. In

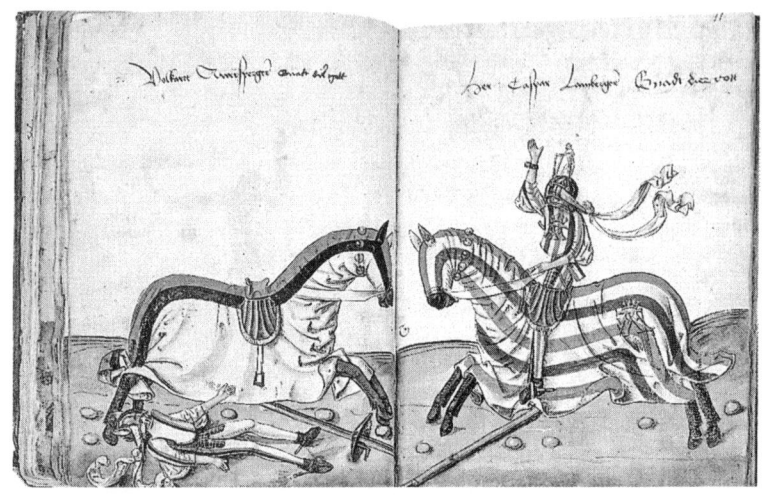

Ritter Caspar von Lamberg besiegt Volkart von Auersperg im Turnier.
Turnierbuch des Caspar von Lamberg, Kunsthistorisches Museum, Wien

den Zeiten größter Kälte wurden Schneeballschlachten von Jugendlichen zur Eroberung von Schneeburgen und Tänze um große Feuer herum veranstaltet.[94]

Herbst des Mittelalters

Mittelalterliche Sportstätten und Spielwiesen

Auf den ersten Blick sieht es so aus, als habe das europäische Mittelalter überhaupt nichts zu bieten, was sich mit den Sportstätten der Antike – oder auch von außereuropäischen Gesellschaften – vergleichen ließe. Allerdings gab es doch einige Institutionen, die man nicht so einfach übergehen kann. Zunächst einmal brauchte man Turnierplätze. Diese waren sicherlich bei Großveranstaltungen wie den Mainzer Hoftagen des Hochmittelalters auf der grünen Wiese improvisiert, genauso wie man auch die Vielzahl der Teilnehmer nur in Zelten unterbringen konnte. Man kann aber doch davon ausgehen, dass es bei den wichtigsten Pfalzen und Schlössern Gelände gab, die für solche Turniere reserviert waren und z. B. deswegen nicht zugebaut oder in Ackerflächen verwandelt werden durften. Gerade der *Tjost*, aber auch der *Buhurt* benötigten ein überschaubares, ebenes Gelände ohne große Hindernisse, es musste also gut gerodet sein und einen festen Untergrund haben, durfte nicht zu feucht oder sandig sein, musste möglicherweise auch gemäht und für die Turniere, aber auch für ritterliche Übungen bzw. Training instand gehalten werden. Daneben gab es Burganlagen, die so groß angelegt waren, dass man in den Innenhöfen oder auf Wiesenflächen innerhalb der Burgmauern Turniere abhalten konnte. Aus der schriftarmen Zeit des Hochmittelalters besitzen wir keine Baupläne, aber man kann annehmen, dass bei solchen großen Anlagen der Platz für die Abhaltung von Turnieren eingeplant wurde. Schließlich nutzten die Könige und Ritter auch die repräsentativen Plätze der seit dem 12. Jahrhundert neu entstehenden Städte, deren umliegende Häuser einen festlichen Rahmen boten und auch gleich als Tribünen für Zuschauer dienen konnten. Auf diesen Plätzen wurden temporäre Konstruktionen errichtet, also der Kampfplatz vom Zuschauerraum abgetrennt, möglicherweise Schiedsrichtertribünen und Logenplätze für besonders prominente Zuschauer erbaut.

Die Städte entwickelten noch zwei andere Typen von Sportstätten mit eigenem Charakter: die Schießanlage und die sprichwörtliche «Spielwiese». Schießstätten waren eigentlich Multifunktionsanlagen, die über ein eigenes abgegrenztes Areal außerhalb der Stadt, oft an Flussufern, und bauliche Einrichtungen verfügten, die zur Lagerung der Sportgeräte und anderer Materialien dienten. Wie für die Turnierplätze benötigte man auch für die Schießanlagen ein gerodetes, ebenes Gelände ohne Hindernisse, es handelte sich also in der Regel um eine gebaute Anlage. Die Schießplätze waren in besonderer Weise mit der städtischen Identität verbunden, repräsentierte doch das Schießen eine militärische Kampfart, in der sich die Städte den Rittern überlegen gezeigt hatten. Auf den städtischen Anlagen wurde in der Regel nicht mit Bogen, sondern mit der Armbrust («Stachelschießen») oder mit dem Gewehr («Büchsenschießen») geschossen. Dies waren die Schusswaffen, mit denen man jeden Ritter vom Pferd holen konnte. Der Mythos von Wilhelm Tell, dem Stachelschützen, der dem Landvogt die Stirn bot, war in einem städtischen Kontext angesiedelt. Der Schweizer Freiheitsheld, der mit der Armbrust den Apfel vom Kopf seines Sohnes schoss, verkörperte in diesem Sinn den rebellischen Widerstand der Stadtkommunen gegen den Zwang des Feudalismus. Der Umstand, dass Schießplätze nicht nur Sportanlagen waren, auf denen man auch feiern oder andere Wettkämpfe abhalten konnte, sondern auch Symbole städtischer Freiheit, trug sicher nicht unwesentlich dazu bei, dass gerade diese Sportart im Spätmittelalter den höchsten Institutionalisierungsgrad erreichte. Jede europäische Stadt, die etwas auf sich hielt, besaß am Ende des Mittelalters eine öffentliche Schießanlage für die Bürger der Stadt.

Städtische Spielwiesen

Eine andere Bewandtnis hat es mit den Spielwiesen. Ihre Bedeutung war eine doppelte: Einerseits waren sie ein Zeichen für den Urbanisierungsgrad einer Region und die Größe einer Stadt, denn bei kleinen Ackerbürgerstädten brauchte man nur vor die Mauern zu laufen, um genügend Wiesen zu finden. Erst bei hoher Wohndichte und einer Einwohnerzahl von über 10 000 Einwohnern war es überhaupt nötig, eigene Spielwiesen einzurichten. Man könnte sagen, dass dies sowohl soziologische als auch ökologische Gründe hatte, denn es war nötig, größere Grünflächen aus ihrem unmittelbaren – städtebaulichen, industriellen oder agrarischen – Verwertungszusammenhang herauszunehmen und planerisch bewusst umzuwidmen. In einer Gesellschaft, die auf Privateigentum aufgebaut war, bedeutete das in vielen Fällen, dass ein großzügiger Spender bereit war, aus seinem privaten Vermögen eine große Grünfläche für die Allgemeinheit zur Verfügung zu stellen, entweder aus dem vorhandenen Familienbesitz oder durch Kauf eines geeigneten Geländes. Die Kommunen selbst waren dazu oft nicht in der Lage, da sie aufgrund der Bodenverknappung nahe der Innenstadt andere Prioritäten für die Verwendung des öffentlichen Bodens setzen mussten. Für den Spender hatte die Stiftung einer Spielwiese den Vorteil, dass sich die außerordentliche Großzügigkeit tief in die Lokalgeschichte eingrub und das Andenken des Spenders lebendig hielt.

Ein weiterer Grund für das Ausweisen von Spielwiesen war die Schließung des öffentlichen Raumes für Spiel und Sport. Dies verweist auf den Umstand, dass dieser Institutionalisierung zuerst einmal ein

Verlust vorausging und sie quasi als Ersatz für ältere, informelle Spielorte dienten. Erst in jüngster Zeit konnte Angela Schattner auf der
Basis englischer *Churchwardens' Accounts* und der Protokolle der *Assize
Courts* im Detail nachweisen, wo und was gespielt wurde: Ein äußerst
beliebter Spielort waren die Kirchhöfe, große abgezäunte Wiesen bei
den Kirchen, was allerdings bei Ballspielen und Wurfwettbewerben
oft zu zerbrochenen Fensterscheiben führte. Spätestens mit Einführung der Reformation wurden diese traditionellen Spielstätten geschlossen. Andere Spielorte waren der Dorfanger (*common green*) oder
abgegrenzte Flächen (*close*), die von den öffentlichen oder privaten
Eigentümern nach dem Ende des landwirtschaftlichen Jahres für den
Sport freigegeben wurden. Beliebte Stätten für den Alltagssport waren
auch die Straßen und insbesondere die Straßenkreuzungen, die den
Vorteil hatten, dass sie eben waren.[95] Allerdings waren diese Straßen
noch nicht gepflastert, sodass sie bei Regen kaum bespielbar waren.
Mit zunehmendem Verkehr mussten die Sportler natürlich von den
Straßen vertrieben werden. Dies erklärt sicher auch, warum Flüsse
und Seen, manchmal sogar Meereslagunen zu natürlichen Spielstätten
auch für Fußball und andere Landsportarten wurden, sobald sich eine
tragfähige Eisdecke gebildet hatte.

Aus William Fitzstephens Beschreibung von London hören wir
bereits im späten 12. Jahrhundert, wie sich die jungen Männer außerhalb der Stadt in den Moorfields, einem noch über Jahrhunderte brach
liegenden Feuchtgelände, die Zeit mit Kriegsübungen, Ballspielen,
Speerwerfen, aber auch leichtathletischen Wettbewerben vertrieben.[96]

Sobald zu viele informelle Spielorte geschlossen wurden, war die
Ausweisung gesonderter Spielwiesen notwendig, die oft direkt nach
dem Stifter benannt wurden. Im Falle der Nürnberger «Hallerwiese»,
eines 1,7 Hektar großen Geländes im Stadtteil St. Johannis westlich der
Altstadt, wurde der Grund im Jahre 1434 vom Stadtmagistrat sogar
käuflich erworben, «allen Inwonern zu Lust und Ergetzung». Trotzdem blieb der Name der Verkäuferin Margareta Heyden, geb. Haller,
an der Wiese hängen, vielleicht auch deshalb, weil bereits das nahe
Hallertor den Namen der Familie trug. Nach Ansicht der Nürnberger
handelt es sich dabei um den frühesten Erholungsfreiraum in einer
mittelalterlichen deutschen Großstadt. Erste überlieferte Veranstaltung auf der Hallerwiese ist ein großes Armbrustschützenfest im Jahr

1439.[97] Der italienische Reisende Antonio de Beatis beschreibt die Hallerwiese Ende Mai 1517 als eine Art irdisches Paradies: «About a hundred or more passi outside the town gate, where the river flows, is a plantation of five rows of the tree called Linden in Germany, one of which follows the river bank, which is almost level with the water. These trees are very large, and their foliage resembles the mulberry. They cast a pleasant shade and bear a white blossom which smells strongly but produces no fruit. Beneath them is a close cropped turf of a delightful green […]. Altogether I would hardly be lying if I said that I could imagine no lovelier or pleasanter spot.»[98]

Ein alternatives Modell zur Ausweisung von Spielwiesen vor den Mauern der Stadt bestand in der Schaffung von Freizeitanlagen in ihrem Zentrum. Dieser Weg wurde in vielen Schweizer Städten beschritten, wo im ausgehenden Mittelalter planmäßig «Lindenplätze» angelegt wurden, also öffentliche Grünflächen, auf denen im Sommer Lindenbäume Schatten spendeten. Der Basler Petersplatz wurde bereits im Jahr 1277 von den Chorherren von St. Peter vor der damaligen Stadtmauer angelegt. Bereits neun Jahre später wurde der Platz Teil des Stadtgebietes und bekam die Funktion der öffentlichen Spielwiese, im 14. Jahrhundert wurde darauf auch eine Schießhalle für die Armbrustschützen errichtet. Der Florentiner Humanist Poggio Bracciolini hob hervor, welcher Gebrauch von der Spielwiese gemacht wurde: «Alt und Jung kommen am Abend zusammen, um sich bei Spielen und Tanz zu belustigen. Die meisten spielen Ball.»[99] Er könnte sich hier an seine Heimat erinnert gefühlt haben, denn in der Stadtrepublik Florenz gab es den *Prato*, eine große Freifläche zwischen dem Borgo Ognissanti und der Porta al Prato, direkt an der Stadtmauer, auf der gemäß der *Chronik* des Benedetto Dei Fußball (*palla al pié*) gespielt wurde.[100]

Etwas ausführlicher schreibt Enea Silvio Piccolomini, der spätere Papst Pius II., der 1434 zum Konzil in Basel weilte, über die vielen Spielwiesen: «Hier findet sich die ganze Jungmannschaft ein, wenn sie eine Lustbarkeit haben und dabei tanzen und spielen wollen. Hier wetteifern sie im Laufen, Ringen und Entsenden des beschwingten Pfeils; hier reiten sie Pferde zu und lehren zu traben und setzen; andere schleudern den Speer, manche stoßen Steine, um ihre Kraft zu zeigen, viele vergnügen sich am Spiel mit der Kugel, und zwar nicht nach italienischer Art».[101]

Hans Sebald Beham, Dorffest mit Ballspiel, Kegeln, Schwerttanz, Vogelschießen, Rauferei und Wettlauf der Frauen, ca. 1520

Schießwettbewerbe waren in allen sozialen Schichten populär, und das Symbol des Vogels finden wir über allen Volksfesten, wie man z. B. auch auf einem Holzschnitt von Hans Sebald Beham sehen kann. Tanzen und Kegelspiel war für Bürger und Angehörige der Unterschichten gleichermaßen attraktiv. Im Bildhintergrund gibt es einen Laufwettbewerb der unverheirateten Frauen. Die Preise waren üblicherweise teure Stoffe – in München hieß das entsprechende Rennen deswegen Scharlachrennen. Links sieht man einen Schwerttanzwettbewerb, in der Mitte einen leidenschaftlichen Kampf, der an Bauernkriegsszenen erinnert. Aber vermutlich streiten sich nur die Kegelbrüder. Auf einem Holzschnitt des Nikolaus Meldemann schlagen die Kegelbrüder jedenfalls aufeinander ein. Wieder finden wir die stereotype Kombination von Vogel, Kegeln, Tanzen, Feiern und Kampf. Und auf einer Szene des Nürnbergers August Glockendon findet parallel zum Wettrennen noch ein Pferderennen statt. Wie wir auf einem Bild der Schweizer Edlibach-*Chronik* sehen können, gab es natürlich auch noch andere Disziplinen wie Weitsprung, Kugelstoßen oder Ringen, eine große Bandbreite an

Leibesübungen bzw. Exerzitien – wir würden heute sagen: Leichtathletik – die wir schon aus den Autobiographien kennen.

Manche Spielwiesen waren mit den Festwiesen identisch, denn Massensportarten waren üblicherweise mit den Festterminen verbunden. Innerhalb von Großstädten wurden für Ballspiele und andere Sportarten besonders in Italien die bereits vorhandenen Plätze genutzt, etwa in Venedig[102] oder in Florenz.[103] An manchen Orten hießen die Festwiesen auch nach bestimmten Bestandteilen der Schützenfeste, etwa nach dem beliebten Vogelschießen. Nach dem Pfingstschießen der Bogenschützen im Jahr 1465 behielt der Austragungsort in einer Vorstadt der sächsischen Residenzstadt Dresden den Namen Vogelwiese, zu der eine Schießgasse hinführte.[104] Derartige Vogelwiesen gab es auch in Naumburg, in Stralsund und in Duisburg-Mündelheim. Möglicherweise fand auf diesen Wiesen auch das beliebte Kegelspiel statt. In England gab es das *Bowlinggreen*, eine muldenartig vertiefte lange Grünfläche, auf der man das englische *Bowls* oder *Bowling* spielte,[105] das mit dem französischen *Boule* (= Kugel, Ball) verwandt ist. Das älteste noch bestehende Bowlinggreen in Southampton geht angeblich auf das Jahr 1299 zurück. Auch in Frankreich soll das Spiel mindestens bis ins 13. Jahrhundert zurückreichen, aus dem 14. und 15. Jahrhundert gibt es mehrere Spielverbote. Bis zur Erfindung des Rasenmähers erfolgte die Rasenpflege durch Schafe. In Frankreich nannte man die entsprechende Anlage *Tapis vert* (= grüner Teppich), aber auch *Boulingrin*. Während der Barockzeit wurde es gerne in Gartenanlagen integriert, etwa in Versailles unterhalb des Neptunbrunnens. Allerdings überwog in Frankreich das Spielen auf dem Bouleplatz, dem *Boulodrome*. Das entsprechende Kugelspiel heißt in Italien *Boccia*, in Kroatien *Boćanje* oder *Balote*, in der Provence *Pétanque*.

Die Erziehung zum «Iron Man» und der Turniertod des Königs

Einen letzten Höhepunkt erreichte die Ritterkultur an der Wende zur Neuzeit, allerdings bereits mit einem nostalgischen Blick in die Vergangenheit. In der literarischen Autobiographie Kaiser Maximilians I. finden wir die Beschreibung einer militärisch-ritterlichen Sporterziehung. Der junge Weißkunig lernt unter der Anleitung von erfahrenen Instruktoren «in allerlay waffen fechten, und auf sölichs, lernet er in den Swertern, Stangen, kurzen und langen Degen, Landtsknechtspießen, Drischln, Messern und Tilitz [?], Ploß fechten», «zu fueß in der Behamischen Pafesen und zu Roß in dem hussarischen Tärtschlein, mit dem Lanzl, mit dem Sebel, mit der Morthackn, und mit der Wurfhacken, fechten», weiter mit dem Reitschwert, mit dem kurzen Reitdegen, mit dem Kolben, mit dem «Raißspieß», «Rennen und Stechen», und so weiter.[106] Zweck war die Vorbereitung auf Krieg und Turnier. In vielen Turnieren war die Kombination mehrerer Sportarten erforderlich, sie ähnelten einem Fünfkampf, Zehnkampf oder – in diesem Zusammenhang besonders passend – dem *Iron Man*.[107]

Das Ritterspiel bildete bis ins 16. Jahrhundert hinein einen Höhepunkt des adeligen Zeitvertreibs. Der Abschluss des zweiten Friedens von Cateau-Cambrésis (im heutigen Departement Nord) zwischen Frankreich und Spanien nach Jahrzehnten des Krieges um die Vorherrschaft in Europa war ein Ereignis, das allein schon deshalb in großem Stil gefeiert werden musste, um die finanzielle Erschöpfung der kriegführenden Parteien zu vertuschen. Anders als sein Vater zog Heinrich II. von Frankreich zwar nicht mehr als Feldherr mit in die Kriege, doch war er an körperlichen Übungen sehr interessiert. Am Höhepunkt des Turniers schwang sich der 40-jährige König selbst in den Sattel und besiegte mehrere Gegner. Doch am dritten Tag des Turniers, dem 30. Juni 1559, leistete ihm ein junger schottischer Adeliger, Gabriel I. de Lorges, Graf von Montgomery, Widerstand. Unwillig, den Kampf vor dem großen Publikum unentschieden ausgehen zu lassen, zwang ihn der König zu einem weiteren Gang. Zweimal ritten sie gegeneinander und verfehlten sich. Beim dritten Mal trafen sich die Turnierer frontal, die Lanzen splitterten, der König war getroffen, neigte sich zuerst zur Seite und rutschte dann vom Pferd, was bei eiserner Rüstung für sich genommen schon gefährlich war. Heinrich versuchte aufzustehen und sich auf den Beinen zu halten, doch dies gelang ihm nicht. Er musste vom Platz getragen werden. Aus seinem Helmvisier tropfte Blut, ein Lanzensplitter war durch ein Auge in den Kopf und ins Gehirn gedrungen. Zwei Wochen später war der König tot.[108]

Dies war vielleicht der folgenreichste Sportunfall der Geschichte, denn er führte zur Krise der französischen Gesellschaft. Heinrichs ältester Sohn, der jetzt als Franz II. auf den Thron gehoben wurde, war erst 15 Jahre alt und von labiler Gesundheit. Er starb im Dezember 1560 nach nur wenigen Monaten im Amt. Ihm folgte der minderjährige

Tödliche Verwundung König Heinrichs II. von Frankreich im Tjost vor großem
Publikum, 30. Juni 1559. Zeitgenössischer Kupferstich

Karl IX. Während seiner Regierungszeit reicherten sich die Gegensätze zwischen den Adelsparteien im Königreich um die religiöse
Dimension an, und die Spannungen entluden sich in einer Serie von
offenen Bürgerkriegen.[109] Nach seinem frühen Tod folgte mit Heinrich III. ein weiterer Sohn der Katharina de'Medici. Er war bei Amtsantritt volljährig, doch überließ er die Regierungsgeschäfte weitgehend seiner Mutter.[110] Heinrich III. war, wie alle seine Brüder,
kinderlos, der nächste Thronprätendent war der Bourbone Heinrich
von Navarra, der Anführer der Hugenotten. Die Dynastie der Valois
starb aus, und ein neues Kapitel des religiösen Bürgerkrieges stand bevor.[111] Der Turniertod Heinrichs II. von Frankreich stand wegen seiner
katastrophalen Folgen dem europäischen Hochadel wie ein Fanal vor
Augen und sollte seine Einstellung gegenüber diesen martialischen
Wettkämpfen grundlegend verändern. Henry Peacham schrieb in seinem Standardwerk zur Adelserziehung: «Lanzenbrechen ist ein edles
und kriegerisches Unterfangen, doch gewagt und voller Gefahren,
denn viele (und sei es auch als Spiel gedacht) haben dabei ihr Leben
verloren, so dass ich Heinrich, den französischen König, und viele
andere Prinzen und Edelleute, von denen die Geschichte spricht, nicht
erst erwähnen muss.»[112]

Kapitel 3
Die Renaissance der Spiele

«*Früh aufgestanden und zum Jamaika-Haus,*
wo ich zuvor noch nicht war.
Die Mädchen machten auf der Kegelwiese ein
Wettrennen und alle waren sehr vergnügt».
Samuel Pepys, Tagebuch, April 1667

Vom Kampf zum Spiel

Die veränderte Einstellung zum Körper

Die Frühe Neuzeit gilt der Sportgeschichte als formative Periode des modernen Sports.[1] Die Vorführung brutaler Kraft wurde an den Fürstenhöfen verdrängt durch Demonstrationen des Könnens und der Eleganz. Dies hing zusammen mit einer veränderten Einstellung zu den physischen Übungen und ihrem Instrument, dem menschlichen Körper. Die christliche Auffassung, die den Körper als Gehäuse der Sünden und des Grauens betrachtete, fand unter den an der Antike orientierten Humanisten keine Anhänger mehr. Giannozzo Manetti beschreibt in seinem Traktat *Über die Würde und Erhabenheit des Menschen* den menschlichen Körper in allen seinen Einzelteilen und lobt ihn wegen seiner Funktionalität und Perfektion: «Wir bewundern diesen Bau des menschlichen Körpers unaussprechlich und betrachten oftmals mit größtem Staunen seine erhabene und göttliche Komposition aus verschiedenen Gliedern.»[2] Das schon in der mittelalterlichen Theologie denkbare Argument von der Gottesebenbildlichkeit des Menschen wird in einer sehr stark physisch orientierten Form und mit ganz anderen philosophischen Schlussfolgerungen ausgeführt.[3] Giovanni Pico della Mirandola vertrat in seiner *Rede über die Würde des Menschen* (*Oratio de homine dignitate*) die These, der freie Wille gestatte es dem schöpferischen Menschen, sich in Gottes Natur nach deren Gesetzen frei zu bewegen.[4]

Mit der Wiedergeburt der antiken Bildung ging die Sportbegeisterung einher. Mitte des 15. Jahrhunderts kam eine erste Generation von Fürsten an die Macht, die von Pädagogen erzogen worden waren, welche die Sporterziehung zum Programm erhoben hatten. Zum Beispiel ermutigte Federico da Montefeltro, Herzog von Urbino, persönlich die männliche Jugend zur sportlichen Betätigung. «Er ging zu einem Konvent des hl. Franziskus, wo eine wunderschöne große Wiese war; von dort hatte man eine schöne Aussicht. Hier ließ er sich nieder. 30 oder 40 junge Leute entkleideten sich bis auf das Wams und ertüchtigten sich mit dem Spießwerfen [Speerwerfen], dem Pomespiel [Tennis] oder mit Ringen. Es war ein ansehnliches Schauspiel. Liefen sie nicht gut oder waren sie ungeschickt beim Fangen, tadelte sie der Herr, und all das ordnete er an, damit sie sich übten und nicht müßig blieben. Während dieser Übungen konnte wiederum jeder bequem mit dem Herzog sprechen – und er war aus diesem Grund nicht weniger an jenem Ort als zu dem anderen Zweck. War etwa die Stunde der Abendmahlzeit gekommen, hieß der Herr sie alle, sich wieder anzuziehen, und das taten sie auch, alle auf einmal.»[5] Wenn der Herzog nicht gerade Krieg führte, spielte er den Cheftrainer. Dies war Teil einer Ideologie, welche eine Wiedergeburt der griechischen und römischen antiken Größe anstrebte. Aus dem zeitgenössischen Begriff «Rinascita» (Wiedergeburt) haben Kulturhistoriker des 19. Jahrhunderts – Jacob Burckhardt und Jules Michelet – die Epochenbezeichnung *Renaissance* entwickelt.[6]

Das Haus der Spiele

Sozial verortet war das von der Antike inspirierte humanistische Erziehungsprogramm Ende des 14. Jahrhunderts in der Fürstenerziehung an oberitalienischen Höfen. Pietro Paolo Vergerio aus Capodistria (heute Koper in Slowenien) hat als Erster ein Bildungsprogramm entworfen, welches das systematische Training des Körpers umfasste.[7] Vergerio hatte in Padua die *Artes liberales* und im republikanischen Florenz 1387–1389 und im päpstlichen Bologna 1398–1390 kanonisches Recht studiert. Zum Zeitpunkt der Abfassung seines Erziehungstraktats arbeitete er als Prinzenerzieher der Stadtherren Carrara von Padua. Diese Karriere endete schlagartig, als die Republik Venedig 1405 Padua eroberte und den Stadtherrn Franceso Novello da

Carrara samt seinen Söhnen – Vergerios Schützlingen – umbringen
ließ.[8] Vergerios Erbe traten zwei Pädagogen an, die das humanistische
Bildungsprogramm in Idealschulen der Renaissance umsetzen konnten. Die erste Humanistenschule wurde 1425 in Mantua durch Vittorino Ramboldini da Feltre eingerichtet.[9] In seinem *Casa Giocosa* (= Haus
des Spiels) genannten Gymnasium wurden neben den geistigen Disziplinen auch Reiten, Fechten, Schwimmen, Bogenschießen und Ballspiele unterrichtet.[10] Der Florentiner Chronist Vespasiano da Bisticci
erwähnt, dass Vittorino «die ihm anvertrauten Söhne der Herren reiten, Steine oder Stangen schleudern, Ball spielen oder springen [ließ],
um ihre Körper behende zu halten».[11] Der zweite war Guarino da
Verona, der Anfang des 15. Jahrhunderts in Byzanz fünf Jahre lang
Griechisch studiert hatte. Er wurde 1429 von Markgraf Niccolò d'Este
zur Erziehung seines Sohnes Leonello nach Ferrara berufen. Neben
der Lehre an der Universität unterhielt Guarino eine Privatschule zur
Verwirklichung seiner humanistischen Ideen.[12]

Es ist kein Zufall, sondern Erfolg des humanistischen Erziehungs-
programms, dass die Fürstengeneration, die aus diesen Schulen hervorgegangen ist, wie etwa Luigi III. von Gonzaga oder Ercole I. d'Este
sowie auch der schon erwähnte Fürst von Urbino, und deren Kinder
immer wieder im Zusammenhang mit sportlichen Innovationen –
etwa dem Bau von ersten Ballspielhäusern – genannt werden. In den
Fürstentümern der Renaissance und in den italienischen Stadtrepubliken wurden die Moden kreiert, die sich über Europa verbreiteten, teils
durch Kaufleute, teils durch Diplomaten, Künstler und Gelehrte, teils
über gedruckte Anleitungen.[13]

Ballspiele für Kardinäle

Bußprediger wie der hl. Bernhardin von Siena mokierten sich zwar
immer noch über das exzessive Ballspielen in den Straßen der italienischen Städte.[14] Doch gerade dieses unmilitärische Spiel wurde von
humanistischen Gelehrten wie dem Florentiner Leon Battista Alberti
unter explizitem Hinweis auf die Bräuche der Antike wärmstens empfohlen: «Unsere Jünglinge gebrauchen den Ball, ein uraltes Spielzeug,
das der Gewandtheit angemessen ist, die man an einer adeligen Er-

scheinung rühmt. Auch die höchsten Fürsten pflegten sich oft seiner zu bedienen, und unter anderen fand Iulius Caesar viel Freude daran».[15] Dieser Schlüsselautor der Renaissance setzte sich in erster Linie für eine gute Geistesbildung der Jugendlichen ein, denn ohne sie sei selbst ein Adeliger nichts als ein Tölpel. Freilich sei es jungen Männern nicht zuzumuten, dass sie «beständig unter Büchern eingesperrt» seien, vielmehr bräuchten sie Belustigung – dies ist das Äquivalent zu den englischen «Sports» – zur Erholung. «Von den Spielen, bei denen man sitzen muss», erschien ihm mit Ausnahme von Schach keins eines Mannes würdig, vielmehr «sollen sie Übungen wählen, bei denen der Leib und jedes Glied sich rühren muß: Bogenschießen, Reiten und anderen männlich-tüchtigen Zeitvertreib». Die jungen Männer sollten Schwimmen und Fechten lernen sowie mit den Waffen zu reiten, «um im Notfall dem Vaterland gegen den Feind nützlich sein zu können». Sie sollten für ihr Leben lernen, und dazu gehörte die Ausbildung des Körpers wie die Ausbildung des Geistes.[16]

Aus den italienischen Fürstenfamilien rekrutierten sich Bischöfe, Kardinäle und Päpste. Die sportlichen Este stellten mehrere Erzbischöfe, und in den Diensten von Kardinal Luigi d'Este stand der Verfasser des ersten Werkes über die Ballspiele, Antonio Scaino.[17] Solche Bischöfe, die natürlich Reformatoren wie Martin Luther wegen ihrer weltlichen Neigungen verhasst waren, stellen für die Sportgeschichte Aktivposten dar: Sie waren nicht nur Förderer der Künste und gaben großartige Paläste in Auftrag, sondern sie errichteten in jedem ihrer Paläste Ballspielhäuser. Warum dies so war, geht aus einer Schrift des päpstlichen Sekretärs, Bibliothekars und Bischofs von Urbino Paolo Cortese über das Kardinalsamt hervor. Bereits 1489 hatte er ein Werk über die gelehrten Männer (De hominibus doctis) dem Stadtherrn von Florenz Lorenzo de' Medici gewidmet und sich damit in die Welt des Humanismus eingereiht. Sein grundlegendes Werk De Cardinalatu teilte sich in drei Teile: Teil 1, Ethicus et contemplativus, behandelt Moral, Philosophie, Wissenschaften, Rhetorik und Recht, Teil 2, Oeconomicus, das Hauswesen, Familie und Freundschaft, Teil 3, Politicus, die Angelegenheiten der Macht, der Zeremonien, der Papstwahl und des Konsistoriums. Sport wird im sechsten Kapitel des zweiten Buches Von der Erhaltung der Gesundheit (De sanitate conservanda) gehandelt. Diese Schrift des Bischofs gibt den Ton sowohl der späteren Verhaltenslehrbücher als auch der beginnenden Sportmedizin vor: Körperübungen

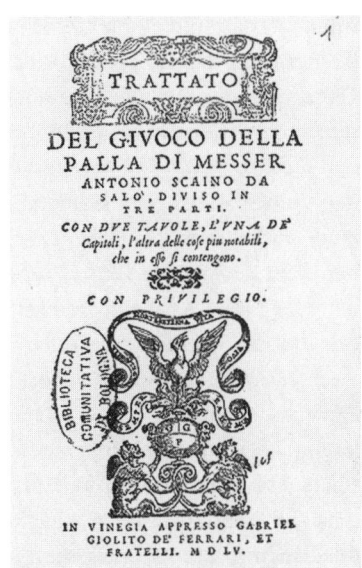

Titelblatt des ersten Buches über die
Ballspiele: Antonio Scaino, «Trattato del
giuoco della palla», Venedig 1555

(*exercitia corporis*) seien im Sinne der Renaissance-Pädagogik unabdingbar zur Förderung und Erhaltung der Gesundheit. Dabei kämen
verschiedene Übungen wie Spazierengehen, Bogenschießen und vor
allem Ballspiele in Frage.

In einem eigenen Abschnitt lässt Cortese sich ausführlich *Über das*
Ballspiel (De ludo pilae) aus.[18] Im Anschluss an den antiken Mediziner
Galenos und den zeitgenössischen römischen Arzt Marcantonio Montigiano aus San Gimignano[19] hebt er dessen gesundheitsfördernde Wirkung hervor, «da im Wechsel des Werfens und Zurückwerfens des Balles bei gleichmäßiger Regung der Glieder der ganze Körper bewegt
wird», anders etwa als bei athletischen Übungen wie Ringen, Laufen
oder Reiten, bei denen Muskeln einseitig belastet werden. Allerdings
sei zu unterscheiden zwischen dem Spiel mit dem großen Ball, dem
Pallone, der zur Zeit seines Großvaters Ercole I. d'Este eingeführt worden sei, und dem mit dem kleinen Ball. Der große Ball werde «heute»
entweder mit der bloßen Faust geschlagen (*pugno*), oder mit dem *Brac-*
ciale (lamina pugilari) oder mit dem *Tripode*, oder mit dem Fuß (*pedum*
ictu et repulsu). Die dabei nötige Wucht des Schlages könne aber nur
unter Verlust der adeligen Würde und mit Verletzungsgefahr herbeige-

führt werden und empfehle sich daher eher nicht für Standespersonen. Gemeint waren die volkstümlichen Kampfspiele Pallone und Calcio. Dagegen eigne sich der Gebrauch des kleinen, mit Wollflaum gestopften Balles, «der meist als florentinisch bezeichnet wird», bestens für den Gebrauch von Fürsten und Herren.

Vom Spiel mit dem kleinen Ball gab es vier Arten: *incussorium, trigonium, parietarium, funarium*. Das Aufschlagspiel (*incussorium*) sei wegen der dazu nötigen Verrenkungen des Körpers nicht für den Adel geeignet. Das Dreiecksspiel (*trigonium*) führe wegen der geringen Größe des dreieckigen Spielfeldes zu Schwindel und Erschöpfung. Das Mauerballspiel (*parietarium*) – eine Art Squash – mit seinem raschen Vorlaufen und Zurückschlagen sei eher für Leute vom Land geeignet, die solchen anstrengenden Unterhaltungen gewachsen seien. Dagegen sei das «Schnurspiel» (*funarium*, das im Italienischen *pallacorda* genannte Tennis) bestens für Standespersonen geeignet. Es könne entweder in einer Halle oder auch in einem Speisesaal (*refectorium*) gespielt werden, der durch eine quer gespannte Schnur abgeteilt werde. Hierbei würden Kopf, Arme und Beine gleichermaßen bewegt, und eine derartige Spielweise sei «auf Ausgeglichenheit angelegt und ist so am besten geeignet, die Gesundheit zu erhalten». Dieser Meinung sei auch Papst Julius II. Das Tennisspiel mit dem kleinen Ball – so immer noch Cortese – befreie den Geist und führe zu eleganten Bewegungen.[20]

Die Umprogrammierung der Körper

Spiel und Sport in den Schulordnungen

Die Begeisterung der Humanisten für die antike Welt führte zu Beginn der Neuzeit zur Forderung nach Bildungsreformen. Eine Schulpflicht war damals noch unbekannt, doch im Prinzip gab es ein zweigliedriges Schulsystem mit Grundschulen auf der Ebene der Pfarreien und höheren Schulen, die auf das Studium an den Universitäten vorbereiteten. Universitäten waren eine charakteristische Einrichtung des «lateinischen» Europa, Vergleichbares gab es im «griechischen» Osten, im Orient oder in anderen Teilen der Welt nicht. Die Sprache aller Universitäten – ob Oxford, Prag oder Salamanca – war die Sprache der westlichen Kirche, nämlich das Lateinische. Deswegen wurden die höheren Schulen, die auf das Studium vorbereiteten, als Lateinschulen bezeichnet, auch wenn dort natürlich auch andere Fächer unterrichtet wurden. Diese Lateinschulen waren zunächst mit Klöstern verbunden, später richteten größere Städte eigene ein. Auf dieser Ebene setzte die Bildungsreform der Humanisten an, denn das Angebot der höheren Schulen war einseitig auf das Lernen ausgerichtet und vernachlässigte die körperliche Erziehung und damit eine wichtige Voraussetzung für eine «gesunde» Ausbildung.

Eine solche Ausbildung sahen die Humanisten – wohl in einem produktiven Missverständnis – im antiken Griechenland gegeben. Die von ihnen angestrebte Schulform hieß in einigen europäischen Sprachen Gymnasium, in anderen Lyzeum. Dieser Begriff leitet sich von dem griechischen *Lykeion* ab, das war der dem Gott *Apollon Lykeios* geweihte Hain, in dem das *Gymnasion* der Stadt Athen stand, in welchem der berühmteste Philosoph der antiken Welt – Aristoteles – gelehrt hatte. Mit dem neuen Gymnasium sollten allerdings weder das griechische Konzept der Nacktheit noch jegliche Förderung der Homosexualität verbunden sein, auf die nach christlichem Recht die Todesstrafe stand. Erste Schulgründungen des neuen Typs waren im deutschsprachigen Raum die höheren Schulen in Nürnberg (noch vor der Reformation), sowie die protestantischen Modellschulen von Magdeburg und Straßburg. Der Schulabschluss an einem Gymnasium wurde nach diesem Modell in Deutschland, Österreich, Skandinavien, den baltischen Ländern und in Russland zur Voraussetzung für den Besuch einer Universität, während derselbe Begriff in Polen und Griechenland Mittelschulen bezeichnet. In England bedeutet «Gym» dagegen nach wie vor Turnhalle.[21]

Da die Schulreformen mit Einführung von Pflichtschulen und einer verbesserten Oberstufe meist erst nach der Reformation eingeleitet wurden, war die Stellung der Reformatoren wichtig. Evangelische Kirchenmänner wie Martin Luther und Ulrich Zwingli entstammten dem städtischen Bürgertum und hielten wenig von höfischen Spielen. Allerdings waren beide noch so stark in der Volkskultur ihrer Zeit wie auch im Renaissance-Humanismus verankert, dass sie – anders als einige ihrer protestantischen Nachfolger – gegen die traditionellen Körperübungen gar nichts einzuwenden hatten. In Luthers *Tischreden* heißt es z. B., es sei «von den Alten sehr wohl bedacht und geordnet, das sich die Leute üben und etwas Ehrlichs und Nützlichs fürhaben, damit sie nicht in Schwelgen, Unzucht, Fressen, Saufen und Spielen gerathen. Darum gefallen mir diese zwo Übung und Kurtzweile am allerbesten, nehmlich die Musica und die Ritterspiel, mit Fechten, Ringen etc. [...], unter welchen das erste die Sorge des Herzens und melancholische Gedanken vertreibet; das andere macht feine geschickte Gliedmaß am Leibe und erhält ihn bey Gesundheit, mit Springen. etc.»²² Bei Zwingli liest sich der Kommentar zu den Spielen, als habe er bei seiner Aufzählung der gebräuchlichen Sportarten einen zeitgenössischen Züricher Schützenbrief vor Augen: «Die Kurtzweyl aber und spil, so den lyb uebend, sind louffen, springen, steynstossen, fechten, ringen, weliche alle gar nach by allen völckeren gewon sind, doch by unserern vordren den Eydgenossen vast brüchlich und gewon und zuo mancherley zuofälln vast nütz. Doch sol man das ringen mässiger bruchen, dann es gar dick ein ernst wirdt.»²³ Die beiden Reformatoren unterscheiden wie die Theologen des Mittelalters zwischen erlaubter Kurzweil und unerlaubter, worunter sie gefährliche Sportarten und das Glücksspiel verstanden.

Von dieser Sichtweise finden wir ein nachhaltiges Echo in den Schulordnungen. Joachim Camerarius, der Rektor des Nürnberger Gymnasiums (1526) und Reformator der Universitäten Tübingen (1535) und Leipzig (1541), rechtfertigte in seiner Erziehungslehre die Notwendigkeit des Sports mit der Devise «Mens sana in corpore sano».²⁴ In seinem *Dialogus de gymnasiis* berichtet er von einem Sportbetrieb nach griechischem Vorbild, unklar bleibt, wie viel davon in die Praxis umgesetzt wurde.²⁵ Der Straßburger Schulreformer Johannes Sturm, der zeitweise drei «Spielmeister» an seinem Gymnasium angestellt hatte, befürwortete dagegen «tägliche Leibesübungen». Die *Schola Argentoratensis* («Straßburger Schule», heutiges Jean-Sturm-Gymnasium), die er 1538 gründete und die 1566 von Kaiser Maximilian II. auch das akademische Promotionsrecht erhielt und von Kaiser Ferdinand II. 1621 sogar formell einer Universität gleichgestellt wurde, diente als Vorbild für Gymnasiumsgründungen im gesamten deutschen Sprachraum. In der Schulordnung von 1587 heißt es: «Zwei oder eine Stunde vor dem Mittagessen haben die Studenten den Körper zu üben. Solche Körperübungen sind: Lautes Lesen, Singen, Spazierengehen, Reiten, im Schiffe fahren, Laufen, Springen, das Werfen der Kugeln oder des eisernen Pfahls, besonders aber das Spiel mit dem kleinen Ball.»²⁶ Die

Magdeburger Schulordnung unterscheidet in einem umfangreichen Kapitel «Über die Spiele» 1553 die Sportarten nach ihrem Charakter, Zeit und Ort ihrer Ausübung, der Art der Durchführung und den daran beteiligten Personen (*genus, tempus, locus, modus et personae*). Diese Klassifizierung erleichterte die Unterscheidung zwischen erlaubten und verbotenen Körperübungen. Weniger systematisch, aber im Prinzip ähnlich sahen es die meisten Schulordnungen des 16. Jahrhunderts.[27]

Der katholische Pädagoge Simon Verrepäus lässt dieselbe Unterteilung der Spiele erkennen wie die protestantischen Ordnungen: Zu den *ludis prohibitis* gehörten alle Arten von Glücksspiel (Karten-, Würfel- und Brettspiele)[28] sowie für die Gesundheit gefährliche Leibesübungen. Dazu zählte er das Fechten; Schießen mit Blasrohr, Armbrust oder Gewehr; Steinewerfen; Schneeballwerfen; Schlittenfahren und Eislaufen, aber auch Schwimmen. Abgelehnt wird für Kinder außerdem das Jagen, Fischen und Vogelfangen.[29] Überall finden wir das Echo der humanistischen Erziehungsreformen: Die Schulordnung in der niederbayrischen Hauptstadt Landshut von 1562 rechnet die *exercitatio corporis* unter die vier Hauptziele der Erziehung von Jugendlichen: Frömmigkeit, Geistesbildung, Disziplin und Übung. Die Schulordnung von Linz in Oberösterreich (1577) will tägliche Erholung bei Schülern und Lehrern gewährleisten «zur Wiederherstellung und Neugewinnung der geistigen Kräfte, die durch die ernste und anhaltende Schularbeit ermattet sind». Ballspiele, Laufen, Werfen, Ringen, Geschicklichkeitsspiele, Spazierengehen, Wandern, in Nördlingen und Saarbrücken auch Schwimmen, sollen von den Lehrern in den langen Schulpausen («Erquickstunden») und an schulfreien Tagen («wochentliche Feriae») überwacht werden.[30]

Interessant sind die Angaben des Hippolytus Guarinonius über die Erholungszeiten (*recreationes*) am Prager Jesuitengymnasium, die uns einen Blick hinter die Kulissen werfen lassen. Offenbar verband der religiöse Arzt die besten Erinnerungen mit seiner Schulzeit und insbesondere mit dem Sport: «Gnug ist es, das aus diesem fürtrefflichen, kurzweiligen Spiel ebne und noch mehr Nutzbarkeiten / als in den von Galeno benannten / kommen / welches ich für meine Person in meiner Jugend zum liebsten gespielt / und selten ein Wochen außgelassen / in welcher wir damals zu Prag in convictu Societatis, im Frühling, Sommer und Herbst / mit zwey / dreymal in der Wochen / zuweilen täglich zweimal spielten/daselbst wir ein schönen/weiten Hof oder Platz dazu/und benebens fast alle im Brauch hetten/das die beste und liebste Gesellen niemals beysonder wider einander/und der ein inner/der ander ausser dem Zirckel war.»[31] Sport zweimal täglich! Wenn dies an der Prager Jesuitenschule üblich war, dann vermutlich an allen Jesuitenschulen in ganz Europa, denn der Orden traf gerne generelle Regeln. In der *Ratio Studiorum* von 1598 werden keine Ballspiele angeordnet – aber sie werden eben auch nicht verboten.

Inwieweit an den Gymnasien bereits in der Frühen Neuzeit eigene Sportplätze oder -hallen existierten, scheint noch nie untersucht worden zu sein. Beim Eton College in England, gegründet 1440 und im 16. Jahrhundert zu einer Art Elitegymnasium aufgestiegen, kann man für das 17. Jahrhundert mit Sicherheit von der Existenz eigener Sportanlagen ausgehen, denn Samuel Pepys erwähnt bei seiner Besichtigung der Schulanlagen am 26. Februar 1666, dass er «den Zöglingen beim Wettkampf auf den Spielplätzen» zusah.[32]

Neben dem Spaß an der Freude war – zumindest für Protestanten – die Verhinderung des Müßiggangs wichtig. Und erstaunlicherweise hat einer der führenden Sportlehrer des ausgehenden 16. Jahrhunderts die Argumentation der Pädagogen maßgeblich beeinflusst. Die Rede ist hier von dem Fecht- und Reitlehrer Georg Engelhard von Löhneysen, der in kursächsischen Diensten einen so erstaunlichen politischen Aufstieg erlebte, dass er zuletzt ein Verhaltenslehrbuch über die Körperübungen der Höflinge schreiben konnte.[33] Dazu verfasste er Standardwerke über das Reiten[34] und über die Regierungskunst.[35] Schulmänner wie Gumpelzhaimer zitieren ihn zustimmend, wenn er schreibt: «Wann nun junge Knaben die zeit, so ihnen zur recreation von den studiis und andern Künsten gegeben wird/an solches exercitium wendeten/täten sie offtmals besser/als wann sie dieselbe mit Müssiggang oder faullentzen zubringen. Dann gleich wie das Eisen, wann man es braucht, und stätig in übung helt/allezeit gläntzet/ wann mans aber nit brauchet/rostig und ungestalt wird/also hat es auch eine Gelegenheit mit den Menschen/wann man nicht in stetiger übung bleibet/wird man faul und träg.»[36]

Sport in den Verhaltenslehrbüchern

Stilbildend für das Verhalten der höheren Gesellschaften wurden auf Generationen hinaus die Verhaltenslehrbücher der Renaissance. Im *Libro del Cortegiano* (1528), dem mit Abstand wichtigsten Buch dieser Gattung,[37] hält Baldassare Castiglione, Graf von Novilara, Sport für unabdinglich, um «Kraft, Leichtigkeit und Gewandtheit» sowie die Form des Körpers und damit das Auftreten in Gesellschaft zu vervollkommnen. Der Stoff wird dargelegt in Form einer höfischen Konversation, die von einer hochgebildeten Frau, nämlich Elisabetha Gonzaga, der Fürstin von Urbino, moderiert wird. Der ideale Hofmann zeichne sich durch Anmut (*grazia*), Ausgewogenheit (*misura*), Geist (*ingenio*), Kunst (*arte*) und vor allem Leichtigkeit, mit der auch schwierige Dinge bewältigt werden (*sprezzatura*), aus. Durch den Mund des Grafen Ludovico da Canossa legte Castiglione dar, dass der Hofmann ein vollkommener Reiter sein und alle Waffengattungen beherrschen müsse, nur für den Fall, dass er zum Zweikampf herausgefordert werde. Da ihm Feigheit nicht gestattet sei, solle er sich im Kampf ohne Waffen – dem Ringkampf – üben. Zur Übung dienen alle Formen des Turniergefechts, inklusive des Stockspiels, des Stierkampfs und des Werfens von Lanzen und Wurfspießen. Daneben gibt es Übungen, die nicht mit dem Kampf zusammenhängen. Schwimmen, Springen, Laufen und Steinestoßen sei nützlich, weil man sich damit vor einer Zuschauermenge des gemeinen Volkes Achtung erwerben könne. «Eine edle und für einen Hofmann höchst schickliche Übung ist auch das Ballspiel, bei dem man gut die körperliche Veranlagung und die Schnelligkeit und Gewandtheit jedes Gliedes sieht.» Dagegen soll der Hofmann vor lächerlichen Übungen wie Luftsprüngen und Seiltanzen Abstand nehmen und nicht in Narrheiten verfallen.[38]

Castiglione, der seine Ausbildung an den oberitalienischen Renaissance-Höfen in Mailand, Mantua und Urbino erhielt und zeitweise am Hof Kaiser Karls V. lebte, setzte die Standards für die Erziehungs- und Fürstenspiegel aller späteren Autoren. Die Wertschätzung des Sports wurde von der humanistischen Bildungsschicht in ganz Europa unabhängig von ihrer Konfession übernommen. Der Spanier Juan Luis Vives, der in Paris studierte und einige Jahre am Hof Heinrichs VIII. von England als Erzieher arbeitete, empfahl zur Erhöhung der Studierfähigkeit die *recreatio* durch Laufen, Wandern, Springen, Ringen und Ballspiele.[39] Wenig später finden wir in Spanien mit der Satire des Franziskaners Antonio de Guevara, der zeitweise Hofprediger Kaiser Karls V. auf dessen Europareisen war, über das Hof- und Dorfleben das erste Werk, das sich extensiv mit Sport beschäftigt.[40] In England befürwortet Thomas Elyot in seinem *Boke named The Governour*, das Heinrich VIII. gewidmet war und im 16. Jahrhundert häufig nachgedruckt wurde, ein umfassendes Übungsprogramm im Freien für Jugendliche ab 14 Jahren.[41]

In François Rabelais' *Gargantua und Pantagruel* ist der Stundenplan Gargantuas neben geistigen, sprachlichen und musischen Übungen ausgefüllt mit Sport: Reiten, Fechten, Turnieren, Kämpfen mit allen möglichen Waffen (Streitaxt, Lanze, Schwert, Säbel, Stoßdegen, kurzer Degen, Dolch, mit oder ohne Schild, Tartsche oder Rondelle) zu Pferd und zu Fuß, Jagen (Bär, Hirsch, Damwild, Eber, Hasen, Rebhuhn, Fasan und Trappen), Ballspielen mit Händen und Füßen, Ringen, Laufen, Springen, Dreisprung, Schwimmen, Tauchen, Turmspringen (bzw. von der Brücke in den Fluss springen), Klettern (Baum, Haus, Leiter, Stange, Seil), Bergsteigen, Werfen (Speer, Stange, Stein, Lanze, Sauspieß, Hellebarde), Schießen (Bogen, Büchse, Armbrust, Kanone) und Gewichtheben.[42]

Abseits der normativen Literatur findet sich in den Akten jedoch noch eine Begründung, die den Zweck des Sports in vergröberter Form nennt. Landgraf Moritz von Hessen-Kassel hielt 1605 in seiner Hofordnung fest: «Überdieses, darmit unsere Reisigen zu Hoff, sonderlich der junge Adell, von allerhandt müssiggang, spilen umb geldt, sauffen und andere mehr nichtswirdige unordnunge darzue man leider allzuviel inclinieret, abgehalten werden, so soll unser Hofmarschalck ihnen bevehlen, auch vorbeug halten, daß sie sich in Reutterey, fechten, Tantzen, schissen, Ballaun [= Pallone] und ballschlagen [= Tennis] [...] üben.»[43] Um den Kampf gegen das Laster zu gewinnen, ließ ausgerechnet der Calvinist an allen fürstlichen Residenzen in seinem Land Ballspielhäuser errichten. Gegenüber den Gefahren des Glücksspiels und anderer Ausschweifungen erschien ihm die Förderung des Sports als das kleinere Übel.

Ringleinstechen auf dem Rossmarkt in Frankfurt am Main, Kupferstich von 1658

Vom Kampfturnier zum Schauturnier

Wenn das Ritterturnier als Training für den militärischen Kampf gedacht war, dann ergab es wenig Sinn, wenn die Ritter bereits im Training ihr Leben ließen. Deshalb wurden gewisse Mechanismen entwickelt, die das Überleben der Turnierer garantieren sollten. Man unterschied zwischen dem kriegerischen (*à outrance*) und dem friedlichen Zweikampf (*à plaisance*), bei dem die Kriegswaffen entschärft wurden, um tödliche Verletzungen zu vermeiden. Dazu wurden die Kriegslanzen mit einem kronenartigen Aufsatz, dem «Krönlein», versehen und leichtere Turnierlanzen entwickelt. Etwa um 1420 wurde auf der Turnierbahn eine Schranke («in die Schranken reiten») eingeführt, eine Leitplanke, welche die aufeinander zustürmenden Lanzenreiter physisch trennen sollte, um Frontalzusammenstöße zu verhindern. Der Zweck des Zweikampfes *à plaisance* war es, so viele Lanzen wie möglich zu brechen. Für die Anzahl der Treffer wurden Punkte vergeben, die zur Ermittlung des Turniersiegers dienten. Da die Ritter ihren Schaukampf oft einer gewissen Dame widmeten, etablierte sich die zum Sprichwort gewordene Übung, «für jemanden die Lanze zu brechen». Ihren Höhepunkt erreichte die Allegorisierung der Turniere, die sich oft an den ritterlichen Mythos von König Artus und seiner Tafelrunde oder an die christliche Legende vom hl. Georg, dem Sieger über den Drachen, anlehnten, im 15. Jahrhundert an den prachtvollen Höfen von Anjou und von Burgund, wobei «Burgund» unter Herzog Karl dem Kühnen von den Alpen bis in die Niederlande reichte. Das aufwändigste Turniertraktat, der *Traité de la forme et devis d'un tournoi*, wurde von dem adeligen Minnesänger, Turnierkämpfer und Gelehrten René d'Anjou verfasst, der auch selbst phantastische Ritterspiele gestaltete, wie etwa im Jahr 1448 die 40 Tage dauernde Chasteau de la Joyeuse Garde.[44]

Anstelle des Tjosts stieg ein Wettbewerb auf, der zwar auch von Reitern auf Pferden ausgetragen wurde, der aber kaum mehr etwas mit dem gefährlichen Kampfsport gemeinsam hatte. Anstatt brutaler Kraft rückte nun Geschicklichkeit in den Mittelpunkt der ritterlichen Übung. Beim Quintanrennen oder -stechen stach man auf keinen wirklichen Menschen ein, sondern auf ein Bild oder eine Plastik, die allerdings an einer Art Hebelmechanismus befestigt war, der den Reiter aus dem Pferd warf, wenn er es nicht verstand, geschickt auszuweichen. Beim Ringrennen oder Ringleinstechen hatte der Reiter aus dem Galopp mit einer Lanze einen kleinen Ring zu treffen, der an einer Schnur zwischen zwei Säulen befestigt war. Dabei spielte auch Kraft eine Rolle, denn die Lanze durfte erst im Augenblick des Zustechens gesenkt werden. Im Vordergrund stand jedoch die Anmut der Darbietung, für die sogar – neben der Trefferquote – ein eigener Preis verliehen wurde. In Rennordnungen publizierte Spielregeln betonten die Notwendigkeit des Sammelns von Punkten.[45] Herzog Johann Friedrich von Württemberg berichtet in seinem Tagebuch von 39 Ringrennen und sechs anderen Reitwettbewerben in weniger als zwei Jahren (1615–1617), außerdem nahm er an 165 Jagdgesellschaften teil. Diese fanden zum Vergnügen statt, während Ringrennen Sportwettbewerbe mit Siegerehrung waren. Der Sieger erhielt in der Regel einen wertvollen Pokal und eine Geldsumme in Form des «Jungfrauendanks» überreicht. Diese Szene sollte jedem Beobachter von heutigen Fahrrad- oder Autorennen bekannt vorkommen: Der strahlende Sieger hebt den Pokal in die Höhe und wird von zwei schönen Frauen geküsst.[46]

Anfänge der Sportmedizin

Zu den Sentenzen, die in der Neuzeit aus dem klassischen Altertum übernommen und immer wieder zitiert wurden, gehört die apodiktische Weisheit, dass in einem gesunden Körper ein gesunder Geist wohne: *Mens sana in corpore sano.* Mit der Autorität dieser klassischen Weisheit konnte allerlei Missbrauch getrieben werden, etwa durch den Umkehrschluss, dass in einem kranken Körper kein gesunder Geist wohnen könne, mit Folgen bis hin zur Eugenik-Diskussion des 20. Jahrhunderts. Dabei beruht dies auf einem Missverständnis, denn der römische Schriftsteller Juvenal, auf den diese Sentenz zurückgeht, formulierte sie im Konjunktiv, er richtete die Bitte an die Götter, dass in einem gesunden Körper ein gesunder Geist wohnen möge. Der Kontext ist der einer scharf formulierten Satire, die sich außer über den Sport auch noch über die Götterverehrung lustig macht: «Aber damit du was hast, worum du betest, weshalb du vor dem Schreine die Kutteln und göttlichen Weißwürste opferst, sollst um gesunden Geist in gesundem Körper du beten» («orandum est, ut sit mens sana in corpore sano»). Selbst Anhänger der klassischen Bildung sind sich selten darüber im Klaren, dass sie mit dem beliebten Spruch eine Satire gegen die Religionsübungen zitieren. Juvenal wollte darauf hinweisen, dass in den gesunden Körpern der Athleten oft überhaupt kein entsprechend gut gebildeter Geist steckte.[47]

In der Spätantike wie in der Frühen Neuzeit bis ins 18. Jahrhundert war Galenos aus Pergamon die überragende medizinische Autorität.[48] Für die Entwicklung der Sportmedizin wurden speziell seine Überlegungen über die gesundheitlichen Auswirkungen des Ballspiels wichtig, die 1562 in Mailand sogar separat als eigenes Buch gedruckt wurden.[49] Wichtigster Sportmediziner der Renaissance wurde Hieronymus Mercurialis, dessen umfassende Abhandlung *De arte gymnastica* insbesondere in der illustrierten Fassung von 1573 immer wieder nachgedruckt oder von anderen Autoren nachgeahmt und ergänzt wurde. Auf weiten Strecken befasst sich Mercurialis mit antiken Körperübungen, darunter den Spielen von Olympia, nur gelegentlich geht er intensiver auf modernen Sport ein. Als Arzt unterscheidet er zwischen drei Arten von Gymnastik: Am wichtigsten ist ihm die *Gymnastica medica*, das sind Körperübungen, die der Gesundheit zuträglich sind. An zweiter Stelle

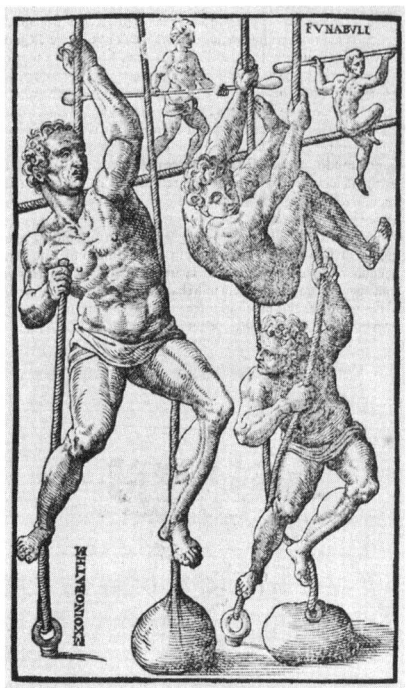

Gymnastik an Seilen, Kupferstich
aus: Hieronymus Mercurialis,
«De arte gymnastica», Venedig 1573

steht die *Gymnastica bellica*, sie umfasst alle Übungen für den Kriegsdienst. An dritter Stelle kommt die *Gymnastica athletica*, die dazu verhel-
fen soll, bei Spielen und sportlichen Wettbewerben zu gewinnen. Über-
raschenderweise hält er diese für völlig überflüssig und unzulässig, weil
sie lasterhaft und verdammenswert sei. Dennoch war Mercurialis' *Ars
gymnastica* für alle Sportbegeisterten der Frühen Neuzeit wichtig, da die
Gymnastica medica ein Einfallstor darstellte: Beim Tennis und sogar bei
der Akrobatik nahm er selbst schon die Klassifikation «gesundheitsför-
dernd» vor. *Pallacorda* (= Tennis) z. B. erhöhe die Eleganz der Bewegungen oder die Stärke von Armen und Beinen. Dies konnte man aber von
fast jeder Sportart behaupten.[50] Als erstes selbständiges Standardwerk
der Sportmedizin ist dieses Buch so wichtig, dass es von dem Galenos-
Spezialisten Vivian Nutton 2008 für eine kritische Edition komplett ins
Englische übersetzt wurde.[51]

Mercurialis hat über alle möglichen Gegenstände publiziert und
gehörte zu den höchstbezahlten Medizinern seiner Zeit. Er übersetzte

Hippokrates und schrieb Pionierwerke über Haut-, Frauen- und Kinderkrankheiten. Aufgrund seines Buches über die Gymnastik wurde er noch 1569 von der Republik Venedig auf eine Medizinprofessur an die Universität Padua berufen, vier Jahre später wurde er von Kaiser Maximilian II. zum Leibarzt ernannt, in den Adelsstand und sogar zum «kaiserlichen Hofpfalzgrafen» erhoben, er hatte Medizinprofessuren in Rom, Padua und Pisa inne und diente ab 1593 dem Großherzog der Toskana, Ferdinando I. de' Medici, als Leibarzt. Dabei war sein Gymnastikbuch weder die erste moderne Publikation zur positiven Bedeutung von Körperübungen,[52] noch waren seine Argumente für Kenner der galenischen Schriften überraschend. Ähnliche Unterscheidungsmerkmale hatte bereits 1555 Antonio Scaino in seinem Ballspieltraktat eingeführt, wo er den Adeligen das Pallacorda anstelle des rauen Pallone oder Calcio empfahl. Allerdings meinte schon 1584 Antonio, dass alle Ballspiele auf dem Feld für Adelige zu anstrengend seien und deswegen das Billardspiel vorzuziehen sei. 1626 empfahl Vincenzo Giustiniani den vornehmen Leuten das *Pallamaglio*, weil man sich dabei die Hände nicht schmutzig machen müsse, sich nur langsam bewege und dabei auch noch die Geschäfte besprechen könne.[53]

Allgemein gingen die Mediziner davon aus, dass Sportarten wie Ringen, Boxen oder Laufen die Atmung und die Verdauung verbesserten und zu einer Abhärtung des Körpers beitrugen. Übungen sollten am besten vor dem Frühstück, nach dem Mittagessen oder am Abend stattfinden. Raue Sportarten sollten nur von hart arbeitenden Menschen ausgeführt werden. Allerdings sollten Körperübungen wie Rennen, Springen oder Ballspielen nur bis zum 50. Lebensjahr ausgeführt werden, während in höherem Lebensalter nur noch das Spazierengehen empfohlen wurde. Der päpstliche Hofarzt Petronio äußerte die Ansicht, Kinder und Jugendliche bis zum 21. Lebensjahr bräuchten überhaupt keine Leibesübungen, da sie sich ohnehin genug bewegten. Für das Mannesalter von 20 bis 50 empfiehlt er Reiten, Fechten, Tanzen und Ballspiele mit dem kleinen Ball (also kein Pallone oder Calcio). Über 50 solle man Sport nur noch ausüben, wenn man darin schon geübt sei. Für fette alte Herren – und dabei hatte er wohl die Päpste vor Augen – empfiehlt er Spaziergänge bergauf.[54] Der Portugiese Rodrigo da Fonseca von der Universität Pisa empfiehlt tägliche Körperübungen, die dem gesellschaftlichen Stand, dem Lebensstil und der individuellen Neigung angepasst sein müssen. Den Adeligen entsprächen vor allem das Bogenschießen, Ballspiele sowie das Spazierengehen. Reiten gehört dagegen nicht mehr dazu, da italienische Adelige um 1600 mit der Kutsche fuhren.[55] Eine besondere Rolle nimmt im 17. Jahrhundert der englische Humanist Robert Burton ein, der sich für die psychischen Auswirkungen des Sports interessierte. Er schreibt in seiner *Anatomie der Melancholie*: «Nichts ist so gut, dass es nicht zu missbrauchen wäre. Und entsprechend gibt es kein besseres Mittel, um seinen Körper gesund zu erhalten, als regelmäßige Übung, aber auch nichts Schädlicheres als Überanstrengung oder einen falsch gewählten Zeitpunkt. Das Übermaß und die Erschöpfung zehren nach der Galenos-Auslegung des Fernelius an der Substanz und entziehen dem Körper seine Wärme; die Säfte, die der Organismus sonst verbraucht und deren Schlacken er ausgeschieden hätte, geraten in Wallung und bringen so Leib und Seele aus dem Lot. Auch Körperertüchtigung zur Unzeit oder auf vollen Magen ist gleichermaßen schädlich, weshalb Fuchsius unermüdlich dagegen zu Felde zieht. Nach seiner Meinung sind deutsche Schuljungen so oft schorfig, weil sie unmittelbar nach den Mahlzeiten Sport treiben. Bayerus hat ähnliche Vorbehalte, weil die Bewegung die Nahrung im Magen verderbe und der noch unverdaute Saft in die Venen gelange, wo er nach Lemnius verfault und die Lebensgeister zerrüttet. Auch Crato erklärt körperliche Anstrengung nach der Nahrungsaufnahme zum größten Feind gesunder Verdauung und eines gesunden Säftegleichgewichts, und folglich haben Sallust, Salvianus [...], Mercurialis, Arculanus und viele andere allen Grund, maßlose Ertüchtigung als starken Melancholieauslöser zu behandeln.»[56]

Die Feinheiten der Humorallehre, auf welcher die europäische Medizin bis ins 18. Jahrhundert aufbaute, brauchen hier nicht zu interessieren. Festzuhalten bleibt, dass von den führenden Medizinern des 16. Jahrhunderts – etwa dem niederländischen Vesalius-Schüler Levinus Lemnius,[57] dem französischen Hofarzt Jean-François Fernel oder dem kaiserlichen Hofarzt Johann Crato von Krafftheim – nie der Sport an sich, sondern nur sein Übermaß als krankmachend betrachtet werden. Bei jeder Gelegenheit versuchte Burton in Humanistenart seine Argumentation auch mit klassischen Autoren zu untermauern:[58] «Plutarch hält Müssiggang für die alleinige Ursache seelischer Erkrankungen, Homer berichtet, dass Achill in seiner Untätigkeit sich vor Kummer verzehrte, weil er nicht in den Kampf ziehen sollte, Mercuri-

alis verweist bei einem jungen Patienten auf die nämliche Ursache [...].
Ein Pferd, das ohne Auslauf im Stall eingesperrt ist, ein Falke im Mau-
serkäfig, der ganz selten fliegt, werden beide anfällig für Krankheiten,
die kaum auftreten, solange man diese Tiere ihrem Bewegungstrieb
überlässt. Ein Hund ohne Beschäftigung wird räudig, und warum soll
es einem menschlichen Faulpelz anders ergehen?»[59]
Die positive Bewertung der Ballspiele setzt sich mit der moralisie-
renden Gesundheitslehre oder medizinischen Morallehre des Tiroler
Stadtarztes Hippolytus Guarinonius fort, der in Prag die Jesuitenschule
besuchte.[60] Mitte der 1590er Jahre studierte er in Padua Medizin und
wurde 1601 Stadtarzt von Hall in Tirol und Leibarzt einiger Erzher-
zoginnen im Haller Damenstift.[61] Ein ganzes Buch – Buch 6 – seines
sieben Bücher und ca. 1400 Seiten zählenden Folianten widmete er dem
Sport. Darin werden die üblichen Sportarten wie Laufen, Springen,
Werfen, Ringen, Fechten, Tanzen, Bergsteigen, Schwimmen, Reiten
und Turnierkämpfe, außerdem Ball- und Kugelspiele behandelt. In Kapitel 15 dieses Buches beschreibt er sieben Ballspielarten und analysiert
detailliert deren Wirkung auf die körperliche Befindlichkeit. Wohl auf
der Basis der eigenen Erfahrungen, die er immer wieder anführt, aber
auch aufgrund der Wertschätzung Galenos' und Mercurialis' steht
Guarinonius allen Ballspielen aufgeschlossen gegenüber. Dabei sei
Tennis «das Hauptspiel unter allen Spielen», was man daran erkennen
könne, dass es Ballhäuser in allen Städten und an allen Fürstenhöfen
gebe, alle Edelknaben es lernten und alle Fürsten es spielten. An diesem
«kleinen Balln- oder Raggetenspiel» lobt er, dass es den gesamten Körper übe durch Bewegungen des Rumpfes, des Halses, der Arme und
der Beine, da der Ball überall kommen könne und man ihn rasch zurückschlagen müsse. Das Spiel eigne sich am besten für die 14–31-Jähri-
gen, weil man in diesem Alter am beweglichsten sei. Dagegen sei das
Handtennis, das in ganz Italien und Deutschland gespielt und bei dem
der kleine Ball mit dem Handschuh zurückgeschlagen werde, eher
etwas für kräftige Handwerker.

Befördert durch die positive Einstellung des Galenos galt sportliche Betätigung allen Medizinern der Frühen Neuzeit als gesundheits-
fördernd. In ihre Bewertungen flossen – wie wir gesehen haben – häufig eigene Erfahrungen ein. Deshalb änderten sie ihre Einschätzung
auch nicht, als man allmählich von den antiken Medizinlehren ab-
rückte. Ein Beispiel dafür bot schon der als «englischer Hippokrates»

bezeichnete Thomas Sydenham, der außer für seine klassischen Beschreibungen von Infektionskrankheiten auch für seine Bewegungstherapie an frischer Luft zur Kurierung der Hypochondrie und anderer Krankheiten bekannt war und der als Ersatz dafür – bei körperlich eingeschränkten Personen – Massagen empfahl. Noch direkter mit der Sportmedizin beschäftigte sich der Hallenser Mediziner Friedrich Hoffmann, der bereits der Frühaufklärung zuzurechnen ist. Schon im Titel seiner Dissertation bezeichnete er Bewegung als die beste Medizin. Nach einem theoretischen Teil diskutiert er den Nutzen der Körperübungen anhand einer ganzen Reihe von Sportarten, wie z. B. Tennis (*pilae parvae lusus*), Diskuswerfen, Voltigieren, Boxen, Reiten, Billard etc.[62] Hoffmann promovierte etwa 300 Mediziner, von denen je 25 wieder als Professoren bzw. als Hofärzte an Fürstenhöfen Einfluss ausübten. International am einflussreichsten wurde Francis Fuller von der University of Cambridge, der in seiner *Medicina gymnastica* eine Art von Bewegungstherapie zur Behandlung von Krankheiten entwickelte. Grundlage seiner Therapievorschläge sind neben den Autoritäten früherer Mediziner auch die Beobachtungen von zeitgenössischen Sportlern, etwa von Akrobaten, Seiltänzern oder von Jockeys beim Pferderennen.[63]

Verwissenschaftlichung der Bewegung

In den Verhaltenslehren des 16. Jahrhunderts herrschte seit Castiglione Konsens darüber, dass lächerliche Betätigungen für angesehene Personen unangebracht seien. Dazu zählten raue Ballspiele – die aber von Angehörigen aller Stände einschließlich des Adels sehr wohl mit großer Begeisterung ausgeübt wurden – und auch die Akrobatik. Dieser Diskriminierung trat Ende des 16. Jahrhunderts der Berufsakrobat Archangelo Tuccaro entgegen, der nicht nur über eine hervorragende Ausbildung, sondern durch seine langjährige Tätigkeit am Wiener Kaiserhof und in Frankreich über ausgezeichnete Kontakte verfügte. Der in der Provinz L'Aquila in den Abruzzen Geborene gehörte zuerst dem Hofstaat Kaiser Maximilians II. an. 1570 begleitete er dessen Tochter Elisabeth von Österreich – vermutlich auf deren Wunsch – an den Hof König Karls IX. von Frankreich. Tuccaro arbeitete dort als Trainer des noch jungen Königs sowie als *Saltarin du Roi* (Königlicher Springkünstler). Als er 1599 sein Standardwerk über die Akrobatik veröffentlichte, seine *Trois dialogues de l'exercise de sauter et voltiger en l'air,*[64] stand er im Dienst Heinrichs IV. von Frankreich. Bei der Neuauflage seines Werkes 1616 war Tuccaro schon tot, denn die Widmung an den neuen König Ludwig XIII. verfasste der Verleger.[65] In neuerer Zeit ist Tuccaro als «der Schöpfer des modernen Bodenturnens» gefeiert worden,[66] er wurde bereits von «Turnvater» Jahn als wichtiger Vorläufer des Turnens ausgemacht.[67] Der Jahn-Schüler Hans Ferdinand Maßmann hat wegen dieser Wertschätzung Tuccaros Werk sogar ins Deutsche übersetzt, doch wurde das Manuskript, das heute im Archiv der Sporthochschule in Köln liegt, nie gedruckt. Tuccaros drei Dialoge spielen während der Hochzeitsfeiern von 1570 auf dem Schloss des Herrn de la Fontaine in der Touraine. Drei italienische Adelige diskutieren darin mit Akrobaten, hinter denen sich Tuccaro selbst und sein Meisterschüler Pino verbergen. Im ersten Dialog wird eine Beziehung zwischen der Gymnastik der Antike und der Sprungkunst Tuccaros hergestellt. Dabei werden einzelne Begriffe diskutiert, um zu einer treffenden Definition der Sprungpraxis zu gelangen. Dieses Gespräch endet mit der Rückkehr König Karls IX. von der Jagd. Der zweite Dialog beschäftigt sich mit grundsätzlichen Überlegungen zu der Kunst des Springens, den Vorübungen, dem Training und der Sprungtechnik selbst, die insgesamt 54 unterschiedliche Bewegungen erfordere. Die Sprünge werden nach einem System steigender Komplexität und der Art des Absprungs und der verwendeten Geräte geordnet.

In diesem Teil der Abhandlung sind 88 Holzschnitte eingefügt, die wegen ihrer Einzigartigkeit und ihrer ansprechenden Ästhetik zum dauerhaften Ruhm dieser Publikation entscheidend beigetragen haben. Sie zeigen den Springer in verschiedenen Phasen des Flugs, analysieren die Bewegungsabläufe durch Einzelbilder und kennzeichnen die dabei erfolgenden Drehbewegungen des Körpers. Tuccaro verwissenschaftlichte durch diese Analyse die Akrobatik und argumentierte für ihre Nobilitierung unter dem neuen Begriff der *Kubistik*.

Der dritte Dialog beginnt mit einer Laudatio auf den Starspringer Pino und kreist dann um die Dinge, die zu dieser Kunst des Springens gehören, insbesondere auch Fragen der Medizin und der Gesundheit, ausgehend von der antiken Medizin des Hippokrates und des Galenos und endend mit Hieronymus Mercurialis' *De arte gymnastica*. Er hatte unter Rückgriff auf die antike Medizin als einer von wenigen modernen Autoren der Akrobatik positive Aspekte abgewinnen können. Das Gespräch endet, als Pino einschläft.[68]

Die Wiederentdeckung der Olympischen Spiele

Allen Humanisten stand seit der Renaissance das antike Vorbild vor Augen.[69] Der florentinische Politiker Matteo Palmieri propagierte in seinen Dialogen *Über das bürgerliche Leben*, die angeblich 1430 anlässlich einer Pest in einem Landhaus bei Florenz geführt wurden, «eine gleichmäßige Ausbildung von Körper und Seele», wobei er an Reiten, Fechten, Bergsteigen und Spiele nach Art der Olympischen Spiele dachte.[70] Der Humanist Polydorus Virgilius beschrieb in seinem Standardlexikon über Erfinder die Anfänge der Olympischen Spiele sowie die Bedeutung der Isthmischen, Nemeischen und Pythischen Spiele, erörterte antike und neuere Textquellen, behandelte die wichtigsten Sportarten und erwähnte die Zeitrechnung mit Hilfe der Olympiaden.[71] In einer deutschen Übersetzung (Augsburg 1537) ist das 13. Kapitel überschrieben: «Wer erstlichen bey den Griechen den Olympischen Kampff / die Pythischen / Isthmischen / Nemeischen / Gymnischen und Todtenschawspyl / Auch das Rennet / oder Turnier / und Fechtschul auf gepracht hab / und von wem der Ballen- / des Brets- / und der Würfflen Spyl erfunden sey».[72] Sowohl die lateinische als auch die deutschen Ausgaben dieses Buches wurden im 16. und 17. Jahrhundert häufig nachgedruckt, und entsprechend verbreitet war das Wissen um die Existenz der Olympischen Spiele und ihre Bedeutung für Griechenland. Ebenso wurden die *Beschreibung Griechenlands* von Pausanias[73] und die *Olympischen Oden* Pindars neu ediert, häufig nachgedruckt und in zahlreiche Landessprachen übersetzt.[74] Die Spiele der antiken Welt waren Gegenstand fortgesetzter historischer Erörterungen, entsprechende Publikationen erschienen z. B. in Frankreich und in den Niederlanden.[75]

Erasmus von Rotterdam berührte am Beispiel der olympischen Laufwettbewerbe ganz nebenbei das Thema Doping. In seiner Sammlung von Spruchweisheiten *Apophthegmata* (1532) heißt es dazu ironisch: «Wie viel mehr sorgen sich die Läufer doch um Schnelligkeit als um Gerechtigkeit.»[76] Der deutsche Dichter Hans Sachs behandelte die Olympischen Spiele im Anschluss an Polydorus und Herodot, wenn er

Michael Sweerts, Ringkampf, Rom 1649.
Staatliche Kunsthalle, Karlsruhe

in einem Text über den Ursprung der Fechtkunst schrieb: «Die ritter-
lich kunst ist uff kummen / hat iren ersten Ursprung gnummen / Eh
wann Troya zerstöret war / etwas mehr dann aylf hundert Jar / vor des
Herren Christi Geburt / Von Hercule erfunden wurd / Der olimpische
kampff mit nam / Inn dem Lande Arcadiam / Bey Olympo, dem hohen
Berck. / In diesem ritterlichen werck / Kempfften zu Ross nackende
Held / wie Herodotus uns erzelt / welcher denn ritterlichen kempf-
fet, / die andern mit seym schwerte dempfet / Der selbig wurd begabet
gantz / von Öl-paumen mit einem krantz».[77] Hieronymus Mercurialis
widmete den olympischen Wettkämpfen den zweiten seiner sechs
Bände, der wegen seiner gründlichen Abhandlung als Basis aller späteren Autoren diente.[78] Wenn in den Illustrationen zur Abhandlung von
Mercurialis oder auf dem Gemälde Michael Sweerts' von einem Ringkampf im barocken Rom die Athleten nackt dargestellt werden, dann
sicher nicht, weil diese sich tatsächlich aktuell ohne Bekleidung präsentiert hätten – dazu war man in der Frühen Neuzeit zu prüde. Vielmehr wurde hier bewusst an die Nacktheit der Athleten bei den Olympischen Spielen der Antike erinnert.

In der Stadtrepublik Vicenza, die sich unter der Oberherrschaft Venedigs befand, wurde im Jahr 1555 eine «Olympische Akademie» gegründet, die sich allen nur möglichen Künsten widmen wollte, Herkules zu ihrem Schutzpatron wählte und zu dessen Ehren im Mai 1558 Olympische Spiele abhielt. Gründer der Akademie waren Vicentiner Edelleute, doch nahm sie auch Wissenschaftler und Künstler auf. Dazu zählte Andrea Palladio, den die Akademie mit dem Entwurf und dem Bau des – heute noch erhaltenen – Teatro Olimpico beauftragte. Der humanistische Stararchitekt und Architekturtheoretiker galt als Vitruv seiner Zeit, und tatsächlich hat Palladio an der Herausgabe einer Übersetzung der Werke Vitruvs mitgearbeitet und dafür die großen Amphitheater von Verona, Pula, Nîmes, Rom und (das damals schon ziemlich verfallene) von Vicenza selbst vermessen und skizziert. In seinen eigenen Vier Büchern zur Architektur behandelte er antike Sportarchitektur, etwa die Trainingsanlagen für junge Athleten (palaestrae), deren Funktionalität er eingehend beschreibt.[79] Zum Signet des Teatro Olimpico von Vicenza wählte der Architekt an der Schauwand ein Wagenrennen in einem antiken Circus. Das Theater eignete sich allerdings gar nicht für sportliche Wettkämpfe, sondern nur für Schauspiele – es war der erste selbständige Theaterbau Europas seit der Antike.[80] Idee und Bezeichnung scheinen immerhin fasziniert zu haben, denn noch im selben Jahrzehnt wurde in der Lombardei in Sabbioneta – einer humanistischen Idealstadt als Residenz des Fürsten Vespasiano Gonzaga – ein weiteres Teatro Olimpico errichtet. Architekt war ein jüngerer Architekturtheoretiker, Vincenzo Scamozzi aus Vicenza, Palladios Schüler, der nach dessen Tod auch das Teatro Olimpico in seiner Heimatstadt fertiggestellt hat.[81]

Natürlich tauchte Olympia in den Neuauflagen der griechischen Geographen Strabon und Claudius Ptolemäus auf sowie in den geographischen Werken des 16. Jahrhunderts, etwa in Abraham Ortelius' Theatrum Orbis Terrarum.[82] Antike Berichte über die Olympischen Spiele wurden durch den Humanisten Wilhelm Xylander aus dem Griechischen ins Lateinische übersetzt und von Humanistendruckern in Basel, Straßburg oder Leiden nachgedruckt.[83] Der französische Humanist und Parlamentsrat von Toulouse Pierre du Faur de Saint-Jory (Petrus Faber) kommt in seiner Abhandlung über die Athletik und die Spiele im Altertum immer wieder auf die Olympiaden, die Olympischen Spiele und die Olympioniken zu sprechen.[84]

Der französische Dramatiker Robert Garnier erwähnt die *Jeux Olympiens* (Olympischen Spiele) in seiner Tragödie *Cornélie*, und in dessen englischer Übersetzung durch Thomas Kyd ist sogar von Olympischem Sport die Rede: «Like them that trying at the Olympian Sports, to grace themselves with honour of the game, Anoint theyr sinewes fit for wrestling, and ere they enter use some exercise».[85] Der Florentiner Humanist Alessandro Adimari kommt bei seinen Übersetzungen der *Oden* Pindars im Rahmen der allgegenwärtigen «Querelles des Anciens et des Modernes» – also der Frage, ob die Alten oder die Modernen weiter entwickelt seien – zu der Schlussfolgerung, der moderne *Calcio Fiorentino*, wild und anmutig, sei keinem der Spiele des antiken Griechenland unterlegen.[86] Der in Pisa lehrende Grieche Giorgio Coresio hatte zwanzig Jahre zuvor sogar rundheraus behauptet, der Florentiner Fußball sei allen antiken Spielen weit überlegen («ma questro nostro tutti in valor passa»).[87] Besonders interessant ist der Vorstoß dreier Unternehmer namens John Cotton, John Williams und Thomas Dixon, die dem Urheber des *Book of Sports*, König Jakob I. von England, Anfang 1620 den Vorschlag machten, in London ein königliches Amphitheater zu errichten, um dort Olympiaden abzuhalten. In der Arena sollten außer Theater- und Waffenspielen «all possible Exercises of the Olympiades» durchgeführt werden, wie z. B. Ölringen, Laufsport, Springen, Voltigieren, Akrobatik, Seiltanzen und alle möglichen Arten von Gladiatorenkämpfen. Keine Nation sei wegen ihres großen Mutes und ihrer Stärke besser als die englische geeignet, Olympiaden durchzuführen. Der König billigte diesen «Proposal for Building an Amphitheatre in London», das wenigstens 12 000 Zuschauer fassen sollte, und gewährte dem Antragsteller am 10. Februar 1620 eine Reihe von Privilegien, darunter das Recht, für einen Zeitraum von 30 Jahren in diesem Amphitheater Tierhetzen und Tierkämpfe, Waffenübungen und Kämpfe mit allen Waffen, jede Art von Ringkampf, Akrobatik, Seiltanzen, alle Arten von Musik- und Theatervorführungen, in welcher Sprache auch immer, aufzuführen. Dem König oder seiner Regierung unter Lordkanzler Francis Bacon müssen aber bald Bedenken gekommen sein, möglicherweise wegen der puritanisch gestimmten Opposition im Parlament oder im Land, denn die Privilegien wurden am 18. September 1620 widerrufen.[88]

Abhandlungen über die Olympischen Spiele blieben allein schon wegen des anhaltenden Bezugs auf die antike Kunst und Literatur ein

Dauerthema. Wie wir sehen werden, wurde diese Auseinandersetzung durch die Wiederentdeckung der antiken Stätten und den Beginn der Ausgrabungen weiter beflügelt. Seit dem 17. Jahrhundert gab es auch Versuche, die antiken Olympischen Spiele wiederzubeleben.[89] Die philologischen Rekurse leiteten jedenfalls direkt über in die Anfänge des Breitensports im 19. Jahrhundert.[90]

Sportunterricht

Ritterakademien als Sportzentren für den Adel

Ritterakademien waren – auch wenn dies der Name nicht vermuten lässt – eine rein neuzeitliche Erfindung. Die Forderung nach solchen Adelsinstituten war zuerst von dem calvinistischen Militär François de La Noue in seinem *Discours politiques et militaires* formuliert, 1587 in Basel gedruckt und in die europäischen Hauptsprachen übersetzt worden, darunter 1592 durch den württembergischen Sekretär Jakob Rathgeb im Auftrag seines Herzogs Friedrich I. von Württemberg.[91] Darin wird in Anschluss an Aristoteles die Erziehung von Geist und Körper vertreten, wobei zu Letzterem das Reiten, Ringrennen, Fechten, Laufen, Springen, Ringen und Schwimmen empfohlen wird, also Ritterübungen samt einem kompletten Leichtathletikprogramm.[92] Charakteristischerweise findet sich der Akademiegründungsplan in einem Kapitel über die Disziplinierung der jungen Adeligen. Damit hatte es folgende Bewandtnis: Universitäten waren seit dem Spätmittelalter ein Karrieresprungbrett für Stadtbürger, die nach dem Examen ihren Platz als Lehrer, Juristen, Theologen oder Mediziner einnahmen. Adelige hatten eine solche Ausbildung nicht unbedingt nötig, da sie aufgrund ihres Standes vielerlei Privilegien genossen. Für Militärkarrieren brachte der Besuch der Universität wenig. Außerdem fühlten sich viele Adelige, wenn sie nicht zu Hause eine gute Erziehung durch Privatlehrer genossen hatten, an der Universität überfordert. Sie «besuchten» oft die Universität im Wortsinn, sie schieden ohne Abschluss. Allerdings wurden seit dem 16. Jahrhundert bessere Stellen in der Regierung zunehmend nur noch an Studierte mit Doktorat vergeben. Der Hochadel war von dieser Entwicklung weniger betroffen. Prinzen besuchten in

der Regel die jeweilige Landesuniversität für einige Semester, bevor sie
auf ihre *Grand Tour* gingen, um regierende Fürsten und hochadelige
Alterskameraden kennenzulernen, mit denen sie es in der Zukunft politisch zu tun haben würden.

Eine *Grand Tour* erforderte erhebliche finanzielle Aufwendungen.
Als Alternative zu Italienreise und Universitätsbesuch wurden von
den Landesherren Ritterakademien eingerichtet, um das Geld im
Lande zu halten. Dort konnten auch weniger reiche Adelige ohne
große Reisekosten eine Art höherer Bildung erfahren und Altersge-
nossen kennenlernen. Solche Ritterakademien wurden z. B. 1590 in
Sedan gegründet, 1593 in Saumur, 1594 in Tübingen, 1596 in Kassel,
1598 in Parma, 1611 in Aix-en-Provence, 1617 in Siegen, 1623 in Sorö,
1630 in Orange, 1636 in Paris, 1653 in Kolberg, 1653 in Besançon, 1656 in
Lüneburg, 1660 in Angers, 1671 in Frankfurt an der Oder, 1671 in Brüssel, 1678 in Turin, 1687 in Wolfenbüttel,[93] 1690 in Kopenhagen und
1692 in Wien.[94] Bis zum Ende des 18. Jahrhunderts wurden noch solche
Akademien gegründet.

Das Bildungsangebot war den Bedürfnissen des Adels angepasst.
Man verzichtete auf Griechisch, Theologie und Medizin und bot selbst
Jura nur in reduzierter Form an, dazu etwas Geschichte und neuere
Sprachen (Italienisch und Französisch) sowie Unterricht in Militär-
wesen und Festungsbau. Einen großen Teil des Tages nahmen Fächer
ein, die man an den Universitäten vergeblich suchte, nämlich Musik,
Tanz und Sport. Die meiste Zeit entfiel auf Sport, wie die bürgerlichen
Abgeordneten im württembergischen Landtag von 1596 kritisierten:
Die Adeligen besuchten das *Collegium illustre*, um «statt zu studieren im
Collegium Ballspiel, Armbrust- und Büchsenschießen, Reiten, Ballonspiel, Fechten und andere Kurzweil» zu treiben.[95] Dies wirkte sich direkt auf die architektonische Gestaltung der Akademien aus: Natürlich
gab es eine kleine Bibliothek und einen Hörsaal, außerdem Schlaf-
räume und einen Speisesaal. Diese traditionellen Bestandteile einer
Universität nahmen jedoch einen geringen Raum ein im Vergleich zu
den Sportanlagen. Eine Ritterakademie benötigte ein Ballspielhaus, einen Fechtboden, einen Tanzsaal, natürlich eine Reithalle und Stallungen für die Pferde, daneben einen Tennisplatz, eine Pallamaglio-Bahn,
eine Ringrennbahn etc.[96]

Eltern und Studenten suchten sich ihre Universitäten auch nach
dem Sportangebot aus, daher planten Ritterakademien prestigeträch-

tige Sportparks, um zahlungskräftige Studenten anzulocken. Dies traf insbesondere für Akademien abseits der Hauptrouten der Kavalierstour zu. Der Rektor des Tübinger *Collegium illustre* publizierte eine Werbeschrift, die mit Kupferstichen des Ballhauses und der anderen Sportanlagen um zahlende Studenten wirbt.[97] Das 1596 gegründete Kasseler *Collegium Mauritianum* bezahlte die fünf Sportlehrer für Reiten, Springreiten, Tanzen, Fechten und Ballspielen besser als die vier Professoren und vier Sprachmeister.[98] Die 1623 gegründete dänische Akademie in Sorø beschäftigte einen *hipparchus* (Pferdetrainer und Reitlehrer), einen *lanista seu gladiator* (Fechtlehrer), einen *saltator* (Tanzlehrer), einen *gymnasticus magister* (Turnlehrer) und einen *sphaeristeriarcha* (Ballspieltrainer für Tennis und Pallone).[99] Aus den Stundenplänen in den Tagebüchern des Hauses Liechtenstein, die von den Hofmeistern der Prinzen zur Rechtfertigung der hohen Ausgaben gegenüber den Eltern geführt werden mussten, können wir sehen, dass in den Ritterakademien die Sportübungen einen höheren Anteil am Zeitbudget beanspruchten als alle anderen akademischen Betätigungen: So gab es in Paris im Jahr 1661 täglich je eine Stunde Unterricht in Jura und in Festungsbau, aber zwei Stunden Reiten und je eine Stunde Ringrennen, Tanzen, Fechten, Tennis sowie Lautenspiel. In Rom sah die Zeitaufteilung 1662 ähnlich aus, dreizehn Jahre später werden dort auch Billard und das Jeu de Paume als Unterrichtsstoff genannt.[100] Der Philosoph und Prinzenerzieher Gottfried Wilhelm Leibniz aus Hannover klagte wie die antiken griechischen Philosophen, dass an den Ritterakademien die körperlichen Übungen bei Weitem die geistigen überwögen.[101]

Spielregeln und Lehrbücher

Und damit kommen wir auf einen weiteren Grund, warum die Sportifizierung zu den Fundamentalprozessen der Moderne zu rechnen ist: Durch den Buchdruck konnten Spielregeln in ganz Europa bekannt gemacht werden, wie wir im 16. Jahrhundert beobachten können. Für viele Sportarten erschienen erste Lehrbücher, manche davon wurden in viele Sprachen übersetzt oder in der *lingua franca* der Gebildeten, in Latein, gedruckt. Dies führte nicht nur zur schnellen Verbreitung neuer Sportarten, sondern auch zu einer Standardisierung der Regeln.

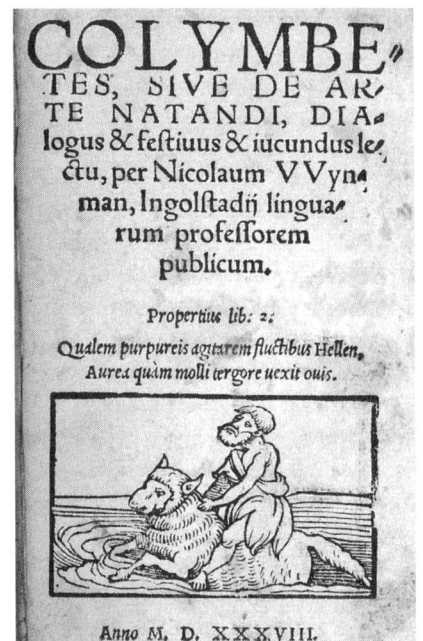

COLYMBE'
TES, SIVE DE AR'
TE NATANDI, DIA'
logus & feftiuus & iucundus le'
ctu, per Nicolaum VVyn'
man, Ingolftadij lingua'
rum profefforem
publicum.

Propertius lib: 2:
Qualem purpureis agitarem fluctibus Hellen,
Aurea quàm molli tergore uexit ouis.

Anno M. D. XXXVIII.

Titelblatt des ersten Traktates über die «Kunst des Schwimmens» («De arte natandi»), verfasst durch den Ingolstädter Professor Nikolaus Wynmann 1538

In den beiden folgenden Jahrhunderten beschleunigte sich dieser Prozess mit immer neuen Regelbüchern zu immer neuen Disziplinen. Für eine Reihe von Sportarten gab es bereits im 15. Jahrhundert geschriebene Regelverzeichnisse. Die europaweite Verbreitung durch den Buchdruck gehört jedoch zu den typischen Erscheinungen der Neuzeit.[102] Die gedruckten Sporthandbücher trugen seit dem 16. Jahrhundert entscheidend zur Standardisierung der Sportarten und zur Entstehung der europäischen Sportkultur bei, z. B. bei der Verbreitung der Zählweise im Tennis, die heute noch genauso ist wie vor über 500 Jahren. Die eigenartigen 15er-Schritte entstanden vermutlich, weil man sich an französischen Münzgrößen des Spätmittelalters orientierte – sie wäre damit älter als die Erfindung des Tennisschlägers, denn vor 1500 spielte man das *Jeu de Paume* – wie der Name schon andeutet – mit der Handfläche.[103]

Zuerst finden wir gedruckte Anleitungen zu Kampfsportarten wie Ringen und Fechten, die wie das Tanzen eine in das Spätmittelalter zurückreichende Tradition der geschriebenen Lehrbücher aufweisen.[104] Fechthandbücher gehörten zu den Bestsellern des Sports in den nächsten Jahrzehnten, da hier sportliche Übung, Phantasien von Ritterlichkeit und militärische Ausbildung zusammenfielen.[105] Die *Ringerkunst* des Fechtmeisters Fabian von Auerswald war mit Graphiken des Wittenberger Hofmalers Lucas Cranach ausgestattet.[106] In die gleiche Kategorie gehören natürlich die Werke zum allgemeinen Waffengebrauch, die mit einer Publikation des Fechtmeisters Antonio Manciolino einsetzten. Die Widmung an den Herzog Luis de Córdoba, kaiserlicher Botschafter am Hof des Papstes Hadrian VI., bedeutet vielleicht, dass er Fechtlehrer an diesem Hof war.[107]

Wenig später erschienen erste Handbücher für Sportarten, die mit militärischem Kampf nichts zu tun haben, etwa der *Dialog über die Kunst des Schwimmens* des Ingolstädter Professors Nikolaus Wynmann, dem es darum ging, die Gefahr des Ertrinkens durch methodisches Schwimmtraining oder mit Hilfe von Schwimmhilfen zu verringern.[108] Um die Mitte des 16. Jahrhunderts setzten englische Lehrbücher ein, etwa Everard Digbys *Ars natandi*, das sofort in mehrere Sprachen übersetzt wurde,[109] sowie Roger Aschams *School of Shooting*.[110] Aus Spanien kamen Publikationen über den Stierkampf und das Stockfechten (*juego de cañas*).[111]

Bücher über Pferde gab es früh und zahlreich, doch erst die Bücher des Reitmeisters Federico Grisone begründeten in der Hauptstadt des spanischen Vizekönigreichs Neapel eine eigene Tradition der Dressur, die zwischen Kampf und Tanz anzusiedeln ist. Seine *Ordini di cavalcare*, die eine scharfe Aufzäumung der Pferde und eine harte Dressur empfahlen,[112] erlebten zahlreiche Nachdrucke und Übersetzungen ins Englische, Spanische, Deutsche[113] und Französische, allein Letztere mit zehn Auflagen. Dagegen schlug Antoine de Pluvinel, der Reitlehrer König Ludwigs XIII., eine ganz andere Richtung ein und empfahl eine sanfte Behandlung der Pferde und die Vermeidung jeder Gewaltanwendung. Auch Pluvinel lehrte die Behandlung, Dressur, Gangarten und Sprünge des Pferdes, außerdem gab er Anleitungen für Reiterspiele wie das Ringel- und das Quintanrennen.[114]

Ein völlig neues Feld eröffnete Antonio Scaino in seinem *Trattato del giuoco della palla*. Gewidmet war es dem Prinzen Alfonso II. d'Este, einem begeisterten Ballspieler.[115] Scaino präsentiert die Spielregeln samt Beschreibung der notwendigen Geräte und Spielplätze für eine ganze Reihe von damals aktuellen Ballspielen, darunter *Calcio, Palla-*

corda, *Pallamaglio* und *Pallone*, ein Spiel mit einem großen aufblasbaren Ball (*pallone*), der mit einem Armschutz (*bracciale*) in die gegnerische Platzhälfte geschlagen wurde.[116] In Frankreich erschien seit 1579 eine Reihe von Regelwerken für das *Jeu de Paume*. Ursprünglich war der kleine Ball mit der Handfläche (it. *palma*) geschlagen worden, bevor Anfang des 16. Jahrhunderts der mit einem Netz bespannte Schläger (it. *racchetto*) erfunden wurde. Ob dies in Mailand, in Frankreich oder gar in den burgundischen Niederlanden der Fall war, ist ungeklärt. In den Niederlanden und im Rheinland muss das Spiel Mitte des 15. Jahrhunderts verbreitet gewesen sein.[117] Am meisten begeisterte sich jedoch der französische Hof dafür, und zur Zeit Heinrichs III. wurde es von den Franzosen als königlich-französisches Spiel betrachtet.[118] Am Ende des 16. Jahrhunderts wurde das Tennisspiel erstmals von einem Tennismeister beschrieben, der gleichzeitig für König Heinrich IV. die Tennisregeln kodifizierte.[119]

Bemerkenswert ist die gedruckte Literatur über akrobatische Übungen, die von den Verhaltenslehrbüchern der Renaissance abgelehnt wurden. Das Standardwerk Tuccaros über Akrobatik und Bodenturnen, das so grundlegende Übungen wie *Salti* und das Voltigieren beschreibt und praktische Anweisungen zu ihrer Ausübung gibt, war deswegen von besonderer Bedeutung.[120] Italiener wie Tuccaro oder Giocondo Baluda versuchten in Anlehnung an Castigliones *Cortegiano* die Ansicht zu etablieren, das Turnen auf dem Holzpferd übe Eigenschaften wie Anmut, Schönheit, Leichtigkeit, Sicherheit, Exaktheit und Perfektion ein.[121] Sicherer war es jedoch, zu argumentieren, dass das Voltigieren auch von militärischem Nutzen war.[122]

Getrennt davon entstand die Literatur über den Tanzsport, der seit dem 15. Jahrhundert in enger Verbindung zu den Ballspielen stand, weil größere Veranstaltungen nicht mehr in den alten städtischen Tanzhäusern, sondern – wie Theateraufführungen – in den größeren Ballspielhäusern durchgeführt wurden.[123] In Italien wurden die Tanzveranstaltungen als *ballo* (von *ballare* = tanzen) und die zierlichen Vorführungen von Berufstänzern als *balletto* bezeichnet. Dieser Kunsttanz entstand im 16. Jahrhundert an italienischen Höfen, und von dort kamen die ersten gedruckten Handbücher, beginnend mit dem *Dialogo del ballo* des Rinaldo Corso,[124] gefolgt vom *Ballarino* des Tanzmeisters Fabritio Caroso, in dem erstmals graphische Darstellungen der Choreographie geboten wurden.[125] Italien blieb auch die folgenden Jahrzehnte hin-

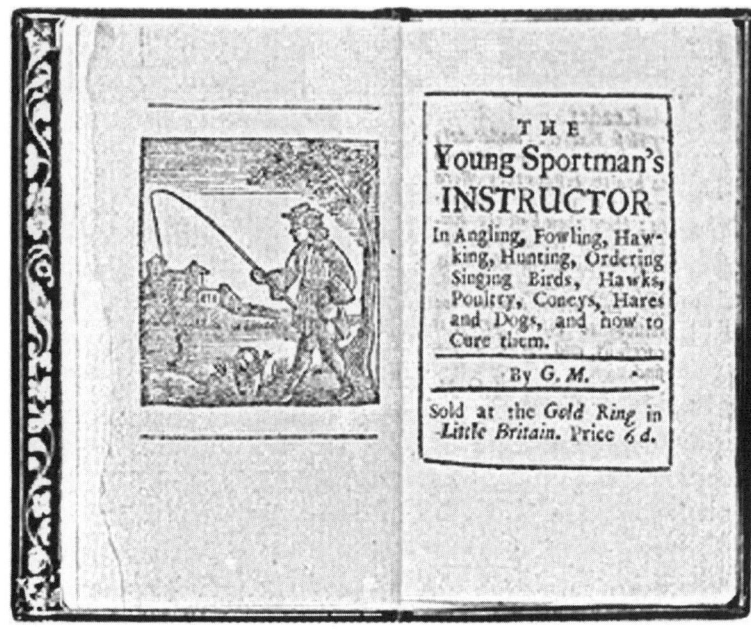

Gervase Markham, The Young Sportsman's Instructor, London, ca. 1615

durch maßgeblich für die Entwicklung der Tänze.[126] Mit Katharina de'Medici kam die Sportart nach Frankreich, wo in den 1580er Jahren die ersten Ballette am Hof vorgeführt wurden.[127] Am Ende des Jahrzehnts erschien von Jehan Tabourot unter dem Pseudonym Thoinot Arbeau das erste französische Lehrbuch des Tanzes.[128]

Mit diesen Beschreibungen und Handbüchern wurden die Grundlagen für den modernen Sport gelegt. Andere Faktoren trugen zu seiner Verbreitung über Europa bei, wie der überregionale Besuch von Universitäten und Ritterakademien, der mit der *Grand Tour* einsetzende Tourismus – vor allem in die frühneuzeitlichen Zentren des Sports: Italien und später Frankreich und England – und die gemeinsame europäische Hofkultur. Im 17. und 18. Jahrhundert vervielfachte sich die Produktion der Sporthandbücher. Erstmals wurden auch die Spiele auf dem Land Gegenstand ausgedehnter Beschreibungen, z. B. durch den Sportspezialisten Gervase Markham, der Werke über Reitkunst, Pferdezucht, die Erziehung zum Gentleman – der alle möglichen Sportarten beherrschen sollte – sowie eine «Instruktion für den jungen Sportsmann» und schließlich noch ein Werk über die Kunst des Bogenschießens verfasste.[129] Am Ende des 18. Jahrhunderts erhielten auch volkstümliche Sportarten wie das Eislaufen monographische Abhandlungen.[130] Gleichzeitig erschienen Sammelwerke, in denen das Wissen um den Adelssport zusammengefasst wurde und die speziell auf das Publikum der Ritterakademien zielten,[131] sowie für ein eher bürgerliches Publikum enzyklopädische Werke zur Kultur und Geschichte der Leibesübungen.[132] Außerdem forderte die Reformpädagogik der Aufklärung programmatisch die Einführung der Gymnastik an den Schulen.[133] Am Ende der Frühen Neuzeit setzten rein historische Abhandlungen über den Sport ein, die – zusammen mit dem seit 1792 erscheinenden *Sporting Magazine* – viel an Wissen über den frühmodernen Sport für spätere Zeiten zusammentrugen – ein sicheres Zeichen dafür, dass man sich darüber bewusst wurde, dass man sich in einem Epochenumbruch befand.[134]

Frauensport in der Frühen Neuzeit

Ärzte beschäftigten sich im 16. Jahrhundert auch mit der Frage, ob Sport für Frauen gefährlich sei. Nach Mercurialis brauchen Frauen Bewegung, um die Körpersäfte in Balance zu halten. Gemäß der damals verbreiteten Humoralpathologie, die den Frauen eine «feuchte Komplexion» zuordnete, konnte man sogar argumentieren, dass eine Erhitzung des Körpers durch Bewegung als Gegenmittel gegen zu viel Feuchtigkeit nützlich war. In der illustrierten Ausgabe seines Werkes zeigt einer der von Pirro Ligorio angefertigten Holzschnitte drei Frauen bei einer akrobatischen Übung. In Spezialwerken zur Kunst des Tanzens wurden wie bei Fabritio Caroso sogar spezielle Regeln für Frauen vorgeschlagen.[135] Allerdings überwogen die Warnungen. Der Portugiese Rodrigo da Fonseca von der Universität Pisa warnte vor weiblicher Reiterei, die damals in Italien – anders als in Frankreich, Deutschland oder England – tatsächlich wenig üblich war.[136] Ärzte waren sich darin einig, dass für Frauen – auch für Nonnen – Spazierengehen die angemessene Körperübung war. Aus den Briefwechseln hochgestellter Frauen geht hervor, dass diese sich auch entsprechend verhielten. Besonders den Frauen aus den reichen Familien kam dabei zugute, dass sie sich in den Gartenanlagen ihrer Villen ungestört bewegen konnten. Ansonsten sollten sich Frauen auf Körperübungen im Haus beschränken.[137]

In der Praxis kann man feststellen, dass Frauen weniger vorsichtig waren, als ihnen dies von den Ärzten nahegelegt wurde. Wie in Antike und Mittelalter gab es immer einzelne Frauen, die sich dem Geschlechterstereotyp widersetzten und Sportarten ausübten, die eigentlich den Männern vorbehalten waren. Wir wissen von frühen Tennisspielerinnen in den Niederlanden, der englische Reiseschriftsteller Robert Dallington erzählt von Tennisspielerinnen in Blois,[138] und Antonio Scaino schreibt, dass Frauen in Udine gewöhnlich Ball spielen und dass es früher auch in Ferrara sehr gute Tennisspielerinnen gegeben habe.[139] Manche Sportarten hielt man für geeigneter, etwa solche, die auch schwächere oder ältere Herren spielen können. Guarinonius schrieb 1610, dass «viel edle Frauen unter einander» das Pallamaglio-Spiel spielten. Dasselbe galt auch für das «Federspiel» (Federball), das bei Frauen offenbar besonders beliebt war.[140]

Ein Kupferstich von Giacomo Franco, dem Verfasser eines Standardwerks über die Kleidung der Venezianerinnen,[141] zeigt eine große Regatta auf dem *Canal Grande*, die allein von Frauen ausgetragen wird. Sie absolvierten auf einem verkürzten Kurs dieselbe Strecke wie die Männer. Erstmals ausgetragen wurde die *Regata delle Donne* 1493 aus Anlass eines Besuches zweier prominenter Damen, Eleonora von Aragón, Herzogin von Ferrara, und ihrer Tochter Beatrice d' Este, der Ehefrau des Herzogs Ludovico Sforza von Mailand. Damals ruderten 48 Frauen von Murano, Burano und Malamocco in 12 Booten um die Wette. Wenige Jahre später gab wieder ein weiblicher Staatsbesuch Anlass zu einer weiblichen Kraftdemonstration, diesmal war es Anne de Foix, Königin von Böhmen und Ungarn. Das Wettfahren der Frauen auf dem Wasser scheint Anklang gefunden zu haben, denn 1529 wurde auch für Herzog Francesco II. Sforza von Mailand eines veranstaltet. Immer öfter tauchen Frauenregatten im Beiprogramm der Großen Regatta auf. 1670 haben sich erstmals Siegerlisten erhalten: Neben den Wettfahrten im Einer, Zweier und Vierer in mehreren Bootsklassen (*Gondole, Fisolere, Battelli*) fand auch ein Frauenrennen statt. Siegerin wurde Lucia Vidali aus Burano, Zweite Catina Soncina aus Cavarzere und Dritte Santa Barcara aus Mestre. Die Ruderwettbewerbe der Frauen blieben bis zum Ende des 18. Jahrhunderts im Programm und verschwanden mit dem Ende des Zeitalters der Aufklärung. Während

die historische Regatta über die Zeitenwenden hinweg Bestand hatte,
wurden die Frauenregatten erst 1977 wieder ins Programm aufgenommen. Wie in der Frühen Neuzeit fuhren sie in der Bootsklasse der
Mascarete, das waren leichtgängige Fischerboote, die je nach Zahl der
Ruderer in der Länge variierten und auch für Bootsausflüge in die
Lagune benutzt wurden. Ihren Namen sollen sie allerdings nach den
maskierten Frauen erhalten haben, die sie benutzten, und diese waren
meist Prostituierte.[142]

Schließlich gab es Bereiche, in denen Frauen regelmäßig Sport betrieben. Im Bereich des Hochadels waren dies die Reiterei und die Jagd,
das Schießen mit dem Bogen und mit dem Gewehr. Königin Elisabeth I. von England erwies sich als wahre Tochter ihres Vaters und
ihrer Mutter Anne Boleyn, indem sie eine leidenschaftliche Pferdelieb-
haberin und Reiterin war, außerdem eine passionierte Bogenschützin
und Jägerin. Wie ihr Vater Heinrich VIII. begab sie sich jeden Sommer
auf eine Rundreise durch die königlichen Lust- und Jagdschlösser und
verband den Besuch der diversen Regionen des Landes mit der Jagd in
den jeweiligen ausgedehnten Wildparks. Sie genoss die Vorführungen
von Turnieren und Ringrennen, und ihr langjähriger Begleiter Robert
Dudley, Earl of Leicester, den sie sofort nach ihrem Regierungsantritt
zum *Master of the Horse* ernannte und der in dieser Funktion alle Hoffeste und Sportveranstaltungen ausrichtete, war selbst ein hervorragender Reiter, Bogenschütze, Turnierreiter und Tennisspieler, Jäger
und Fischer. Daher war es nur folgerichtig, dass die Königin nach dem
Erstarken der Puritaner 1585 verhinderte, dass am Sonntag aller Sport
verboten wurde.[143] Selbst zur Zeit des *Commonwealth*, als Puritaner und
evangelische Sekten viele Sportarten ganz verbieten konnten, finden
wir vereinzelt Frauen, die für ihre Sportlichkeit gerühmt wurden.
Mehrere Nachrichten gibt es von einer Frau, die als Soldatin diente und
die wie ein Mann schießen, trommeln, springen, laufen, ringen und
sogar boxen und Fußball spielen konnte und von ihren Mitsoldaten
anerkannt war.[144]

Offenbar gab es auf der Ebene des Alltags wenigstens in manchen
europäischen Ländern die Möglichkeit, dass Ehefrauen mit ihren Männern gemeinsam Sport betrieben. So schreibt Samuel Pepys in seinem
Tagebuch zum 1. Mai 1661: «Früh aufgestanden und in Petersfield ein-
gekehrt. Besichtigten das Zimmer, in dem der König bei seiner Ankunft in England gewohnt hat. Wir waren guter Dinge und vergnüg-

Bernard Picart, Junge holländische Eisläuferin, ca. 1695–1730

ten uns mit unseren Frauen beim Kegeln.»[145] Dieses Verhalten war offenbar sowohl im Bürgertum als auch im Adel verbreitet, denn einige Zeit später berichtet der Flottenamtssekretär aus Whitehall von der «Kegelwiese, wo die Herren und Damen jetzt viel spielen».[146] Die diversen Kegelwiesen waren überhaupt beliebte Ausflugsziele, auf denen alle möglichen Sportarten betrieben wurden. So machte Pepys im April 1667 mit seiner Frau, ihren beiden Freundinnen sowie zwei Hausangestellten einen Familienausflug «zum Jamaika-Haus, wo ich zuvor noch nicht war. Die Mädchen machten auf der Kegelwiese ein Wettrennen, und alle waren sehr vergnügt».[147]

Im Bereich der populären Sportarten waren es die Laufwettbewerbe, bei denen Frauen die ganze Frühe Neuzeit hindurch eine Rolle spielten. In vielen italienischen und deutschen Städten gab es zu bestimmten Festterminen Wettläufe, bei denen unverheiratete Frauen ihre Kraft und Ausdauer unter Beweis stellen konnten. Dabei ging es außer um die ausgesetzten Preise auch um Chancen auf dem Heiratsmarkt, sicher aber auch einfach um den sportlichen Wettbewerb. So ist es kein Wunder, dass Frauenläufe im 18. Jahrhundert auch in den Bannkreis der beginnenden Rekordsucht gerieten. Wie bei männlichen Läufern werden jetzt die Zeiten rekordverdächtiger Rennen registriert und memoriert, etwa wenn es heißt: «In July 1765 a young woman went from Blencogo in Scotland, to within two miles of Newcastle, in one day, which is about seventytwo miles.»[148] Im Jahrhundert der Aufklärung standen die Chancen der Frauen für den Sport generell besser, wenn sich auch nicht immer die Grenze zwischen Jahrmarktsattraktion und Sport genau ziehen lässt. So trat im frühen 18. Jahrhundert eine Elizabeth Stokes als City Championess of London auf. Auch aus späteren Jahren haben wir regelmäßig Nachrichten, dass in den Kampfarenen Londons Ringerinnen und Boxerinnen auftraten. In einer Zeitung vom November 1725 wird von einem Meisterschaftskampf im Fechten zwischen «Mrs. Stokes, the bold and fierce City Championess» und einer Irin berichtet, die als «the Hibernian heroine» bezeichnet wird, «who seems mighty enough to eat her up». Auch französische Besucher der Show wie Césare de Saussure oder Abbé Prévost berichten, dass sich die beiden Athletinnen in allen nur möglichen Formen bekämpft hätten und dass für diese Veranstaltungen in den Zeitungen geworben worden sei. Ein französischer Reiseführer für London erwähnt 1729 ausdrücklich die Kämpfe der «furchtlosen Amazoninnen».[149]

Kapitel 4

Die Erfindung des Sports

«Wir fürchten uns nicht, das Gebiet
des Göttlichen zu erobern, vieles könnte
gesagt werden zur moralischen Tendenz
des Werkes, das wir uns jetzt trauen
der Öffentlichkeit zu präsentieren;
aber weil wir uns als Sportsmänner
bekennen – nicht als Moralisten, werden
wir die Grenzen unseres Gebiets
nicht überschreiten».
The Sporting Magazine, 1792, Editorial

Sport als Prestigeobjekt

Sport ohne Zeremoniell

Christliche Eiferer wie der spätantike Kirchenlehrer Tertullian hatten in Bezug auf die Spiele der Antike bemängelt, dass diese mit der tatsächlichen – oder vielleicht auch nur scheinbaren – Verehrung der heidnischen Götter einhergingen. Tatsächlich standen in den griechischen Stadien und römischen Amphitheatern haufenweise Götterbilder umher, und die großen Spiele fanden an den Feiertagen bestimmter Heiligtümer statt. Soziologen wie Allen Guttmann halten es für charakteristisch, dass der vormoderne Sport weiterhin mit religiösen Ritualen verbunden blieb. An die Stelle der heidnischen waren gewissermaßen die christlichen «Götzen» – wie die Protestanten die Heiligen nannten – getreten, denn Sportveranstaltungen waren meistens mit Heiligentagen verbunden, oft mit dem Tag des Stadtpatrons oder mit bestimmten Festen im christlichen Jahreslauf, etwa dem Karneval mit seinen Inversionsriten.

Allerdings finden wir doch zunehmend Sportwettbewerbe ohne jeglichen Bezug zu christlichen Ritualen, also gewissermaßen Sport

um des Sports willen. Dies gilt für die sogenannten *Field Sports*, die
Sportveranstaltungen, die zum reinen Vergnügen und wegen der großen Teilnehmer- und Zuschauermengen im offenen Feld veranstaltet
wurden. Als im Jahr 1569 der Adel von Nordengland einen Aufstand
gegen Königin Elisabeth I. von England plante, tarnte er seine Auf-
standsvorbereitung als Sportveranstaltung. Der Adel des Nordens
wollte eine Einmischung des Königtums in die regionalen Machtverhältnisse verhindern und den alten (katholischen) Glauben wiederherstellen, der hier noch viele Anhänger hatte. Deswegen wäre eine An-
bindung der Veranstaltung an ein Heiligenfest kontraproduktiv
gewesen, da es den politischen Charakter des Treffens offenbart hätte.
Die großen Versammlungen dienten dazu, die regionale Gentry auf
die Rebellion einzuschwören. Das Ziel des Aufstandes war es, die
lokalen Kronbeamten zu ermorden und die katholische Königin von
Schottland, Maria Stuart, aus ihrer Gefangenschaft zu befreien und als
Königin in England einzusetzen. Der Aufstand wurde von einem
Florentiner Bankier finanziert und durch den König von Frankreich
politisch unterstützt. Die Tatsache, dass die Abhaltung eines großen
Sportfestes ohne religiöse Begründung plausibel erschien, zeigt, dass
zu diesem Zeitpunkt bereits eine prinzipielle Abkoppelung des Sports
von der Religion stattgefunden hatte, sowohl auf katholischer als auch
auf protestantischer Seite.[1]

Ein schönes Beispiel dafür, dass Sport einfach nur cool sein konnte,
lieferte – zumindest der von den Zeitgenossen geglaubten Legende
nach – der Pirat der Königin, Sir Francis Drake, der als Vizeadmiral die
Abwehr des spanischen Angriffs auf England im Jahr 1588 mitorgani-
sierte. Die Spanische Armada war die größte damals bekannte Flotte.
Doch als dieses Geschwader vor der Küste Englands am 19. Juli gesich-
tet wurde, bestand Drake darauf, in Plymouth Hoe zunächst einmal
eine Partie *Boule* zu Ende zu spielen, bevor er zum Gegenangriff über-
ging.[2]

Solche Belege kann man haufenweise Tagebüchern entnehmen,
die tatsächlich in Echtzeit – also täglich – geführt und nicht nachträglich stilisiert oder gekürzt wurden. So heißt es etwa in den Tagebüchern des Protestanten Samuel Pepys zum 10. August 1660 über ein
Wettrennen: «Mit Mr. Moore und Creed in der Kutsche in den Hyde
Park, wo ein Wettrennen veranstaltet wurde: Ein Ire und Crow, der
früher Lakai von Lord Claypole war, liefen drei Runden gegeneinan-

der – ein schönes Rennen. [...] Crow schlug den anderen um mehr als zwei Meilen».[3] Drei Jahre später heißt es wieder aus London: «Stadtgespräch ist heute der große Wettlauf, der in Banstead stattgefunden hat – zwischen Lee, dem Lakaien des Herzogs von Richmond, und einem Ziegelbrenner, einem weithin berühmten Läufer. Lee hat gewonnen, und der König und der Herzog von York und die meisten anderen hatten drei oder vier zu eins auf den Ziegelbrenner gesetzt».[4] Für uns bedeutsam ist: Der alltägliche Sport – und in den Ballspielhäusern in den Adelspalästen, in den Akademien und in den Städten wurde täglich rund um die Uhr gespielt – hatte keinerlei religiöse Bezüge mehr. So heißt es etwa über das Tennisspiel in London: «Als ich durch den Palast ging, hörte ich, der König sei beim Tennisspielen. Ging daher zur neuen Tennishalle, wo ich den König und Sir Arthur Slingsby gegen Lord Suffolk und Lord Chesterfield spielen sah. Der König gewann drei und verlor zwei Sätze, und ich fand, sie spielten alle sehr gut, besonders aber der König.»[5]

Der Aufstieg des Tennis

Als Indikator für die Entstehung des Sports kann man den Aufstieg der Ballspiele betrachten. Das *Jeu de Paume* behielt in Frankreich seinen Namen, auch seit es mit einem mit Sehnen bespannten Schlagrahmen (it. *racchetto*, frz. *raquet*, engl. *racket*, dt. *Rakete*) gespielt wurde. In England wurde das Spiel nach der französischen Ansage *tenez!* zum Tennis. Das Jeu de Paume wurde bereits im 15. Jahrhundert in Innenräumen gespielt, wenn auch noch ohne Netz. Offene Spielstätten wurden seit ca. 1450 in Brügge, Gent und bei den fürstlichen Residenzen errichtet. Der spätere Kaiser Maximilian I. spielte als Herzog von Burgund in den 1490er Jahren Tennis, wobei sogar schon eine Schnur das Spielfeld teilte. König Philipp I. von Spanien bediente sich in einem Spiel gegen den Marquis von Dorset 1505 einer Ballschleuder, der Vorform des Tennisschlägers, während seiner Regentschaft wurde in Den Haag eines der frühesten Ballhäuser nördlich der Alpen erbaut. Auch sein Sohn Karl, der spätere Kaiser Karl V., war in jungen Jahren ein begeisterter Tennisspieler. Die Ernennung des Markgrafen Federico II. Gonzaga zum Herzog von Mantua wurde 1530 mit einem Tennisspiel im neu errichteten *Palazzo del Te* gefeiert.[6]

Junger Adeliger mit Tennisschläger und dem
kleinen Tennisball.
Das Gemälde wird Sofonisba Anguissola aus
Cremona zugeschrieben.

Der Aufstieg von Paris zur Hauptstadt des Tennis begann bereits im 14. Jahrhundert, doch wurde die Mehrzahl der heute noch rekonstruierbaren Plätze im 15. und 16. Jahrhundert gegründet. Soweit es sich belegen lässt, wurden die meisten Plätze aus privater Initiative gegründet. Im größten Teil von Paris – rechts der Seine – befanden sich ca. 70 belegbare Tennisplätze, die jedermann mieten konnte. Die Tennisplätze konzentrierten sich um die beiden königlichen Residenzen, um Les Halles – ein Handwerkerviertel – und beim Temple. Dort soll eine junge Frau namens Margot besser gespielt haben als alle Pariser Tennisspieler. Links der Seine konnten ca. 50 Plätze rekonstruiert werden, die meisten davon (36) nahe der Bourg Saint-Germain, wo stellvertretend auf dem «Plan de Bale» von 1553 bei «Lepres de Clercs» sogar Ballspieler eingezeichnet sind. Die Pariser Tennisplätze waren integraler Bestandteil der städtischen Freizeitkultur seit dem späten Mittelalter. Während in Paris, wie in deutschen Städten, die Schießplätze als Trainingsgelände der städtischen Schützen öffentliche Angelegenheit waren, um das militärische Training zur Selbstverteidigung zu gewährleisten, waren die Ballplätze ein rein privates Freizeitvergnügen.[7]

Die Konkurrenz des Pallone, des Calcio und des Pallamaglio

Neben das Spiel mit dem kleinen trat das Spiel mit dem großen Ball. Das *Pallone*-Spiel war in Teilen Deutschlands und Italiens der beliebteste Ballsport des langen 16. Jahrhunderts. Ein Kupferstich von Matthäus Merian aus seiner Pariser Zeit zeigt, wie der Ball mit einer Luftpumpe aufgeblasen und mit einem Gerät namens *Bracciale* geschlagen wurde, das zum Schutz von Faust und Unterarm diente. Wie beim Ringrennen ging es beim Pallone weniger um Kraft als um Geschick. Die Begrifflichkeit zeigt bereits, dass das Spiel aus dem Italien der Renaissance kam. Seit dem 16. Jahrhundert verbreitete es sich über das übrige Europa, und über 300 Jahre lang besitzen wir zahllose Erwähnungen und Beschreibungen davon. Sobald man weiß, wonach man suchen soll, wird man praktisch überall fündig. Zum Beispiel in Johann Wolfgang Goethes *Italienischer Reise* unter dem 16. September 1786, wo er in Verona ein Spektakel mit 5000 Zuschauern beobachtete, die sich lautstark für das Spiel begeisterten.[8]

Bereits Antonio Scaino berichtete von den begeisterten Mengen von Zuschauern, männlichen und weiblichen, die diesem Spiel beiwohnten.[9] Bei den Pallone-Kämpfen mussten die Teams verhindern, dass der Ball in ihrem Feld den Boden berührte. In Italien ähnelte es dem heutigen Volleyball, auch beim Pallone wurden die Punkte gezählt, und wer zuerst die 40 erreichte, hatte gewonnen, sobald er zwei Punkte in Führung lag.[10] Doch die Spielregeln variierten stark. Wie das moderne *Squash* konnte man es auch mit einer Mauer über die Bande spielen. Anders als in Italien durfte man in Deutschland auch die Füße einsetzen, wie der Tiroler Hofarzt Hippolytus Guarinonius in seiner Beschreibung von sieben Ballspielarten festhielt.[11] Möglicherweise waren deswegen andere Fußballarten in Deutschland unattraktiv, während in anderen Ländern neben dem Pallone noch Fußballspiele existierten, in Italien der *Calcio*,[12] in Frankreich *Soule* und in England *Football*. Herzog Wolfgang Wilhelm von Pfalz-Neuburg war also möglicherweise ein früher Fußballspieler, der erste, den wir in Deutschland verifizieren können. Aber nicht nur der zum katholischen Glauben konvertierte Pfalzgraf von Neuburg, sondern auch die calvinistischen Pfälzer in Heidelberg und die lutherischen in Zweibrücken waren vermutlich begeisterte Pallone-Spieler. War also die Kurpfalz mit ihren Nebenländern die Wiege des deutschen Fußballs?[13] Ein begeisterter Anhänger des Pallone war auch König Gustav Adolf von Schweden, über den es bei seinen protestantischen deutschen Anhängern hieß: «Hoc pilae maioris seu follis exercitio mit den Ballonen und Bretschalen spielen / Magnus ille septemtrionis Heros Gustavus Adolphus Suecorum Rex, valde delectabatur, eamque dexterrimè agitabat».[14]

Wie in Genua und in anderen italienischen Städten muss der *Calcio* auch in Florenz im 15. und 16. Jahrhundert ein eher raues Spiel gewesen sein, bei dem ganze Dörfer oder Stadtviertel gegeneinander antraten. Der italienische Schriftsteller Traiano Boccalini schrieb 1612 in seinen *Ragguali di Parnasso*, an seiner Wildheit könne man immer noch die Herkunft des Florentiner Fußballs aus den Zeiten der Republik erkennen. Manchen der fiktiven Richter aus dem Parnass erschien der Calcio als Spiel zu hart, als Kampf jedoch als zu vergnüglich, «aber trotzdem hatten die Virtuosen doch einhellig Gefallen daran. Deshalb lobten viele außerordentlich die Schnelligkeit im Laufen, die Geschicklichkeit im Springen und die Kraft von diesen jungen Florentinern. Anderen gefällt die Erfindung dieses Spiels in höchstem Maße, das hervorragend geeignet ist, um die Jugend für das Laufen, Springen und den bewundernswerten Kampf zu trainieren. Und viele waren der festen Überzeugung, dass es von der einstmals so hochberühmten Republik zu keinem anderen Zweck eingeführt worden sei.»[15]

Auch im englischen *Football* waren die Tore zunächst nichts anderes als die Stadttore der kleinen Städte, die an bestimmten Tagen als Ziel benutzt wurden. Weder für die Spieldauer noch für die Zahl der Teilnehmer gab es feste Regeln, gespielt wurde oft, solange es hell war, und nicht selten arteten die Events in Massenraufereien zwischen ganzen Dörfern aus, manchmal mit Todesfolge.

Das dritte Ballspiel von Bedeutung war – neben den verschiedenen Sorten des Tennis und des Fußballs – das Schlagballspiel mit dem Hammer (it. *maglio*), das *Pallamaglio*. Diese vermutlich im spanischen Vizekönigreich Neapel entwickelte Vorform des Golfs und des Krockets erforderte eine sehr lange, gerade und ebene Spielfläche, an deren Ende ein kleines eisernes Tor stand. Ziel war es, den Ball mit möglichst wenigen Schlägen ins Ziel zu bringen.[16]

Fußball als Markenzeichen der Medici

Einer der sportlichsten Fürsten der Frühen Neuzeit war vermutlich Cosimo I. de' Medici, während dessen Regierung die Medici in den europäischen Hochadel aufstiegen. Cosimo heiratete 1539 Eleonora Álvarez de Toledo, die Tochter des spanischen Vizekönigs von Neapel, und wurde 1569 durch Papst Pius V. zum «Großherzog der Toskana» erhoben. Fürstliche Größe musste nicht zuletzt durch Mäzenatentum demonstriert werden, und Kunst- und Literaturhistoriker haben dabei immer nur an die schönen Künste und die Literatur gedacht, Architekturhistoriker an Stadtplanung und Baupolitik. Aber zumindest bei einigen Dynastien spielte auch die Sportpolitik eine Rolle. Das herausragende Beispiel dafür sind die Medici und Cosimo I. im Besonderen. Er war ein begeisterter Ballspieler, der nach Auskunft seines römischen Agenten Giovanni Francesco Lottini aus dem Jahr 1545 jeden Morgen nach dem Aufstehen erst einmal Tennis spielte. Wenn er in seiner Villa in Poggio a Caiano weilte, in die er eine Tennisanlage hatte einbauen lassen, begab er sich auch abends noch einmal auf den Platz.[17] Mit seiner humanistischen Schulung wusste Cosimo um die Bedeutung von «Brot und Zirkusspielen» zur Stabilisierung der Herrschaft. Allerdings war die Zeit der Gladiatorenkämpfe, der Wagenrennen und der Tierhetzen vorbei, auch wenn man gelegentlich solche Spiele veranstalten konnte, um an den einstigen Ruhm Italiens zu erinnern. Die Begeisterung der Florentiner gehörte dem *Calcio* in den Gassen der Stadt. Cosimo erhob ihn zum Florentiner Nationalsport und brachte ihn mit seinem Familienwappen, den «Palle», in Verbindung. Eigentlich zeigte das Wappen in Anspielung auf den Familiennamen (*Medici* = Ärzte) Pillen, obwohl die Oberhäupter der Familie vor ihrem Aufstieg zu Stadtherren von Florenz und Herzögen der Toskana Bankiers gewesen waren. Aufgrund der Sportbegeisterung sowohl der Florentiner als auch der Medici-Familie waren die Pillen zu Bällen uminterpretiert worden. Der Schlachtruf der Medici-Anhänger bei Bürgerunruhen war schon zuvor *Palle, Palle* gewesen. Fußball wurde zum Markenzeichen der Medici.

Bereits sein Vorgänger Alessandro de' Medici trat selbst wiederholt als Fußballspieler auf. Den großen Aufstieg erlebte der Calcio jedoch unter Cosimo I., als regelmäßig große Spiele auf der Piazza Santa

Jan van der Straet / Giovanni Stradano, Calcio vor Santa Maria Novella, 1558.
Fresco in der Sala di Gualdrada, Palazzo Vecchio, Florenz

Croce oder auf dem Platz vor der Kirche Santa Maria Novella, in der
Nähe des heutigen Hauptbahnhofs, veranstaltet wurden. Ein großer
Calcio vom 2. 7. 1558 wurde wenig später im Auftrag des Herzogs durch
den niederländischen Künstler Jan van der Straet im großen Saal des
Herzogspalastes *(Sala di Gualdrada, Palazzo Vecchio)* in einem Fresko
verewigt. Jeder Staatsbesuch und jede Hochzeit, jeder Karneval und
jede Fiesta di San Giovanni, natürlich auch außerordentliche Ereignisse wie die Erhebung Cosimos zum Großherzog, wurden fortan mit
einem großen Calcio gefeiert. Im Februar 1570 wurde ein Florentiner
Calcio aus diesem Anlass sogar in den Thermen des Diokletian in Rom
aufgeführt – auch dies natürlich ein Zeichen für die Größe der Medici,
denn in den Thermen hatten schon die Kaiser der römischen Antike
Ball spielen lassen.

Cosimos Sohn Francesco I. de' Medici widmete der für die Hoffeste
verantwortliche Giovanni de' Bardi eine Abhandlung über den Florentiner Fußball, in dem er die Funktion des Großherzogs panegyrisch beschreibt: «Da Ihr bereits [früher] wegen Eurer Liebe zum Calcio-Spiel

den königlichen Mantel abgelegt und Euch auf die Mitte des Platzes zwischen die Mannschaften und die Wettläufe begeben und geschwitzt, geschrien, gestürmt und gesiegt habt, bittet auch die gesamte Florentiner Jugend einmütig, dass, für den Fall, dass die Wiederholung durch die Geschäfte des Regiments über die Toskana verhindert ist, Ihr wenigstens die Güte haben möget, Eure heiteren Augen von diesen großen Anstrengungen abzuwenden und den Geist auf das Andere [= den Calcio] zu richten, so dass Ihr mit Eurer Gunst nicht nur Euer Florenz, sondern jede andere Stadt, die Euren Spuren folgt, bewegen möget, und Ihr mit diesem prächtigen Spiel der Welt den Nutzen erweisen möget, die Körper und die Geister zu ertüchtigen und sie glorreich und unbesiegt zu machen.»[18]

Alle Nachfolger Cosimos I. traten selbst als Fußballspieler auf oder erwiesen sich als großzügige Förderer des Calcio. Sein früh verstorbener jüngerer Sohn Pietro de'Medici profilierte sich am Faschingssonntag 1576 als Spielführer der «Weißen», Ferdinandos Ehefrau Christine von Lothringen erwies sich ebenso als Patronin des Spiels wie Maria Magdalena von Habsburg, die Ehefrau Cosimo II. de'Medici. Bei dem Calcio, der anlässlich ihrer Eheschließung 1608 aufgeführt wurde, spielten sowohl der Bräutigam als auch dessen jüngerer Bruder Francesco de'Medici selbst mit. Unter dem fußballbegeisterten Brüderpaar wurden im Karneval 1613 täglich Calcio-Spiele veranstaltet, und ein Dichter verfasste Lobeshymnen auf die Mannschaft der «Hellroten». Calcio-Gedichte wurden zu einer Besonderheit des ausgehenden 16. und des 17. Jahrhunderts.

Die Medici zivilisierten das wilde Fußballspiel und machten es ihrer Dynastie dienstbar. Spielerzahl und Spieldauer wurden begrenzt und feste Spielregeln etabliert. Und obwohl dieses Fußballspiel damit der Straße enthoben und auf adelige Spieler beschränkt wurde, blieb es populär und zog bei seinen regelmäßigen Aufführungen vor Santa Maria Novella in Florenz große Zuschauermassen an. Aus diesem Grund verfugen wir über zahlreiche Spielberichte und Abbildungen.[19] Bereits zeitgenössische Interpreten wie der Grieche Giorgio Coresio aus Chios, ein Kollege Galileis an der Universität Pisa, hatten den Einbau des republikanischen Fußballspiels in die Festkultur des Großherzogtums Florenz skizziert: Der erste Herzog, Alessandro de'Medici, habe den Fußball «akzeptiert». Cosimo I. habe ihn als Soldat wegen seiner Körperübungen geschätzt, dessen Nachfolger Francesco I. mochte ihn als Gelehrter, da er an die griechisch-römische Antike erinnerte, und Ferdinando I. habe beide Motive vereint. Erst der jetzige Großherzog, der jugendliche Cosimo II. de' Medici, sei ein wahrer Liebhaber des Calcio und beziehe seine Kraft aus ihm.[20] Aus der Reisegesellschaft des polnischen Kronprinzen besitzen wir gleich zwei Beschreibungen des Calcio vom 6. Februar 1625. Der Böhme Jan Hagenaw schreibt: «Es wurde von Florentiner Jünglingen demonstriert, die durch unterschiedliche Kleidung ihre Aufteilung in Mannschaften betonten, wobei die einen die rote und die anderen die blaue Farbe bevorzugten. Sie traten paarweise mit zwei Wimpeln auf und schritten unter Flötenspiel und Trommelschlag im Kreis um den Platz, verbeugten sich vor den Hoheiten, überreichten den Schiedsrichtern die Wimpel und bereiteten sich zum Kampf vor. Nachdem der Spielmeister ihnen den Ball zugeworfen hat – er bestand aus weißem Leder und war mit Luft gefüllt – stießen sie diesen mit Händen und Füßen, um ihn der anderen Mannschaft zu entreißen und mit der Faust oder dem Fuß in die Luft zu schlagen, weit weg von der eigenen Seite, aus dem Kreis heraus. Zum Zeichen des Sieges gaben vier Kanonen je einen Schuss ab [...]. Die Genesis dieses Spiels, seine Art und seine Regeln (nach den Füßen, mit denen man den Ball gewöhnlich weiterstieß, nannte man es ‹calcio›) konnte man aus einem Büchlein erfahren, das zu Ehren unserer Hoheit des Kronprinzen herausgegeben und ihm gewidmet worden war.»[21]

Selbst nach dem Aussterben der Medici und der Übernahme des Großherzogtums durch das Haus Habsburg-Lothringen wurde der offizielle Calcio noch eine Zeitlang weitergeführt. Großherzog Franz I. Stefan von Lothringen und seine Ehefrau Maria Theresia von Österreich traten in die Nachfolge als Patrone des Calcio ein. Ihr Sohn, der spätere Kaiser Leopold II., ließ jedoch als Erbe der Toskana die Tradition des Staatsfußballs nach einem Begrüßungsspiel in Livorno einschlafen.[22]

Sportfürsten

Fürstliche Sportfanatiker

Von zahlreichen Fürsten ist überliefert, dass sie begeisterte Sportler waren. König Karl VIII. von Frankreich verbrachte nach seinem erfolglosen Italienfeldzug einige Monate mit Turnieren und Tjosten. Sein Diplomat und Chronist Philippe de Commynes schreibt: «Seit Beginn des Jahres 1496, als der König schon drei bis vier Monate diesseits der Berge war, unternahm er nichts anderes in Italien. Ich befand mich diese ganze Zeit bei ihm und war bei den meisten Dingen anwesend. Von Lyon ging der König nach Moulin und von Moulin nach Tours; überall veranstaltete er Turniere und Tjoste und dachte an nichts anderes.»[23] Indirektes Opfer seiner Sportbegeisterung soll König Philipp I. von Spanien gewesen sein, der Sohn Kaiser Maximilians I., der angeblich nach exzessivem Ballspiel an Hitzschlag starb.[24] Auch dessen Sohn, König Karl I. von Spanien, der spätere Kaiser Karl V., war in jungen Jahren ein passionierter Tennisspieler: Das Doppel, das er 1522 zusammen mit dem englischen König Heinrich VIII., dem Prinzen von Oranien und dem Markgrafen von Brandenburg im Bridewell Palace spielte, dürfte zu den Sternstunden der Tennisgeschichte zählen.[25]

Der angeblich so antriebslose Kaiser Rudolf II. spielte nicht nur begeistert im Prager Ballspielhaus (Micovna) auf dem Hradschin, das sein Vater Kaiser Maximilian II. 1568 hatte errichten lassen, sondern schaute auch gerne anderen Spielern zu, wie etwa dem Doppel zwischen dem Herzog von Braunschweig und Giulio Cesare Gonzaga mit dem böhmischen Magnaten Johannes von Pernstein und Antonio d'Arco.[26] Der regierende Herzog Albrecht V. von Bayern machte sich kurz nach der Einrichtung des Landshuter Ballhauses ernsthafte Sorgen über seinen Thronerben: Man berichtete ihm, «Wilhelm treibe es mit seinem unzeitigen, täglichen Ballschlagen bis zum Exceß». Als er 1579 als Herzog Wilhelm V. «der Fromme» von Bayern die Regierung in München übernahm, hatte er bereits ein Projekt: die Errichtung eines neuen Ballhauses.[27]

Während bei den pfälzischen Wittelsbachern um 1600 das italienische Pallone-Spiel hoch im Kurs stand,[28] bevorzugten ihre bayrischen Vettern das französische Jeu de Paume (Tennis). Dagegen war der

Württemberger Herzog Johann Friedrich, der natürlich ebenfalls
Faustball und Tennis spielte, wie seine jüngeren Brüder [29] auch ein leidenschaftlicher Sportschütze, der ständig Pokale für Schießwettbewerbe stiftete und mit Armbrust, Pistole und Büchse brillierte. Außerdem überstieg die Stuttgarter Vorliebe für Ringrennen und andere
Reiterspiele bei Weitem die Begeisterung an anderen deutschen Höfen.
Natürlich war dieser Enthusiasmus für den aktiven Sport bis zu einem
gewissen Grad auch altersabhängig. Alte Fürsten waren in der Regel
religiöser und verwandten mehr Zeit auf ihre Bibliotheken und sonstige Sammlungen, während sich junge Fürsten bei der Jagd oder auf
den Sportplätzen austobten. Sportbegeisterung gab es natürlich auch
aufseiten der Zuschauer. Münchner Stadtbeschreibungen weisen hier
auf das mit 84 Fenstern beleuchtete große Turnierhaus auf der Südseite
der fürstlichen Residenz hin, in dem «viel tausend Menschen den Turnier-Spielen zusehen» konnten.[30]

Heinrich VIII. von England als König der Sportler

Wer Hans Holbeins Porträts des im Alter extrem übergewichtigen
Heinrich VIII. von England kennt, wird ihn kaum mit Sport in Verbindung bringen. Aber er ist derjenige, der mit seiner Entourage den ganzen Sommer mit Sport verbrachte («passed the summer in disports»).[31]
Heinrich VIII., mit über sechs Fuß Größe (über 1,80 m) und breiten
Schultern eine stattliche Erscheinung, gehörte zu den sportlichsten
Fürsten seiner Zeit. Und er stellte seine Kraft und Energie bewusst zur
Schau. Seine körperliche Überlegenheit sicherte ihm die Anerkennung
seiner Standesgenossen und die Bewunderung der Bevölkerung. Während der alte Heinrich als Tyrann gilt, weckte der junge König nicht
nur die Hoffnungen der Humanisten auf ein kommendes Goldenes
Zeitalter der Gelehrsamkeit, sondern errang die Zuneigung der Bevölkerung speziell durch die fortgesetzte Zurschaustellung von Körpertechniken, die jedermann und -frau verständlich waren. Der junge
König bevorzugte in seinem Hofstaat junge Adelige, die eines mit ihm
teilten: die Liebe zum Sport.

Für den Adel blieben die halbmilitärischen Übungen interessant:
Bogenschießen, Schwertkampf, Speerwerfen und Ringen, Reiten, ritterlicher Zweikampf im Tjost, Ringrennen und Quintanrennen. Da

für diese Sportarten jeweils spezielle Pferderassen geeignet waren, unterhielt der König mehrere Pferdezuchten, die mit ausgesuchten Tieren aus Spanien oder Süditalien – oft arabischer Herkunft – bestückt wurden. Der für seine Pferdezucht bekannte Hof des Markgrafen von Mantua Gianfrancesco II. Gonzaga sandte Heinrich VIII. im Jahr 1514 einen Hengst und drei Stuten, samt einem italienischen Trainer und Reitlehrer. Bei Turnieren führte der König gerne seine Reitkunststücke vor einem großen Publikum vor. Pferde zählten aufgrund seiner Pferdeliebe, über die Korrespondenten wie der venezianische Botschafter nach ganz Europa berichteten, überhaupt zu den bevorzugten Staatsgeschenken. Auch Alfons I. d'Este, Herzog von Ferrara, oder Kaiser Karl V. schenkten Pferde oder Gruppen von Zuchtpferden. Für die Pferdezucht und -haltung wurde ein eigenes Hofamt eingerichtet, *the Master of the Horse*, dessen Inhaber stets neben dem König reiten und an seinem Tisch essen durfte. Königin Katharina von Aragón, die seine Pferdeliebe teilte, hatte in ihrem Hofstaat einen eigenen «Master of the Horse». Gezüchtet wurde nicht nur für die Jagd und das Turnier, sondern speziell für Pferderennen, für die, wie in Cobham in Surrey, auch eigene Rennstrecken gebaut wurden. Der König beschäftigte eigene *Jockeys*, ritt aber, wie 1513 in Frankreich, auch selbst Pferderennen.

Dazu kam eine exzessive Liebe zur Jagd, die das Itinerar des Hofes von Mai oder Juni bis September oder Oktober bestimmte. Zwar gab es auch in der Nähe der Hauptstadt königliche Wildparks, wie etwa den Hyde Park. Doch dann verließ die Hofgesellschaft mit über 1000 Personen die Hauptstadt und nutzte auf einer Rundreise durch England nacheinander die königlichen Jagdgründe bei den Königsschlössern. Beinahe jedes dieser Schlösser und noch dazu eine ganze Reihe von Lustschlössern, in die sich der König mit einem engeren Kreis von Vertrauten zurückzog, verfügten über eigene Wildparks, Pferdezuchten und Jagdhundmeuten zur Hetzjagd, Turniergelände und Bogenschießanlagen, die natürlich ganzjährig unterhalten werden mussten, um dem König und seinem Hofstaat im Sommer für einige Wochen oder auch nur Tage zur Verfügung zu stehen. Verantwortlich für die Jagdhunde war der *Master of the Privy Hounds*. Dazu verfügten einige Schlösser noch über Falknereien, für die der *Master of the King's Hawks* verantwortlich war.

Heinrich VIII. konnte tagelang (außer an Feiertagen) jagen, und er

war dabei von morgens vier Uhr bis abends zehn Uhr auf den Beinen.
An der Jagd nahm auch die Königin, Katharina von Aragón, teil. Nach
dem Ende der Jagdsaison achtete der König darauf, dass die königlichen Wildparks wieder neu mit Wild bestückt wurden. Manchmal
wurde das Hochwild nur gefangen, und die Hofgesellschaft machte
sich einen Spaß daraus, die Hunde darauf zu hetzen. Hier ging die Jagd
nahtlos über zu den berüchtigten «Blood Sports», zu denen auch der
Stierkampf (*bull baiting*) und die Bärenhatz (*bear baiting*) sowie die
Hahnenkämpfe zählten. Heinrich VIII. hatte neben dem öffentlichen
Bärenhatztheater seine eigene Arena (*bear pit*), und die Veranstaltung
wurde vom *Master of the King's Bears* überwacht. Am Faschingsdienstag
pflegte der König mit dem Hofstaat einen Hahnenkampf zu besuchen,
dafür wurden bei den Schlössern von Greenwich und Whitehall 1533
und 1534 eigens neue Hahnenkampfplätze (*cock pits*) errichtet.

Aber der König beschränkte sich keineswegs auf die martialischen
Vergnügungen. Vielmehr interessierte er sich auch für das Kegelspiel,
das Spiel mit Wurfringen und natürlich Tennis. Da auch diese Spiele,
die vor allem, aber nicht nur in der Wintersaison ausgeübt wurden, eigene Spielflächen oder Sporthallen erforderten, ließ Heinrich VIII. als
erster englischer König Ballspielhäuser errichten, z. B. in Westminster,
in Whitehall, in Bridewell oder in Hampton Court.[32] Zuständig für den
Unterhalt der Tennisplätze und -häuser, für das Equipment – Schläger,
Bälle, Netze und Kleidung – und für die Überwachung der Platzwarte,
der Trainer, Schiedsrichter und Balljungen war der königliche *Keeper of
the Tennis Plays*. Der König stellte einen persönlichen Tennistrainer an
und spielte selbst gegen reisende Profis. Der venezianische Botschafter
Sebastian Giustinian berichtete begeistert von der Tenniskunst des
Königs. Dieser verfüge über eine eigene Tenniskleidung, er trage ein
leichtes Hemd aus feinstem Stoff, durch das man seine helle Haut
schimmern sehe, und weiche Schuhe. Nach dem Spiel warf er seinen
Tennismantel (*tennis coat*) aus schwarzem oder blauem Samt über, um
Erkältungen zu verhindern. Beobachter hielten den König für einen
Weltklassespieler. Wenn er nicht spielte, konnten die Plätze von Ade-
ligen angemietet werden.[33]

Tennis spielte neben der Jagd und den ritterlichen Übungen eine
herausragende Rolle bei zwei Fürstentreffen von welthistorischer Bedeutung: der Begegnung mit König Franz I. von Frankreich im Früh-
sommer 1520 auf dem «Goldbrokatlager» («Field of the Cloth of Gold») in

Nordfrankreich und dem Besuch von Kaiser Karl V. in England 1522. Alle drei Fürsten waren jung und kräftig, und entsprechend sah auch ihre Begleitung aus. Für das Gipfeltreffen mit dem französischen König setzte Heinrich VIII. mit über 5000 Mann und fast 3000 Pferden über den Ärmelkanal. Das Arbeitsprogramm war kurz, das Festprogramm lang, und natürlich zählten dazu alle möglichen Arten von Sport. Die Regeln der Wettkämpfe waren zuvor ausgehandelt worden, über ihre Einhaltung wachte ein paritätisch besetztes Komitee englischer und französischer Adeliger. Nachdem Heinrich VIII. Anfang Juni eingetroffen war, folgten zwei Wochen mit *midsummer games*, in denen sich die beiden Nationen maßen. Franz I. hatte eigens einen überdimensionalen Turnierplatz (900 Fuß × 320 Fuß, also ca. 300 × 100 Meter) zwischen den beiden Zeltstädten errichten lassen, auf dem am 11. und 22. Juni etwa 300 Wettbewerber gegeneinander antraten. Auch die beiden Könige, 25 und 29 Jahre alt, ritten mehrmals persönlich in die Schranken, wenn auch die Diplomaten zu verhindern wussten, dass sie direkt gegeneinander kämpften.[34] Die Konkurrenz war indirekt: Bei ihren jeweiligen Kämpfen flogen die Funken von den Rüstungen, und die Berater fürchteten ernsthaft um ihre Gesundheit. Heinrich VIII. ritt eines seiner Pferde zu Tode und zog sich eine Handverletzung zu, Franz I. holte sich ein blaues Auge. Ein französischer Ritter stach seinen eigenen Bruder zu Tode.

Am 13. Juni forderte Heinrich VIII. nach dem Besuch eines Ringkampfs Franz I. zu einem direkten Kräftemessen heraus. Das war genau, was die Diplomaten hatten vermeiden wollen. Der französische König, mit über zwei Meter Körpergröße nicht leicht zu Fall zu bringen, parierte den Überraschungsangriff geschickt, stellte dem englischen König ein Bein und warf ihn zu Boden. Heinrich erhob sich, das Gesicht rot vor Ärger, und forderte Revanche, die er im Bogenschießen erhielt. Auch durch zeremonielle Ergebenheitsbezeigungen wurde der Ärger Heinrichs VIII. über seine körperliche Niederlage besänftigt und damit eine diplomatische Krise abgewendet. Die Turniervorführungen zogen trotz schlechten Wetters an manchen Tagen über 10 000 Zuschauer an. Die «Sommerspiele» endeten am Samstag, den 23. Juni, mit einem feierlichen Messgottesdienst auf dem Turnierplatz, mit einem Feuerwerk, einem Open-Air-Fest und letzten Schaukämpfen. Königin Katharina von Aragón verteilte die Preise an alle, die sich in den Turnierkämpfen hervorgetan hatten.[35]

Anlass für den Besuch Kaiser Karls V. in England war seine Verlobung mit seiner erst sechsjährigen Cousine Mary Tudor, der Tochter seiner Tante Katharina von Aragón und Heinrichs VIII. Bereits anlässlich der Verhandlungen mit den kaiserlichen Botschaftern war im März 1522 ein großartiges Turnier veranstaltet worden, bei welchem der König selbst in die Schranken ritt. Die Feierlichkeiten erreichten naturgemäß ihren Höhepunkt beim Staatsbesuch des Kaisers, der mit einem Hofstaat von 2000 Personen und 1000 Pferden Ende Mai begann. Der König ließ sich mit seinem kaiserlichen Gast durch den Hafen von Dover rudern, um diesem von der Seeseite seine neue Flotte zu zeigen. Die nächsten Wochen waren mit Festbanketts und Tänzen, feierlichen Einzügen, dem Austausch von Geschenken sowie dem Besuch diverser Wildparks zur Jagd ausgefüllt. Nach dem Einzug in London Anfang Juni 1522 kam es zu dem schon erwähnten denkwürdigen Tennistag im Bridewell Palace, an dem König Heinrich VIII. von England und Kaiser Karl V. gegeneinander antraten und im Doppel zusammen mit dem Prinzen von Nassau-Oranien und dem Markgrafen von Brandenburg spielten. Nach elf Spielen trennten sich die beiden Monarchen angeblich unentschieden. Der Besuch endete am 8. Juni mit einem großen Fest. Am 10. Juni wurden die Verträge für eine kaiserlich-englische Allianz gegen Frankreich unterzeichnet, und am 19. Juni erfolgte das formelle Verlöbnis Karls mit Mary. Zwischendrin und danach ging es zur Jagd in verschiedene königliche Hauptresidenzen, bis der Kaiser am 6. Juli – begleitet von der königlichen Flotte – von Southampton zurück auf den Kontinent segelte.[36]

Hatten die königlichen Räte das Lanzenstechen immer schon mit Sorge gesehen, so wurde Heinrich VIII. durch einen Turnierunfall daran erinnert, dass durch diese Sportart die noch junge Dynastie der Tudors gefährdet wurde. Katharina von Aragón hatte zwar mehrere Geburten gehabt, doch bisher hatte kein Sohn überlebt. Der König hatte eine besondere neue Turnierrüstung bestellt, und um sie auszuprobieren, arrangierte er im März 1524 in Greenwich ein Turnier. Als er gegen seinen Schwager Charles Brandon, Duke of Suffolk, in die Schranken ritt, vergaß er beim Anreiten, sein Visier zu schließen. Die alarmierten Zuschauer schrien und versuchten die Kontrahenten aufzuhalten, aber Suffolk trug einen schweren Helm und konnte dies nicht hören. Die beiden Turnierer krachten ineinander, und Suffolk traf den König mit seiner Lanze zwischen der rechten Augenbraue und dem Kopfteil des Helms direkt auf den Schädel. Die Lanze splitterte und schob das Visier des Königs so weit nach hinten, dass das Kopfteil des Helms voller Splitter war. Heinrich VIII. blieb äußerlich unverletzt. Suffolk war schockiert, doch der König versicherte ihm, dass er selbst die Schuld an diesem Unfall trug. Zum Zeichen, dass er unverletzt war, ritt er sechs weitere Male in die Schranken. Jedem war klar, dass hier weniger als ein *Inch* (ca. 3 Zentimeter) über Leben und Tod entschieden hatte. Manche schrieben Heinrichs lebenslange Anfälligkeit für Kopfschmerzen diesem schweren Schlag auf die Stirn zu.[37]

Heinrich VIII. nahm Weihnachten 1524 im Alter von 33 Jahren letztmalig selbst an einem größeren Turnier teil, wieder auf dem Turnierplatz (*tiltyard*) von Greenwich. In der Folgezeit ließ er sich von dieser gefährlichen Sportart öfters entschuldigen. Bei den Umbauten der königlichen Residenzen, die mit der Trennung von Katharina von Aragón verbunden waren, spielte der Ausbau der Sportstätten immer noch eine große Rolle, denn der König blieb ein guter Reiter, Jäger, Tennisspieler und Bogenschütze, außerdem liebte er *Bowling* und *Cockfights*. Große Sportkomplexe wurden vor allem in Greenwich, Whitehall und Hampton Court errichtet. Bei Whitehall gab es danach fünf Tennisplätze, zwei *Bowling Alleys*, einen großen Turnierplatz und eine Hahnenkampfarena, in Greenwich waren es ein *Cockpit*, eine Bowling Alley, eine Falknerei und ein Ballspielhaus aus Fachwerk. Das Ballspielhaus in Hampton Court wurde 1534 fertiggestellt und war durch eine überdachte Galerie mit dem Tennisplatz verbunden. Die Ballspielhäuser Heinrichs VIII. waren jeweils im aufwändigen *Perpendicular Style* der englischen Schloss- und Kirchenbauten errichtet, mit Spitzbogen, Strebepfeilern und Zinnen auf dem Dach. Die Böden waren gekachelt und die Glasfensterreihen auf zwei Stockwerken durch Drahtgeflecht vor der Wucht der Tennisbälle geschützt. Die größeren Spielfelder waren ca. 27 Meter lang und neun Meter breit.[38]

Bei einem Besuch in Frankreich im Oktober 1532 ritten die beiden alternden Monarchen François und Henry kein Turnier mehr, sondern schauten dem Sohn des französischen Königs beim Tennisspiel zu, wetteten große Geldsummen auf den Sieger und erfreuten sich am Stierkampf und an der Bärenhatz.[39] Im Alter von 44 Jahren erlitt Heinrich VIII. einen letzten schweren Turnierunfall. Als er am 24. Januar 1536 in voller Rüstung in die Schranken ritt, stach ihn sein Gegner nicht nur vom Pferd, sondern dieses kollabierte – ebenfalls samt seiner

Turnierrüstung – über ihm. Der König blieb nach diesem schweren Sturz volle zwei Stunden bewusstlos. Der kaiserliche Botschafter Eustace Chapuys berichtete, dass man es allgemein für ein Wunder hielt, dass er nicht verstarb. Angeblich wegen der Nachricht von diesem schweren Sportunfall erlitt Königin Anne Boleyn wenige Tage später eine Fehlgeburt.[40]

Pfälzer Sportfürsten

Aufgrund ihrer Liebe zu autobiographischen Aufzeichnungen sind wir über die Sportliebe der Pfälzer Fürsten im 16. Jahrhundert besonders gut unterrichtet. Ottheinrich von der Pfalz, der spätere Kurfürst und Held des Protestantismus, berichtet in seinem Tagebuch von einem viertägigen Schießwettbewerb, der Mitte Oktober 1523 in der Bischofsresidenz Bruchsal ausgetragen wurde und an dem – über Konfessionsgrenzen hinweg – neben den Bischöfen von Freising und Speyer Kurfürst Ludwig V., dessen lutherischer Bruder und späterer Nachfolger Friedrich II. von der Pfalz, Pfalzgraf Wolfgang sowie die katholischen Pfalzgrafen Philipp und Georg teilnahmen – Letzterer als Gastgeber.[41] Was sich wie ein Familientreffen anhören mag, entpuppte sich beim nächsten Schießwettbewerb in Heidelberg vom 30. Mai bis 5. Juni 1524 als Großveranstaltung: Wieder reisten die fürstlichen Brüder und Cousins an, aber diesmal war von 652 Schützen die Rede, die eine Woche lang an 90 Tischen bewirtet wurden. Alle Teilnehmer und Sieger wurden in einem großen Buch mit Register verzeichnet, darunter Fürsten, Grafen und Herren, die Bischöfe von Freising und Speyer, von Trier, Regensburg und Würzburg. Prominentester Teilnehmer war Landgraf Philipp von Hessen. Den Hauptgewinn trug bei aller Fürstenbeteiligung ein Bürgerlicher davon, der Jurist Caspar Bogner.

Unmittelbar nach diesem Schießen im eigenen Land besuchten die Pfalzgrafen eine Tanzveranstaltung in Stuttgart, zu der Erzherzog Ferdinand von Österreich eingeladen hatte, danach reisten sie nach München zur Jakobidult, um dem Scharlachrennen beizuwohnen, einem Pferderennen, und an den dortigen Tänzen, Jagden und dem Schießen teilzunehmen. Die Preise stiftete Herzog Wilhelm IV. von Bayern. Anschließend begaben sich die Pfalzgrafen zur Jagd in das Hochstift Freising und weiter in die Oberpfalz, von dort zu einem

Adriaen van de Venne, Pallamaglio, in: «Album» mit 102 Zeichnungen

Schießen in der «Jungen Pfalz», dem neu geschaffenen Herzogtum Pfalz-Neuburg. Mit dem Schiff ging es von Neuburg auf der Donau in die Reichsstadt Regensburg zum nächsten Preisschießen. Dieser Sporturlaub der Pfalzgrafen dauerte ununterbrochen von Mai bis Anfang Dezember, erst dann trafen sie wieder in Heidelberg ein. Berichte über die politischen Verhandlungen auf den Reichstagen von Speyer, Augsburg und Regensburg nehmen längst nicht so viel Raum in diesen Aufzeichnungen ein wie die Berichte über Preisschießen, Turniere, Jagden und Tänze.[42]

Wolfgang Wilhelm von Pfalz-Neuburg lässt in seinem Tagebuch schon früh seine Sportbegeisterung erkennen. Mehrmals monatlich heißt es dort einfach: «nachmittags Pallonen».[43] Aber nicht nur der zum katholischen Glauben konvertierte Neuburger, sondern auch die calvinistischen Pfälzer in Heidelberg und die lutherischen in Zweibrücken waren begeisterte Pallone-Spieler.[44] In den Tagebüchern des Kurfürsten Friedrich IV. von der Pfalz vergeht – außer an Reise- und hohen kirchlichen Feiertagen oder im Krankheitsfall – kaum ein Tag ohne Ballspiel (Pallone), Ringrennen, Jagd, Armbrust-, Büchsen- oder Kanonenschießen oder wenigstens Würfel- oder Kartenspiel. Auch auf sei-

nen Reisen außerhalb Heidelbergs nahm dieser Fürst alle Gelegenhei-
ten zum Sport wahr.

Ihm bot jedoch seine Residenzstadt Heidelberg die besten Sport-
möglichkeiten, da sie über ein eigenes Ballhaus und einen Schießgraben verfügte. Darin war Gelegenheit zu Armbrust- und Büchsenschießen, zum Ringrennen, Pallone, *ballenspil*, Jeu de Paume, Fußturnier,
zu Schlittenfahrten und zum Bärenhetzen.[45] Aus dem für Juni 1599 bis
Juni 1600 erhaltenen Ausgabenbuch kennen wir die Geldbeträge, die er
verspielte: immerhin 18 Gulden am 13. Juli 1599 an einen «französischen
Ballenspieler im Ballhaus», erneut am 29. und 30. Juli an einen italienischen Ballspieler 53 Gulden, am 8. August 26 Gulden an den Rheingrafen Johann Casimir von Salm-Kyrburg. Gegen seinen Küchenmeister
Franz von Hammerstein verlor er am 5. September 22 Gulden im Ballhaus. Am 23. Oktober kaufte der Kurfürst dem «alten wälschen ballenspieler etliche racketen» ab, am 27. Oktober verlor er gegen einen anderen italienischen Tennisvirtuosen 106 Gulden, am 1. November gegen
den Rheingrafen Casimir 101 Gulden und gegen den Rheingrafen Philipp 400 Gulden, am 2. November gegen einen italienischen Spieler
180 Gulden, außerdem bezahlte er ihm für ein halbes Dutzend neue
Tennisschläger 53 Gulden. Daneben förderte der Sportfürst wandernde
italienische «Ballenschlager», einen «italienischen Ballenschlager jungen», einen «fremden Fechter, welcher im Schießgraben schul gehalten». Seine Wettläufer, die beiden Lakaien Fritz und Hans zu Mannheim, erhielten 3 Gulden Lohn. In Relationen zu den Gesamtausgaben
von über 20 000 Gulden blieben die Spieleinsätze überschaubar. Die
Kosten für Stoffe, Tapeten, Gemälde, Pferde, Schmuck und Juwelen
lagen weit höher.[46]

Sportlichkeit als Zeichen für Gesundheit

Was trieb all diese Fürsten zu ihren fortdauernden Sportübungen? Zu-
allererst natürlich der Spaß an der Sache, jugendliche Freude am Aus-
leben der eigenen Kraft und ganz sicher die Freude am Wettbewerb
sowie auch die Freude am Wetten. Man könnte natürlich etwas soziologische oder anthropologische Theorie hineininterpretieren und die
Sportübungen als Teil eines Disziplinierungsprogrammes im Sinne
von Norbert Elias begreifen, gewissermaßen den «gesellschaftlichen

Zwang zum Selbstzwang», dem nicht nur die Höflinge und die Untertanen unterlagen, sondern zuerst die Herrscher selbst, deren Verhalten
unter genauer Beobachtung stand und Vorbild für die Gesellschaft sein
sollte. Man könnte auch im Hinblick auf Gender-Theorien behaupten,
dass die Demonstration von sportlicher Überlegenheit virile Dominanz signalisieren sollte.

Man muss aber nur das Verhalten weiblicher Herrscher anschauen,
um zu sehen, dass sportliche Aktivitäten eine oder mehrere symbolische
Bedeutungen haben konnten, dass sie sich aber darin nicht erschöpften.
Königin Elisabeth I. von England, Tochter des sportbegeisterten Hein-
rich VIII. aus seiner Ehe mit Anne Boleyn, war eine hervorragende Reiterin – oder wie es im Englischen so treffend heißt: «a horsewoman» –
und begeisterte Jägerin, eine sehr gute Bogen- und Armbrustschützin
und entwickelte sich nach ihrer Thronbesteigung zu einer exzellenten
Tänzerin – dieses Vergnügen war ihr in ihrer Jugend verwehrt gewesen.
Jeden Tag begann sie mit einem langen Spaziergang.[47] Diese Liebe zum
Sport war vielleicht auch deshalb nicht verwunderlich, da Roger
Ascham, der Verfasser des ersten Lehrbuches über die Schießkünste,[48]
ihr Lehrer gewesen war.[49]

Neben den aktiven Sportarten war Elisabeth ein Fan mehrerer
Sportarten, die sie finanziell und durch häufige Präsenz bei Wettkämpfen förderte: Dazu gehörten der Stierkampf und die Bärenhatz sowie
der Hahnenkampf, natürlich Pferderennen und auch die Vorführungen von Akrobaten.[50] Alle großen Feiertage, darunter der neu eingeführte Jahrestag ihrer Thronbesteigung (accession day), wurden mit
Turnierspielen begangen, wobei neben Schwertkämpfen zu Fuß (foot
tourney) natürlich der Tjost zu Pferd (jousting) und das Quintan- und
das Ringrennen (tilting at the ring) gehörten. Natürlich wohnte sie auch
militärischen Schaukämpfen zu Lande und zu Wasser bei. Während
sie selbst bis in ein höheres Alter vor großer Hofgesellschaft Schau-
tänze vorführte, wohnte sie dem Tennis offenbar nur als Zuschauerin
bei. Dies wissen wir von einem interessanten Vorfall vom März 1565,
als die Oberhäupter der beiden Hofparteien, Robert Dudley, Earl of
Leicester, und Thomas Howard, Duke of Norfolk, während eines
Matches im Ballspielhaus von Whitehall in Anwesenheit der Königin
derart aneinandergerieten, dass sie mit den Tennisschlägern aufeinander einprügeln wollten.[51] Im Jahr 1585 verhinderte Königin Elisabeth
einen puritanischen Gesetzesvorschlag, der alle «Sports» an Sonntagen

verbieten wollte, da sie der Ansicht war, die Leute sollten selbst entscheiden, wie sie ihre freie Zeit verbringen wollten.[52]

Wollte Elisabeth Virilität demonstrieren? Wohl kaum. Mit ihrer
Sportlichkeit wies sie sich als wahre Tochter ihres Vaters aus, doch war
es sicher nicht Männlichkeit, welche die «jungfräuliche Königin»
demonstrieren wollte, sondern eher Gesundheit als Ausweis der Herr-
schertauglichkeit. Gerade diese ostentative Sportlichkeit erwies sich
aber – wie bei ihrem Vater – mit zunehmendem Alter als Problem.
Zwar litt sie nicht wie ihr Vater an Gicht und Übergewicht, aber wie-
derholte Geschwüre an den Beinen bereiteten ihr Beschwerden. Trotzdem versuchte sie noch im Alter von über 60 Jahren mit sportlichen
Aktivitäten gute Gesundheit zu demonstrieren. Dies erschien ihr
innen- wie außenpolitisch geboten. Ein spanischer Agent berichtete
Anfang des Jahres 1600 an König Philipp III. von Spanien, die Königin
habe an Weihnachten «in ihrem hohen Alter drei oder vier *Galliarden*
getanzt». Und im Sommer des Jahres ging sie regelmäßig im Greenwich Park spazieren, ritt ihre Lieblingspferde in aller Öffentlichkeit aus
und führte Tänze vor, womit sie in eigenen Worten beweisen wollte,
sie sei «noch nicht so alt, wie es manche gerne hätten».[53]

In England war Sport Staatsräson. Nur ein sportlicher Herrscher –
ob Mann oder Frau – war regierungsfähig. Und durch den Schutz des
Sports vor religiösem Eiferertum und die Förderung bestimmter
Sportarten konnten die Monarchen ihre Achtung vor der Bevölkerung
unter Beweis stellen und an Popularität gewinnen. Die ersten beiden
Stuart-Könige Jakob I. und der unglückselige Karl I., der sein Leben
durch das Fallbeil verlor, stellten mit ihrem jeweiligen *Book of Sports*
die populären Freizeitbetätigungen unter königlichen Schutz. Und bei
der Restauration der Monarchie im Jahr 1660 wurde gefragt, ob der im
Exil aufgewachsene Karl II. von England nicht etwa schwach oder
-körperlich deformiert sei, wie es Gerüchte haben wollten. Der zeitgenössische Schriftsteller Samuel Tuke beschrieb daher in seiner Charak-
terisierung des Königs vor seiner Rückkehr aus dem Exil besonders
dessen körperliche Vorzüge: «His motions are so easy and graceful that
they do very much recommend his person when he either walks,
dances, plays at pall mall, at tennis, or rides the great horse, which are
his usual exercises.»[54]

Der kommende König vereinigte gewissermaßen die bevorzugten Sportarten der europäischen Länder, das *Pallamaglio* aus Italien,

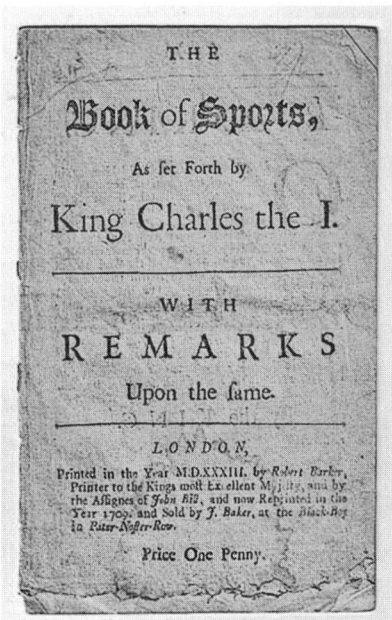

The Book of Sports, As Set Forth by
King Charles the I., with Remarks
Upon the Same, London 1633. Das
zuerst von König Jakob I. (James I.)
1617 und erneut 1618 publizierte
«Book of Sports» wurde immer
wieder nachgedruckt und
kommentiert. Der später hingerich-
tete König Karl I. (r. 1625–1649)
gehörte zu den unglücklicheren
Befürwortern des Sports.

das königliche Tennisspiel aus Frankreich, wo er lange im Exil gelebt
hatte, sowie das Reiten und die Jagd, die man natürlich für ein besonders englisches Vergnügen hielt. Auch nach seiner Amtsübernahme
bewies er sportliche Energie, indem er ausritt, in der Themse
schwamm oder Kegel spielte. Er ließ nicht nur die von den Republika-
nern demolierten Jagdschlösser, sondern auch die im Bürgerkrieg
verfallenen Ballspielhäuser und Tennisplätze instand setzen und
spielte dort mit großer Leidenschaft. Der italienische Reisende Lorenzo Magalotti schrieb, dass Charles wenigstens dreimal in der
Woche ein Tennisdoppel spiele und dass jeder Gentleman als Zuschauer dazu willkommen sei und von den Wachen eingelassen
werde.[55] Eine andere Leidenschaft wurde das Segeln mit kleinen
Yachten, das er in Holland gelernt hatte. Am 1. Oktober 1661 veranstaltete er mit seinem jüngeren Bruder, dem Herzog von York und
späteren König Jakob II. von England, ein Wettrennen – der Einsatz
belief sich auf 100 Pfund Sterling – auf dem Wasser von Greenwich
nach Gravesend und zurück.[56]

Seinen Untertanen lieferte Karl II. das Bild des kraftvollen, jugendlichen Königs, wie ihn eine Nation im Aufbruch benötigte. Den St.-James-Park, der zuerst nur für Spaziergänge mit den Hunden diente, ließ er in den ersten Monaten seiner Regierungszeit in eine große Parkanlage umwandeln, die außer einem Zoo für exotische Tiere – darunter z. B. 82 Straußen aus Marokko – auch eine große *Pallamaglio*-Anlage (an der Stelle der heutigen *Pall Mall*) nach dem Vorbild von Utrecht bekam. Der enthusiastische Schriftsteller und Parlamentsabgeordnete Edmund Waller dichtete danach:

«[...] a well-polished Mall gives us the joy,
To see our Prince his matchless force employ,
His manly posture and his graceful mien,
Vigour and youth in all his motions seen;
His shapes so lovely and his limbs so strong,
Confirm our hopes we shall obey him long.
No sooner has he touched the flying ball,
But 'tis already more than half the Mall;
And such a fury from his arm has got,
As from a smoking culverin t' were shot».[57]

Im Winter 1662 / 1663, als es so kalt war, dass die Themse zufror, ließ der König auf dem neuen Kanal im St.-James-Park das Eislaufen (*Skating*) einführen, das die Exilanten in Holland kennengelernt hatten. Karl II. liebte die Geschwindigkeit und beinahe jede Art von Sport, sei es als Aktiver oder als Zuschauer. Wenn bei Hoffesten getanzt wurde, beendete er rasch die zeremoniellen Tänze und führte selbst die lebhaften englischen *country dances* an. Zweimal im Jahr fuhr er zu den Pferderennen in Newmarket, für die er selbst eine Pferdezucht eröffnete und ein halbes Dutzend Jockeys beschäftigte, eine neue Rennbahn anlegte und Geldpreise und Pokale stiftete. Manchmal ritt er selbst bei den Rennen mit, und 1671 gewann er sogar eines. Die erste Darstellung eines Pferderennens in England, angefertigt durch den Kupferstecher Francis Barlow, zeigt den König 1684 auf der Renntribüne unterhalb von Schloss Windsor.[58]

Institutionalisierung

Die Anlage von Sportplätzen

Für viele Sportarten waren keine besonderen Anlagen notwendig. Dies betraf das Wandern, Spazierengehen und Laufen ebenso wie das Schwimmen, das Klettern und Bergsteigen oder das Rudern und Segeln auf Seen,[59] Flüssen und auf dem Meer.[60] Gerade populäre Sportarten wie Ringen, Gewichtheben oder das Werfen schwerer Steine, die wir alle von den Spielen der Schweizer oder den deutschen Schützenfesten kennen, benötigten keine definierten Sportplätze und haben entsprechend wenig Spuren in den Quellen hinterlassen.[61] Selbst Sportarten wie das Kegeln, die wir uns ohne gebaute Bahnen kaum vorstellen können, wurden einfach auf den Straßen ausgeübt.[62]

Eislaufen und Eishockey wurden zumindest in Nordeuropa betrieben, sobald die Flüsse, Kanäle und Seen gefroren waren, Schlitten packte man aus, sobald die Schneedecke geschlossen war. Viele Wettbewerbe wurden einfach an geeigneten Stellen in den Dörfern und Städten durchgeführt, oft auf wenig befahrenen Straßen, auf dem Kirchhof oder auf dem Dorfanger (in England das *village green*). Für den venezianischen Calcio oder das normannische Soule wurden Eingangstore von Palästen oder Stadttore als Ziele benutzt – davon leitet sich das Fußballtor ab. Für den venezianischen Faustkampf, die *Guerra dei Pugni*,[63] suchte man wie auch für den Stockkampf geeignete Brücken aus, die einem ausgedehnten Publikum von den Straßen, Häusern, Dächern, Kanälen, Brücken und Booten das Zuschauen ermöglichten.[64]

Die Institutionalisierung des Sports begann mit der Einrichtung von festen Sportplätzen. Neben den bereits erwähnten Spielwiesen des ausgehenden Mittelalters, zu denen noch im 17. Jahrhundert so illustre neue Freizeitanlagen hinzukamen wie der durch Maria de' Medici angelegte Jardin du Luxembourg in Paris, über dessen sportive Nutzung für Spaziergänge, Wettlaufen und -springen, Kegeln und Ballspiele der Bürger, der Adeligen und der Fremden John Evelyn bei seinem Parisaufenthalt 1644 berichtete,[65] entstanden immer weitere Schießstätten vor den Stadttoren für die städtischen Schützengesellschaften. Die Fürsten legten in ihren Lustgärten eigene Schießanlagen an. Hinzu

Adriaen van de Venne, Pallone, in: «Album» mit 102 Zeichnungen

kamen in den Residenzstädten Tennisplätze, die in der Nähe des Schlosses lagen. Schließlich wurden Ballspielplätze nach Maßgabe der gedruckten Regelbücher eingerichtet. Scaino nahm 1555 den Tennisplatz Heinrichs II. in Paris als Standardeinheit, Bardi legte 1580 die Feldgröße für den Fußball nach Florentiner Vorbild fest.[66] Auftraggeber der Spielplätze waren Fürsten, Städte, Bruderschaften[67] oder Privatleute. Unterschieden wurden Plätze für das Spiel mit dem kleinen Ball, das Jeu de Paume bzw. in den Niederlanden das Kaetsspiel[68] und für das Faustballspiel mit dem großen, aufblasbaren Ball, dem Pallone.[69] Robert Dallington registriert eine «infinite number of Tennis Courts throughout the land, insomach as yee cannot find a little Burgade, or towne in France, that hath not one or more of them. Here are, as you see, three-score in Orleans, and I know not how many hundred there be in Paris».[70]

Pallamaglio-Anlagen konnten Teil des Schlossgartens sein, wie das durch Ludwig XIV. von Frankreich angelegte *Paille-Maille* in den Gärten der Tuilerien in Paris, sie wurden aber auch gerne als Alleen am Rande der Stadt oder einer Ritterakademie angelegt. Sogar im religiös strengen Genf findet sich um 1600 ein großer Platz, auf dem *palmary* gespielt wurde, ebenso in Lyon. Die neue große Pallamaglio-Anlage im Londoner St.-James-Park zog Zuschauer wie den an allem Neuen interessierten Samuel Pepys an, der sich sogar beim Platzwart nach der Technik der Anlage erkundigte: «Früh aufgestanden und zu Fuß zum St.-James-Park. Da Mr. Coventry noch im Bett lag, ging ich im Park spazieren und unterhielt mich mit dem Aufseher der Mailbahn, der gerade die Wege kehrte. Er erzählte mir, woraus der Boden des Spielfelds besteht. Und zwar werden zerstoßene Muschelschalen über die Erde gestreut, damit der Ball gut rollt. Bei Trockenheit wird der Boden allerdings sehr staubig und bremst den Ball.»[71]

Im 18. Jahrhundert wurden manche dieser Alleen in Promenaden umgewandelt, die sich zu Prachtstraßen mit hoher Wohnqualität entwickelten. Manche dieser Straßen tragen heute noch ihren sportlichen Ursprung im Namen, wie etwa die 1638 von Graf Otto V. von Schauenburg angelegte ca. 650 Meter lange *Palmaille* (Hamburg-Altona), für die nicht weniger als 400 Lindenbäume gepflanzt worden waren,[72] natürlich auch *Pall Mall* in London sowie parallel dazu *The Mall*, die von Charing Cross auf den Buckingham-Palast zuführt, die offizielle Residenz der britischen Monarchen. In der niederländischen Hauptstadt Den Haag erinnert das 550 m lange *Malieveld* an die im Jahr 1606 angelegte Sportanlage. In Paris, La Rochelle, Lyon, Angers und Brüssel gibt es jeweils eine *Rue du Mail*, in Modena die *Via Pallamaglio*; die gleichnamige Straße in Turin wurde im 20. Jahrhundert umbenannt und lebt in den Romanen von Natalia Ginzburg weiter.[73]

Ballspielsäle und Ballspielhäuser

Eine weitere Stufe der Institutionalisierung markierten Gebäude, die eigens für den Sport gebaut wurden: Sporthallen waren eine Erfindung der Neuzeit, obwohl man Vorläufer beobachten kann, wie z. B. die Rittersäle, wie sie in spätmittelalterliche Burgen und Schlösser eingebaut wurden. Man konnte sie für Waffentraining oder Fußturniere benutzen, wenn das Mobiliar beiseite geräumt war. Manche Säle waren – wie in Prag oder Brüssel – sogar so groß, dass darin Reiterturniere abgehalten werden konnten, wenn das Wetter draußen zu schlecht dafür war.[74] Dies erforderte eigens dafür gebaute breite Aufgänge mit schrägen Rampen für die Pferde, die bekanntlich keine Treppen steigen können. Wenn man in Schlossanlagen derartige Aufgänge findet, kann man darauf schließen, dass Turniere mit Pferden darin abgehalten wurden. In eine ähnliche Kategorie gehören die im 15. Jahrhundert errichteten städtischen Tanzhäuser, die repräsentativen Veranstaltungen und akrobatischen Vorführungen wie Moriskentänzen oder Fechtübungen dienten.[75]

Eine echte Neuerung waren reine Sporthallen, wie sie für die Ballspiele errichtet wurden. Die ersten *Sale della Balla* – Ballspielsäle – wurden nachträglich in die Schlösser der Gonzaga in Mantua,[76] der Este in Ferrara,[77] der Medici in Florenz und des Federico da Montefeltro in Urbino eingebaut. Bei Schlossneubauten wurden sie seit der zweiten Hälfte des 15. Jahrhunderts bereits bei der Planung berücksichtigt und in den Bauplänen klar ausgewiesen.[78]

Die in die Schlösser integrierten Ballspielsäle wurden um 1500 abgelöst durch frei stehende Ballspielhäuser, die auf dem Schlossgelände und später auch in Städten errichtet wurden. In Frankreich ging damit König Franz I. voran, der die italienische Kultur und damit auch den Ballhausbau einführte. Beinahe zeitgleich begann der Bau der Tennishallen unter Heinrich VIII. von England, der wie sein französischer Gegenspieler bei dem jährlichen Umritt durch das Königreich in allen Schlössern Tennisanlagen vorfinden wollte – und beim englischen Klima konnten dies nur Indoor-Anlagen sein. Der deutsche König und spätere Kaiser Ferdinand I. ließ Anfang der 1520er Jahre ein Ballhaus in die Wiener Hofburg am Michaelerplatz einbauen, spätere Wiener Ballhäuser entstanden in anderen Ecken der Hofburg.[79] Der Neubau dieser Sporthallen galt als so bedeutsam, dass wir in vielen Fällen ihren Entstehungszusammenhang kennen: In Augsburg wurde anlässlich des Reichstags von 1548 auf Verlangen des spanischen Vizekönigs von Neapel, des Herzogs von Alba, ein Ballhaus errichtet.[80] Im Jahr 1568 ließ der spätere Herzog Wilhelm V. von Bayern ein nicht mehr benötigtes Brauhaus im äußeren Landshuter Burghof in ein Ballhaus umbauen.[81] Das Ballhaus auf dem Gelände von Schloss Ambras bei Innsbruck wurde 1572 von Erzherzog Ferdinand II. von Tirol für seine schöne Augsburger Ehefrau Philippine Welser errichtet: Prestigedenken, Sportbegeisterung, Zugeständnisse an den Zeitgeist oder die Liebe wären gleichermaßen als Motivation für den Sporthallenbau denkbar.[82] Bald kamen jedoch kommerzielle Motive hinzu, denn Universitätsstädte und Ritterakademien benötigten Sporthallen, um zahlende

Studenten anzulocken, und in den großen Städten tummelten sich bald Privatunternehmer, die mit Hilfe von Ballspielhäusern und Sportunterricht ihren Lebensunterhalt verdienen wollten. Süddeutsche Ballhäuser kennen wir aus dem letzten Viertel des 16. Jahrhunderts von Reichsstädten wie Augsburg, Regensburg, Nürnberg oder Straßburg, Residenzstädten wie Stuttgart, München oder Landshut, Heidelberg, Zweibrücken und Saarbrücken sowie von Universitätsstädten wie Ingolstadt, Heidelberg oder Tübingen. Um 1600 gab es in der Tiroler Haupt- und Residenzstadt Innsbruck bereits drei Ballspielhäuser.[83]

Im ersten Viertel des 17. Jahrhunderts setzte sich der Ballhausbau auf breiter Front auch im mittleren und nördlichen Deutschland und in Skandinavien durch.[84] Zu Beginn des Dreißigjährigen Krieges gehörte ein Ballhaus zur notwendigen Infrastruktur einer jeden Residenz- oder Universitätsstadt, die auf ihren Ruf bedacht war.[85] Mitte des 18. Jahrhunderts findet sich der Ballhausbau auch in Architekturtraktaten und Anleitungen zur bürgerlichen Baukunst.[86]

Freilich reichte die Ballhausdichte in Deutschland nicht an die der romanischen Länder heran. Der venezianische Gesandte Lippomano schätzte um 1600, dass es in Paris 1800 Ballhäuser gab, was allerdings selbst bei einer Stadt mit mehr als einer halben Million Einwohner und zahlreichen Adelshaushalten, Studenten und Touristen unwahrscheinlich klingt. Ein Begleiter des päpstlichen Gesandten zählte 1598 in Paris immerhin 250 «gut eingerichtete» Ballhäuser, das waren immer noch mehr als in jeder anderen europäischen Stadt, denn selbst im päpstlichen Rom zählte man nur 18 Ballhäuser, in Florenz 12 und im kleinen Ferrara 10,[87] in nordeuropäischen Metropolen wie London oder Antwerpen etwa 15.[88] Der englische Reiseschriftsteller Robert Dallington schrieb in satirischer Übertreibung, in Frankreich gäbe es mehr Ballhäuser als Kirchen, weil selbst Frauen und Kinder Jeu de Paume spielten und bereits mit dem Rackett in der Hand zur Welt kämen.[89]

Wie wir von Abbildungen wissen, gab es in den Tennishallen kleine Zuschauerbereiche, zu denen wenigstens die bessere Gesellschaft freien Zutritt hatte. Wenn berühmte oder besonders gute Spieler antraten, konnten einzelne Matches zum Event werden. So berichtet Samuel Pepys vom 2. September 1667: «Anschließend ging ich zur Tennishalle, um mir ein groß angekündigtes Tennisspiel zwischen Prinz Rupert und einem gewissen Hauptmann Cooke gegen Baptist May und dem älteren Chicheley anzusehen. Der König und der ge-

Jacques-Louis David, Der Ballhaus-Schwur (20. Juni 1789),
Musée Carnavalet, Paris

samte Hof waren anwesend. Angeblich sind es die besten Tennisspieler
der Nation. Bei dieser Gelegenheit fällt mir ein, was ich schon am Morgen beobachtet hatte: daß man dem König, der gerade Tennis gespielt
hatte, eine Balkenwaage brachte, und mir gesagt wurde, dass sie dazu
diene, ihn nach dem Spiel zu wiegen. Und mittags sagte mir Mr. Ash-
burnham, dass er sich vor und nach dem Spiel wiege, weil es ihn inter-
essiere, wieviel Gewicht er durch das Spiel verliert. Heute habe er
4½ Pfund verloren.»[90]

Die berühmteste Sporthalle der Weltgeschichte steht in Versailles.
Dieses Ballspielhaus war ein gesuchter Versammlungsort, doch wenn
es von Adeligen für Tennis gebucht war, stand es nicht zur Verfügung.
Am Ende spielte es eine herausragende Rolle, denn hier fand am
20. Juni 1789 der Ballhausschwur statt, «le serment du Jeu de Paume»,
mit dem die Abgeordneten des Dritten Standes schworen, sich einer
Auflösung durch die Monarchie zu widersetzen. Dieses Ereignis verhalf der Französischen Revolution zum Durchbruch, die man aber erstaunlicherweise selten mit dieser Sporthalle in Verbindung bringt.
Ein Grund liegt darin, dass die großen Hallen seit dem mittleren

18. Jahrhundert vermehrt zu Theatern oder Tanzhäusern umgebaut wurden. Ihre prominente Lage hat die Ballspielhäuser selbst über ihren Abriss hinaus im kulturellen Gedächtnis verankert. «Ballhausstraßen» gibt es in vielen Städten. Das österreichische Bundespräsidialamt hat heute noch die Adresse «Ballhausplatz 1».

Reithallen

Mit dem Reithaus wurde im 17. Jahrhundert eine weitere Form der Sporthalle etabliert. Ausgangspunkt dieser Innovation war möglicherweise die «Maneige» des französischen Hofreitlehrers Antoine de Pluvinel, die auf eine ähnliche Anlage in Neapel zurückgeht, wo Pluvinel seine Künste erlernt hatte.[91] Neapel war in der Frühen Neuzeit eine der größten europäischen Städte und Hauptstadt des «Königreichs beider Sizilien», das zu Spanien gehörte. Der Besuch Neapels gehörte zum Pflichtprogramm aller Italienreisenden, und fürstliche Besucher kamen in den Genuss einer Vorführung der neapolitanischen Reitschule und des Pferdeballetts, das *Carozele* genannt wurde. Dafür wurde der quadratische Innenhof des Schlosses in ein großes, auf allen vier Seiten von aufsteigenden Tribünen umgebenes Theater umgewandelt.

Standespersonen wie der polnische Kronprinz Władysław Wasa konnten die Vorführungen ungestört von den Fenstern des Palastes von Vizekönig Fernando Álvarez de Toledo, Herzog von Alba, verfolgen: «Auf ein Zeichen, dass der Kronprinz eingetroffen war, setzten sich die Reiter, die am Nordtor auf ihn gewartet hatten, beim Klange von voranschreitenden Trommeln, Flöten und anderer Instrumente zu zweit in Bewegung, ritten im Kreis herum und setzten, Reiter wie Pferde, alles mit ihrer prächtigen Kleidung in großes Erstaunen [...]. Als so die Aufmerksamkeit und Bewunderung der Anwesenden auf diesen Pomp gerichtet war, machten die Reiter eine Wendung, als bereiteten sie sich zu einem Kampf vor, teilten sich in mehrere Gruppen und traten gegeneinander zum Kampf mit Lanzen an, wiederholten einige Male die Angriffe und ruhten dann ein wenig aus. Als nächstes traten zwei aus der Gruppe vor und forderten zwei aus der gegnerischen Abteilung zum Kampf auf. Die Aufgeforderten schleuderten Eisenkugeln auf die Gegner, welche diese mit Schilden abwehrten oder ihnen durch geschickte Bewegungen mit dem Rücken oder anderen Körperteilen auswichen. Auf diese Weise tobte der Kampf, wobei immer wieder neue Gegner aufgefordert wurden, bis nur einer übrigblieb. Es schloß sich ein Kampf von zwei Bauern mit Lanzen gegen zehn mit Schilden und Rüstung an. Gegen Ende des Tages veränderten die Spiele ihren martialischen Charakter und nahmen ruhigere Formen an. Als der Kronprinz in Gesellschaft des Vizekönigs im Palast zu Abend aß, begannen die Vergnügungen und zogen sich bis spät in die Nacht hinein.»[92]

Kunstvolle Reiterspiele gab es mittlerweile auch am Hof des Großherzogs von Florenz. Der litauische Großfürst Albrecht Stanisław Radziwiłł berichtet von den Reiterspielen im Herzogspalast: «12 Reiter tanzten auf ihren Pferden in anmutiger Art zum Takt von Musik», und sein Sekretär berichtet von derselben Gelegenheit etwas ausführlicher über die Vorführung nach einer Komödie mit Ballett: «Danach begaben sich die Zuschauer aus dem Theater in die nebenan gelegene *Arena*, in die 24 Reiter hereinritten und auf den Pferden zum Takt der Musik erstaunlich geschickte Schritte und tänzelnde Bewegungen nach der einen und anderen Seite ausführten, so daß man schwer entscheiden konnte, was bewundernswerter war, die Gedächtniskunst und Überlegenheit der Reiter oder die Geschicklichkeit der Pferde.»[93]

In Paris stand die Reithalle mit ihren Stallungen direkt neben dem Louvre und seinen Marställen, der Schweizer Reisende Thomas Platter d. J. schreibt darüber: «Aller nähest darbey ist ein großer Platz, auf welchem des Königs obrister Bereiter, Pluvinel, die Pferdt abrichtet, auch die jungen Herren undt Edelleut zugleich reiten, thurnieren undt zum Ringlein rennen lehrnet, wie ich dann selbsten gesehen, daß man zum Ringlein gerennet undt die Pferdt auf allerley Manier abrichtet. Dann zu Paris auch ein Academy, wie sie es nennen, ya die fürnembste in Frankreich ist, drauf man die jungen Herren und Edelleute reiten, fechten, pferdt springen, dantzen und andere ritterspiel lehrnet, wie auch schon oben unter Brouage fol 407 meldung beschehen. Neben obgemelter Reitschul sindt auch noch ettliche andere in der Statt, da Italiener und Frantzosen viel Pferdt halten [...]. Bey schönem Wetter dumlet man die Pferdt auf einem weiten Platz under heiterem Himmel, aber so es regnet, haben sie einen bedeckten Hoff, darinnen sie die Pferdt abrichten.»[94]

Im 17. Jahrhundert gehörte an der Wolfenbütteler Akademie eine Reithalle zum Ensemble.[95] Im 18. Jahrhundert zählten Reithallen neben

Reitvorführung im Reithaus, aus: Antoine de Pluvinel, «L' instruction du Roy en l'exercice de monter à cheval», Paris 1627. Kupferstich von Crispijn de Passe

Stallungen und Marstallgebäude zur standardmäßigen Ausrüstung von Ritterakademien.[96]

Vielzwecksportanlagen

Bei der königlichen Festungsstadt Brouage,[97] 1555 direkt gegenüber der hugenottischen Festungsstadt La Rochelle am Atlantik angelegt, war eine der frühesten Ritterakademien gegründet worden. Thomas Platter widmete diesem neuen Projekt eine ausführliche Beschreibung, da er es für sehr merkwürdig hielt, dass die «Akademiker» hier das Lateinstudium verächtlich machten und stattdessen Sport trieben, mit der Begründung, dass sie Adelige seien und keine Pfaffen werden wollten: «Es ist auch eine besondere Academy (wie es jetzt die Frantzosen sagen) in der Stadt, darinnen man die jungen Leut vom Adell undt wolgeborenenen Herren in allerley Ritterspielen übet undt underweiset, als Reiten, Pferdt Springen, Dantzen, Fechten, Mandoren [= Mandolinen] spilen und dergleichen [...]. Es hat einen überaus schönen Marstall, darinnen bey 20 stattliche Klepper, einer besser dann der andere, gehalten werden, welche man morgendts unndt abendts in der Küele an gewißen darzu bereiteten Örtern in der Stadt abrichtet undt zugleich die Discipel reiten und ringlein rennen etc. lernet. Demnach ziehen sie auf die Fechtschul, demnach voltigieren sie auf höltzine Pferdt, unndt von denselbigen zum Dantz [...]. Es ist auch ein hüpsch, gradt Palmary Spil [= Pallamaglio-Bahn] in der Stadt, darauf die jungen Discipel kurtzweilen, wie auch ein schön Ballenhauß für sie, darinnen sie lehrnen spilen undt dem Ballenmeister ein gewiße Summam für alles bezahlen.»[98]

Der Idealplan des Architekten Leonhard Christoph Sturm, Lehrer für Mathematik an der Ritterakademie von Wolfenbüttel, sah für Ritterakademien eine Auswahl von Sportplätzen in der großen geometrischen Anlage vor, dazu gehörten eine Pallamaglio-Bahn, ein «Ballon-Platz», eine Schießstätte und eine Rennbahn im Freien, dazu ein gedecktes Reithaus, ein Tanzsaal und ein Fechtboden in den Baulichkeiten der zentralen Anlage.[99] Bibliothek, Kunstkammer und Hörsäle nehmen dagegen einen vergleichsweise geringen Raum ein.[100] Innerhalb des Ensembles von Sportanlagen hatte die Reithalle einen erstaunlichen Aufstieg erlebt: Der österreichische Minister Friedrich Wilhelm Graf von Haugwitz hielt die Reitschule gar für den wichtigsten Bestandteil der Ritterakademien.[101]

Im 17. Jahrhundert waren die Ballhäuser nicht selten nur noch ein Element in komplexen Freizeit- oder Sportparks. In Anlehnung an heutige Begriffe könnte man von Vielzwecksportanlagen sprechen. Ansätze dazu gab es schon im 16. Jahrhundert bei den königlichen Residenzen. So gab es seit der Zeit Heinrichs VIII. von England in der Londoner Residenz Whitehall neben dem großen Turnierhof (The Great Tiltyard), der durch eine überdachte Galerie, die sich für Spaziergänge eignete, direkt von den Hauptgebäuden erreicht werden konnte, das Ballhaus (Tennis Court) und eine Hahnenkampfarena (Cockpit). Für Veranstaltungen diverser Art konnte auch der große Schlosssaal (The Great Hall) genutzt werden, und für kleinere Outdoor-Vergnügungen und Spaziergänge tat es der im italienischen Stil mit Säulengängen angelegte Garten (The Orchard). Unter König Karl II. von England kamen die Anlagen im benachbarten St.-James-Park hinzu.[102]

Matthäus Merian, Fürstlicher Lustgarten zu Stuttgart

Für Vergnügungen auf dem Wasser verfügte Queen Elizabeth I. über einen direkten Zugang von ihrem Schlafzimmer zum River Gatehouse, wo ihr Boot für Ausfahrten auf der Themse bereitlag. Von dort konnte sie auch ihr Lieblingsschloss Windsor erreichen, mit großen Stallungen und eigenen Jagdgründen, wo die Königin ihren fünf Lieblingssportarten nachgehen konnte: Spazierengehen, Reiten, Jagen sowie Armbrust- und Bogenschießen.[103] Wie Thomas Platter bemerkte, konnte man in Windsor «in deß Schloßes garten [...] auf einen langen allée Spazier weg [...] einen guten Theil der königlichen umzäunten Thiergärten übersehen, wie man dann daselbsten wegen der unglaublichen lustigen und weidreichen Ebene auf 12 meil wegs umher ohn alle Verhindernuß sehen mag, auch alda die Weidleute und der Adel mit den Falcken zu hohem Lust das Weidwerk treiben. Undt berichtet man uns, es seyen umb Winsort herumb über die sechtzig Thiergärten an ein anderen, voller Dän [Damwild] und anderem Wildpreth allerhandt farben, welches man von einem Garten (die alle mit Zäunen umfaßet) in den anderen treiben undt also, wa man will, ein herrlichen

und königlichen Lust haben kann.» Beinahe unnötig zu sagen, dass es
auch in Windsor Tennisplätze gab: «hatts einen schönen Spilplatz, alda
sie mitt dem racket den Ball treiben undt sich sonst belustigen».[104]
Auf Matthäus Merians Kupferstich *Fürstlicher Lustgarten zu Stutt-*
gart finden wir an zentraler Stelle gleich zwei Rennplätze, einen älteren
aus der Mitte des 16. Jahrhunderts und einen größeren Neubau von
1609. Neben dem älteren Rennplatz sieht man die Schießstätte, nicht
im Bild sichtbar sind der Pallone- und der Pallamaglio-Platz sowie das
Ballhaus. Das Lusthaus entlastete das alte Ballhaus in seiner Funktion
als Austragungsort für Tanzveranstaltungen, Ballett, Theater und für
akrobatische Vorführungen. Der Lustgarten war von seiner Funktion
her eine große Sportanlage, die durch offene und geschlossene Spazier-
gärten, das Labyrinth und das Pomeranzenhaus ergänzt wurde.[105]
Offenbar wurden die Sportstätten seit etwa 1600 als Ensembles betrachtet oder überhaupt als solche konstruiert. Nach dem Ende des
Dreißigjährigen Krieges wurden durch Kurfürst Ferdinand Maria von
Bayern neben Reit- und Schießbahnen auch Ballhäuser für Pallone und
Jeu de Paume bei den Lustschlössern wie Schleißheim und Nymphen-
burg errichtet, weil der Hof an keinem seiner Aufenthaltsorte auf den
Ballsport verzichten wollte.[106]

Die Arena

Neben Tanzhäusern, Ballhäusern, Reithallen und Fechtböden finden
wir ein weiteres Bauwerk, welches bereits in der Antike für Sportveranstaltungen aller Art diente: die *Arena*. Wo immer solche Arenen als
Überreste der Antike noch existierten, etwa im Mittelmeerraum, aber
auch in England, wurden sie seit der Renaissance wiederbelebt: Im
16. Jahrhundert bezeichnete Antonio Scaino in seinem Traktat über
die Ballspiele die Arena von Padua als den geeignetsten Platz für das
Fußballspiel.[107] Thomas Platter gibt bei der römischen Arena von
Nîmes als deutsche Synonyme für Amphitheater die Begriffe «Schauplatz oder Spilhauß».[108] Der englische Reisende Thomas Coryate zeigte
sich überwältigt von der antiken Arena von Verona, deren Baukosten
er für zehnmal so hoch wie die der schönsten englischen Kathedrale
hielt. Er lobte die Investitionen der Veroneser Stadtregierung – Verona
war damals nicht mehr selbständig, sondern unterstand der Republik

Venedig – in die aktuellen Sportveranstaltungen: «Es wird instand gesetzt, weil hier an Festtagen oft große Schaustellungen abgehalten werden, wie Turniere und Theaterspiele, besonders im Karneval. Auf den 42 Rängen konnten 23 000 Zuschauer untergebracht werden, von denen jeder jedoch nicht mehr als anderthalb Fuß für sich in Anspruch nehmen konnte.»[109] Kaiser Joseph II. wurde bei seiner Italienreise 1771 mit einem Stierkampf in der Arena überrascht. Der Magistrat tat so, als wolle er ihm nur das antike Amphitheater zeigen, aber als er die Treppe zu seiner Loge emporstieg, «erblickte [er] nun in diesem engen Bezirk alle Einwohner der Stadt und der benachbarten Dörfer, die das Amphitheater von oben bis unten angefüllt hatten, und die sich sogleich erhoben und ihn mit Händeklatschen empfingen; ein Anblick, der den Kaiser ganz außer sich setzte.»[110]

Für manche Sportarten, etwa die nicht nur in Italien, Südfrankreich und Spanien verbreiteten Stierkämpfe, wurden wie auch für Ritterturniere und Reiterspiele temporäre Arenen mit hölzernen Tribünen für die Zuschauer errichtet, die hinterher wieder abgebaut werden konnten. In Spanien wurde der Stierkampf im 16. Jahrhundert zum Nationalsport, und der Kampfplatz (*corrida*) wurde meist auf dem Hauptplatz (*plaza mayor*) der Städte aufgebaut, wobei die umliegenden Häuser mit Fahnen geschmückt waren und die Balkone der Stadtpaläste dem Adel als Tribüne dienten.[111] Erst im 18. Jahrhundert wurden auch in Spanien dauerhafte Stierkampfarenen errichtet.[112] In England gab es über das Land verstreut die Tradition der *Bullrings*, also runder Zweckbauten für Stierkämpfe. Mit dem Wachstum Londons bot sich die Möglichkeit zum Neubau von Sportarenen. Spätestens in den 1530er Jahren wurden dauerhafte Arenen in Southwark, am Themse-Ufer gegenüber der City, errichtet, in den 1540er Jahren sind sogar vier solcher Bauwerke erwähnt. Auf Stadtplänen finden wir seit den 1560er Jahren regelmäßig zwei Arenen nebeneinander abgebildet, die eine für *bulle bayting*, also eine Stierkampfarena, die andere für *beare bayting*, das Bärenhatztheater, das sich im Elisabethanischen Zeitalter besonderer Beliebtheit erfreute. Wir finden die beiden permanenten Arenen auf Frans Hogenbergs London-Bildern in den *Civitates Orbis Terrarum* ebenso wie auf den Stichen des nach England ausgewanderten Tschechen Wenzel Hollar und anderen Stadtansichten. Als 1583 eines der Theater zusammenbrach, wurde es sofort in einer aufwändigen Fachwerk-Konstruktion wieder aufgebaut. Um 1600 müssen drei derartige

Hetztheater, die eine Zuschauermenge von bis zu 1000 Personen fassen konnten, synchron in Southwark bestanden haben, wobei die Bärenhatzarena auch für Komödienaufführungen benutzt und Hope-Theater genannt wurde.[113] Thomas Platter erwähnt neben der Bären- und der Stierkampfarena auch noch ein spezielles *Theatrum für Hahnenkämpfe* in London unweit des Rossmarkts.[114] Aber Arenen wurden nicht nur für den Stierkampf genutzt. Samuel Pepys berichtet am 25. April 1664 von einem Preiskampf «in der Red-Bull-Arena in der St. John-Street in Clerkenwell» – damals ein Vorort, heute mitten in London –, der ihm großes Vergnügen bereitet habe.[115]

Die in den Arenen entfachten Leidenschaften waren sprichwörtlich, denn mit Blick auf die Entwicklung der Theateraufführungen hieß es 1667: «Heutzutage benehme sich das Publikum gesittet, und früher sei es zugegangen wie in der Bären-Arena.»[116] Damit war weniger die Tierhatz als das Publikum gemeint. Im Mai des gleichen Jahres fuhr Pepys mit dem Boot von zu Hause «zur Bären-Arena, um mir einen Preiskampf im Fechten anzusehen. Die Ränge waren so voll, dass kein Hereinkommen mehr war. Ich musste daher in eine Bierstube gehen, durch die man auf den Kampfplatz gelangt, wo auch die Bären gehalten werden. Dort mußte ich mich auf einen Stuhl stellen, um den Kampf sehen zu können – ein Schlachter kämpfte gegen einen Fährmann. Der Kampf wurde mit großer Heftigkeit geführt. Der Schlachter war die ganze Zeit der Überlegene. Aber dann geschah es, dass dem anderen das Schwert aus der Hand glitt. Ich weiß nicht, ob der Schlachter dies nicht bemerkte, jedenfalls versetzte er dem wehrlosen Fährmann einen Hieb und verwundete ihn am Handgelenk so stark, dass dieser nicht mehr weiterkämpfen konnte. Himmel, wie sich die Fährleute aufregten – im nächsten Moment stürmten sie den Kampfplatz, um den Schlachter für seinen unerlaubten Schlag zur Rechenschaft zu ziehen. Und dann kamen die Schlachter, um ihren Mann zu verteidigen, sie machten ihm aber auch Vorwürfe. Es entstand eine große Keilerei, und auf beiden Seiten gingen zahlreiche Männer zu Boden und wurden verletzt. Es war ein recht lustiger Anblick, allerdings befand ich mich auf dem Kampfplatz und musste befürchten, ebenfalls verprügelt zu werden.»[117]

Der weitgereiste Prinz Ludwig Friedrich von Württemberg hielt im Jahr 1610 die Hetztheater in London / Southwark allerdings für provinziell im Vergleich mit ähnlichen Institutionen in Paris, Rom oder

Neapel, von denen wir sonst nichts wissen, deren Existenz aber durchaus glaubhaft erscheint.[118]

Professionalisierung

Trainer, Berufsspieler, Platzwarte, Schiedsrichter

Für die adelige Erziehung bedurfte es der Reit- und der Kampftrainer, der Tierwärter und Veterinäre.[119] Doch auch die bürgerlichen Wettspiele erforderten Übung und Betreuung. In den Städten Mitteleuropas tauchten in der zweiten Hälfte des 15. Jahrhunderts Fechtmeister auf, bei denen jedermann gegen Bezahlung das Fechten erlernen konnte. In Nürnberg oder Freiburg im Breisgau schlossen sich Fechtlehrer und -schüler in Bruderschaften zusammen.[120] Selbst bei eher unorganisierten Spielen kam die Forderung nach Trainern und Schiedsrichtern auf, der Londoner Schulrektor Richard Mulcaster forderte z. B. einen «Trayning maister» für den überall verbreiteten Straßenfußball.[121] Scaino hatte sein Buch über die Ballspiele geschrieben, weil er als Schiedsrichter im Tennis gegen seinen Arbeitgeber, den Herzog von Ferrara, urteilen musste. Als er sich dafür rechtfertigen musste, entdeckte er, dass nirgendwo die Spielregeln verbindlich festgelegt waren.[122]

Im Verlauf des 16. Jahrhunderts finden wir reisende Sportunternehmer, die ihre Dienste als Trainer und Turnierpartner anboten. Man vereinbarte mit ihnen Trainingsstunden oder focht Turniere aus, und Stadtregierungen oder Adelige gaben durch Geldgeschenke zu verstehen, dass man ihr Angebot schätzte.[123] Mitunter suchte man an befreundeten Orten gezielt nach geübten Sportlehrern. So ließ Wilhelm V. von Bayern Tennistrainer aus der Heimat seiner Frau Renata von Lothringen kommen.[124] Trainer für das Pallone-Spiel wurden aus Italien geholt, wie etwa der *pallon maister*, der 1591 in München angeworben wurde. Ballspielmeister kamen meist aus Italien, wie ein gewisser Pompeio Molinari, den Kurfürst Johann Georg I. von Sachsen im Jahr 1631 für die Sporterziehung seiner drei Söhne für 200 Taler im Jahr engagierte und der auch noch die Bälle selbst anfertigen musste.[125]

Die Ritterakademien warben mit der Qualität ihrer Sportlehrer um zahlende Kunden. Das Tübinger *Collegium illustre* veröffentlichte eine Werbeschrift, die nicht nur eine Innenansicht des Ballhauses und den danebenliegenden Spielplatz abbildete, sondern mit dem Ritter- und Hofexercitium warb. Dazu wurden eigens vier Sportlehrer für den Reit- und Fechtunterricht sowie ein Ballmeister und ein Tanzmeister eingestellt.[126] Thomas Platter fand in Paris Plätze für alle Sportarten samt Platzwarten und Sportlehrern, Reit- und Fechtschulen und natürlich eine Ritterakademie mit separaten Einrichtungen für Edelleute.[127] Die 250 Ballhäuser, die ein Begleiter des päpstlichen Gesandten 1598 zählte, sollen Arbeit für 7000 Beschäftigte geboten haben.[128]

Der Ulmer Patriziersohn Samuel Kiechel bediente sich in London der Tanz- und Fechtlehrer.[129] Fecht- und Tanzmeister führt auch Christoff Weigel in seinem *Verzeichnis der Gemein-Nützlichen Haupt-Stände* auf, dazu Lehrer für die Ballspiele.[130] Am Ende des 17. Jahrhunderts – so scheint es – war das Pallone-Spiel in Deutschland zu einer Belustigung der einfachen Leute abgesunken, während Standespersonen und jene, die es gerne sein wollten, versuchten, mit einem Ballmeister das Spiel der oberen 10 000 zu erlernen. Nur wenige Jahre vor Weigel hatte der Nürnberger Ballmeister Johann Georg Bender eine Anleitung für Ballspiele veröffentlicht.[131] Auch in anderen Sportarten finden wir, dass die Handbücher nicht mehr von Liebhabern, sondern von Profis verfasst werden.[132]

Unzweifelhaft muss man hier von Professionalisierung sprechen: Die Sportplätze und Sporthallen wurden professionell verwaltet, entweder durch fürstliche Hofbeamte oder durch akademische Fecht-, Tanz- oder Ballmeister, durch städtische Schützenmeister oder durch Pächter, die auch als Betreuer und Trainer fungierten. Sie sorgten für die Instandhaltung des Platzes und seiner Einrichtungen, stellten Geräte und Bälle, manchmal auch die Sportkleidung und Erfrischungen sowie das einfache Hilfspersonal wie die Balljungen beim Tennis. Bei den Pächtern bildeten sich «Dynastien» heraus, die über Generationen die Sporthallen führten, wie dies etwa für die Ballhäuser in Marburg und Salzburg nachgewiesen wurde.[133] Wie alle Sportarten benötigte auch die Tierhatz Personal, nämlich Tierwärter, Tierärzte, Trainer, Toreros und Picadores sowie natürlich den Matador, der den Stier formvollendet zur Strecke brachte.[134] In England unterstanden diese Spiele königlicher Aufsicht, und im 16. und 17. Jahrhundert gab es sogar das Hofamt eines *Master of the Games*, der Lizenzen für Vergnügungsbetriebe vergab und die Tierhaltung überwachte. König Eduard VI.

verlieh 1553 an Cuthbert Vaughan den Titel «Chief master of the king's games, pastymes and sportys, that ys to saye of all and every our bears, bulles and mastyffe dogges meate for that purpose». Auch Queen Mary I. und Elizabeth I. behielten seine Dienste bei. Der letzte *Master of the bears* starb kurz nach 1680, danach wurde dieses Amt nicht mehr besetzt.[135]

Mit der Sportifizierung der Spiele und der Turniere rückte die Person des Schiedsrichters in den Mittelpunkt der Veranstaltung. Bei den bürgerlichen Schützenfesten war die Person des «Pritschmeisters» wegen der großen Zahl der Teilnehmer und Zuschauer für den friedlichen Verlauf der Veranstaltung essenziell, und er wurde bereits in der Einladung namentlich genannt.[136] Scaino erwähnt den Schiedsrichter bei den von ihm geschilderten Ballspielen, doch gab es immer noch den Wildwuchs der Volksbelustigungen, bei denen die aktiven Sportler selbst die Entscheidungen trafen. Da dies häufig Tumulte zur Folge hatte, forderte Richard Mulcaster für den englischen Football die Einführung eines Schiedsrichters.[137] Die Institutionalisierung des Kampfrichters manifestierte sich in eigenen baulichen Strukturen. So wurden bei den frühneuzeitlichen Rennbahnen wie in Stuttgart in der Höhe des Ringleins eigene Schiedsrichtertribünen errichtet, die eine bessere Sicht auf den entscheidenden Moment des Wettbewerbs ermöglichen sollten.

Der frühneuzeitliche Sport war institutionell mit den Fürstenhöfen, den Stadtregierungen, den Akademien und Universitäten verbunden. Daneben gab es organisatorische Ansätze in den städtischen Bruderschaften, in Berufsgenossenschaften wie den Fechtverbänden (Marxbrüder, Federfechter) und in lokalen Verbänden wie den städtischen Schützengesellschaften oder Sebastiansbruderschaften, die ihre obrigkeitliche Anerkennung ihrem Nutzen für die Stadtverteidigung verdankten. Dazu kamen zahlreiche private Anbieter, Pächter von Fechtschulen, Ballhäusern oder Arenen, die privaten Interessenten ihre Räumlichkeiten vermieteten, Lehrkurse und Trainingsstunden anboten und Wettbewerbe veranstalteten. Ihre Tätigkeit wird bisher nur im Zusammenhang mit der Erforschung der Sporthallen sichtbar.

Wettkämpfe, Preise und Berichterstattung

«Es gab keine Hochzeit, kein größeres Fest ohne Turniere»,[138] wobei «Turnier» für alle möglichen Sportwettbewerbe stehen konnte und «Fest» im weitesten Sinn religiöse Feste (Patronatsfest, Kirchweih, Karneval, Ostern, die Weihnachtszeit etc.), politische Feiern (Einzüge, Krönung, Huldigung, Fürstentreffen, Reichstage, Investituren, Vertragsabschlüsse, Friedensfeiern etc.) und Ereignisse im Lebenszyklus der regierenden Fürsten (Geburt, Hochzeit, Tod) oder anderer herausragender Personen meint.[139] Seltener waren frei angesetzte Wettbewerbe, zu denen auf einen bestimmten Termin überregional oder «international» Wettkämpfer und ein allgemeines Publikum eingeladen wurden. Solche Großveranstaltungen dienten dem Prestige einer Stadt und konnten auch kommerziell motiviert sein.[140] Bei den reichsstädtischen Freischießen des 15. bis 18. Jahrhunderts, in deren Umfeld leichtathletische Wettbewerbe stattfanden, traten oft über 1000 Wettkämpfer an, welche von dem öffentlichen Ansehen und dem Wert der ausgelobten Preise angezogen wurden.[141]

Manche Wettbewerbe hießen sogar nach dem Preis, wie z. B. das Münchner Scharlachrennen, das seinen Namen nach der Farbe der begehrten Stoffe trug. Bei dem berühmten *Palio* von Siena war der erste Preis eine Art von Mantel (lat. *pallium*).[142] Bei privaten Sportwettkämpfen – etwa Tennisspielen – wurde nicht selten um Einsatz gespielt, öffentliche Turniere wurden durch die Auslobung eines Preises für die Teilnehmer attraktiv gemacht. Bei der endlosen Serie von Ringrennen und ähnlichen Reitwettkämpfen auf den Stuttgarter Rennbahnen, aber auch bei Tennisturnieren im Ballhaus oder Armbrust- und Büchsenschießen auf der Schießbahn, stifteten Herzog Johann Friedrich von Württemberg oder einer seiner Brüder, manchmal auch ein Angehöriger des Hofadels oder ein auswärtiger Gast, in steter Folge vergoldete Pokale, Becher, Kannen, Schüsseln, Schmuckstücke, auch Schmuckwaffen und Geldpreise. Die Preise waren bleibende Andenken mit Öffentlichkeitswert.[143]

Preise und Publizität bedingten einander. Bei großen Wettbewerben wurden die Erwartungen im Vorfeld durch gedruckte Einladungen mit den Spielregeln und Preisausschreibungen angeheizt. Über die einzelnen Veranstaltungen wurden umfangreiche Dossiers angefer-

Darstellung des Augsburger Schießplatzes in einer Reportage über das Schützenfest am 6. Oktober 1567

tigt.[144] Geldpreise ersetzten seit der Mitte des 15. Jahrhunderts bei den bürgerlichen Wettbewerben die älteren Naturalpreise (Widder, Pferd etc.), und die Preishöhe vervielfachte sich innerhalb eines Jahrhunderts. In Augsburg lag sie 1440 bei 40 Gulden, 1470 waren es bereits 101 Gulden, in Leipzig konnte man 1550 bereits 300 Gulden gewinnen, in Basel wurde 1603 als Hauptgewinn ein Pokal im Wert von 300 Dukaten vergeben.[145] Die Namen der Schützen und die Ergebnisse des Wettbewerbs wurden anschließend publiziert.[146] Den Schießwettbewerb der Schützenzunft von Dannenberg gewann 1615 Herzog August d. J. von Braunschweig-Lüneburg. In seiner Korrespondenz mit dem Augsburger Kunsthandler Philipp Hainhofer zeigte sich der Fürst regelrecht begeistert, dass er Schützenkönig geworden war und die Siegerkette tragen durfte. Da ihm diese allerdings nicht besonders gefiel, gab er eine neue, goldene in Auftrag, an der ein Papagei sein Wappenschild trug.[147]

Die Berichterstattung über sportliche Großereignisse und Heldentaten ist bislang noch kaum erforscht, doch von den wenigen untersuchten Beispielen lesen wir gedruckte Berichte ohne Ende, mit einer zeitbedingten Präferenz für Turniere, Reiterspiele, Preisschießen und Stierkämpfe.[148] Viele Berichte finden sich in Publikationen über große Feste anlässlich von Geburten, Taufen, Fasnachten, Krönungen, Einzügen, Audienzen, Huldigungen, Fürstentreffen, Reichstagen, Friedensschlüssen, Todesfällen oder Hochzeiten. Über die Münchner Fürstenhochzeit von 1568 etwa sind mehrere Berichte erschienen, ebenso über die Stuttgarter Hoffeste zu Beginn des 17. Jahrhunderts.[149] Natürlich gibt es zahlreiche Berichte von dem tragischen Sportunfall Heinrichs II. von Frankreich 1559.[150]

Auch jenseits der offiziellen Berichte und Einblattdrucke wurden sportliche Großereignisse selbst aus der Ferne beobachtet. So ließ sich Johann Friedrich von Württemberg von seinem Nachrichtenagenten über die Ritterspiele in Prag berichten, die 1611 anlässlich der Königskrönung Matthias' durchgeführt wurden.[151] Zu den dauerhaften Vorurteilen über den frühmodernen Sport gehört die Auffassung, die Leistungen der Wettkämpfer seien nicht gezählt oder gemessen worden.[152] Doch in den Berichten wurde genau festgehalten, wer welchen Wettbewerb gewonnen hatte, welche Punktzahlen erzielt und welche Preise gewonnen wurden. Akribische Spieler notierten ihre Spielresultate, wie z. B. Adam von Wallenstein jr. bei seinen Tennisspielen in den Jahren 1604–1605.[153]

Allgemeine Sportbegeisterung

Wir können die Sportbegeisterung bei den Fürsten aufgrund der Überlieferungssituation am besten fassen. Wir wissen, dass in die fürstlichen Ballhäuser, ebenso wie in die der Städte oder der Ritterakademien, eigene Zuschauerränge eingebaut wurden. Dasselbe gilt für die fürstlichen Reithäuser und Manegen oder akademische Fechtschulen. Freilich waren dies kleine Zahlen im Vergleich zu den Zuschauerzahlen bei öffentlichen Sportveranstaltungen. In den beiden Kampfarenen von London-Southwark kamen zweimal wöchentlich mehrere Tausend begeisterte Zuschauer zusammen.[154] Freiluftereignisse zogen riesige Menschenmengen an, wie etwa ein Florentiner Calcio von 1584, zu dem 40 000 Zuschauer kamen.[155] Auch die venezianischen Faustkämpfe und alle Pferderennen gehörten in diese Kategorie, insbesondere wenn – wie beim Palio von Siena – Stadtviertel mit ihren geschmückten Vertretern unter Trommelklang und Fahnenschmuck gegeneinander antraten.[156] Zu einem Zeitpunkt, als größere deutsche Städte gerade einmal 20–40 000 Einwohner zählten, muss die Versorgung vieler Tausender Gäste ein ähnlicher Kraftakt – und ein ähnliches Geschäft – gewesen sein wie die Abhaltung eines Reichstags.[157] In den deutschen Städten gehörten die Schützenfeste zu den größten Veranstaltungen. Hermann von Weinsberg berichtet in seiner Hauschronik von einem großen Schießwettbewerb der Reichsstadt Köln Anfang August 1581, an dem Hunderte von Schützen und Zehntausende von Zuschauern teilnahmen.[158]

Besonders in England war die Sport- und Wettbegeisterung bereits im 18. Jahrhundert beinahe sprichwörtlich. Reisende berichteten oft sofort nach ihrer Landung in England von Sportereignissen, wie z. B. Fürstin Louise von Anhalt-Dessau, die als ersten Reiseeindruck am 21. Juli 1775 auf der Fahrt von Dover über Canterbury nach Sittingbourne festhielt: «Als wir durch diesen ersten Ort fuhren, sahe ich gleich eine der englischen Leidenschaften, nämlich das Pferderennen, dieses war eben dichte an der Landstraße. Wir hielten eben da stille à la Borne [Meilenstein], wo sie einen halben Zirkel nehmen und umwenden, also dass wir sie von einer Seite kommen und auf der anderen wieder wegreiten sahen.»[159]

Frühneuzeitlicher Breitensport

Sport blieb in der Frühen Neuzeit nicht auf den Adel beschränkt. Auf den Kirchhöfen, Plätzen und Straßen der Dörfer und Städte wurde so lange Sport getrieben, wie dies erlaubt war. Mit der Beschränkung der Spielmöglichkeiten an diesen öffentlichen Orten wurden Spielwiesen und Spielplätze ausgewiesen, ansonsten blieb vor den Stadttoren die freie Natur. Besonders entlang der unbebauten Flussufer oder auf dem Eis wurde jederzeit Sport getrieben. Felix Platter, der Sohn eines Druckers aus Basel, der in den 1550er Jahren in Montpellier Medizin studierte, ging im Meer und in Flüssen schwimmen, er ging spazieren, tanzen, reiten, bergsteigen und – zur größten Verwunderung der Franzosen – Schlittschuh laufen auf den gefrorenen Flüssen.[160] Auch sein jüngerer Bruder berichtete immer wieder über Baden und Schwimmen in den Flüssen. So heißt es etwa zur französischen Stadt Orléans: «Als ich uber die Bruck in die Vortstatt gunge, badeten mechtig viel Männer und Knaben in der Loyre; ettliche sprangen auch über die Bruck hinunder, welche mechtig hoh ist. Lugten ihnen viel Volk und Frauenzimmer zu, undt hatte nicht irgend ein einiger irgend was for sich, damit er sich bedecket, sonder wahren ihrem brauch nach gantz nakent. Vast mitten under der Bruck ist ein kleine Insel wie auch nicht weit darvon noch ein andere, darauf man gleich wie auch an der statt hinauf gegen der Loyren spatzieren gehen kann.»[161]

Michel de Montaigne berichtete in seinen *Essais* über zahlreiche Sportarten wie Wettrennen, Tanzen, Jeu de Paume, Ringen, Reiten, Schwimmen, Springen und Fechten und gab seine Mittelmäßigkeit in allen Disziplinen außer dem Rennen zu.[162] Dies ist kein Zufall, denn der aufmerksame Zeitbeobachter besuchte auf seiner Italienreise in den Jahren 1580/81 gezielt die lokalen Sportstätten: in Verona die Arena, in Bologna die Fechtschule eines venezianischen Meisters, dessen Schüler ein ähnliches Etablissement in seiner Heimatstadt Bordeaux unterhielt. In Rom hielt sich Montaigne während der Zeit des Karnevals auf. Er bezahlte Eintritt für eine Tribüne, von der aus er den Wettrennen von Kindern, Juden und nackten alten Männern zuschauen konnte, außerdem den Reitwettbewerben auf Eseln und Büffeln und dem Pferderennen. Er fand dieses allerdings eher langweilig im Vergleich zum anschließenden Quintanrennen des römischen Adels und anderen Turnierübungen, die am Abend in einem temporären Amphitheater aufgeführt wurden.[163]

John Evelyn schrieb zwei Generationen später über dasselbe Ereignis: «We were taken up next morning in seeing the impertinences of the Carnival, when all the world are as mad at Rome as at other places; but the most remarkable were the three races of the Barbary horses, that run in the Strada del Corso without riders, only having spurs so placed on their backs, and hanging down by their sides, as by their motion to stimulate them; then [came races] of mares, then of asses, of buffalos, naked men, old and young, and boys, and abundance of ridiculous pastime.»[164] Bezeichnend ist immerhin, dass der Calvinist, der seine Missbilligung der öffentlichen Rennveranstaltungen so zelebrierte, eigens zu diesem Festtermin 1645 nach Rom reiste, ebenso wie er ihn im kommenden Jahr in Venedig verbrachte, wo er ähnlich missbilligend über die saisonalen Sportveranstaltungen schrieb.[165] Während der Adelige den

Stierkampf auf der Piazzetta vor dem Dogenpalast aus Anlass des Giovedì grasso, in: Giacomo Franco, Habiti d'Huomeni et Donne venetiane, Venedig 1610

katholischen Volkssport verwirrend fand, zollte er dem zivilisierten Adelssport allen Respekt. Anfang Mai wurde Evelyn zu einem Turnier des römischen Stadtadels eingeladen, wo alles ordentlich zuging – dies war die Art von ritterlichem Sport, den er genießen konnte: «There had been in the morning a joust and tournament of several young gentlemen on a formal defy, to which we had been invited; the prizes being distributed by the ladies, after the knight-errantry way. The lancers and swordsmen running at the tilt against the barriers, with a great deal of clatter, but without any bloodshed, giving much diversion to the spectators, and was new to us travellers.»[166]

Montaigne scheint Florenz extra in der Woche um den Heiligentag Johannes des Täufers besucht zu haben, in der sich die sportlichen Wettkämpfe auch in der Frühen Neuzeit noch häuften. Höhepunkt war hier das Wagenrennen, das Cosimo I. jährlich auf dem Platz vor Santa Maria Novella abhalten ließ. Der Rennwagen der Familie Strozzi siegte knapp über den der Medici, nach Montaigne zu Unrecht. Trotzdem hielt er diese Rennveranstaltung für das Beste, was er in Italien zu sehen bekommen hatte, vermutlich weil es seine Antikenbegeisterung ansprach. Dagegen gefiel ihm der Florentiner Palio überhaupt nicht,

weil man wegen der engen Straßen wenig sah. In Lucca notierte er die
hervorragenden Pallone-Spiele, die man hier häufig sehen konnte. Bei
seinem zweiten Romaufenthalt im Oktober 1581 besuchte Montaigne
eine Vorstellung von Reiterakrobaten in den Diokletiansthermen. Der
Akrobat – ein alter Italiener – hatte lange als Sklave im Osmanischen
Reich gelebt und dort seine Tricks gelernt. Aber wie schon Castiglione
im *Cortegiano* betont, waren akrobatische Übungen nichts für Adelige.
Bei einem Dinner im Palast des sienesischen Adeligen Silvio Piccolomini in Florenz zeigte sich in der Konversation, welche Sportarten
der Adel liebte: das Fechten.[167]

Anders war dies bei Girolamo Cardano aus Pavia, dem Sohn eines
Rechtsanwalts, der eine akademische Karriere einschlug. Er schrieb in
seinen Lebenserinnerungen ein ganzes Kapitel nur über Sport, das
tiefe Einblicke in die Ansichten des Professors zulässt. Welche Sportarten können wir hier erwarten? «Von früher Jugend an habe ich mich
allen Arten von gladiatorischen Übungen eifrig gewidmet, so daß ich
es bei dieser wilden und übermütigen Klasse von Menschen wohl hätte
zu einigem Ansehen bringen können. Ich machte Fechtübungen mit
dem Schwert, und zwar mit diesem allein oder auch mit einem Schild,
mit dem oblongen oder mit dem großen und kleinen Rundschild. Auch
lernte ich mit dem Stoßdegen und Schwert zugleich, mit der langen
Lanze und mit Wurfspeeren, oder aber auch mit dem Schwert und
dem schweren Mantel ohne besondere Anstrengung auf ein hölzernes
Pferd zu springen und verstand es, unbewaffnet einem anderen den
gezückten Dolch zu entreißen. Ich übte mich auch im Laufen und
Springen und habe es darin zu genügender Fertigkeit gebracht; weniger bei Übungen mit den Armen, meiner schwachen Armmuskeln
wegen. Beim Reiten, Schwimmen oder Abfeuern von Schusswaffen
war es mir noch nicht recht behaglich, fürchtete ich doch auch die
Blitze wie den Zorn der Götter. Von Natur nämlich war ich feig, nur
künstliche Übung hat mich mutig gemacht, weshalb ich mich auch in
die Reihen der freiwilligen Miliztruppen aufnehmen ließ. Auch streifte
ich oft bei Nacht, entgegen den Vorschriften der Obrigkeit, bewaffnet
durch die Straße der Stadt, wo ich gerade wohnte.»[168]

Was Akademiker und Adelige gemeinsam hatten, war die notwendige Zeit für sportliche Übungen, für Training und Wettkämpfe. Könnte
man daher sagen, dass eine Art frühmoderner *leisure class* Sport als Mittel der Distinktion benutzte? Für bestimmte Sportarten trifft dies sicher

zu. Die publizierten Regeln für Turniere, für den Calcio, für Ringrennen und für Tennis schlossen die niederen Stände sogar explizit aus. Allerdings muss das wenig heißen, denn in den Niederlanden und im Rheinland gab es spätestens im 15. Jahrhundert eine Art Freilufttennis, das «Kaetschen» genannt wurde und sich allgemeiner Beliebtheit erfreute. Ein Kölner Mönch behandelte es um 1450 in seiner niederdeutschen Abhandlung *Eyn suuerlich boich van bedudynge des kaetschens*. Noch im Jahr 1562 existierte eine «Katzbahn» in Köln.[169] Große europäische Städte wie London, Paris oder Rom boten derart viele Tennisplätze und Ballhäuser, Fecht- und Reitschulen, dass jeder, der sich die Platzmiete und eventuell noch einen Lehrer oder Sparringspartner leisten konnte, spielen konnte. Dieses Sportangebot gehörte zu den Standortvorteilen, die zur Attraktivität der großen europäischen Metropolen beitrugen.

Wintersport

Beispiele von Sportifizierung im engeren Sinn finden wir auch im Bereich des Wintersports mit Beginn der Neuzeit. So gründeten etwa bereits im Jahr 1510 schottische Adelige einen *Curling*-Club, der diese Form des Eisschießens mit abgeflachten Steinen auf dem Eis praktizierte. Formen des Eisschießens mit diversen Sportgeräten kennen wir vom 16. Jahrhundert auch aus Nordfrankreich und aus den Niederlanden, und man wird annehmen dürfen, dass es in ganz Skandinavien verbreitet war. In Frankreich wurden die abgeflachten Steinscheiben mit gekrümmtem Griff *bouillotte* (Teekanne) genannt. Diese dicken Scheiben wurden außer aus geglättetem Stein auch aus Hartholz mit Eisenbeschlägen hergestellt und wogen 15–20 Kilogramm. Der älteste datierbare Curling-Stein stammt aus Schottland und trägt die Jahreszahl 1551. Das Eisschießen wurde auch in Bayern und in der Steiermark – und möglicherweise im übrigen Alpenraum – kultiviert, hier hieß das Ziel «Taserl» oder «Daube». Abgeleitet von diesem Wintersport ist vermutlich das Zimmerspiel *Shuffleboard*, bei dem auf einem großen Spieltisch von ca. drei bis zehn Metern Länge Jetons mit einem schaufelartigen Gerät geschoben wurden. Den frühesten Hinweis darauf haben wir vom Hof Heinrichs VIII. von England, wo es 1532 in einem Ausgabenbuch heißt, der König habe am *shovilleborde* eine größere Geldsumme verspielt.[170]

In seinen *Relationes Curiosae* berichtet Eberhard Werner Happel in einem langen Kapitel über «die ergätzliche Winterlust» der Hamburger auf Elbe, Binnen- und Außenalster, wenn diese wieder einmal zugefroren waren. Entweder fuhr man mit verschiedenen Pferdeschlitten auf dem Eis, oder man vergnügte sich mit Schlittschuhen, deren Konstruktion genau beschrieben wird. Holländische Spezialisten führten Eiskunstlauf mit Luftsprüngen vor. Eine besondere Attraktion stellte 1682 die Vorstellung eines holländischen Eisseglers dar, eines Segelschiffs, das auf Kufen «schnell wie ein Pfeil» über das Eis fahren konnte.[171] Man könnte einwenden, dass nicht von Wettrennen berichtet wird, es sei aber daran erinnert, dass es auch heute noch eine olympische Disziplin Eiskunstlauf gibt, bei der es nicht um Schnelligkeit, sondern um die Qualität der Sprünge und die Anmut der Darbietung geht. Von der Schweiz bis nach Skandinavien war das Schlittschuhlaufen beliebt in der ganzen Bevölkerung, wie man den niederländischen Winterbildern seit Pieter Brueghel entnehmen kann, wobei Eislaufen natürlich auch Eishockey und Eisstockschießen mit einschloss.

Bedingt durch die Kältephase der Kleinen Eiszeit verbreiteten sich Wintersportarten jetzt stärker in Mitteleuropa, so gab es kaum einen Hof, der nicht über einen Schlittenpark verfügt hätte, also eine Sammlung von Prunkschlitten, die ebenso wie Kutschen vom fürstlichen Marstall betreut wurden, weil sie wie die Sommergefährte von Pferden gezogen wurden. Für die Verwahrung dieser steigenden Zahl von Fahrzeugen – den frühneuzeitlichen Fuhrpark – waren eigene große Bauwerke nötig, Großgaragen gewissermaßen. Viele dieser Schlitten haben sich in Museumssammlungen erhalten, genannt seien nur die württembergische Sammlung in Urach, die Tiroler Sammlung im Museum Ferdinandeum in Innsbruck oder die bayrische Sammlung im Marstallmuseum in Schloss Nymphenburg. Der Hofadel veranstaltete vom November bis in den März hinein in den langen Wintern dieser Periode Schlittenfahrten durch das Land und durch die Städte, als besondere Attraktion gerne auch nachts bei Fackelschein. Neben diesem Freizeitvergnügen, bei dem sich unter den wärmenden Decken auch die Geschlechter näherkommen konnten, gab es noch besonders robust angefertigte Rennschlitten, die von Hunden oder Pferden gezogen werden konnten. Selbst der besonders religiöse Hof des Kurfürsten Maximilian von Bayern verfügte über 19 schwarze Rennschlitten, bei denen der Lenker stand und allenfalls eine weitere Person mitfahren konnte.[172] Schlitten fanden Verwendung in der Jagd und anderen höfischen Sportarten. So wurden in Dresden Ringelstechen veranstaltet, bei denen die Akteure sich nicht auf dem Pferd, sondern auf dem Schlitten auf das Ziel zubewegten. Bei Damenringrennen lenkte seit 1654 ein Kavalier den Schlitten, während die Dame mit der Lanze das Ziel zu treffen versuchte.[173]

Obrigkeiten wollten immer wieder das Wintervergnügen beschränken. So erließ die Reichsstadt Augsburg 1530 ein Nachtfahrverbot und 1568 eine Preisbeschränkung für Schlitten. Der Davoser Schlitten aus Eschenholz mit eisenbeschlagenen Kufen, fixer Holzkonstruktion und Zugeisen wurde erst anlässlich eines Schlittenrennens 1883 in Davos aus dem leichten norwegischen Schlitten entwickelt. Auf dieses Modell gehen alle jüngeren Schlittenarten bis hin zum Rennbob und Skeleton zurück. Das vermeintliche Weihnachtslied *Jingle Bells*, das um 1850 von James Lord Pierpont komponiert und unter dem Titel *One-Horse Open-Sleigh* (Boston 1857) publiziert wurde, handelt von einem Pferdeschlittenrennen von Jugendlichen.[174]

Sport am Kaiserhof

Nimmt man den Kaiserhof als Fallbeispiel, dann kann man sehr gut den Wandel der Sportvorlieben im Verlauf der Frühen Neuzeit darstellen. Kaiser Maximilian I. bewegte sich noch weitgehend in einer mittelalterlichen Sportwelt, geprägt durch die Erziehung zum Kampf und zu Ritterspielen, wie er dies in seinen beiden Autobiographien, dem *Weißkunig* und dem *Theuerdank*, zum Ausdruck bringt. Die Illustrationen dieser Werke zeigen aber, dass wenigstens unter den Kinderspielen auch in der Rittererziehung Ballspiele vorgesehen waren. Wie an allen Höfen spielte am Kaiserhof stets die Jagd eine besondere Rolle, bei Maximilian vor allem auch die Gemsenjagd im Tiroler Hochgebirge. Kaiser Karl V. entwickelte vor dem Hintergrund seiner burgundischen Erziehung ganz andere Vorlieben, hier spielte neben den Ritterspielen vor allem das Tennis ein zentrale Rolle, das Karl in den Niederlanden von klein auf erlernt hatte. Karl spielte in Frankreich, in England und in Italien, vermutlich lassen sich bei näherer Suche auch Beispiele aus Spanien und aus Deutschland finden. Jedenfalls ließ sein in Spanien erzogener jüngerer Bruder, der spätere Kaiser Ferdinand I.,

Das nach einem Brand 1993 in den ursprünglichen Bauzustand zurückversetzte gewaltige Ballhaus von Schloss Neugebäude bei Wien, heute 11. Bezirk Wien Simmering. Bauherr war der sportbegeisterte Kaiser Maximilian II. in den Jahren 1569–1576. Im 18. Jahrhundert erfolgte eine Umnutzung zu militärischen Zwecken.

der seit 1521 in Wien residierte, Anfang der 1520er Jahre erste Ballspielhäuser in Wien und anderen österreichischen Städten errichten, dessen Sohn Kaiser Maximilian II. übertrug diese neue Vorliebe auch auf Prag und ließ in der Anlage von Schloss Neugebäude eine so gewaltige Tennishalle errichten, dass man vermuten kann, dass hier auch Indoor-Pallone gespielt wurde. Als Böhmen unter Kaiser Rudolf II. zum Zentrum der Kaisermacht aufstieg und Prag zum Zentrum politischer Tennisdoppel wurde, verbreiteten sich die Ballspielhäuser unter dem böhmischen Adel. Fürst Wallenstein errichtete ein Ballspielhaus in seinem Prager Palais, die Fürsten von Eggenberg in Krumau (heute Český Krumlov) etc. Dafür, dass diesem Kaiser tiefe Melancholie nachgesagt wird, zeigte er große sportliche Aktivität.

Erst unter den Kaisern Matthias und Ferdinand II. etablierte sich Wien als dauerhafte Residenz des Kaisertums, was einen Ausbau auch der sportiven Infrastruktur bewirkte. Als der polnische Kronprinz und spätere König Władysław IV. Wasa zum ersten Mal nach Wien kam, ging der künftige Kaiser Ferdinand III. nach einer ersten Audienz und der Vorführung der Kunstsammlungen am 25. und 26. Juni 1624 mit seinen Gästen erst einmal auf die Jagd. Danach wurde eine Tanzvorführung mit Ballett veranstaltet, auf die deutsche Tänze zum Mittanzen folgten. Am 27. Juni gab es ein Wettschießen, bei welchem der Kronprinz einen Ehrenpreis erhielt. Am nächsten Tag genoss man wieder Figurentänze, Ballett und «die üblichen Tänze» der Hofgesellschaft.[175] Unter Kaiser Leopold I. können wir wie bei seinem französischen Gegenspieler Ludwig XIV. den Niedergang einiger älterer Sportarten und den Aufstieg neuer beobachten. Die Hofgesellschaft verbrachte den Winter in der Wiener Hofburg, die als sportliche Annehmlichkeiten das Ballspielhaus und das Reithaus bereithielt. Im Frühling residierte man südlich von Wien in Schloss Laxenburg, das über einen eigenen Turnierplatz verfügte und zu Spaziergängen einlud. Den Sommer über war man auf Schloss Favorita (heute Wien, 4. Bezirk, Favoritenstraße), das samt seinen Sportfazilitäten 1746 in eine Ritterakademie (*Theresianum*) umgewandelt wurde. Herbstaufenthalt war auf Schloss Kaiserebersdorf, direkt neben dem inzwischen verfallenen Schloss Neugebäude gelegen (heute in Wien, 11. Bezirk), in dem sich nun nur noch die kaiserliche Menagerie befand.

Kaiser Joseph I. war ein hervorragender Reiter, der waghalsige Kunststücke liebte und seine Pferde selbst zähmte. In jugendlicher Abenteuerlust ging er mit seinem Vertrauten Mathias Lamberg auf die Jagd. Sein Bruder Karl VI. ließ die Winterreitschule erbauen. Dessen Tochter Maria Theresia wird zwar oft als «Kaiserin» bezeichnet, sie trug diesen Titel aber nie, da sie sich als Erzherzogin von Österreich und gewählte Königin von Ungarn und Böhmen für weitaus mächtiger hielt als ihren Ehemann, Kaiser Franz I. Stephan. Sie ließ in die Wiener Hofburg den großen Redoutensaal für große Tanzveranstaltungen einbauen.

Unter den humorlosen Söhnen Maria Theresias ging nicht nur das Alte Reich seinem Ende zu, sondern auch die alteuropäische Sporttradition. In die Vorstellungen des Kaisers Joseph II. von einer rationalen Gesellschaft passte weder das Freizeitvergnügen des Adels noch das der Untertanen. Bei ihm waren es nicht mehr religiöse Gründe, sondern Nützlichkeitserwägungen der aufgeklärten Staatsräson, die ihn gegen jede Form der Ressourcenverschwendung – also alles Kulturelle – angehen ließen. Der Aufklärer interessierte sich für Manufakturen, Zucht- und Krankenhäuser, aber nicht für Tennis- oder Reithallen.

Allerdings öffnete er den Wiener Augarten und den Prater für die Allgemeinheit und verschaffte dadurch der Hauptstadtbevölkerung Zugang zu öffentlichen Freizeitflächen. Sein Bruder Kaiser Leopold II. hatte bereits als Großherzog der Toskana die offizielle Tradition des Florentiner Calcio nach einem Begrüßungs-Match absterben lassen. Der Kulturbanause schränkte die Oper und das Theater und sogar die Jagd ein, «die er für ein barbarisches Vergnügen hält».[176] Franz II., der 1806 als letzter Kaiser des Heiligen Römischen Reiches Deutscher Nation unter dem Druck Napoleons abdanken musste, aber in der Donaumonarchie Österreich-Ungarn bis 1835 weiterregierte, interessierte sich mehr für Pflanzen als für Sport und hinterließ eine große Sammlung von Trockenblumen.

Kommerzialisierung

Cricket

Beim Cricket – das den meisten Kontinentaleuropäern so sinnlos wie unverständlich erscheint – handelt es sich um eine Sportart, deren Aufstieg aus der Provinz zum englischen Nationalsport man seit dem 17. Jahrhundert beobachten kann. Im 19. Jahrhundert verbreitete es sich über weite Teile des *British Empire*, und heute wird es vor allem in den Staaten des Commonwealth gespielt. Beim Cricket dreht sich alles um das Duell zwischen dem Werfer (*bowler*) und dem Schlagmann (*batsman*), die sich auf einem schmalen Spielstreifen (*pitch*) in etwa 20 Meter Entfernung (22 *yards*) gegenüberstehen. Der Bowler versucht, das *Wicket* hinter dem Batsman zu treffen. Ein Wicket besteht aus drei Posten (*stumps*), die durch Klötzchen (*bails*) verbunden sind, die bei einem Treffer herunterfallen. Ein *Wicket-Keeper* hinter dem Batsman versucht, solche Treffer zu verhindern. Der Batsman versucht dagegen, den Ball wegzuschlagen, wofür er Punkte (*runs*) bekommt. Gezählt werden nicht die Treffer, sondern die Runs. Der Bowler wird durch Feldspieler auf einem großen ovalen Rasenfeld um den Pitch herum unterstützt, die den Ball so schnell wie möglich zurückbringen müssen. Beim Cricket kann immer nur eine Mannschaft punkten, während die andere versucht, das zu verhindern. Begeht ein Batsman einen Fehler, scheidet er aus (*dismissal*) und wird durch einen anderen Spieler seiner Mannschaft ersetzt. Sind alle Spieler ausgeschieden, endet eine Spielphase (*inning*). Anschließend wird gewechselt, und die andere Mannschaft kann punkten. Ein vollständiges Cricket-Match besteht aus einem oder zwei Innings pro Mannschaft, es hat also keine festgelegten Spielzeiten und kann theoretisch tagelang dauern.

Erstmals aktenkundig wurde der Begriff Cricket in einem Gerichtsfall, der Anfang 1598 die Eigentumsrechte der *Royal Grammar School* im südenglischen Guildfort in der Grafschaft Surrey verhandelte. Darin behauptete ein Mann, um sein Gewohnheitsrecht zu beweisen, er habe bereits seit 50 Jahren auf dem umstrittenen Stück Land *krecket* gespielt. Die nächste Erwähnung stammt aus dem Jahr 1611 im Zusammenhang mit dem Sabbatarianismus der Puritaner, als zwei Cricketspieler wegen Verletzung der Sonntagsheiligung verurteilt wurden. Wie Football war auch Cricket ein Spiel zwischen Dorfmannschaften, das von den Puritanern während der Zeit der Republik ungern gesehen wurde. Nach der Restauration wurde *Creckett* im Südosten Englands immer beliebter, auch weil man auf Sieg oder Niederlage wetten konnte. Nach dem Fall der Pressezensur wurde im Jahr 1697 über ein *great Cricket match* zwischen zwei Mannschaften von je elf Spielern in Sussex berichtet, bei dem um 50 Guineen gespielt wurde. Zu Beginn des 18. Jahrhunderts begannen Adelige und reiche Kaufleute als *patrons*, eigene Teams aufzustellen, für die große Spielgründe, wie z. B. 1707 der *Artillery Ground* in London-Finsbury, bereitgestellt wurden. 1709 gab es erste Teams, die im Namen ihrer Grafschaft (*county*) auftraten. Seit dem zweiten Viertel des 18. Jahrhunderts, als sich auch der Hochadel engagierte, berichtete die Presse häufiger über Cricketspiele.[177]

Ein Förderer des Crickets war der englische Thronfolger Friedrich Ludwig von Hannover, der älteste Sohn von König Georg II. und Caroline von Brandenburg-Ansbach. Sein Vater hielt ihn von Großbritannien fern, und er durfte erst nach dem Tod seines Großvaters zu seiner Ernennung zum *Prince of Wales* 1728 einreisen. Der Thronfolger begab sich sofort in politische Opposition zu seinem Vater, dem König, und tat sich mit einer Adelsfraktion zusammen, deren Treffpunkt *Lincoln's Inn Fields* – heute noch der größte Platz Londons –, ein großes Freizeitgelände mit Tennis-Court und Cricketfeld, war. Der Prince of Wales war ein begeisterter Sportler und vergnügte sich auf seinem Landsitz Cliveden mit

Fischen, Rudern und Schießen. Um seine Integration in England zu verbessern, stellte er eigene Cricketteams auf und führte den Brauch ein, neben Spielergagen und Geldpreisen auch Pokale für die Sieger zu stiften. Zeitungen wie die von Daniel Defoe gegründete *Whitehall Evening Post* berichteten von den Cricketmatches, die von ihm gesponsert wurden und für die erstmals im Cricket richtige Spielfelder ausgesteckt wurden. Freilich hatte der Sportprinz das Pech, dass er von einem Cricketball tödlich getroffen wurde. Wobei die Todesumstände nicht eindeutig sind, andere Versionen besagen, er sei an einem Abszess an der Stelle, wo ihn der Ball getroffen habe, gestorben.[178]

Der Tod des wichtigsten Sponsors fällt vielleicht nicht zufällig zusammen mit der Gründung der ersten Cricket-Clubs. Eine besondere Rolle sollte der *Marylebone Cricket Club* (MCC) spielen, der 1787 in London gegründet wurde. Er machte sich die Entwicklung des Cricket-Sports programmatisch zur Aufgabe, revidierte ein Jahr später die «Laws of Cricket» und organisierte zunächst den Cricket-Sport in England und Wales und später weltweit. Als Cricket in Paris 1900 einmal zu den Olympischen Spielen zugelassen wurde, siegte das Team von Großbritannien. Erst nach mehr als 200 Jahren gab der MCC 1993 seine Funktionen an den *International Cricket Council* (ICC) und eine entsprechende englische Organisation auf der nationalen Ebene ab. Seit 1975 wird alle vier Jahre ein *Cricket World Cup* ausgetragen, an dem zuletzt 14 Länder teilgenommen haben. Das erste Finale gewannen die West Indies (Karibische Inseln) gegen Australien. England, das Mutterland des Crickets, hat das Turnier noch nie gewonnen. Dafür war viermal Australien erfolgreich und je zweimal Indien und die Karibischen Inseln, außerdem je einmal Pakistan und Sri Lanka. Der ICC verlagerte 2005 seinen Sitz nach Dubai in den Vereinigten Arabischen Emiraten (VAE), die seit 1996 an diesem Wettbewerb teilnehmen. Die VAE und die Niederlande sind die ersten teilnehmenden Länder, die nie dem British Empire angehörten.

Kommerzialisierung des Sports in England

Ein sehr viel dynamischeres Gegenstück zur Privatisierung des Sports in Deutschland bildete die Kommerzialisierung des Sports in England. Diese lässt sich sehr gut an den Anzeigen ablesen, die nach dem Auslaufen der Pressezensur im Jahr 1695 im Vereinigten Königreich blühten. Folgt man der Geschichte des Boxens im *Sporting Magazine*, dann gab es bereits 1688 – also zur Zeit der *Glorious Revolution* – mehrere Plätze in London, auf denen öffentlich Boxveranstaltungen abgehalten wurden.[179] Als erste Annonce für eine Sportveranstaltung findet sich 1699 die Werbung für eine neue, private Tierhetzarena, den *Beargarden* in Hockley-in-the-Hole im Londoner Vorort Clerkenwell. London war damals eine Großstadt von 575 000 Einwohnern, die in ihrem oft rauen Alltag Zerstreuung suchten und in den neuen kommerziellen Veranstaltungstheatern fanden. Clerkenwell war aber nicht nur ein Veranstaltungsort für Tierkämpfe, sondern auch für kommerzielles Boxen. Die Zeitung *London Post* berichtet im Jahr 1700 vom Boxkampf eines Gorman gegen den *Champion* Davis. Immer wieder interessierten sich auch angesehene Zeitschriften wie die «moralische» Wochenzeitung *The Spectator* für die Wettkämpfe, ihr Herausgeber Richard Steele berichtet 1712, dass ein offenbar bereits allgemein bekannter Boxer James Miller nach schwerer Verwundung durch seinen Gegner Buck besiegt wurde.

Die Kommerzialisierung betraf aber nicht nur den Kampfsport, sondern auch andere Formen des körperlichen Wettbewerbs. Zu Beginn des 18. Jahrhunderts finden wir noch traditionelle Laufwettbewerbe, die von hohen Adeligen mit semiprofessionellen Läufern veranstaltet wurden, unter denen der Wettläufer Levi Whitehead hervorragte: «In the beginning of the present century there was one Levi Whitehead of Bramham, in Yorkshire, who was noted for his swiftness in Running, having won the buck's head for several years at Castle Howard, given by the grandfather of the present Earl of Carlisle. He also won the first Queen Anne's Guineas given by William Aisleby, Esq. of Studley, near Ripon, beating then the famous Indian and nine others, selected to start against him. In his 22nd year he ran four miles over Branham Moor, in nineteen minutes [...]. He died in the hundredth year of his age, on the 14th of March, 1787.»[180] Er setzte die Maßstabe, die im Folgenden über- bzw. unterboten werden mussten. Ein bekannter Leichtathlet und Unternehmer im Unterhaltungsbereich namens James Smith bot Wettrennen auf dem Londoner *Artillery Ground* an. Ein anderer, der sich *Jackson the Runner* nannte, kündigte die Vorführung seiner Künste – wohl in Form von Wettrennen – auf Clapham Common an. 1725 wurden in den Becken des Pleasure Garden Wettschwimmen veranstaltet. Ein neuer Laufrekord wurde 1730 aufgestellt, als James Appleby vier Meilen in 18 Minuten rannte, also eine Minute schneller als Whitehead. In der weiteren Folge produzierten diese Wettläufe, die in England unter dem Stichwort *Pedestrianism* zusammengefasst wurden, alle paar Jahre neue Rekorde. Das wurde auch dadurch interessanter, dass seit den 1740er Jahren in London immer genauere Stoppuhren hergestellt wurden, die nicht nur in den Naturwissenschaften, sondern eben auch im Sport zum Einsatz kamen. 1770 rannte James Parrot die Meile in vier Minuten. Diesen Rekord zu brechen, wurde 17 Jahre später eine Preissumme von 1000 Guineen ausgesetzt, das entspräche nach der Berechnung von David Day heute einem Wert von 780 000 Pfund Sterling, also annähernd einer Million Euro! Am 31. Oktober 1796 rannte ein Läufer namens Weller dann die Meile in 3 Minuten 58 Sekunden.[181]

Dass der Kampfsport echte Stars hervorbrachte, zeigt der Fall des Boxers James Figg. Als er 1714 erstmals in einem Zeitungsbericht erwähnt wurde, trug er bereits den Titel eines *Champions*, fünf Jahre später nannte er sich selbst sogar «English Champion». Manche Boxgeschichten betrachten ihn als den ersten Boxmeister im Schwergewicht, und da er bis in sein Todesjahr ungeschlagen blieb, behielt er den Meistertitel mit 15 Jahren auch vergleichsweise lange. 1992 wurde er in die «International Boxing Hall of Fame» (New York) aufgenommen – im gleichen Jahr wie Max Schmeling, der Weltmeister von 1930.[182] Der Boxmeister, der zunächst für den Earl of Peterborough geboxt hatte, bewies Geschäftssinn, indem er 1723 seine eigene Boxarena eröffnete, in der er das Boxen lehrte und vorführte. In diesem «Amphitheater» wurden keine Tierkämpfe mehr aufgeführt. Figg war geschäftlich so erfolgreich, dass er seine Werbeplakate von Künstlern wie William Hogarth entwerfen lassen konnte. Mit dieser Geschäftsbeziehung erklärt sich auch, dass der Boxveranstalter als prototypische Figur auf einer Jahrmarktsdarstellung von Hogarth auftauchen konnte, auf der auch Akrobaten und Musikanten vor einer gewaltigen Menschenmenge zum Besuch einer Vorführung einladen. Dieses Gemälde entstand im Todesjahr von Figg und stellte vielleicht eine Art Hommage an den Spitzensportler und Unternehmer dar. Das Boxtheater wurde 1734 von seinem Boxschüler George Taylor übernommen, der sich zum neuen Meister ernannte.[183]

Taylor hatte allerdings das Pech, dass sein langjähriger Konkurrent Jack Broughton, der ihn 1738 besiegte und damit neuer Cham-

Andreas Möller, Der Boxkampf, London 1737

pion wurde, direkt daneben ein zweites Boxtheater eröffnete, das durch geschickte Publicity und die Abwerbung der besten Boxer bald das größere Publikum anzog. Von dem Boxkampf Broughton gegen George Stevenson, bei dem Letzterer im Jahr 1741 getötet worden sein soll, fertigte der Maler James Hamilton Mortimer ein Ölgemälde an. Ebenso gibt es ein Gemälde des Preisboxers George Taylor und ein weiteres von Jack Broughton.

Aufgrund des Todesfalls verfasste Broughton 1743 Boxregeln, welche u. a. das Verbot von Tiefschlägen, die Unterbrechung des Kampfes bei einem Niederschlag, den Abbruch nach dem K. o. festlegten. Diese *Broughton Rules* führten zu einer Zivilisierung des Boxens. 1753 wurde jedoch das Preisboxen überhaupt verboten und ging als Folge für einige Jahre in den Untergrund. 1789 erschien eine Abhandlung über die Kunst des Boxens, veröffentlicht vom besten Boxer seiner Zeit, Daniel Mendoza, der durch seinen Sieg gegen Richard Humphries im

Jahr zuvor den Meistertitel erreicht hatte. Auch diesen Kampf fanden die Zeitgenossen so erregend, dass er in einem kolorierten Druck überliefert ist.[184]

Das Boxen als Schule der Nation

Die Abhandlung über die Kunst des Boxens stand allerdings nicht allein. Bereits zu Beginn des 18. Jahrhunderts waren Abhandlungen über das Ringen[185] und seit den 1720er Jahren Handbücher über das Boxen erschienen. Sie waren keine Anleitungen für ein Liebhaberpublikum mehr, sondern Werbeschriften für einen Breitensport auf kommerzieller Basis. Die Verfasser waren Unterhaltungsunternehmer oder Inhaber von Kampfschulen, die für das Preisboxen oder -ringen ausbildeten und damit nach geeignetem Nachwuchs in den lukrativen Kampftheatern suchten. Zu dem kam, dass sich auch die relativ große Klasse der Gentlemen für den Kampfsport interessierte, zum einen, weil sie darin einen Sport für richtige Männer sahen, und zum anderen, weil man in England anstatt der oft tödlichen Degen- oder Pistolenduelle Ehrenstreitigkeiten mit einem Boxkampf erledigte. Deswegen besuchten sie Boxkurse. Auf diesen Zusammenhang verweist eine Anzeige des Gymnasiums von Tottenham Court in der Londoner *Daily Post and General Advertiser*, wo es am 25. Januar 1740 heißt, am kommenden Dienstag gebe es «A lecture in Manhood, or Gymnastic Physiology, wherein the whole Theory and Practice of the Art of Boxing will be fully explained, [...] the Principles of Championism». Inserenten waren der Magister Artium Thomas Smallwood, «Gymnasiarch of St. Giles'», also offenbar ein Sportlehrer, außerdem Magister Artium Thomas Dimmock, *Athleta* of Southwark, sowie ein Professor Broughton, hinter dem sich wohl niemand anderer verbirgt als der bereits bekannte Boxchampion. Einige dieser Boxer waren wie Broughton sehr gute Pädagogen und zogen auch adeliges Publikum an. Den Übrigen blieben die Preisboxer als Kunden.[186]

Ein zeitgenössisches Gedicht deutete den Anspruch dieser Trainingsstätten an, wenn es heißt: «Throw Pistols, poinards, swords aside, And all such deadly tools – Let Boxing be the Britons pride, The Science of their Schools!»[187] Die miteinander konkurrierenden Londoner Boxschulen, die auf die Ausbildung siegreicher Preisboxer abzielten, entwickelten das Training zu einer neuen Art von Wissenschaft, deren Methoden später auf andere Sportarten übertragen werden konnten. Es standen eigene Räume mit Geräten bereit, darunter Gewichte für das Konditionstraining. Um Verletzungen zu vermeiden, verwendete man Boxhandschuhe, die den heute noch üblichen ganz ähnlich sehen. Die Athleten wurden von den besten Kämpfern ihrer Zeit unterwiesen und konnten das Erlernte mit diesen Champions und mit Sparringspartnern üben. Sie wurden vor und nach dem Training in einer aufwändigen Maschine gewogen, um den Gewichtsverlust festzustellen und die geeignete Diät festzulegen. Als Folge dieses gezielten Kampftrainings verbesserten sich die Leistungen der Sportler so stark, dass um die Jahrhundertmitte das *Bareknuckle-Boxing* zu gefährlich wurde und deswegen beendet werden musste. Nicht nur das Boxen, sondern auch die Boxer selbst standen hoch im Kurs, manche *Dandys* heuerten sie gegen Bezahlung an, teils als Leibgarde, teils aus Prestigezwecken.

Das *Sporting Magazine* wartete bereits in seiner ersten Nummer mit einer «New and Accurate History of Boxing» auf, in welcher es die Fortschritte dieser Kunst anpries: «At the present enlightened period, there is perhaps no science, or body of scientific men, without their histories [...]. Boxing within a few years past, has had its historians who have professed to treat of its origin, progress and perfection».[188] In der Folge berichtete die Zeitschrift regelmäßig über aktuelle Boxkämpfe in einer Weise, die an moderne Sportreportagen erinnert. So heißt es im zweiten Jahrgang: «Sporting Intelligence – Boxing: The battle between Ward and Stanyard the Birmingham man, which has been so much the subject of conversation amongst the amateurs for the last fortnight, took place on Saturday the 27th, at Colnbrook, for one-hundred guineas a-side, the magistrates non permitting them to fight at Lengley Brown. At half past two, Stanyard mounted the stage, attended by Johnson and Butcher, the bottle-holder; and within very few minutes Ward made his appearance, attended by Watson and Joe Ward [...]. The battle began at forty-six minutes past two».

Nach 13 Runden gab Stanyard zum Erstaunen des Publikums auf. Jeder Boxer kam mit seinen eigenen Betreuern, unter denen die Flaschenhalter die wichtigsten waren. Anders als heute spielte Doping noch keine Rolle, sondern vielmehr die Furcht, der Gegner könnte Drogen in das eigene Wasser mischen, das damals wie heute in den Kampfpausen in der eigenen Ecke des Rings bereitstand.[189]

Das *Sporting Magazine* brachte in seiner zweiten Nummer eine Charakteristik des Boxers Daniel Mendoza, der als Meister im Schwergewicht ein Superstar seiner Zeit war, nachdem er 1787 Sam «Butcher» Martin besiegt hatte. Dort heißt es: «Mendoza. This Israelite is universally known as a teacher of the science and a boxer; but he is particularly celebrated for giving instructions. He has initiated more in the elements of sparring than any other professor, and has now a great number of pupils [...]. His plan consists in teaching his scholars to strike quick, and their intention is mostly directed to the face. As a Boxer, he deservedly ranks high, he strikes oftener, and stops better than any man in England. He is deficient in the strength of his blows, and this proceeds from his attitude, which is too much in the defensive.»[190]

Mendoza ist in mehrfacher Hinsicht interessant, weil er zum einen jüdischen Jungen als Rollenvorbild dienen konnte, zum anderen aber eine Intellektualisierung des Boxens vorantrieb. Er machte das Boxen so populär, dass die Fabrik Wedgewood, deren Produkte aufgrund der Preisgestaltung nur für reiche Konsumenten erwerbbar waren, sein Porträt und Boxszenen auf Porzellan verewigte. Als zweiter jüdischer Boxer eroberte «Dutch» Sam Elias den Meistertitel, nachdem er im Jahr 1801 in der 37. Runde seinen Gegner Caleb Baldwin ausgeknockt hatte. Fünf Jahre später benötigte «the terrible Jew» zu seiner Titelverteidigung sogar 57 Runden – eine Beschränkung der Rundenzahl gab es noch nicht, die Kämpfe endeten grundsätzlich, wenn einer der Kontrahenten «am Boden zerstört» war.[191]

Ringen und Fechten als populäres Entertainment

Beim Fechten lässt sich die Kommerzialisierung am Beispiel des Italieners Domenico Angelo zeigen. Dieser hatte wie so viele Europäer in Paris bei führenden Instruktoren Reiten, Tanzen und Fechten gelernt und ließ sich von einer irischen Schauspielerin namens Peg Woffington nach London locken. Dort hatte er das Glück, dass ihn der Earl of Pembroke zu seinem *Master of the Horse* ernannte, 1758 schließlich stieg er zum Reit- und Fechtlehrer des *Prince of Wales* auf, des zukünftigen Königs Georg III. Eines Tages trat der Fechtmeister in den Thatched House Taverns in der St. James's Street gegen einen irischen Meister auf und wehrte all dessen Attacken so elegant ab und siegte schließlich so überzeugend, dass er auf die Idee gebracht wurde, seine Stellung als abhängig Beschäftigter zu beenden und sein eigenes Unternehmen zu eröffnen. Zur Werbung dafür veröffentlichte er 1763 eine illustrierte Fechtschule, die in den nächsten Jahren wegen großer Nachfrage gleich mehrmals neu gedruckt werden musste.[192] Die Kombination aus königlichem Fechtlehrer, lokalem Champion und gedruckter Fechtinstruktion erwies sich als goldrichtig. Seine Fechtschule war so erfolgreich, dass sie pro Jahr ca. 4000 Pfund Sterling an Gewinn abwarf. Angelo verkehrte auf dem Höhepunkt seiner Karriere in den Kreisen der angesagtesten Künstler des georgianischen London. Am Ende seiner Karriere zog er sich nach Eton zurück, wo er am College noch einige Fechtstunden gab, während das anstrengende Londoner Geschäft von seinem Sohn Henry Charles William Angelo übernommen wurde. Dieser verlegte das Geschäft zunächst an den angeseheneren Haymarket und bezog schließlich mit dem Boxchampion John Jackson ein Gebäude in der Bond Street. Er gab das Fechtbuch seines Vaters neu heraus und unterrichtete Spitzen der englischen Gesellschaft wie den Prinzregenten und Lord Byron.[193] Im Jahr 1897 wurde die Angelo'sche Fechtschule von der *Sandow School of Physical Training* erworben, die der aus Deutschland eingewanderte Kraftsportler Eugen Sandow in London gegründet hatte. Dieser veranstaltete 1901 in London die erste internationale Muskel-Show (*Muscle Display*) und war der eigentliche Erfinder des *Bodybuilding*, ein Vorläufer von Arnold Schwarzenegger. Im Unterschied zu früheren Kraftmännern, die unter Phantasietiteln wie «Der neue Samson» auf Jahrmärkten aufgetreten waren, baute Sandow den Kraftsport zu einem erfolgreichen Geschäftsmodell aus – wie Angelo vor ihm das Fechten.[194]

Die Gründung des «Sporting Magazine»

Im Oktober 1792 wurde in London die erste Fachzeitschrift für Sport gegründet, die bis ins 20. Jahrhundert hinein erschienen ist. Der genaue Titel der Monatszeitschrift – *The Sporting Magazine, or Monthly Calendar of the Transactions of the Turf, the Chase and every other Diversion interesting to the Man of Pleasure, Enterprize, and Spirit* – zeigt, dass an ihrem Beginn eine Gruppe von Leuten stand, die sich vor allem für den Pferdesport interessierten, genauer gesagt das Pferderennen (*Turf*) und die Jagd (*Chase*) und alle dazu nötigen Hilfsmittel, wie z. B. Pferde-, Hunde- und Jagdvogelzucht, Haltung und Dressur dieser Tiere und Waffenentwicklung. Die Weiterung «and every other Diversion interesting to the Man of Pleasure, Enterprize, and Spirit» bezeugt jedoch, dass von Anfang an jede Form von Sport darin beachtet werden sollte. Laut dem Vorwort – vermutlich verfasst von dem Verleger und Herausgeber John Wheble[195] – waren damit nicht nur die Sportarten des Adels gemeint, sondern ausdrücklich auch die «athletic rural sports». Artikel in der Zeitschrift sollten informieren über alle Sportarten und ihre Geschichte, ihre Spielregeln, die Wettchancen und bedeutende Sportlerpersönlichkeiten (*conspicuous Sportsmen*). Außerdem enthielt jede Nummer einige Kupferstiche von Sportarten oder auch von Pferden, darunter solche von führenden Künstlern wie Francis Sartorius. Einige Autoren der nie namentlich gekennzeichneten Artikel sind bekannt, wie z. B. Charles James Apperley, der unter dem Pseudonym «Nimrod» hauptsächlich über die in England so beliebten Fuchsjagden und in den Jahren 1829–1830 in Fortsetzungen über seine Deutschlandreise berichtete.[196]

Darüber hinaus sollte über aktuelle Ereignisse berichtet werden: «The particular circumstances of every match, event, wager, or other interesting transaction on any of the subjects we have enumerated, shall certainly be duly noticed in our Repository.» Und tatsächlich enthielt die erste Nummer der Zeitschrift (Oktober 1792) auf 48 Seiten außer kurzen Notizen und aktuellen Ankündigungen längere Artikel über Pferderennen, Laufwettbewerbe, Boxkämpfe, Kartenspiele, Schießwettbewerbe (mit einem Exkurs zu einer neuen Oper über Wilhelm Tell) sowie Hahnenkämpfe. In der zweiten Nummer (November 1792) ging es – wieder neben zahlreichen kleineren Notizen – um das Bogenschießen, Cricket, wieder Hahnenkämpfe, Ringkämpfe, die Olympischen Spiele, in der dritten Nummer (Dezember 1792) u. a. um die Falknerei, einen Stierkampf in Madrid und Turniere, Ringrennen und «Sports» im Zeitalter von Königin Elisabeth I.

Besondere Bedeutung hatte jedoch der Hinweis auf zukünftige Sportveranstaltungen, zu denen man gehen konnte, eben ein *Monthly Calendar*: «We have only to add, that, in order to clear the ground before us, and enable ourselves to proceed thereafter with method and precision, we have given in this our First Number, the Races of the present month, and in future they will appear in regular succession. It is our attention also that the grand Cricket-matches, the proceedings of the Archers etc. etc. shall be noticed as they occur, which we trust will furnish our Readers with a complete, and authentic account of every sport and amusement, and entitle the editors of the Sporting Magazine to the approbation and encouragement of the public.»

Diese Monatsschrift war nicht nur neu, sondern sie hatte auch programmatischen Charakter. Die Herausgeber wunderten sich in ihrem Vorwort zur ersten Ausgabe, der *Address to the Public*, dass bis dahin noch niemand auf die Idee gekommen war, eine solche Zeitschrift zu veröffentlichen, denn es sei doch selbstverständlich, dass sich die Menschen in der Langeweile ihres sesshaften Lebens zerstreuen müssten: «It has long excited our astonishment, that among the number of Magazines which have hitherto been ushered into the world, not one has been expressly calculated for the Sportsmen.»[197]

Im Rückblick ist der Zeitpunkt weniger erstaunlich, denn erst in der zweiten Hälfte des 18. Jahrhunderts wurden überhaupt Fachzeitschriften, beispielsweise in der Medizin, gegründet. Außerdem traten erst zu diesem Zeitpunkt religiöse Bedenken gegen den Sport so weit zurück, dass dem Unternehmen nichts mehr im Wege stand. Der von manchen Zeitgenossen immer noch gesehene Widerspruch zwischen Religion und Sport – Tertullians Erbe – wird von den Herausgebern aktiv thematisiert: «Were we not afraid of invading the province of the divine, much might with propriety be said on the moral tendency of the Work which we now presume to offer to the public; but as we profess ourselves Sportsmen – not Moralists, we shall not wander from the bounds of our department: we shall give authentic, full, and circumstantial intelligence on all matters which regularly fall under the heads of our extensive Plan».

Umbruch des Sportgeschmacks

Das Ende der «Blood Sports»

Zu den Sportveranstaltungen der Antike, die seit der Renaissance wiederbelebt worden waren, gehörten die Tierkämpfe, die im Englischen als *Blood Sports* bezeichnet werden, weil sie meist mit dem mehr oder minder grausamen Tod der Tiere endeten. Das Land der Stierkampf-arenen war keineswegs Spanien, sondern England, wo es *Bullrings* in vielen kleineren Städten gab und die Hauptstadt London über eine große *Bull-Baiting-Arena*, gleich daneben die *Bear-Baiting-Arena* sowie über mehrere kleinere Arenen für Hahnenkämpfe verfügte. Anders als in Südeuropa gab es auf den Britischen Inseln bereits seit dem Hoch-mittelalter keine Großtiere mehr. Zum Ausgleich wurden besondere Kampfhunderassen gezüchtet, Mastiffs und *Bulldogs*, Kampfhunde für den Einsatz in den Bullrings.[198] Bei den Blood Sports ging es, wie dies Clifford Geertz für den balinesischen Hahnenkampf analysiert hat, nicht einfach um ein Spektakel, sondern die Zuschauer waren durch hohe Wetteinsätze und Identifikation mit den Tieren in die Schauspiele involviert. Dass es sich dabei um *Deep Play* handelte, kann man daran sehen, dass der 1712 durch den schottischen Satiriker John Arbuthnot geschaffene *John Bull* seither akzeptiert und gepflegt wird.[199] John Bull wird in der politischen Karikatur manchmal als starker Mann, als Stier und oft auch als Bulldogge dargestellt.

Wir haben gesehen, dass Potentaten der Neuzeit an die antike Tradition anknüpften, exotische Tiere wie Löwen gegen Hunde oder Bären kämpfen zu lassen, der Medici-Papst Leo X. und die Republik Venedig wurden als Beispiel genannt. Im 16. und 17. Jahrhundert wurden Stierkämpfe in allen größeren Städten Italiens aufgeführt, auch in Stadtrepubliken wie Venedig. Bevorzugte Tiere für den Kampf waren Großsäuger wie Bären, Löwen und Stiere, unabdingbar waren Kampfhunde, aber es kamen auch Dachse zum Einsatz (*Badger Baiting*), Wildschweine (*Boar Baiting*), Füchse, Hasen, Pferde, Affen, Esel und Wild aller Art. Tierhetzen waren in ganz Europa bei einem breiten Publikum noch im Zeitalter der Aufklärung sehr beliebt. Noch heute gibt es in der Wiener Mundart den Spruch «des is a Hetz'» für ein besonders faszinierendes Ereignis. Im kaiserlichen Wien be-stand seit der Barockzeit ein eigenes Hetztheater, noch 1796 erschien ein *Handbuch für Hetzliebhaber*.[200] In Regensburg unterhielt der Kaiser-liche Prinzipalkommissar am Reichstag, der Fürst von Thurn und Taxis, ein eigenes Hetztheater für die Reichstagsgesandten und an-dere Bewohner und Gäste der Reichsstadt.[201]

Das Anknüpfen an die Spiele der Antike erschien aber nicht jedem Grund genug, Tiere zu Tode zu quälen. Papst Pius V. verbot 1567 in der Bulle *De salute gregis* den Stierkampf mit der Begründung, dass er das

Seelenheil der Kämpfer gefährde – doch nur acht Jahre später hob sein Nachfolger Papst Gregor XIII. auf Verlangen des spanischen Königs Philipp II. diesen Bann wieder auf. Überraschend oft können wir bei Zeitgenossen lesen, dass sie dieser Art von Unterhaltung nichts abgewinnen konnten. Als das große dreistöckige Gebäude des *Bear Garden* im Jahr 1583 einstürzte und acht Besucher unter sich begrub, sprachen die Puritaner von einer gerechten Strafe Gottes. Aber nicht nur religiöse Fanatiker missbilligten die Tierquälerei, auch John Evelyn schrieb über den 16. Juni 1670: «I went with some friends to the Bear Garden, where was cockfighting, dog-fighting, bear and bull-baiting, it being a famous day for all these butcherly sports, or rather barbarous cruelties. The bulls did exceeding well, but the Irish wolf-dog exceeded, which was a tall greyhound, a stately creature indeed, who beat a cruel mastiff. One of the bulls tossed a dog full into a lady's lap as she sate in one of the boxes at a considerable height of the arena. Two poor dogs were killed, and so all ended with an ape on horseback, and I most heartily weary of the rude and dirty pastime, which I had not seen, I think, in twenty years before.»[202]

Seit dem 18. Jahrhundert ist ein Anschwellen der Proteste gegen die Blood Sports zu beobachten, die teils immer noch von evangelischen Religiösen (meist Puritanern, Baptisten etc.), teils aber auch von nichtreligiös inspirierten Tierschützern ausgingen. Die Tierfreunde schlossen sich 1824 unter Führung des irischen Parlamentsabgeordneten Richard Martin – Spitzname *Humanity Dick* – zu einer *Society for the Prevention of Cruelties to Animals* zusammen, die es sich zum Ziel machte, im Parlament Gesetze zum Tierschutz durchzusetzen. Das erste Tierschutzgesetz – genannt *Martin's Act* – war 1822 erlassen worden. Ein anderer Anführer war der Politiker William Wilberforce, der sich durch seinen Kampf für die Abschaffung der Sklaverei einen Namen gemacht hatte. Queen Victoria gewährte dem ersten Tierschutzverein 1840 königliche Protektion, sein allgemein bekannter Name lautet seither *Royal Society for the Prevention of Cruelties to Animals* (RSPCA). Einer seiner größten Erfolge war 1835 der *Cruelty to Animals Act*, der Tierhatzen, Bullenrennen und Hundekämpfe verbot und generell Haustiere unter Schutz stellte. Andere Länder vollzogen die englische Tierschutzgesetzgebung in der Regel mit einiger zeitlicher Verzögerung nach, Frankreich z. B. durch die *Loi Grammont* von 1850.[203]

Während in England seit dem Gesetz von 1835 ersatzweise Kämpfe von Hunden gegen Ratten (*Ratting* bzw. *Rat-Baiting*) an Popularität gewannen, blieben Hahnenkämpfe in Schottland noch bis 1895 legal. Wildtiere wurden dort erst 2002 durch den *Protection of Wild Mammals Act* in den Tierschutz einbezogen – ausgenommen davon ist wie überall in Großbritannien die Fuchsjagd mit Hundemeuten. Eine kuriose Folge der weitergehenden Tierschutzgesetzgebung war die Erfindung des Tontaubenschießens (*Clay Pigeon Shooting*). Ursprünglich wurde nämlich auf lebende Tauben geschossen, die aus ihrem Käfig (*trap*) freigelassen wurden, doch ein Gesetz verbot dies 1921. Bereits 1892 wurde eine *Inanimate Bird Shooting Association* gegründet, die im Jahr darauf in London erste Meisterschaften ausrichtete. 1900 wurde das Tontaubenschießen olympische Disziplin. Seinen eigentlichen Aufschwung nahm der Sport jedoch nach der Erweiterung des Tierschutzes, als die *Clay Pigeon Shooting Association* die Organisation übernahm. Aus den verbesserten technischen Möglichkeiten haben sich verschiedene Schießwettbewerbe wie *Skeet, Trap* und *Sporting* mit eigenen Regeln und Techniken entwickelt.[204]

Radikale Tierschutzaktivisten versuchen, jede Form der Jagd als Blood Sport zu klassifizieren. Inkonsequent ist letztlich auch, dass zwar das Bullenrennen eine Tierquälerei, Pferde- und Hunderennen jedoch Sport sein sollen. Und schließlich leben die Blood Sports in der Illegalität fort. In Spanien und vielen seiner früheren Kolonien erlebte der Stierkampf seit dem 19. Jahrhundert erst seinen richtigen Aufschwung, auch wenn sich manche der neuen Nationalstaaten diesem Trend widersetzten. Argentinien verbot den Stierkampf 1899, Kuba 1901, Uruguay 1912. Im Mai 2011 sprach sich in einem Referendum die Mehrheit der Bevölkerung von Ecuador für ein Verbot der Tötung der Stiere im Stierkampf aus. Nach der Einführung der Autonomie der Regionen begannen Auflösungserscheinungen sogar in Spanien selbst: 1991 setzten die Kanarischen Inseln dem Spektakel ein Ende, 2012 Katalonien.

Englische Sportbegeisterung in der Sicht der Ausländer

Der preußische Legationsrat Jakob Philipp Bielfeld schrieb 1741 von einer diplomatischen Mission in England: «Die englische Nation hat viel Ähnlichkeit mit den alten Römern; diese verlangten nichts als Brot und Schauspiele, und mich dünkt, die Engländer wünschen auch nichts weiter.»[205] Vielen gebildeten Engländern hätte dieser Vergleich vielleicht sogar gefallen, denn sie orientierten sich auch im 18. Jahrhundert noch an der griechisch-römischen Antike. Die Einschätzung war jedoch gar nicht so positiv gemeint. Zwar mochte Bielfeld die Pferderennen und war erstaunt über die Geschwindigkeit der Pferde und das Engagement der riesigen Zuschauermengen in Newmarket und in York. Den «Kämpfen der wilden Bestien, der Stiere, der Doggen und aller Arten anderer Tiere, so man hier zu sehen bekommt», konnte er aber ebenso wenig abgewinnen wie den Schwertkämpfen, bei denen sich die Kämpfer stark blutende Wunden zufügten. Selbst bei dem an sich harmloseren Stockfechten waren die Spitzen der Stöcke mit Metall beschlagen, damit das Publikum auf seine Kosten kam. Auch Boxen und Ringen fanden keine Gnade vor den Augen des Besuchers: «Ich kann mich nicht enthalten, Ihnen ein paar Worte von dem Gefechte zu sagen, welches hier die Menschen selbst untereinander zur Schande der Menschlichkeit anstellen. Bald sind dieses bis an den Gürtel nackende Kämpfer, welche einander mit der Faust angreifen, welche einander gräßliche Schläge beibringen, welche einander den Leib und das Gesicht zerschmeißen, welche einander zu Boden werfen, so daß ihre Sekundanten sie wieder aufheben, abwischen und aufs Neue wie die Doggen zum Gefechte aufmuntern müssen, und welche einander bisweilen erwürgen und umbringen. [...] Was mir dabei am schändlichsten vorkommt, ist dieses, dass dergleichen Schlägereien mit Beteiligung der Regierung unter der Aufsicht eines Polizeibeamten und auf einem öffentlichen Schauplatz vorgehen, wobei der Eingang bezahlt wird [...] und die Logen mit den ehrbarsten Leuten angefüllt sind, als sie nur immer im Opernhaus angefüllt sein können.»[206]

Kontinentaleuropäer konnten den beliebten englischen Kampfsportarten zumeist wenig abgewinnen. So schreibt der Frankfurter Patriziersohn Zacharias Conrad von Uffenbach nach seiner Englandreise im Jahr 1710, der Hahnenkampf sei «eine gar besondere Lust, die

die Engländer haben, die denen Fremden so sehr läppisch vorkommt,
so große Freude diese Nation dran hat». Einen ähnlichen Kommentar
gibt er zum Stierkampf und zu den Fechtkämpfen in der Bärenarena
sowie erstaunlicherweise auch zum Pferderennen.[207] Bei den Pferderennen äußerte Friedrich Justinian von Günderode, Oberstallmeister
der Grafen von Nassau-Weilburg und danach Kammerherr des Markgrafen von Baden, grundsätzliche Bedenken gegen die englische
Wettsucht: «Bei den großen Wetten, welche während dieser Rennen
in Newmarket angestellt werden, ist leicht zu erachten, daß viele Personen sehr beträchtliche Summen einbüßen müssen; ja die Sache
wird so weit getrieben, daß mehrere wohlhabende Personen dadurch
gänzlich in Verfall geraten und ihr ganzes Glück mit diesen Wettrennen davonläuft. Noch außer den Wetten wird bei diesen Zusammen-
künften auch hoch gespielet, und mancher hat schon eine solche acht-
tätige Versammlung seine ganze übrige Lebenszeit hindurch bereuen
müssen.»[208]

Und einer der erfolgreichsten deutschen Schriftsteller des 18. Jahrhunderts, der Danziger Johann Wilhelm von Archenholtz, der immerhin volle sechs Jahre in Großbritannien lebte, kommentierte die Renn-
wochen in Newmarket trocken: «Für einen Ausländer hat jedoch diese
brittische Ergözlichkeit wenig Anziehendes; es ist hinreichend für ihn,
dieses Nationalschauspiel einmal gesehen zu haben.»[209]

Vom Sport zum Theater

Die Entwicklung vom Sportplatz zur Theaterbühne muss als eine der
fundamentalen Veränderungen im Verlauf der Frühen Neuzeit erkannt werden: Veranstaltungshallen wurden fast immer zum Zweck
des Sports gebaut und erst im Zuge einer Sekundärnutzung auch für
andere kulturelle Anlässe verwendet. Oft geschah die Nutzung zuerst
parallel, bis am Ende eine Konversion stand. Als frühes Beispiel einer
solchen Konversion kann der englische *Cockpit-in-Court* oder *Royal
Cockpit* genannt werden, den Heinrich VIII. 1529 direkt in den Palast
von Whitehall hatte einbauen lassen. Der Cockpit war das ganze
16. Jahrhundert hindurch ein Kampfplatz für Kampfhähne (*fighting
cocks*). Auf die Pilotenkanzel im Flugzeug wurde der Begriff Cockpit
vermutlich übertragen, weil es auch dort sehr lebhaft zugehen kann.

Unter König Jakob I. änderte sich der Geschmack. Die kleine Arena wurde jetzt als kleines Privattheater für den königlichen Haushalt genutzt. 1629 wurde es von dem Stararchitekten Inigo Jones für König Karl I. entsprechend umgebaut. Kurz zuvor hatte dieser schon das *Cockpit Theatre* in der Drury Lane umgebaut, das eine ähnliche Vorgeschichte aufweist und zeigt, dass sich der königliche entsprechend dem bürgerlichen Geschmack gewandelt hatte. Nach dem Umbau nannte sich dieses Theater passenderweise *The Phoenix*.[210] Nach den Sport- und Theaterverboten während der Puritanischen Revolution lebten beide Spielstätten in den 1660er Jahren wieder auf, aber nicht mehr für Tierkämpfe, sondern nur noch als Theater.[211]

Das Elisabethanische Zeitalter ist bekannt für seine großen Theaterbühnen, die nacheinander in Southwark errichtet wurden: The Theatre (1576), Curtain (1577), The Rose (1587) und The Swan (1595), The Globe (1598) und schließlich noch The Hope (1613). Über die Besonderheiten der Schaupiele William Shakespeares ist viel geschrieben worden, besonders über den Umstand, dass die Bühne von drei Seiten aus einsehbar war.[212] Der Grund dafür ist einfach: Das Vorbild dieser Bühnen war der *Bullring*, die englische Stierkampfarena. In der Gegend, in welcher die runden Theaterbauten errichtet wurden, standen eine Generation zuvor die *Bull-Baiting-Arena* und die Bear-Baiting-Arena oder Bear Garden. Oder präziser: Die neuen Theater waren die alten Schauplätze der *Blood Sports*.

Dies kann man an der Person des Unternehmers Philip Henslowe zeigen. Er kaufte 1587 in Southwark ein Bordell und baute daneben das Theater *The Rose*. Seine Tochter heiratete 1592 den führenden Schauspieler Londons Edward Alleyn, der Philip Marlowes *Dr. Faustus* verkörperte. Beide Männer waren Betreiber des Bärenkampftheaters und versahen überdies das Amt des königlichen *Master of the Bears*. 1613 ließ Henslowe den baufälligen Bear Garden einreißen und erbaute an seiner Stelle das *Hope Theatre*. Dass es jetzt Theater hieß, bedeutete, dass dort auch Stücke gespielt wurden. Es hatte aber die Form einer Arena und wurde weiterhin für Tierkämpfe benutzt. Im Volksmund hieß es auch weiterhin *Bear Garden*. Samuel Pepys sah dort 50 Jahre später immer noch Tierkämpfe.

Wer sich fragt, warum die Theatergrundrisse auf dem Kontinent nicht rund oder oval, sondern langgezogen rechteckig sind, wird wieder auf die Sportstätten verwiesen. Der Bau von Ballspielhäusern –

pfeilerlosen Hallenbauten, die von Zeitgenossen wegen ihrer Größe oft mit Kirchen verglichen wurden – signalisierte eine wichtige Etappe in der Institutionalisierung des Sports in der europäischen Geschichte. Seit Beginn des 16. Jahrhunderts erlebten sie einen grandiosen Auf-

Anfang und Ende ausgewählter Ballspielhäuser[213]

Stadt	Datum der Gründung	Konvertierung	Neue Bestimmung
Wien	1521	1525	Brand
Halle/Saale	1528	1738	Abbruch
Zweibrücken	1530	1760	Theater
Wien	1540	1748	Burgtheater
Prag	1568	1723	Pferdestall
Innsbruck/Ambras	1572	1880	Abbruch
München	1579	1820	Abbruch
Innsbruck	1582	1631	Theater
Heidelberg	1592	1764	Brand
Tübingen	1593	1790	katholische Kirche
Kassel	1594	1730	Theater
Ingolstadt	1594	1783	Warenhaus
Casale Monferrato	1597	1740 ca.	Synagoge
Oldenburg	1605	1759	Münzprägeanstalt
Marburg	1606	1757	Lazarett, Anatomie
Bückeburg	1610	1750	Reitschule
Linz	1615	1751	Theater
Klagenfurt	1620	1738	Theater
Jever	1620	1850	Abbruch
Rostock	1623	1785	Theater
Salzburg	1625	1775	Theater
Coburg	1628	1750	Theater
Passau	1645	1771	Opernhaus
Hannover	1649	1672	Theater
Gotha	1650	1681	Theater
Regensburg	1652	1912	Abbruch
Jena	1671	1796	Theater
Breslau	1677	1722	Opernhaus
Bremen	1685	1688	Krankenhaus
Versailles	1686	1792	Versammlungshalle
Schwerin	1698	1788	Theater
Erfurt	1716	1750	Theater
Hildburghausen	1721	1755	Theater

Prozess gegen Ludwig XVI. im Manegesaal (königliches Reithaus), Dezember 1792

stieg, und während einer oder zwei Generationen kann man von einer flächendeckenden Versorgung mit Tennishallen in Mittel- und Westeuropa sprechen. Danach begann jedoch die Bedeutung des Tennisspiels zu bröckeln, und immer mehr Tennishallen wurden parallel anderen Nutzungen – oft als Theater – zugeführt und schließlich ganz ihrer ursprünglichen Funktion beraubt. Zwar gibt es Ballspielhäuser, in denen bis ins 19. oder 20. Jahrhundert ununterbrochen weitergespielt wurde, auch wurden immer wieder neue Ballspielhäuser gebaut. Aber man kann sagen, dass nach dem Dreißigjährigen Krieg viele Tennishäuser umgewandelt oder abgerissen wurden.

Nicht nur das Interesse am Tennis, auch das am Pallone-Spiel, am Fußball (also Calcio, Soule, Football) und schließlich am Pallamaglio-Spiel ging gleichermaßen zurück. Im letzteren Fall sogar so dramatisch, dass bei vielen *Pall Malls* die Erinnerung daran verloren ging, dass dies einmal Bahnen für ein Kugelballspiel gewesen waren. Was ist an die Stelle dieser Ballspiele getreten? Vielleicht das Billard, das wir in immer mehr Schlossanlagen finden – in Versailles steht heute noch der Billardtisch König Ludwigs XIV. –, aber auch in anderen reichen Haushalten und schließlich sogar in den städtischen Kaffeehäusern. Der Billardsalon erlaubte die Ausübung einer zivilen Sportart, bei der man sich weder schmutzig machte noch besonders ins Schwitzen geriet oder sonstwie die Contenance verlieren konnte. Es versprach zunächst soziale Exklusivität und erwies sich bei seiner weiteren Verbreitung noch dazu als ökonomisch günstiger zu betreiben.

In der Vormoderne fehlte es – von den Kirchen abgesehen – lange Zeit an geeigneten Hallen, also Innenräumen, in denen sich große Menschenmengen versammeln konnten. Auch hierzu war eine Um-nutzung der Sporthallen möglich. Wir haben bereits gesehen, dass das königliche Ballspielhaus in Versailles als Versammlungsraum für den Dritten Stand in der Französischen Revolution gedient hat, der dort den Ballhausschwur leistete. Deutsche Leser denken dabei wohl immer an eine Festhalle für Tanzveranstaltungen, doch der französische Begriff *Le Serment de Jeu de Paume* macht es ganz klar, dass dies ein Veranstaltungsort für Tennisspiele war. Und anders als manches Ball-spielhaus war es noch in vollem Betrieb. Die Abgeordneten hatten Glück, dass es an diesem 20. Juni 1789 zufällig frei war, denn bei anderer Gelegenheit waren sie schon vor verschlossenen Türen gestanden, weil Angehörige des Hofadels die Sporthalle gebucht hatten. Als die Revolutionäre erneut eine große Versammlungshalle für den Prozess gegen König Ludwig XVI. benötigten, fiel die Wahl wieder auf eine Sporthalle, diesmal war es der Manegesaal der königlichen Reitschule neben dem alten Königspalast, dem Louvre. Die Reithalle Pluvinels wurde zum Tagungsort der Nationalversammlung.

Olympische Spiele in der Frühen Neuzeit

Als Reaktion auf zunehmende puritanische Spielverbote in seiner Region hatte der katholische *Gentleman* Robert Dover die Idee, gezielt den alten englischen Volkssport wiederzubeleben, ohne eine direkte Konfrontation mit puritanischen Kreisen zu suchen. Dafür sicherte er sich den Rückhalt der regionalen *Gentry* und konnte sich sogar, vermittelt über regionale Abgeordnete, der Protektion des Königs Jakob I. erfreuen, jenes Königs, der durch sein *Book of Sports* dem religiösen Eifer der Puritaner schließlich landesweit Grenzen setzte.[214] Demnach durften Sportveranstaltungen nicht zur Zeit des Gottesdienstes statt-finden, aber nach dessen Ende sehr wohl. Dover war noch etwas vor-sichtiger und verzichtete ganz auf den Sonntag als Austragungszeit, indem er seine *Olympick Games* genannte Veranstaltung alljährlich am Donnerstag und Freitag vor Pfingsten anberaumte. Schauplatz war eine große Wiese in den Cotswolds in Gloucestershire, auf der die Spiele mit einer Unterbrechung im Englischen Bürgerkrieg und der Zeit des Commonwealth, als die Puritaner und Independenten die Politik diktieren konnten, von 1612 bis 1852 abgehalten wurden.[215]

Wie viele Unterstützer Dover bei seinem Unternehmen hatte, zeigt eine Publikation von 1636, in der zeitgenössische Schriftsteller, darunter Berühmtheiten wie Ben Jonson, in literarischer Form die Spiele feierten. Diese Publikation war gleichzeitig ein Manifest englischer Intellektueller in der Auseinandersetzung über die Neuauflage des *Book of Sports* durch König Karl I. Der Schriftsteller Michael Drayton dichtete mit Hinblick auf das antike Olympia über den Stifter der neuen Spiele:

> «As those brave Graecians in their happy daies,
> On Mount Olympia to their Hercules,
> Ordain'd their games Olimpik, and so nam'd,
> Of that great Mountaine; for those pastimes fam'd,
> Where then their able Youth, Lept, Wrestled, Ran,
> Threw the arm'd Dart; and honour'd was the Man,
> That was the Victor; in the cirkute there,
> The nimble Rider, and the skil'd Chariotere
> Strove for the Garland; in those Noble Times,
> There to their Harpes the Poets sang their Rimes;
> That Wilst Greece flourish't, and was only then
> Nurse of all Arts, and of all famous men:
> Numbering their years, still their accounts they made,
> Either from this or that Olympiade,
> So Dover, frome these Games, by thee begun,
> Wee'l reckon Ours, as time away doth run».[216]

Das Titelblatt dieser Publikation zeigt in einem Holzschnitt wesentliche Wettbewerbe dieser Spiele. Sie teilten sich in die mehr populären Wettkämpfe wie Steinstoßen, Stockfechten, Hammer- und Speerwerfen, Wettspringen und Wettlaufen, dazu Ringen und Boxen, sowie extravagantere Wettbewerbe für den Adel wie Pferderennen oder verschiedene Formen der Jagd. Daneben gab es noch weitere Wettbewerbe wie das Pallone, Kegeln, Schach und Schienbeintreten (*shin-kicking*) – eine auf den ersten Blick eigenartige Sportart, die allerdings

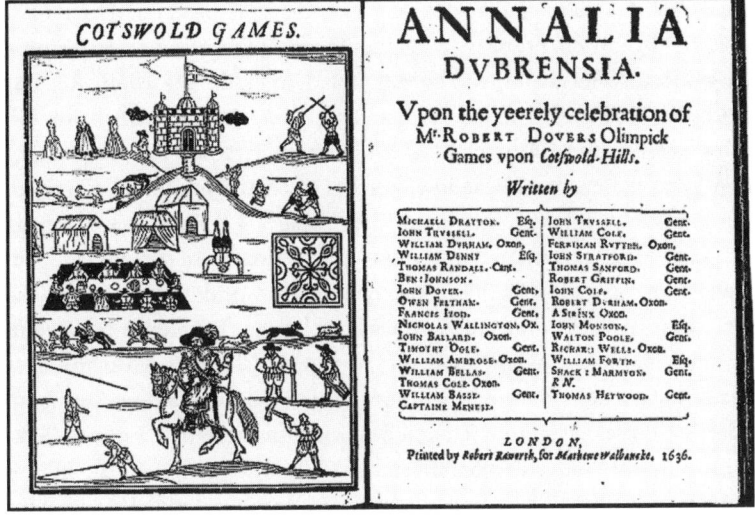

Titel einer Publikation zu den Olympischen Spielen, die Robert Dover seit 1612 mit königlicher Erlaubnis jährlich veranstaltete. Sie fanden bis 1852 statt.

auch nicht brutaler als das zum Ende des 19. Jahrhunderts übliche *Bare-knuckle-Boxing* (Boxen mit blanker Faust) gewesen sein dürfte.[217]

Es gab ähnliche Festspiele im England des 17. Jahrhunderts, manche nahmen sogar Bezug auf Olympia, aber keine andere Veranstaltung war so langlebig wie die *Cotswold Games*. Ihnen kommt das Verdienst zu, das Interesse an den antiken Olympischen Spielen nicht nur wachgehalten zu haben, denn das taten im Prinzip auch die Humanisten mit ihrem gelehrten Bezug auf das alte Olympia. Sie verbanden die Bezugnahme mit praktischen Veranstaltungen, die sich teilweise an die alten Sportarten anlehnten, aber auch moderne Körperübungen umfassten. Man kann davon ausgehen, dass die *Cotswold Olimpick Games* wenigstens im späteren 17. Jahrhundert noch Impulse zu ähnlichen Veranstaltungen gaben wie z. B. den *Hampton Court Olympic Games*, die König Karl II. 1679 veranstaltete und an denen er selbst zusammen mit Tausenden von Zuschauern teilnahm. Dies scheint aber eine einmalige Veranstaltung gewesen zu sein.[218]

Auch im 18. Jahrhundert wurden an mehreren Orten Olympische Spiele veranstaltet, z. B. bei Wörlitz (Fürstentum Anhalt-Dessau) am

Dessauer *Philanthropinum*, das von 1774 bis 1793 bestand. Fürst Leopold III. Friedrich Franz von Anhalt-Dessau gehörte zu der Gruppe aufgeklärter Herrscher, die bereits vor dem Ende des Alten Reiches grundlegende Reformen in vielen Bereichen, darunter auch im Bildungswesen, durchführten.[219] Dazu berief er 1771 den Reformpädagogen Johann Bernhard Basedow, der über zehn Jahre als Professor an der dänischen Ritterakademie in Sorø (*Academia Sorana*) gelehrt hatte. Dessau wurde zu einem Sammelpunkt sportinteressierter Pädagogen. Zwei französische Sportlehrer namens Simon und Toit ersetzten die als altertümlich empfundenen Ritterübungen Fechten und Reiten durch neuere wie Balancieren und «Tragen». Christian Gotthilf Salzmann entwickelte daraus einen Fünfkampf, der aus Laufen, Springen, Werfen, Balancieren und Tragen bestand. An diesem «Dessauer Pentathlon» nahm außer den Schülern des Philanthropins auch die männliche und weibliche Dorfjugend aus der Umgegend teil. Von 1776 bis 1799 wurden jährlich am Geburtstag der Fürstin Luise von Brandenburg-Schwedt an einer Örtlichkeit namens Drehberg – kein Olymp, sondern nur ein kleiner trockener Hügel (*dree* = trocken) – die athletischen Wettkämpfe, außerdem Pferderennen und Tanzspiele veranstaltet. Der verantwortliche Lehrer Johann Christoph Friedrich Gutsmuths schrieb über dieses Landesfest: «Es ist ein herrlicher Anblick, hier am 24ten September einen großen Theil der Landeskinder herbeyströmen und die olympischen Spiele gleichsam wieder aufleben zu sehn.»[220] Ob diese Neuerung, die den kontinuierlichen Trainingsstunden ein Ziel geben sollte, auf den Reformpädagogen oder den Fürsten zurückgeht, scheint unklar. Vielleicht war es auch die Idee der Fürstin, die im Jahr zuvor eine Englandreise gemacht hatte.[221] Manche Autoren betrachten die Reformpädagogen des 18. Jahrhunderts nicht nur als «Väter des Schulsports», sondern stellen sie wegen ihrer Orientierung an der griechischen Agonalität auch an den Beginn der «Olympischen Erziehung».[222]

Eine interessante Diskussion über Olympia gab es im revolutionären Amerika. Kurz nach der Unabhängigkeitserklärung, aber noch vor der Konstituierung der USA, schlug das Mitglied des Kontinentalkongresses der 13 Kolonien Nordamerikas William Henry Drayton unmittelbar vor seinem überraschenden Tod vor, Olympische Spiele abzuhalten, weil ihre Körperübungen die Männer athletisch und robust machten. Im Unabhängigkeitskrieg gegen England könne das nützlich sein. Die alten Griechen hätten die Spiele zur Geburt ihrer Nation genutzt. Ein anderer Abgeordneter, der Kaufmann Henry Laurens, ebenfalls aus South Carolina, wandte sich gegen diese «funny declamation» und erklärte, dass «die Olympischen Spiele und andere Narreteien die Griechen in ihre trostlose Lage gebracht hätten».[223] Im revolutionären Frankreich wurde 1790 von einigen republikanischen Pädagogen wie Marie Jean Antoine Nicolas Caritat, Marquis de Condorcet, die Idee einer Erneuerung der Olympischen Spiele geäußert, bei denen Militärübungen mit Sportwettbewerben kombiniert werden sollten. Condorcet fiel 1794 dem Terror der Jakobinerherrschaft zum Opfer.[224] Doch während der Zeit des Direktoriums, als man das Schreckensregiment des jakobinischen Terrors beendet hatte und die positiven Errungenschaften der Revolution absichern wollte, wurden auf dem Pariser Marsfeld Wettrennen und andere athletische Wettbewerbe und sogar Wagenrennen veranstaltet.[225]

Die Suche nach neuen Formen

Sport in der Reformpädagogik

Seit der Renaissance kann man beobachten, dass die Propagierung von Leibesübungen jedesmal mit reformpädagogischen Bewegungen verbunden war. Wichtigstes Symptom dafür war die Ersetzung der spätmittelalterlichen Lateinschulen durch neu gegründete «Gymnasien» oder «Lyzeen». Allerdings gewann das Sprachenpauken vielerorts wieder die Oberhand über die umfassende, auch den Körper einbeziehende Pädagogik. Der nächste Anlauf zum Schulsport war mit den Jesuitengymnasien und den evangelischen Freikirchen im 17. Jahrhundert verbunden. Herausragender Vertreter dieser Bewegung war der Tscheche Jan Amos Komenský, Bischof der Böhmischen Brüderunität, der unter seinem latinisierten Namen *Comenius* das Erziehungswesen von Siebenbürgen bis England beeinflusste. Nach seiner optimistischen Anthropologie durfte man Kinder nicht zum Lernen zwingen, sondern sollte sie durch eine angenehme Umgebung und gute Behandlung dazu ermuntern. Die Pädagogik musste altersgerecht sein, er selbst verfasste ein Lehrbilderbuch, den *Orbis sensualium pictus*, anhand dessen die Mädchen und Jungen die Welt durch Betrachtung von Bildern und ihrer Beschreibungen kennenlernen konnten, dazu gehörte auch die Bebilderung zahlreicher Sportarten.[226] In seiner um 1635 verfassten *Didactica Magna* beschrieb Comenius auch eine zweckmäßige Schulanlage, die jeder Schulplaner unserer eigenen Zeit sofort akzeptieren würde. Zu dieser Musterschule gehörte ein großer freier Platz zum Spazierengehen und zum gemeinsamen Spiel, also die Art Mischung von Pausenhof und Sportplatz, die viele von uns selbst noch kennengelernt haben.[227]

Ein grundsätzlicher philosophischer Neuansatz ging vom Empirismus John Lockes aus. Bereits in seinem *Essay Concerning Human Understanding* hatte er die bahnbrechende Idee geäußert, ein neugeborenes Kinder sei wie ein unbeschriebenes Blatt (*tabula rasa*) und für alle neuen Eindrücke empfänglich.[228] Tatsächlich ging diese Idee bereits auf Aristoteles zurück. Doch erst Locke hat ihre Bedeutung für die Erziehung ausgeschöpft. Er begann sein Erziehungstraktat *Some Thoughts Concerning Education* mit dem ersten Kapitel «§ 1 Ein gesunder Geist in einem gesunden Körper», das das alte Juvenal-Zitat aufnimmt und zur Erziehungsmaxime erhebt.[229] Als Mediziner wandte sich Locke zuerst dem «Gehäuse» des Geistes – also dem Körper – zu und machte dessen Gesundheit zur Voraussetzung der geistigen Entwicklung. Damit werden außer Ernährung und Schlaf auch die Körpererziehung und folglich Sport zum Thema. Locke gehörte als Ideengeber der *Glorious Revolution* in England und der anschließenden Parlamentsregierungen bzw. der Partei der Whigs[230] zu den einflussreichsten Persönlichkeiten seiner Zeit. Allein die *Thoughts Concerning Education* erlebten in den nächsten hundert Jahren 53 Auflagen und wurden zur Basis der Erziehungstheorie im Jahrhundert der Aufklärung in Europa und den USA.[231]

Der gerade schon erwähnte Johann Bernhard Basedow, der Begründer der philanthropischen Bewegung, setzte erstmals die Ideen zur Körpererziehung praktisch um.[232] Er übertrug die adelige Sporterziehung auf die bürgerliche Schule. Seine Grundidee bestand darin, dass Lernen den Kindern Spaß machen und – wie schon bei den Pädagogen der Renaissance – die Schule für eine Balance zwischen geistigen und körperlichen Übungen sorgen sollte.[233] In seinem *Elementarwerk* propagierte er zahlreiche Spiele und sportliche Übungen. Die Illustrationen des berühmten polnischen Kupferstechers Daniel

Chodowiecki dienen heute oft zur Bebilderung von Werken zur Sportgeschichte.[234] Basedows *Philanthropinum* in Dessau war ursprünglich als Lehrerseminar geplant. Dazu kam es nicht, doch wirkte die Schule auch so als Vorbild für ähnliche Gründungen in anderen Teilen Deutschlands, nicht zuletzt, weil Dessauer Lehrer eigene Schulen gründeten.[235] An der Erziehungsanstalt in Schnepfenthal (heute ein Stadtteil von Waltershausen in Thüringen), die 1784 durch den ehemaligen Dessauer Lehrer Salzmann gegründet worden war, wirkte ein führender Vertreter der modernen Sporterziehung, der schon erwähnte Gutsmuths. In seinem Lehrbuch *Gymnastik für die Jugend* propagierte er nicht nur den systematischen Sportunterricht, sondern gab praktische Hinweise, wie die Übungen gelehrt werden sollten, und brachte einen Abschnitt über die Erneuerung der Olympischen Spiele.[236] Wie Comenius oder Basedow war auch Gutsmuths davon überzeugt, dass Kinder spielerisch lernen sollten, und dass regelmäßige Körperübungen essenziell für das Wohlbefinden der Kinder und Jugendlichen sind. In diesem Spielebuch macht er Deutschland mit drei englischen Ballspielen bekannt, nämlich dem Schlagballspiel «Fives», dem englischen Baseball sowie dem Cricket.[237] Wie alle Aufklärer war auch Gutsmuths Weltbürger, unter dem Eindruck der Napoleonischen Besatzungszeit schlichen sich jedoch nationalistische Töne ein, und nach den Befreiungskriegen wollte er Sport als Pflichtfach an allen Schulen einführen, um die männliche Jugend für die Landesverteidigung zu ertüchtigen. Damit wurde er Teil der deutschen Turnbewegung.[238]

Der Philanthropismus war von internationaler Wirkkraft. Johann Heinrich Pestalozzi bezog sich auf Comenius, Locke und Basedow.[239] Auch der führende englische Erziehungsreformer Thomas Arnold, von 1828 bis 1842 Direktor der *Rugby School*, der Geschichte, Mathematik und neue Sprachen als Standardfächer einführte und auf dessen Betonung der Körpererziehung sich Pierre de Coubertin so gerne berief,[240] hatte sich bei den philanthropischen Reformschulen Deutschlands Anregungen geholt.[241] Der jüngere Friedrich Ludwig Jahn, der schließlich das Turnen als deutschen Sport propagierte, bezog zahlreiche Anregungen von Gutsmuths, den er 1807 in Schnepfenthal aufgesucht hatte. Auf Jahns erstem Turngelände – der Berliner Hasenheide – wurden 1811 genau die Turngeräte aufgestellt, die Gutsmuths vorgeschlagen hatte.[242]

Die Turn- und Gymnastikbewegungen

Der sogenannte Turnvater Friedrich Ludwig Jahn erfand zu Beginn des 19. Jahrhunderts die Gymnastik neu als Teil einer politischen National-bewegung. Der «deutsche» Begriff *Turnen* wurde in Anlehnung an den Begriff Turnier neu geprägt, um den «undeutschen» Begriff Gymnastik zu ersetzen.[243] Hintergrund dieser Turnbewegung, die zu einer Ertüch-tigung der deutschen Jugend für den militärischen Widerstand führen sollte, war die Besetzung der deutschen Länder durch französische Truppen unter dem Konsul, Diktator bzw. späteren Kaiser Napoleon Bonaparte, mit der sich ein Großteil der Deutschen nicht abfinden wollte. Der erfolgreiche Befreiungskrieg der Jahre 1813–1815 machte auch die Turnbewegung populär, bevor sich herausstellte, dass damit auch demokratische Ideen verbunden waren. Nach dem Ende einer libe-ralen Phase nach dem Wiener Kongress, als einige deutsche Territorien mehr oder minder freiheitliche Verfassungen erhielten, setzte die poli-tische Reaktion des Obrigkeitsstaates ein. Nachdem der radikale Turner Karl Ludwig Sand einen reaktionären Politiker ermordet hatte,[244] wurde im Zuge der Demagogenverfolgung auch die Turnbewegung in den meisten deutschen Ländern verboten. Von 1820 bis 1842 war in der soge-nannten «Turnsperre» jedes Treffen von Turnern untersagt.[245]

Jahn stammte aus Brandenburg-Preußen und wuchs als Sohn eines protestantischen Pfarrers auf, ab 1791 besuchte er das Gymnasium in Salzwedel (heutiges Jahn-Gymnasium) in der Altmark, danach das Gymnasium zum Grauen Kloster in Berlin. Ohne Schulabschluss be-suchte er die Universitäten Halle und Greifswald, die er ohne Examen wieder verließ. Jahn schied im Streit an verschiedenen Orten, an denen er sich als Hauslehrer verdingt hatte. 1802 kam er in Greifswald mit Ernst Moritz Arndt und der nationalen Idee eines vereinten Deutsch-land in Kontakt, 1807 mit Gutsmuths und der Gymnastik der Reform-schule in Schnepfenthal. Der an allen Schulen Gescheiterte verstieg sich in deutsche Großmachtphantasien zu einem Zeitpunkt, als es ei-nen deutschen Staat noch gar nicht gab. Seine Turnpropaganda sollte auch der Schaffung eines Nationalstaats dienen. 1810 gründete er auf der Hasenheide bei Berlin ein erstes Turngelände, auf dem sich der ge-heime *Deutsche Bund* zum regelmäßigen Turnen traf, um den Befrei-ungskrieg vorzubereiten. In den folgenden Monaten wurden allein in

Preußen über hundert Turnplätze gegründet. Hier liegt eine der wichtigsten Wurzeln des Breitensports in den deutschsprachigen Ländern. Nach der Befreiung von der französischen Besatzung rief Jahn in einer Vortragsreihe zur Befreiung von den deutschen Fürsten auf. Der Höhepunkt dieser frühen Turnbewegung fiel mit dem Wartburgfest 1817 und der damit verbundenen Verbrennung reaktionärer und französischer Bücher zusammen und erregte das Misstrauen der Obrigkeiten.[246] Als die Turnbewegung 1820 auf Betreiben von König Friedrich Wilhelm III. von Preußen verboten wurde, wurden Jahn und andere Turnfreunde inhaftiert.

Für die Politikergeneration, welche die Französische Revolution und ihre direkten Auswirkungen auf Deutschland miterlebt hatte, blieben die Turner gefährliche Rebellen. Erst ein Generationswechsel brachte eine Lockerung. Jahn wurde 1825 wieder aus dem Gefängnis entlassen, blieb aber bis an sein Lebensende unter Polizeiaufsicht. Nach dem Amtsantritt König Ludwigs I. von Bayern bekam ein weiteres führendes Mitglied der Turnbewegung, Hans Ferdinand Maßmann, 1826 zuerst eine Anstellung als Turnlehrer am Kadettenkorps, der Offiziersschule der Bayerischen Armee, und nach seiner Habilitation 1835 eine der ersten Germanistikprofessuren an einer deutschen Universität. Maßmann führte am Stadtrand auf einem Freigelände das Turnen wieder ein, zur Olympiade von München 1972 wurde ihm auf diesem «Maßmannbergl» ein Denkmal gesetzt. Seit Mitte der 1830er Jahre wurden auf Anraten von Pädagogen die Leibesübungen an den Schulen wieder zugelassen. Mit dem Amtsantritt des preußischen Königs Friedrich Wilhelm IV. wurden Jahn und Maßmann auch in Preußen rehabilitiert, 1842 wurde die Turnsperre offiziell aufgehoben und Turnen für männliche Kinder reguläres Schulfach. Jahn wurde für sein Engagement in den Befreiungskriegen ausgezeichnet und 1848 als nationale Symbolfigur in die Deutsche Nationalversammlung in Frankfurt gewählt.[247] Maßmann wurde mit der Organisation des Turnunterrichts beauftragt.[248]

Die Turnbewegung kam nach der Aufhebung der «Turnsperre» aus dem Untergrund hervor und begann, sich in Vereinen zu organisieren. 1848 wurde auf dem 1. Deutschen Turnertag in Hanau der «Deutsche Turner-Bund» gegründet, der nach diversen Umbenennungen und Abspaltungen – insbesondere der sozialistischen Arbeiter-Turner, die 1893 den Arbeiter-Turnerbund gründeten – seit 1950 erneut seinen ursprünglichen Namen trägt und als Dachverband aller Turnvereine in Deutschland fungiert.[249]

Die Turnbewegung erfasste den ganzen deutschsprachigen Raum und entwickelte sich entsprechend unterschiedlich. In Preußen diente das Turnen der Militärübung in einem Obrigkeitsstaat und wurde als Reform von oben an den Schulen eingeführt. In der Schweiz, einer Republik, stand es dagegen im Kontext der Verteidigung der eidgenössischen Freiheiten, und seine Einführung in den Schulen wurde von den Turnvereinen gefordert und mitgestaltet. Die Etablierung des Turnens in den einzelnen Kantonen (Chur, Luzern, Solothurn, St. Gallen, Genf) erfolgte oft direkt durch Turner, die aufgrund der «Turnsperre» aus dem Gebiet des Deutschen Bundes in die Schweiz ausgewandert waren, wie z. B. den Hessen Adolf Spieß.[250] Die Schweizer Turnvereine schlossen sich bereits 1832 anlässlich des ersten Eidgenössischen Turnfestes zum Eidgenössischen Turnverein (ETV) zusammen. Der Schweizer Turnvater Johann Niggeler avancierte durch diesen Lobbyismus zum Berater des Schweizer Bundesrates.[251] Mit deutschen Revolutionären, die nach dem Scheitern der liberalen Bewegungen auswanderten, kam die Turnbewegung auch in die USA.[252] Politisch einflussreiche Emigranten wie Carl Schurz sorgten dafür, dass die Turner bei den Präsidentenwahlen von 1860 für Abraham Lincoln stimmten und bei der Vereidigung seine Leibwächter stellten.[253] Vor allem im 19. Jahrhundert waren die Turnvereine ein wichtiges Sammelbecken deutschstämmiger Einwanderer und eine der Wurzeln des amerikanischen Breitensports.[254]

Die deutschsprachigen Länder mit ihrer Fixierung auf das Boden- und Geräteturnen (Pferd, Ringe, Balken, Barren, Reck) nahmen im 19. Jahrhundert im europäischen Rahmen eine Sonderstellung ein. Mit der Erweiterung des Programms um allgemeine gymnastische und leichtathletische Übungen kam es jedoch zu einer Konvergenz des internationalen Sportprogramms. Die englische Übersetzung für Turnen lautet einfach *gymnastics*, und der Deutsche Turner-Bund ist seit Langem Mitglied im «Internationalen Turnverband». Dieser heißt international allerdings «Fédération Internationale de Gymnastique», und Turnen heißt international *artistic gymnastics*. Selbst der deutschtümelnde Turnvater Jahn ist in der Internationale der Gymnastiker angekommen und heißt dort *Father of Gymnastics* – denn schließlich verbindet sich mit seinem Namen nicht nur das Motto «hardy, pious, cheerful, free» («frisch, fromm, fröhlich, frei»), sondern auch die heute international verbreiteten Turngeräte, die er von Gutsmuths übernommen hatte: *Balance Beam* (Schwebebalken), *Horizontal Bar* (Reck) und *Parallel Bar* (Barren). Immerhin: die Mitglieder der German-American Gymnastics Clubs in den USA bezeichnen sich auch heute noch als *Turners*.[255]

Eine zunächst parallele, dann aber gänzlich andere Entwicklung nahm die Gymnastikbewegung in Schweden. Der «schwedische Jahn», der Pädagoge Pehr Henrik Ling, studierte an den Universitäten Lund und Uppsala, machte 1797 einen Abschluss in Theologie, ging dann aber auf eine siebenjährige Reise durch Dänemark, Deutschland, Frankreich und England. Seinen Lebensunterhalt verdiente er als Lehrer in den modernen Sprachen. Nach seiner krankheitsbedingten Rückkehr nach Schweden erhielt er eine Stelle als Fechtlehrer an der Universität Lund. Nachdem er entdeckte, dass seine täglichen Körperübungen seine Gesundheit wiederhergestellt hatten, begann er ein Medizinstudium, um diese Erfahrung kompetent an andere weitergeben zu können. Auf dieser Grundlage entwickelte Ling ein System der Gymnastik, das auf vier Säulen basierte: Pädagogik, Medizin, Militär und Ästhetik. Er wusste die schwedische Regierung so weit für seine Ideen zu interessieren, dass 1813 in Stockholm ein Königliches Zentral-Institut für Gymnastik für die Ausbildung von Gymnastiklehrern eröffnet werden konnte. Direktor dieses Instituts wurde Ling, der trotz einigem Streit mit Medizinern zuletzt so große Anerkennung erfuhr, dass er in die Schwedische Akademie der Wissenschaften aufgenommen und zum Titularprofessor ernannt wurde. Spätestens 1861 beschäftigte sich das Institut auch mit Frauengymnastik. Da an diesem Sportlehrer-Institut auch Frauen ausgebildet wurden, übte die schwedische Gymnastikbewegung nachhaltigen Einfluss auf die Entwicklung des Frauensports – nicht zuletzt in England – aus.[256]

Highland Games

Bei allem Erfolg der aus Europa stammenden internationalen Sportwettbewerbe existierten in allen Ländern eigene Traditionen des Sports und existieren teils immer noch. Man kann von der Spannung zwischen Weltsport und Lokalsport durchaus auch Parallelen zur Entwicklung innerhalb Europas ziehen, wo die aristokratische Kultur der Ritter wenig übrighatte für die Spiele und Körperübungen der Städter und diese wiederum keinen Bezug zu denen der Bauern und Hirten hatten. Immer wieder kam es jedoch zur Überschreitung dieser Grenzen einer regional und ständisch segregierten Kultur, und immer wieder wurden z. B. Elemente der Schweizer Volksspiele aufgegriffen. Andere populäre Belustigungen haben dagegen nicht ihren Weg in die nationalen Sportstätten gefunden, etwa das Schienbeinstoßen in England, das Fingerhakeln in Bayern, das Baumstammwerfen in Schottland oder das Schwingen in der Schweiz.

Am Beispiel der schottischen *Highland Games* kann die sich ändernde Positionierung solcher regionaler Sportfeste nachvollzogen werden. Das schottische Hochland, in dem traditionell die großen Adelsclans herrschten und das sich der englischen Verwaltung weitgehend entzog, war eine Bastion des schottischen Traditionalismus und recht resistent gegen äußere Einflüsse. Noch 1745 ging von hier ein nationaler Aufstand aus, der einen Nachfahren der Stuart-Dynastie wieder auf den Thron setzen wollte. Quellenmäßig fassen können wir die Highland Games erst nach dieser Niederlage des letzten Jakobitenaufstands, als sich die Schotten im späteren 18. Jahrhundert als etwas seltsame, aber im Grunde friedliche Nation neu erfinden wollten, mit Dudelsackwettbewerben und Schottenrocktänzen. Lokale Sporttraditionen, die vermutlich bis ins 11. Jahrhundert zurückgingen und früher mit Hochzeiten, Beerdigungen und Jahrmärkten (*kirns*) verknüpft waren, wurden jetzt zu regionalen Events zusammengefasst, in denen die Highlanders ihre Leistungskraft, ihre Stärke und Schnelligkeit unter Beweis stellten. Natürlich waren die Sportarten für Engländer höchst kurios: neben dem berühmtem Baumstämmewerfen (*tossing the caber*) Hammerwerfen, Steinstoßen, einen großen Stein aus dem Flussbett heben, andere Formen des Gewichthebens etc. Alle dazugehörigen Sportgeräte waren (und sind auch heute noch) nicht standardisiert, die Wurfsteine oder Wurfhämmer sehen in Inverness ganz anders aus als in Luss oder in Aboyne und haben unterschiedliche Gewichte. Neben den schweren Wettbewerben gab es noch leichte in Disziplinen wie Sprint und Langlauf, Weitsprung und Stabsprung. Dazu kamen manchmal auch Fechten, Büchsenschießen und *singlestick*. Für den Sieger und oft auch für die beiden Nächstbesten gab es Geldpreise.

In ihrer modernen Form waren diese Highland Games eine *invention of tradition*, die 1819 in St. Fillans in Perthshire von Peter Burrell (Lord Gwydir) begonnen wurde, einem Engländer mit walisischem Adelstitel und einer Ehefrau aus altem schottischen Hochadel. Diese neuschottischen Kulturveranstaltungen und überhaupt die Kultur der Highlanders wurden von einem der einflussreichsten zeitgenössischen Schriftsteller begeistert befürwortet – Walter Scott, dem Autor des *Ivanhoe* und von *Waverley*. Umgekehrt beeinflusste Scott die Spielbewegung, und 1826 nannte der Dichter James Hogg seine Spiele nach einer Novelle von Scott *St. Ronan's Games*. Seit den 1820er Jahren stieg die Zahl der Hochlandspiele steil an, u. a. wurde eines in Glenfinnan zur Hundertjahrfeier des Jakobitenaufstands veranstaltet. Manche dieser Spiele wurden von Einzelsponsoren, andere von Clans und wieder andere von lokalen Gesellschaften begründet, wie etwa 1825 von der *Lonach Society*, einer Mischung aus Trachtenverein und Sprachgesellschaft, die sich der friedlichen Erhaltung und Förderung des schottischen Kulturguts verschrieben hatte. Bereits Anfang der 1820er Jahre griffen die Highland Games auch auf die Lowlands über, und ein Sportfest in Bannockburn wurde 1822 von König Georg IV. besucht. 1848 hatte sich die neue Bewegung auch im Geist der mittelaltersüchtigen Romantik so weit etabliert, dass Queen Victoria das Braemar Gathering besuchte und sich als Patronin dieser Highland Games zur Verfügung stellte. Als Kulisse für die Spiele nutzte man gerne mittelalterliche Abteien oder Burgen, um auf ein vermeintlich hohes Alter anzuspielen.[257]

Mit dem Ausbau des Eisenbahnnetzes war es seit den 1840er Jahren für einzelne Sportler möglich, von den Preisgeldern der diversen Spiele zu leben, denn es gab bereits etwa zwei Dutzend solcher Wettbewerbe pro Jahr. 1849 wurde mit Allister MacHardie der erste schottische *National Champion* gekürt. Daran kann man sehen, dass eine Sportifizierung traditioneller Spiele auch ohne Standardisierung der Sportgeräte möglich ist. Donald Dinnie wurde Landesmeister in allen Jahren zwischen 1856 und 1876 bis auf ein Jahr, das er in Nordamerika auf Einladung der dort gegründeten *Caledonian Clubs* verbrachte. In diesen Vereinen sammelten sich emigrierte Schotten, die in den USA und in Kanada an dem nationalen Aufschwung Schottlands partizipieren und dort ebenfalls traditionelle Spiele abhalten wollten, die *Caledonian Games*. Schottische *Caledonian Societies* mit entsprechenden Spielen wurden später auch in Australien, Neuseeland und anderen Ländern gegründet. Dinnie war nicht nur ein hervorragender Kraftsportler, sondern er gewann auch die Wettbewerbe im Ringen, im Hochspringen und im Tanzen. Am Ende des 19. Jahrhunderts gab es etwa hundert solcher Wettbewerbe in Schottland, von denen die größeren bis zu 50 000 Zuschauer anzogen. Wenn auch noch Football oder *Shinty* – eine Art Hockey – gespielt wurde und eine Eisenbahnanbindung vorhanden war, auch mehr. Mit welcher Professionalität die Highland Games im 20. Jahrhundert betrieben wurden, kann man daran sehen, dass der achtmalige Landesmeister Bill Anderson 1958 auch den Wettbewerb im Kugelstoßen bei den *British Empire Games* gewann. In den letzten Jahrzehnten haben sich die Highland Games außerdem zu Touristenattraktionen entwickelt, die von der *Scottish Games Association* koordiniert werden.[258]

Auf dem Weg zum neuen Olympia

Die Ausgrabungen von Olympia und die Befreiung Griechenlands

Aus der Olympiabegeisterung heraus entwickelte sich Interesse am realen, antiken Olympia bzw. seinen Überresten: 1723 wurde es durch den französischen Reisenden Bernard de Montfaucon lokalisiert, die Entdeckung an den Erzbischof von Korfu, den römischen Kardinal Angelo Maria Quirini, gemeldet,[259] schließlich durch den englischen Archäologen Richard Chandler bekannt gemacht.[260] Angefeuert wurde die europäische Griechenlandbegeisterung durch den deutschen Altertumsforscher Johann Joachim Winckelmann, der in seinem Standardwerk *Geschichte der Kunst des Altertums* die Einfachheit und Vornehmheit der griechischen Kultur hervorhob und das Interesse an ihrer archäologischen Erforschung beförderte.[261] Die Regierungen des Osmanischen Reiches nahmen das Interesse der europäischen Forscher für die Altertümer in ihren Ländern mit Wohlwollen auf, waren sie doch bemüht um gute diplomatische Beziehungen zu den Westmächten. Da für die muslimischen Herrscher die Weltgeschichte erst mit der Einführung des Islam im Jahr 622 begann, hatte man wenig dagegen, dass Museumsleute und Sammler ägyptische, sumerische oder auch griechische Altertümer ausgruben und abtranspor-

tierten. Diese Geschenke der Osmanen, darunter zahlreiche Sportdarstellungen auf griechischen Vasen, können wir heute in den
Antikensammlungen in London, Paris oder München bewundern.

Der europäische *Philhellenismus* – die Begeisterung für das Grie-
chentum – war einerseits eine Frucht der humanistischen Griechenlandbegeisterung seit der Renaissance, andererseits eine Bewegung zur Unterstützung des griechischen Freiheitskampfes gegen das Osmanische
Reich, das seit der Eroberung Konstantinopels (heute Istanbul in der
Türkei) im Jahr 1453 weite Teile Griechenlands beherrschte. Die anato-
lischen Teile Griechenlands waren bis zum 19. Jahrhundert weitgehend
türkisiert, doch der europäische Teil und die meisten Inseln waren religiös und sprachlich griechisch geblieben. Als diese griechischen Gebiete
1821 gegen ihre Unterdrückung aufbegehrten, bildeten sich in ganz
Europa und sogar in Nordamerika Unterstützergesellschaften, die Geld
und andere Hilfsmittel sammelten, für die Befreiung Griechenlands
warben und manchmal sogar Kämpfer dorthin entsandten. Zentrum
dieser Bewegung war zunächst Genf, erste formelle *philhellenische
Gesellschaften* wurden 1821 in Bern, München und Stuttgart gegründet.
In München wurde die Gesellschaft vom Königshaus unterstützt, führende Mitglieder waren der Bergbauingenieur Franz Xaver von Baader
und der Altphilologe, Prinzenerzieher und Bildungspolitiker Friedrich
Wilhelm von Thiersch, der seit 1825 mit der Reform des höheren Bil-
dungswesens – Gymnasium und Universität – und der Erziehung des
Prinzen Otto beauftragt wurde. Nach Ansicht Thierschs lebten die alten
in den modernen Griechen fort. Er zog zum Beweis dieser These 1831
nach Griechenland und warb von dort für die Unterstützung des be-
freiten Griechenland, bevor er nach München zurückkehrte und das
Rektorat der Universität übernahm.[262]

Nach der Befreiung Griechenlands bekamen die Ausgrabungen
der antiken Stätten eine völlig andere Bedeutung, sie sollten nun die
Identität des neuen Volkes und Staates der Griechen befördern und
waren damit von Staatsinteresse. Bereits 1829 legte eine französische
Morea-Expedition den Tempel des Zeus von Olympia frei. Doch die
eigentlichen Arbeiten wurden von dem deutschen Archäologen Ernst
Curtius zu Wege gebracht, der lange für systematische Ausgrabungen
in Olympia geworben hatte.[263] Unter seiner Leitung wurden sie im
dritten Viertel des 19. Jahrhunderts zu einem erfolgreichen Abschluss
gebracht. Innerhalb weniger Jahre hatte Curtius das gesamte Gelände

freigelegt und antike Kunstwerke wie den Hermes des Praxiteles oder die Siegesgöttin Nike des Paionios entdeckt.[264] Die Veröffentlichung der Grabungsergebnisse zog sich bis in die 1890er Jahre hin und hielt das Interesse an Olympia am Leben. Sie waren es auch u. a., die Pierre de Coubertin zur Wiederbelebung der Olympischen Spiele anregten. Er schrieb: «Deutschland hat die Ruinen des alten Olympia ausgegraben; warum soll dann nicht Frankreich den alten Glanz wiederherstellen? Von hier aus war es nicht mehr weit zu der weniger glanzvollen, aber fruchtbaren Idee, die Spiele zu erneuern, besonders da es so aussah, als ob der internationale Sport eine neue Rolle in der Welt spielen sollte.»[265]

Vom Münchner Oktoberfest zu den Panhellenischen Olympien

Der griechische Befreiungskampf hatte in verschiedenen Ecken Europas und nun auch Amerikas die Idee zur Erneuerung der Olympischen Spiele beflügelt. In Schweden gründete der Graf Bogislaus von Schwerin einen «Olympischen Verein» (*Olympiska föreningen*) mit dem Ziel, das Interesse an solchen Sportwettkämpfen in Schweden und Norwegen zu wecken. Im Jahr 1834 wurden von Johan Schartau in Ramlösa «Olympische Spiele» ausgerichtet, die aus den Disziplinen Gymnastik, Laufen (*kapplöpning*), Ringen (*brottning*) und Klettern (*klättring*) bestanden. Diese Spiele zogen eine beträchtliche Anzahl von Zuschauern an und wurden deswegen 1836 noch einmal wiederholt. Einige Straßen auf dem ehemaligen Olympiagelände tragen heute zur Erinnerung daran Namen wie Kapplöpningsgatan, Fäktmästargatan und Rännarbanan. An die «Helsingborger Olympiade» erinnert auch der Stadtteil «Olympia», der in den 1890er Jahren entlang des aus dem Stadtzentrum herausführenden *Olympiavägen* entstand. Das 1898 eröffnete Olympiastadion in diesem Stadtteil wurde wenig später Sitz des Fußballvereins Helsingborgs IF, der bisher siebenmal Schwedischer Meister wurde und zuletzt 2011 das Double aus Meisterschaft und Pokalsieg schaffte.[266]

Im Großherzogtum Posen – das seit dem Wiener Kongress zum Königreich Preußen gehörte und aus Berliner Sicht die «Provinz Posen» war – wurden ebenfalls in den 1830er Jahren «Griechische Wettbewerbe» ausgetragen, an die sich in der Lokaltradition die Erinnerung erhalten hat. An sie erinnern heute der Fußballverein TS Olimpia

Poznań und sein *Stadion Olimpii Poznań*. Verschiedene Varianten der
schottischen Highland Games, die von schottischen Emigranten nach
Kanada und in die USA,[267] aber auch nach Südafrika, Australien und
Neuseeland mitgebracht worden waren, wurden von den Zeitgenos-
sen wiederholt mit den Olympischen Spielen verglichen. Als Montreal
Hauptstadt der britischen Provinz Canada Teil von «British North
America» (dem heutigen Kanada) wurde, wurden hier zur Feier des
Ereignisses im August 1844 zweitägige «Montreal Olympic Games»
ausgetragen, bei denen 29 Wettbewerbe ausgetragen wurden. Veran-
stalter war der zwei Jahre zuvor gegründete Sportverein *Montreal
Olympic Club*. Eine Besonderheit dieser Spiele bestand darin, dass im
Lacrosse, das die Einwanderer von den amerikanischen Ureinwoh-
nern übernommen hatten, ein Wettbewerb zwischen Indianern
(First Nations) und Einwanderern aus Europa stattfand.[268]

Die Idee, moderne Olympische Spiele in Griechenland abzuhalten,
führt jedoch zu einem Ort der Inspiration, welcher der englischsprachigen Welt bisher verborgen geblieben ist, nämlich auf das Münchner
Oktoberfest. Die Idee wurde zunächst unter dem Einfluss des Pädagogen Rigas Pheraios im Zuge des Freiheitskampfes gegen die Osmanen wiederbelebt und auf Anregung des Politikers Evangelis Zappas
unter dem aus Bayern stammenden König Otto I. von Griechenland
verwirklicht. Ein Vorbild dafür waren die Wettkämpfe, die auf dem
Münchner Oktoberfest unter König Maximilian I. Joseph von Bayern
abgehalten wurden. Anlass für das erste Oktoberfest war die Hochzeit
des Erbprinzen Ludwig I. von Bayern mit Prinzessin Therese von
Sachsen-Hildburghausen im Jahr 1810. Zu dieser Feier wurde auf einer
Wiese außerhalb der Hauptstadt München ein großes Pferderennen
abgehalten.[269] Diese Sportveranstaltung mit Volksfest kam so gut an,
dass sie auf dem künftig Theresienwiese genannten Areal auch in den
folgenden Jahren veranstaltet wurde. Aus der Hochzeitsfeier wurde
ein Jahresfest, ein Fixpunkt in einer Zeit, die ansonsten viele Veränderungen mit sich brachte. Zur Steigerung ihrer Attraktivität reicherte
König Ludwig I. zusammen mit dem Festkomitee der Stadt München
die Feier um Kegelbahnen, Kletterbäume, Schaukeln und Karussells
sowie um sportliche Wettkämpfe nach Art der Schweizer Volksspiele an.

Nachdem Ludwigs jüngerer Sohn als Kompromisskandidat der
Großmächte Großbritannien, Frankreich und Russland 1832 von der
griechischen Nationalversammlung als König Otto I. von Griechen-

land ausgerufen worden war, wurde nicht nur eine beachtliche Schar von bayrischen Verwaltungsbeamten nach Griechenland exportiert, sondern der Philhellenismus trieb vielerlei Blüten. Das bayrische Reinheitsgebot für Bier, die Weinproduktion des bayrischen Winzers («Achaia») Clauss und eine weißblaue Nationalflagge wurden in Griechenland eingeführt, die Hauptstadt nach Athen verlegt und Universitäten gegründet, an die deutsche Spezialisten für die altgriechische Kultur berufen wurden. In diesem Umfeld gelangte auch ein junger Gelehrter nach Griechenland, der 1838 zum erstenmal Olympia sehen und später dessen Ausgräber werden würde. Ernst Curtius, der auch der Turnbewegung angehörte, berichtet in seinen Tagebüchern ausführlich über die ersten Eindrücke.[270]

Die griechische Thronbesteigung wirkte auch auf München zurück, wo die «Schweizer Spiele» auf dem Oktoberfest in *Olympische Spiele* umbenannt wurden. König Ludwig selbst hatte als Philhellene angeregt, das Fest im Stil der antiken Olympischen Spiele auszutragen. Dies wiederum stieß in Griechenland auf Interesse. 1832 reiste eine griechische Delegation zur Inthronisation Ottos und zur Beobachtung dieser Spiele nach München, wo der Beginn der Oktoberfestspiele eigens bis zu ihrem Eintreffen verschoben wurde. Die Gesandten berichteten darüber: «In den Nachmittagsstunden erwiderten wir eine Einladung, an einem besonderen Fest teilzunehmen, das jährlich am Achten dieses Monats stattfindet und ‹Oktoberfest› genannt wird. Es wird auf einer ausgedehnten Fläche außerhalb der Stadt abgehalten. Das besagte Fest stellt eine Nachahmung der Olympischen Spiele dar und die Veranstaltungen lassen sich auf das alte Griechenland zurückführen.» Die «Volksspiele nach Art der Schweiz» (Pferderennen, Wettrennen, Festschießen, Baumsteigen, Sackhüpfen, Schubkarrenwettfahren, Radlaufen, Ringen, Speerwerfen, Steinschleudern, Schauturnen, Kegelschießen etc.) fanden in München letztmals 1850 unter dem Titel «Olympische Spiele» statt. Dies geschah etwa gleichzeitig mit der Institutionalisierung des Oktoberfests durch Aufstellung der «Bavaria» und der Errichtung der bayrischen «Ruhmeshalle», zu deren Grundbestand die Büsten der Philhellenen gehörten.[271]

Angeregt durch die Olympischen Spiele von München verfasste der griechische Verleger Panagiotis Soutsos seit 1833 entsprechende Gedichte und Memoranden an die neue bayrische Regierung von Griechenland, doch zunächst ohne Erfolg. Inzwischen machte auch die

Erforschung der olympischen Sportveranstaltungen Fortschritte. Der
sächsische Altphilologe Johann Heinrich Krause, erzogen auf dem
Gymnasium von Weimar und Student in Jena und Halle, spezialisierte
sich nach seiner Promotion auf die griechische Gymnastik und Agonistik und versorgte in den 1830er und 40er Jahren eine interessierte
Öffentlichkeit mit Daten und Fakten darüber, zuerst in Büchern und
später auch als Privatdozent und Professor in Halle.[272] Am 10. Januar
1852 hielt der zum Professor in Berlin ernannte Ernst Curtius seine
bahnbrechende Vorlesung über Olympia, die letztlich zum Beginn der
systematischen Ausgrabungen führen sollte.[273] In einer sehr wohlwol-
lenden Besprechung dieser Rede drang der Münchner Orientalist Jakob
Philipp Fallmerayer darauf, dass man Olympia nicht als Ruinenge-
lände, sondern als Erziehungsideal begreifen sollte:

«Die alten Griechen erkannten im Bau des menschlichen Leibes
und in der hohen Bildungsfähigkeit seiner Organe eine gleich wichtige und unabweisliche Forderung der Gottheit, beiden gleich gerecht
zu sein ... Das Gleichgewicht des leiblichen und geistigen Lebens, die
harmonische Ausbildung aller natürlichen Kräfte und Triebe war in
Hellas Aufgabe der Erziehung, und darum stand neben der Musik die
Gymnastik, um von Geschlecht zu Geschlecht eine an Leib und Seele
gesunde Jugend heranzubilden. Darauf ruhte das Gedeihen der Staaten, in welchen die Sorge für jene Doppelerziehung überall als wichtigster Theil der öffentlichen Angelegenheiten galt. Öffentliche Gymnasien mit großen, sonnigen Übungsplätzen, von Hallen oder
Baumreihen eingeschlossen, meistens vor den Thoren in ländlicher
Umgebung angelegt, waren notwendige Beigabe eines hellenischen
Gemeinwesens [...]. Gymnastik war im alten Griechenland Gottesdienst.»[274]

Aufgrund der deutschen Olympiabegeisterung griff der griechische Kaufmann Evangelos Zappas die Idee der Olympischen Spiele in
Griechenland wieder auf. Er unterbreitete 1856 dem König den Vorschlag zur Erneuerung der Olympischen Spiele in Griechenland. Tatsächlich befahl König Otto I. von Griechenland im September 1858 mit
einem Dekret die Einrichtung von «Olympien». Ab 1859 sollten in
Athen alle vier Jahre entsprechende Wettkämpfe in dem eigens dafür
hergerichteten Stadion stattfinden, wie in München in Kombination
mit einer landwirtschaftlichen Leistungsschau.

Die erste griechische Olympie der Neuzeit

Die 1. Olympie bestand wie ihr Münchner Vorbild aus einer allgemeinen Landwirtschafts- und Industrieausstellung und sportlichen Wettkämpfen, bei denen an die Sieger Geldpreise sowie Medaillen in Gold, Silber und Kupfer vergeben werden sollten. Die Olympien sollten jedes vierte Jahr an den vier Sonntagen im Oktober in Athen stattfinden. Zur Eröffnung sollte es einen christlichen Gottesdienst geben, und die neu gegründete Athener Akademie der Wissenschaften sollte ihre neuesten Erkenntnisse während der letzten Olympiade – also den letzten vier Jahren – vorstellen. Der zweite Sonntag war den Preisverleihungen in der Viehzucht und den Pferderennen gewidmet. Der dritte Sonntag gehörte dem Ackerbau und den athletischen Wettbewerben. Der vierte Sonntag schließlich war der Industrie und den Künsten vorbehalten und sollte durch eine Theateraufführung abgeschlossen werden. Preise wurden auch für Dramaturgie und Komposition vergeben. Diese Spiele wurden unter königlicher Protektion komplett von Zappas finanziert, wie eine Vorschau in der *Deutschen Turn-Zeitung* berichtete.[275] Über den Tag der athletischen Wettbewerbe berichtete dieselbe Zeitung ausführlich:

«Die gymnastischen Wettübungen nach Art der olympischen Spiele, welche, wie wir in Nr. 5 des vorigen Jahres erwähnten, mit diesem Jahre eingeführt worden sind, haben am 27. November [1859] in Athen stattgefunden. Wohl über 20 000 Menschen haben als Zuschauer den Spielen beigewohnt, die auf dem Ludwigsplatze in der Nähe der Pyräusstraße abgehalten wurden und im einfachen und doppelten Lauf und im siebenfachen Lauf, im Diskuswerfen sowohl in die Höhe, wie in die Ferne, im einfachen Sprunge, im Sprunge über Gräben und im Sprunge in die Höhe auf elastischen Körpern, mit Balancierung, ferner im Zielwerfen und Baumsteigen bestanden. Der Sieger in jeder dieser körperlichen Übungen wurde mit einem Ölzweige bekränzt und je nach der Schwierigkeit der Lösung der Aufgabe, mit je 50–100 und 280 Drachmen belohnt, welche beide Preise der Sieger unmittelbar nach dem Ausspruch der Kampfrichter aus der Hand des Königs [Otto I.] empfängt. Der höchste Preis wurde jedesmal dem zuerkannt, welcher im siebenmaligen Umlauf der Stadien der Erste war; sein und seines Geburtsortes Name wurde laut ausgerufen und der versammelten Menge bekannt gegeben.

Die Wettkämpfer gehörten allen Provinzen des Landes an und waren aus der Studentenschaft, dem Militär und den Matrosen hervorgegangen. Diese Volksbelustigungen dauerten von 1 Uhr mittags bis 4 Uhr nachmittags, worauf der Ausrufer die alte griechische Formel rief: ‹Volk, gehe nach Hause!›. Alle Wettkämpfer waren zur leichteren Unterscheidung in farbige Blousen gekleidet, mit entblößtem Haupt, die Haare durch ein Stirnband festgehalten. Das Volk nahm den lebhaftesten Antheil an diesen Vorgängen und munterte die dem Siege Nahenden durch lauten Zuruf und Beifall zum Ausharren und verdoppelter Anstrengung auf. Der König und die Königin blieben bis an's Ende und drückten den Siegern ihre Freude und Theilnahme aus.»[276]

Die Teilnehmer waren ausschließlich Griechen, wenn auch nicht nur aus Griechenland, sondern auch aus den griechischen Gebieten des Osmanischen Reiches. Die Wettkämpfe im Laufen, Springen, Speer- und Diskuswerfen waren – obwohl der Diskushochwurf durchaus originell war – eher enttäuschend, das Wetter war zu kalt und der Platz ungeeignet. Es gab eigentlich keine guten, trainierten Athleten. Unter anderem beteiligte sich ein Polizist, der eigentlich als Ordnungshüter eingeteilt war. Aber ein Anfang war gemacht. Die nächste Olympie fand allerdings nicht – wie ursprünglich geplant – 1863 statt, sondern musste wegen des Putsches und der Vertreibung des aus Bayern stammenden ersten Königs Otto verschoben werden. Dass die 2. Olympie kommen würde, war aber gesichert, nachdem Zappas den größten Teil seines Vermögens dem *Komitee für Olympien* unter der Bedingung vermacht hatte, geeignete Sportstätten zu errichten.

Andere Olympiaden im 19. Jahrhundert

Ähnliche Veranstaltungen gab es in der zweiten Hälfte des 19. Jahrhunderts auch in anderen europäischen Ländern. Die *Cotswold Olimpick Games* waren zwar inzwischen zu einer Art regionaler Jahrmarktsbelustigung herabgesunken, doch 1850 gründete der Arzt William Penny Brookes im Rahmen seiner Agricultural Reading Society eine *Wenlock Olympian Class*, mit der er in seinem Heimatort Much Wenlock an der Grenze zu Wales die sogenannten *Wenlock Olympian Games* veranstaltete. Dabei fanden neben den klassischen olympischen Disziplinen Laufen, Springen (Weit- und Hochsprung) und Werfen (Hammerwerfen) auch Wettbewerbe im Cricket, im Ringreiten und im Fußball statt, außerdem im *Quoits* (Ringewerfen), Sackhüpfen und im Schubkarren-fahren. Als weiterer Wettbewerb wurde ein Wettlauf zwischen alten Damen veranstaltet. Die Spiele wurden jährlich bis zum Ersten Welt-krieg, sporadisch in der Zwischenkriegszeit und erneut seit 1950 ver-anstaltet, im Jahr 2009 zum 123. Mal. Brookes setzte sich auch für die Aufnahme des Sportunterrichts in die englischen Lehrpläne ein, stif-tete einen Preis für den Sieger im Langstreckenlauf bei der 1. Olympie in Athen 1859 und benannte seine Gesellschaft 1860 in *Wenlock Olym-pian Society* um. Die Bemühungen um eine olympische Vernetzung zahlten sich auch für ihn aus, denn König Otto I. stiftete einen Silber-pokal für den Sieger des Much-Wenlock-Pentathlons.[277]

Ab 1861 fanden auch in Shropshire auf Anregung von Brookes für einige Jahre *Shropshire Olympic Games* statt, und als sich weitere Bezirke an solchen Spielen interessiert zeigten, wurde 1865 in London eine *National Olympian Association* (NOA) gegründet, die ein Jahr später *National Olympian Games* im Londoner Kristallpalast veranstaltete. Da-ran nahmen vor 10 000 Zuschauern immerhin 200 Athleten teil. Orga-nisatoren waren der schon erwähnte Brookes, John Hulley, der seit 1861 *Liverpudlian Olympics* organisierte, sowie der nach England ausgewan-derte Geograph Ernst Georg Ravenstein, der Vorsitzende des *German Gymnastics Club* in London.[278] Von hier stammte die Idee, Gold-, Silber- und Bronzemedaillen an die ersten drei Sieger der Wettbewerbe zu vergeben. Im Gegensatz zu der hastig gegründeten *Amateur Athletic Association* (AAA), welche die Wettbewerbsteilnahme auf «Amateure und Gentlemen» begrenzen wollte, setzte die NOA durch, dass die Wettbewerbe für die Angehörigen aller Volksklassen offen blieben. Wie in anderen Ländern gab es auch in England die Auseinanderset-zung zwischen demokratischer Sportbewegung und der mit der alten Stände- oder Klassengesellschaft verbundenen Idee, dass Sport nur von den Wohlhabenden ausgeübt werden sollte. Bis 1883 fanden in England sieben *National Olympian Games* statt, während weiterhin jährliche regionale Spiele wie in Wenlock ausgerichtet wurden.[279]

1881 wollte Brookes ein «Internationales Olympisches Festival» in Athen veranstalten, bei dem – anders als bei den griechischen Olym-pien – internationale Athleten antreten sollten. Dieser Plan fand einen sehr positiven Widerhall in der griechischen Presse, jedoch keine Un-terstützung der griechischen Regierung. 1889 suchte er deswegen den

Kontakt zu Coubertin, der eine internationale Konferenz zur Sport-erziehung plante, und schilderte ihm seine jahrzehntelangen Bemü-hungen. Im Jahr darauf besuchte Coubertin die *Wenlock Olympian Games* und zeigte sich davon tief beeindruckt. In einem Artikel für *La revue athlétique* schrieb der damals 29-Jährige: «Wenn die Olympi-schen Spiele, die das moderne Griechenland noch nicht wiederbe-leben hat können, weiterleben, dann ist dies keinem Griechen zu ver-danken, sondern Dr. W. P. Brookes.»[280] Der inzwischen 85-jährige Brookes konnte am Gründungskongress des IOC in Paris aber wegen Altersschwäche nicht mehr teilnehmen. IOC-Präsident Juan Antonio Samaranch nannte Brookes den «wahren Begründer der modernen Olympischen Spiele».[281]

Die 2. Olympie in Griechenland fand erst 1870 unter dem neuen, vom Parlament gewählten König Georg I. statt, einem Prinzen aus dem Hause Schleswig-Holstein-Sonderburg-Glücksburg. Der deutsch-griechische Architekt Ernst Ziller erforschte im Auftrag des Königs seit 1864 die Lage des um 330 v. Chr. errichteten und bis 144 n. Chr. aus- und umgebauten antiken Stadions der Panathenäischen Spiele, das nach Ausgrabungen 1869 östlich der Akropolis tatsächlich entdeckt und unter erheblichen Kosten restauriert wurde. In diesem *Panathi-naiko-Stadion* fand am 15. November 1870 die 2. Olympie statt.[282] Dies-mal war alles besser vorbereitet, es gab wie im alten Griechenland eine Eröffnungsfeier, den Eid der Sportler und Siegesfeiern. Athen war damals noch eine kleine Stadt mit schlechter Verkehrsanbindung, und die Spiele waren mit 25 000 Zuschauern ein Erfolg. Die Presse berich-tete positiv davon.

Auch in der Folgezeit konnte die Vierjahresperiode der Olympien nicht eingehalten werden. Die nächsten Spiele (Olympien III und IV) wurden in den Jahren 1875 und 1889 ebenfalls im Panathinaiko-Stadion in Athen durchgeführt. Bei der *3. Olympie* von 1875 waren lediglich Stu-denten als Teilnehmer zugelassen, weil der mit der Durchführung be-traute Rektor des Athener Gymnasiums der Ansicht war, dass nur Athle-ten mit einer bestimmten Bildung erfolgreich sein könnten. Tatsächlich waren die Athleten alle gut vorbereitet, aber da die Zuschauer nicht ge-nügend Platz fanden und die Arbeiterklasse ausgeschlossen blieb, gab es zum Ärger der Veranstalter berechtigte Kritik.[283] Zur *4. Olympie* konnte zusätzlich zu Zillers Stadion das von ihm bis 1888 gebaute Multifunkti-onsgebäude des *Zappeion* als zentrale Gymnastikhalle genutzt werden.

Das noch von Evangelos Zappas finanzierte Gebäude wurde später nicht nur bei den Olympischen Spielen von 1896 und der Zwischenolympiade von 1906 genutzt, sondern auch als Schauplatz für die Rückkehr Griechenlands nach Europa: 1979 wurden hier die Verträge über den Beitritt des Landes zur Europäischen Gemeinschaft unterzeichnet.[284]

Die für 1892 geplante 5. *Olympie* konnte wegen finanzieller Probleme nicht durchgeführt werden. 1894 fand in Paris der 1. Internationale Olympische Kongress statt, bei dem auf Anregung des Geschäftsmanns Demetrius Vikelas Athen als Austragungsort der ersten Olympischen Spiele der Neuzeit bestimmt wurde. Diese traten – nach einer griechischen Regierungskrise – 1896 an die Stelle der ursprünglich geplanten 6. *Olympie*.[285]

Kapitel 5

Der Sport in unserer Zeit

«Sport has definitely become
a new religion.»
L'Auto-Vélo, 27. Nov. 1900

England als Vormacht des modernen Sports

Seit der zweiten Hälfte des 19. Jahrhunderts hat der Sport eine rasante Entwicklung genommen. Mit der Schulpflicht wurde in den meisten Ländern Sport als Pflichtfach eingeführt, z. B. in Preußen für Buben 1842, an höheren Mädchenschulen 1894. Mit der steigenden Urbanisierung wurden Sportvereine zu einer wichtigen Integrationsinstitution gerade in den Arbeitervierteln der Städte. Ursprünglich eine Selbstorganisation für britische Gentlemen, verbreiteten sie sich über alle Schichten zunächst der europäischen und der nordamerikanischen Gesellschaft. Inzwischen findet man Sportclubs weltweit, die größeren Vereine unterhalten meistens eigene Frauenabteilungen sowie Abteilungen für Kinder und Jugendliche, auch für Senioren, manche für Behinderte, die sich jedoch auch in separaten Clubs organisieren. Natürlich nutzen Vereine den Leistungssport als Aushängeschild, denn Spitzensportler gehören zu den besten Werbeträgern des Sports. Wettbewerbe im Spitzensport dominieren das Bild des Sports in den Medien. Angesichts der quantitativen Proportionen kämen allerdings heute nur noch wenige Sozialwissenschaftler auf die Idee, den Sport durch die Jagd nach Rekorden zu definieren. Aufgrund unzähliger internationaler Wettbewerbe und der gewaltigen Leistungssteigerung, basierend auf technischen Innovationen und immer ausgefeilteren Trainingsmethoden im 20. Jahrhundert, hat die Rekordjagd eine Sättigung erreicht, zumal neue Rekorde heute eher mit Doping als mit Leistung assoziiert werden.[1] Der Freude am Sport und der Begeisterung für Sportwettbewerbe hat diese Abkehr keinen Abbruch getan. Die veränderte Einstellung erleichtert die Einsicht, dass der Sport

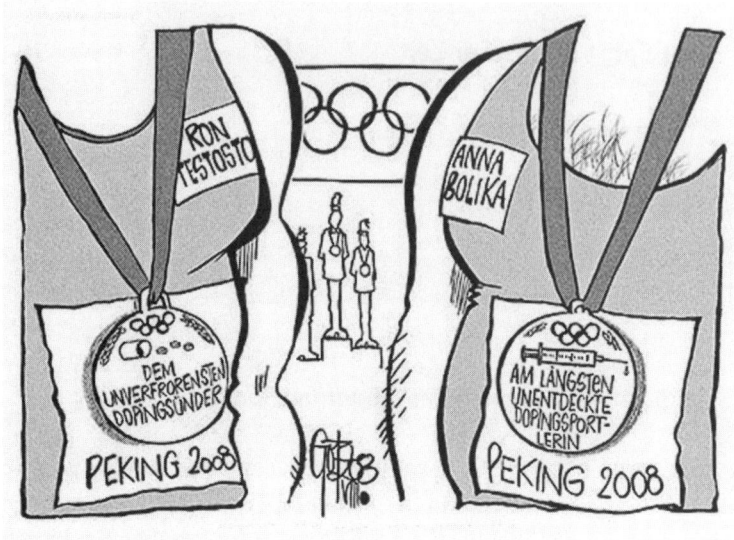

Doping als Voraussetzung für sportliche Rekorde: Götz Wiedenroth, Zwei ehrliche Ehrenmedaillen, 2004

unserer Zeit mit dem früherer Jahrhunderte mehr gemeinsam hat, als man einstweilen hat glauben wollen. Zu den erstaunlichsten jüngsten Entwicklungen zählt die stets wachsende Anzahl an neuen Sportarten. Dadurch gibt es heute eine sportliche Vielfalt wie niemals zuvor. Wie kam es dazu? Einen Grund kann man – aus der Perspektive der alteuropäischen Gesellschaft – in der *Säkularisierung* sehen, die Freizeitaktivitäten von allen religiösen Beschränkungen befreit und weder Religion noch lokale oder nationale Traditionen zur Legitimation von Freizeitaktivitäten benötigt. Damit einhergehend ist sicher die Rechtsstaatlichkeit zu nennen, die die Möglichkeit einer freien Entfaltung des Individuums garantiert. Außerdem spielt nach wie vor die im Zuge der Industrialisierung sich herausbildende Organisation der Arbeitswelt eine Rolle, die Arbeit und Freizeit säuberlich trennt,[2] auch wenn es deutlich zu weit geht, den Sport insgesamt als «industrielle Verhaltensform» zu bezeichnen.[3] Eine Rolle spielt auch die *Urbanisierung*, die eine bewusste Planung der eigenen Freizeitaktivitäten in der anonymen Umgebung einer Großstadt

erfordert. Als weitere Entwicklungsbedingung ist die zunehmende
Globalisierung zu sehen, die regionale Formen von Sport aus ihrer tra-
ditionellen Umgebung herauslöst und ihre Übernahme in anderen
Gegenden oder im Weltsport ermöglicht.

Eine Zunahme von Sportarten ergibt sich auch aus der *Bürokrati-
sierung* der Spiele, die nach einer schriftlichen Fixierung der Regeln
und der allgemeinen Verbindlichkeit des Regelwerks verlangt. Dies
lässt sich gut an der Auseinanderentwicklung von Fußball und Rugby
zeigen. Nach unserem heutigen Verständnis haben diese beiden Sportarten nichts miteinander zu tun, tatsächlich waren sie aber als Football
bis 1863 identisch. Erst mit der verbindlichen Festlegung der Fußballregeln durch die *Football Association*, welche grobe Fouls, die Zuhilfe-
nahme der Hand etc. untersagte, entstand der Fußball in seiner heutigen Erscheinungsform,[4] wenn auch keineswegs in seiner «endgültigen»,
da sich die Regeln immer weiter entwickeln. Von den Gegnern der
Neuerung wurde diese Reduzierung der Einsatzmöglichkeiten als Association Football – oder kurz *Soccer*, wie das Spiel ja heute noch in den
USA heißt – denunziert. Die Traditionalisten sammelten sich in einer
eigenen Gesellschaft, der *Rugby Union* – und benannten den traditionellen, kampforientierteren Football um in *Rugby*. Aus einer Sportart
wurden somit zwei.[5] Seit dem 19. Jahrhundert spielten kommerzielle
Motive eine immer größere Rolle bei der Neuentwicklung und Vermarktung von Sportarten, hinzu kam aber auch das Distinktionsver-
langen, das im Lauf des 20. Jahrhunderts immer weitere gesellschaftliche Kreise erfasste: Dem Bedürfnis nach Selbstverwirklichung unter
den Bedingungen der postindustriellen Erlebnisgesellschaft, wo sich
der oder die Einzelne auf einem Erlebnismarkt das passende Freizeitvergnügen sucht, eröffnete ungeahnte Möglichkeiten.[6]

Durch Kolonialismus zum Weltsport

Die Frühe Neuzeit und das 19. Jahrhundert waren die Zeit des europäischen Kolonialismus: Einzelne europäische Länder hatten seit der
Renaissance – dem Zeitalter der Entdeckungen – Handelsstützpunkte
und Kolonien in der ganzen Welt angelegt und sich dabei gegen konkurrierende imperiale Kulturen – etwa die des islamischen Raums,
Indiens und Chinas – durchsetzen können. Australien und der ameri-

kanische Doppelkontinent waren wegen der dünn besiedelten bzw. der geringen Widerstandsfähigkeit der lokalen Zivilisationen dem europäischen Einfluss weitgehend erlegen. Unter den Kolonialmächten waren auch in der Geschichte des Sports zwei von hegemonialer Bedeutung: Spanien und England. Ihnen gelang es nicht nur, ihre politischen Systeme weltweit zu verbreiten, sondern auch ihre Sportarten, allerdings mit ganz unterschiedlichem Ergebnis.[7]

Die spanische Monarchie begann den Kolonialismus 1520 mit der Eroberung des Aztekenreichs von Mexiko und wenig später des Inkareiches von Peru. Sie ersetzte einfach in den altamerikanischen Großreichen den jeweiligen Oberherrscher durch einen spanischen Vizekönig. Zu ihren Exportgütern gehörten neben der spanischen Zentralverwaltung und der Inquisition auch die spanischen Nationalsportarten, allen voran der Stierkampf und das Stockfechten. In der Hauptstadt des spanischen Vizekönigreichs Peru, in Lima, wurde 1766 – nur fünf Jahre später als in Madrid – eine der frühesten und größten permanenten Stierkampfarenen errichtet, die *Plaza de Toros de Acho*. Mit einem Fassungsvermögen von 17 000 Zuschauern gehört sie noch heute zu den größten Stierkampfarenen weltweit.[8] Als das spanische Weltreich Anfang des 19. Jahrhunderts zusammenbrach und die Länder Lateinamerikas ihre Unabhängigkeit erklärten, überlebte der frühneuzeitliche Sport Spaniens in den ehemaligen Kolonien. Die größte Stierkampfarena steht heute nicht in Spanien, sondern in Mexico City: Die 1946 erbaute *Plaza México* hat ein Fassungsvermögen von 48 000 Zuschauern. Bis zum Bau des Olympia- und des Aztekenstadions war sie überhaupt das größte Stadion des Landes gewesen, und heute noch rangiert sie an fünfter Stelle. Die Zweitgrößte weltweit ist die 1968 erbaute Arena der *Plaza de Toros Monumental de Valencia* in Venezuela (25 000).

Der britische Kolonialismus bildete sich langsamer heraus, jedoch nachhaltiger. England etablierte erst seit der Mitte des 17. Jahrhunderts erste Kolonien. Aufgrund seiner frühen Industrialisierung und der Parlamentsherrschaft seit 1688 entwickelte sich die englische Gesellschaft viel dynamischer. Zwar erklärten die Neuenglandstaaten bereits 1774 ihre Unabhängigkeit und schlossen sich zu den USA zusammen, sie blieben aber dem ehemaligen Mutterland kulturell verbunden. Die Liberalität des Regimes in England erlaubte eine relativ freie Entwicklung des Sports. Und das Wachstum des British Empire förderte durch den ständigen Austausch seiner Funktionseliten die Verbreitung der englischen Sportarten. Bis in die Mitte des 20. Jahrhunderts gehörten zu diesem Weltreich in Europa: Irland, Gibraltar, Malta und Zypern; in Amerika: Kanada, Britisch Guayana, Britisch Honduras und die Westindischen Inseln (in der Karibik); in Ozeanien: Australien und Neuseeland und Neuguinea; in Asien: das heutige Malaysia, Hongkong, Singapur, Burma, Indien mit Pakistan und Bangladesch (ehemaliges Vizekönigreich Indien); in Arabien: der Irak und die Arabische Halbinsel (außer Saudi-Arabien); in Afrika: ein Korridor von Ägypten im Norden bis Südafrika im Süden, außerdem Nigeria, die Goldküste, Sierra Leone und Gambia. Zum Empire gehörten außerdem Inseln in allen Weltmeeren. Durch Kolonialoffiziere, Lehrer und Schulen in diesen Kolonien wurde der englische Sport zum Weltsport. Viele der genannten Länder blieben Großbritannien auch nach der Entkolonialisierung im Commonwealth verbunden, und die gemeinsame Sporttradition bildet eines der wichtigsten Bindeglieder.[9]

Crocket und andere viktorianische Sportinnovationen

Ein frühes Beispiel dafür, wie neue Sportarten aus kommerziellen Interessen erfunden wurden und sich weltweit verbreiteten, liefert das *Crocket*. Im Grunde ist es nicht völlig neu, denn es handelt sich wie beim Billard um eine Miniversion des *Pallamaglio*, also ein Spiel, bei dem mit einem hölzernen Hammer auf einen hölzernen Ball geschlagen wird, um diesen in ein Tor zu treiben. In Irland gab es in den 1830er Jahren ein Spiel namens *Crookey*, das nach der Erfindung des Rasenmähers (Patent von 1830), der etwa gleichzeitig in die industrielle Produktion ging,[10] ca. zwanzig Jahre später auch in England populär zu werden begann. Eigentlich erfunden wurde das Spiel jedoch von dem Sportartikelhersteller John Jacques, dem Erben der Firma Jacques & Sons. Deren Hauptprodukt waren Gegenstände aus Holz und Elfenbein, z. B. Kugeln für das Bowling, Schachfiguren, aber auch Zahnprothesen. Jacques experimentierte mit einer ganzen Reihe von Neuentwicklungen mit so einfallsreichen Namen wie *Tiddly-Winks*, *Ludo*, *Snakes* und *Happy Families*. Anlässlich der Londoner Weltausstellung von 1851, zu der im Hyde Park der Kristallpalast errichtet wurde,[11] stellte er sein erstes Crocket-Set aus: Holzhämmer, Holzbälle und kleine Eisentore, die man auf jeder Rasenfläche aufstellen konnte.

Der Verkaufserfolg war phänomenal, auch deswegen, weil die Sportart überall und ohne jegliche Hilfe ausgeübt werden konnte. Das Spiel konnte nicht nur von Frauen gespielt werden, sondern – da kein physischer Kontakt erforderlich war – von Männern und Frauen gemeinsam und eröffnete damit die Möglichkeit zu Familienvergnügen oder zu Flirts. Es konnte jederzeit für Pausen und Erfrischungen unterbrochen werden und bot, wie das Golfspiel, Gelegenheit zur Unterhaltung sowie zum Abschluss von Geschäften. Zudem konnte man die Tore aufstellen, wie man wollte, dies eröffnete die Möglichkeit der Kreativität. Das Spiel gewann sofort Anhänger an den Universitäten Oxford und Cambridge, und Geistesgrößen wie Lewis Carroll bekannten sich dazu. Beflügelt durch den Erfolg, schob Jacques 1864 die Spielregeln hinterher: *Croquet, the Laws and Regulations of the Game.* Dies waren rein private Regeln, doch sie hatten sehr lange Bestand und behielten international ihre Gültigkeit. Besonders gut verkaufte sich Crocket in Indien und in Australien, wo große Hitze oder Feuchtigkeit die Ausübung von lebhafteren Sportarten oft zur Qual werden ließ. Auf die Gründung eines *All England Croquet Club* 1868 folgte bereits zwei Jahre später die Ausrichtung einer nationalen Meisterschaft. Obwohl Crocket bald von einer anderen rasenbezogenen Neuerfindung, dem *Lawn Tennis*, welcher das alte Jeu de Paume oder Real Tennis ersetzte, überflügelt wurde, behielt es doch im 20. Jahrhundert eine stabile Anhängerschaft; dazu gehörten so illustre Stars wie Agatha Christie oder Greta Garbo.[12]

Crocket ist nur ein Beispiel für die Sportinnovationen, die in England während der langen Regierungszeit von Queen Victoria aus dem Hause Hannover aufkamen. 1856 wurde das Bootsrennen zwischen Oxford und Cambridge auf der Themse erfunden, 1857 der Alpine Club für organisiertes Bergsteigen in den Alpen gegründet und 1858 das Oxford Gymnasium als erstes Trainings- oder Fitnesszentrum mit zahlreichen Übungsgeräten eingerichtet.[13] Nach dem Vorbild des Ruderwettkampfes wurde 1864 die erste Leichtathletikmeisterschaft zwischen Oxford und Cambridge ausgerichtet. Manche Innovationsprozesse verliefen eher langsam, wie der Aufstieg von Cricket zum englischen Leitsport, der etwa eine Generation dauerte, oder die Etablierung von Fußball und Rugby, die sich zu den bevorzugten College-Sportarten entwickelten. Es gab auch schnell wechselnde Moden, so etwa beim Roll- und Schlittschuhlaufen ab 1863, in den 1870er Jahren mit dem Golfsport oder später mit Hockey und Polo. 1873 erfand Walter Wingfield die Regeln für Lawn Tennis, das er eigentlich im Unterschied zum bisherigen Tennis *Sphaeristike* nennen wollte. Auf dieser Grundlage wurde 1877 die erste Tennismeisterschaft in Wimbledon – bis dahin ein Crocket-Gelände – ausgetragen, das sich seither zu einem eigenen Markenzeichen entwickelt hat.[14] Natürlich waren auch diese Sporterfindungen Geschäftsideen. Wingfield spezialisierte sich auf die Produktion von Spielausrüstungen für das Tennis, und zu seinen Kunden gehörten bald die Mitglieder des Königshauses, aber auch ausländische Persönlichkeiten wie die preußische Kronprinzessin.[15]

Die Entstehung von Moden wurde durch neue Massenmedien ebenso wie durch große Ausstellungen befördert, und der Erfolg sportlicher Großveranstaltungen wurde erst durch die Eisenbahn ermöglicht, die zu wichtigen Events Sonderzüge einsetzte. In den 1880er Jahren erfasste die Eislaufmanie Westeuropa und die USA, in Paris und London wurden Eislaufpaläste eröffnet, in denen gleichzeitig Männer und Frauen fahren konnten.[16]

Frauensport und Frauenemanzipation im 19. Jahrhundert

Sport war noch im 19. Jahrhundert eine weitgehend männliche Angelegenheit. Dennoch konnten Frauen als Akrobatinnen im Zirkus auftreten. Zudem war es in wohlhabenden Familien üblich, dass Frauen, wenn die Familie oder der Partner nichts einzuwenden hatten, Sport trieben. Allerdings gab es früh Befürworter einer weiblichen Körperertüchtigung wie z. B. den Arzt Donald Walker, der allen Ideen von weiblicher Schwäche entgegentrat und Sport für die Erhaltung von Gesundheit und Schönheit dringend empfahl. Allerdings mit Einschränkungen, denn nicht jede Sportart entspräche der zarten Natur der Frauen. Speziell das Reiten stand unter Verdacht, dass es den weiblichen Unterkörper verforme.[17] Solchen wunderlichen Ideen traten zuerst Autorinnen der beginnenden Frauenrechtsbewegung entgegen, wie Bessie Rayner Parkes, die 1854 klarstellte: «Die traditionelle und schlicht willkürliche Übereinkunft, daß lediglich bestimmte Spiele und Körperbewegungen für das weibliche Geschlecht schicklich seien, ist eine erbärmliche Einschränkung des Rechtes auf Individualität.»[18] Eine wichtige Rolle bei der Widerlegung des Vorurteils von der physischen Inferiorität der Frau spielte die Schwedin Martina Bergman-Österberg, die in London ein Institut für die Sportlehrerinnen-Ausbildung gründete und selbst leitete. Bergman studierte 1879–1881 am Königlichen Zentralinstitut für Gymnastik in Stockholm und wurde nach ihrer Übersiedlung in die britische Hauptstadt noch im selben Jahr von der Londoner Schulbehörde zum *Lady Superintendent of Physical Exercises in Girls' and Infants' Schools* ernannt. Körpertraining an Schulen war zwar bereits seit elf Jahren vorgesehen, wurde aber aus Mangel an Kenntnissen kaum gelehrt. 1876 war *Physical Training* auch für Mädchen an Grundschulen Pflichtfach geworden, doch fehlten Lehrer, weshalb Concordia Löfving, eine Absolventin des Königlichen Zentralinstituts für Gymnastik, eingestellt wurde. Sie lehrte in England als Erste Frauengymnastik.[19]

Ihre Nachfolgerin wurde Bergman, die ihre Aufgabe in der Ausbildung von Sportlehrerinnen sah. Sie bildete über 1300 Lehrer in schwedischer Gymnastik, Anatomie und Physiologie aus und führte diesen Schulsport selbst an 300 Schulen ein. Daneben organisierte sie öffentliche Vorführungen der schwedischen Gymnastik mit ihren Schülerinnen, die spätestens nach einem Besuch des Prince of Wales 1883 große öffentliche Zustimmung erfuhren. Mit der Schulbehörde unzufrieden, gründete sie 1885 ein eigenes *Hampstead Physical Training College and Gymnasium for Women*, die erste derartige Einrichtung für Frauen in England. In dieser Kaderschmiede zukünftiger Sportlehrerinnen wurden nur gut situierte, überdurchschnittlich intelligente, körperlich gesunde und gut aussehende, dazu naturwissenschaftlich interessierte Studentinnen zugelassen. Diese Kombination sollte dem Frauensport die nötige Akzeptanz sichern und Vorurteile widerlegen helfen: «I try to train my girls to help raise their own sex, and so to accelerate the progress of the race; for unless the women are strong, healthy, pure, and true, how can the race progress?»[20] Ihre zweijährigen Kurse richteten sich nach dem Vorbild des schwedischen Zentralinstituts, ergänzt um die Fächer Physik und Chemie sowie Programme für englische Mannschaftssportarten. Auch wenn das Institut mit kalten Bädern, Ausgehverboten und Briefzensur eher den Charakter eines Straflagers hatte, brachte es doch eine ganze Generation von Sportlehrerinnen hervor. Die Absolventinnen hatten aufgrund des Mangels an Lehrerinnen praktisch eine Beschäftigungsgarantie mit gutem Einkommen, sie arbeiteten nicht nur in London, sondern in der ganzen englischsprachigen Welt und in Japan. Eine Schülerin Bergmans erfand 1897 ein Gymnastikkleid, das am Institut sofort eingeführt wurde und in den 1920er Jahren Teil der englischen Schuluniform wurde. Frauen spielten im 19. Jahrhundert eine größere Rolle im Sport als gemeinhin angenommen, vor allem in den USA gab es Entfaltungsmöglichkeiten. 1867 traten die *Dolly Vardens* auf, ein professionelles Baseballteam schwarzer Amerikanerinnen aus Philadelphia. 1871 gab es einen Ruder-, 1873 einen Schwimmwettbewerb für Frauen in New York. 1876 schlug Mary Marshall alle Männer bei einem Gehwettbewerb der *Pedestrianists*. Lawn Tennis kam auf Initiative von Mary Ewing Outerbridge 1874 in die USA, sie entwarf den ersten Tennis Court auf dem Staten-Island-Cricket-Gelände, und entsprechend hoch war der Anteil tennisspielender Frauen in Amerika von Anfang an. Vor einigen Jahren wurde sie als *Mother of American Tennis* in die *International Tennis Hall of Fame* aufgenommen.[21] 1876 waren 10 % aller Mitglieder des *Appalachian Mountain Club* Frauen. 1882 gab es die ersten Athletikwettkämpfe für Frauen in Boston, ab 1883 jährliche Bogenschießwettbewerbe. Star der Wildwestshow des Buffalo Bill war ab 1885 die weltweit bekannte Kunstreiterin und Scharfschützin Phoebe Ann Mosey, die unter dem Pseudonym Annie Oakley auftrat und dafür berühmt war, dass sie eine Zigarette aus dem Mund ihres Mannes schießen konnte. Queen Victoria zählte ebenso zu ihren Bewunderern wie der Zar von Russland, Kaiser Wilhelm II. von Deutschland oder der Indianerhäuptling Sitting Bull. Sie gilt als erster weiblicher Superstar und Prototyp des *All American Girl*. Das Musical *Annie Get Your Gun* beruht auf ihrer Lebensgeschichte, und von Playmobil gibt es sogar eine Spielfigur von ihr.[22]

Im Jahr 1888 wurde ein Fahrradclub für Frauen in Chicago gegründet, und bereits im Jahr darauf fand ein Sechstagerennen im Madison Square Garden in New York statt. Ein Professor aus Wien bewirkte in der neu gegründeten *Amateur Athletic Union* (AAU) mit der Vorführung von Fechterinnen, dass Fechtclubs für Frauen gegründet wurden. Bereits in den 1890er Jahren gab es in den USA Hunderte von Frauen-Baseballteams, und mehr als eine Million Frauen besaßen Fahrräder, es gab Golf- und Tennismeisterschaften, Frauen spielten Mannschaftsspiele wie Eishockey und Lacrosse.[23] Die USA waren Europa im Frauensport weit voraus. Doch am Ende des 19. Jahrhunderts konnte Lady Violet Greville in mehreren Publikationen, darunter dem von ihr herausgegebenen Kompendium *The Gentlewoman's Book of Sports*, zufrieden auf die erfolgreichen Kämpfe der Vergangenheit zurückblicken.[24] Ohne diese sportbegeisterten und gut trainierten Frauen wäre kaum erklärbar, wie bereits bei der zweiten Olympiade von Paris 1900 ohne Probleme mehrere Frauenwettbewerbe stattfinden konnten.

Doch auch England bot dem Frauensport einen Nährboden. In der *Royal Toxophilite Society* konnten Frauen von Anfang an Bogenschießen praktizieren, und aufgrund der Nachfrage wurde bald ein eigener *Ladies' Day* eingerichtet. Auch bei neuen Sportarten wie Crocket, Lawn Tennis, Roll- und Schlittschuhfahren, Golf etc. waren die Damen der höheren Gesellschaftsschichten von Anbeginn dabei.[25] Allerdings stellte allein schon die steife viktorianische Kleidung ein ernsthaftes Hindernis für aktiven Sport dar. Die Frauen, die in englischen Clubs mit langen Röcken Tennis spielten, wirkten physisch behindert. Sportkleidung für Frauen musste erst entwickelt werden.[26] Im selben Jahr 1887, als die erste *US Women's Singles Championship* im Tennis ausgetragen wurde – mit Ellen Hansell als erster Tennismeisterin –, begannen in Wimbledon Tennismeisterschaften für Frauen. Champion wurde fünfmal in sieben Jahren Charlotte «Lottie» Dod. Das Jahr, in dem sie nicht gewann, befand sie sich auf einem längeren Segeltrip. Lottie betrieb auch eifrig andere Sportarten, neben dem Tennis gewann sie die *British Ladies Amateur Golf Championship* und bei den Olympischen Spielen in London 1908 die Silbermedaille im Bogenschießen (ihr Bruder Will gewann die Goldmedaille bei den Männern). Lottie gründete einen *Ladies' Golf Club* und war seit 1899 Kapitän des Hockeyteams von Cheshire County. Das Guinness-Buch der Rekorde führt sie als die vielseitigste Athletin aller Zeiten. Ihre Schwester Annie war eine versierte Tennisspielerin, Golferin, Eisläuferin und Billardspielerin. Diese Kinder eines reichen Baumwollhändlers, die nie im Leben zu arbeiten brauchten, waren genau die Amateure, welche sich die Gründer der Olympischen Spiele als Sportler vorstellten.[27]

Aristokratinnen nahmen sich von jeher das Recht, Sport auszuüben, ob im Italien der Renaissance oder im Elisabethanischen England. Doch im 19. Jahrhundert beginnt die Verschränkung von Sport- und Frauenrechtsbewegung: Die Gründung eigener Sportvereine nahm demonstrativen Charakter im Kampf um Frauenrechte an, so war die Gründerin des ersten Frauenfußballvereins mit dem schönen Namen Nettie Honeyball Frauenrechtsaktivistin. 1894 gründete sie in

London den *British Ladies' Football Club*, zur Präsidentin wurde Florence Caroline Douglas (Baroness Dixie) gewählt, eine schottische Aristokratin und exzentrische Feministin, die von einer Patagonienreise mit ihrem Ehemann einen Jaguar mitgebracht hatte, den sie als Haustier hielt. Lady Dixie trat für die Gleichberechtigung vor dem Gesetz und in der Ehe sowie für Tierschutz ein. Nachdem sie Präsidentin des ersten Fußballerinnenclubs geworden war, kam es im März 1895 zum ersten Fußballspiel England-Süd gegen England-Nord, das 10 000 Schaulustige anlockte und mit 7:1 endete. Die Presse amüsierte sich zwar darüber, dass die Spielerinnen Hütchen auf dem Kopf und Röckchen über den Knickerbockers trugen, doch dieser Kompromiss musste angesichts der viktorianischen Mode eingegangen werden.[28]

Die Olympischen Spiele der Neuzeit

Citius, Altius, Fortius: «Die ersten Olympischen Spiele der Neuzeit»

Auch wenn die Zahl der Befürworter einer Erneuerung der Olympischen Spiele seit der Renaissance groß war und im 19. Jahrhundert immer weiter anwuchs, spricht niemand Pierre de Frédy, Baron de Coubertin, das Verdienst ab, bei der Durchsetzung die treibende Kraft gewesen zu sein. Coubertin entstammte einer Adelsfamilie mit Wurzeln in der italienischen Renaissance. Nach dem Studium an der Sorbonne (Kunst, Philologie und Jura) und Reisen in die USA, nach Kanada und England war er – wie schon die Pädagogen der Renaissance und des Philanthropismus – davon überzeugt, dass zur geistigen auch die körperliche Erziehung treten müsse. Dabei spielte, wie zuvor bei Jahn, ein nationalistisches Motiv eine Rolle, denn Coubertin war erschrocken über das schlechte Abschneiden der französischen Armee im Krieg gegen Deutschland in den Jahren 1870/71. Vom Sportunterricht erwartete er eine verbesserte Kondition der französischen Rekruten. Die Wiederaufnahme der Ausgrabungen in Olympia 1880 regte ihn dazu an, die Olympischen Spiele wiederaufleben zu lassen. Durch eine Erneuerung der Idee des olympischen Friedens wollte er zu einer Überwindung der nationalen Egoismen beitragen. Der Fortschritt in der Gesellschaft sollte durch sportliches

Rekordstreben nach dem Motto «*citius, altius, fortius*» («schneller, höher, stärker») gekräftigt werden.[29] In einem Buch, das der 25-Jährige 1888 über die Erziehung an englischen Schulen publizierte, vertrat er die These, dass die Weltmachtstellung des British Empire eng mit der dort üblichen Sporterziehung an den Schulen verknüpft sei. Schulsport halte Körper und Geist in einem Gleichgewicht und vermeide sinnlose Zeitverschwendung.[30]

Trotz der scheinbaren Überwindung nationalistischer Motive plädierte Coubertin für Paris als Austragungsort der Olympischen Spiele. Im Juni 1894 berief er als Sekretär des französischen Sportverbandes an der Sorbonne einen *Congrès International de Paris pour le Rétablissement des Jeux Olympiques* ein, auf dem über die Wiedereinführung Olympischer Spiele beraten werden sollte und der deswegen später als Gründungstreffen des IOC bezeichnet wurde. Außer den Sitzungen der Teilnehmer an der Sorbonne gab es ein kulturelles und kulinarisches Rahmenprogramm sowie als sportliche Darbietungen ein Fahrradrennen und eine Tennismeisterschaft, das *Championnat de Longue Paume au Jardin du Luxembourg*. Die Teilnehmerschaft dieses Treffens war aufgrund der Einladungen Coubertins sehr einseitig zusammengesetzt: 58 der 78 Delegierten kamen aus Frankreich, acht aus Großbritannien, vier aus Belgien, je zwei aus Schweden und Spanien und je einer aus den USA, Italien, Russland und Griechenland. Der Kongress traf einige grundlegende Entscheidungen: Erstens sollten die Spiele als internationales Ereignis wieder eingeführt werden, zweitens sollten nur Männer und drittens nur Amateure – also keine Berufssportler – zu den Wettkämpfen zugelassen werden. Trotz seiner Voreingenommenheit für Frankreich ließ sich Coubertin davon überzeugen, dass ein Neubeginn in Griechenland besser das Anknüpfen an die antike Tradition des Sports symbolisieren würde. Die ersten Olympischen Spiele der Neuzeit – wie man die Veranstaltung ohne Rücksicht auf die griechischen Olympien des 19. Jahrhunderts nannte – sollten folglich in Athen ausgetragen werden. Weil das Statut vorsah, dass der Präsident aus dem Land kommen sollte, welches die Spiele ausrichtete, wurde nicht Coubertin, sondern der in Paris lebende griechische Kaufmann Demetrius Vikelas, der seine Ausbildung in London erhalten und sämtliche Dramen Shakespeares ins Griechische übersetzt hatte, zum ersten Präsidenten des IOC gewählt. Das Vorhaben wurde auch von König Georg I. von Griechenland – dem Sponsor der letzten drei griechischen Olympien – unter-stützt.[31]

Obwohl Coubertin nach außen hin der universalen Idee der Gleichheit verpflichtet schien, entsprachen ihr weder die eingeladenen Kongressmitglieder noch die 1894 ernannten ursprünglichen 15 Mitglieder des IOC. Je zwei von ihnen stammten aus Frankreich, England und Italien, sechs aus anderen europäischen Ländern, einer aus Neuseeland und zwei aus Amerika (USA und Argentinien). Die meisten von ihnen waren einfach gute Bekannte des Barons. Kein einziger Delegierter kam aus Asien, Afrika und Australien. Von diesem ersten IOC gehörte ein Drittel dem europäischen Hochadel an, zwei waren Generäle, zwei Akademiker und einer Regierungsrat. Die Mitglieder des IOC werden nicht gewählt und sind niemandem Rechenschaft schuldig. Bis heute ergänzt es sich durch Kooptation. Unter den 70 neuen IOC-Mitgliedern, die bis 1915 ausgewählt wurden, gehörten nicht weniger als 34 dem europäischen Hochadel an, und es waren erstaunlich viele Militärs unter den Friedensfreunden – ein Sammelbecken, das seit den 1920er Jahren noch um Scheichs, Khans, Radschas, Sultane und Fürsten aus anderen Kulturen erweitert wurde. In einer soziologischen Klassifikation wurde das IOC als «permanente Oligarchie» beschrieben.[32]

In Deutschland löste die Entscheidung zur Durchführung der Spiele ein zwiespältiges Echo aus. Einerseits sah man sich durch den Pariser Kongress düpiert, denn Coubertin hatte absichtlich keine deutschen Vertreter eingeladen. Die deutsche Turnerschaft betrachtete deswegen die geplanten Spiele als perfides Projekt des «Erbfeinds». Tatsächlich hatte sich Coubertin auch nach dem Kongress in einem Interview undiplomatisch über Deutschland geäußert.

Mit seinem Nationalismus verärgerte Coubertin aber nicht nur die Deutschen, sondern auch die Griechen und Engländer. Im Vorfeld der Spiele nahm das griechische NOK deren Organisation immer stärker in die eigenen Hände. Die Ernennung des Kronprinzen Konstantin zum Präsidenten und Veranstalter erleichterte das Entsenden einer deutschen Delegation, die so tat, als habe es Coubertin nie gegeben. Als der Erfinder der modernen Spiele im März 1896 in Athen auftauchte, wurde er als Journalist eingestuft.[33] An den Spielen, die vom 6. bis 15. April 1896 stattfanden, nahmen 265 männliche Athleten aus 13 Ländern teil. Gekämpft wurde in 43 Disziplinen in 9 Sportarten, darunter in der Leichtathletik, im Schwimmen, Gewichtheben und Tennis. Die meisten Goldmedaillen gewannen schon damals die USA, vor Griechenland, Deutschland, Frankreich und Großbritannien. Die meisten Medaillen überhaupt gewann Griechenland – das mit 186 Teilnehmern das weitaus größte Team stellte – vor den USA, Deutschland und Frankreich.[34] Weitere Teilnehmer kamen aus Australien, Bulgarien, Dänemark, Italien, Österreich, Ungarn, Schweden und der Schweiz, außerdem gab es noch eine gemischte Mannschaft aus den übrigen Teilnehmern. Obwohl einige Griechen staatsrechtlich dem Osmanischen Reich zugehörten und aus der Türkei oder aus Ägypten kamen, traten sie im Geist des *Panhellenismus* als Griechen an. Das Konzept der Nationalmannschaft spielte noch keine Rolle: Alle Athleten reisten als Einzelkämpfer an oder traten an, weil sie – wie zwei britische Botschaftsangestellte – ohnehin zufällig in Athen waren. Das Tenniseinzel gewann der Ire John Pius Boland, der in Bonn studierte, Mitglied der katholischen Studentenverbindung *Bavaria* war und nur zufällig in Athen weilte. Nach dem unerwarteten Erfolg überredete er den bereits ausgeschiedenen deutschen 800-Meter-Läufer Fritz Traun zum Antritt im Doppel, das das eilig improvisierte Paar gewann.

Als Sieger des ersten Ausscheidungswettbewerbs der neuzeitlichen Olympiade ging Francis Lane aus den USA hervor, der den Vorlauf über 100 Meter in 12,2 Sekunden gewann. Olympiasieger wurde allerdings sein Landsmann Thomas Burke mit 12,0 Sekunden. Außerdem wurde er Erster über 400 Meter. Erster Olympiasieger der Neuzeit war James Connolly, der wie Burke aus Boston stammte und sich eigens für die Reise nach Athen in Harvard exmatrikulieren musste, weil ihm seine Universität die Teilnahme untersagt hatte. Er gewann im Dreisprung, wurde Zweiter im Hochsprung und Dritter im Weitsprung. Als Wiedergutmachung verlieh ihm die Harvard University im Alter von 83 Jahren die Ehrendoktorwürde. Erfolgreichster Athlet von Athen war der Deutsche Carl Schuhmann, der als kleinster Teilnehmer (163 cm) vier Goldmedaillen im Geräteturnen an Reck und Barren, im Pferdsprung und im Ringen sowie eine Bronzemedaille im Gewichtheben holte. Die meisten Medaillen gewann Hermann Weingärtner aus Frankfurt an der Oder, der im Turnen drei Gold, zwei Silber- und eine Bronzemedaille(n) holte – zumindest nach heutigen Begriffen: 1896 erhielt der Sieger eine Silbermedaille und einen Olivenzweig, der Zweitplatzierte eine Bronzemedaille und einen Olivenzweig. Der

Dritte ging aus Gründen der Sparsamkeit leer aus. Goldmedaillen und die Ehrung der ersten Drei wurden erst in St. Louis 1904 eingeführt. Weingärtner war der Sohn eines Turn- und Schwimmlehrers und Betreiber einer Badeanstalt, der beim Frankfurter Turnverein turnte und zuvor schon erste Preise bei internationalen Turnfesten in Breslau und Rom gewonnen hatte. Trotz seiner Erfolge wurde er in Deutschland mit einem Auftrittsverbot bestraft, weil die Deutsche Turnerschaft die Spiele offiziell boykottierte. Weingärtner ertrank 1919 bei dem Versuch, einem Besucher seiner Badeanstalt das Leben zu retten. Die Spiele von Athen krankten außer am schlechten Wetter auch an der geringen Teilnehmerzahl in manchen Wettbewerben: Beim Zwölf-Stunden-Fahrradrennen erreichten nur zwei das Ziel, und der Österreicher Adolf Schmal wurde Sieger.[35]

Paris 1900

Die zweiten Olympischen Spiele der Neuzeit waren von ganz anderem Kaliber als die Premiere in Athen. Hier waren Verkehrsanbindung und Infrastruktur der Sportstätten weitaus günstiger, außerdem wurde die Veranstaltung mit der Pariser Weltausstellung verknüpft,[36] was allerdings dazu führte, dass sich das Ganze über einen Zeitraum von nicht weniger als 162 Tagen erstreckte (20. Mai bis 28. Oktober). Diesmal nahmen 1637 Athleten aus 25 Nationen teil, darunter auch – entgegen Coubertins Überzeugung als strikter Gegner des Frauensports – erstmals 20 Frauen (was nur möglich war, weil er wieder nicht in die Organisation eingebunden war). Die Spiele wurden bis zum Ersten Weltkrieg stets durch lokale Veranstalter ausgerichtet, nicht durch das IOC, und in Paris übernahm der Straßburger Alfred Picard, Generalkommissar der Pariser Weltausstellungen von 1889 und 1900, die Organisation, unterstützt durch ein von ihm ernanntes Komitee erprobter Sportveranstalter. Die Pariser Wettbewerbe fanden in 87 Disziplinen in 28 Sportarten statt und zogen immerhin 200 000 Zuschauer an. Doch die Wettkämpfe erschienen in der Öffentlichkeit, sehr zum Ärger von Coubertin, quasi als Beiprogramm der Weltausstellung. Und dies hätte beinahe zum Ende der guten Idee von den Olympiaden der Neuzeit geführt.[37]

Viele Sportler wussten nicht einmal, dass sie an einer Olympiade

Und es gab sie doch: Bei der Olympiade von Paris 1900 waren die Veranstaltungen über so viele Monate verteilt, dass manche Sportler nicht einmal wussten, dass sie nicht bei der Weltausstellung, sondern bei Olympischen Spielen antraten.

teilnahmen. Die sehr erfolgreichen Schweizer Schützen erfuhren erst Jahre später, dass sie Olympiasieger geworden waren, die US-Golferin Margaret Ives Abbot, die mit ihrer Mutter zum Besuch der Weltausstellung und zum Kunststudium nach Paris gereist war, wusste bis zu ihrem Lebensende nicht, dass sie bei Olympia gewonnen hatte – denn es gab noch keine formelle Registrierung, Nationalmannschaften oder Siegerehrungen mit Überreichung von Urkunden und Medaillen. Die beiden Damen studierten bei Edgar Degas und Auguste Rodin und nahmen nebenbei an diversen Golfturnieren teil, darunter auch an den offenen französischen Tennismeisterschaften. Da die Französinnen alle in hochhackigen Schuhen und modischer, aber für den Sport ungeeigneter Kleidung antraten, gewannen die Amerikanerinnen alle vorderen Plätze. Selbst in der französischen Presse war bei den Einzelwettbewerben oft nur von «Weltmeisterschaft» die Rede. Bis heute unklar ist, ob die Wettbewerbe im Motorsport (Automobil und Motorboot), im Ballonfahren und Drachenfliegen, in Boules und Pelota zu den Olympischen Spielen von Paris gehörten oder nicht – in der nachträglich vom IOC zusammengestellten offiziellen Wertung sind sie

nicht enthalten, und trotzdem führen sie einige Historiker aus gutem
Grund auf. So schrieb ein begeisterter Journalist in der Zeitschrift
L'Auto-Vélo nach dem Ende der Spiele: «Wirklich, seit der Zeit, als alle
vier Jahre Olympische Spiele in Griechenland und in der ganzen antiken Welt Gefühle entfachten, wurde der Sport niemals so verehrt wie
in diesem Jahr, niemals hat er solche Menschenmengen zusammen geführt [...]. Sport ist definitiv zu einer neuen Religion geworden.»[38] Neu
im Programm waren diesmal auch Bogenschießen, Cricket, Crocket,
Golf, Polo, Reiten, Rugby, Wasserball und die vier Jahre zuvor ausge-
fallenen Turniere im Fußball, Segeln und Rudern. Einige interessante
Wettbewerbe wie das Hindernisschwimmen, Wasserpolo und Unter-
wasserschwimmen gab es überhaupt nur in Paris. Originell auch die
nützlichen Demonstrationssportarten Lebensrettung und Feuerbe-
kämpfung, wo sogar Profis antreten durften. Hier gewann die Feuer-
wehr von Kansas City, während bei den Amateuren die Stadt Porto
(Portugal) erfolgreich war.

Erwartungsgemäß gewann Frankreich, das allein 715 von insgesamt 1186 Sportlern stellte, bei seinem Heimvorteil haushoch (26 / 41 / 34:
101). An zweiter Stelle finden sich die USA, die nur mit 75 Athleten an-
gereist waren (19 / 14 / 14: 47), gefolgt von Großbritannien, von wo immerhin 95 Sportler und Sportlerinnen gekommen waren (15 / 6 / 9: 30).
Das Deutsche Reich stellte mit 76 Sportlern die drittgrößte Mannschaft, landete aber hinter der Schweiz (18 Teilnehmer: 6 / 2 / 1: 9), Belgien (57 Teilnehmer) und einigen Teams mit gemischter Nationalität
nur auf dem siebten Rang (4 / 2 / 2: 8). Griechenland errang peinlicherweise keinen einzigen vorderen Platz. Mannschaften aus Großbritannien gewannen das Fußball-, das Cricket-, das Polo-, das Wasserball-
und sämtliche vier Tennisturniere (darunter das Dameneinzel und das
Mixed Doppel), während Rugby erstaunlicherweise an die Franzosen
ging. Erfolgreichster Teilnehmer war Alvin Kraenzlein aus Milwaukee / Wisconsin (USA), ein Doktor der Zahnmedizin, der vier Goldmedaillen in Einzelwettbewerben holte, nämlich im 60-Meter-Lauf,
110-Meter- und 200-Meter-Hürdenlauf und Weitsprung.[39] Kraenzlein,
der den bis heute angewandten Sprung über die Hürde mit nach vorn
gestrecktem Sprungbein erfand, gab 1910 seine Zahnarztpraxis auf und
übernahm eine Professur für Sport an der University of Michigan. 1913
verpflichtete ihn Carl Diem mit einem Fünfjahresvertrag als Trainer
der deutschen Läufer für die Olympiade von Berlin 1916. Als diese,

bedingt durch den Ausbruch des Ersten Weltkriegs, ausfiel, kehrte Kraenzlein in die USA zurück. Er verstarb im Alter von nur 51 Jahren an einem Herzinfarkt.[40]

Eine Statistik der Olympischen Sommerspiele der Neuzeit[41]

Nr.	Jahr	Ort	Sport-arten	Wett-bewerbe	Länder	Teil-nehmer
1	1896	Athen	9	43	14	245
2	1900	Paris	17	86	19	1078
3	1904	Saint Louis	13	96	13	689
4	1908	London	21	107	22	2035
5	1912	Stockholm	13	102	28	2437
6	1916	Berlin	(abgesagt, Erster Weltkrieg)			
7	1920	Antwerpen	21	152	29	2607
8	1924	Paris	17	126	44	2972
9	1928	Amsterdam	14	109	46	2884
10	1932	Los Angeles	14	117	37	1333
11	1936	Berlin	19	129	49	3936
12	1940	Tokio	(abgesagt, Zweiter Weltkrieg)			
13	1944	London	(abgesagt, Zweiter Weltkrieg)			
14	1948	London	17	136	59	4092
15	1952	Helsinki	17	149	69	5429
16	1956	Melbourne	17	151	67	3347
17	1960	Rom	17	150	83	5313
18	1964	Tokio	19	163	93	5133
19	1968	Mexico City	18	172	112	5498
20	1972	München	21	172	121	7121
21	1976	Montreal	21	198	92	6043
22	1980	Moskau	21	203	80	5283
23	1984	Los Angeles	21	221	140	6802
24	1988	Seoul	23	237	159	8473
25	1992	Barcelona	25	257	169	9368
26	1996	Atlanta	26	271	197	10332
27	2000	Sydney	28	300	199	10651
28	2004	Athen	28	301	202	11099
29	2008	Peking	28	302	204	11100
30	2012	London	26	302		

Die Entwicklung der Symbolik der Spiele

Die Olympischen Spiele der Neuzeit werden von manchen Historikern als «the greatest show on earth» bezeichnet.[42] Und selbst wenn man etwas weniger euphorisch ist, kann man doch sagen, dass sie sich zu einem jener Ereignisse entwickelt haben, die heute als «Mega-Event» bezeichnet werden.[43] Dies war nicht vorauszusehen. Bei der ersten Olympiade 1896 gab es noch keine Flugzeuge, weder Radio noch Fernsehen, es bestanden auch keine Telefonverbindungen zwischen Athen und dem Rest Europas, die Kontinente waren lediglich durch elektrische Telegraphie über ein Unterseekabel verbunden. Diese Athener Spiele wurden von einem großen Teil der Lokalbevölkerung noch nicht einmal wahrgenommen. Die Resultate der Wettbewerbe konnte man Tage später in den Zeitungen nachlesen, doch dürfte in Australien, China oder Lateinamerika das Interesse daran nicht besonders groß gewesen sein. Nicht einmal in den Herkunftsländern der Sportler gab es eine nennenswerte Anteilnahme.

Als Konsequenz aus dem Pariser Chaos formalisierte man in St. Louis 1904 die Siegerehrung und führte das heute noch gültige System der olympischen Medaillen ein, in dem an die drei Erstplatzierten Gold, Silber und Bronze vergeben werden. Coubertin ging auch das noch nicht weit genug, ihm fehlte der feierliche Habitus der antiken Spiele. Die Teilnehmer sollten in einer feierlichen Prozession in das Stadion einziehen und einen Eid auf die Fahne ihrer Nation leisten. Dies verdeutlicht die religiöse Dimension auch moderner Spiele: Der Fahneneid sollte explizit an die Stelle der Götterverehrung bei den antiken griechischen Spielen treten.[44] Angesichts der zunehmenden politischen Spannungen zwischen den Nationalstaaten vor dem Ersten Weltkrieg zeigte sich aber, dass die Spiele ihr eigenes Symbol benötigten. Zu diesem Zweck entwarf Coubertin 1913 die olympischen Ringe, fünf ineinandergreifende Ringe in verschiedenen Farben, welche die Vereinigung der fünf Kontinente im Zeichen der olympischen Idee darstellen sollten. Die Idee war gut, doch der Ausbruch des Ersten Weltkriegs verhinderte ihren raschen Einsatz, da die nächsten Spiele ausfielen.

Es brauchte einige Zeit, um die ganzen, heute gängigen Rituale einzuführen: Die olympische Fahne – das Gegengewicht zu den Nationalflaggen – kam erstmals in Antwerpen 1920 zum Einsatz. Möglicherweise war ihr Entwurf durch die im selben Jahr erfolgte Gründung des «Völkerbundes», dem Vorläufer der UNO, inspiriert, der wie das IOC seinen Sitz in Genf hatte. Bei diesen Spielen wurde von einem Vertreter der Sportler während der Eröffnungsfeier auch der olympische Eid vorgetragen, in dem die Einhaltung der Regeln gelobt wird. Die feierliche Übergabe der olympischen Fahne wurde erstmals 1924 in Paris inszeniert und blieb seither Bestandteil der Zeremonien. Im Anschluss daran wurde die olympische Fahne zusammen mit der des ausrichtenden Landes und der Fahne der nächsten Olympianation gehisst, wie seither üblich. 1928 wurde in Amsterdam erstmalig ein olympisches Feuer entzündet. 1932 in Los Angeles wurde die Dauer der Spiele auf zwei Wochen beschränkt, um ihre veranstalterische Einheit zu gewährleisten, und ein olympisches Dorf für die Teilnehmer errichtet. Außerdem wurde die Siegerehrung unmittelbar nach den Wettbewerben eingeführt. Bei den Winterspielen in Lake Placid im gleichen Jahr wurden noch die dreistufigen Siegertreppchen dazu erfunden.

Der Fackellauf, ausgehend vom griechischen Olympia, fand erstmals 1936 zur Olympiade in Berlin statt und geht auf den deutschen Sportpolitiker Carl Diem zurück. Die olympische Hymne wurde zwar bereits für die ersten Spiele der Neuzeit geschrieben (die Melodie stammt von dem griechischen Komponisten Spyros Samaras, der Text von dem griechischen Schriftsteller Kostis Palamas) und kam auch bei Spielen in Griechenland zum Einsatz, wurde aber erst 1958 vom IOC zur offiziellen Hymne erklärt. Seit Tokio 1964 erklingt sie bei allen Spielen. 1968 in Grenoble (Winterspiele) kam das olympische Maskottchen zur Promotion der Spiele hinzu, in München 1972 mit dem unvergesslichen Olympia-Waldi fortgeführt. Den 1920 eingeführten Brauch, bei der Eröffnungsfeier Friedenstauben freizulassen, wurde wieder abgeschafft, nachdem in Seoul 1988 einige Tauben im olympischen Feuer verbrannt waren.

Die zunehmende Ritualisierung und feierliche Überhöhung der Spiele und der Siege führte noch vor Beginn des Ersten Weltkriegs dazu, dass die Olympischen Spiele zur idealen Bühne für die Ideologie des Nationalismus wurden, der die Kriege des 20. Jahrhunderts verursachte. Die Nationen als *Imagined Communities* konnten dort ihre Kräfte messen.[45] Die USA waren von Anfang an der Ansicht, dass sich in den olympischen Sporterfolgen die Überlegenheit von *God's Own Country* zeige. In Konfrontation mit den totalitären Diktaturen Europas wurde diese zunächst religiös-nationale Idee der Überlegenheit ideologisch ausgebaut zu einem Triumph des *Land of the Free* über die Vertreter der Knechtschaft, oder auch des Rassismus der Nationalsozialisten, und in der Phase des Kalten Krieges zu einem Sieg des Kapitalismus über den Kommunismus.[46]

Umgekehrt triumphierten die Vertreter der Achsenmächte bei der Olympiade von Berlin 1936, wo Deutschland (33/26/39: 98) unter der Hakenkreuzfahne mehr Medaillen holen konnte als die USA (24/20/12: 56) und wo Italien (8/9/5: 22) und selbst Japan (6/4/8: 18) immer noch mehr Medaillen gewannen als Großbritannien (4/7/3: 14).[47] Die Sowjetunion schließlich, die sich vor dem Zweiten Weltkrieg überhaupt nicht an den «kapitalistischen» Spielen beteiligt hatte, sah noch unter Josef Stalin die propagandistischen Vorteile einer Olympiateilnahme. Bei ihrem ersten Auftreten in Helsinki 1952 erreichte die Sowjetunion hinter den siegreichen USA (40/19/17: 76) auf Anhieb Platz 2 in der Medaillenstatistik (22/30/19: 71). Und bereits in Melbourne 1956 erklomm sie Platz 1 (37/29/32: 98) vor den USA (32/25/17: 74), ein Jahr bevor sie mit dem *Sputnik* das Rennen um den Weltraum eröffnete. Nikita Chruschtschow hätte diese Erfolge in der Systemkonkurrenz gerne auf das Gebiet der Wirtschaft ausgedehnt, wie er dies vor der UNO ankündigte, doch so einfach waren die Zusammenhänge nicht. Wie auf dem Gebiet des Militärs setzte auch im Sport ein Wettrüsten zwischen den beiden Supermächten ein. Der Systemvergleich im Verlauf des Kalten Krieges ging folgendermaßen aus:

Platz 1 USA	1952, 1964, 1968, 1984
Platz 1 UdSSR	1956, 1960, 1972, 1976, 1980, 1988

Selbst nach dem Zerfall der Sowjetunion eroberten die im Sowjetsystem ausgebildeten Sportler in Barcelona 1992 für die Gemeinschaft Unabhängiger Staaten (GUS) noch einmal den Spitzenplatz im Sport, danach ging es mit dem Nachfolgestaat Russland bergab. In Atlanta 1996 und Sydney 2000 landete er hinter den USA wieder auf Platz 2, in Athen 2004 und Peking 2008 hinter den USA und China auf Platz 3. Empfindlicher fiel das Abrutschen bei den Winterspielen aus. Die Sowjetunion war hier seit ihrem ersten Auftreten in Cortina d'Ampezzo 1956 auf Platz 1 abonniert und wurde nur gelegentlich von Norwegen oder der DDR knapp auf den zweiten Rang verwiesen. Noch in Lillehammer 1994 konnte Russland vor der Gastnation Nor-

Nr.	Jahr	Ort	Sport-arten	Wett-bewerbe	Länder	Teil-nehmer
1	1924	Chamonix	6	16	16	258
2	1928	St. Moritz	4	14	25	464
3	1932	Lake Placid	4	14	17	252
4	1936	Garmisch-Partenk.	4	17	28	646
5	1940	Sapporo	(abgesagt, Zweiter Weltkrieg)			
6	1944	Cortina d'Ampezzo	(abgesagt, Zweiter Weltkrieg)			
7	1948	St. Moritz	4	22	28	669
8	1952	Oslo	4	22	30	694
9	1956	Cortina d'Ampezzo	4	24	32	821
10	1960	Squaw Valley	4	27	30	665
11	1964	Innsbruck	6	34	36	1091
12	1968	Grenoble	6	35	37	1158
13	1972	Sapporo	6	35	35	1006
14	1976	Innsbruck	6	37	37	1123
15	1980	Lake Placid	6	38	37	1072
16	1984	Sarajevo	6	39	49	1272
17	1988	Calgary	6	46	57	1423
18	1992	Albertville	6	57	64	1801
19	1994	Lillehammer	6	61	67	1739
20	1998	Nagano	7	68	72	2302
21	2002	Salt Lake City	7	78	77	2399
22	2006	Turin	7	84	80	2508
23	2010	Vancouver	7	86	82	2536
24	2014	Sotschi	7	98		
25	2018	Pyeongchang				

wegen die Gesamtwertung für sich entscheiden. In Nagano 1998 fiel es aber hinter Deutschland und Norwegen auf Platz 3 und in Salt Lake City 2002 sogar hinter denselben Nationen, den USA und Kanada mit nur mehr fünf Goldmedaillen auf Platz 5. Bei den Winterspielen in Vancouver 2010 landete Russland schließlich nur noch «unter ferner liefen» mit drei Goldmedaillen auf Platz 11.[48] Man darf daher auch unter dem Gesichtspunkt der Nationenwertung gespannt sein auf die Winterspiele in Sotschi 2014, wo es in sieben Sportarten (Ski, Biathlon, Eislauf, Rodeln, Bob, Curling, Eishockey) nicht weniger als 98 Entscheidungen geben wird (davon 49 in den Skiwettbewerben), mehr als jemals zuvor.

Plakat der ersten Winterspiele,
Chamonix 1924

Die Proliferation der Spiele

Seit 1912 setzte die Proliferation der Wettkämpfe, auch die der Spiele
selbst ein. Von 1912 bis 1948 gab es neben dem Olympischen Sportfest
auch noch Olympische Kunstwettbewerbe, 1924, 1932 und 1936 auch
noch den *Prix Olympique d'Alpinisme* für herausragende Leistungen im
Bergsteigen. Olympische Winterspiele gibt es offiziell seit 1928, als in
St. Moritz in der Schweiz 464 Sportler aus 25 Nationen antraten. Nachträglich wurde eine Wintersportwoche im französischen Chamonix
1924 als Beginn der Winterspiele anerkannt, und tatsächlich wurden
einzelne Winterwettbewerbe bereits bei den Olympischen Sommerspielen von Paris 1908 und Antwerpen 1920 ausgetragen. Nach dem er-
wiesenen Erfolg der Wintersportwoche wurden die Winterspiele eingeführt, die zunächst immer im selben Jahr wie die Sommerspiele
stattfanden, erst 1986 beschloss das IOC, sie ab 1994 um zwei Jahre zeitversetzt auszutragen.

1960 kamen die *Paralympics* für Behinderte hinzu, und seit 1976 gibt
es auch Paralympische Winterspiele. 1988 begann man die Behindertenspiele jeweils zeitversetzt im selben Jahr an den selben Orten wie die

großen Spiele auszutragen. Ebenfalls vom IOC anerkannt wurden die seit 1968 ausgetragenen Spiele für geistig Behinderte (*Special Olympics*) und für Gehörlose (*Deaflympics*). Seit 1998 bahnte sich eine weitere Affiliation der Olympischen Spiele an, nämlich die Olympischen Jugendspiele, die erstmals 2010 in Singapur liefen. Der Anstoß dazu kam von dem österreichischen Industriekaufmann Johann Rosenzopf, der Beschluss wurde vom IOC 2007 auf seiner Sitzung in Guatemala City gefasst. Der nächste Wettbewerb ist 2014 im chinesischen Nanjing angesetzt. Unvermeidlich folgen auch hier auf die Sommer- die Winterspiele. Erstmals fanden in Innsbruck 2012 die ersten Jugend-Winterspiele statt.

Doch damit nicht genug: Vom IOC anerkannt wurden auch die seit 1981 stattfindenden *World Games* für nichtolympische Sportarten. Hierhin wandern gewissermaßen die Sportarten, die man nicht bei den Spielen dabeihaben möchte, darunter einige «gescheiterte» olympische Disziplinen und Demonstrationssportarten, die trotz allem über Anhänger verfügen. Zuletzt waren 2009 dabei: Billard, *Bodybuilding*, Boule, Bowling, Fallschirmspringen, Faustball (verwandt mit dem alten Pallone), Feldbogenschießen, Flossenschwimmen, *Flying Disc*, Ju-Jutsu, Kanu-Polo, Karate, Korfball, Kraftdreikampf, Orientierungslauf, Racquetball, Rettungsschwimmen, Rhythmische Sportgymnastik, Rollsport, Siebener-Rugby, *Speedskating*, Sportklettern, Squash, Sumo, Tanzsport, Tauziehen und Wasserski. Veranstalter dieser Spiele war das *World Games Council*, das sich 1996 in *International World Games Association* (IWGA) umbenannte. Seit 2000 finden die World Games unter der Schirmherrschaft des IOC statt. Erst seit den Spielen in Akita (Japan) 2001 sind die Ergebnisse lückenlos dokumentiert, zuvor wurden die Spiele – darunter 1989 in Karlsruhe – weitgehend unter Ausschluss der Öffentlichkeit ausgerichtet. An den 8. World Games in Kaohsiung in Taiwan nahmen immerhin ca. 4500 Sportler aus über 100 Nationen teil. Erfolgreichster Teilnehmer war Russland (18 / 14 / 15: 47) vor Italien (16 / 12 / 13: 41) und China (14 / 10 / 5: 29). Die 9. World Games sollen 2013 in Cali (Kolumbien) und die 10. 2017 in Breslau / Wrocław in Polen stattfinden.[49]

Entwicklungsprobleme

Der englische Sport

Die wirtschaftliche Stärke des British Empire, die Präsenz von englischen Kaufleuten, Diplomaten und Gelehrten noch im letzten Winkel der Welt und die Attraktivität des englischen Sportangebots brachten es mit sich, dass sich der englische Sport über die Grenzen des Empire hinaus verbreitete. Christiane Eisenberg hat dies in ihrer Habilitationsschrift am Beispiel Deutschlands eindrucksvoll verdeutlicht.[50] Wie stand es aber um die Selbstwahrnehmung des englischen Sports in der ersten Hälfte des 20. Jahrhunderts, dem Zeitraum, als das British Empire auf seinem Höhepunkt stand? Zunächst einmal waren die Außenbeziehungen von einem Gefühl der Überlegenheit getragen. Der Weltsport schien den Engländern im Wesentlichen englisch, allenfalls britisch zu sein, die meisten Sportregeln der weltweit gespielten Spiele waren in England definiert worden, und hier saßen sogar die Institutionen wichtiger Sportarten.

Einige Ausnahmen gab es jedoch, z. B. Olympia, das auf Initiative des Franzosen Coubertin zurückging. Eine andere war ausgerechnet der Fußball, den man in England als urenglisch betrachtete, dessen Weltverband, die *Fédération Internationale de Football Association* (FIFA), aber in Paris gegründet worden war, mit dem niederländischen Bankier Carl Anton Willem Hirschmann und dem Sekretär der Fußballabteilung des französischen Athletenverbandes Robert Guérin – dem ersten Präsidenten – als Gründungsvätern. Mit Sitz in der Schweiz schien der Fußballweltverband den Engländern nicht attraktiv zu sein, sodass sie ihm nicht beitraten. Die Wahl des englischen Fußballfunktionärs Daniel Burley Woolfall zum zweiten FIFA-Präsidenten bewirkte zwar eine Annäherung, zumal er auch an der Organisation der Olympischen Spiele in London 1908 mitwirkte, wo es erstmals zu einem richtigen Turnier zwischen Fußball-Nationalmannschaften kam. Erwartungsgemäß gewann das englische Team, das nicht einmal einen Trainer hatte, aber dennoch Schweden mit 12:1 aus dem Turnier warf. Das 17:1 der Dänen im Halbfinale gegen Frankreich, in dem der dänische Torschützenkönig des Turniers Sophus Nielsen allein zehn Treffer erzielte – ein Rekord, der bis heute ungebrochen ist –, ging in die Geschichtsbücher ein. Allerdings wurde er bei den nächsten Spielen von Stockholm 1912, als England erneut Gold holte, durch den deutschen Spieler Gottfried Fuchs eingestellt, der beim 16:0 gegen Russland ebenfalls zehn Treffer erzielte.[51]

Immerhin erfüllten zwei aufeinanderfolgende Olympiasiege die englischen Erwartungen – bis zum Ersten Weltkrieg blieb das Selbstbild intakt. Während der FIFA-Präsidentschaft des Franzosen Jules Rimet war England aber wieder nicht Mitglied und nahm daher auch nicht an der ersten Fußball-WM in Uruguay 1930 teil. Wegen dieser Abseitsstellung wusste man nicht, wo der englische Fußball eigentlich stand. Als sich die vier britischen Verbände (England, Schottland, Wales, Nordirland) der FIFA anschlossen, gingen sie bei der nächsten WM gleich sang- und klanglos unter. 1950 schied England gegen die USA bereits in der Gruppenphase aus. Vier Jahre später wurden sie im Viertelfinale von Uruguay mit 4:2 nach Hause geschickt. Und in Schweden 1958 – inzwischen war der Engländer Arthur Drewry FIFA-Präsident – gewannen weder England noch Schottland, noch Wales auch nur ein einziges Spiel. Die größte Kränkung erlebte der englische Fußball, als er im Wembley-Stadion 1953 mit 3:6 gegen Ungarn verlor und das Rückspiel in Budapest mit 1:7 – der höchsten Niederlage, die das Land je einstecken musste. Natürlich verloren sie auch bei der WM 1962 gegen Ungarn, gewannen aber ein Spiel und schieden erst im Viertelfinale aus. Fußball war nur ein Beispiel für die Wahrnehmung, dass Großbritannien ein Koloss auf tönernen Füßen geworden war.

Wo stand also der englische Sport? Zwar konnte man bei den Olympischen Spielen von Antwerpen 1920 mit 15 Goldmedaillen auf dem dritten Platz (15/15/13: 43) noch ganz gut abschneiden, aber im Fußball schied England im Achtelfinale gegen Norwegen aus, Olympiasieger wurde Belgien. Die Belgier dominierten auch die Wettbewerbe im Bogenschießen. Im Rugby reüssierten die USA, ebenso in der Leichtathletik und im Schwimmen. Erfolgreichste Sportler wurden der US-Schütze Willis A. Lee und der italienische Fechter Nedo Nadi mit jeweils fünf Goldmedaillen, erfolgreichste Sportlerin war die US-Schwimmerin Ethelda Bleibtrey, die alle drei weiblichen Schwimmwettbewerbe mit Weltrekord gewann. England dominierte in keiner Sportart mehr und entschied nur einzelne Wettbewerbe im Boxen, Segeln, Polo und in der Leichtathletik für sich, außerdem im Fahrrad-Tandem und im Tauziehen. Überzeugen konnte nur der Läufer Albert

Hill mit zwei Goldmedaillen. An der Spitze der Nationen standen unangefochten die USA (41 / 27 / 27: 95) vor Schweden. England stand etwa auf einer Ebene mit Finnland, Belgien, Norwegen und Italien. Deutschland, Österreich, Ungarn und die Türkei waren von diesen Spielen ausgeschlossen, und die Sowjetunion hatte die Einladung abgelehnt. Bei den Spielen von Amsterdam 1928, wo die Weltkriegsverlierer wieder teilnehmen durften, rutschte Großbritannien sofort auf den elften Platz ab.

Bei den Olympischen Spielen in London 1948 errang es nur drei Goldmedaillen und belegte einen blamablen zwölften Platz. Erfolgreich war man noch im Doppelzweier-Rudern und im Zweier ohne Steuermann sowie im Segeln in der Swallow-Klasse. Den Niedergang des Sports konnte man der Erschöpfung des Landes im Zweiten Weltkrieg zuschreiben. Doch es wurde nicht besser. In Helsinki 1952 gab es gar nur noch eine einzige Goldmedaille, und das UK (1 / 2 / 8: 11) landete auf Platz 18 gegenüber dem unangefochtenen Sieger, wieder einmal der ehemaligen Kolonie USA (40 / 19 / 17: 76) – ein absoluter Tiefpunkt. Wenn wir die Interpretation akzeptieren, dass «in der ersten Hälfte des 20. Jahrhunderts viele Nationen die Olympischen Spiele nutzten, um ihre Ansprüche auf größere Geltung in der Welt bekanntzumachen»,[52] dann war beim UK genau das Gegenteil der Fall: Bereits vor dem Zerfall des Empire zeigte der Niedergang im Sport, dass diese Nation am Ende war.

Der Abstieg ging quer durch alle Sportveranstaltungen – und er hatte schon vor dem Zweiten Weltkrieg begonnen. Beim Tennisturnier von Wimbledon hatten von 1877 bis 1906 nur Engländer das Endspiel bestritten. Fred Perry, noch heute wegen seines erfolgreichen Modelabels bekannt, gewann die *All England Championships* drei Jahre in Folge: 1934, 1935 und 1936 – danach kein Landsmann mehr. Das englische Tennisteam gewann den amerikanischen *Davis Cup* jedes Jahr von 1933 bis 1936 – und danach nie wieder. Auch wenn man die Nationalsportarten betrachtet, zeichnet sich ein Muster ab. Zwar waren englische Teams nie völlig aussichtslos, doch kränkend war schon, dass im Cricket die Australier besser waren, im Rugby Südafrika und Neuseeland und im Golf die USA. Puristen argumentierten natürlich, es gehe ums Spielen und nicht ums Gewinnen, aber diese Einstellung war in England nicht gerade verbreitet: Die Niederlagen beschämten die erfolgsgewohnte Nation und schürten Ängste auf allen Ebenen.[53]

Wie erklärt sich dieser Absturz? Zunächst einmal: England war und blieb eine Klassengesellschaft, in der *Gentlemen* nicht von ihrer Arbeit leben mussten und sich fein säuberlich vom Rest der Gesellschaft separat hielten. Damit hängt der verbissene Kampf um den Amateurstatus der Sportler zusammen. In den 1930er Jahren zeichnete sich in England zwar eine Tendenz zum Profisport ab, doch die Ideologie des Amateurismus wurde bis in die 1960er Jahre aufrechterhalten, was sich u. a. im *Maximum-Wage-System* niederschlug: Profis wurden schlecht bezahlt, sodass ihnen eine Perspektive verwehrt blieb. Der Höchstlohn lag für Fußballspieler 1940 bei ca. 10 Pfund die Woche. Selbst ein Spitzenfußballer wie Stan Matthews kam 1951 auf nur 20 Pfund. Der Durchschnittsjahresverdienst eines Facharbeiters betrug Mitte der 1950er Jahre in England 622 Pfund, der eines Profifußballers in der *First Division* 772, und für einen Spieler im ersten Team in dieser Liga 832 Pfund. In Relation zu ihrer Funktion als Massenunterhalter war dies nichts – das Cup-Finale in Wembley sahen 1923 nicht weniger als 250 000 Zuschauer (in einem Stadion, das für weniger als die Hälfte gebaut war). Erst Anfang der 1960er Jahre gelang es der Spielergewerkschaft, den Höchstlohn zu beseitigen und Vertragsfreiheit zu erreichen.[54]

Aufgrund seiner langen Tradition war der britische Sport sehr konservativ. Für die Leistungsfähigkeit war dieses System allerdings pures Gift. Anders als diktatorische Regime wie in Deutschland und Italien oder etwas später in der Sowjetunion und den sozialistischen Ländern Osteuropas griff der Staat in keiner Weise in die Sportförderung ein, nicht einmal bei der Vorbereitung der Olympiade in London 1948. Zudem waren die Vereine prinzipiell undemokratisch organisiert. Ihre Statuten sahen meist vor, dass sich die Vereinsführungen selbst ergänzten und nicht etwa durch die Mitglieder gewählt oder eventuell abgewählt wurden. Die Beibehaltung des Amateurstatus erklärt sich unter anderem damit, dass sich die Vereinsführungen aufgrund dieser undemokratischen Strukturen immer aus der Klasse der *Gentlemen* selbst rekrutierten, die keine Probleme mit der frei verfügbaren Zeit hatten und für die das Geldverdienen mit Sport nichts zu tun hatte. Bei der Terminierung von Turnieren wurde in vielen Sportarten keine Rücksicht auf die Arbeitswoche genommen. Doch welcher Arbeiter oder kleine Geschäftsmann konnte es sich leisten, zu mehrtägigen Golf-, Cricket- oder Tennisturnieren oder zu den

Pferderennwochen in Ascot zu gehen? Eine ganze Reihe von Sportarten fand wegen der Amateurideologie unter Ausschluss einer breiteren Öffentlichkeit statt oder blieb – wie die Pferderennen – nur wegen der Wetten populär.[55]

Die Ideologie des Amateurismus

Die Ideologie des Amateurismus wurde bei Olympischen Spielen durch ihren adeligen Gründer Coubertin eingeführt, der sich wie die englischen Gentleman-Sportler die Teilnahme von Berufssportlern an den Spielen nicht vorstellen konnte. Sport erschien ihm als etwas Reines, das nicht durch Erwerbsinteresse oder Geld beschmutzt werden sollte. Bei allen Problemen, die der Amateurismus in der ersten Hälfte des 20. Jahrhunderts auslöste, auch allen sichtbaren Ausnahmen, bei denen einzelne Sportler durch reiche Sponsoren, Firmen oder Staaten in Wahrheit finanziell unterstützt oder alimentiert wurden, überdauerte die Ideologie bis in die 1970er Jahre, nicht zuletzt weil der langjährige IOC-Präsident Avery Brundage Coubertin auf den Sockel eines Säulenheiligen hob und bei dem Thema keine Zugeständnisse machen wollte. Der Amerikaner Brundage, der 1936 in das IOC aufgenommen wurde, hatte weder an der Diskriminierung jüdischer Sportler in Nazideutschland noch an der schwarzer Sportler in Apartheid-Südafrika etwas auszusetzen. Er war es, der als eine seiner letzten Amtshandlungen nach dem Terroranschlag auf die israelische Olympiamannschaft in München 1972 den Slogan ausgab: «The games must go on.» Folge seines Festhaltens am Amateurstatus war ein System des Vertuschens und Verleugnens, da in Wirklichkeit die Mehrzahl der Leistungssportler nicht täglich viele Stunden trainieren konnte, ohne daraus den Lebensunterhalt zu beziehen. In einer Serie von Rundbriefen und Kontrollen versuchte Brundage, die Amateurideologie während seiner gesamten Amtszeit aufrechtzuerhalten. Er schreckte nicht einmal davor zurück, Profisportler als «dressierte Affen» zu verunglimpfen.[56]

In einem seiner internen Rundbriefe stellte Brundage 1957 Kriterien für den Ausschluss eines Sportlers von den Spielen auf. Danach sollte jeder ausgeschlossen werden, der einen Betrag von mehr als 40 Dollar für einen Auftritt erhielt, der eine Bezahlung als Trainer empfing, der irgendeinen finanziellen Gewinn aus seinen Erfolgen erzielte, der Geschenke oder Vergütungen jenseits der Erstattung der Reisekosten bekam, der seinen Sport zum Geschäft machte oder vom Staat, einem Unternehmen oder von Privatpersonen finanziell unterstützt wurde. Die Kandidaten für das IOC wurden nach ihrer weltanschaulichen Verlässlichkeit vorsortiert. Dies brachte seinen Nachfolger als IOC-Präsidenten, den Iren Michael Morris «Lord Killanin» einmal so aus der Fassung, dass er Brundage rundheraus als «Faschisten» beschimpfte.[57] Killanin hatte aber nicht die Kraft, das System zu verändern. Während seiner Amtsführung geriet das IOC durch die Olympiaboykotte von Montreal 1976 (Boykott afrikanischer Länder wegen Apartheid), Moskau 1980 (Boykott westlicher Länder wegen Afghanistan) und Los Angeles 1984 (Boykott der Ostblockländer) sowie der steigenden Kosten in eine schwere Krise.[58]

Erst IOC-Präsident Juan Antonio Samaranch schaffte es, die Spiele gründlich zu reformieren. Dem ehemaligen Sportminister des faschistischen Diktators Francisco Franco, der nach dem politischen Umbruch in seiner Heimat wegen dieser politischen Verstrickung heftig kritisiert wurde, hätte man dies zunächst kaum zugetraut. Doch Samaranch räumte kräftig auf: Er baute den Frauensport aus, öffnete die Spiele für neue Sportarten, führte für Behinderte die *Paralympics* ein, schaffte die Amateurregelung ab, richtete eine Antidopingagentur ein und stellte die Spiele und das IOC mit der konsequenten Kommerzialisierung durch Sponsorenverträge und den Verkauf der Fernsehrechte an den Meistbietenden auf eine solide finanzielle Basis. Allerdings ließ sich Samaranch im Unterschied zu seinen Vorgängern seine Arbeit auch mit 1 Mio. DM pro Jahr vergüten. Mit seinen mutigen Reformen, die gleich mehrere Dauerkrisen beendet hatten, machte er sich außerdem Feinde: Die Kritiker griffen ihn wegen seiner anhaltenden Rechtfertigung des Franco-Regimes, der grassierenden Korruption im IOC und seinem autoritären Führungsstil heftig an. Nachfolger Jacques Rogge konnte die Früchte der Reformen ernten und behutsam Auswüchse wie den Gigantismus der Spiele eindämmen. Das Ziel des Belgiers, die Zahl der Teilnehmer auf 10 000 zu begrenzen, nimmt sich allerdings bescheiden aus. Obwohl aus heutiger Sicht die Aufgabe des Amateurismus als unvermeidlich erscheint, musste doch erst durchgesetzt werden, dass die besten Sportler um Medaillen kämpfen.[59]

Globalisierung

Der Marathonlauf

Eine Sonderstellung nahm bei den ersten Olympischen Spielen der Neuzeit der Grieche Spiridon Louis ein, der den Marathonlauf über eine Strecke von ca. 40 km gewann. Der Marathonlauf war die spektakulärste Innovation, und er wurde von Anfang an als eine nationalgriechische Angelegenheit betrachtet. Von 17 Läufern, darunter 13 Griechen, kamen am bitterkalten 10. April 1896 nur 10 ins Ziel, und der Bauernsohn Louis, von Beruf Wasserträger, konnte mit einer Zeit von ca. drei Stunden den Sieg für Griechenland holen. Auf den letzten Metern wurde er von den Prinzen Georg und Konstantin von Griechenland begleitet, und 100 000 begeisterte Zuschauer im Stadion jubelten und winkten mit Taschentüchern beim Zieleinlauf. Danach trat Louis nie wieder bei einem Wettbewerb auf, sondern kehrte in sein Heimatdorf Maroussi zurück, wo ihm die griechische Gemeinde in London zum Dank einen Acker als Erwerbsgrundlage kaufte.[60]

Der Lauf über die besonders lange Strecke sollte an die sagenhafte Leistung eines antiken Läufers erinnern (eine frei erfundene Geschichte), der am 12. September 490 v. Chr. die Siegesmeldung nach der Schlacht von Marathon nach Athen brachte und danach tot auf dem Areopag zusammenbrach. Ausgrabungen in Marathon hatten 1890 diese Geschichte in Erinnerung gerufen, und der im damals bayrischen Landau in der Pfalz geborene französische Altphilologe Michel Bréal schlug auf dem Olympischen Kongress 1894 vor, einen Marathonlauf in das Programm der Olympiade aufzunehmen.[61] Die heute übliche Marathondistanz wurde für die Olympischen Spiele in London 1908 festgelegt. Die krumme Distanz von 42,195 km kam dadurch zustande, dass die Strecke bei Schloss Windsor, der Residenz König Eduards VII. von England, beginnen und bis zum Zieleinlauf im neu erbauten Londoner Olympiastadion führen sollte. Endgültig fixiert wurde die Streckenlänge 1921 vom Internationalen Leichtathletikverband. Obwohl ohne Vorbild, hat sich der Marathonlauf nicht nur als olympische Disziplin erhalten, sondern er erfreut sich steigender Beliebtheit auch abseits der Spiele, seitdem er als Stadtlauf mit internationaler Beteiligung neu erfunden wurde. Ursprünglich nur von

Männern gelaufen, gibt es ihn seit 1984 auch als olympische Frauen-
disziplin.

Früher als in anderen Disziplinen waren im Marathon Athleten
von außerhalb Europas erfolgreich. Die Siegerlisten des Marathons er-
zählen auch etwas über Migration, Kolonialismus und Unterdrückung.
In Antwerpen 1920 gewann mit Hannes Kolehmainen ein finnischer
Läufer, der bereits bei früheren Olympiaden Gold geholt hatte, damals
allerdings noch für das Zarenreich Russland, das Finnland bis 1918 besetzt hielt. Allein 1912 in Stockholm hatte er drei Goldmedaillen geholt
(über 5000 und 10 000 Meter sowie im Geländelauf über 12 Kilometer).
In Antwerpen konnte er endlich für Finnland gewinnen. Bei der Olympiade von Helsinki 1952 durfte er zusammen mit Paavo Nurmi, der
1920–1928 neun Goldmedaillen für Finnland gewonnen hatte, das
olympische Feuer entzünden. In Amsterdam 1928 gewann der Algerier
Boughera El-Ouafi, allerdings war Algerien damals französische Kolonie, und er lief offiziell für Frankreich. Der erste arabische Olympiasieger wurde 1959 von Mitgliedern der algerischen Befreiungsbewegung
FLN ermordet, weil er sich nicht am Aufstand gegen Frankreich beteiligen wollte. In Los Angeles 1932 gewann der Argentinier Juan Carlos
Zabala. In Berlin 1936 gab es das erste asiatische Marathongold, als der
koreanische Läufer Son Kee-chung allen Konkurrenten enteilte. Mit
2:29:19 lief er Weltrekord. Zu dieser Zeit war Korea eine Kolonie des
Japanischen Kaiserreiches, der Koreaner musste dementsprechend
unter der Flagge Japans laufen und wird in den olympischen Annalen
unter dem japanischen Namen Son Kitei geführt. Bei den Sportwettbewerben unterschrieb er jedoch demonstrativ mit seinem koreanischen Namen und malte aus Protest noch die Umrisse Koreas daneben.
Nach der Befreiung seines Landes wurde er Präsident des Koreanischen Sportverbandes, und bei der Olympiade in Seoul 1988 trug er bei
der Eröffnungsfeier die olympische Fackel ins Stadion.

Als Laufwunder galt der tschechische Läufer Emil Zátopek, der bereits vor der deutschen Besetzung seiner Heimat als Spitzenläufer galt,
aber wegen des Ausfalls zweier Olympiaden erst in London 1948 seine
erste Goldmedaille (10 000 Meter) erringen konnte. Im Alter von 30 Jahren wurde er in Helsinki 1952 sogar in drei Disziplinen Erster (5000 Meter, 10 000 Meter, Marathon). Obwohl er nie zuvor die längste olympische Distanz gelaufen war und sich kurzfristig für die Teilnahme
entschied, siegte er mit neuem olympischen Rekord in 2:23:03 mit her-

aushängender Zunge, seinem Markenzeichen. Zátopek machte aufgrund seiner Siege Karriere im Militär und in der Kommunistischen Partei der Tschechoslowakei. Als er 1968 den Prager Frühling unterstützte und gegen den Einmarsch sowjetischer Truppen protestierte, verlor er alle Ämter und musste zur Strafe in einem Uranbergwerk arbeiten. Nach dem Zerfall des Ostblocks und der Tschechoslowakei wurde Zátopek 1997 in Tschechien zum «Athleten des Jahrhunderts» gewählt. Von ihm stammen geflügelte Worte wie: «Fisch schwimmt, Vogel fliegt, Mensch läuft». Für eine Weltsensation sorgte der erste schwarzafrikanische Goldmedaillengewinner Abebe Bikila, der in Rom 1960 barfuß antrat und mit der neuen Weltrekordzeit von 2:15:16 seine Gegner distanzierte. Der im TV übertragene Barfußlauf erweckte den Eindruck, dieser Läufer käme direkt aus dem Busch, doch tatsächlich war Bikila ein Armeeangehöriger, der bereits mehrere Laufrekorde hielt. Vermutlich waren in Rom seine Schuhe durchgelaufen, und er wollte keinen Lauf mit neuen Schuhen riskieren. Als erster Marathonläufer konnte er seinen Erfolg wiederholen. In Tokio 1964 lief er, diesmal mit Schuhen, mit 2:12:11 wieder Weltrekord, wenige Wochen nach einer Blinddarmoperation. Der Gewinn einer dritten Goldmedaille in Mexiko 1968 scheiterte nach 15 Kilometern an einem Ermüdungsbruch. Stattdessen gewann mit Mamo Wolde ein anderer Äthiopier. Abebe Bikila stand weiterhin im Licht der Öffentlichkeit. 1969 nach einem Autounfall querschnittsgelähmt, holte er 1970 in Norwegen zwei Goldmedaillen beim Schlittenrennen und nahm bei der Behindertenolympiade in der Disziplin Bogenschießen teil. Nach seinem Tod – eine Spätfolge des Autounfalls – ordnete Kaiser Haile Selassie eine eintägige Staatstrauer an, 65 000 Menschen begleiteten den Sarg des Marathonsiegers.

Mit Waldemar Cierpinski gibt es einen zweiten Läufer, der den olympischen Marathon zweimal gewann, 1976 in Montreal und 1980 in Moskau. Weil der Westen die Moskauer Spiele aber boykottierte, wurden die Erfolge des DDR-Läufers in Westdeutschland wenig beachtet. Auch Italien konnte mit Gelindo Bordin und Stefano Baldini in den letzten Jahrzehnten zweimal im Marathon reüssieren, in Seoul 1988 und in Athen 2004. Die auffälligste Entwicklung bleibt trotzdem der Aufstieg der afrikanischen Langstreckenläufer. Von dreizehn Goldmedaillen gingen seit 1960 sechs nach Afrika, vier nach Europa, zwei nach Amerika und eine nach Asien. Neben Äthiopien, das zuletzt in Sydney 2000 mit Gezahegne Abera den Olympiasieger stellte, waren noch Südafrika mit Josia Thugwane, dem ersten schwarzen Sieger seines Landes, sowie zuletzt in Peking 2008 Kenia mit Samuel Kamau Wanjiru erfolgreich. Weltrekordhalter ist seit dem Berlin-Marathon von 2011 der Kenianer Patrick Makau Musyoki mit einer Zeit von 2:03:38. Diesen Trend bestätigt der Aufstieg ostafrikanischer Läufer auf den anderen Langstrecken. Auf 10 000 Meter sind erneut die Äthiopier vorn, in den Jahren 1996–2000 der sympathische Haile Gebrselassie, der jeweils viermal die Weltmeisterschaften, die Hallenmeisterschaften und den Berlin-Marathon gewann. Bei den letzten beiden Olympiaden siegte Kenenisa Bekele, der ebenfalls viermal den Weltmeistertitel über 10 000 Meter holte, dazu Weltmeister und in Peking 2008 Sieger über 5000 Meter wurde, gefolgt von weiteren äthiopischen oder kenianischen Läufern. Den aktuellen Weltrekord stellte Bekele 2005 in Brüssel auf, er liegt bei 26:17:54, dahinter rangiert immer noch Gebrselassie mit einem Lauf von 1998. Auch bei den Frauen dominieren die ostafrikanischen Läuferinnen seit einigen Jahren fast alle Langstrecken-Wettbewerbe. Über 10 000 und 5000 Meter siegte in Peking 2008 die nur 1,55 m große Äthiopierin Tirunesh Dibaba, die auch den Weltrekord in der letztgenannten Disziplin hält. Den Marathon konnte allerdings bisher nur einmal in Atlanta 1996 mit der Äthiopierin Fatuma Roba eine Afrikanerin gewinnen, die kleine Kenianerin Catherine Ndereba siegte zwar schon mehrfach in Stadtmarathons und bei der Leichtathletik-WM 2003, errang aber bei den Spielen 2004 und 2008 nur Silber. Für 2012 scheint ein afrikanischer Erfolg aber vorprogrammiert zu sein: Bei der Leichtathletik-WM in Südkorea 2011 landeten die Kenianerinnen einen Dreifachsieg, mit Edna Ngeringwony Kiplagat auf Platz 1.

Der Aufstieg einiger Marathonsieger zu Volkshelden hat dermaßen zur Popularisierung dieser Sportart beigetragen, dass sie im letzten Drittel des 20. Jahrhunderts zu einer Art Breitensport werden konnte. Immer mehr Freizeitsportler stellen sich der Herausforderung. Seit den 1960er Jahren finden sich zunehmend Volksläufe über die Marathondistanz, wie etwa der Schwarzwald-Marathon oder der Bodensee-Marathon. Jedes größere deutsche oder österreichische Bundesland zählt inzwischen Dutzende solcher Events, und weltweit gibt es Hunderte solcher Laufwettbewerbe. Als zugkräftigster Veranstaltungsmodus hat sich der *City Marathon* entwickelt, der von einigen großen Metropolen veranstaltet wird. Dessen Geschichte begann 1970 mit dem ersten *New York Marathon*, an dem 127 Läufer teilnahmen, von denen 55 ins Ziel kamen. Drei Jahre später liefen schon 14 000, 1994 waren es bereits über 30 000. Auch Prominente wie der ehemalige deutsche Außenminister Joschka Fischer, der Laufen als Instrument der Selbstfindung stilisierte,[62] nutzten dieses Massensportereignis für einen Auftritt. Im Jahr 2011 erreichten beim New York Marathon nicht weniger als 46 795 Läufer das Ziel, davon 16 928 Frauen.

Inzwischen hat sich mit Amsterdam, Berlin, Boston, Brüssel, Chicago, Fukuoka, London, New York, Osaka, Paris, Peking und Tokio eine Spitzengruppe von Städten etabliert, die sich 2006 zu den *World Marathon Majors* zusammenschloss. Rückwirkend wurde eine Art Laufcupwertung eingeführt, welche die Rankings bei den einzelnen Massenläufen zu einer Art Gesamttabelle zusammenführt. Dagegen wurde allerdings sofort Widerstand von anderen Veranstaltern geleistet, die nicht einsehen wollten, warum die Marathonläufe von Nairobi, Hongkong, Mumbai oder Singapur nicht dazugehören sollten. Die Zugkraft der Läufe liegt u. a. darin, dass für die Siegerinnen und Sieger inzwischen Preisgelder von einer halben Mio. Dollar ausgeschüttet werden. Olympiasieger können durch Siege bei den City Marathons, Werbeverträge sowie Garantiesummen von internationalen Rennteams reich werden. Der kenianische Olympiasieger Samuel Kamau Wanjiru, der in Peking 2008 Gold holte, startete für das japanische Rennteam von Toyota und sicherte sich den Gesamtsieg in den *World Marathon Majors* von 2008 / 09. Auf dieser Ebene ist Marathon zum Big Business geworden, und deswegen übertreffen die City-Läufe an Bedeutung inzwischen Olympia bei Weitem.

Aus Herodots Geschichte über den Lauf von Athen nach Sparta entstand im Übrigen der *Spartathlon*, eine Art Ultra-Marathon über eine Strecke von 246 km, der seit 1983 in Griechenland veranstaltet wird, nachdem John Foden, ein Kommandeur der britischen Royal Air Force, die historische Laufleistung rekonstruiert hatte. Zusammen mit zwei Freunden lief er die Strecke im Oktober 1982, wobei John Scoltens in 34,5 Stunden der schnellste war. Rekordsieger ist inzwischen der Grieche Yannis Kouros, der den Lauf viermal gewann und mit 20:25 Stunden im Jahr 1984 den Geschwindigkeitsrekord hält. Der Frauenlauf startete im selben Jahr wie der der Männer. Bei den Frauen gewann Helga Backhaus aus Deutschland ebenfalls viermal (Bestzeit 29:33 Stunden). Die Bestzeit bei den Frauen stellte 2009 Sumie Inagaki mit 27:40 Stunden auf. Als Ultra-Marathon-Läufe gelten alle Läufe über Distanzen weiter als 42,195 km, wobei zwischen Streckenläufen, Etappenläufen und Stundenläufen unterschieden wird. Die längsten Stundenläufe sind bisher die 72 Stunden von Wanne-Eickel sowie der genauso lange *Yukon Arctic Ultra* in Kanada.

Frauensport im 20. Jahrhundert

Feministische Sporthistorikerinnen sprechen von einer «dritten Welle des Feminismus», einem «Tarnkappen-Feminismus»,[63] der sich nicht mehr in Hosenanzügen verkleidet oder in verbitterten Grundsatzdebatten manifestiert, sondern in Frauen, die sich als Frauen in früheren Männerdomänen stark oder dominant zeigen. Leslie Heywood und Shari L. Dworkin beginnen ihr Buch *Built to Win: The Female Athlete as Cultural Icon* mit einem Prolog, der sich aus der einst von Adorno so sehr geschmähten Kulturindustrie bedient.[64] Die Oktober-Ausgabe des Magazins *Outsider* machte 1995 mit der Titelgeschichte *The Übergirl Cometh* auf, in der die Erfolgsschriftstellerin Karen Karbo einen neuen Archetyp des Weiblichen propagierte:

> «Das Zeitalter von Gabrielle Reece ist gekommen. Sie ist groß, sie ist stark, und mit tausenden wie sie da draußen, vermehrt sie sich schnell. [...] Reece führt eine Meute von Frauen an, die gerade dabei sind, unser Bild von weiblichen Athleten neu zu definieren und eine Generation junger Mädchen zu inspirieren, die Kontrolle über ihre eigenen Körper zu übernehmen und stolz auf ihre Stärke zu sein [...]. Kannst Du damit umgehen?»[65]

Bei den ersten Olympischen Spielen der Neuzeit in Athen 1896 waren keine Frauen zugelassen. Zu den 245 männlichen Athleten kamen 15 Männer im IOC hinzu. Immerhin gab es gegen die Nichtzulassung von Frauen zum Marathonlauf Protest: Stamata Revithi wies diesen Ausschluss zurück, indem sie am 11. April 1896, einen Tag nach dem Männermarathon, die Strecke in fünfeinhalb Stunden rannte und sich dies von Zeugen schriftlich bestätigen ließ. Der Einlauf ins Panathinaiko-Stadion wurde ihr zwar verwehrt, doch sie hatte ein Zeichen gesetzt und das Aufsehen mehrerer Reporter erregt, die über ihren Fall in mehreren Ländern berichteten.[66] Dass bereits bei den Spielen von Paris 1900 Frauen in einigen Sportarten an den Start gehen konnten, liegt daran, dass die Organisation der Spiele vor dem Ersten Weltkrieg nicht beim IOC, sondern bei den örtlichen Veranstaltern lag. Erste Olympiasiegerin war die Engländerin Charlotte Reinagle Cooper, die seit 1895 bereits dreimal das Wimbledon-Turnier im Dameneinzel gewonnen hatte (danach noch zweimal), weitere sechsmal verlor sie im Endspiel. In Paris 1900 gewann sie auch noch im gemischten Doppel. Die Anzahl der Frauensportarten und Teilnehmerinnen ist seither kontinuierlich gestiegen. Bei den Olympischen Spielen von Athen 2004 hatten sich die Verhältnisse einigermaßen gewandelt: 108 Jahre nach den ersten Spielen traten nun neben 6452 Männern immerhin 4412 Frauen an, und sogar im IOC saßen zwischen 112 Männern schon 12 Frauen. Seit 2004 betrachtet das IOC die Spiele offiziell als Medium der Emanzipation. In diesem Sinne erklärt es in einer eigenartig verschwurbelten Formulierung zum Ziel des olympischen Sports, «zur Entwicklung des physischen und psychischen Wohlbefindens beizutragen. Durch Sport können sich Frauen und junge Mädchen ihrer Rolle in der Gesellschaft bewußt werden.»[67]

Noch in den 1920er Jahren liefen öffentliche Vorführungen von Frauenkämpfen Gefahr, als eine Art *Freak-Show* wahrgenommen zu werden,[68] eine Tradition, die bis in die Arenen der römischen Antike zurückreicht. Mit der Verbesserung der Frauenrechte – z. B. der Einführung des Frauenwahlrechts in Deutschland 1918 – wurde nach dem Ersten Weltkrieg auch im Sport eine stärkere Partizipation von Frauen eingefordert. Im März 1921 wurden in Monaco erstmals die *Olympiades Féminines* veranstaltet. Für die großen Verbände bestand das Risiko einer eigenständigen Organisation des Frauensports. Zudem, auch aus Protest gegen die geringe Zahl von Frauensportdisziplinen bei Olympiawettbewerben, wurden von einer *Fédération Sportive Féminine Internationale* ab 1922 die *World Women Games* organisiert. Im selben Jahr brach mit Sybil Bauer erstmals eine Frau einen Männerrekord – im Rückenschwimmen, wo sie 1924 eine Goldmedaille holte, als sie bei den Olympischen Spielen von Paris 100 Meter in 1:23:2 schwamm. Seit 1924 erschien für einige Jahre die Zeitschrift *The Sportswoman*. Bei den nächsten *World Women Games* gewann die Japanerin Kinue Hitomi sowohl 1926 als auch 1930 jeweils zwei Goldmedaillen, bevor sie wenig später an Tuberkulose verstarb. Im Vorfeld der Olympischen Spiele von Los Angeles 1932 demonstrierte die selbstbewusste, spätere Präsidentengattin Eleanor Roosevelt in Lake Placid ihre Fähigkeiten als Bobfahrerin.

Herbert Marxen, Der Sport
veredelt die Frau: Weltmeisterin-
nen, Karikatur von 1931

Der Frauenfußball erlebte seinen Aufschwung in England während des Ersten Weltkriegs, als die traditionelle Rollenverteilung zusammenbrach. In den 1920er Jahren entwickelten sich Frauenfußballspiele zu einer Publikumsattraktion. Zur Spitzenmannschaft wurde die Werkself der Munitionsfabrik Dick, Kerr & Co., die *Dick Kerr's Ladies*, deren Spiele oft Zehntausende Pfund an Eintrittsgeldern einbrachten. Zu einem ihrer Spiele in Liverpool kamen 1920 über 50 000 zahlende Zuschauer. Im Dezember 1921, als man etwa 150 Frauenfußballvereine in England zählte, die sich zu einem eigenen Verband zusammenschlossen, verbot die englische *Football Association* (FA) weitere Frauenspiele auf ihren Sportplätzen, angeblich um die Frauen vor gesundheitlichen Schäden zu bewahren. Die *Dick Kerr's Ladies* wichen nach Amerika aus, mussten aber bei ihrer Tour durch die USA und Kanada Ende 1922 erstaunt feststellen, dass es dort keine Frauenfußballvereine gab. Als Ersatz trugen sie neun Spiele gegen Männervereine aus, von denen sie drei verloren und drei gewannen. In Preston Ladies FC umbenannt, bestand dieser Frauenverein, der insgesamt 828 Spiele absolvierte, bis 1961. Das Frauenfußballverbot der FA wurde erst 1970 aufgehoben.[69] Auch in Frankreich entstanden während des Ersten Weltkriegs Frauenfußballvereine, die sich wegen der ablehnenden Haltung der Männerverbände zu einer eigenen Fédération zusammenschlossen und bis 1932 Pokalwettbewerbe veranstalteten. 1921 gab es eine erste internationale Begegnung, bei der eine französische Auswahl um den Pariser Verein *Fémina Sport* mit 1:2 gegen die Dick Kerr's Ladies verlor. Über einen anderen englisch-französischen Damenfußballwettkampf berichteten auch deutsche Zeitungen erstaunlich freundlich, etwa den 4:2-Sieg der Engländerinnen 1925.[70] Die französische Bewegung verebbte in den 1930er Jahren, als der beginnende Frauenfußball in allen europäischen Ländern auf verstärkten Widerstand stieß.

Nach dem Ersten Weltkrieg wurde der Damenfußball auch in Österreich, Jugoslawien, Polen und anderen Ländern eingeführt. In Deutschland ging der Frauenfußball von Studentinnen aus, die im Rahmen der Deutschen Hochschulmeisterschaften 1922 erstmals öffentlich auftraten. Beim ersten dokumentierten Spielergebnis gewann 1927 eine Münchner gegen eine Berliner Auswahl mit 2:1. Die organisatorischen Anfänge waren weniger aristokratisch als in England: Der erste Damen-Fußball-Club wurde 1932 von der Frankfurter Metzgerstochter Lotte Specht gegründet, die Gleichgesinnte per Zeitungsannonce suchte. Ihr Motiv lag neben der Fußballbegeisterung in der Absicht, zu zeigen, dass Frauen das Gleiche können wie Männer. Da es keinen anderen Verein gab, mussten sie untereinander oder gegen Männer spielen.[71] Von der Presse als Suffragetten verhöhnt und vom DFB ausgegrenzt, löste sich der Verein nach einem Jahr wieder auf. 1936 verkündete der DFB offiziell, dass Fußball mit dem Wesen einer Frau unvereinbar sei. Als sich 22 westdeutsche Frauenvereine zusammenschließen wollten, wurde dies 1957 vom DFB scharf zurückgewiesen. Erst 1970 – wie in England – änderte der DFB seine uneinsichtige Haltung und akzeptierte den Frauenfußball. Der Grund lag nicht zuletzt darin, dass die Herren nach einem Frauenweltcup in Italien – gesponsert von dem Getränkehersteller Martini & Rossi – befürchteten, die Kontrolle über diese Bewegung zu verlieren. Pikanterweise empfahl der europäische Fußballverband UEFA im November 1971 mit derselben Begründung seinen Mitgliedern die Einführung des Frauenfußballs.[72]

Seitdem entwickelte sich der Frauenfußball rapide: 1974 gab es die erste Deutsche Meisterschaft, drei Jahre später wurde mit der Fußballerin Hannelore Ratzeburg die erste Referentin für Frauenfußball im DFB ernannt, die sich sofort für die Etablierung weiterer Wettbewerbe einsetzte.[73] 1981 gewann der damalige Rekordmeister SSG 09 Bergisch Gladbach den ersten Frauenweltcup in Taiwan, 1982 wurde erstmals eine Nationalmannschaft aufgestellt, und seit 1989 wurde diese mehrmals Europameister, was zu einer breiten öffentlichen Anerkennung des Frauenfußballs führte. Seit 1990 gibt es 14 Regionalligen und seit 1997 eine offizielle erste Frauenliga. Die Erlangung der eigenen *Premier Division* war für den Frauenfußball in allen Ländern ein wichtiger Schritt.[74] Seit den Olympischen Spielen von Atlanta 1996 ist der Frauenfußball auch olympische Disziplin, und der DFB ernannte mit Tina Theune-Meyer die erste Nationaltrainerin, bereits damals assistiert von ihrer erfolgreichen Nachfolgerin Silvia Neid. Zu diesem Zeitpunkt zählte der DFB bereits über 700 000 weibliche Mitglieder, und 85 nationale Verbände waren mit Frauenfußball in der FIFA organisiert.[75] Die Frauenfußballmannschaft wurde seit den 1990er Jahren zur Vorzeigeequipe des DFB, weil sie unter ihren beiden Trainerinnen nicht nur Europameister in Serie (1989, 1991, 1995, 1997, 2001, 2005 und 2009), sondern 2003 und 2007 auch noch Weltmeisterinnen wurden, zuletzt mit einem 2:0 gegen Brasilien durch Tore von Birgit Prinz und Simone Laudehr, und dank der Torhüterin Nadine Angerer ohne Gegentor wärend des gesamten Wettbewerbs. Das Auftaktspiel hatten die Deutschen mit einem sensationellen 11:0 gegen Argentinien gewonnen. Birgit Prinz wurde Torschützenkönigin und obendrein zur besten Spielerin des Turniers gewählt.[76] Bei der WM 2011 in Deutschland allerdings schied das Team im Viertelfinale gegen Japan aus, das am Ende den Titel gewann. Das Endspiel Japan-USA sahen in Deutschland 15,3 Mio. Zuschauer (Marktanteil 47 %), obwohl die deutsche Mannschaft nicht beteiligt war.[77] Die seit 1989 anhaltende Siegesserie auf europäischer Ebene wurde nur einmal bei der EM in Italien unterbrochen, als die Deutschen im Halbfinale im Elfmeterschießen am Gastgeber scheiterten. Dieses Turnier gewann Norwegen. Bei der EM 2009 setzte sich das deutsche Team im Endspiel gegen England mit 6:2 durch. Das Finale wurde in England und Deutschland im Fernsehen live übertragen und erreichte bei der ARD 7,5 Mio. Zuschauer bzw. einen Zuschaueranteil von 37 %. Torschützenkönigin wurde die Deutsche Inka Grings vom FCR 2001 Duisburg.

Trotz der Zunahme der Sportarten und der aktiven Sportlerinnen nahmen Frauen noch in den 1970er Jahren in der Berichterstattung eine marginale Rolle ein. Freundinnen und Ehefrauen der männlichen Stars wurde eine vergleichsweise größere Bedeutung beigemessen als aktiven Sportlerinnen, denen in der Regel noch kein eigener Starstatus zugestanden wurde. Zwar wurden ihre Erfolge anerkannt und hervorgehoben, berichtet wurde aber – anders als bei männlichen Sportlern – gerne im Zusammenhang mit weiblichen Themen: Heim und Familie, Mode und Aussehen. Über die zweifache Hochsprungsiegerin von München 1972 und Los Angeles 1984, Ulrike Meyfarth, wurde geschrieben: «Ulrike Meyfarth kniet auf der Hochsprungmatte, freut sich. Die Latte ist liegengeblieben. Schön braun hebt sich die Haut vom weißen Trikot ab.»[78] Selbst bei den *human interest stories* konnten bereits die Überschriften ins Grotesk-Komische gehen, wie etwa bei einer großen Überschrift der *Bild*-Zeitung mit dem Titel: «Nichts hüpft mehr, nichts fällt mehr – nur noch die Luft kommt dran. Neuer Sport-BH: Jetzt macht der Busen nicht mehr schlapp.»[79] Die Soziologinnen Gertrud Pfister und Marie-Luise Klein gelangen zu dem etwas desillusionierenden Ergebnis, dass den Berichten über Sporterfolge von Frauen eher die Funktion einer «Auflockerung des Sportteils» und der Unterhaltung der männlichen Leser – gerne auch mit entsprechenden Fotos – zukam.[80]

Allerdings scheint es bei der Beurteilung der Entwicklung des Frauensports etwas auf die Perspektive und die Frage der benutzten Quellen anzukommen. Betrachtet man die Sportseiten seriöser Zeitungen, zeichnet sich schon ein anderes Bild ab. Die feministische Schweizer Sportwissenschaftlerin Eva Herzog führt in ihrer Untersuchung mit dem Titel *Frisch, frank, fröhlich, frau* – einer Parodie auf Turnvater Jahns Slogan der Turnbewegung «Frisch, fromm, fröhlich, frei» – gute Gründe dafür an, die Entwicklung des Frauensports positiver zu bewerten. Auch wenn es im Schweizer Frauenturnen bis 1966 keine Wettkämpfe mit offiziellem Ranking gab und die Verbände lange nur von Männern gelenkt wurden, war der Frauenturnverband doch seit 1925 eine selbständige Untersektion. Die Frauenturnvereine wurden durchweg von jüngeren berufstätigen Frauen gegründet. Die Ergebnisse ihrer Wettkämpfe wurden allerdings nicht nach außen bekannt gegeben. Die Frauen hätten zwar die Möglichkeit gehabt, dies früher zu verändern, hielten sich aber aufgrund der Kleinräumigkeit des Schweizer Kantonslebens lieber bedeckt. Außerdem sei es ihnen weniger auf eine Veröffentlichung angekommen als auf das Vergnügen am Sport und die Möglichkeit, in zwangloser Umgebung mit dem anderen Geschlecht in einem gesellschaftlich anerkannten Rahmen zusammenzukommen.[81]

Die Karikaturistenphantasie Anfang der 1930er Jahre, der zufolge die Körper der sporttreibenden Frauen deformiert würden (s. S. 308)[82] und die während der Zeit des Kalten Krieges mit der Polemik gegen die hormonbehandelten sowjetischen «Mannweiber» ihre Wiederauferstehung feierte, findet sich vereinzelt auch in der Sportsoziologie wieder. So schreibt Alfred Richartz noch 1990, der Preis für die Teilnahme an Turnen und Sport sei für die Frauen der Verzicht auf ihre Weiblichkeit und die Entwicklung «zum geschlechtslosen und asexuellen Wesen» gewesen.[83] Dieser Konstruktion ist allerdings mit dem Argument widersprochen worden, dass bereits während der Zeit der Weimarer Republik und in den 1930er Jahren, selbst während der Olympiade von Berlin 1936, die aktive Sportlerin das Vorbild der «neuen Frau» gewesen sei.[84] Unbestreitbar gibt es auch heute noch einen unterschwelligen Diskurs über die «Männlichkeit» von Sportlerinnen und die Frage ihrer sexuellen Orientierung.[85]

Langfristig blieben derartige Polemiken jedoch ohne Auswirkungen. Frauen gründeten eigene Sportvereine und traten massenhaft den etablierten bei. In Deutschland liegt der Anteil der Frauen an den Mitgliedern aller Sportvereine knapp über 40 %, genauso sieht es bei den ehrenamtlichen Mitarbeitern aus, und immerhin noch 31 % sind auf der Ebene der Führung und Verwaltung tätig.[86] Am Beispiel der Olympischen Winterspiele kann man den kontinuierlichen Aufstieg des Frauenanteils eindrucksvoll nachweisen. In Chamonix 1924 betrug ihr Anteil 13:245 (5 %), in Cortina 1956 lag er bei 132:689 (16,1 %), wieder eine Generation später in Sarajevo 1984 bei 274:998 (21,5 %) und zuletzt in Vancouver 2010 bei 1033:1503 (40,7 %). Am meisten wurde die Akzeptanz des Frauensports durch sichtbare sportliche Erfolge befördert. Der Siegeszug der US-Fußballerinnen bei der Weltmeisterschaft von 1999 lockte ungeahnte Massen von Zuschauern in die Stadien und vor den Fernsehschirm und erweckte bei manchem Amerikaner den Eindruck, Fußball sei eigentlich ein Frauensport.[87]

Lediglich die Spitzengremien des Sports erweisen sich weiterhin als Altherrenrunden. Unter den 106 regulären Mitgliedern des IOC finden sich immer noch nur wenige Frauen. Zu den ersten gehörten Prinzessin Nora von Liechtenstein und Princess Anne of England. Seit den 1980er Jahren zogen erstmals Frauen ein, die nicht dem europäischen Hochadel angehören, so Flor Isava Fonseca für Venezuela (1981), die 1990 auch als erste Frau in das IOC-Exekutivkomitee gewählt wurde. Seit Kurzem werden aus Asien und Afrika ehemalige Sportlerinnen aufgenommen, wie etwa Rita Subowo aus Indonesien (2007), Lydia Nsekera aus Burundi (2009) oder die Shorttrack-Goldmedaillengewinnerin Yang Yang aus China (2010). Dies führt zu einem allmählichen Anstieg des Frauenanteils. Deutschland wird derzeit außer durch den Präsidenten des DOSB Thomas Bach durch die ehemalige Degenfechterin Claudia Bokel vertreten. Der Frauenanteil wird offiziell nicht ausgewiesen, dürfte aber bei 10–15 % liegen.[88] Warum sich manche Sportverbände scheuen, Zahlen über den Geschlechterproporz ihrer Führungsgremien vorzulegen, kann man am Beispiel des FIFA-Exekutivkomitees sehen: Dort liegt der Anteil bei genau 0 %, denn unter 24 Delegierten befindet sich keine einzige Frau.

Vom Fußball zum Weltfußball

Fußballweltmeisterschaften werden seit 1930 ausgetragen, doch war die Teilnahme anfangs durch die mangelnde Mobilität beschränkt. Die FIFA setzte ein Zeichen, indem sie die erste WM an Uruguay vergab. Das kleine Land am Rio de la Plata hatte eine Weltklasse-Mannschaft, die schon die Olympiawettbewerbe 1924 in Paris und 1928 in Amsterdam gewonnen hatte. Doch viele europäische Verbände konnten sich die Anreise aufgrund der Weltwirtschaftskrise nicht leisten oder wollten ihre Spieler nicht den Strapazen einer dreiwöchigen Schiffsreise aussetzen. Wegen der geringen Zahl von Anmeldungen gab es keine Vorrundenspiele, und jedes Land konnte teilnehmen. Dennoch traten nur 13 Länder an, darunter nur vier aus Europa (Belgien, Frankreich, Jugoslawien und Rumänien), sieben aus Südamerika, dazu Mexiko und die USA. Weltmeister wurde der Gastgeber Uruguay. Umgekehrt reisten nur zwei lateinamerikanische Mannschaften 1934 nach Italien und 1938 nach Frankreich an. Auch die nächste Weltmeisterschaft (1942 und 1946 entfielen wegen des Zweiten Weltkriegs) 1950 in Brasilien konnte Uruguay für sich entscheiden. Wieder sagten viele europäische Mannschaften aufgrund der Reisestrapazen ab. Erst der Aufschwung des Passagierflugverkehrs mit Beginn des Massentourismus verbilligte das Fliegen so weit, dass Weltmeisterschaften ermöglicht wurden.

Die Teilnahme von Mannschaften aus Afrika, Asien und Australien / Ozeanien kann als Indikator dafür dienen, wann die «Weltmeisterschaften» tatsächlich größere Teile der Welt zu bewegen begannen.

Mit Ägypten 1934, Niederländisch-Indien (Vorläufer des heutigen Indonesien) 1938 und der Türkei 1954 beteiligten sich zuerst Mannschaften an den Fußballweltmeisterschaften, die Europa geographisch und mental nahestanden. Armut war natürlich ebenfalls ein Thema: Indien hatte 1950 auf eine Teilnahme in Brasilien verzichtet, weil seine Spieler nicht barfuß spielen durften. 1954 nahm mit Südkorea erstmals die Mannschaft eines außereuropäischen Landes teil, das niemals in kolonialer Abhängigkeit von Europa gestanden hatte. Es kassierte dafür aber auch mit 0:9 gegen Ungarn eine der höchsten Niederlagen bei einer WM. Noch 1958 in Schweden und 1962 in Chile gab es keine Mannschaften von außerhalb Europas oder Amerikas. 1966 in England trat mit Nordkorea wieder nur ein Bewerber aus der damals so genannten Dritten Welt an, der mit einem Sieg gegen Italien sogar in die Finalrunde kam. 1970 in Mexiko beteiligten sich Marokko und Israel, beide gewannen kein einziges Spiel und schieden jeweils als Gruppenletzte in der Vorrunde aus. Bei der WM 1974 in Deutschland nahmen Zaire (die heutige Demokratische Republik Kongo) und Australien teil, die beide torlos nach Hause geschickt wurden, Zaire mit einer 0:9-Rekordniederlage gegen Jugoslawien. Bei der WM 1978 in Argentinien erzielte Tunesien mit einem 3:0 gegen Mexiko einen Achtungserfolg, schied jedoch wie der Iran in der Gruppenphase aus.

Erst seit 1982 wurde der Fußball außerhalb Europas und Lateinamerikas stärker berücksichtigt, indem die Zahl der teilnehmenden Nationen von 16 auf 24 erhöht wurde. Bei der WM in Spanien stammten erstmals vier (von 24) Ländern nicht aus Europa oder Amerika. Während Kamerun, Kuwait und Neuseeland sieglos blieben, errang Algerien einen sensationellen 2:1-Sieg gegen Deutschland und warf überdies mit 3:2 Chile aus dem Wettbewerb. Am Ende stand Algerien punktgleich mit Deutschland und Österreich an der Tabellenspitze und musste wegen des schlechteren Torverhältnisses nach Hause fahren. Wie seit Beginn der WM blieben in der Endrunde die europäischen und lateinamerikanischen Nationalmannschaften unter sich. Bei der WM 1986 in Mexiko traten wieder vier (von 24) Teams an, von denen der Irak, Algerien und Südkorea erwartungsgemäß Gruppenletzte wurden. Marokko schaffte jedoch ein Novum: Es wurde Gruppenerster vor England, Polen und Portugal, das es mit einem 3:1-Sieg aus dem Turnier eliminierte. Im Achtelfinale schied Marokko allerdings sofort gegen den späteren Vizeweltmeister Deutschland aus.

1990 in Italien mussten die Vereinigten Arabischen Emirate, Ägypten und Nordkorea die WM sieglos verlassen, doch mit Kamerun wurde erneut ein afrikanisches Land Gruppenerster, diesmal mit Siegen gegen den Weltmeister Argentinien und gegen Rumänien. Eine 0:4-Niederlage gegen den Gruppenletzten UdSSR deutete aber auf Probleme hin. Kamerun überstand auch noch das Achtelfinale, bevor es im Viertelfinale an England scheiterte. Bei der WM 1994 in den USA waren außer Kamerun zwei weitere afrikanische sowie zwei asiatische Mannschaften beteiligt. Diesmal wurde Kamerun Gruppenletzter, ebenso schieden Südkorea und Marokko erfolglos aus. Aber mit Saudi-Arabien und Nigeria schafften es immerhin zwei Mannschaften ins Achtelfinale. Nicht zuletzt wegen der Erstarkung des afrikanischen Fußballs wurde zur WM 1998 in Frankreich die Teilnehmerzahl auf 32 erhöht, diesmal waren allein fünf Bewerber aus Afrika und vier aus Asien dabei. Nigeria wurde Gruppenerster, indem es Spanien und Bulgarien besiegte, im Viertelfinale waren die Europäer und Amerikaner jedoch wieder unter sich.

Im Jahr 2002 wurde erstmals eine WM in Asien ausgetragen. Die gemeinsame Bewerbung zweier Länder – Japan und Südkorea – hat zu diesem Erfolg beigetragen, hatte allerdings zur Folge, dass sich die Spiele auf 20 Orte aufteilten. 198 Nationen hatten um 32 Endrundenplätze konkurriert, davon entfielen wieder fünf auf Afrika, vier auf Asien, die Türkei war erstmals seit 1954 wieder dabei und wurde statistisch unter Europa geführt. Bei den Ausscheidungskämpfen kam es in der Gruppe von Ozeanien zu einem Rekord: Australien siegte gegen Amerikanisch-Samoa mit 31:0. Das Achtelfinale erreichten die Türkei und Senegal, das Frankreich aus dem Rennen warf, sogar Gruppenerste wurden Südkorea, das Polen und Portugal eliminierte, und Japan, das, auch einmalig, im Fußball einen Erfolg gegen Russland erzielen konnte. Die Türkei und Südkorea drangen bis ins Halbfinale vor, verloren dort nur knapp jeweils mit 0:1 gegen Brasilien bzw. Deutschland und spielten am Ende um Platz 3, den die Türkei mit 3:2 gegen Gastgeber Südkorea gewann, nachdem Starstürmer Hakan Şükür nach nur elf Sekunden das schnellste Tor der WM-Geschichte erzielt hatte. Bei der WM 2006 in Deutschland traten erstmals 10 (von 32) Mannschaften aus Afrika, Asien und Ozeanien an. Erfolgreichster Spieler in den Ausscheidungsspielen war der Iraner Ali Daei, der für sein Land 35 Tore in 51 Spielen machte und mit dem FC Bayern München auch Deutscher

Meister und Pokalsieger wurde. Das Achtelfinale erreichten aber nur Ghana und Australien, die wiederum sofort ausschieden. 2010 gastierte der WM-Zirkus erstmalig in Afrika (Südafrika), begleitet von allerlei Sicherheitsbedenken der reichen Industrieländer, von denen sich aber keine bewahrheiteten. Teilnehmer waren 13 Länder aus Europa, 5 aus Südamerika, 3 aus Nord- und Mittelamerika, 6 aus Afrika (darunter Gastgeber Südafrika), 4 aus Asien (darunter Australien) und 1 aus Ozeanien (Neuseeland). Im Achtelfinale schieden Südkorea und Japan aus, im Viertelfinale Ghana. Die nächste WM in Asien wird 2022 in Katar stattfinden.[89]

Traditionelle Sportarten

Das Überleben traditioneller Sportarten

Im Rahmen der dritten Olympischen Spiele der Neuzeit in St. Louis (USA) wurden erstmals *Anthropology Days* veranstaltet, auf denen Angehörige der damals sogenannten «Naturvölker» ihre Sportarten zeigen konnten. Initiator dieser Idee war der Direktor der Abteilung für Anthropologie, William J. MacGee. Damit wurde der in Amerika leichter als in Europa zu begreifenden Erkenntnis Rechnung getragen, dass Sport keine europäische Angelegenheit war. Allerdings war der Sportdirektor der Spiele der Ansicht, dass die «Wilden» sich nicht wirklich mit den Vertretern der Industrieländer messen konnten. Zu ihrem eigenen Schutz sollten daher die Delegationen der Sioux-Indianer, der Cherokee, Chippewa, Cocopa, Crow und Pawnee aus den USA, der Pygmäen aus Zentralafrika, der Ainu aus Japan, der Moros von den Philippinen sowie der Patagonier aus Argentinien nur untereinander in verschiedenen leichtathletischen Disziplinen und im Bogenschießen antreten.

Dadurch gerieten die Anthropology Days in gefährliche Nähe zu den sogenannten Völkerschauen, wie sie damals in Europa im Rahmen von Zirkusvorführungen dargeboten wurden. Auch die ausgewählten Sportarten, zu denen *Mud Fighting* (Schlammschlachten) und *Grease Pole Climbing* (Baumklettern) zählten, sprechen dafür, dass diese Vorführungen eher der Belustigung der Zuschauer dienen sollten. Gegen eine Einordnung der Türken in diesen Rahmen protestierte Couber-

Bogenschießen der «Wilden».
Fotografie vom Anthropology Day
bei den Olympischen Spielen von
St. Louis 1904

Inklusion und Exklusion: «Wildes» Speerwerfen vor «zivilisierten» Amerikanern.
Fotografie vom Anthropology Day bei den Olympischen Spielen von St. Louis 1904

tin, weil diese unter die zivilisierten Völker zu rechnen seien und an
den «richtigen» Wettbewerben teilnehmen sollten. Außerdem meinte
er: «Eine solche Veranstaltung wird natürlich ihren Reiz verlieren,
wenn die schwarzen Männer, roten Männer und gelben Männer ler-

nen, zu rennen, zu springen und zu werfen und die weißen Männer hinter sich lassen.»[90] Viele Erfolge afrikanischer Sportler bei den Olympischen Spielen oder anderen internationalen Wettbewerben, etwa der Ostafrikaner aus Äthiopien und Kenia in den Laufwettbewerben über die langen Strecken, können auf einer indigenen Sporttradition aufbauen, z. B. bei den Massai in Kenia, wo Langstreckenläufe zum überlieferten Kulturgut gehören. In Afrika erinnern traditionelle Stockkämpfe an ähnliche Kampfsportarten im alten Ägypten oder im vormodernen Europa, teilweise wurden sie aber nach anderen Regeln ausgeübt. Bei den Kamba in Kenia wurden Schnelligkeit und Treffsicherheit dadurch getestet, dass ein Stein in die Luft und mit einem zweiten Stein abgeworfen wurde. Bei den hochgewachsenen Watussi / Tutsi in Ruanda gab es Wettkämpfe im Hochsprung als Teil eines Initiationsritus. Die verbreitetste afrikanische Sportart war der Ringkampf, der schon in altägyptischen Grabmalereien dargestellt wurde und heute noch auf ähnliche Weise auf Dorffesten im Sudan ausgeübt wird. Bei den Nuba werden Ringer benachbarter Dörfer zum Wettkampf bei Erntefesten zwischen November und März eingeladen, die auf den zentralen Dorfplätzen ausgetragen werden.

Bei den Ibo im südlichen Nigeria wurden solche Wettkämpfe im Winter wöchentlich ausgetragen. Einem englischen Anthropologen wurde 1914 von einem Clanchef erzählt, dies trage dazu bei, dass die Ernte gut ausfalle. In manchen Kulturen, etwa bei den Bambara in Mali, wurden hochgefährliche Zweikämpfe ausgetragen, indem die Ringkämpfer Armringe mit rasiermesserscharfen Klingen trugen. Obwohl der Ringkampf normalerweise den jungen Männern vorbehalten war, gab es einmal im Jahr nach der Ernte bei den Nuba und den Ibo auch Wettkämpfe zwischen Frauen. Dies sicherte ihnen Respekt und Aufmerksamkeit von den jungen Männern.

Der traditionelle Sport in Afrika war im 20. Jahrhundert zwei gegenlaufigen Tendenzen ausgesetzt. Zum einen bekämpfte der von Norden und Osten vordringende Islam die Sportveranstaltungen, die immer auch mit Festen, Alkoholkonsum und Tanzen verbunden waren. Aus weiten Teilen Nord- und Ostafrikas sind die traditionellen Ringerfeste und andere Sportvergnügen verschwunden. Eine ähnliche Wirkung hatten auch protestantische Missionsstationen, die traditionellen Körperfreuden wenig abgewinnen konnten und allenfalls regulierte

englische Sportarten wie Soccer und Cricket an deren Stelle setzten.
Nach der Unabhängigkeit beschädigten Industrialisierung, Urbanisierung und der beginnende Massenkonsum die traditionellen Spiele, die gerade den erfolgreichen Afrikanern als wenig chic erschienen, da alle Attribute des Erfolgs mit den europäischen oder amerikanischen Sportarten verbunden zu sein schienen.[91]

In Asien mit seinen alten hochkulturellen Zentren – Persien, Indien, China und Japan – trifft man auf sehr starke regionale Ausprägungen von Sport, die auf die Volkskulturen ausgestrahlt haben. Die Tradition der «drei männlichen Sportarten» Ringen, Reiten und Bogenschießen, die in der Mongolei wenigstens seit den Zeiten Dschingis Khans kanonisiert waren, haben vermutlich China und darüber hinaus Japan beeinflusst, auch wenn sich das Sumo-Ringen in einigen Details von den öffentlichen Ringkämpfen der Mongolen und der Turkvölker unterscheidet. Alle drei Sportarten werden in der Mongolei heute noch im Sommer bei großen Stammestreffen vor großem Publikum ausgeübt. In Thailand gibt es neben dem international bekannt gewordenen Thai-Boxen eine kombinierte Kampfsportart, bei der die Kämpfer mit Schwert, Speer und Axt gleichzeitig hantieren dürfen. Dieses *Krabi-Krabong* ist wegen seiner Gefährlichkeit stark ritualisiert und hat sich für andere Kulturen als wenig attraktiv erwiesen. Seit Jahrhunderten werden außerdem in ganz Südostasien einschließlich China Bootsrennen gepflegt. Eine Besonderheit der sportlichen Aktivitäten in Asien sind luftige Vergnügen, bei denen etwa bei einem koreanischen Frühlingsfest die Frauen ausprobieren, wie hoch sie in stehender Position an einem Seil schwingen können. In Indien gibt es davon eine blutrünstige Variante, bei der Männer eiserne Haken in ihre Schulter- und Rückenmuskulatur schlagen und sich an diesen aufhängen. In eine andere Kategorie gehört das Drachensteigenlassen, das in Thailand und in China sehr geschätzt ist. Quer durch Asien stehen Pferde-, Kamel-, Büffel-, Yak- und Hunderennen hoch im Kurs, im Schießen vom Rücken eines Reittiers, das sich – mit Büchse oder Bogen – immer noch großer Beliebtheit erfreut, manifestiert sich die Kultur der Steppenkrieger. Polo wird traditionell in Persien, Indien, Afghanistan und Nordpakistan gespielt, gilt aber als Beispiel dafür, dass ein Sport aus Asien auch seinen Aufstieg in Europa und Amerika erleben konnte.

Tierkämpfe sind wie in Europa und Teilen Afrikas auch quer durch Asien beliebt. Dabei kämpfen Tiere gegen Menschen wie im Stierkampf, oder gegeneinander wie im Hahnenkampf, der vor allem die Insel Bali berühmt gemacht hat, aber auch in anderen Teilen Asiens verbreitet ist, obwohl er von den meisten Staaten wegen der Grausamkeit gegenüber den Tieren oder wegen der Gefahren des Wettens bekämpft wird. Besonders bekannt für seine Tierkämpfe ist Thailand, wo nicht nur Stiere und Hähne, sondern sogar Käfer und Fische gegeneinander kämpfen. Dabei werden besonders auffällige männliche Exemplare in eine Glaskugel gesetzt, die sich gegenseitig verfolgen und beißen bis zur Erschöpfung oder zum Tod. Die überlebenden Exemplare werden mit Hingabe gepflegt und auf den nächsten Kampf vorbereitet. Ebenso ungewöhnlich sind Taubenkämpfe, die nicht nur in weiten Teilen Südostasiens, sondern auch in Indien verbreitet sind, wo diese Vorliebe wenigstens bis in die Zeit der Großmoguln zurückgeht.[92]

Sportarten der indigenen Amerikaner

Traditionelle Sportarten in Europa, Afrika und Asien weisen notwendigerweise manche Gemeinsamkeiten auf, denn diese Landmassen hängen seit Hunderttausenden von Jahren zusammen, und Handelsbeziehungen und Kulturaustausch hat es immer gegeben. Anders ist dies beim amerikanischen Doppelkontinent, der bis zur Kolonisierung durch europäische Mächte vor 500 Jahren etwa 15 Jahrtausende in kultureller Isolation seine eigenen Traditionen entwickelt hat. Ethnographen unterscheiden vier Gruppen von Sportarten: solche, die Körperkraft oder mechanische Geschicklichkeit betonen, Tierkämpfe und als besondere Kategorie Ballspiele. Unter die erste Kategorie zählen Wettrennen, Schwimmen, Ringen, Boxen, Ziehen und Werfen. Bei den Wettläufen, die unter allen altamerikanischen Kulturgruppen verbreitet waren, zählte Ausdauer – also Langstrecken – mehr als Geschwindigkeit. Die Tarahumara-Indianer aus Nordmexiko waren bekannt für Läufe über mehr als 240 Kilometer in einem Stück, das Tragen von Baumstämmen oder Treiben von Fußbällen über 120 Kilometer.[93] Unter den Pueblo-Indianern im Südwesten der USA waren es ebenfalls Langstreckenläufe und Ballrennen, ebenso unter den Prärie-Indianern. Eine Art Stafettenlauf mit Hölzern von etwa einem Meter Länge und 90 Kilo Gewicht gab es bei mehreren südamerikanischen Völkern, manchmal auch als Wettbewerb zwischen verschiedenen Völkern. Ringkämpfe waren in Südamerika verbreiteter als im Norden, Boxen war weniger allgemein, kam aber sowohl in Nord- als auch in Südamerika vor. Zu den Kraftdemonstrationen zählte auch das Tauziehen zwischen Einzelnen, Gruppen oder ganzen Dörfern sowie das Gewichtheben oder eine Kombination von Gewichtheben und Geschicklichkeitstest, wobei z. B. bei den Kozarini in Südamerika ein schwerer Balken zwischen zwei senkrechten Pfosten hindurchgezogen werden musste. Schließlich wurden Scheingefechte zwischen Gruppen oder Stämmen beobachtet, bei denen mit Steinen, Knüppeln oder brennenden Stöcken geworfen wurde, wobei es immer wieder zu schweren Verletzungen und Todesfällen kam.

Bei dem Vorführen mechanischer Geschicklichkeit geht es um den Umgang mit Instrumenten, z. B. beim Bogenschießen, Speer- oder Ringwerfen etc., was sowohl im Einzel- als auch im Teamwettbewerb ausgeführt werden konnte. Pfeil und Bogen waren lange vor der Ankunft der Europäer in ganz Amerika zu einer hocheffizienten Waffe entwickelt worden, die zu verschiedenen Sportübungen eingesetzt wurde, wie etwa dem Zielschießen, dem Schießen auf ein bewegliches Ziel oder dem Schnellschießen. George Catlin, der als einer der ersten Europäer zur Erforschung des Indianerlebens in das Innere des nordamerikanischen Indianerlandes am oberen Mississippi vorgedrungen war, beschreibt einen Wettbewerb bei den Mandan, bei dem so viele Pfeile wie möglich gleichzeitig in die Luft geschossen werden mussten. Bei den Goajiro in Südamerika gab es einen Wettkampf, bei dem auf in die Luft geworfene Früchte oder Lederbälle geschossen wurde. Die kanadischen Indianer betrieben einen Sport, der «Schneeschlange» hieß und bei dem ein zwei Meter langer Stock, die Schlange, der Länge nach über das Eis gestoßen werden musste. Wer die größte Weite erzielte, hatte gewonnen. Dieser Sport wurde mit kleineren Stöcken auch von Frauen gespielt. Entsprechende Weitwurfwettbewerbe gibt es bei den Chaco-Indianern in Südamerika.

Die besondere Geschicklichkeit der Prärie-Indianer im Umgang mit Pferden ist aus der Literatur bekannt, aber auch einige südamerikanische Völker haben sie sich angeeignet. Zu den traditionelleren Wettkämpfen gehört das Hundeschlittenrennen in Kanada, sowohl bei Indianern als auch bei Eskimos, mit zahlreichen regionalen Rennen wie auch einigen jährlichen Großereignissen. Zur Disziplinierung wilder Hunde wurden auch Hundekämpfe veranstaltet (*dog baiting*). Unter den Kashinawa von Südamerika gab es eine Art Wettkampf zwischen Männern und Frauen, bei denen einer Landschildkröte die Beine zusammengebunden wurden und die Männer eine Gruppe von Frauen abwehren mussten, die versuchen sollten, die Fesseln der Schildkröte wieder zu lösen.[94] Eine eigene Kategorie bilden die in weiten Teilen Nord- und Südamerikas in einer großen Vielfalt verbreiteten Ballspiele, denn diese standen im Zentrum der altamerikanischen Mythologie und sind archäologisch von der Vorgeschichte bis zur europäischen Kolonisation belegt. Der deutsche Maler Christoph Weiditz hat ein Ballspiel im Bild festgehalten, das nach der Eroberung Mexikos (1519–1521) von Maya-Ballspielern mit einem großen Gummiball im Jahr 1528 in Spanien vor Kaiser Karl V. zu Demonstrationszwecken aufgeführt wurde.[95] Christliche Missionare haben sich in der Frühen Neuzeit redlich – und vergeblich – darum bemüht, die indigenen Ballspiele zu verbieten, weil sie sie, wie der antike Kirchenlehrer Tertullian, nach wie vor für dämonisch hielten. In Florida ging es konkret um das Pelota, die im 17. Jahrhundert als Wettkampf zwischen benachbarten Dörfern der Timucua ausgetragen und mit Zauberzeremonien vorbereitet wurde. Obwohl der spanische Gouverneur den Indianern die Beibehaltung ihrer Tänze und Spiele garantiert hatte, ordnete Bischof Gabriel Díaz Vara Calderón die Unterdrückung speziell des Pelota an, «weil es ein barbarisches und bestialisches Spiel war, sinnlos und schädlich für die menschliche Natur dieser armen Kreaturen». Zum Entsetzen der franziskanischen Missionare wurde Pelota auch von Frauenteams gespielt. Die Liebe zu diesem Spiel betrachteten die Missionare als ernsthaftes Hindernis für die Bekehrung.[96]

Sachlich knüpfen die neueren Ballspiele an die klassischen an (siehe oben). Sie werden als Wettkämpfe zwischen zwei Teams mit einer gleichen Anzahl von Spielern beschrieben, die einen Ball auf dem Spielfeld auf und ab bewegten, um Punkte zu sammeln, indem sie ein Ziel im Feld des Gegners trafen oder durchschossen. Gewinner war die Mannschaft, die eine vereinbarte Anzahl von Punkten gesammelt hatte. Anthropologen haben argumentiert, Ballspiele wie das Lacrosse seien mehr als bloße Sportveranstaltungen und in Bezug auf die Spannungen zwischen verschiedenen Dörfern, Stämmen oder Völkern «der kleine Bruder des Kriegs»[97], was allerdings wenig verwunderlich ist, denn im Zusammenhang mit den Olympischen Spielen oder Fußballweltmeisterschaften ist bereits Ähnliches behauptet worden. Hinsichtlich des Ballschlagens gab es ganz unterschiedliche Spielmethoden. In manchen Gegenden wurde mit den Beinen geschlagen, bei den Araona wurde sogar der Bauch benutzt, der dafür mit einem Birkengürtel geschützt wurde. Ähnliche Spiele wurden sowohl im Urwald von Brasilien als auch im Hochland von Bolivien gefunden. Das verbreitetste Spiel in Nordamerika war *Shinny*, eine Art Feldhockey. Es wurde oft auch von Frauen gespielt. Bei den Chaco-Indianern in Brasilien gab es eine Art Hockeyspiel mit Bällen aus Baumwurzeln oder verknoteten Seilen, das manchmal sogar als Kriegsersatz diente. Die Irokesen spielten Feuerball, wobei ein brennender Ball über ein Feld in das Tor des Gegners gespielt werden sollte. In den Anden fand sich eine Art Basketball, bei dem ein kleiner Ball oder ein anderes rundes Objekt in einen Korb befördert werden muss, der an einem Pfosten aufgehängt ist. Im Amazonastiefland wird von manchen Indianervölkern eine Art Federball gespielt, bei dem das Hüllblatt eines Maiskolbens mit den Handflächen in der Luft gehalten wird. Die Yaghan in Feuerland, an der Südspitze Südamerikas, verwendeten zum selben Zweck einen Seehunddarm, der mit Federn oder Gras gefüllt war. Bei den Choctaw in Nordamerika, deren Ballspiele bereits George Catlin beschrieben hat,[98] wird eine Art von Tennis gespielt, genannt *toli* (kleiner Krieg), das als Ursprung des heute noch verbreiteten Lacrosse-Spiels betrachtet wird. Dabei wird ein kleiner Ball mit einem Racket über ein Spielfeld zum Tor des Gegners getrieben. Sieger ist die Mannschaft, die zuerst eine vereinbarte Anzahl von Treffern erzielt. Bei dem Spiel, das von hohen Wetteinsätzen und großen Leidenschaften begleitet wird, gibt es nur ein Minimum an Regeln, und entsprechend rau ist der Einsatz der Spieler. Die klassischen Racketspiele waren soziale Großereignisse, die mit Festen und Tänzen verbunden waren. Zauberer und Medizinmänner versuchten durch schwarze und weiße Magie sowie beste medizinische Versorgung der Spieler den Verlauf zu beeinflussen, am Ende entschieden jedoch höhere Mächte über den Spielausgang, sodass es letztlich gar nicht so wichtig war, wer als Sieger schließlich feststand. Weil sich diese Einstellung auch bei den anderen Sportwettkämpfen der *Native Americans* findet, hat Blanchard von einer «spielerischen Weltsicht» der Indianer gesprochen, die von den weißen Amerikanern oft als Indifferenz missverstanden werde, die aber einen wichtigen Überlebensmechanismus der indigenen Kulturen darstelle.[99] Die traditionelle Affinität vieler *Native Americans* zu den Ballspielen hat jedenfalls ihren Einstieg in die großen Ballspiele der US-Gesellschaft – wie etwa das Baseball – erleichtert.[100]

Traditioneller Sport in Australien und Ozeanien

Australien wurde vor ca. 40 000–35 000 Jahren von Indonesien aus besiedelt, und seither haben die Ureinwohner bis zur Ankunft der Niederländer, die diesen Kontinent zunächst Neu-Holland nannten, ihre sehr eigene Kultur entwickelt. Da die Umgebung eher lebensfeindlich war, blieb die Besiedelung sehr dünn. Man rechnet mit vielleicht 300 000 Einwohnern, die in etwa 500–900 Stämmen, aufgeteilt in kleinere Familiengruppen von 20–25 Personen, als Jäger und Sammler lebten. Ende des 19. Jahrhunderts hat der Protektor der *Aborigines* von Queensland deren Bräuche und Spiele, 94 an der Zahl, dokumentiert, von denen 11 als Sport bezeichnet werden können, darunter Wettbewerbe im Baumklettern, an denen auch Mädchen teilnehmen konnten, Speerwerfen auf ein bewegliches Ziel, Weit- und Zielwurf (mit Steinen, Stöcken, Speeren und Bumerangs), «Kangaroo Rat» (eine Art Weitwurf, bei der die Zahl der Hüpfer zählte), «Mungan-Mungan», ein männliches Mannschaftsspiel, bei dem die Jungen einen Stock, der «junges Mädchen» genannt wurde, gegen die älteren Männer verteidigen mussten und das erst mit der Erschöpfung eines Teams endete etc.

Auf den Inseln, etwa in Melanesien und Neuguinea, kam Wassersport, speziell Kanurennen und Wellenreiten auf dem *Surfboard* dazu, das von Männern, Frauen und Kindern ausgeübt wurde. Ansonsten sind die Vorlieben auf den einzelnen Inseln sehr verschieden. In Melanesien findet sich Speer- und Pfeilwerfen, auf den Neuen Hebriden eine Art vormodernes *Bungee-Jumping*, bei dem sich junge Männer einen Sprungturm aus Holz konstruieren, Schlingpflanzen um die Fußknöchel binden und als Mutprobe aus bis zu 25 Meter Höhe in die Tiefe springen. Wettläufe werden nur zwischen Buben in Zentral-Neuguinea berichtet, von dort gibt es auch Schilderungen über Fußkämpfe zwischen ganzen Mannschaften, die dem englischen *Shin-Kicking* entsprochen haben müssen. Auf den Admiralitätsinseln waren Ringkämpfe populär, in Tonga war das Tauziehen im Stehen verbreitet, während es auf den Neuen Hebriden im Sitzen ausgeführt wurde. In Zentral-Neuguinea gab es ein Schlagballspiel mit Früchten, auf manchen Inseln ein Fußballspiel ebenfalls mit Früchten und mit Kokosnüssen, die durch das gegnerische Tor getrieben werden mussten. Auf den Torres-Inseln gab es ein Handballspiel mit einer Schweinsblase. Der Spieler sollte den Ball so oft wie möglich aufspringen lassen, was seine Gegner zu unterbrechen versuchen mussten. Außerdem gab es eine Art Hockeyspiel. In Mikronesien fand der Kurator des *United States National Museum* 1943 athletische Übungen, Boxen, Ringen, Ballspiele, Schwimmen und Tauchen. In Polynesien, speziell auf Hawaii, waren alle Sportarten hochkompetitiv und mit Wetten verbunden, es gab sogar professionelle Wettläufer, die von den ausgelobten Preisen lebten. Wettrennen gab es auf Samoa, Hawaii und bei den Maori auch für Boote und im Schwimmen, außerdem fanden Ringen, Boxen, Stockfechten, Tauziehen, Pfeil- und Speerwerfen, Scheibenkegeln, Baumklettern, Schlittenfahren von Hügeln, Surfen und eine Reihe von Ballspielen statt. In Hawaii wurden im Winter die jährlichen *Makahiki*-Spiele veranstaltet, Multisportfeste, während deren alle Arbeit und alle Feindschaft ruhte und gefeiert, gewettet, getrunken und getanzt wurde. Nach 1830 verschwanden die traditionellen Spiele auf der Inselkette weitgehend, erst seit 1977 wurden die Makahiki-Spiele wiederbelebt.[101]

Traditionelle Sportarten bei den modernen Olympischen Spielen

Die modernen Olympischen Spiele begannen in der erklärten Absicht, an die Spiele der klassischen Antike anzuknüpfen. Dies betraf vor allem die Leichtathletik, weniger die Pferdesportarten. Gar nicht wiederbelebt wurde das antike Wagenrennen. Im Vordergrund standen die beliebten und in vielen Ländern volkstümlichen Laufwettbewerbe, die vom 100-Meter-Lauf bis zur neu eingeführten Marathondistanz (ca. 42 km) reichten. Einige Kurz- und Langstrecken (z. B. 60 Meter oder 5 Meilen), dazu Hindernis-, Mannschafts- und Staffelläufe über krumme Distanzen (z. B. 2590 Meter, 4 Meilen etc.) sowie der Querfeldeinlauf (1912–1924 ausgetragen) wurden wieder aus dem Programm genommen. Aus dem Bereich der europäischen Volksspiele versuchte man es seit den Olympischen Spielen von 1900 mit mehreren Sprungwettbewerben aus dem

*Bob Beamon bei seinem Welt-
rekordsprung über 8,90 m in
Mexiko 1968*

Stand, also ohne Anlauf. Absoluter Meister in den drei Standsprungwett-
bewerben war der Amerikaner Ray Ewry, der den Standhochsprung-
wettbewerb bei vier Olympiaden gewann und den Rekord auf 1,675 Meter trieb und der mit insgesamt zehn Goldmedaillen überhaupt der
erfolgreichste Leichtathlet aller Zeiten ist – seit 1898 gewann er alle
Wettbewerbe, bei denen er antrat. Auch im Standweitsprung hielt er mit
3,476 m den Weltrekord, solange diese Wettbewerbe ausgetragen wurden. Weil er in seiner Kindheit an Kinderlähmung erkrankt war, erhielt
er aufgrund seiner Sprungleistungen den Beinamen «the human frog».[102]

Auch die Wurfwettbewerbe sahen eine Mischung aus antiken und
volkstümlichen Disziplinen. Dazu gehörte die Wiederbelebung einiger antiker Sportarten, die eineinhalb Jahrtausende kaum mehr üblich
waren, wie z. B. das Diskuswerfen, das seit 1896 in mehreren Varianten
ausgeübt wurde, darunter dem sogenannten «antiken Stil» (1906 und
1908) und dem beidhändigen Wurf (nur 1912). Aus dem Bereich der
europäischen Volksspiele fand in Paris 1900 das Tauziehen in das Olym-
piaprogramm Eingang. Nach 1920 wurde der Wettbewerb jedoch unter
dem fadenscheinigen Vorwand gestrichen, man wolle die Teilnehmerzahl an den Olympischen Spielen verringern – obwohl gleichzeitig
neue Sportarten aufgenommen wurden und die Teilnehmerzahl natürlich kontinuierlich stieg.

Bei den Ballsportarten dauerte es einige Zeit, bis sie ins offizielle
Programm der Olympischen Spiele aufgenommen wurden. *Lacrosse*
war nur 1904 und 1908 olympisch, vielleicht erschienen dem IOC die
Sieger ein wenig zu exotisch. In St. Louis ging eine Medaille an die
Mannschaft der *Mohawk Indians of Canada* mit ihren Spitzensportlern
Black Hawk, Black Eagle, Almighty Voice, Flat Iron, Spotted Tail, Half
Moon, Lightfoot, Snake Eater, Red Jacket, Night Hawk, Man Afraid
Soap und Rain in Face. Während im Süden der USA noch die Apachen
unter ihrem grimmigen Häuptling Geronimo einen Guerillakrieg gegen die US-Armee führten, gewannen die kanadischen Indianer bereits
Olympiamedaillen. *Basketball* wurde in St. Louis 1904 als Demonstrationssportart akzeptiert und war seit Berlin 1936 unausgesetzt Bestandteil des offiziellen Programms. Fußball musste sich sogar dreimal als
Demonstrationssportart gedulden, bevor es seit London 1908 (mit Ausnahme von Los Angeles 1932) mit Ländermannschaften fest im Programm war. Allerdings gab es besonders bei dieser Sportart lange Probleme mit dem offiziell verlangten Amateurstatus der Spieler, denn seit
den 1920er Jahren waren die besten Spieler im Westen Profis, während
sie im kommunistischen Osteuropa nach 1948 bezahlte «Staatsama-
teure» waren, die in Polizei- oder Militärmannschaften unbeschränkte
Trainingsmöglichkeiten geboten bekamen. Aufgrund dieser Regelung
gewannen 1952–1980 nur Ostblockmannschaften, die bei den Fußballweltmeisterschaften nie eine Chance hatten, Gold bei den Olympischen
Spielen, darunter dreimal Ungarn (1952, 1964 und 1968) als bisher erfolgreichste Mannschaft. Seit 1984 wurde dieses Profiverbot gelockert,
doch haben sich absurde Reste davon in Form von Altersbegrenzungen
erhalten. Seit 1992 dürfen Spieler nicht älter als 23 Jahre sein, allerdings
darf diese U-24-Mannschaft um drei ältere Profis verstärkt werden,
sodass bei den Spielen in Peking 2008 doch Lionel Messi in der Mannschaft der argentinischen Olympiasieger zu sehen war.

Ähnlich erratisch war die Geschichte des Handballs, das in Berlin
1936 erstmals auf Betreiben Adolf Hitlers Bestandteil des Programms
war, weil Deutschland damals in dieser Sportart dominierte. Im Berliner Olympiastadion setzte sich im Endspiel vor über 100 000 Zuschauern – bis heute Zuschauerrekord im Handball – die deutsche
Mannschaft gegen Österreich durch. Ein Welthandballverband wurde
überhaupt erst 1946 gegründet. Danach wurde Handball erst wieder in
Helsinki 1952 als Demonstrationssportart und seit München 1972 konti-

Olympiaplakat Berlin 1936

nuierlich gespielt.[103] Federball brachte es ebenfalls erst spät, regulär erst seit 1992, ins olympische Programm,[104] genauso das erst 1988 eingeführte Tischtennis, in dem China und Korea seither die meisten Sieger stellten.[105] Das Hallenvolleyball schaffte es in Tokio 1964 ins Programm, der attraktive Freiluftsport Beachvolleyball, der zu Beginn des 20. Jahrhunderts auf Hawaii erfunden worden sein soll, erst 1992 als Demonstrationssport in Barcelona und als Volldisziplin in Atlanta 1996.

Neue attraktive Sportart:
Beachvolleyball

Neue Sportarten

Neue Sportarten bei den Olympischen Spielen

Bereits die antiken Olympischen Spiele zeichneten sich durch die Aufnahme immer neuer Sportarten aus, allerdings ereigneten sich die Innovationen über lange Zeiträume. Die modernen Olympischen Spiele waren trotz ihrer Anknüpfung an das Altertum von Anfang an offen für den technischen Fortschritt und damit verbundene neue Sportarten, und entsprechend der Geschwindigkeit der gesellschaftlichen Entwicklung kamen die Neuerungen in kurzen Abständen. Bereits 1896 in Athen kann man hier den Radsport nennen, der mit den wenige Jahre zuvor erst erfundenen Fahrrädern sowohl als Bahnradrennen im Stadion als auch als Straßenrennen geplant war. Mit Ausnahme weniger moderner Olympiaden – z. B. 1900, 1904 und 1908 beim Straßen- sowie 1912 beim Bahnradrennen – wurden diese Disziplinen seither ausgeführt, 1996 kamen noch das *Mountainbike-* und 2008 das

BMX-Rennen dazu, Neuentwicklungen, von denen man wenige Jahre zuvor noch nichts geahnt hatte. Den Vorlieben des begeisterten Pistolenschützen Pierre de Coubertin ist es zu verdanken, dass der Schießsport schon seit 1896 im Programm zu finden ist. Ein anderer Grund war vermutlich die Aufrüstung der europäischen Länder – und es ist kein Zufall, dass beim Schießen vorwiegend Militärwaffen zum Einsatz kamen. Mit Ausnahme der Olympiade 1904 in St. Louis und Amsterdam 1928 wurde der Schießsport nicht nur kontinuierlich, sondern auch in immer neuen Waffengattungen betrieben. Dies betrifft nicht nur das Bogenschießen, das seit Beginn der Neuzeit eher Sport als Militärübung war, sondern auch Gewehr und Pistole sowie das Schießen auf Wurfscheiben (*Trap* und *Skeet*).

Etwas extravagant im Rahmen der Spiele war das in den Jahren 1900 und 1904 organisierte Golfturnier, das seither nicht wiederholt wurde, aber aufgrund der steigenden Akzeptanz dieser Sportart nach über hundert Jahren in Rio de Janeiro 2016 wieder seinen Eingang finden soll. Beinahe ebenso erratisch war *Rugby* vertreten, der kleine Bruder des Fußballs. Auch diese Sportart soll 2016 wieder neu eingeführt werden. Bei den Kampfsportarten war griechisch-römisches Ringen natürlich seit Athen 1896 im Programm und wurde – mit Ausnahme von Paris 1900– kontinuierlich betrieben, seit der Olympiade von St. Louis 1904 ergänzt um das Freistilringen. Diese europäischen Disziplinen wurden erst spät durch fernöstliche erweitert. Der Durchbruch kam mit Tokio 1964, als *Judo* erstmals im Programm war und – nach einer Pause in Mexiko 1968 – auch seit den Spielen in München dort verblieb. Bei der Olympiade in Seoul 1988 wurde zusätzlich Judo im Frauenwettbewerb und bei den Paralympics eingeführt, außerdem als neue Disziplin das aus Korea stammende *Taekwondo*, das erst während der japanischen Besatzung von Korea ab 1910 aus dem nach wie vor nicht olympischen Karate entwickelt wurde.[106] Der Name dieser Kampfkunst (*Do*) setzt sich zusammen aus den Stößen mit dem Fuß (*Tae*) und der Hand (*Kwon*). Gekämpft wird – ähnlich wie beim Boxen – in Gewichtsklassen, derzeit sind es bei Männern und Frauen jeweils vier. Wenig überraschend stellte seit seiner Einführung Korea, gefolgt von China, die meisten Olympiasieger.

Sehr zögerlich war und ist man erstaunlicherweise beim Motorsport, obwohl es dazu doch mehrere Ansätze gab, etwa in Paris 1900, wo

Erste Olympiade in Fernost: Nach den entfallenen Spielen von 1940 kommt Tokio 1964 zum Zug

Autorennen in den Disziplinen Schnelligkeits- und Zuverlässigkeitsfahrten ausgetragen wurden, mit Subdisziplinen für Taxis und Lieferwagen. Außerdem gab es Motorradrennen, an denen allerdings nur Franzosen teilnahmen. Sowohl in Paris als auch in London 1908 gab es Motorbootrennen in den Disziplinen Schnelligkeit und Langstrecke. Vorgesehen war 1908 außerdem die Luftschifffahrt, doch wurde sie wieder aus dem Programm gestrichen, vielleicht aus Furcht vor den Zeppelinen. Bei den Winterspielen von St. Moritz 1928 gab es das Skijöring, bei dem ein Skiläufer ähnlich wie beim Wasserski von einem Motorfahrzeug (Motorrad, Rennwagen, Snowmobil), von Schlittenhunden oder von einem Pferd gezogen wurde. Als Demonstrationssportart wurde in Berlin 1936 der Segelflug geführt, der ja ohne Motorflugzeuge, welche die Segelflieger in die Höhe schleppen, nicht auskommt. Bei den 1940 wegen des Japanisch-Chinesischen Kriegs abgesagten Olympischen Spiele in Tokio hätte diese Sportart regulär betrieben werden sollen. In München 1972 wurde Wasserski ausprobiert.

Inkonsequenzen bei der Auswahl der olympischen Sportarten

Am Beispiel der Olympischen Spiele kann man zeigen, wie fluid letztlich die Einstufung dessen ist, was man als Sport bezeichnet. Viele schauen mit Befremden oder Belustigung auf den frühneuzeitlichen Volkssport oder die provinziellen Sportfeste des 19. Jahrhunderts. So gab es etwa in England als Sportart das Durchführen von Kunststücken mit einem Freistilschubkarren (*wheelbarrow freestyle*), und bei den *Wenlock Olympian Games* wurden Schubkarrenrennen durchgeführt. Ein solcher Sport ist bei den modernen Olympischen Spielen undenkbar, nicht wahr? Und dennoch brachten es viele andere populäre Sportveranstaltungen in St. Louis 1904 zu olympischen Ehren, z. B. das Sackhüpfen,[107] ebenso wurde bei diesen ersten amerikanischen Spielen *Roque* gespielt, eine Form des Pallamaglio, oder auch Tauziehen. Dazu gab es noch die leider vergessene olympische Sportart des Keulenschwingens, bei der Edward Hennig vom Cleveland Turnverein Vorwärts für die USA die Goldmedaille holte, neben einer weiteren Goldmedaille im Reckturnen. Die US-Meisterschaften im *Indian Club Swinging* gewann Hennig dreizehn Mal, zuletzt 1950 im Alter von 71 Jahren. Möglicherweise ist er der am längsten erfolgreiche Olympiasieger aller Zeiten.[108]

Akzeptiert man einmal die Theorie, dass Sport sei, was messbar ist, sich also gemäß dem olympischen Motto «schneller, höher, stärker» in Geschwindigkeit, Weite oder Stärke ausdrückt, dann kann man verstehen, warum eine ehrwürdige Disziplin wie das Tauziehen ausgesondert wurde. Nun lässt sich aber bei allen Kampfsportarten wenig Sinnvolles messen, denn die Länge der Runden oder die Anzahl der Schläge oder Würfe sagt nichts darüber aus, wer den Kampf am Ende gewinnt. Ein *lucky punch* kann den Außenseiter im letzten Moment zum Sieger werden lassen. Ebenso beruht es nur auf Konvention, dass beim Fußball diejenige Mannschaft gewinnt, welche die meisten Tore geschossen hat, nicht etwa, wer die meisten Ballkontakte hatte oder den Ball am längsten in den eigenen Reihen halten konnte. Immerhin gibt es hier – wie bei allen Ballspielen – eindeutige Punkte zu zählen. Auch bei einigen Wassersportarten kann man die Geschwindigkeit oder die Anzahl der erzielten Tore messen. Aber wie sieht es beispielsweise mit dem Kunst- und Turmspringen aus, das immerhin bereits

Eine der besten Kunstturnerinnen aller Zeiten: Nadia Comăneci (geb. 1961), fünffache
Goldmedaillengewinnerin in Montreal 1976 und Moskau 1980.
Als erste Turnerin erreichte sie am Barren die Höchstnote 10,0 – was zum Versagen
der elektronischen Anzeigetafel führte.

seit St. Louis 1904 bei den Männern und seit Stockholm 1912 bei den
Frauen auf dem Programm steht? Anfangs ging es beim Kopfweit-
sprung (nur 1904 ausgeführt) u. a. darum, nach dem Eintauchen möglichst lange unter Wasser zu bleiben. Beim Zehn-Meter-Turmspringen,
in dem bis 1988 US-Amerikaner und seither Chinesen dominierten,
geht es aber nicht um Weite oder Geschwindigkeit. Wie beim Kunst-
springen und erst recht beim Synchronspringen (seit Sydney 2000) gibt
es zwar standardisierte Sprungfiguren (z. B. Salto, Schraube etc.), es
zählen jedoch in der Hauptsache ästhetische Kriterien, die nicht wirklich objektivierbar sind. In diesem Zusammenhang ist auch das 1984
eingeführte Synchronschwimmen zu nennen. Ähnliches gilt aber auch
beim Turnsport, wie die Gymnastik im Deutschen auch bezeichnet
wird.

Nicht anders sieht es bei einigen Wintersportarten aus. Beim Eiskunstlauf wird gar noch zwischen Pflicht und Kür unterschieden, ob-

wohl in beiden Disziplinen – ob bei Männern, Frauen oder im Paarlauf – nur ästhetische Urteile über den Sieg entscheiden können. Natürlich gibt es auch hier athletisch anspruchsvolle Sprünge, benannt z. B. nach dem schwedischen Olympiasieger Ulrich Salchow, der auch die meisten Europa- und Weltmeisterschaften im Eislaufen zwischen 1897 und 1913 gewann und nach dem Ersten Weltkrieg langjähriger Präsident der Internationalen Eislaufunion wurde.[109] Der Paarlauf wurde nach dem Zweiten Weltkrieg – wie auch der 1976 eingeführte Eistanz – zu einer weitgehend russischen Domäne, in der sich die anderen Nationen zwanzig Jahre lang hinter Ljudmila Belousowa und Oleg Protopopow sowie Irina Rodnina und Alexei Ulanow bzw. Alexander Saizew einordnen durften. Ihr Trainer, der ehemalige Eiskunstläufer Stanislaw Schuk, brachte nicht weniger als 67 Gold-, 34 Silber- und 35 Bronzemedaillengewinner hervor.

Zu den Sommersportarten, die einmal eingeführt, aber wieder abgewählt wurden, zählte außer dem Tauziehen auch noch das Seilklettern (in Athen 1896, außerdem 1904, 1924 und 1932), des Weiteren die englischen Ballspiele Cricket und Crocket (beide nur Paris 1900), das Jeu de Paume (St. Louis 1904 und als Demonstrationssportart 1924 und 1928),[110] Kunstreiten (nur 1920), das kanadische Nationalspiel indianischer Herkunft Lacrosse (St. Louis 1904, London 1908 und als Demonstrationssportart 1928, 1932 und 1948) und Pelota (nur 1900 und zur Demo 1924, 1968 und 1992). Polo stand zwischen 1904 und 1936 immer wieder auf dem Programm, danach nie mehr. «Rackets» erwies sich als Eintagsfliege (London 1908). Völlig aus der Reihe fällt das Motorbootrennen (ebenfalls London 1908), was wiederum die Frage nach dem Fehlen des Motorsports bei den Spielen aufwirft. Sportarten, die wieder abgesetzt wurden, waren u. a. Baseball (1984–2008) und Softball (1996–2008). Zu nennen sind außerdem Rollhockey (Barcelona 1992), Wasserski (München 1972) und Segelflug (Berlin 1936). Bei den Winterspielen stehen ihnen folgende gescheiterte Experimente zur Seite: «Bandy» (Oslo 1952), eine nordeuropäische Variante des Eishockeyspiels,[111] das heute vor allem bei Rentnern beliebte Eisstockschießen (Garmisch-Partenkirchen 1936 und Innsbruck 1964), das eher arktische Vergnügen des Schlittenhunderennens (Lake Placid / USA 1932), «Skijöring» (St. Moritz / Schweiz 1928), «Speedskiing» (Albertville / Frankreich 1992) und der Winter-Fünfkampf, bestehend aus so kohärenten Sportarten wie Skilanglauf, Pistolenschießen, Abfahrtslauf, Degenfechten und dem Geländeritt im Schnee (St. Moritz / Schweiz 1948).

Dass dieser Wettbewerb vollkommen von den Schweden dominiert wurde, war wohl nicht im Sinne der Erfinder. Außerdem strapazierte die Kombination so divergenter Sportarten wahrscheinlich doch die Vernunft der Sportgewaltigen. Die Demonstration des Geschwindigkeits-Skifahrens in Albertville 1992 wurde durch den tödlichen Unfall des Schweizers Nicolas Bochatay überschattet und damit gleich beendet. Dabei ereignete sich das Unglück nicht während des Wettbewerbs, sondern der Teilnehmer kollidierte beim morgendlichen Aufwärmen mit einer Pistenwalze – als Grund wurde «überhöhte Geschwindigkeit» angegeben.

Ein Wort noch zum sogenannten *Biathlon*, einer Wintersportart, bei dem die Läufer zuerst eine längere Strecke auf Skiern laufen und dann mit einem Gewehr auf ein Ziel schießen müssen. Hintergrund des Biathlons, ist der Militärpatrouillenlauf, wie er 1915 in Norwegen eingeführt worden war, um die Soldaten auf den Winterkrieg vorzubereiten. Eine Militärpatrouille bestand aus einem Offizier, einem Unteroffizier und zwei Soldaten. Veranstalter war das Militär, Teilnehmer waren ausschließlich Soldaten. Bei der Wintersportwoche von 1924 stand genau dieser Militärpatrouillenlauf auf dem Programm, der dann in St. Moritz 1928, Garmisch-Partenkirchen 1936 und – über den Zweiten Weltkrieg hinaus – wiederum in St. Moritz 1948 beibehalten wurde. Nach dem Ende des Kriegs folgte eine Öffnung für «zivile» Athleten. Zusätzlich zum Militärlauf rückte als Demonstrationssportart das Winter-Pentathlon (Reiten, Fechten, Schießen, Skilanglauf, Abfahrtslauf) ins Programm. In Oslo 1952, wo man sich wohl wie in Cortina d'Ampezzo 1956 noch an den Winterkrieg erinnern konnte, fanden keine Wettbewerbe statt. Auf Vorschlag des schwedischen Generals Sven Thofelt wurde der Militärlauf in Biathlon umbenannt und 1954 vom IOC anerkannt. Seit Albertville 1992 dürfen auch Frauen in dieser Sportart antreten, wenn auch über jeweils kürzere Distanzen. Erfolgreichster deutscher Biathlet ist Hauptfeldwebel Ricco Groß mit vier Gold- und drei Silbermedaillen in den Jahren 1992–2006. Dauersiegerin Magdalena Neuner brachte es bei Olympia dagegen «nur» auf zwei Goldmedaillen und eine Silbermedaille in Vancouver 2010, bevor sie frühzeitig ihre Karriere beendete.

TALE OF TAPE		
LISTON		**CLAY**
215	WEIGHT	215
6' 1"	HEIGHT	6'2½"
84	REACH	79
44	CHEST (norm.)	42½
46½	CHEST (exp.)	44½
33	WAIST	34
25½	THIGH	25
15½	FIST	13
17½	NECK	17½
17½	BICEPS	15
29	AGE	22

Statistik zum Boxkampf im Schwergewicht Sonny Liston – Cassius Clay am 5. Februar 1964, Miami / Florida

Kraftsport und Behinderung

Von Cassius Clay zu Muhammad Ali

Der Profisport brachte im 20. Jahrhundert Giganten hervor, die für mehr als nur den Sport standen. Zu diesen zählt der Olympiasieger im Halbschwergewichtsboxen von Rom 1960, Cassius Clay. Die Eltern nannten den in Louisville / Kentucky Geborenen nach einem der wichtigsten Gegner der Sklaverei in den USA, Cassius Marcellus Clay. Der langjährige Abgeordnete von Kentucky, Mitbegründer der Republican Party, amerikanische Botschafter in Russland und Käufer von Alaska war es, der den zögernden Präsidenten Abraham Lincoln zum Erlass der Emanzipations-Proklamation drängte.[112] Mit 12 Jahren trat Cassius in einen Boxclub ein, nachdem ihm sein Fahrrad gestohlen worden war, denn in Zukunft wollte er sich zur Wehr setzen können. Vier

Jahre später schmiss er die Schule und konzentrierte sich auf das Boxtraining. Es vergingen zwei weitere Jahre, und er gewann Gold bei den Olympischen Spielen im Halbschwergewicht. Nachdem er alle Amateurtitel abgeräumt hatte, wurde er Profi. Da ihm die Sportberichterstattung keine Aufmerksamkeit schenkte, kopierte er den Stil eines großmäuligen Wrestlers, der unter dem Namen *Gorgeous George* auftrat. Von nun an traktierte er seine Gegner in öffentlichen Auftritten mit Spottreimen und Vorhersagen seiner Siege («Archie Moore will be on the floor, in round four»), die zusammen mit seinem Boxstil seinen Unterhaltungswert erheblich steigerten.

Einer Weltöffentlichkeit wurde dies bei dem WM-Kampf gegen Sonny Liston bewusst. Dieser war 1962 durch seinen K.-o.-Sieg in der ersten Runde gegen den langjährigen Champion Floyd Patterson, Goldmedaillengewinner von Helsinki 1952 im Mittelgewicht, Weltmeister geworden. Es war die schnellste Niederlage, die ein Weltmeister je hatte hinnehmen müssen. Gegen Liston galt Clay mit einer Wettquote von 1:7 als krasser Außenseiter. Die *New York Times* schrieb, die Klappe von Cassius Clay sei größer als sein boxerisches Können. Doch er zerlegte Liston. Er tänzelte im Ring in bisher nicht bekannter Weise, benötigte scheinbar keine Deckung und schlug in blitzschnellen Kombinationen zu. Nach dem tumultartigen Ende des Kampfes verstieg sich Clay zu dem Satz: «I am the greatest!» Was die Wahlkampfdiskussion Kennedy gegen Nixon 1960 für die Politik war, wurde dieser Boxkampf 1964 für den Sport: Ein Millionenpublikum sah ihn live im Fernsehen. Eine neue Ära hatte begonnen, medial und im Boxen. Liston bekam einen Rückkampf, doch den beendete der neue Herr im Ring nach 105 Sekunden. Der *Phantom Punch* war so schnell gekommen, dass er vom Publikum nicht einmal bemerkt worden war. Nur in Zeitlupe ist zu sehen, dass der Gegner bereits im Fallen bewusstlos gewesen sein muss. Nun war Clay *World Champion* – aber er war schon mehr als das.[113]

Bereits vor dem Rückkampf hatte der neue Weltmeister in ganz anderer Weise von sich reden gemacht: Er trat der *Nation of Islam* bei, legte seinen «Sklavennamen» ab und nannte sich fortan Muhammad Ali. Was zunächst wie ein Werbegag erschien, war sein tiefer Ernst. Wenig später bekannte er sich zum politischen Islam unter Führung des Bürgerrechtlers Malcolm X, der 1952 den Kriegsdienst im Koreakrieg verweigert hatte und die Legitimität des politischen Systems der

USA in Frage stellte.[114] Obwohl Ali auf dem Höhepunkt seiner Karriere – mit einer makellosen Serie von Siegen im Schwergewicht – in einer Reihe mit Superstars wie Elvis Presley und den Beatles stand, die er auch persönlich kennenlernte, wurde er von seinen neuen politisch-religiösen Freunden in seinem Widerstand gegen das politische System der USA bestärkt. Ali kritisierte den Vietnamkrieg und verweigerte 1967 den Kriegsdienst mit den Worten: «Nein, ich werde nicht 10 000 Meilen von zu Hause entfernt helfen, eine andere arme Nation zu ermorden und niederzubrennen, nur um die Vorherrschaft weißer Sklavenherren über die dunkleren Völker der Welt sichern zu helfen.» Im April 1967 wurde Ali daraufhin der Weltmeistertitel aberkannt, auf welcher rechtlichen Grundlage, bleibt unklar. Zudem wurde er zu fünf Jahren Gefängnis verurteilt, verlor seinen Reisepass und seine Box-lizenz, blieb aber gegen Kaution auf freiem Fuß. Später wurde das Urteil aufgehoben. Ali nahm jetzt häufig in den Medien Stellung zu Fragen der Gesellschaftspolitik. Die *Nation of Islam* hatte allerdings sein Vertrauen verloren, nachdem der Mörder von Malcolm X aus den eigenen Reihen gekommen war.[115]

Das Berufungsverfahren gegen die Aberkennung der Boxlizenz dauerte drei Jahre. 1970 erhielt sie Muhammad Ali zurück, hatte aber seine Leichtigkeit verloren und war nicht mehr derselbe. Nach zwei Aufbaukämpfen erhielt er einen Kampf gegen den seit 1968 amtieren-den Weltmeister *Smokin' Joe Frazier*, Olympiasieger im Schwergewicht von 1964, der in seinem ganzen Boxerleben noch keine Niederlage erlebt und die meisten Kämpfe durch K.o. gewonnen hatte. Der Showdown zwischen dem unbesiegten alten und dem amtierenden Weltmeister wurde herbeigesehnt wie kaum ein Boxkampf jemals zuvor. Die Kampfgage war für damalige Verhältnisse mit zweimal 2,5 Mio. Dollar exorbitant. Der Kampf im New Yorker Madison Square Garden wurde von den Veranstaltern zum «Kampf des Jahrhunderts» stilisiert – und sein Ablauf rechtfertigte diese Behauptung. Erstmals gelang es 1971 einem Boxer, Muhammad Ali ernsthaft in Bedrängnis zu bringen. In der 11. Runde war er dem K.o. nahe, und in der letzten Runde ging er nach einem linken Haken zu Boden. Joe Frazier verteidigte seinen Titel in 15 Runden. Zwei Jahre später verlor er ihn gegen den Olympia-sieger von 1968, George Foreman. Auch für Muhammad Ali war 1973 ein Unglücksjahr, er verlor gegen Ken Norton seinen zweiten Kampf und erlitt einen Kieferbruch.

Noch im gleichen Jahr riss der über 30-Jährige das Ruder jedoch noch einmal herum. Zuerst schlug er im Rückkampf Ken Norton, einige Monate später setzte er sich gegen Joe Frazier durch. Beide Male musste Ali über die volle Rundenzahl gehen. Der tänzelnde Schritt fiel ihm inzwischen schwer, auch wenn sein Management mit dem Slogan «Schwebe wie ein Schmetterling und stich wie eine Biene» («Float like a butterfly, sting like a bee») auf seine früheren Qualitäten anspielte. Die beiden Siege machten den Weg frei für einen neuen WM-Kampf. Wieder traf Ali auf einen Mann, der noch keinen Profikampf verloren und die meisten seiner Gegner schnell zu Boden geschlagen hatte. Einen Sieg gegen George Foreman hielten die Sportjournalisten für ausgeschlossen. Der als «Rumble in the Jungle» beworbene Kampf fand im Herbst 1974 im Nationalstadion von Kinshasa (damals Hauptstadt von Zaire) unter der Schirmherrschaft des Diktators Mobutu Sese Seko statt, der in seinem Reich das Tragen westlicher Kleidung verboten hatte. Ali fühlte sich überlegen und tänzelte wie in seiner Jugendzeit, doch nachdem seine «Stiche» keine Wirkung zu hinterlassen schienen, wollten Beobachter Angst in seinen Augen gesehen haben. Er merkte jedenfalls, dass er dieses Tempo nicht würde durchhalten können und verlegte sich auf passives Ausweichen, wobei er unentwegt seinen Gegner mit Sprüchen provozierte. Die Taktik ging auf, Foreman schlug pausenlos auf Alis Körper ein und ermüdete immer mehr. Am Ende der achten Runde traktierte Ali seinen Gegner mit einer solchen Serie von Kopftreffern, dass Foreman sich um seine eigene Achse drehte und zu Boden ging.

Durch diesen K.-o.-Sieg wurde Muhammad Ali abermals Boxweltmeister. In den nächsten Monaten verteidigte er seinen Titel gegen einige weniger bedeutende Gegner, bevor am 1. Oktober 1975 der nächste «Kampf des Jahrhunderts» angesetzt wurde, erneut gegen Joe Frazier. In der Öffentlichkeit wurde der Spitzenkampf als «Thrilla in Manila» beworben. Ali gab den Ton an, wenn er seinen Gegner in der Sprache des übelsten Rassismus verhöhnte: «It's gonna be a thrilla, and a chilla, and a killa, when I get the gorilla, in Manila.» Der Kampfverlauf war dramatisch, da Ali überlegen begann, aber immer mehr Boden gegen Frazier verlor, der nach einem schweren Treffer in der sechsten Runde dominant erschien, bevor Ali in den letzten Runden doch noch einmal die Oberhand gewann. Da der Kampf mit Rücksicht auf die Hauptfernsehzeiten in den USA mittags bei 40 Grad Celsius und hoher

Weltmeister unter sich beim «Thrilla in Manila»: Muhammad Ali vs. Joe Frazier

Luftfeuchtigkeit in einer unklimatisierten Halle ausgetragen wurde, war die Atmosphäre mörderisch. Die Frequenz schwerer Treffer auf beiden Seiten war ungewöhnlich hoch. Als Frazier wegen starker Schwellungen im Gesicht praktisch nichts mehr sehen konnte, warf sein Trainer in der 14. Runde das Handtuch. Wegen seiner Intensität ging dieser Kampf, der in einem Stadion vor 25 000 Zuschauern stattfand und weltweit im Fernsehen übertragen wurde, in die Geschichte des Boxens ein.[116]

Beide Boxer haben sich nie mehr von diesem mörderischen Kampf erholt, manche machen die schweren Treffer für die spätere Erkrankung Alis am Parkinson-Syndrom verantwortlich. Schwer gezeichnet besuchte Ali 2011 die Beerdigung Fraziers, um der Welt seine Hochachtung zu demonstrieren. Ali wurde – nach 1963 – erneut 1972, 1974 und 1975 zum «Boxer des Jahres» gewählt. Nach drei unbedeutenden Kämpfen verteidigte er im Herbst 1976 seinen Titel noch einmal gegen Ken Norton, doch in den Augen vieler Beobachter blieb dieser Sieg umstritten. Ali war am Ende. Im Februar 1978 verlor er gegen den «Außenseiter» Leon Spinks, der – wie Ali 16 Jahre vor ihm – Olympiasieger im

Halbschwergewicht war. Sieben Monate später schaffte Ali noch ein
zweites Comeback als Weltmeister gegen Spinks, doch erklärte er
danach seinen Rücktritt vom Boxsport, da erste Anzeichen seiner Erkrankung sichtbar wurden. 1980 scheiterte er beim Versuch eines dritten Comebacks gegen Larry Holmes. Nur dessen Zurückhaltung be-
wahrte Ali, der keinen einzigen Wirkungstreffer erzielen konnte, vor
dem sicheren K.o.
Muhammad Ali blieb eine Person des öffentlichen Lebens, nicht
allein wegen seiner sensationell leichten frühen und seiner schweren
späteren Boxkämpfe, sondern auch wegen seiner inneren Kämpfe, die
sich in seiner gebrochenen Biographie ausdrücken, seinem mutigen
Schwimmen gegen den Strom der Meinungsindustrie und seinem Eintreten für die Unterdrückten dieser Welt. Trotz seiner Erkrankung blieb
er geistig wach und hat der Welt etwas zu sagen, in Amerika ebenso wie
in Afrika oder Asien, wohin er seine wichtigsten Boxkämpfe verlegt
hatte. 1999 wurde er vom IOC zum «Sportler des Jahrhunderts» gewählt,
2005 erhielt er aus den Händen des Präsidenten George W. Bush die
höchste zivile Auszeichnung der USA überreicht, die *Presidential Medal
of Freedom*, und zwei Jahre später weihte seine Geburtsstadt zu seinen
Ehren mit dem *Muhammad Ali Center* ein Museum ein.[117]

Behindertensport

Je nachdem, was man unter Behindertensport versteht, kann man
ganz unterschiedliche Vorgeschichten konstruieren. So gewann der
aus Kiel stammende beinamputierte Buchhalter George Eyser bei den
Olympischen Spielen von St. Louis 1904 nicht weniger als sechs Medaillen an einem Tag, darunter drei Goldmedaillen: im Pferdsprung, am
Barren und im 25-Fuß-Seilklettern. Seine Familie war 1885 nach Amerika ausgewandert und lebte – wie viele deutsche Auswanderer – in der
Olympiastadt am Zusammenfluss von Mississippi und Missouri, die
damals als das Tor zum Westen galt. Eyser war Mitglied im deutschen
«Concordia Turnverein St. Louis», obwohl ein Bein nach einem Eisen-
bahnunfall durch eine hölzerne Prothese hatte ersetzt werden müssen.
Der Ungar Károly Takács, der seinen rechten Arm bei einer Militärübung durch eine Granate verloren hatte, gewann linkshändig 1948 bei
den Olympischen Sommerspielen in London und erneut 1952 in Hel-

sinki die Goldmedaille im 25-Meter-Pistolenschießen. Nach dem Ende seiner Sportkarriere wurde er Trainer für Sportschützen.

Mehr in Richtung Breitensport gehen die Weltmeisterschaften für Gehörlose, die immerhin seit 1924 alle drei bis vier Jahre ausgetragen werden. Zuerst trugen sie den schönen Namen *Silent World Games for the Deaf* («Stille Weltspiele für die Gehörlosen»), bevor sie ihren Rhythmus an den der Olympischen Spiele anglichen und etwas lieblos unter dem Titel *Deaflympics* firmierten. Die Entsendung von Sportlern liegt bei den nationalen Gehörlosenverbänden. Während an den ersten Spielen 1924 in Paris nur 145 Sportler aus neun Nationen teilnahmen, stellten die 21. Deaflympics von Taipeh 2009 mit 2900 Athleten aus 83 Nationen in quantitativer Hinsicht den bisherigen Rekord auf. Zusätzlich zu den Sommerspielen finden seit 1949 auch *Winter Deaflympics* statt, zuletzt zum 16. Mal in Salt Lake City 2007. Der bekannteste Teilnehmer der Gehörlosenspiele ist Terence Parkin, der ein Jahr vor seinem Sieg bei den Deaflympics 2001 auch bei den Olympischen Sommerspielen in Sydney den Wettbewerb über 200 Meter Brustschwimmen gewann. Die Wettkämpfe umfassen den Alpinen und den Nordischen Skisport, Curling, Eishockey und Snowboard. Die für Februar 2011 in Vysoké Tatry in der Slowakei geplanten Winterspiele wurden nach einer Pressemitteilung des *International Committee of Sports for the Deaf* aus nicht mitgeteilten Gründen abgesagt.[118]

Bei der Institutionalisierung des Behindertensports spielte der Neurochirurg Ludwig Guttmann eine entscheidende Rolle, der im schlesischen Tost (heute Toszek in Polen) geboren wurde und in Freiburg im Breisgau promovierte. Während der NS-Diktatur war er Direktor des Jüdischen Krankenhauses in Breslau, doch emigrierte er 1939 mit seiner Familie nach Oxford. Im Auftrag der britischen Regierung übernahm er 1944 die Direktion eines Spezialzentrums für Rückgratverletzungen am *Stoke Mandeville Hospital* in Buckinghamshire. Er glaubte, dass Sportübungen eine gute Therapie für seine Patienten seien, und veranstaltete zuerst 1948 Weltspiele für gelähmte Kriegsveteranen, an denen allerdings nur 14 Männer und zwei Frauen teilnahmen. Hier ging es also zunächst um Rehabilitation. Vier Jahre später eröffnete er die ersten *International Stoke Mandeville Games* für körperlich Behinderte, die mit 130 internationalen Teilnehmern bereits so etwas wie eine Vorform von olympischen Behindertenspielen darstellten. Nach vier Jahren erhielt er

Die Olympischen Spiele
13. bis 29. August 2004
Essen, trinken, jubeln wie die Götter des Olymp

Olympiade Athen 2004

eine Auszeichnung für seine Vision einer Behindertenolympiade neben der großen Olympiade. 1960 wurden neben den Olympischen Sommerspielen in Rom die 9th Annual Stoke Mandeville Games ausgetragen, an denen 400 Athleten aus 23 Ländern teilnahmen. Zugelassen waren allerdings nur Rollstuhlfahrer. Seither wurden die Behindertenspiele immer im selben Jahr wie die Olympischen Spiele organisiert. Nicht zuletzt deshalb wurden die Spiele von 1960 ganze 24 Jahre später als die ersten *Paralympic Games* anerkannt.[119]

Guttmann hatte 1961 die *British Sports Association for the Disabled* gegründet. Neben seinem Krankenhaus wurde bis 1969 ein erstes eigenes Stadion für den Behindertensport gebaut, das Stoke Mandeville Stadium, das nach dem Tod seines Gründers 1980 in *Ludwig Guttmann Sports Centre for the Disabled* umbenannt wurde. 1984 wurden in diesem Stadion die 7. Summer Paralympic Games abgehalten.[120] Inzwischen war die Entwicklung allerdings über diese Anfänge hinausgegangen. Nachdem 1976 verschiedene Typen von Behinderungen zugelassen wurden, schnellte die Zahl der Teilnehmer auf 1600 Athleten aus 40 Ländern, außerdem wurden *Winter Paralympics* ausgetragen, zum ersten Mal von der Weltöffentlichkeit weitgehend unbeachtet im schwedischen Örnsköldsvik. Die 1988er *Summer Paralympics* in Seoul setzten neue Standards, indem die Behindertenspiele unmittelbar nach dem Ende der traditionellen Sommerspiele am selben Austragungsort abgehalten wurden, eine Kombination, die seither beibehalten worden ist. Seit 1992 folgten die *Winter Paralympics* demselben Muster wie die Summer Paralympics, indem sie nach dem Ende der großen Spiele in den gleichen Sportstätten organisiert werden. Formalisiert wurde diese Kombination allerdings erst im Jahr 2001 mit einem Abkommen zwischen dem International Paralympic Committee und dem IOC.

Noch später als die Behindertenspiele wurden die *Special Olympics* gegründet. Dieser Wettbewerb wurde 1968 von der Soziologin Eunice Shriver, geb. Kennedy, ins Leben gerufen, einer Schwester des Präsidenten John F. Kennedy. Eine andere Schwester, Rose Marie Kennedy, besuchte leidenschaftlich gerne Sportveranstaltungen, war aber aufgrund ihrer geistigen Behinderung lebenslang vor der Öffentlichkeit versteckt worden. Nachdem er bereits mit Immobiliengeschäften in den USA ein Millionenvermögen erwirtschaftet hatte, engagierte sich 1979 der österreichische Einwanderer Arnold Schwarzenegger als internationaler Trainer der Gewichtheber bei den Special Olympics.

Mr. Olympia: Arnold Schwarzenegger

Arnold Schwarzenegger erlebte in fünf Bereichen eine Weltkarriere: zuerst im Sport (im Gewichtheben, im Schwergewicht und im Bodybuilding), dann als Unternehmer (mit Immobiliengeschäften und als Mitbegründer der Themenrestaurantkette Planet Hollywood), drittens im Filmgeschäft (als Schauspieler und Produzent), viertens – und wenig bekannt – als Autor von Sportbüchern und schließlich fünftens als Politiker. Basis seiner unvergleichlichen Karriere waren die Erfolge im Sport. Dem Sohn eines Gendarmen aus Thal bei Graz, der auch Meister im Eisstockschießen gewesen war, wurde von seinem Fußballtrainer mit 15 Jahren zur Stärkung der Beinmuskulatur Krafttraining verordnet. Bald übte sich Schwarzenegger im olympischen Gewichtheben und wurde 1965 österreichischer Junioren-Staatsmeister im Schwergewicht. Noch im gleichen Jahr begann seine Karriere im Bodybuilding. Die Wahl zum *Mr. Universe* öffnete ihm 1967 das Tor zu

Drei-Meter-Synchronspringen bei der Olympiade Peking 2008: das chinesische Siegerinnenpaar Guo Jingjing und Wu Minxia am 10. 8. 2008

den USA, wo er 1969 den Weltmeistertitel und 1970 erstmals den Titel Mr. Olympia errang. Passenderweise drehte er im selben Jahr seinen ersten Film mit dem Titel *Herkules in New York*, der lange Zeit unter den «100 schlechtesten Filmen» der Filmgeschichte gelistet war. Immer noch als Österreicher gewann Schwarzenegger von 1970 bis zu seinem Rücktritt 1975 sämtliche Wettkämpfe im Bodybuilding, an denen er teilnahm. Insgesamt wurde er fünfmal zum Mr. Universum und siebenmal zum *Mr. Olympia* gewählt, zuletzt bei einem kurzen Comeback 1980.

Seine sportlichen Erfolge und sein Aussehen ebneten Schwarzenegger nicht nur den Weg ins Filmgeschäft, sondern auch in die ersten Familien Amerikas. 1977, in dem Jahr, als er für seine Rolle in dem Dokumentarfilm über Bodybuilder *Mister Universum – Stay Hungry* mit einem *Golden Globe* ausgezeichnet wurde, lernte er bei einem von den Kennedys veranstalteten Tennisturnier die Präsidentennichte Maria Shriver kennen, die er 1986 heiratete und mit der er vier Kinder hat. In den 1980er und 90er Jahren erlebte Schwarzenegger mit Filmen wie *Conan der Barbar* (1982) und der *Terminator*-Serie (1984, 1991,

2003) den Höhepunkt seiner Filmkarriere. *Terminator 3: Rise of the Machines* spielte allein in den USA 150 Mio. Dollar ein. Neben solchen Kultfilmen für Actionfreunde drehte er weiter Dokumentarfilme über Bodybuilding. Nebenbei waren seine Sportbücher Millionenerfolge.[121] Schwarzeneggers Karriere als Politiker hing direkt mit seiner Bekanntheit als Sportler und Schauspieler und seinem Erfolg als Unternehmer und Personifikation des *American Dream* zusammen. Präsident George H. W. Bush ernannte ihn während seiner Amtszeit für drei Jahre zum Vorsitzenden des *President's Council on Physical Fitness and Sports*. Anschließend übernahm Schwarzenegger bis 1999 das entsprechende Amt im Bundesstaat Kalifornien. Im Oktober 2003 wurde er als Mitglied des liberalen Kennedy-Clans auf dem Ticket der konservativen Republikaner mit 48,6 % Stimmen zum Gouverneur von Kalifornien gewählt, und 2007 konnte er nach einem Wahlsieg mit 55,9 % seine zweite Amtszeit antreten. Sogar über eine Präsidentschaftskandidatur wurde in der Öffentlichkeit diskutiert, obwohl dies für Einwanderer der ersten Generation in den USA ausgeschlossen ist. Solche Restriktionen gelten allerdings nicht für satirische Comicserien wie *The Simpsons*, wo Schwarzenegger wiederholt in der Rolle des Präsidenten zu sehen war, u. a. in *The Simpsons Movie* (2007).

Nach wie vor gefallen sich manche Medien in Europa darin, Schwarzenegger wegen seiner Bodybuilder-Karriere zu belächeln. Diese Attitüde wirkt wie ein später Aufguss der antiken Athletenkritik, der zufolge in einem starken Körper ein schwacher Geist wohnen müsse. Doch neben allen besagten Belastungen war sich Schwarzenegger nicht zu schade, zuerst an einem College sein schwergängiges English zu verbessern und an der University of Wisconsin ein Studium in *Business and International Economics* zu absolvieren. Schließlich folgten die akademischen Ehrungen von allein: Bereits 1996 erhielt er die Ehrendoktorwürde der University of Wisconsin. 1991 und erneut 1997 wurde er für seine Unterstützung der Holocaust-Forschung mit dem *National Leadership Award* der Wiener Simon-Wiesenthal-Stiftung ausgezeichnet.[122]

Fußball

Durch Nacht zum Licht: der deutsche Fußball

Deutschlands Fußballtradition ist – aus der Sicht des Historikers – sehr jung. Ein deutsches Gegenstück zum italienischen Calcio, zum normannischen Soule oder zum englischen Football ist bisher in keiner Quelle gefunden worden. Auch die Fußballabteilung des TSV 1860 München wurde erst in den 1890er Jahren gegründet. Die Gründungsdaten der meisten Fußballvereine liegen irgendwo zwischen Hannover [18]96 und Schalke [19]04 und gehen mitunter auf direkte Verbindungen nach England zurück.[123] Der erste deutsche Fußballclub wurde nicht zufällig auf dem Boden des ehemaligen Königreichs Hannover gegründet, dessen Dynastie mit Queen Victoria Großbritannien regierte und enge Verbindungen dorthin pflegte. Initiator war der Reformpädagoge Dr. Konrad Koch, der 1872 zunächst Schulspiele zur Ergänzung des Turnunterrichts am Braunschweiger Katharinen-Gymnasium veranstaltete und zwei Jahre später – nach Beschaffung eines Originalballes aus England – mit dem Fußballspielen begann. 1875 publizierte Koch die ersten deutschen Fußballregeln, die irgendwo zwischen Soccer und Rugby standen.[124] Im selben Jahr gründete er den ersten Fußballverein für die mittleren Schulklassen. Spielfeld war der «Kleine Exerzierplatz», ein Militärgelände. Explizit ging es Koch und seinen Mitstreitern um eine Ergänzung des Turnens durch für die Jugendlichen interessantere Spiele. Auf die Einführung des Fußballspiels folgte 1875 die Einführung des Baseballs («Eckball»), 1876 des Crickets, 1891 des Handballspiels («Raffball») und 1986 des Basketballs («Korbball»).[125]

Die Anglomanie war jedoch nicht überall im Deutschen Reich beliebt. Traurige Berühmtheit hat die Schmähschrift des deutschnationalen Stuttgarter Turnlehrers Karl Planck über die «Fußlümmelei» erhalten, die er noch 1898 als «englische Krankheit» bezeichnete.[126] Das Fußballspiel erwies sich freilich als so attraktiv, dass innerhalb weniger Jahrzehnte im ganzen Deutschen Reich, natürlich auch in Österreich und eigentlich quer durch Europa Fußballvereine gegründet wurden. Nur die Schweiz, wo viele Engländer Privatschulen besuchten, war im Durchschnitt zehn Jahre früher dran. Der weltweit als ältester Fußballclub geltende Sheffield FC ist nur drei Jahre älter als der *Lausanne Football and Cricket Club* von 1860. Der älteste noch bestehende Schweizer Club ist der 1879 von englischen Studenten gegründete FC St. Gallen, bei dem in den 1880er Jahren jeden Tag von mittags bis Anbruch der Dunkelheit Fußball gespielt wurde. Der Verein verlor zwar gegen die 1886 gegründeten Grasshoppers Zürich von Anfang an, im ersten «internationalen» Spiel gewann er aber 1902 gegen Alemannia Karlsruhe mit einem beruhigenden 26:0.[127] Von der Schweiz gingen sogar internationale Impulse aus, so gründete der Züricher Fußballer und Geschäftsmann Hans Gamper 1899 den FC Barcelona, dessen erster Kapitän er auch wurde und für den er bis 1903 immerhin 51 Tore schoss. Mit je neun Toren in drei Spielen hält er den Torrekord bei *Barça* – Lionel Messi muss sich anstrengen.[128] In der Schweiz wurde 1895 ein Fußballverband gegründet und 1897/98 die erste Meisterschaft ausgespielt, Meister wurden die Grasshoppers. In Deutschland kam es 1900 zur Gründung des Deutschen Fußball-Bundes (DFB). Das erste Finale um die Meisterschaft entschied 1903 der VfB Leipzig mit 7:2 gegen den Deutschen FC Prag – einen 1896 gegründeten Club deutschnational gesinnter Juden aus Prag – für sich. Eigentlich war Prag als Hauptstadt Böhmens Teil der habsburgischen Doppelmonarchie Österreich-Ungarn, doch dieser Prager Verein gehörte zu den Gründungsvereinen des DFB und wurde erster Deutscher Vizemeister! In Österreich wurde der erste Fußballclub mit dem First Vienna FC 1894 gegründet. Aus ihm entwickelte sich 1904 der Österreichische Fußball-Bund (ÖFB), der nach wenigen Monaten dem Fußballweltverband FIFA beitrat.

Die Gründungsmitglieder der 1904 gegründeten FIFA kamen aus der Schweiz, aus Dänemark, Frankreich, Belgien, Schweden und den Niederlanden. Der DFB trat noch am Gründungstag telegraphisch bei. Die FIFA kümmert sich seither um eine Vereinheitlichung der Fußballregeln, die Organisation von Länderspielen und die Integration der Verbände außerhalb Europas.[129] 1930 wurde schließlich die erste WM organisiert, aber aus Europa waren nur vier Nationen in Uruguay dabei, auch Deutschland fehlte. Vier Jahre später im faschistischen Italien triumphierte die deutsche Mannschaft im Achtelfinale nach einem Hattrick von Stürmer Edmund Conen vom 1. FC Saarbrücken mit 5:2 gegen Belgien, schied aber im Halbfinale gegen die Tschechoslowakei aus. Bei der WM in Frankreich 1938 verabschiedete sich Nazideutschland – anders als vier Jahre zuvor trat die Mann-

schaft unter der Hakenkreuzfahne an – bereits im Achtelfinale mit
einer 2:4-Niederlage gegen die Schweiz. Reichstrainer war bereits
Sepp Herberger. 1942 und 1946 fand wegen des Zweiten Weltkriegs
keine WM statt, in Brasilien 1950 durfte Deutschland als Verursacher
und Verlierer des Krieges nicht teilnehmen.

Erstmals wieder zugelassen wurde die deutsche Nationalmannschaft zur WM 1954 in der Schweiz. Die Geschichte des «Wunders von
Bern» ist schon zu oft erzählt worden, als dass sie hier wiederholt
werden müsste – verwiesen sei auf das Buch des Freiburger Historikers Franz Josef Brüggemeier, der die Bedeutung des WM-Siegs für
Deutschland auch in ihrer symbolischen Dimension meisterhaft aus-
leuchtet. Kurz gesagt reisten die Deutschen als doppelte Außenseiter
an, einerseits als geächtete Nation mit einem Trainer und überalterten
Fußballern, die wie Herberger und der Kaiserslauterer Fritz Walter
noch während der Zeit der NS-Diktatur zueinander gefunden hatten.
Einige von ihnen waren noch durch Kriegsgefangenschaft geschwächt,
und die Lebens- und Trainingsbedingungen zu Hause waren schlecht.
Die 3:8-Niederlage gegen Ungarn in den Gruppenspielen schien die
negative Einschätzung zu bestätigen. Als Deutschland nach dem durch
die Torwartkünste Toni Tureks bewirkten glücklichen Einzug ins
Finale erneut auf die Ungarn trafen, schien ihr Schicksal besiegelt, zumal die Favoriten – die seit über vier Jahren kein Spiel mehr verloren
hatten – nach nur acht Minuten mit 2:0 führten. Deutschland gelang
jedoch nicht nur der Ausgleich, sondern wenige Minuten vor Ablauf
der Spielzeit durch Helmut Rahn vom Deutschen Pokalsieger Rot-
Weiss Essen der Siegtreffer zum 3:2, der dann mit Mühe über die Zeit
gerettet werden konnte. Den Pokal übergab Alt-FIFA-Präsident Jules
Rimet an den deutschen Kapitän Fritz Walter. Beim anschließenden
Abspielen der Nationalhymne sangen begeisterte Schlachtenbummler
peinlicherweise auch die verbotene Strophe «Deutschland, Deutschland, über alles, über alles in der Welt». Die Rückfahrt der Mannschaft
wurde zu einem Siegeszug mit Feiern an jedem Bahnhof. Als Prämie
erhielt jeder Spieler 1000 Mark überreicht, außerdem als Firmenspende
einen Goggomobil-Motorroller der Firma Glas in Dingolfing. Weitere
Firmen schlossen sich mit Sachspenden an, und am Ende überreichte
die Firma Maggi einen Geschenkkorb mit Produkten des Hauses.[130]

Vielleicht aufgrund dieser Rehabilitationsleistung nimmt der Fußball im deutschen Gefühlshaushalt eine besondere Rolle ein. Wie

kaum eine andere Sportart hat in Deutschland der Fußball Autoren zu Stellungnahmen herausgefordert. Versuche, die deutsche Fußball-geschichte als Doppelpass von Fußball und Politik zu beschreiben, können allerdings nicht überzeugen.

Der FC Bayern München und «das große Geld»

Will man den FC Bayern verstehen, muss man sich mit dem Lokalriva-len 1860 München beschäftigen, lange Zeit der eigentliche Münchner Stadtverein. Im Revolutionsjahr 1848 im Saal der «Buttlerschen Braue-rei zum Bayerischen Löwen» gegründet und wegen «republikanischer Umtriebe» gleich wieder verboten, erfolgte die Wiedergründung als «Turn- und Sportverein» (TSV) im Jahr 1860. Die Vereinsfarben waren Grün-Gold, erst die 1899 gegründete Fußballabteilung trat in den Lan-desfarben Weiß-Blau auf. Im Jahr 1926 baute der Verein ein eigenes Fußballstadion an der Grünwalder Straße, das *Sechzgerstadion*, das den Club beinahe in den Ruin trieb. 1931 wurden «die Löwen», wie sie nach dem Vereinswappen genannt werden, Deutscher Vizemeister, 1942 Pokalsieger und 1963 Mitbegründer der Deutschen Bundesliga. Damit begann die große Zeit des Vereins: Mit dem aus Serbien stammenden Torhüter Petar Radenković verfügte die Mannschaft über einen Spie-ler, dem die Herzen der Jugendlichen zuflogen: Er machte für sie seine Späßchen am Spielfeldrand, tat so, als ginge ihn das Spiel gar nichts an, oder ging selbst in den Sturm, schoss sogar einmal ein Elfmetertor. Berühmt ist die Szene, als ein Stürmer allein vor ihm auftauchte und ihm den Ball direkt in die Arme schoss. *Radi* – wie er genannt wurde – warf dem gegnerischen Spieler den Ball noch einmal vor die Beine, um ihm eine zweite Chance zu geben, und der völlig verdatterte An-greifer schoss ihn erneut dem Radi in die Arme. Solche Eskapaden trie-ben Trainer Max Merkel zur Verzweiflung, verschafften dem Verein aber eine begeisterte Anhängerschaft. 1964 wurden die *Sechzger* Deut-scher Pokalsieger, ein Jahr später standen sie im Finale des Europa-pokals in Wembley gegen West Ham United und verloren. Mittelstür-mer Rudi Brunnenmeier wurde Torschützenkönig (24 Tore) der Bundesliga. 1966 wurden die Sechzger Deutscher Meister und im Jahr darauf Vizemeister. Das Lied des Torwarts *Bin i Radi bin i König* er-oberte Platz 1 der Hitparade.[131]

Dies waren die Bedingungen, unter denen der FC Bayern antrat.
Der Verein war erst 1900 gegründet worden, hatte kein Stadion, und
im Jahr 1962/63 hatte man die Qualifikation für die Bundesliga ver-
säumt. Zum Aufstieg kam es erst 1965, mit neuem Vereinspräsidenten,
neuem Manager, dem neuen jugoslawischen Trainer Zlatko «Čik» Čajkovski und drei neu verpflichteten Nachwuchsspielern: dem Nieder-
bayern Sepp Maier, der *Katze von Anzing*, im Tor,[132] dem aus der Vorstadt Giesing stammenden Franz Beckenbauer im Mittelfeld und dem
Schwaben Gerd Müller – *Bomber Müller* – im Angriff. Das letzte Jahr in
der Regionalliga Süd hatte der Verein mit dem geradezu unglaublichen
Torverhältnis von 146:32 Toren beendet. Dies war eine Mannschaft wie
von einem anderen Stern: Der Aufstieg in die Bundesliga wurde besiegelt mit einem 8:0 gegen Tennis Borussia Berlin. Das erste Jahr in
der Bundesliga beschloss Bayern München auf Platz 3, Deutscher Meister wurde 1860. Allerdings sicherten sich die Bayern in ihrem ersten
Bundesligajahr bereits den DFB-Pokal. Dies war die Ausgangsbasis für
den Gewinn des Europapokals der Pokalsieger und für eine vollkom-
mene Umkehrung der lokalen Machtverhältnisse: Anders als 1860 zwei
Jahre zuvor gewann Bayern das Endspiel nach Verlängerung gegen die
Glasgow Rangers mit 1:0, das Tor schoss *Bulle* Roth. Im nächsten Jahr
konnten die Bayern den DFB-Pokal verteidigen, und der beispiellose
Siegeszug des Vereins in der Bundesliga begann. Das *Dreamteam* wurde
Deutscher Meister 1968/69, landete danach zweimal auf Platz 2 und
gewann die Meisterschaft unter dem neuen Trainer Udo Lattek dreimal in Folge: 1971/72 (Torstand von 101:38, Punktestand 55:13), 1972/73
und 1973/74.

In dieser Zeit des Erfolges wurzelt vordergründig die Ablehnung
des Vereins in Teilen Deutschlands. Obwohl die Meisterspieler aus
kleinen Verhältnissen kamen und nicht anders als die brasilianischen
Stars als Straßenfußballer ohne eigenen Ball begonnen hatten, hing
dem Verein der Ruch des großen Geldes an. Selbst erfahrene Autoren
und Journalisten wie Jürgen Busche und Norbert Seitz waren sich
nicht zu schade, solche Stereotypen zu befördern.[133] Deshalb ein Wort
zu diesen Stereotypen: Sie waren nicht neu oder originell, sondern
gehen auf Kampagnen aus den 1920er Jahren zurück. Vereinspräsident war damals Kurt Landauer, Sohn eines jüdischen Kaufmanns
aus München. Er spielte seit 1901 für den Verein, wurde 1913 zum Vereinspräsidenten gewählt und blieb es – mit einer Unterbrechung im

Ersten Weltkrieg, als er an der Front für das Deutsche Reich kämpfte – bis 1933. In dieser Periode wurde der FC Bayern zweimal Süddeutscher Meister (1926 und 1928) und 1932 Deutscher Meister. Trainer der Meistermannschaft war Richard Kohn, ein *Little Dombi* genannter früherer österreichischer Nationalspieler jüdischen Glaubens.[134] Die Konkurrenz war über den Aufstieg des FC Bayern, der erfolgreich durch die Wirtschaftskrise geführt worden war, alles andere als amüsiert. Der TSV 1860 brach unter der Schuldenlast seines Stadionbaus zusammen und suchte verzweifelt Hilfe. Gleichzeitig begann die antisemitische Kampagne gegen den *Judenclub* als dem Verein des großen Geldes.[135]

Mit der Machtergreifung der NSDAP verlor Landauer 1933 seine Stellung als Anzeigenleiter der *Münchner Neuesten Nachrichten* (Vorläufer der *Süddeutschen Zeitung*) und musste sein Amt als Vereinspräsident abgeben. 1938 wurde er einige Wochen im Konzentrationslager Dachau interniert, im Jahr darauf konnte er – wie Trainer Kohn – mit Visum in die Schweiz emigrieren. Vier Geschwister wurden in Deutschland ermordet. Der FC Bayern galt den Nazis als politisch unzuverlässig, denn selbst nachdem 1943 endlich ein NS-Funktionär an die Spitze gelangte, blieb die Beziehung zu Landauer erhalten. Nach einem Auswärtsspiel gegen den FC Servette Genf 1940 rannten die Bayern-Spieler zur Tribüne und begrüßten ihren alten Präsidenten. Die Gestapo drohte dem *Judenverein* mit Konsequenzen. 1947 kehrte Landauer nach München zurück und wurde erneut zum Präsidenten gewählt. Er brachte den Wiederaufstieg seines Vereins auf den Weg.[136] Eine Ultra-Gruppierung des FC Bayern, die *Schickeria München*, trägt seit Jahren ein «antirassistisches Turnier» um den Kurt-Landauer-Pokal aus. Im Jahr 2009 veranstaltete der Fußballclub Maccabi München eine Gedenkfeier zum 125. Geburtstag von Landauer in der Gedenkstätte KZ Dachau, bei welcher der Vorstandsvorsitzende Karl-Heinz Rummenigge den FC Bayern vertrat. Der Vorsitzende des Verwaltungsbeirats Edmund Stoiber, früherer Ministerpräsident, sagte: «Der FC Bayern ist stolz auf Kurt Landauer, dem er außerordentlich viel zu verdanken hat.»[137]

Den jungen Fans des TSV 1860 war in den 1960er Jahren, als der Lokalkonflikt zwischen Bayern- und Sechziger-Fans auf allen Schulhöfen ausgetragen wurde, nicht klar, in welchen historischen Bahnen sich ihre Auseinandersetzungen bewegten. Die Löwen wurden schon 1933 gleichgeschaltet, die jüdischen Athleten setzten sich ins Ausland

ab.[138] 1860 wurde von NSDAP-Funktionären geführt, die antisemitische Stereotypen – die Kampagne gegen das «große Geld» – einsetzten. Präsident Fritz Ebenböck, schon 1923 am Hitlerputsch beteiligt,
bei seiner Wahl 1934 SA-Obersturmbannführer, wurde in den Jahren
1936–1945 von dem Arzt und SA-Obergruppenführer Emil Ketterer
beerbt. Dessen Tochter Waltrude heiratete 1939 den SS-Untersturm-
führer Hanns Martin Schleyer, der als Arbeitgeberpräsident von
Linksterroristen ermordet wurde und nach dem die Hanns-Martin-
Schleyer-Halle in Stuttgart benannt ist.[139] 1860 München, das seinen
Bankrott im Gegensatz zum soliden FC Bayern damals nur mit Hilfe
von Naziseilschaften in der Lokalpolitik vermeiden konnte, gehörte
mit Werder Bremen, dem VfB Stuttgart und der Meistermannschaft
der 1930er Jahre, dem FC Schalke 04, zu den vier «nationalsozialisti-
schen Vorzeigevereinen».[140] Erst spät besann sich auch der TSV 1860
auf diesen düsteren Teil seiner Geschichte, mit dem man sich – wie
der Vizepräsident des Vereins Franz Maget, ehemaliger Vorsitzender
der SPD in Bayern, zugestand – lange nicht hatte auseinandersetzen
wollen.[141] So viel zum FC Bayern als dem «Verein des großen Geldes».

Dreamteam

Die zentralen Spieler des *Dreamteams* hatte FC Bayern dem Lokalriva-
len 1860 buchstäblich vor der Nase weggeschnappt. Franz Beckenbauer
wollte eigentlich von seinem Stadtviertelverein zu den *Sechzgern*, doch
fühlte er sich von einem ihrer Jugendspieler schlecht behandelt und
entschied sich impulsiv für die Bayern.[142] Bei Gerd Müller machten die
Bayern im Elternhaus das bessere Angebot: Man versprach ihm einen
Platz in der Stammelf, was bei der Meistermannschaft 1860 illusorisch
gewesen wäre. Beide Spieler schossen bereits in ihren ersten Pflicht-
spielen ein Tor; «kleines dickes Müller» – wie Trainer Čajkovski ihn
nannte – entwickelte sich zum Torjäger, während Beckenbauer zum
Regisseur aufstieg. Am 4. Spieltag ihrer ersten Spielsaison stand die
Mannschaft zum ersten Mal auf Platz 1 der Bundesliga, in dem Jahr, in
dem 1860 Meister wurde. Das erste Derby gegen den Lokalrivalen verloren sie 0:1, doch in der Rückrunde gewannen sie 3:0.

Deutscher Meister – erstmals nach 1932 – wurde der FC Bayern
1968/69. Sepp Maier kassierte 20 Tore weniger als der Keeper des

zweitplatzierten Vereins. Der Punktestand von 46:22 würde sich nach heutiger Rechnung – wo für einen Sieg drei statt früher zwei Punkte vergeben werden – umrechnen in 64:28. Gerd Müller wurde mit 30 Toren Torschützenkönig und stellte den bisherigen Rekord von Uwe Seeler aus dem Jahr 1964 ein. Etwa aus dieser Zeit datieren die Verse des Volkssängers Fredl Fesl, der dichtete:

«Plötzlich müllerts vor dem Kasten,
das Volk schreit ‹Uwe›, wie mir scheint,
da haut der Müller schnell daneben,
denn er war ja nicht gemeint.»

In den nächsten Jahren schraubte Müller den Rekord über 38 (1969 / 70) auf 40 Tore (1971 / 1972) pro Saison, in beiden Jahren wurde er zum «besten Torjäger Europas» gewählt und mit dem Goldenen Schuh prämiert. Dieser Wert wurde nie wieder von einem Stürmer der Liga erreicht, auch von Müller selbst nicht, der noch drei weitere Male Torschützenkönig wurde, zuletzt 1977 / 78 mit 24 Toren. Zum Vergleich: Die späteren deutschen Nationaltrainer Rudi Völler und Jürgen Klinsmann wurden Torschützenkönige mit 23 bzw. 19 Toren. Gerd Müller war sowohl der jüngste (1966 / 67) als auch der älteste Spieler, der jemals Torschützenkönig der Bundesliga wurde, und er wurde dies auch am häufigsten (7-mal: 1967, 1969, 1970, 1972, 1973, 1974, 1978), vor einem anderen Bayern-Stürmer, Karl-Heinz Rummenigge. Auch dessen Rekord wurde bisher nur von Ulf Kirsten eingestellt. Gerd Müller erzielte von 1965 bis 1979 nicht weniger als 365 Tore (in 427 Spielen) in der Bundesliga – alle für den FC Bayern – und steht damit an der Spitze deutscher Rekordlisten. Für die Nationalmannschaft schoss Gerd Müller 68 Tore in 62 Länderspielen und ist damit der bei Weitem erfolgreichste Torschütze der deutschen Nationalmannschaft. In der ewigen Schützenliste der Fußball-WM belegte er 32 Jahre lang Platz 1, bis er 2006 von Ronaldo abgelöst wurde. Insgesamt erzielte Gerd Müller in 1204 dokumentierten Pflicht- und Freundschaftsspielen 1455 Tore (1,21 Tore pro Spiel).[143]

Anfang der 1970er Jahre schien das Spiel des FC Bayern unwiderstehlich. In der Spielzeit 1971 / 72 schossen die Bayern 101 Tore und erreichten 55:13 Punkte. Bei 24 Siegen und nur 3 Niederlagen wären dies nach heutiger Rechnung 79:16 Punkte. Dabei hatte auch Schalke 04 ein außerordentlich gutes Jahr – mit ebenfalls 24 Siegen – und lag vor dem letzten Spieltag nur einen Punkt hinter den Bayern. Mit einem Sieg hätte Schalke Meister werden können. Aber das «Endspiel» im neuen Münchner Olympiastadion verlief dramatisch, denn die Bayern fegten die Gelsenkirchner mit 5:1 vom Platz. Franz Beckenbauer setzte mit dem letzten (und 101.) Tor dieser Spielsaison das Ausrufezeichen hinter eine Erfolgsserie, in der manche Gegner regelrecht deklassiert wurden. Bayern verlor kein einziges Heimspiel und gewann 11:1 gegen Borussia Dortmund, 7:0 gegen Rot-Weiß Oberhausen, 6:2 gegen Werder Bremen, 6:3 gegen Eintracht Frankfurt, 5:1 gegen den MSV Duisburg und gegen den VfL Bochum und immer noch 2:0 gegen Mönchengladbach, außerdem auswärts 4:1 gegen den 1. FC Köln, den Hamburger SV und VfB Stuttgart. Wenn auch Gerd Müller in dieser Saison seinen absoluten Torjägerrekord aufstellte, verbindet sich doch die hegemoniale Stellung des Vereins mit zwei neuen Namen, die wie das Dreigestirn Maier – Beckenbauer – Müller fast jeden Spieltag auf dem Platz standen: Uli Hoeneß und Paul Breitner.

Mit ihnen kamen zwei Spielertypen auf den Platz, die eine wichtige Ergänzung zu den Barfußfußballern der ersten Meistergeneration darstellten: der Unternehmer und der Intellektuelle. Der Schwabe Uli Hoeneß blieb trotz Universitätsstudiums dem Familienunternehmen verbunden. Zusammen mit seinem Bruder Dieter Hoeneß, später Manager von Hertha BSC Berlin, begann er bei einem lokalen Ulmer Club, wurde aber schon mit 15 Jahren Kapitän der Schülerauswahl des DFB, wo er sich mit dem Oberbayern Paul Breitner anfreundete. 1970 wurden beide von Trainer Lattek zu Bayern geholt. Auch Breitner brach sein Studium zugunsten der Fußballerkarriere ab, aber anders als Hoeneß spielte er den Intellektuellen. Er überraschte mit «linken» Stellungnahmen in der Öffentlichkeit, machte Wahlwerbung für Willy Brandt, arbeitete aber auch als Kolumnist für die *Bild*-Zeitung, profilierte sich als Kritiker des DFB, produzierte ein Sportmagazin für das Fernsehen, trat als Buchautor auf, war zuständig für *Kopf-Ball*,[144] und fungierte als Gründungsmitglied einer Kindersportstiftung. Hoeneß dagegen stand fest aufseiten der CSU und ihres Helden Franz Josef Strauß und machte gegen jeden Zeitgeist keinen Hehl daraus. Nach dem Ende seiner Karriere als aktiver Fußballer übernahm er mit größtem Erfolg das Management des FC Bayern.[145] Als Manager wurde er durch sein kantiges Auftreten in der Sportpolitik, aber auch durch seine Fürsorge für in Not geratene Kollegen zu einer Figur des öffent-

Neue Spielertypen im Fußball: Uli Hoeneß und Paul Breitner, 5. 6. 1973

lichen Lebens.[146] Wie Maier, Müller und Beckenbauer verbrachte auch Hoeneß sein Spielerleben beim FC Bayern, dazu sein Managerleben: Er wurde 19-mal Deutscher Meister (darunter 3-mal als Spieler) und 10-mal DFB-Pokalsieger (darunter 1-mal als Spieler).

Wenn Deutschland bei der EM 1972 in Belgien Europameister und bei der WM in Italien 1974 Fußball-Weltmeister wurde, dann war dies eigentlich der erweiterte FC Bayern München. Die Stammelf bestand aus Sepp Maier, Franz Beckenbauer und Gerd Müller, Georg Schwarzenbeck, Paul Breitner und Uli Hoeneß. Ergänzt wurden die sechs Bayern-Spieler im Endspiel der EM in Brüssel 1972 durch eine Auswahl von Borussia Mönchengladbach: Berti Vogts (der in der Finalrunde nicht zum Einsatz kam), Horst-Dieter Höttges, Günter Netzer, Herbert Wimmer, Jupp Heynckes und Erwin Kremers – diese Mannschaft gilt als die spielstärkste, die Deutschland je hatte. Sie besiegte im Halbfinale Belgien mit 2:1 (zwei Tore von Gerd Müller) und im Endspiel die Sowjetunion mit 3:0 (zwei Tore von Müller, eines von Wimmer). Müller wurde Torschützenkönig, Günter Netzer Fußballer des Jahres in

Deutschland und Beckenbauer Europas Fußballer des Jahres. Bei der WM 1974 bestand die Stammelf wieder aus Sepp Maier, Franz Beckenbauer und Gerd Müller, dazu Georg Schwarzenbeck, Paul Breitner und Uli Hoeneß. Im Endspiel gegen die Niederlande wurden sie ergänzt durch Berti Vogts, Rainer Bonhof, Wolfgang Overath, Jürgen Grabowski und Bernd Hölzenbein. Das Endspiel fand im Münchner Olympiastadion – damals das Stadion des FC Bayern – statt, ebenso drei Vorrundenspiele und das kleine Endspiel um den dritten Platz. Im Endspiel begannen die Niederländer mit einem genialen Spielzug, der Johan Cruyff in der zweiten Minute direkt vor dem Tor in Schussposition gebracht hätte, wenn ihn Uli Hoeneß nicht gestoppt hätte. Der verwandelte Foulelfmeter brachte Deutschland in frühen Rückstand. Die beiden deutschen Tore im Endspiel im 2:1 gegen die Niederlande schossen vor 75 000 Zuschauern noch in der ersten Halbzeit Paul Breitner (per Elfmeter) und Gerd Müller, mit einem typischen Müller-Tor, bei dem der Gegner noch hinterher nicht wusste, wie der Ball ins Tor gelangen konnte. *Kaiser* Franz Beckenbauer führte überlegen Regie. In der zweiten Halbzeit wurden die Niederländer spielbeherrschend, scheiterten aber an Sepp Maier. Ein drittes deutsches Tor von Müller wurde wegen angeblichem Abseits nicht gezählt. Kapitän Franz Beckenbauer wurde zum Spieler des Jahres gewählt – 16 Jahre später sollte der Ausnahmespieler noch einmal als Trainer Weltmeister werden.

Der Weggang der wichtigsten Spieler führte ab 1975 – als Bayern im Mai in Paris noch einmal den Europapokal der Landesmeister (2:0 gegen Leeds United) und im Jahr darauf den Weltpokal (2:0 gegen Belo Horizonte) gewinnen konnte – zum Absturz in der Tabelle und zum Niedergang der deutschen Nationalmannschaft. Doch in den 1980er Jahren kehrte nicht nur der Erfolg zurück, sondern die Dominanz der Bayern wurde noch krasser: In sechs von zehn Jahren wurden sie Deutscher Meister, nachdem sich mit Karl-Heinz Rummenigge ein neuer Leitwolf gefunden hatte. 1984 kam Verstärkung durch den Franken Lothar Matthäus. Die Siegesserie wurde markiert durch 6:0-Erfolge gegen Fortuna Düsseldorf (1979/80 und 1984/85), Eintracht Braunschweig und Waldhof Mannheim (beide 1983/84), Mönchengladbach und Hannover 96 (beide 1985/86), den Hamburger SV und den FC Homburg (1987/88); 7:0 gegen Fortuna Düsseldorf (1981/82) und Werder Bremen (1979/80); 8:1 gegen Schalke 04 (1987/88) und 9:0 gegen Kickers Offenbach (1983/84). In den 1990er Jahren gewann Bayern fünf von zehn Meisterschaften, wobei mit Oliver Kahn, Mehmet Scholl und Jürgen Klinsmann drei neue Sterne am Bayernhimmel aufgingen. Die Hegemonie des Bayern-Fußballs hatte in den Augen ihrer Gegner inzwischen solche Formen angenommen, dass sie den Anhängern selbstverständlich erschien.[147] Bei den Gegnern provozierte sie dagegen Wortmeldungen, die manchmal die Grenzen des guten Geschmacks überschritten.[148]

Im ersten Jahrzehnt des 21. Jahrhunderts errang der FCB wieder sechs von zehn Meisterschaften, wobei spektakuläre Kantersiege wie in den 1970er und 1980er Jahren ausblieben, von einem 7:0 gegen Hannover (2009/10) einmal abgesehen. Trotz einiger sympathischer Torjäger aus Brasilien, Peru, Paraguay, Italien, Kroatien und den Niederlanden stellten sich nie wieder die Torerfolge der früheren Glanzzeiten ein. Allerdings gelang es *Titan* Kahn in seinem Abschiedsjahr 2007/08, die Zahl der Gegentore auf historisch niedrige 21 zu reduzieren, während sein unglücklicher Nachfolger im Jahr darauf mit praktisch derselben Abwehr gleich so viele Tore kassierte, dass selbst nach seiner Ersetzung am Ende noch 42 Gegentore auf dem Konto standen. Von allen Bundesliga-Torhütern kam allein Bayern-Torwart Raimond Aumann mit 26 Gegentreffern in der Saison 1988/89 in die Nähe des Titans Kahn. Betrachtet man die Kämpfe um die Deutsche Meisterschaft in dürren Zahlen, dann lautet die Reihenfolge insgesamt FC Bayern (22-mal), 1. FC Nürnberg (9-mal, zuletzt 1968), Borussia Dortmund und Schalke (je 7-mal), Hamburger SV (6-mal, zuletzt 1983), Stuttgart und Mönchengladbach (je 5-mal), Bremen und Kaiserslautern (je 4-mal), Köln, Greuther Fürth und VfB Leipzig (je 3-mal), Hannover, Dresden und Hertha BSC Berlin (je 2-mal), gefolgt von den «Eintagsfliegen», die nicht mehr als einmal Meister wurden.

Erster Deutscher Meister war 1902/03 der VfB Leipzig geworden, dessen Erfolgsserie allerdings 1913 abriss. Nur eine Mannschaft erzielte einmal eine ähnliche Dominanz wie Bayern München, das war der FC Schalke 04 in den Jahren 1933–1942, als die Gelsenkirchner sechsmal Meister wurden, also in sechs von elf Spieljahren der NS-Diktatur. Nur in den letzten beiden Kriegsjahren gewann der Dresdner SC, der Verein des späteren Bundestrainers Helmut Schön, der Deutschland zur WM von 1974 führte. Nach dem Anschluss von Hitlers Heimat Österreich an das «Großdeutsche Reich» musste Schalke einmal als Meister für den SK Rapid Wien pausieren. Die wichtigsten Schalker Spieler

Fritz Szepan und sein Schwager Ernst Kuzorra traten 1937 in die NS-DAP ein und bereicherten sich 1938 an der «Arisierung» von enteignetem Besitz jüdischer Kaufleute.[149] Erstaunlicherweise konnten diese Spieler nach 1945 für ihren Club weiterarbeiten, Szepan zuerst noch als Spieler, dann als Trainer und zuletzt – nach einer Ausgleichszahlung an die *Jewish Trust Corporation* – 1963–1967 sogar noch als Vereinspräsident. Erst nach seinem Tod kam es zu Diskussionen um seine politischen Verwicklungen, und die Stadt Gelsenkirchen lehnte es am Ende ab, eine Straße nach ihm zu benennen.[150]

Im Zuge seiner Hegemonie entwickelte sich der FC Bayern immer stärker zu einem gesamtdeutschen Verein mit Fanclubs in ganz Deutschland und darüber hinaus. Die Zahl der Vereinsmitglieder hat sich vom Jahr 2000 bis 2010 fast verdoppelt auf 170 000, dazu kommen etwa 3000 Fanclubs mit nochmals über 200 000 Mitgliedern. Die Allianz-Arena – das neue Stadion des FC Bayern – ist mit ihren 69 000 Plätzen stets lange im Voraus ausverkauft. Hier zeigt sich ein großer Unterschied zum Beginn der Erfolgsserie: Bei der ersten Nachkriegsmeisterschaft lag der Zuschauerschnitt bei nur 25 000 und selbst während der Glanzzeit des Vereins in den 1970er Jahren nur bei 35 000. Nimmt man noch die Entwicklung der Einnahmen aus den Fernsehrechten dazu, ergibt sich eine völlig veränderte Finanzgrundlage. International – etwa auf den Nachrichtensendern CNN oder BBC World – nimmt man vom deutschen Fußball fast nur den Münchner Verein wahr, weil er kontinuierlich in den internationalen Wettbewerben präsent ist. Der Verein trägt diesen Entwicklungen mit der zunehmenden Verpflichtung internationaler Superstars Rechnung, wie in jüngster Zeit z. B. des Franzosen Franck Ribéry und des Niederländers Arjen Robben, für die Ablösesummen wie nie zuvor bezahlt wurden (38 bzw. 35 Mio. Euro). Umso überraschender ist es, dass aktuell auch eine Reihe von Spielern aus der eigenen Jugendarbeit im Kader stehen, darunter Spitzenspieler wie Bastian Schweinsteiger und Thomas Müller.

Im Vergleich zu den Ablösesummen, die bei anderen Spitzenvereinen gezahlt werden, geht Bayern München mit seinen Einnahmen immer noch haushälterisch um. Im Jahr 2009 zahlte Real Madrid für den Wechsel von Cristiano Ronaldo nicht weniger als 93 Mio. Euro an Manchester United. Die ca. 40 Mio. Euro, die der FC Bayern im Spieljahr 2011/12 für Transfers ausgegeben hat (davon 22 Mio. für Manuel

Neuer an Schalke 04), sind zwar innerhalb der Bundesliga überdurchschnittlich hoch, aber neben den Ausgabenvolumina in den ersten Ligen Englands, Italiens, Spaniens und auch Frankreichs eher gering. Die Gesamtausgaben für Transfers betrugen in Deutschland im Jahr 2010 insgesamt 167 Mio. Euro, in England jedoch 559 Mio., in Italien 533 Mio. und in Frankreich 196 Mio. Ein Verein wie Manchester City gab 93 Mio. (darunter allein 45 Mio. für den Argentinier Sergio «Kun» Agüero), Paris Saint-Germain, Juventus Turin und der FC Chelsea jeweils ca. 86 Mio. für Transfersummen aus. Teuerster Spieler wäre Anfang 2012 der 24-jährige Argentinier Lionel Messi mit einem Marktwert von 100 Mio. Euro,[151] – kein deutscher Verein außer dem FC Bayern könnte ihn «kaufen». Doch solche Käufe vertragen sich immer noch nicht mit der Philosophie des Vereins, der auf satte Rücklagen bauen kann, während die spanischen und italienischen Vereine so hoch verschuldet sind wie ihre Länder. Ob auch die international führenden Fußballvereine von einer Finanzkrise eingeholt werden oder ob ein Ölscheich – oder wie bei Chelsea London ein russischer Finanzoligarch – zu ihrer Rettung herbeieilt, wird sich zeigen.

Spitzensport

Die 100 Meter

Während die Langstreckenläufe wegen ihrer Unübersichtlichkeit überhaupt erst seit der Einführung von Fernsehübertragungen mit verschiedenen Kamerapositionen einem breiteren Publikum vermittelt werden können, standen die Kurzstrecken von Anfang an im Fokus der Aufmerksamkeit. Als die schnellsten Menschen der Welt gelten die Sprinter über die Distanz von 100 Metern, diese wurde zur Königsdisziplin der Leichtathletik. Die Sieger über diese Distanz sind noch bekannter als die Marathonsieger, während Läufer über noch kürzere Strecken kaum interessieren. Seit der ersten neuzeitlichen Olympiade von Athen dominieren auf der Strecke über 100 Meter Läufer aus den USA. Erster Olympiasieger war Thomas Burke aus Boston mit einer Zeit von 12,0 Sekunden, allerdings nur knapp vor dem deutschen Turner Hofmann, der eigentlich ein Spezialist für das Seilklettern war.[152] Erster Doppelsieger wurde Archie Hahn, der «Meteor von Milwaukee», der 1904 und 1908 Gold holte. Zu Berühmtheit brachte es Jesse Owens, der 1935 auf den Sportanlagen der Ohio State University innerhalb von 45 Minuten fünf Weltrekorde aufstellte. Bei den Spielen von Berlin 1936 wurde er mit Gold über 100 und 200 Meter, in der 4 × 100-Meter-Staffel und im Weitsprung erfolgreichster Athlet. Anschließend weigerte sich der US-Präsident Franklin D. Roosevelt, den Sieger zu empfangen, da er mit einem Schwarzen im Weißen Haus um die Stimmen aus den Südstaaten für seine Wiederwahl fürchtete. Owens schrieb in seiner Autobiographie bitter, es sei nicht Hitler gewesen, der ihn brüskiert habe, sondern Roosevelt.[153]

In Rom 1960 lief der Saarländer Armin Hary als Erster die 100 Meter in 10,0 Sekunden – als letzter Europäer, der Gold über diese Distanz holte.[154] Erster Olympiasieger unterhalb dieser Marke war 1968 Jim Hines, der anschließend Karriere als Basketballer machte, mit 9,95 Sekunden. Der nächste 100-Meter-Läufer, der zweimal hintereinander Gold holte, war der Ausnahmesportler Carl Lewis, der in Los Angeles 1984 – wie Jesse Owens 1936 in Berlin – außer über 100 Meter und die 4 × 100 Meter-Staffel auch über 200 Meter und im Weitsprung Gold holte. Zusätzlich errang er in Seoul 1988 Gold über 100 Meter und im Weitsprung, in Barcelona 1992 über 4 × 100 Meter und im Weitsprung und in Atlanta 1996 noch einmal im Weitsprung – also insgesamt neun Goldmedaillen bei vier Olympiaden von 1984 bis 1996, dazu einmal Silber. Wegen des Boykotts der Spiele von Moskau 1980 konnte er nicht auch noch dort auftreten, in Barcelona konnte er sich wegen Erkrankung nicht mehr qualifizieren. Er schraubte 1991 bei einem Wettbewerb in Tokio den Weltrekord auf 9,86 Sekunden. Derzeitiger Weltrekordhalter ist der phänomenale Usain Bolt aus Jamaika, der mit erstaunlich großem Abstand Sieger in Peking 2008 mit einer Zeit von 9,69 Sekunden wurde. Bei denselben Spielen gewann er die Goldmedaillen über die 200 Meter und in der 4 × 100 Meter-Staffel. Bolt war bereits mit 15 Jahren in Kingston / Jamaika Juniorenweltmeister über 200 Meter geworden, ein Jahr später 2003 Jugendweltmeister. Während er in Athen 2004 verletzt war, räumte er danach in einem Triumphzug alle Titel ab. Den Weltrekord über 100 Meter schraubte er am 16. August 2009 in Berlin auf sagenhafte 9,58 Sekunden, den Weltrekord über 200 Meter vier Tage später am selben Ort auf 19,19 Sekunden. Bei beiden Rekorden kann man sich kaum vorstellen, dass sie ohne Doping unterboten wer-

Usain Bolt siegt im 200-Meter-Lauf in 19,30 Sekunden bei den Olympischen Sommer-spielen in Peking 2008

den können. Pechvogel ist Asafa Powell, der ebenfalls schneller läuft als alle Athleten zuvor (Bestzeit 9,74), aber eben langsamer als Bolt.

Bei den Frauen kam bereits die erste Olympiasiegerin über 100 Meter 1928 mit Betty Robinson aus den USA. Ein Flugzeugabsturz schien 1931 ihre Karriere zu beenden, doch 1936 in Berlin gewann sie nochmals Gold mit der Staffel. Zum 100-Meter-Lauf wurde sie wegen ihrer Behinderung – sie konnte ein Knie nicht richtig beugen – nicht zugelassen, den gewann ihre Mannschaftskameradin Helen Stephens aus Missouri. Die erste Läuferin, die zum Star aufstieg, war mit drei Goldmedaillen in Rom 1960 Wilma Rudolph aus Tennessee, die in ihrer Kindheit an Kinderlähmung litt und der man aufgrund ihrer Laufstärke und Eleganz den Beinamen «die Schwarze Gazelle» gab. Den Doppelsieg bei zwei Olympiaden schafften allerdings nur zwei US-Läuferinnen: Wyomia Tyus in den Jahren 1964–1968, in Mexico City schraubte sie den Weltrekord auf 11,0 Sekunden. Die Wiederholung gelang Gail Devers, deren Markenzeichen überlange bemalte Fingernägel waren, in den Jahren 1992–1996. Von Siegerinnen aus anderen

Ländern seien die Deutschen erwähnt, die zweimal in Folge erfolgreich waren: In München 1972 holte die (DDR-) Deutsche Renate
Stecher in Weltrekordzeit von 11,07 Sekunden Gold über 100 Meter
und über 200 Meter. Insgesamt lief sie 1970–1976 nicht weniger als
17 Weltrekorde. Als erste Frau schaffte sie die 100 Meter unter 11 Sekunden (10,9 s in Ostrava 1973). In Montreal 1976 musste sie sich aber
ihrer westdeutschen Rivalin Annegret Richter geschlagen geben, die
bereits 1972 Gold in der 4 × 100 Meter-Staffel geholt hatte und 1976
zudem noch zweimal Silber erkämpfen konnte.

Bei den Spielen in Peking 2008 dominierte wie bei den Männern
Jamaika. Unter der Führung von Shelly-Ann Fraser gewannen sie Gold
(in 10,78 s) und zwei Silbermedaillen. Der Aufstieg der Jamaikanerinnen
war seit der erfolgreichen Karriere von Merlene Ottey in den 1980er Jahren zu beobachten, die allerdings nie Olympiagold, sondern nur 1980,
1984 und 1992 Bronze sowie 1996 (100 m in 10,94 s) und 2000 Silber gewann, also eine beständige Leistung über mehr als 20 Jahre zeigte. Sie
war die älteste Medaillengewinnerin in den olympischen Laufwettbewerben. Immerhin wurde sie Weltmeisterin 1991 in Tokio (4 × 100 m),
1993 in Stuttgart (200 m) und 1995 in Göteborg (200 m) sowie Hallenwelt-
meisterin 1989 in Budapest (200 m), 1991 in Sevilla (200 m) und 1995 in
Barcelona (60 m). Ihre Bestleistung über 100 Meter liegt bei 10,74 Sekunden. Fraser konnte diese Zeit von 1996 erst 2009 mit 10,73 unterbieten.

Weltrekordhalterin bleibt mit weitem Abstand die glamouröse US-Läu-
ferin Florence Griffith-Joyner, die bei einem Wettbewerb in Indianapolis
1988 die 100 Meter in sagenhaften 10,49 Sekunden bewältigte. Sie war
verheiratet mit dem Olympiasieger im Dreisprung Al Joyner und wurde
wie dessen Schwester Jackie Joyner-Kersee, die Gold im Siebenkampf
und im Weitsprung holte, von deren Ehemann Bob Kersee trainiert. Bei
den Spielen von Seoul 1988 gewann *Flo-Jo* die Goldmedaillen über 100,
200, 4 × 100 und Silber in 4× 400 Meter. Ihre rasche Leistungssteigerung
vor diesen Spielen, ihr rasches Karriere-Ende und ihr früher Tod nach
einem Schlaganfall ließen die Dopinggerüchte – trotz durchgehend
negativer Kontrollen – nie verstummen. Aus der Siegerproduktion von
Kersee kommen auch die amerikanischen Goldläuferinnen Valerie
Brisco-Hooks, Sherri Howard, Jeanette Bolden, Gail Devers, Dawn
Harper, Andrea Anderson, Joanna Hayes und Allyson Felix sowie die
Goldläufer André Phillips und Shawn Crawford.

Geist schlägt Körper: Die Brüder Klitschko

Geboren als Söhne eines sowjetischen Offiziers in Semipalatinsk (UdSSR, heute Semei in Kasachstan) und einer akademischen Pädagogin und aufgewachsen in einer Militärsiedlung im sowjetischen Osten, schien den Brüdern Klitschko eine Sowjetkarriere bevorzustehen, mit Sportclub, Militärdienst und Studium. Der ältere Vitali Klitschko hatte mit 13 Jahren auf einem Militärstützpunkt in der damaligen ČSSR mit dem Kickboxen begonnen und gewann nach dem Umzug nach Kiew die Stadtmeisterschaft, die Republikmeisterschaft und schließlich die *Spartakiade*. Dadurch gelangte er in die Jugend-Nationalmannschaft. Der Vater holte sich unterdessen bei der Bewältigung der Atomkatastrophe von Tschernobyl in der Ukraine eine Krebserkrankung. Eine Einladung zu einem Wettkampf mit der US-Jugendnationalmannschaft in West Palm Beach in Florida ermöglichte 1989 noch vor dem Zerfall der Sowjetunion eine Auslandsreise. Dabei begriff Vitali, dass in den USA die Menschen nicht in Armut und Elend lebten, wie von der Sowjetpropaganda suggeriert, sondern Sportler völlig andere Möglichkeiten als im Sowjetimperium hatten: Im Erfolgsfall winkten Glamour und Reichtum. Die Brüder hatten Schwierigkeiten, diese Erkenntnis ihrem Vater zu vermitteln, der das nicht glauben konnte. 1991 zerfiel die Sowjetunion. Die sowjetische Lebenswelt verschwand mit den Militärniederlassungen. Als der jüngere Bruder Wladimir Klitschko 1993 in Thessaloniki Junioren-Europameister im Schwergewicht wurde, war sie schon Geschichte.[155]

Mit Vitali und Wladimir Klitschko traten zwei Boxer im Schwergewicht an, wie man sie bisher noch nie gesehen hatte. Aus einer Akademikerfamilie stammend, studierten beide Sportwissenschaften und schlossen dieses Studium nicht nur ab, sondern krönten es während der laufenden Boxkarriere noch mit einer Promotion. Vitali Klitschko erzielte 2002 in einer Partie Blitzschach gegen Weltmeister Wladimir Kramnik ein Remis. Diese beiden Boxer boxen nicht, weil sie müssen, sondern weil sie es wollen. Und sie entwickelten einen Boxstil, der an den frühen Cassius Clay anzuknüpfen schien: Sie lassen sich nie auf einen brutalen Schlagabtausch ein, sondern berechnen den Gegner wie beim Schach, beobachten ihn und agieren mit langer Führungshand, um keine schweren Treffer zu kassieren und

die Hirnschäden zu vermeiden, die bei vielen Schwergewichtsboxern
als Spätfolgen zu beobachten sind. Gleichzeitig suchen sie ihre Gegner systematisch zu zermürben. Die Körpergröße von ca. zwei Metern und die lange Reichweite sind dabei hilfreich, doch hat man bei
den Kämpfen wohl nicht zufällig manchmal den Eindruck, dass Geist
gegen Körper kämpft. Wladimir Klitschko holte bei den Olympischen Spielen in Atlanta 1996 als erster Weißer überhaupt die Goldmedaille im Superschwergewicht und startete anschließend – wie
viele Olympiasieger vor ihm – seine Profikarriere. Nach einigen Niederlagen erkämpfte er sich 1999 gegen Axel Schulz den Titel des Eu-
ropameisters, und im Jahr 2000 wurde er Weltmeister der WBO. Mit
mehreren Titelverteidigungen erarbeitete er sich – unter Anspielung
auf seinen Doktortitel – den Namen *Dr. Steelhammer*. Damit galt er als
der natürliche Nachfolger von Lennox Lewis, doch verlor er überraschend einen Kampf gegen den Südafrikaner Corrie Sanders und
geriet in eine Krise, die durch mehrere Niederlagen nach Punkten
und durch technisches K.o. gekennzeichnet war.

Stattdessen trat Vitali Klitschko gegen Lewis an. Der Weltmeister
verteidigte im Juni 2003 überraschend und in einer umstrittenen Entscheidung seinen Titel durch Kampfabbruch wegen einer stark bluten-
den Platzwunde. Da klar war, dass ein zweiter Kampf anders ausgehen
würde, gab Lewis Anfang 2004 seinen Rücktritt bekannt. Vitali hatte
1998 den Europameistertitel im Schwergewicht geholt und 1999 im
Kampf gegen Herbie Hide den Weltmeistertitel (WBO) erlangt. Allerdings verlor er diesen Gürtel bereits im nächsten Jahr gegen Chris Byrd
verletzungsbedingt wieder, obwohl er nach Punkten uneinholbar vorn
lag. Dies war die erste Niederlage, in seinem 28. Kampf. In den nächsten Jahren qualifizierte er sich für einen neuen Weltmeisterschafts-
kampf (WBC), den er aber 2003 gegen Lennox Lewis durch technisches
K.o. wegen stark blutender Platzwunden verlor. 2004 bekam er einen
Kampf gegen Corrie Sanders, an dem sein Bruder gescheitert war.
Durch seinen Sieg in Los Angeles durch technisches K.o. in der achten
Runde errang er seinen zweiten Weltmeistertitel (WBC). Vitali
Klitschko war auf der Höhe seines Könnens und galt aufgrund seiner
spektakulären Kampfweise als bester Schwergewichtsboxer seiner
Zeit. Doch aufgrund schwerer Gesundheitsprobleme musste er 2005
den Titel kampflos abgeben und seine Boxkarriere beenden. Vom
WBC erhielt er den Status eines *World Champion Emeritus* zuerkannt,

der es ihm nach einer Genesung erlauben sollte, sofort wieder um die Weltmeisterschaft zu boxen.

Inzwischen war der jüngere Bruder wieder dran. Wladimir Klitschko erledigte zunächst den bis dahin ungeschlagenen und mit verbotenen Schlägen operierenden Nigerianer Samuel Peter nach Punkten und errang dann zwei Weltmeistertitel (IBF und IBO) 2006 in Mannheim im Kampf gegen Chris Byrd durch technisches K.o. Im Februar 2008 traf er im New Yorker Madison Square Garden auf den russischen WBO-Weltmeister Sultan Ibragimow und gewann deutlich nach Punkten. Dadurch konnte er drei WM-Gürtel vereinigen. Diese Titel verteidigte er seither in sechs Kämpfen, die alle in Deutschland stattfanden, darunter gegen vier amerikanische Boxer sowie erneut gegen Samuel Peter und gegen den bis dahin unbesiegten WBA-Weltmeister aus Usbekistan Ruslan Tschagajew, der in der neunten Runde aufgeben musste.

Nach zwei Jahren Zwangspause wagte auch Vitali 2007 ein Comeback, das wegen eines Bandscheibenvorfalls und einer notwendigen Notoperation aber abgebrochen werden musste. Der nächste Versuch 2008 führte schließlich zum Erfolg. Der amtierende Weltmeister Samuel Peter war nach acht Runden so demoralisiert, dass er aufgab. Vitali Klitschko errang damit nicht nur – wie vor ihm Muhammad Ali, Evander Holyfield und Lennox Lewis – seinen dritten Weltmeistertitel, sondern er tat es – ein Novum in der Sportgeschichte – gleichzeitig mit seinem Bruder. Nach seiner erfolgreichen Titelverteidigung erklärte sein Verband den mittlerweile 37-jährigen Boxer außerdem zum größten K.-o.-Sieger aller Zeiten, da er 36 von 37 Siegen durch K.o. erreicht hatte. Nach einer Reihe von einfacheren Titelverteidigungen kam es 2010 zum Showdown mit dem US-Boxer Shannon Briggs, der seine meisten Kämpfe durch K.o. in der ersten Runde gewonnen hatte. In einem unglaublich hart geführten Kampf am 16. Oktober 2010 in Hamburg, in dem Vitali Klitschko seine technische Überlegenheit ausspielte, kassierte Briggs schwerste Treffer. Bereits während des Kampfes wurden sein Trainer und der Schiedsrichter kritisiert, weil sie den Kampf nicht vorzeitig abbrachen, aber Briggs lehnte eine Aufgabe kategorisch ab. Nach dem Ende des Kampfes wurde Briggs in die Intensivstation des Universitätsklinikums Hamburg-Eppendorf eingeliefert. Die Ärzte stellten eine schwere Gehirnerschütterung, zwei Frakturen im Gesicht, ein geplatztes Trommelfell und einen Muskelriss im Bizeps fest. Die Punktrichter werteten alle zwölf Runden einstimmig zugunsten Vitali Klitsch-kos, dessen Kampfbilanz damit 43 Siege in 45 Profikämpfen betrug. Anfang 2012 sind beide Klitschko-Brüder Boxweltmeister. Wie Muhammad Ali stehen sie nicht nur für das Boxen. Mit ihnen verbindet sich die Vorstellung der Vereinbarkeit von Bildung und Sport. Hier agieren keine Kampfmaschinen an der Leine cleverer Boxveranstalter, sondern selbstbewusste Unternehmer. In der *Klitschko Management Group* vermarkten sie ihren Namen selbst. Dies erlaubt es ihnen auch, der Vermarktung Grenzen zu setzen. So lehnen sie es – mit Hinweis auf einen Wunsch ihrer Mutter – kategorisch ab, gegeneinander zu kämpfen. Wie andere Spitzensportler treten sie in der Werbung auf, aber sie suchen sich die Produkte aus und achten darauf, dass die Spots witzig sind und ihrem Image nicht schaden. Hinzu kommt soziales Engagement in Hilfsprojekten für bedürftige Kinder in mehreren Ländern Afrikas, Asiens und Südamerikas, das ihnen eine Auszeichnung der UNESCO einbrachte, sowie das Eintreten für die politische Freiheit in der Ukraine. Beide Brüder kämpften für den Erfolg der Demokratiebewegung in der sogenannten *Orange Revolution* bei den Präsidentschaftswahlen von 2004. Zwei Jahre später kandidierte Vitali für das Amt des Bürgermeisters von Kiew und erreichte als Zweitplatzierter einen Stimmenanteil von 29 %. Im April 2010 wurde er zum Parteivorsitzenden der neuen *Ukrainischen Demokratischen Allianz für Reformen* gewählt.

Sportmetaphern

Mit dem Aufstieg des Sports zu einem zentralen Kommunikationsmedium hängt es zusammen, dass Sport als «Bildspender [...] zur Beschreibung komplexer politischer Phänomene eingesetzt» wird. Zweck dieser Sprachverwendung ist die Simplifizierung von Sachverhalten sowie – etwa bei Politikern – die Demonstration der Volksverbundenheit durch die angedeutete Nähe zum Sport. Dies beginnt bei einfachen Verben wie «antreten», «in den Ring steigen», «kämpfen», «angreifen» und «verteidigen» und natürlich «punkten» oder «Treffer erzielen». Auch Journalisten und Demoskopen bedienen sich dieser Sprache, wenn sie – in einem Stil, der in England als *horse race journalism* bezeichnet wird – den «Zieleinlauf» bei Wahlen beschreiben. In einer Untersuchung von 257 Zeitungsartikeln aus der *Süddeutschen Zeitung* und aus *Bild* im Jahr 2002 stieß ein Forscher auf nicht weniger als 770 von deutschen Politikern gebrauchte Sportmetaphern. 41 % der reinen Sportmetaphern stammten aus dem Bereich Fußball.[156] Dies ist nicht verwunderlich, wenn man weiß, dass Rhetoriklehrer den Gebrauch von Sportmetaphern ausdrücklich empfehlen, nicht zuletzt auch für akademische Lehrer (Trainer) und Studenten (Spieler). Gemeinsame Sitzungen sind Trainingscamps, die Spieler bilden ein Team, dem es darum geht zu punkten (*to achieve goals*). Die Schulklassen sollen eigene Teamkleidung tragen und ein gemeinsames Maskottchen auswählen, etc.[157]

Natürlich stammen Metaphern auch aus ganz unterschiedlichen Sportarten. So werden etwa Ereignisse begonnen, indem man an den Start geht (alle Sportarten) oder der Startschuss fällt (Wettrennen) oder indem man ins Rennen geht.[158] Vorhaben werden erfolgreich durchgeführt, indem man den Stab übergibt (Staffellauf), den Takt hält (Rudern), an den Gegnern vorbeizieht (Laufen, Rudern, Autorennen, etc.), fehlerlos über den Parcours kommt (Reiten), eine Hürde nimmt (Hürdenlauf), wenn es gut läuft (Langlauf), man in der Bahn bleibt (Schwimmen, Kurzstreckenlauf), eine Auszeit nimmt (Eishockey), den Ball flach hält (Fußball), den Ball nicht fallen lässt (Baseball), einen Treffer erzielt (Ballspiele oder Schießen), in die Halbzeit geht (Ballspiele), in Führung geht oder bleibt (entweder bei Wettrennen oder bei der Punktezählung), «alle Neune» erzielt (Kegeln), das Tempo hält (Wettrennen), gut im Wasser liegt (Schwimmen), eine gute Zeit erzielt (Wettrennen), gut in der Pflicht oder in der Kür ist (Eiskunstlauf), schneller als ein Pfeil ist (Bogen- oder Armbrustschießen), die Kurve kriegt (Motorsport, Wasserski), einen *home run* bekommt (Baseball), einen *Bodycheck* vornimmt (Eishockey), ins Netz trifft (Fußball, Handball), einen dicken Fisch an die Angel bekommt (Fischen), gut im Wind liegt (Segeln), die Balance hält (Turnen und Akrobatik), den anderen aus dem Gleichgewicht bringt oder aufs Kreuz legt (Ringen), einlocht (Billard und Golf), eine ruhige Hand behält (Schießen, Darts), ein Gewicht stemmen kann (Gewichtheben), den Gipfel erreicht (Bergsteigen) oder jemanden mattsetzt (Schach). Es läuft gut, wenn jemand ruhig seine Bahnen zieht (Schwimmen, Langlauf) oder die Spur hält (Autorennen).

Man kann sich erlaubte Vorteile verschaffen, wenn man im Windschatten fährt oder segelt (Autorennen, Regatta, Segeln), den Rücken-

wind nutzt (Wettlauf), einen guten Aufschlag macht (Tennis, Volleyball). Unerlaubten Vorteil verschafft man sich, indem man jemanden
anderen ausbremst (Autorennen) oder foult (Fußball).

Man hat Chancen, wenn man noch im Rennen ist (Autorennen,
Laufen, etc.), einen neuen Anlauf nehmen kann (Leichtathletik), einge-
wechselt wird (Mannschaftsspiele), wenn man mit anderen am gleichen Strick zieht (Tauziehen), wenn man Klippen umschifft (Rafting)
oder die Latte höher legen lassen (Hochsprung) kann. Das Spiel ist vorbei, wenn abgewunken oder die Fahne gesenkt wird (Autorennen), das
Handtuch geworfen wird (Boxen), die Zeit abgelaufen ist (Mannschaftsspiele), wenn man einen Fehlstart macht (Laufen). Erfolg hat
man, wenn man ins Schwarze trifft (Bogen-, Armbrust- oder Büchsenschießen, Darts), man über die Ziellinie kommt (Wettlaufen, Pferderennen), man jemanden auf den Rücken wirft (Ringen) oder k. o.
schlägt (Boxen), den schwarzen Gürtel trägt (Judo), den Lorbeerkranz
erhält (antiker Olympiasieg), Gold gewinnt (moderner Olympiasieg)
oder den Pokal überreicht bekommt, und sei es nur als Wanderpokal
(viele Sportarten).

Manche Sportarten sind für sich genommen sprichwörtlich geworden (z. B. Rennen, Wettlauf, Hürdenlauf, Marathon etc.), in andere Bereiche übertragbar ist die Klassifikation der Mitspieler (z. B.
Favorit, Außenseiter, Spitzenreiter etc.), manche *Termini technici*
haben sich von einer Sportart verselbständigt und führen ein meta-
phorisches Eigenleben (z. B. Abseits, Auszeit, Cockpit, Doping, Eigen-
tor, *Fair Play*, Fehlstart, Fotofinish, Heimspiel, *Knockout*, Nasenlänge,
Pitstop, *Poleposition*, Schiedsrichter, Schwergewicht, Spielplan, Sprint,
Touchdown, Unentschieden etc.). Im Englischen gibt es ein eigenes
Lexikon, das nicht weniger als 1700 Sportmetaphern aufführt.[159] Manche Metaphern entstammen nicht den olympischen, sondern den traditionellen Sportarten. Wenn z. B. jemand über den Tisch gezogen
wird, dann befinden wir uns im Bildbereich des Fingerhakelns.

Bei der Verwendung der Sportmetaphorik wird gerne auf aktuelle
Großereignisse eingegangen, welche die Phantasie breiter Wähler-
schichten beschäftigen. Dabei spielen nationale Vorlieben eine Rolle,
in Deutschland und anderen europäischen und lateinamerikanischen
Ländern Fußball, in den USA Baseball oder in Kanada Eishockey. In
Deutschland werden also gelbe Karten gezeigt und Platzverweise an-
gedroht, Fouls verübt und Gegner ins Abseits gestellt. Aber selbst bei

der Berichterstattung über dieselbe Sportart zeigt sich, dass die Metaphern länderspezifisch sein können.[160] Dass Sportmetaphern auch in der Jugendsprache verbreitet sind, macht es Übersetzern schwer; Austauschstudent(inn)en sollten sich rasch damit vertraut machen, dass die Sportbegriffe oft eine zweite Bedeutung haben, die nur wenig mit den offiziellen Spielregeln der Sportarten zu tun hat. So stammen aus dem Baseball die Begriffe *first base* (= küssen), *second base* (= Fummeln unter der Bluse oberhalb der Gürtellinie), *third base* (dasselbe unter der Gürtellinie und Oralverkehr) und *home run* (Geschlechtsverkehr).[161]

Superlative

Gehälter gehen durch die Decke

Die Einführung des Fernsehens spielte nicht nur für den Bekanntheitsgrad bestimmter Sportarten eine Rolle, sondern auch für Spitzensportler, die zu neuen Volkshelden und Vorbildern für Jugendliche aufstiegen. Dies wirkt sich auch auf ihre Gehälter aus sowie auf zusätzliche Einkommenschancen durch Preisgelder und Werbeverträge. Einen Quantensprung machten die Gehälter mit der Einführung des Privatfernsehens, da jetzt eine Vielzahl von Fernsehkanälen um die Senderechte und die Werbeauftritte der Superstars konkurrierten. Diese Entwicklung lässt sich an den Gagen im Boxen festmachen. Der teuerste Kampf des 20. Jahrhunderts fand 1997 statt, als der Weltmeister im Schwergewicht Mike Tyson, der zu seiner besten Zeit gleichzeitig von den Verbänden WBA, WBC und IBF anerkannt wurde, in dem legendären *Fight* gegen Evander Holyfield vor Wut dessen Ohr abbiss. Beide Boxer erhielten damals je 35 Mio. Dollar Gage, was die Kosten für plastische Chirurgie sicher mit einschließt. In eine ganz andere Dimension stießen 2007 zwei Boxer in der üblicherweise weniger beachteten Gewichtsklasse des Superweltergewichts vor. WBC-Weltmeister Óscar de la Hoya wurde darin von Floyd Mayweather herausgefordert, den man außerhalb der USA kaum kannte, obwohl er bis dahin unbesiegt war. Dieser Kampf, den die Vermarktungsgesellschaft *Golden Boy Promotions* vor ca. 16 000 Zuschauern in einem Kasino in Las Vegas ausrichtete, wurde im *Pay-TV* mehr als zwei Millionen Mal bestellt. Der Gewinn dieses Kampfes belief sich auf 120 Mio. US-Dollar. Davon erhielt der Weltmeister, der den Kampf verlor, 45 Mio., der Sieger nach Punkten und neue Weltmeister immerhin 20 Mio. Nach seinem 38. Sieg im 38. Kampf – also einer unschlagbaren Statistik – erklärte der 30-Jährige seinen Rücktritt vom Boxsport, weil er jetzt mehr Zeit mit seinen Kindern verbringen wolle.[162] Eine ähnliche Entwicklung nahmen die Ablösesummen im Fußball. Hier liegt der Spitzensatz bei 93 Mio. Euro, ein Betrag, der fällig wurde, als der portugiesische Weltfußballer des Jahres 2008 Cristiano Ronaldo – von Manchester United, wo er dreimal in Folge Meister geworden war – 2009 zu Real Madrid wechselte.[163] Die Höhe dieser Transfersumme löste Debatten aus, zumal der neue Verein ankündigte, sein zukünftiges Ablösegeld werde bei 200 Mio. liegen. FIFA-Präsident Sepp Blatter nahm die Höhe der Transfergelder mit dem schönen Vergleich in Schutz, bei Ronaldo handle es sich schließlich um einen «Picasso des Fußballs». Den bisherigen Rekorderlös hatte 2001 der französische Superstar algerischer Herkunft Zinédine Zidane ebenfalls bei seinem Wechsel zu Real Madrid mit 73,5 Mio. Euro erzielt. Der Weltfußballer der Jahre 1998, 2000 und 2003, mit Frankreich 1998 Weltmeister und 2000 Europameister, gewann mit Real Madrid 2002 die Champions League, den UEFA Super Cup und den Weltpokal sowie 2003 die Spanische Meisterschaft und den Spanischen Supercup,[164] seit 2011 arbeitet er als Sportdirektor für den Verein. In den 1980er Jahren hatte die Rekordablösesumme noch bei 24 Mio. DM (= ca. 12 Mio. Euro) gelegen, bezahlt vom SSC Neapel an den FC Barcelona für den argentinischen Stürmer Diego Maradona. Welche Entwicklung die Ablösegelder genommen haben, kann man ermessen, wenn man sich vor Augen hält, dass ein Spitzenspieler wie Karl-Heinz Schnellinger – deutscher Fußballer des Jahres 1962 – im Jahr darauf für 0,5 Mio. DM vom 1. FC Köln zu AS Rom wechselte.

Die Jahresgehälter der Spitzenfußballer bewegen sich ebenfalls in vergleichsweise astronomischen Größenordnungen. *Sportbild* hat im März 2010 eine Rangliste der Top-20-Spitzenverdiener veröffentlicht, die ausweist, dass als damalige Nummer 1 Cristiano Ronaldo bei Real Madrid ein Jahresgehalt von 13 Mio. Euro bekam, gefolgt von Zlatan Ibrahimović beim FC Barcelona mit 12 Mio. Darauf folgten der Argentinier Lionel Messi, ebenfalls *Barça* und der Kameruner Samuel

Rafael Nadal freut sich über seinen Sieg bei den Olympischen Spielen, 17. 8. 2008

Eto'o bei Inter Mailand mit 10,5 Mio., auf Rang 5 der Brasilianer Kaká von Real Madrid mit 10 Mio. Erst auf Platz 8 findet sich mit Philipp Lahm der erste Deutsche, zusammen mit Carlos Tévez (Manchester City, beide 8 Mio.), unmittelbar dahinter der Franzose Franck Ribéry – auch vom FC Bayern – mit 7,5 Mio. gleichauf u. a. mit Frank Lampard vom FC Chelsea London, Thierry Henry vom FC Barcelona und dem Brasilianer Ronaldinho vom AC Mailand. Auf Platz 17 (7 Mio.) taucht mit Aliaksandr Hleb vom VfB Stuttgart der zweite deutsche Verein auf, gleichauf mit dem Niederländer Arjen Robben beim FC Bayern.[165]

Freilich macht bei den Spitzensportlern das reguläre Jahresgehalt nur einen Teil des Einkommens aus. Im Fall von David Beckham veröffentlichte *Der Spiegel* im März 2009 nach Recherchen der französischen Fachzeitschrift *France Football* für das Jahr 2008 folgende Zahlen: Sein reguläres Salär beim AC Mailand betrug 6,4 Mio. Euro, zusammen mit Einnahmen aus Werbeverträgen summierte sich sein Ge-

samteinkommen aber auf 32 Mio., gefolgt von Lionel Messi mit 28,6,
Ronaldinho mit 19,6, Thierry Henry 17 und Kaká mit 15,1.[166] Wie stark
sich diese Einnahmenskomponente entwickelt hat, kann man daran
sehen, dass Anfang der 1960er Jahre Franz Beckenbauer für seinen ersten Werbespot mit dem schönen Spruch für eine Fleischklößchen-
suppe: «Kraft in den Teller, Knorr auf den Tisch» gerade einmal 120 DM
(ca. 60 Euro) bekommen hat.[167]

Eine ähnliche Entwicklung hat in den vergangenen Jahrzehnten
auch der Tenniszirkus genommen, der sich von den Lokalereignissen
in Wimbledon unter dem Einfluss der modernen Transportmittel und
der Massenmedien zu einer fortlaufenden Serie von *Global Events*
entwickelt hat: *Australien Open, American Open* etc., beinahe jede Woche
im Jahr kann man in TV oder Internet einem Tennisgroßereignis folgen. Wer als Tennisspieler nur eines der großen Turniere gewinnt,
nicht zu sprechen vom *Grand Slam,* darf auf ein sicheres Auskommen
aus Siegprämien, Werbe- und Sponsoreneinnahmen zählen. Der Spanier Rafael Nadal, der seinen Durchbruch bei den *French Open* 2005 erlebte, soll nach einem Internet-Blog vom September 2011 durch Preisgelder und Marketing auf ein Einkommen von 22 Mio. Euro kommen,
übertroffen nur von Roger Federer mit 33 Mio. Euro – andere Blogger
stellen diese ohne Quelle genannten Beträge allerdings in Frage und
halten sie für zu hoch gegriffen, denn Federer habe in seiner ganzen
Karriere «nur» 50 Mio. an Preisgeldern gewonnen.[168] Die Zahlen stammen von einer professionell aufgemachten Homepage aus Österreich,
die das angebliche Jahreseinkommen auch auf das Tageseinkommen
herunterbricht: Demnach verdiente Federer 137 226 Euro pro Tag, gefolgt von Nadal mit 90 511 Euro täglich.[169] Als Quelle gibt diese Homepage *Forbes* an. Diese Firma legt für so viele Großverdiener wie möglich persönliche Profile an und rankt sie in Listen: Der 25-jährige Nadal
steht demnach auf Platz 58 in der *Forbes List* der 100 Spitzenverdiener in
der Kategorie *Celebrities.*[170]

Dieses Ranking nach Jahreseinkommen (Money Rank) wird angeführt von der afro-amerikanischen Talkshow-Moderatorin Oprah Winfrey (geb. 1954) mit einem Jahreseinkommen von 290 Mio. Dollar. Zu
den auch in Europa bekannten Berühmtheiten zählen der Filmprodu-
zent Steven Spielberg (Platz 6: 107 Mio. Dollar) und die Popkönigin
Lady Gaga (Platz 8: 90 Mio. Dollar). Als erfolgreichster Sportler liegt
auf Platz 14 etwa gleichauf mit Leonardo DiCaprio der Golfer Tiger

Woods (75 Mio. Dollar), gefolgt von den Basketballern Kobe Bryant (Platz 24: 53 Mio. Dollar) und James LeBron (Platz 29: 48 Mio. Dollar), dem Golfer Phil Mickelson (Platz 30: 47 Mio. Dollar), gleichauf mit dem Tennisstar Roger Federer – der also hier mit einem noch höheren Jahreseinkommen erscheint als auf der anderen Liste. Ein ganzes Stück weiter hinten rangiert der erste Fußballer David Beckham (Platz 39: 40 Mio. Dollar) – gleichauf mit TV-Star Charlie Sheen. Als nächster Sportler käme Cristiano Ronaldo (Platz 44: 38 Mio. Dollar), der Baseballstar Alex Rodriguez (Platz 47: 35 Mio. Dollar), Lionel Messi (Platz 56: 32 Mio. Dollar), dann Rafael Nadal (Platz 58: 31 Mio. Dollar), gleichauf mit dem amerikanischen Football-Spieler Tom Brady und dem Basketball-Star Dwight Howard (28 Mio. Dollar) – beide etwa auf einer Ebene mit der Filmdiva Angelina Jolie (30 Mio. Dollar). Einkommensschwerste Sportlerin ist die russische Tennisspielerin Maria Sharapova (Platz 72: 24 Mio. Dollar) etwa auf einer Ebene mit Popstar Jennifer Lopez (25 Mio. Dollar). An nächster Stelle bei den Sportlerinnen erscheinen die Schwestern Venus (Platz 90: 13 Mio. Dollar) und Serena Williams (Platz 94: 12 Mio. Dollar), gleichauf mit der Autorennfahrerin Danica Patrick, auf deren Konto die textilarmen Modelauftritte vermutlich mehr zu Buche schlagen als die Indycar-Rennergebnisse.[171]

Wie verbindlich diese Liste ist, bleibt offen. Die hier genannten Summen stimmen nicht immer mit den von anderen ermittelten Quellen überein. Auf den ersten Blick fällt auf, dass Autorennfahrer wie der Formel-1-Weltmeister Sebastian Vettel fehlen, aber vielleicht verdient er ja einfach zu wenig. Michael Schumacher wird mit einem Jahreseinkommen von ca. 25 Mio. Euro immer noch als erfolgreichster Autorennfahrer geführt, gefolgt von Jenson Button (13 Mio. Euro). An anderen Sportlern rangieren in dieser Liste in ihren jeweiligen Sportarten ganz oben der Radrennfahrer Lance Armstrong (15 Mio. Euro), der Cricket-Spieler Sachin Tendulkar (6 Mio. Euro), der Schwimmkönig Michael Phelps (4,4 Mio. Euro) und immer noch der Boxer Muhammad Ali (35 Mio. Euro)![172] Als erfolgreicher Sportler muss man also nicht unbedingt noch aktiv sein, um viel zu verdienen. Die wirklich Reichen spielen ohnehin in einer anderen Liga: Bei den Vermögensmilliardären liegt das Jahreseinkommen – nicht etwa das Vermögen – wie bei Microsoft-Gründer Bill Gates etwa bei 800 Mio. Dollar, bei dem indischen Stahlproduzenten Lakshmi Mittal sogar bei 2,4 Milliarden Dollar. [173]

Sportliche Mega-Events

Amateur-Fanatikern unter den Olympioniken hätte es sicher nicht gefallen, dass Sportler unter der Kategorie *Celebrities* im Unterhaltungs-
geschäft angesiedelt werden – genau das aber ist der Status, den Sport
in der heutigen Gesellschaft besitzt. Von der Militärerziehung sind wir
über den Pseudo-Amateurismus des IOC wieder dort angelangt, wo
wir in der römischen Antike auch schon waren: im Showgeschäft. Und
tatsächlich kann man beobachten, dass die großen Sportereignisse
eine Dimension erreicht haben, die über das bloße Geschehen auf dem
Rasen weit hinausgeht. Bei den Mega-Events geht es um Millionen und
manchmal inzwischen sogar um Milliarden Dollar. Entsprechend heftig ist die Konkurrenz um Austragungsorte und Verwertungsrechte,
Auseinandersetzungen, bei denen einzelne Orte oder sogar Länder gegen den Machtanspruch der Sportverbände chancenlos erscheinen.
Das IOC oder die FIFA schreiben inzwischen den Zuschauern in den
Stadien vor, was sie trinken müssen oder essen dürfen. Die Endver-
braucher (wir) nehmen dies – wenn auch murrend – hin, weil es uns
naiverweise immer noch um das Sportereignis selbst geht. Welche
Funktion haben diese Mega-Events? Man liegt kaum daneben, wenn
man alle Überlegungen, die es zu den antiken Zirkusspielen gibt, auf
unsere eigene Zeit überträgt, doch wie man der Erforschung der Mega-
Events entnehmen kann, gibt es noch weitere.[174]

Ein Mega-Event wird dadurch definiert, dass große Zuschauerzahlen erreicht und große Finanzströme in Bewegung gesetzt werden.
Im Fall der Olympiade von Athen 2004 waren dies z. B. 35 000 Sende-
stunden im Fernsehen mit kumulativ geschätzten 40 Milliarden Zuschauern – ein Zuwachs von 27 % gegenüber der vorhergehenden
Olympiade von Sydney 2000. Die dazwischen gelegene FIFA-WM
sendete 41 000 Stunden in 213 Länder und kam auf eine kumulative
Zuschauerschaft von 29 Milliarden. Solche Zahlen wären noch 20 Jahre
früher undenkbar gewesen. Verantwortlich für diese Entwicklung
waren die veränderten technischen Möglichkeiten, vor allem das Satel-
litenfernsehen. Weltweite Fernsehübertragung gibt es seit den Olympischen Spielen von Rom 1960, sie kosteten damals den Betrag von
heute lächerlich erscheinenden 0,4 Mio. Dollar. Seither generierten
sich die Einnahmen der Veranstalter in zunehmendem Maß aus dem

Verkauf von Fernsehrechten. Noch bei den Spielen in Mexico City 1968 hatte die amerikanische Firma ABC 4,5 Mio. Dollar für die Übertragungsrechte allein in die USA bezahlt. Schon in Seoul 1988 lag der Preis dafür bei 330 Mio. Dollar, für Europa bei 30 Mio. Dollar und für Kanada bei 4 Mio. Dollar. Bei den Spielen in Peking 2008 hatten sich die Einnahmen bzw. die Kosten vervielfacht, jetzt brachten die USA 894 Mio. Dollar, Europa 443 Mio. Dollar, Kanada 45 Mio. Dollar ein. Für die Übertragungsrechte von London 2012 zahlt allein die TV-Gesellschaft NBC für die USA 1,2 Milliarden Dollar. IOC-Präsident Jacques Rogge rechnet mit Gesamteinnahmen aus TV-Rechten von 3,5 Milliarden Dollar. Das finanzielle Gesamtvolumen errechnet sich wie folgt: Die TV-Rechte machten bei den letzten Spielen 53 % aus, 34 % entfallen auf Sponsoren-Einnahmen (Coca-Cola, Kodak, VISA, Panasonic etc.), nur mehr 11 % auf den Ticketverkauf und 2 % auf Merchandising (nach offizieller Homepage des IOC aber abweichend davon 47/45/5/3 %). Andere Ursachen für das rasche Wachstum der Mega-Events sind die Vermarktungsallianz von Sport, Medien und Business, welche den Profisport in den letzten Jahren revolutioniert hat, sowie drittens das Interesse der Austragungsorte.[175]

Die Sportsoziologin Kimberley S. Schimmel hat die These aufgestellt, dass es bei der Konkurrenz von Städten um die Austragung von sportlichen Mega-Events letztlich gar nicht um den Sport selbst geht, sondern um Zukunftschancen. Eine Stadt wie Salt Lake City war vor dem Zuschlag zur Ausrichtung der Olympischen Winterspiele 2002 gewissermaßen gar nicht auf der Landkarte, seit ihrer erfolgreichen Durchführung spielt sie in einer anderen Liga und gilt als Mitbewerber um weitere Großereignisse. Schimmel spricht in Anlehnung an Clifford Geertz von Deep Play, da hinter dem vordergründig irrationalen Verhalten – eine Stadt in finanziell angespannter Lage bewirbt sich um ein Großereignis, bei dem sie viel Geld verliert – die Hoffnung steht, dass sich dies an anderer Stelle auszahlt. Das investierte Kapital wird zunächst umgesetzt in symbolisches Kapital: Im besseren Fall ermöglicht die erfolgreiche Bewerbung einer Stadt die Finanzierung von allgemeinen Infrastrukturmaßnahmen (z. B. U-Bahnbau), stadtplanerischen Großprojekten (z. B. Entwicklung eines neuen Stadtviertels) und den Bau großer Sportanlagen. Im Idealfall ziehen die Investitionen weitere Mega-Events an und dienen der Stadt zur Weiterentwicklung. Sport bedeutet also Stadtentwicklung, Erhöhung der Attraktivität in einer natio-

nalen oder globalen Städtehierarchie, die Beeinflussung von Investoren-
entscheidungen, Standortverbesserung, Industrieansiedlung, Erhöhung
der Übernachtungskapazitäten, Kulturmarketing etc. Im allergünstigs-
ten Fall haben sogar die Einwohner der Stadt selbst etwas davon, nachdem sie jahrelang gequält wurden durch Baulärm, Preissteigerungen,
verstärkte Sicherheitsmaßnahmen, das Verschwinden gewohnter Nach-
barschaften, Verzerrungen des Immobilienmarktes etc. Eine Gefahr besteht freilich darin, dass Großstadien in urbane Milieus hineingesetzt
werden, deren Einwohner sich die Eintrittskarten nicht leisten können
und die durch höhere Besteuerung für Entwicklungen bezahlen, von
denen sie nichts haben.[176]

Ein weiterer Aspekt, der immer noch bei der Vergabe der Spiele
eine Rolle spielt, darf nicht übersehen werden, nämlich der Aspekt der
Anerkennung. Die Vergabe der Sommerspiele an Peking 2008 wurde
in China als Signal für die internationale Anerkennung des Landes
empfunden, für seine sprunghaft angestiegene ökonomische Leistungskraft und auch für sein international stark gewachsenes politi-
sches Gewicht. Vermutlich wollte das IOC dieses Signal bei seiner Entscheidung im Jahr 2001 auch aussenden, ganz sicher aber wurde es von
der chinesischen Führung – und wohl auch von der Bevölkerung – so
wahrgenommen, zumal Chinas Selbstbewusstsein in der Zwischen-
zeit noch einmal erheblich zugenommen hatte.[177] Hinzu kommt, dass
der allgemeine von einem sportlichen Aufstieg begleitet war. In Atlanta 1996 war China bereits auf Platz vier des Medaillenspiegels gekommen, doch weit abgeschlagen hinter den USA. In Sydney 2000
rückte China auf Platz 3 und in Athen 2004 auf Platz 2 vor, um dann bei
seinem Heimspiel 2008 die USA (36/38/36 Medaillen) von Platz 1 zu
verdrängen. Zu Hause konnte China triumphieren (51/21/28), und
man darf gespannt sein, wie diese Konkurrenz weitergeht. Der wenig
später wegen Doping-Delikten suspendierte Cheftrainer der chinesischen Schwimmer, Zhou Ming, gab dazu bereits 1997 eine Prognose
ab: «Genauso wie euch unsere Frauen dominieren, so werden euch unsere Männer in vier, fünf oder sechs Jahren dominieren, und genauso
werden wir euch in der Weltökonomie dominieren.»[178]

Im Nachhinein kann man solche Motive und eine solche Rezep-
tion auch für frühere Nominationen annehmen, angefangen mit der
Vergabe der Spiele nach Athen 1896, also an das Entwicklungsland
Griechenland an der europäischen Peripherie; nach St. Louis 1904, wo

der neue Großmachtstatus der USA zugleich mit der Weltausstellung anerkannt wurde, bevor er sich im Ersten Weltkrieg manifestierte. Bei der Vergabe an Tokio 1964, als Japan als erstes Land Asiens den Zuschlag erhielt, ist sogar ein doppeltes Motiv erkennbar: einerseits die Anerkennung der fernöstlichen Nation als Industriemacht – aber Tokio hätte ja schon 1940 die Sommerspiele ausrichten sollen, die dann wegen des Zweiten Weltkriegs und speziell wegen des japanischen Überfalls auf China im Japanisch-Chinesischen Krieg (1937–1945) ausfielen. So kam etwa zwanzig Jahre nach der japanischen Niederlage der Gesichtspunkt der politischen Rehabilitation hinzu. Von den ehemaligen faschistischen Achsenmächten war zuvor schon Italien (Rom 1960) und danach erst Deutschland (München 1972) rehabilitiert worden. Auch die Vergabe der Sommerspiele 2016 nach Rio de Janeiro könnte man unter dem Gesichtspunkt der Anerkennung sehen. Das ewige «Schwellenland» Brasilien hat wie China lange auf diese Genugtuung warten müssen, und die Spiele gehen erstmals nach Lateinamerika. Folgte man dieser Logik, dann wäre demnächst Indien dran – Wetten dürfen schon abgegeben werden.

Superlative im Stadionbau

In einer Zeit der statistischen Erfassung scheint es kein Problem zu sein, die Anzahl der Stadien weltweit zu erfassen. Nach dieser Vermessung zeigt der Weltsport Anfang des 21. Jahrhunderts folgendes Bild:

Geographische Verteilung der Sportstadien

Kontinent			Anzahl der Stadien
Afrika			706
Amerika	Nord[1/9]	2 860	
	Zentral	285	
	Süd	1 214	
	zusammen:		4 359
Asien			1 484[180]
Australien/Ozeanien			284
Europa			4 457[181]
			11 290

Europa erweist sich auf dem Gebiet des Stadionbaus als kleiner Riese, doch allein der Umstand, dass Deutschland (521), Spanien (432), das Vereinigte Königreich (England / Schottland / Wales / Nordirland: 367), Frankreich (332), Italien (278) und sogar Polen (193) und Finnland (186) mehr Sportstätten aufweisen als Russland (169), geschweige denn außereuropäische Industrie- und Schwellenländer wie Japan (167), China (149) oder Indien (81), zeigt, dass sich die Gewichte in den kommenden Jahrzehnten stark verschieben werden. Gemessen an der Bevölkerungszahl weist in Asien allein Südkorea (249) eine mit Europa vergleichbare Sportstättendichte auf. Weltweit übertreffen nur Brasilien (671) und natürlich bei Weitem die USA die europäischen Länder an Sportstättenzahl, wenn auch vielleicht nicht an Sportstättendichte.

Betrachtet man die zehn größten Sportstätten, dann gibt es mehrere Überraschungen: Keine davon hat etwas mit den beliebten Ballspielen oder den modernen olympischen Sportarten zu tun, sondern es handelt sich ausschließlich um Pferderennbahnen und ihr modernes Pendant, die Autorennstrecken. Hier schließt sich der Kreis zu den griechischen Agonen oder überhaupt zu den Sportarten der alten Hochkulturen: Pferde- und Wagenrennen waren die beliebtesten Sportarten im alten Griechenland und im antiken Rom – und der römische *Circus Maximus* mit seinem geschätzten Fassungsvermögen von 200 000 Zuschauern würde auch heute noch zu den drei größten Sportanlagen der Welt gehören. Genauso standen Pferde- und Wagenrennen im alten Ägypten, Persien, Indien und China, also allen Hochkulturen der Alten Welt, an erster Stelle der Beliebtheit. Zweitens wurden die größten Stadien überwiegend nicht in jüngster Zeit erbaut, sondern im mittleren Drittel des 20. Jahrhunderts, und das größte Stadion überhaupt nicht an dessen Ende, sondern an seinem Anfang. Und drittens: Europa oder England spielen in dieser Aufstellung überhaupt keine Rolle mehr.

Jahr	Land	Stadion	Zweck	Kapazität
1909	USA	Indianapolis Motor Speedway	Autorennen	250 000
1933	Japan	Tokyo Racecourse	Pferderennen	223 000
2004	China	Shanghai Intern. Circuit	Autorennen	200 000
1959	USA	Daytona Intern. Speedway	Autorennen	168 000
1959	USA	Charlotte Motor Speedway	Autorennen	167 000
1990	Japan	Nakayama Racecourse	Pferderennen	166 000
1961	USA	Bristol Motor Speedway	Autorennen	160 000
1962	Japan	Suzuka Circuit	Autorennen	155 000
2005	Türkei	Istanbul Park Circuit	Autorennen	155 000
1997	USA	Texas Motor Speedway	Autorennen	155 000

Über die Interpretation dieses Befundes kann man diskutieren. Auto-
oder Pferderennstrecken sind einfach naturgemäß größer als Fußballstadien, genauso wie das Gelände entlang eines Marathonlaufs länger
ist als bei der 100-Meter-Distanz. Entlang der langen Strecke können
sich entsprechend viele Leute aufstellen. Allerdings sitzen die Zuschauer bei den meisten dieser Sportgelände auf festen Tribünen, und
nur wenige Rennkurse verteilen sich – wie der moderne Istanbul Park
Circuit – malerisch in der Landschaft. Die Rennstrecke von Istanbul,
gelegen im asiatischen Stadtteil Tuzla, sollte in Anspielung auf das byzantinische *Hippodrom* ursprünglich *Istanbul Otodrom Circuit* heißen
und wurde zuletzt gegenwartsfreundlich umbenannt. Der Indianapolis Motor Speedway hat tatsächlich die Form eines klassischen Hippodroms, nur mit dem Unterschied, dass der Rundkurs etwas größer ist
und auch auf der Innenseite der Strecke Tribünen stehen. Sieben der
derzeit 19 in Gebrauch befindlichen Formel-1-Rennkurse, darunter die
von Shanghai und Istanbul, dazu die Strecken in Sepang (Malaysia),
Bahrain, Imola, Abu Dhabi, Südkorea und der *Buddh International Circuit* bei Neu Delhi (Indien), der 2011 mit einem Sieg von Sebastian Vettel eingeweiht wurde, sind durch den deutschen Bauingenieur und
ehemaligen Rennfahrer Hermann Tilke geplant und gebaut worden,
im Bau oder in Planung sind zwei weitere Großanlagen in den USA (in
Texas und New Jersey) und eine am Winter-Olympia-Ort Sotschi
(Russland).

Wo stehen im Vergleich dazu die Mehrzweck-National- und
Olympiastadien? Das größte Nationalstadion rangiert auf Platz 11

und steht in Nordkorea (das 1989 gebaute *Rungrado May Day Stadium* / Stadion 1. Mai, Pjöngjang). Mit einem Fassungsvermögen von 150 000 Zuschauern nimmt es eine Sonderstellung ein, die dem politischen System geschuldet ist. Die vom «großen Führer» Kim Il-Sung in Auftrag gegebene Arena wird für Aufmärsche und Feste sowie für Massengymnastik (*Arirang*) und Kunst-Vorführungen genutzt. Das Arirang-Festival fand mit über 100 000 aktiven Teilnehmern 2007 sogar seinen Weg ins Guinness-Buch der Rekorde. Das nächstgrößere Nationalstadion steht in Kuala Lumpur in Malaysia (100 000 Zuschauer) und wird vor allem als Fußballstadion genutzt. Das Nationalstadion von Australien mit der Bezeichnung *Melbourne Cricket Ground* (100 000 Zuschauer) verweist auf die wichtigste Nationalsportart des Kontinents. Selbst das erst 2008 für die Olympiade erbaute chinesische Nationalstadion in Peking fasst nur 91 000 Zuschauer, dahinter rangieren die Olympiastadien von Moskau (85 000), Rom (83 000), Istanbul (82 000), wo allerdings noch keine Olympischen Spiele ausgetragen worden sind, dann Guangdong / China (80 000), Berlin (74 000), Athen (71 000), Kiew (70 000), Seoul (70 000) und München (69 000).

Das größte Fußballstadion findet sich erst auf Platz 23 in Kalkutta, fasst 120 000 Besucher und ist damit die größte Ballspiel-Arena. In der Klasse zwischen 100 000 und 110 000 folgen zwei weitere Fußballstadien, aber bereits sechs Baseballstadien in den USA und drei weitere Nationalstadien (Kuala Lumpur, Jakarta und Melbourne). Insgesamt gibt es ca. 50 Stadien, die 100 000 oder mehr Zuschauer fassen können. Wo stehen im Vergleich dazu die einzelnen Sportarten? Aufschlussreich sind die Daten der Stadien für *American Football*, die in der Größenordnung zwischen den Auto- und Pferderennen einerseits und den National- und Fußballstadien andererseits stehen.

Größtes europäisches Sportgelände ist – von Istanbul abgesehen – mit 150 000 auf Platz 12 der Nürburgring (erbaut 1927), gefolgt von dem *Circuit de Catalunya* in Spanien (erbaut 1991) mit 140 000 auf Platz 14, also wieder zwei Autorennkurse. Die Rangfolge der Fußballstadien ist ebenfalls aufschlussreich.

Jahr	Land	Stadt	Stadion	Kapazität
1927	USA	Ann Arbor	Michigan Stadium	110 000
1960	USA	University Park[184]	Beaver Stadium	107 000
1921	USA	Knoxville/Tenn.	Neyland Stadium	102 000
1922	USA	Columbus/Ohio	Ohio Stadium	102 000
1929	USA	Tuscaloosa/Alab.	Bryant-Denny-Stadium	102 000
1924	USA	Austin	Texas Memorial Stadium	100 000
1923	USA	Los Angeles	Memorial Coliseum	94 000
1929	USA	Athens/Georgia	Sanford Stadium	93 000
1924	USA	Baton Rouge/Louis.	Tiger Stadium	92 000
1932	USA	Dallas/Texas	Cotton Bowl Stadium	92 000

Die 25 größten Fußballstadien weltweit (Fertigstellung bis 2012)[185]

Jahr	Land	Stadt	Stadion	Kapazität
1984	Indien	Kalkutta	Yuba Bharati Krirangan	120 000
1966	Mexiko	Mexico City	Aztekenstadium	105 000
1998	Malaysia	Kuala Lumpur	Bukit Jalil	100 000
1957	Spanien	Barcelona	L'Estadi (Camp Nou)	99 000
2012	Brasilien	Rio de Janeiro	Estádio do Maracanã	96 000
1989	Südafrika	Johannesburg	FNB-Stadion	95 000
2009	Südafrika	Johannesburg	Soccer City Stadium	91 000
1971	Iran	Teheran	Azadi Stadium	90 000
2007	UK	London	(Neues) Wembley	90 000
1962	Indonesien	Jakarta	Gelora Bung Karno	88 000
2006	Ägypten	Alexandria	Borg-el-Arab Stadium	86 000
1956	UdSSR/Rus.	Moskau	Luschniki-Stadion	85 000
1974	Deutschland	Dortmund	Signal Iduna Park	81 000
1927	Italien	Mailand	Stadio Giuseppe Meazza	80 000
1947	Spanien	Madrid	Santiago Bernabéu	80 000
1976	USA	New York	Giants Stadium	80 000
1959	Italien	Neapel	Stadio San Paolo	78 000
1910	UK	Manchester	Old Trafford	76 000
2012	Brasilien	Brasília	Estádio Nacional	76 000
1916	Argentinien	Buenos Aires	El Gasómetro	75 000
2011	Spanien	Valencia	Nou Mestalla	75 000
1960	Ägypten	Kairo	Kairo Intern. Stadium	74 000
1936	Deutschland	Berlin	Olympiastadion	73 000
1953	Italien	Rom	Stadio Olimpico	73 000
1950	UdSSR/Rus.	St. Petersburg	Kirov/Zenit	72 000

Die immer bis auf den letzten Platz ausverkaufte Allianz-Arena des
FC Bayern München, die noch hinter Stadien in Athen, Turin, Yoko-
hama, Täbris (Iran), Kiew (Ukraine), Bandung (Indonesien) und Dur-
ban (Südafrika) liegt, war mit ca. 69 000 Zuschauern offenbar von
vornherein zu gering dimensioniert. In Brasilien wirft die WM bereits ihre Schatten voraus: Für die Jahre 2013–2015 ist die Fertigstellung weiterer Stadien mit einem Fassungsvermögen von ca. 70 000
Zuschauern in São Paulo und Belo Horizonte geplant.
Nicht uninteressant sind auch die Abweichungen vom allgemeinen Bild. Denn nicht alle Länder halten Auto- und Pferderennen, Football oder Fußball für die wichtigsten Sportarten. Ein weiteres Cricket-
Stadion in Kalkutta schiebt sich mit immerhin 93 000 Plätzen zwischen
die weltweit größten Stadien. In Australien spielt neben Cricket auch
noch der Australian Football (ANZ Stadium, Sydney, 84 000) eine
Rolle. In London ist das Twickenham-Stadion für Rugby mit 82 000 Zuschauern zwar kleiner als Wembley, aber immer noch größer als das
neue Olympiastadion für die Spiele in London 2012. Das *Sambadrom*
von Rio de Janeiro, eine Tribünenstraße für die Parade der Samba-
schulen, fasst immerhin 75 000 Zuschauer. In Norwegen ist das Skisprungstadion am Holmenkollen mit 55 000 Zuschauern mehr als doppelt so groß wie die größten Fußballstadien des Landes, zwei weitere
Skisprungstadien in Lillehammer und Trondheim liegen auch noch
davor. In Finnland ist das Skisprungstadion von Salpausselkä (60 000
Zuschauer) gar mehr als dreimal so groß wie das größte Fußballstadion. Auto- und Pferderennkurse gibt es in beiden Ländern nicht. Im
kleinen Lettland dient die *Arena Riga* als größtes Stadion (13 000) dem
Eishockey. In dem kleinen Ländchen Moldau gibt es ebenso wie in Rumänien nur Fußballstadien. In Irland dienen die drei größten Stadien,
darunter der *Croke Park* in Dublin (82 000), dem Hurling, dem Rugby
und dem Gaelic Football. In Schottland ist das größte Stadion (Murray-
field, Edinburgh) dem Rugby (67 000) gewidmet, doch alle anderen Stadien dienen dem Fußball.[186]

Breitensport

Wenigen Lesern wird erinnerlich sein, dass die Versportlichung unserer Alltagskultur noch nicht so lange zurückliegt. Zwar kam durch den Schulsport seit dem Ende des 19. Jahrhunderts beinahe jedes Kind in Europa mit sportlichen Aktivitäten in Berührung. Über den Betriebssport erreichen bestimmte Sportarten auch gesellschaftliche Schichten, die früher davon ausgeschlossen waren. Und der Vereinssport entwickelte sich seit Beginn des 20. Jahrhunderts rasant und stieß vor allem bei den jeweiligen Nationalsportarten auf breite Akzeptanz. In Europa bedeutet das – wie ein Blick auf die Statistiken zeigt – vor allem Fußball. Signifikant ist die Entwicklung des Dachverbandes aller Fußballvereine, des Deutschen Fußball-Bunds (DFB). Im Jahr 1900 gegründet, stieg die Anzahl der dort organisierten Vereine bis 1990 kontinuierlich auf knapp über 25 000 und stagnierte dann auf diesem Niveau. Die Vereine erreichten 1925 ca. 1 Mio. Mitglieder und mit einem kontinuierlichen Anstieg trotz zweier Weltkriege 1960 2 Mio. Bereits 1970 war man bei 3 Mio. und 1990 bei 5 Mio. Im Januar 2011 ist man bei knapp unter 7 Mio. Mitgliedern in 177 000 Mannschaften angekommen. Beinahe jeder zehnte Bewohner Deutschlands, der laufen kann, ist Mitglied eines Fußballvereins.[187] Der DFB repräsentiert mehr Mitglieder als die Vereine aller anderen Sportarten zusammen.

Um 1900 legten sich viele Turn- und Sportvereine Fußballabteilungen zu, hundert Jahre später ist es genau umgekehrt. Die weltweit mitgliederstärksten Sportvereine – soweit Zahlen vorliegen – sind heute Benfica Lissabon (ca. 218 000 Mitglieder) vor dem FC Barcelona (ca. 173 000), dem FC Bayern München (ca. 171 000) und Manchester United (ca. 151 000). Auch große internationale Clubs wie der 1868 gegründete *New York Athletic Club*, dessen Mitglieder über 230 olympische Medaillen gewonnen haben und der zahlreiche Freizeitsportarten anbietet, kommen nur auf ca. 8600 Mitglieder.[188]

Neben dem Vereinssport gibt es schon seit Ende des 19. Jahrhunderts die Idee des vereinsfreien Sports im Kontext der Lebensreformbewegung, die Bewegung an freier Luft oder wenigstens bei offenem Fenster empfahl und regelmäßige Bewegung als Voraussetzung für Schönheit und Gesundheit betrachtete. Sport war Mitte des Jahrhunderts über die Sportvereine breit in der Gesellschaft verankert – und

Breitensport: Gymnastik im Münchner Westpark, 15. 6. 2004

behielt doch etwas Sektiererisches. Die Vereinsmeierei erschien auch im Sportbereich als altväterlich, und die Sportklamotten – vom Trainingsanzug bis zur Bergsteigerkluft – wirkten irgendwie altmodisch. Noch die Studentenbewegung mit ihren Ideologen aus der Frankfurter Schule betrachtete die ganze Sportbewegung als raffiniertes Repressionsinstrument des Spätkapitalismus. Erst in den 1980er Jahren gewann «Sportivität» eine vermehrte Attraktivität und stellte sich dar als «neues, umfassendes Leitmuster unserer Alltagskultur».[189]

Für den Breitensport ist seitdem charakteristisch, dass er wellenartig in bestimmten Kampagnen oder Moden über die Gesellschaft hereinbricht. Eine solche Welle wurde 1970 im Vorfeld der Olympiade von München 1972 gezielt durch den Deutschen Sport-Bund (DSB) losgetreten, als mit der Aktion *Trimm dich – durch Sport* zusammen mit der deutschen Wirtschaft gezielt gegen Übergewicht und Kreislauferkrankungen vorgegangen werden sollte. Dafür wurden Hunderte von *Trimm-dich-Pfaden* und in der Schweiz *Vita-Parcours* angelegt, die die Möglichkeit zum Ausgleichssport bieten sollten. 1972 lag der Bekanntheitsgrad dieser Aktion in der deutschen Bevölkerung immerhin bei 94 %. Wenig später schwappte die *Jogging*-Bewegung über den Atlantik, die Anfang der 1960er Jahre durch den neuseeländischen Trainer Arthur Lydiard etabliert und wenig später durch den Leichtathletiktrainer Bill Bowerman in die USA transferiert wurde. Als Mitbegründer des Sportartikel-Konzerns *Nike* – der sich den Namen der antiken Siegesgöttin als Marken-Label aneignete – erfand Bowerman auch gleich den passenden Laufschuh dazu. In Deutschland wurde die Mode von dem Laufdoktor Ernst van Aaken propagiert, dessen Schicksal auch gleich auf die Gefahren hinwies: beim Lauftraining wurde er von einem Auto erfasst und musste sich beide Beine amputieren lassen.[190]

In den 1980er Jahren beschäftigte *Aerobic* die Phantasien, eine Art dynamisches Fitnesstraining, bestehend aus Gymnastik und Tanz, das nicht nur verstärkt Frauen ansprach, sondern auch mit dem Merchandising eines modernen Outfits einherging. Den Namen erhielt es von seinem Erfinder, dem Sportmediziner Kenneth H. Cooper aus Oklahoma City, der 1970 als Fußballtrainer Brasilien zum Weltmeistertitel führte. Sein Buch über Bewegungsübungen zur Stärkung der Atmungsorgane (*Aerobics*) erschien in Deutschland unter dem wenig attraktiven Titel *Bewegungstraining* und verkaufte sich trotzdem mehrere Hunderttausend Mal,[191] vor allem nachdem die attraktive Schauspielerin Jane Fonda ab 1982 Aerobic als ihr Gymnastikprinzip bewarb und zur internationalen *Fitnessqueen* aufstieg. Mit ihren Aerobic-Videos und Missionarinnen in vielen Städten weltweit sprach sie junge Frauen an.[192] Etwa gleichzeitig setzte der Boom des *Bodybuilding* ein, das ebenfalls durch einen Filmstar – nämlich Arnold Schwarzenegger – propagiert wurde. Der Fitnessboom, der durch solche körperorientierten Moden ausgelöst wurde, führte zu einer Gründungswelle von *Fitnessstudios*. Die Beschäftigung mit dem eigenen Körper und die Optimierung seiner Proportionen, auch das private Gesundheitstraining gemäß esoterischen Kategorien wie einem angeblich aussagekräftigen *Body-Mass-Index* haben im Zuge einer erweiterten Sinnsuche bereits religiöse Züge angenommen. Mit annähernd 7000 Studios erreichte die Fitnessbewegung 2009 in Deutschland praktisch eine flächendeckende Versorgung der Bevölkerung. Und mit 6,3 Mio. Mitgliedern hat die Fitnesskirche inzwischen beinahe so viele Mitglieder wie der DFB, der mit 6,7 Mio. nur noch leicht in Führung liegt.[193] Wenn man in Rechnung stellt, dass der monatliche Mitgliedsbeitrag um einiges höher liegt als in einem Fußballverein, kann man die Relationen noch in einem anderen Licht sehen.

Olympia in Perspektive

Ewige Bestenlisten

Olympische Spiele zeigen immer nur einen Ausschnitt aus dem Sport-geschehen, aber sie geben doch im Vergleich zu anderen Veranstaltun-gen den umfassendsten Ausschnitt. Viele Olympiasieger – man denke an Cassius Clay / Muhammad Ali – zählten später in ihren Sportarten zu den erfolgreichsten Sportlern. Die Frage, wer die erfolgreichsten Athleten bei den Olympischen Spielen der Neuzeit waren, ist in gewis-ser Weise unfair, weil Sportler in manchen Sportarten leicht in mehre-ren Wettbewerben antreten können – etwa bei den Schwimmern – und in anderen Disziplinen diese Möglichkeit nicht besteht. Sieht man ein-mal von diesem Einwand ab und auch von der Tatsache, dass manche Spitzensportler ihr Leistungshoch nicht während der zwei Wochen der Spiele, sondern irgendwo in den vier Jahren zwischen zwei Spielen erleben, so wird man dennoch zugestehen, dass das Gewinnen gleich von mehreren Medaillen nicht ohne Aussagekraft ist. Wer sind also die größten olympischen Helden? Mit weitem Abstand an erster Stelle steht der Ausnahmeschwimmer Michael Phelps aus den USA, der bei zwei (2004–2008) Olympiaden 14 Goldmedaillen und 2 Bronzemedail-len gewinnen konnte – in der Nationenwertung aus allen 47 Sommer- und Winterspielen würde er damit knapp hinter Argentinien auf Platz 37 liegen, bei der Nationenwertung der Spiele von Peking 2008 stünde er hinter Australien auf Platz 8. An zweiter Stelle steht die heute in Japan lebende Ukrainerin Larissa Latynina, die bei drei Olympiaden (1956–1964) für die Sowjetunion nicht weniger als 16 Medaillen – dar-unter 9 goldene – gewinnen konnte, nämlich im Bodenturnen, Pferd-sprung (Voltigieren), Stufenbarren, auf dem Schwebebalken, dazu im Achtkampf, im Mannschaftswettbewerb und in der Gruppengymnas-tik. Eine Frau hat also bis heute die meisten olympischen Medaillen gewonnen. Ebenfalls neun Goldmedaillen gewannen der finnische Ausnahmeläufer Paavo Nurmi, der US-Schwimmer Mark Spitz und der vielseitige US-Leichtathlet Carl Lewis, der außer in diversen Lauf-disziplinen bei nicht weniger als vier Olympiaden im Weitsprung brillierte und mit 8,87 m beinahe an den Weltrekordsprung von Bob Beamon heranreichte. Mit einer solchen Weite hätte er auch die Wett-

Platz	Land	Gold	Silber	Bronze	Gesamt
1	USA	932	730	640	2302
2	UdSSR / Russland	549	458	439	1446
3	Deutschland	400	413	448	1261
4	UK	207	255	252	714
5	Frankreich	191	212	234	637
6	Italien	190	156	174	520
7	China	163	117	105	385
8	Ungarn	159	141	159	459
9	Schweden	142	159	174	475
10	Australien	134	141	169	444

bewerbe aller nachfolgenden Spiele gewonnen. Beamon hält nach wie vor den olympischen Rekord, der Weltrekord wurde allerdings 1991 von Mike Powell geholt, der sich bei den Olympischen Spielen immer hinter Carl Lewis einreihen musste.

An sechster Stelle steht mit Björn Daehlie der erfolgreichste Wintersportler. Der Norweger holte acht Goldmedaillen bei drei Olympischen Spielen (1992–1998) im Skilanglauf (Verfolgung, 10 km, 50 km, Staffel) und viermal Silber. Seine Karriere musste er beenden, weil er bei der Vorbereitung auf seine vierten Spiele einen Rollskiunfall hatte. Gleichauf mit ihm steht als beste Deutsche die Kanutin Birgit Fischer, die anfangs für die DDR und später für das vereinte Deutschland bei nicht weniger als sechs Olympischen Spielen antrat und jedes Mal wenigstens eine Goldmedaille gewann (1980–2004: 8 / 4 / 0: 12). Vermutlich wäre ihre Ausbeute noch größer, wäre sie nicht von dem ostdeutschen Olympiaboykott der Spiele in Los Angeles betroffen gewesen. Ebenfalls auf acht Goldmedaillen kamen der Japaner Sawao Kato im Kunstturnen (1968– 1976: 8 / 3 / 1: 12) sowie die US-Amerikanerin Jenny Thompson, die nie eine Medaille im Einzelwettbewerb gewinnen konnte (1992–2004: 8 / 3 / 1: 12), und der US-Amerikaner Matt Biondi im Schwimmen (1984– 1992: 8 / 2 / 1: 11).

Vor allem bei den größeren Ländern war das nationale Ranking am Ende der Olympischen Spiele immer von Bedeutung. Liberale Zeitungen versteckten sie in den letzten Jahren verschämt, und linke drucken sie gar nicht ab, aber solange sich die Menschen dafür interessieren, werden sie nicht verschwinden. Und warum sollten sie auch? Seit ihrer Entstehung sind Nationen Identitätsmarker, und Menschen orientieren sich daran und wollen wissen, wo sie stehen. Man kann Rankings abstoßend oder unnötig finden, aber aussagekräftig erscheinen sie allemal. Nur, wofür eigentlich?

Erst auf Platz 11 (Sommerspiele) folgt Japan (123 / 112 / 125: 360), auf Rang 14 die Niederlande (71 / 79 / 96: 246), von den weiteren deutschsprachigen Ländern folgen auf Platz 22 die Schweiz (45 / 71 / 65: 181) und auf Rang 34 Österreich (18 / 33 / 35: 86). Weiter seien noch genannt auf Platz 26 die Ringernation Türkei (37 / 23 / 22: 82), auf Rang 29 Griechenland (30 / 42 / 36: 108), auf Rang 31 das Läuferland Kenia (22 / 29 / 24: 75) und auf Platz 76 das kleine Luxemburg (1 / 3 / 0: 4), dessen einzige Goldmedaille der Läufer Josy Barthel in Helsinki 1952 über 1500 m holen konnte. Würde die Goldmedaille des Luxemburgers Michel Théato in Paris 1900 nicht Frankreich zugerechnet, würde Luxemburg schlagartig auf Rang 69 vorrücken. Letzte Nation mit einer Goldmedaille sind auf Platz 88 die Vereinigten Arabischen Emirate (1 / 0 / 0: 1), deren Schütze Scheich Ahmed bin Hasher Al Maktum, ein Mitglied des Königshauses von Dubai, der allein auf seinem privaten Schießgelände trainiert, in Athen 2004 im Doppeltrapschießen gewann. Die Medaillenliste endet mit Platz 115, auf dem sich nicht weniger als zwölf Nationen drängen, die einmal eine Bronzemedaille gewonnen haben (0 / 0 / 1), darunter Afghanistan, Bermuda, Dschibuti, Eritrea, der Irak, Kuwait, Mauritius, Niger und Togo. Insgesamt wurden von 1896 bis 2008 nicht weniger als 16 324 Medaillen vergeben.[194]

Die Winterspiele

Olympische Winterspiele gibt es erst seit Chamonix 1924, allerdings wurden seit Paris 1900 im Rahmen der Olympischen Spiele bereits Winterdisziplinen ausgetragen. Erst mit der Einführung der Winterspiele wurden die allgemeinen Spiele zu Sommerspielen. Die Unterscheidung ist ohnehin nicht leicht zu treffen, denn Hallensportarten wie Turnen oder Eislaufen kann man genauso gut im Winter wie im Sommer stattfinden lassen. Bei den Wintersportarten kommen neben der Sportförderung in der UdSSR, den USA und Deutschland traditionelle Stärken bestimmter Länder zum Ausdruck. Norwegen ist das Land mit der längsten Skitradition, dort wurden die moderne Skibindung und das *Telemarking* erfunden. Der bislang erfolgreichste Wintersportler ist der Norweger Björn Daehlie mit acht Goldmedaillen im

Skilanglauf (1992–1998: 8 / 4 / 0: 12). Im ebenfalls in Norwegen erfundenen Biathlon gewann der Norweger Ole Einar Björndalen gar elf Medaillen, darunter 6-mal Gold (6 / 4 / 1: 11) in Nagano 1998, Salt Lake City 2002 und Vancouver 2010, dazu noch 16-mal Gold bei Weltmeisterschaften.

An dritter und vierter Stelle des Medaillenspiegels kommen zwei Russinnen, die Skilangläuferin Ljubow Jegorowa und die Eisschnellläuferin Lidija Skoblikowa, vor der ersten Deutschen: Dies ist immer noch die zeitweise durch Dopingvorwürfe gehandicapte Berlinerin Claudia Pechstein, die eine Olympiade versäumen musste. Von 1924 bis 1952 gewannen auf der Großschanze im Skispringen überhaupt nur Norweger, von 1980 bis 1992 nur Finnen. Der erfolgreichste «alpine» Skiläufer aller Zeiten ist der Norweger Kjetil André Aamodt, der vier Goldmedaillen und vier weitere Medaillen bei vier Winterspielen gewann, von Albertville 1992 bis Turin 2006. Die skandinavischen Länder und die Niederlande haben eine lange Tradition im Eislaufen, Kanada hat traditionelle Wintersportarten wie das Eishockey und dominierte es von 1920 bis 1952, bevor die Sowjetrussen übernahmen. Selbst kurz nach dem Zerfall der Sowjetunion gewann 1992 noch einmal das Team der Nachfolgestaaten – danach nie wieder. Für Italien kamen beim Wintersport – von Ausnahmefahrern wie dem immer etwas übergewichtigen *Tomba la bomba* (3 / 2 / 0) Alberto Tomba aus Bologna einmal abgesehen – die besten Sportler aus dem Alpenraum. Die zehn vordersten Plätze gehen an Länder, die an den Alpen oder nahe am Polarkreis liegen. Allerdings: Die erfolgreichste Skiläuferin Janica Kostelić mit ihren vier Goldmedaillen (Salt Lake City 2002, Turin 2006) ist Kroatin – die erste Kroatin, die jemals eine Medaille bei Winterspielen gewann. Und auch bei den Winterspielen warten schon die asiatischen Aufsteiger, die bereits – außer den Niederlanden – alle europäischen Länder überrundet haben, auf die das genannte Kriterium nicht zutrifft. Die Zahl der teilnehmenden Länder ist bei den Winterspielen mangels Trainingsmöglichkeit und Tradition viel gerin ger als bei den Sommerspielen. Und es gehört keine prophetische Gabe zu der Prognose, dass hier auch in Zukunft Länder wie Äthiopien oder Kenia keine Rolle spielen werden.

Als Zuschauer bei Sportsendungen hat man den Eindruck, die Skiwettbewerbe würden grundsätzlich von Österreichern gewonnen – jahrelang konnte man immer nur von dem Kärntner Franz Klammer oder der Salzburgerin Annemarie Moser-Pröll hören, dazwischen auch einmal von einigen Schweizer oder norwegischen und natürlich von sowjetrussischen Olympioniken. Die «Skination» Österreich bringt es seit Jahrzehnten fertig, dominierende Skiläufer und -springer wie am Fließband hervorzubringen. In der deutschen *Sportschau* heißt es dann bei der Vierschanzentournee, der Österreicher – zuletzt Gregor Schlierenzauer – habe sich mit einem überraschend langen Sprung an die Spitze gesetzt (vor drei bis fünf anderen Österreichern und einem Japaner), während der beste deutsche Springer noch einen «sehr guten» 15. Platz belegen würde. Allerdings geht es hier um den Weltcup, bei den Olympischen Spielen sieht es anders aus. Von den 25 Abfahrtssiegen Klammers fand nur einer bei den Spielen statt, weil er der unseligen Amateurregel zum Opfer fiel. Erfolgreichster österreichischer Olympionike ist Felix Gottwald, der in der Nordischen Kombination bei drei Spielen sieben Medaillen holte (3/1/3), gefolgt von dem Abfahrtsläufer Toni Sailer, der 1956 dreimal Gold gewann, sowie dem Skispringer Thomas Morgenstern (beide 3/0/0). Am erfolgreichsten für die Schweiz war der Skispringer Simon Amman (4/0/0), der allerdings von dem «Sommer»-Turner Georges Miez mit (4/3/1) in den Schatten gestellt wird. Erfolgreichste Schweizer Athletin ist die Skifahrerin Vreni Schneider.

In der Akkumulation ergibt sich für die Winterspiele folgendes Bild – mit einer überraschenden Platzierung Österreichs und Deutschlands:

«Ewiger Medaillenspiegel» der Olympischen Winterspiele

Platz	Land	Gold	Silber	Bronze	Gesamt
1	Deutschland	128	129	101	358
2	Russland	123	92	93	308
3	Norwegen	107	106	90	303
4	USA	87	95	71	253
5	Österreich	55	70	76	201
6	Kanada	52	45	48	145
7	Schweden	48	33	48	129
8	Schweiz	44	37	46	127
9	Finnland	41	59	56	156
10	Italien	37	32	37	106
11	Niederlande	29	31	26	86
12	Frankreich	27	27	40	94
13	Südkorea	23	14	8	45
14	China	9	18	17	44
15	Japan	9	13	15	37

Auch hier muss man in Rechnung stellen, dass die Sowjetunion bis Cortina d'Ampezzo 1956 nicht an den Winterspielen teilgenommen hat und dass Deutschland von zwei Spielen ausgeschlossen war (Chamonix 1924, St. Moritz 1948). Wenn man sich von der Überraschung über die Spitzenstellung der deutschen Wintersportler erholt hat, dann fallen einem doch einige Athleten ein, die z. B. im Bobfahren und Rodeln wie der Berchtesgadener Georg Hackl zuverlässig Siege einfuhren. Dies betrifft vor allem auch Ski-Sportlerinnen: *Gold-Rosi* Mittermaier, die Allgäuer Dreifachsiegerin Katja Seizinger oder jüngst die Garmischerin Maria Riesch, alle Sympathieträgerinnen, nicht zuletzt wegen ihrer erfrischenden Antworten auf Reporterfragen wie: «Ja, wie haben Sie denn das gemacht, dass Sie dieses Rennen so souverän gewonnen haben?» – «Jo do hob i mi auf d'Ski aufegstäit, und dann bini einfach obagfoan.» Was soll man auch nach einem atemraubend anstrengenden Rennen antworten?

Die Winterspiele in Sotschi 2014 waren einige Zeit lang politisch umstritten. Zwar ist die Absicht des IOC verständlich, Russland nach den Boykottspielen von Moskau 1980 und einer vergeblichen Bewerbung für die Winterspiele von 2002 endlich zum Zuge kommen zu lassen, aber eine Hafenstadt an der subtropischen Schwarzmeerküste scheint dafür prima vista wenig geeignet. Im Hinterland erheben sich zwar die eindrucksvollen Gipfel des Kaukasus, doch just dort kommt es seit dem Zusammenbruch der Sowjetunion immer wieder zu Diadochenkriegen zwischen Russland, Georgien, Aserbeidschan und Armenien. Der Krieg um die abtrünnige georgische Provinz Abchasien, die zu Russland gehören möchte, spielte vor der Haustür Sotschis. Historisch hat dieser Teil der Schwarzmeerküste ein Jahrtausend lang zu Georgien gehört, im 15. Jahrhundert wurde es von den Osmanen erobert und erst 1829 im Frieden von Adrianopel an Russland abgetreten. 1838 wurde hier eine russische Festung gegründet und die darum entstandene Siedlung 1896 in Sotschi umbenannt. Während der Oktoberrevolution besetzte Georgien den Badeort. Nach der Rückeroberung durch die Rote Armee wurde die georgische Bevölkerung vertrieben, und Sotschi wurde zum Kurort Stalins und danach zum Ferienparadies der Russen ausgebaut. Bisher ist die Stadt wegen ihrer Sommersportanlagen bekannt, die Tennisschule brachte die ehemalige Tennis-Weltranglistenerste Maria Scharapowa hervor. Der Erholungsort Sotschi soll nach den Winterspielen planmäßig zum Schauplatz weiterer Mega-Events ausgebaut werden. Als Erstes folgen 2014 die Winter-Paralympics, ab 2015 jährlich der Große Preis von Russland in der Formel 1. Nächstes Großereignis wird die Fußball-WM 2018 sein. Der Ausbau von Sotschi zur Event-Hauptstadt steht im Mittelpunkt des Plans zu einer Umformung und Erneuerung der gesamten Großregion Krasnodar. Die Zahl der Wettbewerbe wird in Sotschi von 86 in Vancouver 2010 auf 92 ansteigen. Neu im Programm sind Teamwettbewerbe im Rennrodeln und im Eiskunstlaufen, für Alpinski, *Slopestyle* – eine Mischung aus *Freeskiing* und *Snowboarden* in einem Hindernisparcours – sowie *Snowboard* sein, außerdem eine Mixed-Staffel im Biathlon, Frauen-Skisprung und Ski-*Halfpipe* für Frauen und Männer. Die Goldfavoritin für Sotschi, Sarah Burke, wurde von den Gefahren ihrer Sportart eingeholt. Der Lobby-Arbeit der sympathischen Kanadierin, Freeski-Pionierin und sechsmaligen Gewinnerin der *X-Games*, war es wesentlich zu verdanken, dass die Freeski-Disziplinen Halfpipe und Slopestyle in Sotschi olympisch geworden sind. Doch Mitte Januar 2012 ereilte sie bei einem «harmlosen» 540-Grad-Sprung beim Training in der Halfpipe von Park City der Tod. Nachdem sie sich schon 2009 bei einem Slopestyle-Contest eine Rippe gebrochen hatte – «Das gehört dazu, jeder verletzt sich mal», hieß es damals von ihr –, schlug sie diesmal so schlimm mit dem Kopf auf dem Eis auf, dass sie nicht mehr aus dem Koma erwachte und nach neun Tagen mit einem irreversiblen Hirnschaden aufgrund von Sauerstoff-Unterversorgung und Blutmangel in Salt Lake City infolge Herzstillstands verstarb. War dies nur Pech? Zwei Jahre zuvor erlebte in derselben Trainingsstätte der US-Snowboarder und Olympiafavorit Kevin Pearce einen lebensgefährlichen Sturz.[195] Die Freeski-Wettbewerbe leben wie das wieder abgesetzte *Speedracing* vom Kick des Risikos, und es steht natürlich jedem frei, solche Risiken einzugehen. Die Frage ist aber, ob solche Risiken zum Gegenstand der Sportförderung werden müssen und ob die hohen Verletzungsgefahren noch über eine allgemeine Krankenversicherung abgesichert sein können. «Bei einem der unseligen Kampfspiele, einem gefährlichen Vergnügen, dem er sich allzuoft hingab, wurde er unglücklich getroffen und starb», so hatte der Mönch Berthold in seiner *Zwiefalter Chronik* über den Turniertod des Heinrich von Habsburg berichtet,[196] und so müssen Zeitungen von den Extremsportarten unserer Tage berichten.

Die 30. Olympischen Sommerspiele von London 2012

London ist die einzige Stadt der Welt, die zum dritten Mal die Olympischen Spiele austragen darf. Wenn sich die Welt 2012 in London trifft, dann wird dies das Verdienst eines der wenigen olympischen Spitzensportler sein, die England in der zweiten Hälfte des 20. Jahrhunderts hervorgebracht hat. Der in London geborene Sebastian Coe, der acht Weltrekorde im Mittelstreckenlauf aufstellte und vier Olympiamedaillen errang, holte als Vorsitzender des Bewerbungskomitees die 30. Olympischen Sommerspiele nach London und ist als Chef des Organisationskomitees auch für ihre Durchführung zuständig.

Bei der ersten Londoner Olympiade 1908 scheint die Wahl Londons als Austragungsort im Nachhinein beinahe als zwingend, war Großbritannien doch damals im Weltsport führend. Den Zuschlag für die Spiele hatte allerdings Rom erhalten. Erst als das römische Organisationskomitee praktisch untätig blieb und sich schließlich auflöste, außerdem auch noch der Vesuv ausbrach und in Italien andere Prioritäten gesetzt werden mussten, eröffnete sich eine Chance für London. Der Zuschlag vom IOC kam gerade einmal zwei Jahre vor Beginn der Spiele. Doch die damals größte Stadt Europas löste ihre Aufgabe mit Bravour. Die meisten Veranstaltungen konnten auf Sportgelände exklusiver Sportclubs innerhalb und außerhalb der Stadt verteilt werden. Zusätzlich baute man innerhalb von neun Monaten das *White City Stadium* mit beachtlichen 66 000 Plätzen – nach der Olympiade wurde es für Greyhound- und später für Speedway-Rennen benutzt.

Die Spiele dauerten vom 27. April bis zum 31. Oktober, wobei in der kühleren Zeit Ende Oktober erstmals ein Wettbewerb im Eiskunstlauf veranstaltet wurde. Viele Sportarten glichen britischen Meisterschaften mit ausländischer Beteiligung, denn die Spielregeln und die weitaus meisten Sportler stammten aus dem Königreich. Es nahmen 2041 Athleten (1998 Männer und 43 Frauen) aus 23 Nationen teil, sie kämpften in 110 Wettbewerben. Im Medaillenspiegel dieser Spiele führte das Vereinigte Königreich mit weitem Abstand (54-mal Gold, 51-mal Silber und 38-mal Bronze: 145 Medaillen) vor den USA (23/12/12) und Schweden (8/6/11), Frankreich (5/5/9) und dem Deutschen Reich (3/5/6). Die offizielle Schlussfeier fand am 25. Juli am Ende der drei «Stadionwochen» statt. Zum zweiten Abschluss am 31. Oktober gab es noch ein

Abschlussbankett mit Ansprachen. Bester Athlet war der Engländer Henry Taylor, der alleine drei Goldmedaillen im Schwimmen (400 m, 1500 m, 4 × 200 m) holte.[197]

Bei der zweiten Londoner Olympiade 1948 setzte sich die Stadt gegen die Mitbewerber Baltimore, Lausanne, Los Angeles, Minneapolis und Philadelphia durch. Dies waren die ersten Spiele nach dem Zweiten Weltkrieg. Deutschland und Japan durften noch nicht wieder teilnehmen, die UdSSR sagte ab. Trotzdem nahmen mehr Sportler und Länder teil als je zuvor, nämlich 4104 Athleten (3714 Männer und 390 Frauen) aus 59 Nationen, die in 136 Wettbewerben in 17 Sportarten um Medaillen kämpften. Führend im Weltsport waren inzwischen die USA, wie man schon an der Zahl der Bewerbungen amerikanischer Städte ablesen kann. Die neue Supermacht deklassierte mit 38-mal Gold, 27-mal Silber und 19-mal Bronze (84 Medaillen) alle anderen Nationen. An Platz zwei stand Schweden (16 / 11 / 17), gefolgt von Frankreich (10 / 6 / 13), Ungarn (10 / 5 / 12), Italien (8 / 11 / 8), Finnland (8 / 7 / 5) und – ein Novum – der Türkei (6 / 4 / 2), die allein in ihrem Traditionssport Ringen sechsmal Gold abräumte. Großbritannien – und das bedeutete für viele Briten einen schweren Schock – landete abgeschlagen auf dem zwölften Platz (3 / 14 / 6). Zwei der drei britischen Goldmedaillen kamen vom Rudern, die dritte vom Segeln. Es war, als würde sich die einstige Seemacht aufs Wasser zurückziehen.

Die erfolgreichste Sportlerin der Spiele, Fanny Blankers-Koen aus den Niederlanden, gewann ganz allein mehr Goldmedaillen als Großbritannien, nämlich vier Stück in den Laufwettbewerben (100 m, 200 m, 80 m Hürden und 4 × 100 m Staffel). England verlor das Spiel um den dritten Platz im Fußball gegen Dänemark mit 3:5 vor gerade einmal 5000 enttäuschten Zuschauern! Gold gewann Schweden gegen Jugoslawien mit 3:1 ebenfalls in Wembley vor 60 000 Zuschauern. Bekanntester Spieler war der jugoslawische Kapitän Zlatko «Čik» Čajkovski, der spätere Meistertrainer von FC Bayern München. Nur in den Kunstwettbewerben, die letztmals bei dieser Olympiade durchgeführt wurden, war auch Großbritannien erfolgreich. Im Städtebau und in der Lyrik gewann Finnland, im Architektonischen Entwurf Österreich, in der Orchestermusik Polen, bei den Stichen und Radierungen Frankreich, bei den Rundplastiken Schweden. Der Engländer Alfred Thomson gewann Gold für sein imaginatives Ölgemälde *Londoner Amateurmeisterschaften*, Rosamund Fletcher Bronze in der Kategorie

Reliefs für ein Werk mit dem Titel *Aufgespürtes Versteck*. Es muss immerhin so gut gewesen sein, dass Gold und Silber nicht vergeben wurden. Ein Trostpreis für England.

Bei der dritten Londoner Olympiade 2012 haben Athleten aus 204 Nationen an den Qualifikationswettbewerben teilgenommen. Davon haben sich bisher Sportler aus 144 Ländern qualifiziert. In 26 Sportarten werden 302 Wettbewerbe ausgetragen, davon 162 für Männer und 132 für Frauen sowie acht gemischte Wettbewerbe. Dazu zählt zum Beispiel das gemischte Tennis-Doppel, das nach 88 Jahren erstmals wieder ins Programm aufgenommen wird. Beim Boxen werden drei neue Wettbewerbe für Frauen eingeführt (Fliegen-, Halbwelter- und Halbschwergewicht) und eine für Männer gestrichen (Federgewicht). Zentraler Veranstaltungsort ist das neue Olympiastadion im Stadtteil Stratford mit 80 000 Plätzen. Die meisten anderen Orte verteilen sich im Großraum *Greater London*, zum Teil an so berühmten Plätzen wie *Hyde Park* und auf dem Wimbledon *All England Club*, *Wembley Stadium* und *Wembley Arena* sowie dem *Lord's Cricket Ground*. Die Stadt London versucht 2012 durch die parallel veranstaltete «Kulturolympiade» an die Tradition von 1908 und 1948 – als solche Veranstaltungen bisher zum letzten Mal stattgefunden haben – anzuknüpfen. Ob sich diese Anregung durchsetzen wird? Gegen die schönen Künste wäre wenig einzuwenden, man darf aber anmerken, dass bei den früheren Wettbewerben nicht ein Künstler von Bedeutung ausgezeichnet worden ist.

Gipfelglück

Sport und Sex

Die Nähe zur Gefahr mögen manche schon für sich genommen sexy finden, wie die Entwicklung des Extremsports zeigt, die Beziehung zwischen Sport und Sex weist jedoch noch ganz andere Dimensionen auf, die sich nicht zuletzt um die Pole von Leistung und Empfindung drehen. Sind austrainierte Sportler und Sportlerinnen auch im Bett besonders leistungsstark, oder stehen Training und Doping der Lust eher im Weg? Die problematische Beziehung von Sport und Sex lässt sich bis

in die antiken Gymnasien zurückverfolgen, wo nackte junge Männer
vor den Augen interessierter älterer Herren ihre Körper vorführten.
Aus dem Horror vor griechischer Päderastie und Homosexualität lehn-
ten – wie wir gesehen haben – bereits die Römer den Nacktsport ab,
ganz zu schweigen von den nachfolgenden christlichen und islamischen Kulturen des Mittelalters.

Heute sind wir alle ganz aufgeklärt – aber diese Fragenkomplexe
scheinen doch immer noch virulent zu sein. Eine Studie in Neuseeland
hat ergeben, dass im Frauenfußball nach wie vor die Frage gestellt
wird, ob besonders erfolgreiche Spielerinnen maskulin oder lesbisch
seien. Nach einer feministischen Argumentation hätten Fußballerin-
nen in den Augen vieler Betrachter durch ihr Eindringen in eine Män-
nerdomäne die Geschlechtergrenzen überschritten und seien damit
quasi zu «Pseudo-Männern» geworden. Man kann natürlich der Ansicht sein, dass man es hier mit *mysogynist homophobia* zu tun hat, die
von den Medien noch angeheizt wird,[198] allerdings stellt sich die Frage,
ob es hier nicht auch sehr viel allgemeiner um Homosexualität geht,
die auch für männliche Spieler – und vielleicht generell für Sportler –
nach wie vor ein Tabu darstellt. Selbst unter Fußballtrainern hat dies in
den letzten Jahren in Deutschland zu Skandalen geführt.

Oder man könnte darüber hinaus fragen, ob es nicht die Betonung
der Körperlichkeit im Sport ist, die zu allgemeiner Vorsicht führt.
Auch heterosexuelle Beziehungen können problematisch sein, wenn
man etwa an das Verhältnis zwischen Trainer(inne)n und jungen
Sportler(inne)n denkt, denn hier könnten Abhängigkeitsverhältnisse
ausgenutzt werden. Körperlichkeit und Nacktheit bleiben – spätestens
nach dem Spiel unter der Dusche – eng mit Sport assoziiert, und damit
auch das sexuelle Verlangen. Die unvermeidliche Assoziation von Sex
und Sport, die in den Medien gelegentlich in Wort und Bild hervorgehoben wird, notfalls in der Form von Skandalisierung, hat dazu geführt, dass die Sportverbände weltweit ihre Aktivitäten besonders
unerotisch präsentieren. Die Frage der Präsentationsform stellt sich jedoch auch jedem einzelnen aktiven Sportler und insbesondere den
Sportlerinnen. Und dies betrifft nicht nur das Verhältnis der Sportler
zu den Zuschauern, sondern auch zwischen den Aktiven. Dass selbst
auf einfache Zeichen geachtet wird, zeigen die Reaktionen, wenn
Sportlerinnen in der Umkleidekabine nicht durchweg sportiv gestylt
sind, sondern lila Spitzenunterwäsche tragen. Dies wird nicht als Pri-

vatsache betrachtet, sondern als Anspielung auf erotische Absichten, möglicherweise in Bezug auf andere Teammitglieder.[199] Derzeit erfährt das Thema Sport und Sex eine Aktualisierung durch das Auftreten der südafrikanischen Läuferin Caster Semenya, die bei der Leichtathletik-WM in Berlin 2009 ihre Konkurrentinnen auf der 800-Meter-Strecke mit einer Zeit von 1:55.45 mit einem Vorsprung von mehr als zwei Sekunden deklassierte. Ihre große Leistungssteigerung innerhalb eines Jahres führte nicht nur zu dem üblichen Dopingverdacht, sondern zu der Anschuldigung, die 1991 in einem Dorf bei Pietersburg (heute Polokwane) Geborene starte in der falschen Kategorie und sei in Wirklichkeit ein Mann. Nach einigem Zögern ordnete der Internationale Leichtathletikverband (IAAF) Geschlechtstests an, gegen die Menschenrechtsorganisationen und Südafrika protestierten, die aber in der Logik von Sportregeln liegen, die «Mann» und «Frau» als einzig mögliche klassifikatorische Kategorien verwenden.[200] Die Ergebnisse der Tests führten 2010 zur weiteren Erteilung der Starterlaubnis Semenyas in den weiblichen Disziplinen. Der IAAF-Generalsekretär Pierre Weiss erregte allerdings Aufsehen mit seiner Stellungnahme: «Klar ist, dass sie eine Frau ist, wenn auch nicht zu 100 Prozent».[201] Abgesehen von ihrer maskulinen Erscheinung wirken die Laufergebnisse der Südafrikanerin gar nicht so sensationell: Der Weltrekord über 800 Meter der Frauen liegt seit 1983 bei der Tschechin Jarmila Kratochvilova mit 1:53.28. Den Weltrekord bei den Männern hält der für Dänemark startende Keniander Wilson Kipketer, der 1997 in Köln nur 1:41.11 benötigte. Auch wenn sich die Gemüter über die Ausnahmeleistungen der Südafrikanerin nach einer Niederlage gegen die Russin Mariya Sawinova bei den Weltmeisterschaften von Daegu (Südkorea) im September 2011 etwas beruhigt haben, so wird uns dieses Thema erhalten bleiben, solange Semenya aktiven Sport betreibt. Denn in der Geschlechterordnung des Sports stellt Uneindeutigkeit einen Skandal dar, der an Diskussionen in der Frühen Neuzeit erinnert.[202] Einige Forscher haben von einem Zentralmythos des Zeitalters gesprochen, weil Androgynität die Stabilität der natürlichen Weltordnung in Zweifel zog.[203] Caster Semenya selbst scheint sich mit ihrer Ausnahmeposition abgefunden zu haben. Gegenüber einer südafrikanischen Zeitschrift äußerte sie 2009 die Ansicht, Gott habe sie so geschaffen, wie sie sei.[204]

Zuletzt: Der Gipfel

Die bisher jüngste Entwicklung des Bergsports, das Speedklettern, wurde 2007 durch den Filmemacher Pepe Danquart in dem Dokumentarfilm *Am Limit* verewigt. Zwei Jahre zuvor war ein ähnlicher Film mit der Goldmedaille auf dem Internationalen Berg- und Abenteuerfilmfestival in Graz ausgezeichnet worden, der den Titel *Klettern am Limit – Die Huberbuam* trug. In beiden Filmen geht es um die Leistungen der Brüder Thomas und Alexander Huber, die weltweit an schwierigsten Steilwänden nicht nur das *Freeclimbing* betreiben, sondern Freiklettern – also Klettern ohne Kletterhilfen – in Höchstgeschwindigkeit. Dies bedeutet z. B., dass ein Extremsteilhang wie der tausend Meter hohe Monolith El Capitan im amerikanischen Yosemite-Nationalpark, für den Seilschaften drei bis fünf Tage benötigen, in weniger als zwei Stunden durchstiegen wird. Bei der Propagierung dieser neuen Sportart war ihnen der berühmteste Bergsteiger der Gegenwart, der Südtiroler Reinhold Messner, zu Hilfe gekommen,[205] der als Erster alle vierzehn 8000er ohne Sauerstoffgerät bestiegen hat und von der Vermarktung seiner sportlichen Höchstleistungen nicht nur leben kann, sondern sogar den Aufbau einer Gruppe von Bergsteigermuseen finanziert, das sogenannte *Messner Mountain Museum* mit mittlerweile fünf Dependancen.[206] Messner hat es wie kein anderer vor ihm verstanden, seine Extremsportart als individuellen Weg der Selbstverwirklichung durch das Annehmen von Grenzerfahrungen auch für eine breitere Öffentlichkeit attraktiv erscheinen zu lassen.[207]

Bergsteigen ist ein «Spitzensport», denn über die Bergspitzen kommt man nur noch fliegend – oder wie die *Huberbuam* im *Basejump* – hinaus. Aber was ist Bergsteigen überhaupt? Ein Sport? Und wenn ja, seit wann? Und was gehört alles dazu? Fels-, Eis-, Wasserfall- oder Big-Solo-Klettern, *Bouldern* – das Klettern an Felsblöcken (*boulders*) – oder einfach auch Hochtourengehen oder sogar Bergwandern? Um absolute Rekordleistungen allein kann es kaum gehen, denn jede Erstbesteigung kann man nur einmal machen. Die Erstbesteigung des Montblanc, des mit 4810 Metern höchsten Bergs der Alpen, im Jahre 1786 wird heute von manchen als Beginn des Alpinismus gesehen.[208] Doch wie steht es dann mit den Berichten des Schweizer Naturforschers Conrad Gesner,[209] von seinen Bergbesteigungen oder der Besteigung des Rocciamelone (3558 m), der damals als höchster Berg der Alpen galt, durch Bonifacio Rotario d'Asti im Jahr 1358, oder der berühmten Besteigung des Mont Ventoux (1912 m) in der Provence durch den italienischen Humanisten Francesco Petrarca am 26. April 1336, über die er in einem langen lateinischen Brief berichtet und die schon die Zeitgenossen als eine Art Bekehrungserlebnis verstanden?[210] Manchen Berghistorikern – man ahnt es schon – gilt diese «Erstbesteigung» als der Beginn des Alpinismus.

Aber wie sieht es mit der Besteigung des Mont Canigou durch Peter III. «den Großen» von Aragón ca. im Jahr 1270 aus, von welcher der Franziskanermönch Salimbene da Parma berichtet? Das war streng genommen kein «Alpinismus», denn der Gipfel liegt in den Pyrenäen, aber der Berg galt damals als der höchste dieser Gebirgsgruppe. Der spätere König von Aragón bestieg ihn aus reiner Neugier und aus Ehrgeiz, weil er zu seinem künftigen Königreich gehörte. Seinen Chronisten erinnerte die Großtat an die Taten Alexanders des Großen. Der schon erwähnte Rocciamelone war aber schon früher bestiegen worden, nämlich um das Jahr 975 durch den fränkischen Markgrafen Arduin III. den Kühnen von Turin, wie in der Chronik des Benediktinerklosters von Novalesa zu finden ist. Die Eroberung Italiens durch die Langobarden während der Zeit der Völkerwanderung begann mit einer Bergtour. Wie es in der *Langobardengeschichte* des Paulus Diaconus heißt, gelangten die Langobarden, aus der Pannonischen Tiefebene kommend, am 2. April 568 an der Grenze zu Italien an. Da ließ König Alboin anhalten und «bestieg den Berg, der in diesen Gegenden herausragt, und betrachtete von dort, so weit er blicken konnte, das Land Italien. Angeblich deshalb wurde dieser Berg seitdem ‹Königsberg› genannt.» Gemeint war der 1615 Meter hohe Monte Maggiore bei Cividale im Friaul. Der langobardische Benediktiner Paulus soll an dieser Stelle – so Arno Borst, der diese Daten zusammengetragen hat – an Moses gedacht haben, den Anführer des Volkes Israel, den der Herr am Ende seiner Wanderschaft auf den Berg Nebo gestellt hatte, um ihm von ferne das Gelobte Land zu zeigen. Im Falle des Nichtchristen Alboin waren es aber wohl eher militärisch-strategische Überlegungen. Petrarca war zu seiner Bergtour übrigens durch die Lektüre von Livius angeregt worden, der von einem Experiment des Königs Philipp V. von Makedonien berichtet, der im Jahr 181 v. Chr. auf einen Balkangipfel gestiegen sei, von dem ihm gesagt worden sei, dass man dort aus gleichzeitig die Adria und das Schwarze Meer sehen könne.[211] Neugier war also hier das Motiv. Aber da ihm jemand davon erzählt hat, muss dieser andere schon zuvor oben gewesen sein.

Alpinismus ist – wie Borst bemerkt hat – der Blick aufs Gebirge aus der Perspektive des Flachländers. Den Bergbewohnern waren die Berge nichts Neues. Sie betrieben seit der Bronzezeit Almwirtschaft – Ötzi lässt grüßen, die Gletschermumie, die in ca. 3200 m Höhe nahe der Similaunspitze (3606 m) gefunden wurde. Alpenbewohner unterstützten oder bekämpften bereits den Karthager Hannibal bei seiner Alpenüberquerung, und sie richteten, unterstützt von religiösen Bruderschaften, seit dem 11. Jahrhundert Hospize auf den großen Alpenpässen ein, z. B. auf dem Großen Sankt Bernhard in 2472 m Höhe. Diejenigen, die das Hochgebirge bewirtschafteten oder die dort auf die Gämsenjagd gingen, kündeten nicht in Briefen von ihren Leistungen. Bei den Sportsleuten aus der Stadt zählten sie ohnehin nicht. Es dauerte Jahrzehnte, bis nach der Erstbesteigung des Mount Everest durch den Neuseeländer Edmund Hillary am 29. Mai 1953 herauskam, dass die Hauptlast der Expedition bei seinem Sherpa Namgyal Wangdi gelegen hatte. Viele Bergbewohner des Himalaja halfen seit Jahrhunderten Reisenden über das Gebirge, indem sie sich als Führer und Träger verdingten. Wangdi, der sich seit einem lamaistischen Bekehrungserlebnis *Tenzing Norgay* («glücklicher Anhänger der Religion») nannte, hatte damals schon fast zwanzig Jahre als professioneller Bergsteiger und Bergführer gearbeitet und wurde nach dem Gipfelerfolg von Präsident Jawaharlal Nehru mit der Gründung eines *Himalayan Mountaineering Institute* zur Ausbildung professioneller Bergsteiger beauftragt. Nepalesen behaupteten, der Sherpa sei überhaupt als Erster auf dem Gipfel gewesen – dieser aber blieb diplomatisch und gab an, er sei genau gleichzeitig mit Hillary auf dem Gipfel angelangt.[212]

Nun könnte man natürlich im Sinne des Amateurismus einwenden, Wangdi sei ja kein Sportler, sondern Profi gewesen und zähle also nicht in der Rekordstatistik. Als Konsequenz müsste man allerdings viele aus den Rekordlisten streichen, die mehr als nur ihr mentales Glück mit dem Bergsteigen gemacht haben. Das beträfe auch Ausnahmesportler Reinhold Messner und die Huberbuam, die staatlich geprüfte Bergführer waren, bevor sie zusätzliche berufliche Qualifikationen erwarben und endlich von ihrem Ruf als Extremkletterer leben konnten. Amateurismus und Rekordmanie greifen zu Beginn des

21. Jahrhunderts nicht mehr bei der Definition von Sport. Jenseits des Geschäfts und als ursprüngliche Motivation ging es Messner nicht um das Verschieben «absoluter» Rekorde, sondern um das Ausloten eigener Grenzen und den Umgang mit Grenzerfahrungen, also um Selbsterkenntnis.[213] Die eigenen Grenzen sehen im Alter anders aus als in der Jugend, sie hängen außer vom Training auch von Gesundheit, Körperbau und Geschlecht ab und sind individuell sehr verschieden. Würde man – wie dies Sportsoziologen von Norbert Elias bis Allen Guttmann vorschlagen – nur die Rekordjagd als Kriterium für Sportlichkeit gelten lassen, dann würde man nahezu 100 % aller heute Sport Treibenden absprechen, dass sie Sport treiben. Der Sport braucht vielleicht Extremsportler und Gipfelstürmer, sie regen das Interesse der Öffentlichkeit an, sie waren aber nie charakteristisch für den Sport und werden es auch nie sein.[214]

Kapitel 6
Epilog: Was ist Sport?

«Gott ist rund»
Dirk Schümer, 1998

Abschließend zurück zur Eingangsfrage: Was ist überhaupt Sport? Man könnte an die Reflexionen des hl. Augustinus anschließen: «Was also ist die Zeit? Wenn mich niemand danach fragt, weiß ich es, wenn ich es einem Fragenden erklären will, weiß ich es nicht.»[1] Von Sitzung zu Sitzung läßt das IOC Sportarten fallen und nimmt neue in den Kanon der Wettbewerbe auf. Wir haben Beispiele von Sportarten aufgeführt, die nur kurzzeitig zu den Spielen zugelassen, aber dann wieder ausgesondert wurden. Tauziehen gehörte immerhin bei sechs Olympiaden von 1900 bis 1920 dazu, Seilklettern war bei drei Spielen dabei, Skijöring (St. Moritz 1928) und Hundeschlitten-Rennen (Lake Placid 1932) nur einmalig, ebenso Cricket und Crocket, Kunstreiten und Pelota. Erinnert sei an einige Demonstrationssportarten: Angeln, Ballonfahren, *Budo* und *Glima*, *Savate* und *Canne*, Kanonenschießen, Drachenfliegen, Lebensretten, (echte) Tauben schießen (alle Paris 1900), Fahrradpolo (London 1908), Segelfliegen (Berlin 1936), Eisstockschießen (Innsbruck 1964), Wasserski (München 1972) und Rollhockey (Barcelona 1992). Nach wie vor führt das IOC das Kartenspiel Bridge und das Brettspiel Schach – sowie Spiele wie Bandy, Billard, Boule und Bowling – unter den anerkannten Sportarten, die somit prinzipiell für die Olympischen Spiele in Frage kommen.[2] Entscheidungen zur Einführung oder Aussonderung von Sportarten werden auch von Journalisten oder Verlegern getroffen, die über Veranstaltungen berichten oder nicht. Lange Zeit wurde Schach auf den Sportseiten der Zeitungen geführt, seit einiger Zeit aber nicht mehr.

Wie rasant sich der Sport verändert, kann man daran sehen, dass seit den 1990er Jahren mit Extremsport, Funsport oder Trendsport sogar neue Oberbegriffe erfunden wurden, um die Breite der Veränderung zu erfassen. Unter ca. 50 Trendsportarten, die in den Jahren

NORDIC TURMSPRINGEN

www.volkertoons.de

Nordic Turmspringen, oder: Wohin führt die Suche nach neuen Funsportarten?

1997 / 98 von den Medien erhoben wurden, findet sich keine einzige traditionelle Sportart, da sie offenbar nicht den Selektionskriterien der Zielgruppe entsprechen. Als Merkmale der Trendsportarten sind Stilisierung, Tempo, Virtuosität, die Suche nach neuen Extremen und nach Risiko (Ordalisierung) sowie das Sampling ausgemacht worden. Ergebnis des Samplings ist außer dem neuen Triathlon z. B. NIA (*Neuromuscular Integrative Action*), zusammengesetzt aus Elementen des Aikido, Taijiquan, Yoga, Jazztanz und Aerobic.[3] Ständig werden neue Sportarten erfunden, teils aus kommerziellen Gründen, denn viele Trendsportarten erfordern ein spezielles Equipment und trendige Accessoires, teils aus purer Abenteuerlust und Risikofreude.[4] Die Sportverbände nutzen sie, um die Jugend für angestaubte Großereignisse zu gewinnen, und es ist erstaunlich, wie rasch gerade neu erfundene Übungen in den ehrwürdigen olympischen Kanon finden. Diejenigen, die sich bei Olympia für den Achter ohne Steuermann oder den 400-Meter-Hürdenlauf weniger interessieren, könnten vielleicht durch Funsportarten wie *Halfpipe* oder das Ski-Hindernis-Rennen *Slopestyle* (beide ab 2014) – auf die ältere Sportfans nur mit Achselzucken reagieren – zu einer Teilnahme animiert werden. *Kitesurfen* und *Snowboarden* finden mühelos in die deutsche Sprache oder führen wie *Skateboard* innerhalb kurzer Zeit sogar zu urbanistischen Veränderungen.[5]

Die Frage nach dem Proprium des Sports stellt sich nicht zuletzt in historischer Perspektive. Die nächste Frage wäre also, ob es sich bei den körperlichen Wettbewerben früherer Epochen um Sport gehandelt hat oder nicht. Wenn man sich vor Augen hält, wie stark die Entscheidung über die Aufnahme neuer Sportarten in den olympischen Kanon im Fluss ist, dann kann man nur zur Vorsicht bei apodiktischen Aussagen über den Sport raten. Wenn Skiballett Sport ist, warum dann nicht Rossballett? Falls es heute Sport ist, wenn man sich mit Freunden trifft und einen Nachmittag lang mit dem Ball kickt – warum soll dies nicht auch vor 200 oder vor 2000 Jahren Sport gewesen sein? Wenn ein Wettlauf mit einer ausgemachten Distanz heute als Sport gilt, warum dann nicht vor 3000 oder vor 30 000 Jahren? Wenn man den Breitensport mit einbezieht, Phänomene wie das Fitnesstraining oder das Freizeitschwimmen, oder auch kompetitive Mannschaftsspiele, dann dürfte es schwerfallen, frühere Epochen oder andere Kulturen der Menschheitsgeschichte vom Sport auszuschließen. Im Tennis wird seit über 500 Jahren auf die gleiche Weise gezählt.[6]

Wenn Jacob Burckhardt der Ansicht war, der altgriechische Schriftsteller Homer habe mit seiner Formulierung in der *Ilias*: «Immer der erste zu sein und vorzuleuchten den anderen» das Wesen der altgriechischen Kultur – und des Sports – zusammengefasst,[7] dann ist dies eine Überspitzung. Man wird kaum annehmen, dass jeder Dorfhirte oder Fischer, der mit seinen Freunden einer sportiven Tätigkeit nachging, genauso von diesem Prinzip der Agonalität beherrscht wurde wie die Olympioniken, die ihre Namen verewigt sehen wollten. Der Fetisch «Leistung» hat eine Zeitlang die Sportwissenschaft beherrscht, die einen Teil ihrer Legitimation daraus bezieht, dass sie die Züchtung von Hochleistungssportlern begleitet oder ermöglicht. Niemand käme aber auf die Idee, den Schluss zu ziehen, unsere Gesellschaft sei vollkommen davon geprägt. Die Rekordjagd des «schneller, höher, stärker» ergibt in bestimmten Bereichen Sinn und stellt einen wichtigen Aspekt der Sportgeschichte dar. Aber Sport erschöpft sich nicht in Leistungssport. Massenphänomene wie Breitensport, Jugendsport, Altensport, Gymnastik und Jogging – Alltagssport also – sind quantitativ viel signifikanter als der Hochleistungssport, der die Sportnachrichten beherrscht. Die große Masse des organisierten Sports, gar nicht zu sprechen von den privaten Aktivitäten, erscheint – wie schon im Altertum, im Mittelalter und in der Neuzeit – nur dann in den medial vermittelten Nachrichten, wenn eine Katastrophe ein Schlaglicht darauf wirft. Ein ahnungs-loser Amateur, der mit Sandalen von einem Felsgrat stürzt, kommt in die Nachrichten, nicht die 100 000 anderen, die gleichzeitig in den Bergen wandern oder kraxeln.

Natürlich würde niemand Berichte über bedeutungslose Leistun-gen in den Medien lesen wollen, es sei denn, sie beziehen ihren Sinn aus einem außersportlichen Tatbestand. Wenn im Herbst 2011 der 100-jährige Inder Fauja Singh (geboren angeblich am 1. April 1911) er-folgreich den London-Marathon besteht, dann spielt es keine Rolle, dass er dafür achteinhalb Stunden benötigt. Im Gegenteil: Diese Nachricht bewegt uns stärker als die Information, dass wieder zwei Ostafrikaner den Lauf mit einer Zeit von ca. zwei Stunden gewonnen haben. Bemerkenswert ist immerhin, dass man im Internet neben den Siegern der männlichen und weiblichen Läufer auch die der Roll-stuhlfahrer und -fahrerinnen finden kann. Deren Wettbewerbe wer-den seit 1983 ausgetragen, und ihre Geschwindigkeit übertrifft seit 1987 die der Nichtbehinderten. Im Jahr 2011 war die beste weibliche Rollstuhlfahrerin Amanda McGrory mit 1 Stunde 46 Minuten 30 Se-kunden um Längen schneller als der beste männliche Läufer. In der offiziellen Siegerliste kommt Singh natürlich nicht vor. Doch immer-hin gehört ihm auch ein Rekord: 2003 lief er den *Toronto Waterfront Marathon* in 5 Stunden 40 Minuten und 4 Sekunden und stellte den Rekord in der Altersklasse der über 90-Jährigen auf. Als 100-Jähriger hält er die Rekorde in allen Laufdisziplinen. Seinem Marathon-Welt-rekord in der Altersgruppe über 100, den er beim erwähnten Lauf in Toronto 2011 aufstellte (8 Stunden, 25 Minuten und 16 Sekunden), wurde allerdings die Aufnahme ins *Guinness-Buch der Rekorde* verwei-gert, weil keine gültige Geburtsurkunde vorlag.[8]

Erfundene Traditionen

Zu den nützlichen Konzepten für das Verständnis der Sportgeschichte gehört das Phänomen der *invention of tradition*, das der englische Histo-riker Eric J. Hobsbawm und der südafrikanische Ethnologe Terence Ranger zum Gegenstand einer Untersuchung gemacht haben. Sie fassen auf konzeptueller Ebene, was Folkloristen schon lange bekannt war, nämlich dass viele Traditionen, die sich auf ein hohes Alter berufen, erst

vor kurzer Zeit eingeführt worden sind.[9] Dies darf man besonders der
deutschen Sportforschung ins Stammbuch schreiben, die heute noch in
Standardwerken von allen möglichen Sportarten behauptet, sie gingen
auf die Germanen zurück. Ganz abgesehen davon, dass alle neueren
Forschungen zur frühmittelalterlichen Ethnogenese und zur Kultur-
und Sozialgeschichte des Mittelalters ignoriert werden, fehlt jeder historische oder archäologische Beleg für solche Behauptungen. Und dies hat
einen einfachen Grund: Es gibt ihn nicht.

Ähnliche Mythen gibt es in den Sportgeschichten anderer Nationen. So wird von einer Feuerzeremonie in Allendale / Northumber-
land, die jeden Neujahrsabend stattfindet, behauptet, diese gehe auf die
Wikinger oder wahlweise auf die Angelsachsen oder die Phoenizier
zurück. Tatsächlich lässt sie sich erstmals 1883 quellenmäßig nachweisen, und wesentliche Elemente der Zeremonie kamen in den 1940er
Jahren dazu.[10] Die Traditionserfindung ist natürlich kein europäisches
Phänomen: Auch die «uralten Kampfkünste» Japans sind meist sehr
jungen Ursprungs.[11] Tony Collins hat darauf hingewiesen, dass Traditi-
onserfindungen in zwei Richtungen wirken können: Entweder wird
ein höheres Alter erfunden, um einen Sport durch historische Legitimation besser etablieren zu können, wie im Fall des Hockeyspiels, das
seine Vertreter zum neuen Nationalsport machen wollten. Indem man
alle früheren Schlagballspiele zu Vorläufern des Hockeys erklärte – das
Wort ist erstmals 1785 nachweisbar –, sollte die Dignität des neuen
Sports angehoben werden. Umgekehrt werden Traditionen geleugnet,
um ein Spiel besonders neu erscheinen zu lassen. Dies war beim Rugby
der Fall, das William Webb Ellis zu einem ganz neuen Sport erklärte,
um seine Wurzel im Arbeitersport Straßenfußball zu verschleiern.
Ähnliche Motive dürften der Behauptung zugrunde liegen, dass die
Geburtsstunde des modernen Fußballs (Soccer) im Jahr 1863 liege.
Auch die meisten älteren Entstehungsmythen – gestiftet durch einen
wohltätigen Herrscher, abgehalten als Erinnerungsspiel an einen militärischen Sieg, etc. – gehören in den Bereich der Erfindungen. Traditionen werden oft von Lokalpolitikern erfunden, um die Attraktivität ihres Ortes zu erhöhen, oder von privaten Unternehmern, die sich eine
neue Einkommensquelle erschließen wollen. Ein besonders krasses
Beispiel dafür ist der *Derby Football*, der angeblich nach einem Sieg der
Briten über die antiken Römer eingeführt wurde.[12] Immerhin war
diese Promotion so erfolgreich, dass das Derby zum generischen Be-

griff für besonders wichtige Fußballspiele geworden ist und aufgrund dieser Attraktivität auch schon Zeitungen, Schuhe, Fahrräder und Autos danach benannt wurden.[13] Auch einige sportliche Großereignisse können vom Phänomen der Traditionserfindung profitieren. Erinnert sei an die schottischen *Highland Games* oder an die Olympien des 19. Jahrhunderts, die nach dem Befreiungskampf Griechenlands ein Symbol für eine neu geschaffene Nation schaffen sollten.[14] Zu denken wäre natürlich auch an die Olympischen Spiele der Neuzeit, die im Grunde nichts mit den Spielen der Antike zu tun haben, aber auf dem Mythos aufbauen konnten, der seit dem Zeitalter der Renaissance um diese größten Spiele des Altertums herum entstanden war. Von der Hochschätzung der griechischen Antike profitierte nicht zuletzt auch das europäische Schulwesen, das unter dem Namen des antiken Trainingslagers *Gymnasion* einen neuen Typ der weiterführenden Schule erhielt. Diese Reformschulen des 16. Jahrhunderts betrieben allerdings wenig Sport, und schon gar nicht unbekleidet (*gymnos* = nackt), sondern wurden als Humanistenschulen neu erfunden.

Sportifizierung als Paradigma

Nicht allein die Tatsache, dass in der Frühen Neuzeit mehr Sport betrieben wurde als jemals zuvor in der europäischen Geschichte, sollte hier ins Bewusstsein gehoben werden, sondern der grundlegende Charakter dieses Vorgangs. Es sollte geprüft werden, ob die *Sportifizierung* der militärischen Übungen wie auch der populären Spiele zu den Fundamentalprozessen der Moderne gerechnet werden kann. Dafür spricht, dass sich unter Rezeption der griechischen Literatur die Einstellung zum Körper zu Beginn der Neuzeit grundlegend gewandelt hat und dass die Ausübung des Sports zu einem Anliegen auf allen Ebenen der Gesellschaft wurde. Natürlich hat dies auch sozialgeschichtliche Gründe, denn dieser Prozess begann in einer Zeit, als mit einem System relativ freier, selbstverwalteter Stadtstaaten gesellschaftliche Strukturen entstanden, die eine Rezeption entsprechender Ideen aus dem Altertum ermöglichten, z. B. in Stadtrepubliken wie Florenz oder Venedig. Körperübungen (*exercitia corporis*) wurden vor allem seit dem 16. Jahrhundert in Schulordnungen und Verhaltenslehrbüchern verewigt, in der medizinischen Literatur freundlich diskutiert und gegen religiöse Angriffe verteidigt.

Um die heutige Gestalt des Weltsports zu verstehen, kann man sich die Sportarten einzeln ansehen, oder man kann sie als Ganzes mit der vorhergehenden Epoche der europäischen Geschichte vergleichen. Die charakteristischen Merkmale der Spiele und Kämpfe in der Frühen Neuzeit waren ihre Transformation in Veranstaltungen, die man mit dem Begriff «Sport» bezeichnen kann.[15] Begünstigt durch den Buchdruck entstanden Regelbücher und standardisierte Sportplätze und Sporthallen, Professionalisierung und Kommerzialisierung. Der Turniertod Heinrichs II. beschleunigte die Abwendung von ritterlichen Gewaltsportarten. Sie wurden verdrängt durch spielerische Demonstrationen des Könnens und der Eleganz. Seit der Mitte des 16. Jahrhunderts stiegen Wettbewerbe wie das Ringrennen oder Ringleinstechen auf. Um 1600 hatte dieser Sport die unfallträchtigen Turniere weitgehend verdrängt.[16] Eine ähnliche Verfeinerung lässt sich auch bei den Ballspielen beobachten, die nach Jagd und Reiterspielen beim Adel zur wichtigsten Sportart aufstiegen. Populäre Spiele der einfachen Bevölkerung wurden von den Oberschichten aufgegriffen, verfeinert, standardisiert und durch die Einrichtung fester Spielplätze institutionalisiert. Daneben hielten sich ungefährliche Übungen wie Ringen, Fechten sowie die in allen Ständen beliebten Schießwettbewerbe. Mit einem geringen Grad an Institutionalisierung hielt sich der Breitensport: die ohne großen technischen Aufwand zu bewerkstelligenden Wettbewerbe im Laufen,[17] Springen, Ringen, Schwimmen, Werfen, Gewichtheben und Rudern, zünftige Wettbewerbe wie das Bootsturnier auf dem Wasser[18] sowie im Norden das Eislaufen und Skifahren. Nicht überall in Europa vollzog sich bereits im 18. Jahrhundert jene Demokratisierung des Sports, die in England einsetzte,[19] aber an vielen Orten West- und Mitteleuropas befand man sich auf dem Weg dorthin.

Entscheidend ist für unsere These der hohe Institutionalisierungsgrad des Sports in der Frühen Neuzeit: Wir finden Sportunterricht, Sportgeräte, Produzenten von Sportgerät und internationalen Sportgerätehandel. Es gab Sporterzieher, Sportplätze, Sporthallen und Sportfeste. Natürlich gab es Sportregeln, es gab Sportreportagen, wenn auch in den damals existierenden Massenmedien, in Flugblättern, Holzschnitten, Kupferstichen, Bildern und Chroniken, seit dem 17. Jahrhundert schließlich auch in Zeitungen und seit dem 18. Jahrhundert in Magazinen und Zeitschriften,[20] eine Entwicklung, die 1792 in die Gründung der ersten Sportzeitschrift, des *Sporting Magazine*, einmündete. Wenn man bedenkt, dass erst wenige Jahre zuvor die erste medizinische Fachzeitschrift gegründet worden war, dann kann man sehen, dass sich die Sportberichterstattung an der vordersten Front der kulturellen Entwicklung befand. Sporteinrichtungen wurden im 17. Jahrhundert zum Standortfaktor und Gegenstand von touristischen Reiseführern, die explizit auf Spielwiesen wie die Vauxhall Gardens in London oder den Jardin du Luxembourg oder die Jeux de Paume in Paris hinwiesen.

Dass die frühneuzeitliche Sportbegeisterung die Wahrnehmung der Spieler prägte, kann man an vielen Beispielen sehen. Die Treffen junger Fürsten gleichen wochenlangen Sportveranstaltungen. Seit dem 16. Jahrhundert wurden in alle wichtigeren Schlösser Sportanlagen eingebaut. Mancher Treffpunkt wurde vor allem ausgewählt, weil dort attraktive Sportstätten vorhanden waren. Sport bot die Gelegenheit zur Kommunikation über Standesgrenzen hinweg. Fürsten luden reisende Sportprofis ein und beschenkten sie für ihre Tipps und Trainingseinheiten, sie spielten auch mit ihren eigenen Beamten, mit Angehörigen der lokalen Stadtverwaltungen und im Prinzip mit jedem, der sportlich etwas zu bieten hatte. Fürsten sahen kein Problem darin, an Wettbewerben mit einfachen Leuten teilzunehmen, wenn sie an einem Sport interessiert waren. Zwar gibt es Beispiele dafür, dass man Fürsten – etwa bei einem Schützenfest – absichtlich gewinnen ließ, doch sehr viel öfter gingen die Preise an einfache Leute, an Stadtbürger oder sogar an Bauern aus dem Umland. Der Sport hatte seine eigenen Regeln, und diese galten für alle. Die bisher in der Forschung wenig beachteten Sportwettbewerbe waren ein wichtiges Symbol für den sozialen Zusammenhalt auch schon der vormodernen Gesellschaften.

Wir haben gesehen, welch große Rolle Sport in der heutigen Gesellschaft spielt. Die immer noch steigende Zahl an aktiven Sportlern, von Sportarten, von Sportvereinen und Sportverbänden, Sportveranstaltungen, neuen Stadionbauten sowie die ostentative Zurschaustellung sportlicher Aktivitäten durch Politiker sprechen dafür, dass der Prozess der Sportifizierung, der mit Beginn der Neuzeit einsetzte, noch lange nicht abgeschlossen ist. Auch wenn das IOC bemüht ist, die Zahl der Disziplinen bei den Olympischen Spielen fest zu begrenzen, darf man die Prognose wagen, dass dies nicht auf Dauer gelingen wird.

Immer neue Sportarten drängen auf Anerkennung, und man wird nicht beliebig viele alte dafür aus dem Programm streichen können.

Die Welt als Ballspiel

Bereits in der Antike wurden Sportmetaphern verwendet. Apostel Paulus hat in seinem ersten Korintherbrief (1 Kor 9,24–27) mit Bildern aus den Laufwettbewerben und dem Boxen gearbeitet, weil er voraussetzen konnte, dass seine Zuhörer bzw. Leser als Zeitgenossen der Isthmischen Spiele mit den Regeln der Wettkämpfe vertraut waren.[21] Bei den Kirchenvätern Augustinus und Ambrosius wird das christliche Priestertum mit dem Athletentum der Ringer verglichen, und wenn im Mittelalter von «Streitern Gottes» die Rede ist, dann dachte man vielleicht weniger an die Kreuzzüge als an Ritter, die in ein Turnier ziehen. Eine ganze Reihe von Sportmetaphern gehen auf das späte Mittelalter und die Frühe Neuzeit zurück und sind heute noch in Gebrauch, manche ohne dass man noch den ursprünglichen Sinn im Auge hat. Wenn jemand «den Vogel abschießt», dann denkt man nicht mehr an das «Vogelschießen» als Teil jeder ordentlichen Volksbelustigung. Zuerst wurde auf echte Vögel geschossen, sobald dieses Vergnügen jedoch in den Quellen auftaucht, geht es immer um eine bunt bemalte Holzfigur, am liebsten in Form eines Papageis.[22]

Ein Indikator für den Fortgang der Sportifizierung ist die zunehmende Infiltration der Sprache mit Sportmetaphern. François Rabelais zählt über hundert Spiele und Sportarten kommentierend in seinem *Gargantua* auf,[23] sein überschwänglicher deutscher Übersetzer, der Straßburger Syndikus Johann Fischart, schafft es, diese Anzahl durch Ausschmückung in der *Geschichtklitterung* noch einmal zu verdoppeln.[24] William Shakespeare liebte es, in seinen Dramen und Lustspielen Anspielungen auf den Sport zu machen und kommt dabei auf nicht weniger als 50 «Sports».[25] Der englische Reisende Thomas Coryate schrieb in seinem Reisejournal, die Geschichte der Stadt Zürich sei so wechselvoll gewesen, «als ob es Frau Fortunas Tennisball gewesen sei, [der] hin und her von einem Herrn dem andern zugespielt wurde».[26] Mit solchen Vergleichen steht er nicht allein da. Wenn sich mittelalterliche Autoren despektierlich über englische Herrscher äußerten, dann mit dem Vorschlag, mit ihren Köpfen Fußball zu spielen, was

Giovanni Battista Tiepolo,
Der Tod des Hyazinth, ca. 1753.
Sammlung Thyssen-Bornemisza,
Madrid

deren Abtrennung vom Körper voraussetzte. Spielbälle scheinen sich überhaupt für die metaphorische Verwendung besonders zu eignen. Coryate schrieb etwa über die Frauen und Männer in Savoyen, «deren Kehlköpfe stark angeschwollen waren und Kröpfe so groß wie eine Faust, ja wie ein gewöhnlicher Fußball in England aufweisen».[27] Beliebt waren auch Vergleiche mit den Tierkämpfen, meist um die Schlechtigkeit der Welt dazulegen.[28] Oft gingen auch Gesten aus den Sportarten als Metaphern in die Sprache ein. Wenn jemand «seinen Hut in den Ring werfen» will, dann will er sich bemerkbar machen, tatsächlich konnte man aber mit dieser Geste bis zum 19. Jahrhundert den Sieger eines Boxkampfes unmittelbar herausfordern.

Wie sehr die Sportbegeisterung die Wahrnehmung prägte, kann man am Beispiel eines klassischen Stücks Literatur zeigen. In Ovids *Metamorphosen* (Buch X) gibt es die Geschichte eines homoerotischen Wettbewerbs zwischen den Göttern Apoll und Zephyr um einen jungen Mann namens Hyazinth, Sohn der Muse Klio. Apoll treibt mit dem Jüngling Sport, doch der eifersüchtige Windgott Zephyr lenkt Apolls Diskus so, dass er den Geliebten am Kopf trifft und tötet. Aus Trauer über diesen Sportunfall lässt der tief betrübte Apoll an dieser Stelle aus dem Blut des Dahingeschiedenen eine wunderschöne und wohl-

riechende Blume wachsen, die Hyazinthe. In der italienischen Übersetzung von Giovanni Andrea dell'Anguillara von 1561 werfen Apoll und
Hyazinth jedoch nicht den Diskus, sondern spielen Tennis. Zephyr
lenkt in dieser Version den Tennisball so an Hyazinths Schläfe, dass
dieser stirbt.[29] Der venezianische Maler Giovanni Battista Tiepolo verwendete diese Übersetzung, um die Geschichte für einen Auftraggeber zeitgemäß ins Bild zu setzen. Rechts unten in seinem Bild ist in
emblematischer Verdichtung Hyazinths Tennischläger nebst einigen
Tennisbällen mit den Hyazinthen zu sehen.[30]

Man könnte dies als belanglose Spielerei eines Künstlers abtun,
aber es steckt doch mehr dahinter, nämlich ein verkapptes Bekennt-
nis zur homosexuellen Liebe, die gefährlich war, denn auf die Ausübung gleichgeschlechtlicher Sexualität stand nach damaligem Straf-
recht in Europa die Todesstrafe. Auftraggeber des Gemäldes war 1752
Graf Wilhelm Friedrich von Schaumburg-Lippe, ein leidenschaftlicher Tennisspieler, in dessen Schloss in Bückeburg ein Ballspielhaus
eingebaut war. Wilhelms Freund und Tennispartner, ein Musiker,
den sein Vater in einem Brief als «deinen Freund Apollo» bezeichnete,
kam um diese Zeit in Venedig durch einen Sportunfall ums Leben.
Des Grafen Großvater Friedrich Christian von Schaumburg-Lippe
war ebenfalls nach einem extensiven Tennisspiel im Bückeburger
Ballspielhaus ums Leben gekommen. Eine Rolle spielte vermutlich
auch der Sportunfall, bei dem der hannoverische Kurprinz, der englische Thronfolger Friedrich Ludwig Prince of Wales, nach einem
Treffer durch einen Tennisball – nach anderer Version: einem Cricketball – ums Leben gekommen war.[31]

Sport und Macht

Der Schriftsteller Juvenal hat festgestellt, dass die Bevölkerung des
Römischen Reiches durch «Brot und Zirkusspiele» abgelenkt und dabei
politisch entmündigt würde. Die Frage nach dem Verhältnis von Sport
und Macht hat Soziologen auch in den letzten Jahrzehnten stark beschäftigt. Gelehrte im Umfeld der Frankfurter Schule – und insbesondere Theodor W. Adorno – bezogen eine Extremposition mit der Ansicht, dass Sport nur ein raffiniertes Mittel zur Unterdrückung sei.
Dieses in der Bitternis des Exils formulierte Urteil bezog sich aber nicht

allein auf den Sport im Nationalsozialismus, sondern gleichermaßen auf den Sport als Teil der amerikanischen Kulturindustrie.[32] Ein Echo dieses Standpunkts findet sich bei dem französischen Kulturtheoretiker Michel Foucault, der Sport als Bestandteil einer gewaltigen staatlichen Disziplinierungsmaschinerie sieht, die seit Beginn der Neuzeit versuchte, die Körper der Menschen zu dressieren.[33]

Wesentlich differenzierter ist die Sicht des Italieners Antonio Gramsci, der zwar wie Adorno die faschistischen Massenchoreographien vor Augen hatte, aber doch dem Sport ein emanzipatorisches Potenzial zuerkannte. Einerseits sahen er und seine Nachfolger den Sport als Bestandteil einer kulturellen Hegemonie der bürgerlichen, kapitalistischen Klasse, die das Volk mit «Zirkusspielen» zumal in einer Periode zunehmender Freizeit ablenkt und besonders die immer unruhige männliche Jugend in das System einbindet, andererseits setzte Sport als Quelle der Freude potenziell auch positive Energien frei.[34]

Ohne Bezug auf Gramsci verfolgte Pierre Bourdieu, der sich als einer von wenigen Klassikern der Soziologie früh zu Fragen des Sports geäußert hat, einen ähnlichen Pfad, indem er die Klassenbedingtheit der Sportarten untersucht.[35] Seinem Befund nach haben Angehörige der Arbeiterklasse eine höhere Wertschätzung für physische Stärke und ein stark gegenwartsorientiertes Interesse an Kampfsportarten wie Ringen, Boxen, Karate, Gewichtheben oder Bodybuilding, an Mannschaftssportarten mit hohem Körpereinsatz wie Fußball, Rugby oder American Football und an Wettkämpfen, die mit Gefahr und ganzem Körpereinsatz verbunden sind wie Autorennen oder Geräteturnen. Dagegen sähen die Angehörigen der mittleren und höheren Klassen Sport eher zukunftsorientiert im Zusammenhang mit Gesundheit und Sozialprestige. Dies betreffe fitnessorientierte Aktivitäten wie Jogging, Walking etc. sowie Sportarten mit Naturbezug (Klettern, Kajakfahren, Skilanglauf), Mannschaftsspiele mit wenig Körperkontakt (Volleyball, Cricket) oder prestigeträchtige Sportarten wie Golf, Segeln, Polo oder die Jagd, die mit den entsprechenden Clubs und Accessoires zur Akkumulation von symbolischem Kapital dienten. Die Wahl der Sportart hänge nicht nur von materiellen Voraussetzungen ab, sondern auch von der Mentalität der unterschiedlichen Gesellschaftsklassen in Bezug auf Praktiken des Körpers. Der klassenspezifische Habitus trage entscheidend zur Erhaltung der herrschenden Machtverhältnisse bei, die quasi in die Körper eingeschrieben seien.[36]

Sport erzählt uns etwas über die Machtbalance innerhalb der vorindustriellen Gesellschaften, wo sich die sozialen Eliten nicht nur in Republiken wie der Schweiz, den Generalstaaten oder in Venedig, sondern sogar in Erbmonarchien wie Frankreich, der Toskana oder den deutschen Fürstenstaaten verpflichtet fühlten, populäre Sportarten zu sponsern und zu besuchen und – solange sie fit genug waren – aktiv mitzumachen. «Running for election» – wie heutige Politiker – war für die Fürsten nicht das Problem, aber sie mussten auch in Alteuropa um die Zustimmung ihrer Untertanen kämpfen. Ein von der Bevölkerung nicht anerkannter Herrscher galt gemäß der frühneuzeitlichen Politiktheorie als Tyrann. Herrschaft beruhte auf gegenseitigem Respekt. Besonders ungeschickten Potentaten nützte auch die Unterstützung des Sports nichts. König Karl I. von England verlor wegen seiner Unfähigkeit in der Finanz- und Religionspolitik buchstäblich seinen Kopf. Jakob I. von England hatte dagegen mit der Verteidigung des Sports gegen religiöse Angriffe in seinem *Book of Sports* große Zustimmung gewonnen.

Feministische Kulturwissenschaftlerinnen stehen dem Thema «Sport und Macht» ambivalent gegenüber, bietet doch der Sport nicht nur die Möglichkeit, weibliche Stärke zur Schau zu stellen und auch, vor laufender Kamera Terrain zu erobern. Andererseits sind Frauen in anderer Weise als ihre männlichen Kollegen dem kapitalistischen Verwertungsinteresse ausgesetzt, verkaufen sich doch Disziplinen mit leicht bekleideten Athletinnen – Surfen, Beachball, Sportgymnastik etc. – besonders gut. Die Rennfahrerin Danica Patrick, die auch ihre Hüllen fallen lässt, erzielt ein höheres Jahreseinkommen als die meisten Formel-1-Weltmeister.[37] Leslie Heywood zieht am Beispiel der neuen Werbe-Ikone der selbstbewussten Surferin, die von der Werbeindustrie konstruiert wird, eine eher durchwachsene Bilanz: «Die weibliche Athletin ist heute eine wichtige ikonographische Figur in der globalen Ökonomie und verkörpert Selbstbestimmtheit, Erfolg und Schwung. Sie repräsentiert die ‹neuen›, demokratischen Möglichkeiten, Globalisierung, Neoliberalismus, und daß Kapital auf dem freien Markt anscheinend allen zur Verfügung steht, die ‹hart genug arbeiten›. Gegenwärtig erscheint das Bild der weiblichen Surferin im Besonderen als ein Träger der neoliberalen Ideologie von Flexibilität, Do-it-yourself-Subjektivität und der Möglichkeit für jeden, das kulturelle Drehbuch des männlichen Surfers als eines Aussteigers und unproduktiven Rebellen umzuschreiben. Ihre biegsame Körperform ist ein Sinnbild für eine flexible Spezialisierung in der globalen Ökonomie, und das Bild, das sie zu den Ideen von erfolgreicher Selbstverwirklichung liefert, war effektiv genug, um eine Industrie mit einem Volumen von ca. 500 Mio. $ im Jahr zu befeuern.» Die Verwertbarkeit dieses Erfolgsmodells sei allerdings wegen der damit verbundenen Ideologie für die Surferinnen selbst nicht nur von Vorteil: «Allerdings können diese Ideologien, während sie im Bild der weiblichen Surferin und ihrer aktuellen Körperform verkörpert sind, von den weiblichen Surferinnen selbst nicht unbedingt geteilt werden, die mit allen diesen Erzählungen klarkommen müssen, wenn sie ihren eigenen Platz in der Welt suchen.»[38] Der Vorschlag, die Surferinnen müssten ihre eigene Geschichte selbst erzählen, erscheint ein wenig voluntaristisch, und noch so viele kulturwissenschaftliche Untersuchungen über die massenmediale Präsentation werden an den Marktmechanismen wenig ändern können.

Sport ist, was Spaß macht

Nach Ansicht mancher Soziologen leben wir heute in einer Erlebnisgesellschaft,[39] und Freizeitaktivitäten haben sicher einen anderen Stellenwert und eine andere Bedeutung als noch vor einer Generation, als Fitness im Vordergrund stand. Mit der Suche nach dem Erlebnis kommen für breitere Schichten der Bevölkerung Mechanismen zur Geltung, die traditionell eher für die *leisure Class* von Bedeutung waren: Fragen der Distinktion, des demonstrativen Konsums (*conspicuous consumption*), die Orientierung an internationalen Moden und die Suche nach dem gesellschaftlich nutzlosen, individuellen Kick.[40] Die Subsumierung des Sports unter das Erlebnis würde nicht nur erklären helfen, warum die Erfindung neuer Trendsportarten einem immer schnelleren Wandel unterworfen ist – und Trendscouts immer auf der Suche nach dem möglichen nächsten Trend sind –, sondern auch, warum Sport immer stärker zu einem Aspekt der Unterhaltungsindustrie wird. Extremsport passt sich mühelos in professionelles Eventmarketing ein und wird deshalb zum Gegenstand des Sponsorings, das die Pflege des Extremsports belohnt. Showelemente, die man früher eher im Zirkus oder bei Sechstagerennen verortet hätte, sind in den Ex-

tremsportarten Alltagsgeschäft und halten auch in die großen Stadien
Einzug.[41] Ganz in der Logik dieser Entwicklung steht es, dass ein inter-
nationaler Superstar wie Madonna im Jahr 2012 als Pausennummer des
Superbowl im Stadion von Indianapolis vor 69 000 Zuschauern auf-
tritt, gewissermaßen als Sidekick des Endspiels der National Football
League (NFL) der USA. Show und Sportereignis laden sich gegenseitig
so weit zum Mega-Event auf, dass das Spiel zwischen den *New England
Patriots* und den *New York Giants* weltweit von 800 Millionen Zu-
schauern gesehen wurde.[42] Es folgt dieser Logik, wenn die Ratingfirma
Forbes die Sportstars zusammen mit den Film- und Popstars unter der
Rubrik *Celebrities* aufführt.

Sport ist heute oft in Vereinen organisiert, einer Sozialform, die im
Europa des 18. Jahrhunderts entstanden ist. Die Frage, ob alles, was in
Sportvereinen getrieben wird, auch als Sport zu bezeichnen ist, soll
uns hier ebenso wenig beschäftigen wie die Frage, ob Schach ein Sport
ist, was kürzlich vom Berliner Landesrechnungshof sehr zum Ärger
der Funktionäre vom Berliner Schachverband verneint wurde, mit un-
absehbaren Folgen für Fördermittel und Steuerprivilegien.[43] Vielen
Menschen vermitteln die Vereine immer noch einen Ausgleich zu Beruf und Familie und so etwas wie soziale Orientierung. Gerade bei den
Trendsportarten mit ihren rasch wechselnden Erfordernissen sind traditionelle Vereine aber oft überfordert, denn dort geht es mittlerweile
um ganz andere Dinge: um Identität, um das Treffen cooler Gleichge-
sinnter, um gemeinsame Sprach- und Dresscodes und das Ausprobieren neuer Lebensstile, gewissermaßen um die Inkorporation gewisser
neuer Sportarten, die sich kaum mit altväter- oder -mütterlicher Vereinsmeierei vertragen.[44] Sport ist heute oft nicht mehr in Vereinen
organisiert, sondern wird in allen möglichen anderen institutionellen
Formen betrieben: als Schulsport, als Rehamaßnahme, in Behinder-
teneinrichtungen, als Werkssport, als Abo im Fitnessstudio, im Rahmen von Volkshochschulkursen, in Verabredung über Zeitungsannon-
cen, durch Kontakte über Facebook etc. Und noch öfter wird Sport
privat betrieben, individuell als Jogging, Radfahren, Schwimmen etc.
oder mit Familienmitgliedern, mit Mitschülern, in Studentengruppen,
unter Arbeitskollegen oder im Freundeskreis. Auch wenn z. B. – wie
der DOSB in einer Untersuchung herausarbeiten ließ – immer noch
über 30 % aller Deutschen Mitglieder in Sportvereinen sind,[45] gerade
die Trendsetter aus dem Selbstverwirklichungsmilieu der Gebildeten

unter 40 Jahren sind es nicht mehr unbedingt, und die hauptsächlich von ihnen entwickelten neuen Sportarten sprechen das Unterhaltungsmilieu der übrigen Jüngeren an.[46] Was betreiben wir in diesen Sozialverbänden? Halten wir uns immer an die offiziellen Spielregeln? Oder betreiben nicht die meisten Aktiven modifizierte Formen davon, angepasst an die jeweiligen Konstellationen? Fußball auf der Wiese zwei gegen zwei auf kleine Tore, die aus auf den Boden gelegten Jacken, Fahrrädern, Einkaufstüten oder was auch immer bestehen, ohne Abseitsregel – ich würde vermuten, dass das weit verbreitet ist. Berühmte Fußballer wie Pelé oder Maradona, die den Fußball des 20. Jahrhunderts mitgeprägt haben – nach welchen Regeln und mit welchem Equipment haben sie auf der Straße oder am Strand begonnen, welche Art von Betätigung hat sie groß gemacht? Niemand würde bestreiten, dass Straßenfußball Sport ist – auch wenn das Kicken von Coladosen gegen Schrottautos von der FIFA nicht vorgesehen ist. Das nicht normierte Spiel, es gibt es noch, wenn auch nur außerhalb der Sportwissenschaften.

Vor dem 20. Jahrhundert war im englischen Sprachgebrauch *Sports* alles, was Spaß macht, gleichbedeutend mit *leisure* oder *pastime*. In deutschen Übersetzungen dieser Begriffe nannte man das *Kurzweil* oder *Vergnügung*.[47] Dazu gehörten Wettrennen und Preisschießen, Ballspiele und alle möglichen Arten der *exercitia corporis*, aber auch eher unkörperliche Betätigungen wie Kartenspielen oder Angeln, und natürlich Sackhüpfen (*Sack Racing*) und andere körperliche Aktivitäten, die wir heute eher als Kinderspiele oder pure Narreteien verbuchen würden.[48] Die Antwort auf Rekordsucht und Leistungswahn stellt der 1986 erfundene Homer Simpson dar, dem alles, was er beginnt, zum Desaster gerät. In einer Umfrage von BBC Channel 4 wurde er zum beliebtesten TV-Charakter aller Zeiten gewählt. Dies verdankt diese Personifikation der Faulheit, Inkompetenz und Gedankenlosigkeit dem Homer in jedem von uns.[49]

Jahrhunderte des theologischen Dauerfeuers haben die meisten Europäer davon überzeugt, dass Glücksspiel nichts mit Sport zu tun hat – die Sportwetten natürlich ausgenommen. Viele Sportarten erhielten im 19. Jahrhundert neue Spielregeln, andere wurden ganz neu erfunden. Das bürgerliche Vereinsleben und die Massenkommunikationsmittel ermöglichten neue Organisationsformen. Man muss jedoch nur an die Olympischen Spiele denken, um zu sehen, wie antike Anregungen über die Renaissance auf die Neuzeit wirkten. Und zum Schluss bemerkt, Sport hin oder her, wir sprechen beim größten aller Sportwettbewerbe trotz aller Höchstleistungs- und Rekordmanie und allem Kommerz immer noch von «Spielen». Für die Zuschauer handelt es sich ohnehin um Zeitvertreib, um «Sports» im ursprünglichen Sinn.

Anhang

Anmerkungen

Als Erstes: kein Sport

1 J. Wille (Hg.), Das Tagebuch und Ausgabenbuch des Churfürsten Friedrich IV. von der Pfalz, in: Zeitschrift für die Geschichte des Oberrheins 3 (1880) 201–295.
2 Moriz Ritter, Friedrich IV., in: ADB 7 (1877) 612–621.
3 Diogenes Laertius, Leben und Meinungen berühmter Philosophen, Hamburg 1998, 150.
4 The Sporting Magazine 1 (1792) 12.
5 www.n-tv.de/img/37/3705836/O_1000_680_680_Mao-schwimmt.jpg.
6 «At last ... Gordon runs for election!», in: The Mail, 8. 11. 2009.
7 Home-exercise-equipment.blogspot.com / 2011 / 11 / Romney-runs-3-miles-day.html.
8 Richard Tames, Sporting London. A Race Through Time, London 2005, 150.
9 Allen Guttmann, Vom Ritual zum Rekord. Das Wesen des modernen Sports, Schorndorf 1979.
10 Pierre Bourdieu, Historische und soziale Voraussetzungen modernen Sports, in: Gerd Hortleder / Gunter Gebauer (Hg.), Sport – Eros – Tod, Frankfurt / Main 1986, 91–112.
11 Christiane Eisenberg, Fußball – Soccer – Calcio, München 1997.
12 Dies., «English Sports» und deutsche Bürger, Paderborn 1999.
13 Horst Bredekamp, Florentiner Fußball. Die Renaissance der Spiele, Frankfurt / Main 1993.
14 Otto Brunner, Land und Herrschaft, Darmstadt ⁵1965, 163.
15 Peter Blickle, Nekrolog Otto Brunner (1898–1982), in: Historische Zeitschrift 236 (1983) 779–781.
16 Sport, in: Der Neue Pauly, Bd. 11, 838.
17 Roland Renson, Traditional Rural Sports in Europe, in: Tony Collins et al. (Hg.), Encyclopedia of Traditional British Rural Sports (= ETBRS), London 2005, 1–20, S. 6–7.
18 Alison Weir, All Goodly Sports, in: Henry VIII. The King and His Court, New York 2001, 105–112.
19 Lionel Arthur Govett, The King's Book of Sports. A History of the Declarations of King James I [1618] and King Charles I. [1633] as to the Use of

Lawful Sports on Sundays, with a reprint of the declarations, London 1890.

20 M. J., Sports and Pastimes; or Sport for the City and Pastime for the Country, London 1676.

21 Joseph Strutt, The Sports and Pastimes of the People of England [...] from the earliest period to the present times, London 1801. – Christina Hole, English Sports and Pastimes, London 1949.

22 Pia Maria Grüber (Hg.), «Kurzweil viel ohn' Maß und Ziel». Alltag und Festtag auf den Augsburger Monatsbildern der Renaissance, München 1994. – Harald Tersch, Freudenfest und Kurzweil. Wien in Reisetagebüchern der Kriegszeit (ca. 1620–1650), in: Andreas Weigl (Hg.), Wien im Dreißigjährigen Krieg. Bevölkerung – Gesellschaft – Kultur – Konfession, Wien 2001, 155–249.

23 Wett-Rennen, in: Johann Heinrich Zedler (Hg.), Großes vollständiges Universal-Lexicon aller Wissenschaften und Künste, 64 Bde. und 4 Ergänzungsbde., Halle / Leipzig 1732–1754, Bd. 55, 1085–1098.

24 Giovanni de' Bardi, Discorso sopra il giuoco del calcio fiorentino, Florenz 1580. – Reprint in: Carlo Bascetta (Hg.), Sport e giuochi. Trattati e scritti dal XV al XVIII secolo, Bd. 1, Mailand 1978, 127–162.

25 Georges Vigarello, Jeux populaires: Les paris et les prix dans la France classique, in: John McClelland / Brian Merrilees (Hg.), Sport and Culture in Early Modern Europe, Toronto 2009, 317–336.

26 Francisco Alcocer, Tratado del juego [...] y las apuestas, suertes, torneos, iustas, juegos de cana, toros y truhanes, Salamanca 1559.

27 Lambert Daneau, Brieue Remonstrance sur les Ieux de Sort, ou de Hazard, [Genf] 1574.

28 Jean-Jules Jusserand, Les sports et jeux d'exercise dans l'ancienne France, Paris 1901. Nd. Genf 1986. – Jeux et sports dans l'histoire, Paris 1992.

29 Franz Begov, Sportgeschichte der frühen Neuzeit, in: Horst Ueberhorst (Hg.), Geschichte der Leibesübungen, Bd. 3 / 1, Berlin 1980, 145–164.

30 Wolfgang Decker, Sport, in: Der Neue Pauly 11, 838.

31 Robert Gugutzer, Sport, in: Sina Farzin / Stefan Jordan (Hg.), Lexikon Soziologie und Sozialtheorie. Hundert Grundbegriffe, Stuttgart 2008, 274–278, S. 275.

32 Allen Guttmann, A Whole New Ball Game, London 1988, 2.

33 Gustav Adolf Erich Bogeng (Hg.), Geschichte des Sports aller Völker und Zeiten, Leipzig 1926.

34 Karl Weule, Ethnologie des Sports. Der Sport der Natur- und Urvölker. Exotische Sports [sic!], in: Ebd., 1–75.

35 Kendall Blanchard, The Anthropology of Sport, Westport 2005, 38–56.

36 Johan Huizinga, Homo ludens, Basel 1944, 88.

37 Ebd., 16–19.

38 Edward Norbeck, Man at Play, in: Play. Natural History Magazine, Special Supplement (1971) 48–53.

39 Clifford Geertz, Deep Play. Notes on the Balinese Cockfight, in: Ders. (Hg.), The Interpretation of Cultures. Selected Essays, New York 1973, 412–453.

40 Allen Guttmann, A Whole New Ballgame. An Interpretation of American Sports, 1988.

41 Michael Mandelbaum, The Meaning of Sports, New York 2004.

42 Allen Guttmann, Vom Ritual zum Rekord, Schorndorf 1979.

43 Klaus Wiemann, Die Phylogenese des menschlichen Verhaltens im Hinblick auf die Entwicklung sportlicher Betätigung, in: Horst Ueberhorst (Hg.), Geschichte der Leibesübungen, Bd. 1, Berlin 1972, 48–61.

44 Ingomar Weiler, Langzeitperspektiven zur Genese des Sports, in: Nikephoros 2 (1989) 7–26.

45 Marshall Sahlins, Stone Age Economics, London 1974, 1–40.

46 Pferd, in: Der Neue Pauly 9, 692–703.

47 Norbert Elias, Über den Prozess der Zivilisation, 2 Bde., Frankfurt / Main 1978.

48 Ders. / Eric Dunning, Sport im Zivilisationsprozess, Münster 1981.

49 Henning Eichberg, Geometrie als barocke Verhaltensnorm, in: ZHF 4 (1977) 17–50.

50 Ders., Vom Fest zur Fachlichkeit, in: Ludica 1 (1995) 183–200.

51 Alexandre Fernandez Vaz, Sport und Sportkritik im Kultur- und Zivilisationsprozess, Butzbach 2004, 44.

52 Das Motto wurde 1894 auf dem Gründungskongress des IOC gebraucht, als Devise offiziell bei den Spielen von 1924 verwendet und 1949 in die IOC-Satzung aufgenommen. Seither ist es – zusammen mit den olympischen Ringen – Bestandteil des olympischen Emblems.

53 Gherardo Ortalli, Perché Ludica?, in: Ludica. Annali di storia e civiltà del gioco 1 (1995) 5–7.

54 Wolfgang Behringer, Arena and Pall Mall. Sport in the Early Modern Period, in: German History 27 (2009) 331–357.

55 Ders., Sport, in: EDN 12 (2010) 381–399.

56 John McClelland, Introduction: «Sport» in Early Modern Europe, in: Ders. / Brian Merrilees (Hg.), Sport and Culture in Early Modern Europe, Toronto 2009, 23–40.

57 Wolfgang Behringer, Frühe Neuzeit, in: EDN 4 (2006) 80–87.

58 Arnd Krüger / John McClelland (Hg.), Die Anfänge des modernen Sports in der Renaissance, London 1984.

59 Rebekka von Mallinckrodt (Hg.), Bewegtes Leben. Körpertechniken in der Frühen Neuzeit, Katalog Wolfenbüttel 2008.

Anmerkungen

60 Peter Burke, The Invention of Leisure in Early Modern Europe, in: Past & Present Nr. 146 (1995) 136–150.

61 Winfried Schulze, Einführung in die neuere Geschichte, Stuttgart ⁴2001, 58–60.

62 Rudolf zur Lippe, Vom Leib zum Körper, Reinbek 1988.

63 Wolfgang Behringer, Alltag, in: EDN I (2005) 216–235.

64 Alan G. Ingham, The Sportification Process. A Biographical Analysis Framed by the Work of Marx, Weber, Durkheim and Freud, in: Richard Giulianotti (Hg.), Sport and Modern Social Theorists, New York 2004, 11–32.

65 Kendall Blanchard, The Anthropology of Sport, Westport 2005, 9–22.

66 Jens Adolphsen et al., Sportrecht in der Praxis, Stuttgart 2011.

67 Michael Kleinjohann, Sportzeitschriften in der Bundesrepublik Deutschland, Frankfurt/Main 1987.

68 Wildor Hollmann/Kurt Tittel, Geschichte der deutschen Sportmedizin, Gera 2008.

69 Christoph Asmuth (Hg.), Was ist Doping?, Bielefeld 2010.

70 Marcus Rosenstein, Das Ballsport-Lexikon. Die Ball- und Kugelspiele der Welt, Berlin 1997, 8.

71 Mein Dank gilt hier besonders meiner Sekretärin Frau Judit Ruff, meiner Assistentin Dr. Katharina Reinholdt, Dr. Justus Nipperdey sowie den wissenschaftlichen und studentischen Mitarbeitern Johanna Blume, Felicitas Froeßl, Lydia Schulz, Isabel Mlitz, Maximilian Rolshoven, Jana Frey, Bärbel Buchheit, Sarah Ehrmantraut, Alexander Höbelt sowie den Teilnehmern des Saarbrücker Forschungskolloquiums.

72 Rebekka von Mallinckrodt/Angela Schattner, Sport in Early Modern Europe, GHI London 17.–19. II 2011.

73 Wolfgang Behringer/Mara Wade, 36. Internationaler Wolfenbütteler Sommerkurs: Kommunikation und Körperkultur in der Frühen Neuzeit. Herzog August Bibliothek Wolfenbüttel, 15.–26. 8. 2011.

Die Spiele der Antike

1 Ulrich Sinn, Olympia. Kult, Sport und Fest in der Antike, München 1996, 36–38.

2 Ebd., 33–34.

3 Pindar, Siegeslieder. Griechisch-Deutsch, hg. und übers. von Dieter Bremer, Düsseldorf 2003.

4 Augusta Hönle, Olympia in der Politik der griechischen Staatenwelt. Von 776 bis zum Ende des 5. Jahrhunderts, Bebenhausen 1972.

5 Jacob Burckhardt, Griechische Kulturgeschichte, Darmstadt 1962.

6 Christian Meier, Das große Fest zu Olympia im klassischen Altertum, in:

Uwe Schultz (Hg.), Das Fest. Eine Kulturgeschichte von der Antike bis zur Gegenwart, München 1988, 38–49.

7 Wolfgang Decker, Sport in der griechischen Antike. Vom minoischen Wettkampf bis zu den Olympischen Spielen, München 1995, 46–47.

8 Zeitrechnung, in: Der Neue Pauly 12 (2002) 717–724.

9 Diogenes Laertius, Leben und Meinungen berühmter Philosophen, Hamburg 1998, 149–150, 241–245.

10 Wolfgang Decker, Sport in der griechischen Antike. Vom minoischen Wettkampf bis zu den Olympischen Spielen, München 1995.

11 Paul Dräger, Die Fahrt der Argonauten, griechisch/deutsch, Stuttgart 2002.

12 Joachim Ebert, Zum Pentathlon der Antike. Untersuchungen über das System der Siegerermittlung und der Ausführung des Halterensprunges, Berlin 1963.

13 Wolfgang Decker, Pentathlon, in: Der Neue Pauly 9, 524–525.

14 Ders., Sport und Spiel im Alten Ägypten, München 1987, 32–41, S. 37.

15 Selim Hassan, The Great Limestone Stela of Amenhotep II, in: Annales du Service des antiquités de l'Égypte (Kairo) 37 (1937) 129–134.

16 Wolfgang Decker, Sport und Spiel im Alten Ägypten, München 1987, 32–41.

17 Helmut Wilsdorf, Der Ringkampf im alten Ägypten, Würzburg 1939.

18 C. D. Jarrett-Bell, Rowing in the XVIII. Dynasty, in: Ancient Egypt 15 (1930) 11–19.

19 Walter Burkert, Von Amenophis II. bis zur Bogenprobe des Odysseus, in: Grazer Beiträge 1 (1973) 69–78.

20 John A. Wilson, Ceremonial Games in the New Kingdom, in: Journal of Egyptian Archeology 17 (1931) 211–220.

21 Wolfgang Decker, Sport und Spiel im Alten Ägypten, 25.

22 Ebd., 14–21.

23 Ebd., 26–34.

24 R. Knab, Die Periodoniken, Gießen 1934; Nd. Chicago 1980.

25 Decker, 59–65.

26 Ebd., 39–41.

27 Stadion, in: Der Neue Pauly 11, 886–890.

28 Gymnasion, in: Der Neue Pauly 2, 20–27.

29 Donald G. Kyle, Athletics in Ancient Athens, Leiden 1987.

30 Ernst Wegner, Das Ballspiel der Römer, Würzburg 1938.

31 Petrus Faber, Agonisticon, Paris 1592, 128, zit. nach: Norbert Müller, Der Humanist Petrus Faber – ein unbekannter «Sportschriftsteller» des ausgehenden 16. Jahrhunderts, in: Sarkhadun Yaldai et al. (Hg.), Menschen im Sport, Köln 1997, 39–51.

32 Barbara Levick, Julia Domna, Syrian Empress, London 2007.

33 Philostratos, in: Der Neue Pauly 9, 887–894.

34 Sinn, Olympia, 85.

35 Ebd., 96–103.

36 «[…] iam pridem, ex quo suffragia nulli / vendimus, effudit curas; nam qui dabat olim / imperium, fasces, legiones, omnia, nunc se / continet atque duas tantum res anxius optat, / panem et circenses». Juvenal, Satiren. Lateinisch-Deutsch, hg. von Joachim Adamietz, München 1993, Satire Nr. 10, 77–81.

37 Karl-Wilhelm Weeber, Panem et circenses. Massenunterhaltung als Politik im antiken Rom, Mainz 1994,145–155.

38 Michele Renee Salzmann, On Roman Time. The Codex-Calendar of 354 and the Rhythms of Urban Life in Late Antiquity, Berkeley / Ca. 1991.

39 John Evelyn, Diary, hg. von William Bray, 2 Bde., Reprint London 1973, 166.

40 Circus, in: Der Neue Pauly 2, 1210–1220.

41 Ebd.

42 «Italiae vero urbibus non eadem est ratione faciendum, ideo quod a maioribus consuetudo tradita est gladiatoria munera in foro dari». Vitruv, De architectura libri decem. Zehn Bücher über Architektur, Darmstadt ⁵1996 (lib 5, cap 1), S. 206–207.

43 «[…] et ad spectaculorum rationem utilis dispositio»: ebd., S. 206.

44 «Post xystum autem stadium ita figuratum, ut possint hominum copiae cum laxamento athletas certantes spectare». Ebd. (lib 5, cap 11) 248–249.

45 Villy Sörensen, Seneca. Ein Humanist an Neros Hof, München 1984, 132–137.

46 Vitruv, De architectura libri decem. Zehn Bücher über Architektur, übers. und mit Anmerk., Darmstadt 1996 (lib 5, cap 1), 206–207.

47 Augusta Hönle, Munus, Munera, in: Der Neue Pauly 8, 483–494.

48 Egon Flaig, Gladiator, in: Der Neue Pauly 4, 1076–1078.

49 Donald G. Kyle, Spectacles of Death in Ancient Rome, London 1998, 112.

50 Augusta Hönle, Venatio, in: Der Neue Pauly 12 / 2, 3.

51 Plutarch, Crassus, in: Plutarchi vitae parallelae, Bd. 1, Fasc. 2, hg. von Konrat Ziegler / Hans Gärtner, Stuttgart 1960, 8–11.

52 Appian, Römische Geschichte, übers. von Otto Veh, 2 Bde., Stuttgart 1987 / 1989, 1. Buch, Über die Bürgerkriege, 7.

53 Jacob Burckhardt, Griechische Kulturgeschichte, Frankfurt / Main 2007, 754.

54 Ludwig Drees, Olympia. Götter, Künstler und Athleten, Stuttgart 1967, 47.

55 Karl-Wilhelm Welwei, Sparta. Aufstieg und Niedergang einer antiken Großmacht, Stuttgart 2004.

56 Cornelia Ewigleben, «What these Women love is the sword». The Performers and their Audiences. in: Eckart Kohne / Cornelia Ewigleben (Hg.),

The Power of Spectacle in Ancient Rome. Gladiators and Caesars, Berkeley 2000, 125–139.

57 Cassius Dio, Römische Geschichte, übers. von Otto Veh, 5 Bde., Düsseldorf 2007, Buch 62, 17.3.

58 Petronius, Satiricon oder das Gastmahl des Trimalcion. In der Übertragung von Wilhelm Heinse, München 1980, XLV.

59 Amy Zoll, Gladiatrix. The True Story of History's Unknown Woman Warrior, New York 2002, 27.

60 Mark Vesley, Gladiatorial training for girls in the «collegia iuvenum» of the Roman Empire, in: Echos du Monde Classique 42 (1998) 85–93.

61 Sueton, Vita Domitiani, 4.1., in: De vita caesarum / Die Kaiserviten, Düsseldorf 1997.

62 Peter Connolly, Colosseum. Arena der Gladiatoren, Stuttgart 2005.

63 Amphitheater, in: Der Neue Pauly 1, 619–624.

64 L. A. Govett, The King's Book of Sports. A History of the Declarations of King James I. and King Charles I. as to the Use of Lawful Sports on Sundays, London 1890.

65 Tertullian, De spectaculis / Über die Spiele, Stuttgart 1988, 18–19.

66 Ebd., 52–53.

67 Ebd., 68–69.

68 Ebd., 60–61.

69 Ebd., 66–67.

70 Augustinus, zit. in: Petrus Faber, Agonisticon, Paris 1592, 207.

71 Faber, Agonisticon, Paris 1592, 128, hier zit. nach: Norbert Müller, Der Humanist Petrus Faber – ein unbekannter «Sportschriftsteller» des ausgehenden 16. Jahrhunderts, in: Sarkhadun Yaldai et al. (Hg.), Menschen im Sport, Köln 1997, 39–51, S. 46.

72 Jonathan Harris, Constantinople. Capital of Byzantium, London 2007.

73 Karl Lennartz, Kenntnisse und Vorstellungen von Olympia und den Olympischen Spielen in der Zeit von 393–1896, Schorndorf 1974, 13.

74 Wolfgang Decker, Sport, in: Der Neue Pauly 11, 838–846. – Ders., Sportfeste, in: Der Neue Pauly 11, 847–855. – Rolf Hurschmann, Sportgeräte, in: Der Neue Pauly 11, 655–657. – Peter Gummert, Sport, in: Der Neue Pauly 15 / 3, 208–219.

75 Hartmut Leppin, Theodosius der Große und das christliche Kaisertum, Darmstadt 2003.

76 Fergus Millar, A Greek Roman Empire. Power and Belief under Theodosius II. (408–450), Berkeley 2006.

77 John P. V. D. Balsdon, Life and Leisure in Ancient Rome, Michigan UP 1974, 252.

78 James Evans, The «Nika» Rebellion and the Empress Theodora, in: Byzantion 54 (1984) 380–382.

79 Alan Cameron, Circus factions. Blues and Greens at Rome and Byzantium, Oxford 1976, 278–281.

80 Norman Tobias, Basil I (867–886) the founder of the Macedonian dynasty, New Brunswick/N. J. 1969.

81 Michael B. Poliakoff, Wrestling, in: Encyclopedia of World Sport: From Ancient Times to the Present, hg. von David Levinson/Karen Christensen, Santa Barbara/Ca. 1996, Bd. 4, 1194.

82 Charles Benn, China's Golden Age. Everyday Life in the Tang Dynasty, Oxford 2002.

83 James Riordan, Sport and Physical Education in China, London 1999, 32.

84 Benn, China's Golden Age, 172.

85 Nishiyama Hidetaka, Karate – Die Kunst der leeren Hand, Lauda 2007.

86 Meir Shahar, The Shaolin Monastery. History, Religion, and the Chinese Martial Arts, Honolulu 2008.

87 Andrew Morris, «To Make the Four Hundred Million Move»: The Late Qing Dynasty. Origins of Modern Chinese Sport and Physical Culture, in: CSSH 42 (2000) 876–906.

88 Allen Guttmann/Lee Thompson, Japanese Sports. A History, Honolulu 2001.

89 Vernon Scarborough/David R. Wilcox (Hg.), The Mesoamerican Ballgame, Tucson 1991.

90 Jacinto Quirarte, The Ballcourt in Mesoamerica: Its Architectural Development, in: Alana Cordy-Collins/Jean Stern (Hg.), Pre-Columbian Art History: Selected Readings, Palo Alto/Ca. 1975, 63–69.

91 Pierre Colas/Alexander Voss, A Game of Life and Death – The Maya Ball Game, in: Nikolai Grube (Hg.), Maya Divine Kings of the Rain Forest, Köln 2006, 186–191.

92 John W. Fox, The Lords of Light versus the Lords of Dark: The Postclassic Highland Maya Ballgame, in: Vernon Scarborough/David R. Wilcox (Hg.), The Mesoamerican Ballgame, Tucson 1991, 213–240.

93 Marie Ellen Miller, The Ballgame, in: Record of the Art Museum, Princeton University, 48 (1989) 22–31.

94 Historia Chichimeca, nach: Jacques Soustelle, Daily Life of the Aztecs on the Eve of the Spanish Conquest, Palo Alto/Ca. 1955, 160.

95 Kendall Blanchard, Traditional Sports, America, in: Encyclopedia of World Sport. From Ancient Times to the Present, 3 Bde., hg. von David Levinson et al., Santa Barbara/Ca. 1996, Bd. 3, 1075–1083.

1　Lexikon des Mittelalters, Bd. 7, Sp. 2134 bzw. 2105–2111 (Spiele).

2　Rolf Sprandel, Sport, in: LMA 7, 2105–2106.

3　Achatz von Müller, Die Festa S. Giovanni in Florenz. Zwischen Volks-kultur und Herrschaftsinszenierung, in: Uwe Schultz (Hg.), Das Fest, München 1988, 153–163.

4　Miguel Ángel Ladero Quesada, Sport II. Südeuropa, in: LMA 7, 2106–2108. – Ders., La Fiesta en la Europa Mediterránea Medieval, in: S. Cavachiocchi (Hg.), Il Tempo libero, Prato 1995, 83–110.

5　Joachim Bumke, Höfische Kultur, München 2005, 306–307.

6　Thomas von Aquin, Summa Theologiae, II / 1, 4,6.

7　Robert A. Mechikoff, A History and Philosophy of Sport and Physical Education, New York 2010, 114.

8　Walter Endrei, Spiele im privaten Bereich, in: LMA 7, 2108–2111.

9　Das Nibelungenlied, hg. von Helmut Brackert, Frankfurt / Main 1970, 32–33.

10　Joachim Bumke, Höfische Kultur, 342.

11　Georges Duby, Guillaume le Maréchal oder der beste aller Ritter, Frank-furt / Main 1997.

12　Joachim Bumke, Höfische Kultur, 343.

13　Philippe Contamine, Turnier (A. Allgemein, Westeuropa), in: LMA 8 (2003) Sp. 1113–1115.

14　Ulrich von Liechtenstein, Frauendienst, Ms. ca. 1255, 177, 1–315,8.

15　Joachim Bumke, Höfische Kultur, 344.

16　Franco Cardini, Turnier (C. Italien), in: LMA 8 (2003) Sp. 1118.

17　P. Schreiner, Turnier (D. Byzanz), in: LMA 8 (2003) Sp. 1118.

18　A. Ranft, Turnier (B. Mitteleuropa), in: LMA 8 (2003) Sp. 1115–1116.

19　Peter Moraw, Die Hoffeste Kaiser Friedrich Barbarossas von 1184 und 1188, in: Uwe Schultz (Hg.), Das Fest, München 1988, 70–83.

20　Joachim Bumke, Höfische Kultur, 303.

21　Ebd., 304.

22　Ebd., 348–356.

23　Matthäus von Paris, Chronica majora, Bd. 2, 650 (nach Bumke 356).

24　Bumke 356.

25　Richard Tames, Sporting London, London 2005, 15–17.

26　Hagen Seehase / Ralf Krekeler, Der gefiederte Tod. Die Geschichte des englischen Langbogens in den Kriegen des Mittelalters, Ludwigshafen 2001.

27　Roger Ascham, Toxophilus. The School of Shooting, London 1545.

28　William Wood, The Bowman's Glory, or Archery Revived, London 1682.

29　Richard Tames, Sporting London, 18.

30 Beverley Ann Tlusty, Risk, Honor, and Safety in German Martial Sports. Paper at the Conference «Sport in Early Modern Europe», London 17.–19. ii. 2011.

31 Christoph Schorer, Memminger Chronik, Ulm 1660, 12–13.

32 Ebd., 34–35.

33 Ebd., 36.

34 August Alckens, Herzog Christoph der Starke von Bayern-München, Mainburg 1975.

35 Carl Theodor Gemeiner, Regensburgische Chronik, Bd. 2, Regensburg 1821, 472–473.

36 Max Radlkofer, Die Schützengesellschaften und Schützenfeste Augsburgs im 15. und 16. Jahrhundert, in: Zeitschrift des Historischen Vereins für Schwaben und Neuburg 21 (1894) 87–138, S. 98–99.

37 Klaus Zieschang, Vom Schützenfest zum Turnfest, Würzburg 1973, 79–80.

38 Augsburger Schützenbrief von 1507, zit. in: Klaus Zieschang, ebd., 78–79.

39 Max Radlkofer, Die Schützengesellschaften, 106–108.

40 Klaus Zieschang, Vom Schützenfest zum Turnfest, 83–84.

41 Schorer, Memminger Chronik, 43.

42 Gustav Hergsell (Hg.), Talhoffers Fechtbuch von 1443, Prag 1889. – Gustav Hergsell, Talhoffers Fechtbuch von 1467, Prag 1887. – Hans Talhoffer, Medieval Combat. A Fifteenth-Century Illustrated Manual of Swordfighting and Close-Quarter Combat, hg. von Mark Rector, London 2000.

43 Henner Kuhle / Helma Brunck, 500 Jahre Fechtmeister in Deutschland. Ältester privilegierter Berufsstand, Kelkheim im Taunus 1987.

44 Tower-Museum, London, Ms., 33. – Ehemals Bibliothek Gotha, Ms. membr. I, 115.

45 Hans-Peter Hils, Meister Johann Liechtenauers Kunst des langen Schwertes, Frankfurt / Main 1985.

46 Heidemarie Bodemer, Das Fechtbuch: Untersuchungen zur Entwicklungsgeschichte der bildkünstlerischen Darstellung der Fechtkunst in den Fechtbüchern des mediterranen und westeuropäischen Raumes vom Mittelalter bis Ende des 18. Jahrhunderts, Diss. phil. Stuttgart 2008.

47 Luca Landucci, Ein florentinisches Tagebuch 1450–1516, nebst einer anonymen Fortsetzung 1516–1542, hg. von Marie Herzfeld, Jena 1912, 39–40.

48 Ebd., 76–77.

49 Diese Tierhatz hatte Cosimo il Vecchio 1459 zu Ehren Papst Pius II. sowie des künftigen Mailänder Herzogs Galeazzo Maria Sforza veranstaltet: Enea Silvio Piccolomini, Commentarii. Ich war Pius II. Memoiren eines Renaissance-Papstes, hg. von Günter Stölzl, Augsburg 2008, 109.

50 Landucci, 273–279.

51 Albert Hauser, Was für ein Leben. Schweizer Alltag vom 15. bis 18. Jahrhundert, Zürich 1990, 169.

52 William Fitzstephen, A Description of London [ca. 1174/1183, übers. aus dem Lateinischen], in: Henry Thomas Riley (Hg.), Liber Custumarum. Rolls Series, No. 12, vol. 2, London 1860, 2–15.

53 Walter Endrei, Spiele und Unterhaltung im Alten Europa, Hanau 1988, 99.

54 Enea Silvio Piccolomini, Commentarii. Ich war Pius II. Memoiren eines Renaissance-Papstes, Augsburg 2008, 345–347.

55 Das Nibelungenlied, hg. von Helmut Brackert, Frankfurt/Main 1970, 101–105.

56 Edith Ennen, Frauen im Mittelalter, München 1994, 49–52.

57 Nibelungenlied, in: KLL 8, 6719–6722.

58 François Alexandre de Garsault, L'art du paumier-raquetier et de la paume, Paris 1767.

59 Ders., Die Kunst der Ball- und Raquettenmacher und vom Ballspiele, übers. von Daniel Gottfried Schreber, in: Schauplatz der Künste und Handwerke, oder vollständige Beschreibung derselben/verfertiget oder gebilliget von denen Herren der Academie der Wissenschaften zu Paris, übers. und mit Anmerkungen versehen von Johann Heinrich Gottlob von Justi, Bd. 7, Leipzig 1768, 225–276, S. 236.

60 Journal d'un bourgeois de Paris de 1405 à 1449, hg. von Colette Beaune, Paris 2009, 239.

61 Heiner Gillmeister, Tennis. A Cultural History, New York 1997, 98.

62 Anja Grebe et al., Schloss Runkelstein, Regensburg 2005.

63 Walter Endrei, Spiele und Unterhaltung im Alten Europa, Hanau 1988, 99.

64 Albert Hauser, Was für ein Leben. Schweizer Alltag vom 15. bis 18. Jahrhundert, Zürich 1990, 172.

65 Edward Armstrong, Dante in Relation to the Sports and Pastimes of His Age, in: The Modern Language Review 1 (1964) 173–187, S. 184.

66 Robert C. Davis, Say it with Stones. The Language of Rock-Throwing in Early Modern Italy, in: Ludica 10 (2004) 113–129.

67 Walter Endrei, Spiele und Unterhaltung im Alten Europa, Hanau 1988, 108.

68 Robert C. Davis, The War of the Fists. Popular Culture and Public Violence in Late Renaissance Venice, Oxford 1994.

69 Eines dieser Gemälde hängt heute im Dogenpalast, ein anderes im Museum Ca' Rezzonico in Venedig.

70 Robert C. Davis, The Spectacle Almost Fit for a King: Venice's Guerra de' Canne of 26 July 1574, in: Ellen E. Kittel/Thomas F. Madden (Hg.), Medieval and Renaissance Venice, Chicago 1999, 181–212.

71 William Fitzstephen, A Description of London, 2–15.

72 Walter Endrei, Spiele und Unterhaltung im Alten Europa, Hanau 1988, 114 f.

73 Thomas Reilly, Science and Football. A History and an Update, in: Thomas Reilly / Jan Cabri / Duarte Araújo (Hg.), Science and Football V. The Proceedings of the Firth World Congress on Science and Football, New York 2005, 3–12, S. 4.

74 Hagen Seehase / Ralf Krekeler, Der gefiederte Tod. Die Geschichte des englischen Langbogens in den Kriegen des Mittelalters, Ludwigshafen 2001.

75 Jean-Jules Jusserand, Les sports et jeux d'exercice dans l'ancienne France, Paris 1901; Neudruck Genf 1986.

76 William Heywood, Palio and Ponte. An Account of the Sports of Central Italy from the Age of Dante to the Twentienth Century, London 1904.

77 «[...] dum luderet ludo pilae inflatae quae dicitur palla grossa fregeret sibi bracchium»: Edward Armstrong, Dante in Relation to the Sports and Pastimes of His age, in: The Modern Language Review 1 (1964) 173–187, S. 182–183.

78 Dom Vaissette, Histoire générale du Languedoc, Paris 1733–1745, 5 Bde., Bd. 2, col. 518.

79 Walter Endrei, Spiele und Unterhaltung im Alten Europa, Hanau 1988, 112.

80 Heiner Gillmeister, Tennis. A Cultural History, London 1998, 17–21.

81 Gemeint ist möglicherweise Bartolomeo Vitelleschi, 1438–1442 und erneut 1449–1463 Bischof von Corneto, 1444–1449 Kardinal von San Marco, der 1463 auf einer Pilgerreise nach Jerusalem in Griechenland starb. Er wurde in der Kathedrale von Corneto begraben.

82 Enea Silvio Piccolomini, Commentarii, 321–324.

83 William Fitzstephen, A Description of London, 2–15.

84 Wolfgang Behringer, Kulturgeschichte des Klimas. Von der Eiszeit bis zur globalen Erwärmung, München ^{5}2010, 126–129.

85 Luca Landucci, Ein florentinisches Tagebuch 1450–1516, nebst einer anonymen Fortsetzung 1516–1542, hg. von Marie Herzfeld, Jena 1912.

86 M. Welber (Hg.), Affreschi dei mesi di torre d'Aquila Castello Buonconsiglio (sec. XV), Trient 1992.

87 Walter Endrei, Spiele und Unterhaltung im Alten Europa, Hanau 1988, 106–107.

88 Henry Hoek, Der Ski, München ^{5}1911, 201–203.

89 E. John B. Allen, The Culture and Sport of Skiing, Boston 2007.

90 Claus Krag, Sverre – Norges største middelalderkonge, Oslo 2005.

91 Olaus Magnus, Historia de gentibus septentrionalibus, Rom 1555. – Ausgabe Antwerpen 1562 (online), 3, 42, 113.

92 Sverre Bagge, From Gang Leader to the Lord's Anointed, Odense 1996.

93 Michael Roberts, The Early Vasas. A History of Sweden, 1523–1611, 1968.

94 Olaus Magnus, Historia de gentibus septentrionalibus, 128–129.

95 Angela Schattner, Places of Sport und Spaces for Sport in Early Modern England, Paper at the Conference «Sport in Early Modern Europe», London 17.–19. 11. 2011.

96 William Fitzstephen, A Description of London, 2–15.

97 Alexandra Foghammar, «allen inwonern zu lust und ergetzung». Die Hallerwiese ist Nürnbergs älteste Grünanlage, in: Nürnberg heute 70 (2001) 50–55.

98 Antonio de Beatis, The Travel Journal 1517–1518, hg. von John Hale, London 1979, 69.

99 Poggio Bracciolini, Die Berichte über Baden und St. Gallen, übers. von W. Oechsli, Zürich 1893, 361.

100 Benedetto Dei, La Cronica dall'anno 1400 all'anno 1500, hg. von Roberto Barducci, Florenz 1985, 79; nach: Bredekamp 1993, 44.

101 Enea Silvio Piccolomini, zit. nach: F. K. Mathys, Spiel und Sport im alten Basel, Basel 1954, 16–21.

102 Luigi Roffare, La Repubblica di Venezia e lo Sport, Mestre ²1999, 39–40.

103 Richard Lassels, The Voyage of Italy, Paris 1670, 212.

104 Heidrun Wozel, Die Dresdner Vogelwiese – Vom Armbrustschießen zum Volksfest, Dresden 1993.

105 Nicht zu verwechseln mit dem amerikanischen Bowling, das als Reaktion auf ein Kegelverbot in Connecticut 1837 in den USA entstand. Um das Verbot zu umgehen, fügte man zu den herkömmlichen neun Kegeln einen zehnten hinzu und stellte sie im Dreieck statt im Viereck auf und nannte die Kegel Pins.

106 Maximilian I., Der Weiß Kunig, Reprint Leipzig 2006.

107 Rudolf Keck, «Homo ludens» oder «Homo militans». Zur Geschichte mittelalterlicher und frühneuzeitlicher Sportbetätigung, in: Max Liedtke (Hg.), Sport und Schule, Bad Heilbrunn 1998, 55–88.

108 Rainer Babel, Heinrich II., in: Peter C. Hartmann (Hg.), Französische Könige und Kaiser der Neuzeit, München 1994, 71–90.

109 John H. M. Salmon, Society in Crisis. France in the Sixteenth Century, London 1979.

110 Irene Mahoney, Katharina von Medici. Königin von Frankreich – Fürstin der Renaissance, München 1988, 263.

111 David Buisseret, Henry IV., London 1984.

112 Henry Peacham, The Compleat Gentleman. Fashioning him absolute in the most necessarie and commendable Qualities concerning Mind or Bodie, that may be required in a Noble Gentleman, London 1627, hg. von G. S. Gordon, Oxford 1906, 214.

Die Renaissance der Spiele

1 John McClelland, Einleitung, in: Arnd Krüger / John McClelland (Hg.), Die Anfänge des modernen Sports in der Renaissance, London 1984, 9–18.

2 Giannozzo Manetti, Über die Würde und Erhabenheit des Menschen [1452], hg. von August Buck / übers. von Hartmut Leppin, Hamburg 1990, 27.

3 Martin Schmeisser: «Wie ein sterblicher Gott …» Giannozzo Manettis Konzeption der Würde des Menschen und ihre Rezeption im Zeitalter der Renaissance, München 2006.

4 Giovanni Pico della Mirandola, Oratio de hominis dignitate. Rede über die Würde des Menschen [1494], hg. von Gerd von der Gönna, Stuttgart 1997.

5 Vespasiano da Bisticci, Große Männer und Frauen der Renaissance [1483], hg. von Bernd Roeck, München 1995, 230–231.

6 Lucien Febvre, Wie Jules Michelet die Renaissance erfand (1950), in: Ders., Das Gewissen des Historikers, hg. von Ulrich Raulff, Berlin 1988, 211–221.

7 Pietro Paolo Vergerio, De ingenuis moribus et liberalibus adolescentiae studiis [1402], Venedig 1472.

8 Karl Alois Kopp, Pietro Paolo Vergerio, der erste humanistische Pädagoge, Luzern 1894.

9 Gregor Müller, Mensch und Bildung im italienischen Renaissance-Humanismus, Baden-Baden 1984, 73–75.

10 John McClelland, Leibesübungen in der Renaissance und die freien Künste, in: Arnd Krüger / John McLelland (Hg.), Der Anfang des modernen Sports in der Renaissance, London 1984, 85–110.

11 Vespasiano da Bisticci, Große Männer und Frauen der Renaissance, 283–284.

12 Renate Schweyen, Guarino Veronese. Philosophie und humanistische Pädagogik, München 1973.

13 Peter Gummert, Sport (Antikenrezeption), in: Der Neue Pauly 15 / 3 (2003) Sp. 298–219

14 Bernardino da Siena, Le Prediche volgari, Bd. II, Siena 1884, 436, 438; Bd. III, Siena 1888, 136.

15 Leon Battista Alberti, Über das Hauswesen (Della Famiglia, 1440), Zürich 1962, 90.

16 Ebd., 89–91.

17 Giorgio Nonni, Vorwort, in: Antonio Scaino, Trattato del giuoco della palla, Venedig 1555, hg. von Giorgio Nonni, Urbino 2000.

18 Paolo Cortese, De Cardinalatu, s. l. [vermutl. Rom] 1510, ab p. 76 verso.

19 Dioscoride Anarzarbeo, Della materia medicinale. Tradotto in lingua fiorentina da M. Marcantonio Montigiano da S. Gimignano, Medico, Florenz 1547.

20 Martin Dolch, Paolo Corteses Bemerkungen über das Ballspiel der geistlichen Würdenträger (1510), in: Stadion 8 / 9 (1982 / 83) 85–97.

21 Paul Monroe, Gymnasia, in: The New International Encyclopeaedia, 1905 (online-Version).

22 Klaus Zieschang, Vom Schützenfest zum Turnfest, Würzburg 1973, 106.

23 Ebd., 107.

24 Eigentlich: «Orandum est, ut sit mens sana in corpore sano»: Juvenal, Satiren, Kapitel 10, 356.

25 Joachim Camerarius, Dialogus de gymnasiis, Basel 1536.

26 Ernst Laas, Die Pädagogik des Johannes Sturm, Leipzig 1872. – Bernd Schröder (Hg.), Johannes Sturm (1507–1589) – Pädagoge der Reformation, Jena 2009.

27 Hubert Schwerd, Die Rolle der Leibesübungen in den Schulordnungen des 16. und 17. Jahrhunderts, in: A. Schwerd (Hg.), Gymnasium und Wissenschaft. Festgabe zur Hundertjahrfeier des Maximiliansgymnasiums in München, München 1949, 56–131.

28 Dudley Fenner, A Short and Profitable Treatise of Lawfull and Unlawfull Recreations, Middleburg 1587.

29 Simon Verrepäus, De ingenuis scholasticorum moribus libellus, Köln 1583.

30 Hubert Schwerd, Die Rolle der Leibesübungen, 56–131.

31 Hippolytus Guarinonius, Die Grewel der Verwüstung menschlichen Geschlechtes, Ingolstadt 1610, 1212.

32 Samuel Pepys, Die Tagebücher. Vollständige Ausgabe in neun Bänden, Berlin 2010, VII, 74.

33 Georg Engelhard von Löhneysen, Die neu-eröffnete Hof-, Kriegs- und Reitschul, 1588.

34 Ders., Della Cavalleria. Das ist: Gründtlicher und ausführlicher Bericht von allem was zu der löblichen Reuterei gehörig, Remlingen 1609.

35 Ders., Hof-, Staats- und Regierkunst, bestehend in dreyen Büchern, deren erstes handelt von Erziehung und Information junger Herren, wie dieselbe von Jugend auf in löblichen Tugenden, Künsten und Sprachen zu unterrichten, desgleichen was für Ergetzung und Leibes-Übungen sie dabey haben sollen […], Frankfurt / Main 1679.

36 Georg Gumpelzhaimer, Gymnasma de exercitiis academicorum, Straßburg 1652, 309–310, zit. nach Löhneysen, Aulicus Politicus, cap. 54.

37 Peter Burke, Die Geschicke des «Hofmann». Zur Wirkung eines Renaissance-Breviers über angemessenes Verhalten, Berlin 1996.

38 Baldassare Castiglione, Il libro del Cortegiano [1528]. – Das Buch vom Hofmann, übers. und erläutert von Fritz Baumgart, München 1986, 45–49.

39 Juan Luis Vives, De tradendis discipulis, Antwerpen 1531. – Nach: Carl Rossow, Italienische und deutsche Humanisten und ihre Stellung zu den Leibesübungen, Leipzig 1903, 50. – Roland Renson, Le jeu chez Juan Luis Vives, in: Philippe Ariès/Jean-Claude Margolin (Hg.), Les jeux à la Renaissance, Paris 1982, 469–487.

40 Antonio de Guevara, Menosprecio de corte y alabanza de aldea, Valladolid 1539.

41 Thomas Elyot, The Boke named The Governour, London 1531.

42 François Rabelais, Gargantua und Pantagruel [1534], Frankfurt/Main 1974, 98–102.

43 Wilhelm Streib, Geschichte des Ballhauses, in: Leibesübungen und körperliche Erziehung 54 (1935) 373–382, 419–432, 448–464, zit. S. 449.

44 Roy Strong, Feste der Renaissance, 1450–1650. Kunst als Instrument der Macht, Freiburg 1991, 24–31.

45 Michael Hörmann, Ringrennen am Stuttgarter Hof. Die Entwicklung des Ritterspiels im 16. und 17. Jahrhundert, in: Sozial- und Zeitgeschichte des Sports 3 (1989) 50–69, 63–64.

46 Ingrid Hanack (Hg.), Die Tagebücher des Herzogs Johann Friedrich von Württemberg aus den Jahren 1615–1617, Göppingen 1972, 1–109.

47 Juvenal, Satiren. Lateinisch-Deutsch, hg. von J. Adamietz, 356.

48 Galenos aus Pergamon, in: Der Neue Pauly 4, 748–756.

49 Galenus, Il libro dell'esercitio della palla, Mailand 1562.

50 Hieronymus Mercurialis, Artis gymnasticae apud antiquos celeberrimae, nostris temporis ignoratae, libri sex, Venedig 1569. – Venedig 1573. – Pavia 1577. – Ders., De arte gymnastica libri sex, in quibus exercitationum omnium vetustarum genera, loca, modi, facultates et quidquid denique ad corporis humani exercitationes pertinet, diligenter explicatur, Paris 1577. – Venedig ³1587. – Venedig 1601. – Venedig 1644. – Amsterdam 1672. – Faenza 1856. – Imola 1884. – Rom 1970. – München 1994.

51 Girolamo Mercuriale, De arte gymnastica. The Art of Gymnastics, hg. von Concetta Pennuto, Florenz 2008.

52 Cristobal Mendez, Libro del exercicio corporal, Sevilla, 1553.

53 Vincenzo Giustiniani, Discorso sopra il giuoco del pallamaglio (1626), in: Sport e Giuochi II, 326–332.

54 Sandra Cavallo/Tessa Storey, The Conceptualization and Practice among the Roman Aristocracy in the 17th Century. Paper at the Conference «Sport in Early Modern Europe», London 17.–19. 11. 2011.

55 Rodrigo da Fonseca, De tuenda valetudine, et producenda vita liber, Florenz 1602.

56 Robert Burton, Anatomie der Melancholie (1651), Stuttgart 1988, 186–187.

57 Levinus Lemnius, De habitu et constitutione corporis, Antwerpen 1561.

58 Auffallend dabei ist, dass Burton nur Werke zitiert, die vor der Sportmedizin des Mercurialis erschienen sind – möglicherweise zitiert er alle angeführte Literatur nach Mercurialis.

59 Robert Burton, Anatomie der Melancholie, übers. nach der 6., verbesserten Ausgabe London 1651, Stuttgart 1988, 187–189.

60 Hippolytus Guarinonius, Die Grewel der Verwüstung menschlichen Geschlechtes, Ingolstadt 1610.

61 Jürgen Bücking, Hippolytus Guarinonius (1571–1654), Pfalzgraf zu Hoffberg und Volderthurn. Eine kritische Würdigung, in: Österreich in Geschichte und Literatur, o. O. 1968, 65–80.

62 Friedrich Hoffmann, De motu, optima corporis medicina, Halle 1701. – Auch in: Friedrich Hoffmann, Dissertationes physico-medicae curiosae selectiores, ad sanitatem tuendam maxime pertinentes, Bd. 1, Leiden 1708, 259–303 (online).

63 Francis Fuller, Medicina gymnastica, Cambridge 1705 (online).

64 Archangelo Tuccaro, Trois dialogues de l'exercise de sauter et voltiger en l'air, Paris 1599.

65 Ebd.

66 Friedrich Karl Mathys, Tuccaro, der Schöpfer des modernen Bodenturnens, in: Olympisches Feuer 36 (1986) 50–52.

67 Friedrich Ludwig Jahn, Die deutsche Turnkunst zur Einrichtung der Turnplätze, Berlin 1816.

68 Sandra Schmidt, Kopfübern und Luftspringen. Bewegung als Wissenschaft und Kunst in der Frühen Neuzeit, München 2008.

69 Karl Lennartz, Kenntnisse und Vorstellungen von Olympia und den Olympischen Spielen in der Zeit von 393–1896, Schorndorf 1974, 172.

70 Matteo Palmieri, Libro della vita civile, dialoghi LIV, Florenz 1529, zit. nach: Lennartz 22.

71 Polydorus Virgilius, De inventoribus rerum, 1499. – Basel 1575.

72 Ders., Von den Erfyndern der Dyngen, Augsburg 1537.

73 Pausanias, Beschreibung Griechenlands, München 1972, Bd. 1, 277–280, 294–295 und 300–301.

74 Karl Lennartz, Kenntnisse und Vorstellungen von Olympia, 26–27.

75 Friedrich Lindenbrog, Commentarius de ludis veterum, Paris 1605. – Jan de Meurs[ius], De ludis Graecorum, Leiden 1622.

76 Erasmus von Rotterdam, Apophthegmata [1532], I, 40, zit. nach: Peter Gummert, Sport, in: Der Neue Pauly 15/3, 218.

77 Hans Sachs, Der Fechtspruch. Ankunft und Freiheit der Kunst, in: Ders., Werke, hg. von Adelbert Keller, Stuttgart 1870, Bd. 4, 209–210.

78 Peter McIntosh, Hieronymus Mercurialis' «De arte gymnastica». Klassifizierung und Dogma der Leibeserziehung im 16. Jahrhundert, in: Arnd Krüger/John McClelland (Hg.), Der Anfang des modernen Sports in der Renaissance, London 1984, 43–57, S. 49.

79 Andrea Palladio, I quattro libri dell'architettura. Die vier Bücher zur Architektur, Wiesbaden 2008, 270–273 (Drittes Buch, Cap. XXI, Delle Palestre e dei Xisti).

80 Andreas Beyer, Andrea Palladio. Teatro Olimpico. Triumpharchitektur für eine humanistische Gesellschaft, Frankfurt / Main 1987, 33–38.

81 Gerrit Confurius, Sabbioneta – Oder die schöne Kunst der Stadtgründung, Frankfurt / Main 1985, 178–186.

82 Abraham Ortelius, Theatrum Orbis Terrarum, Antwerpen 1570.

83 Phlegon Trallianus, De mirabilibis et longaevis libellus. Eiusdem de Olympicis fragmentum, Basel 1568. – Ders., De ludis Olympicis, Straßburg 1590.

84 Petrus Faber, Agonisticon, sive de re athletica ludisque veterum gymnicis, musicis, atque circensibus spicilegiorum tractatus, Paris 1592.

85 Thomas Kyd, Works, hg. von Frederick S. Boas, Oxford 1901, 138.

86 Alessandro Adimari, Ode di Pindaro, Pisa 1631, 12.

87 Giorgio Coresio, Narratio inclyti certaminis Florentinorum graecis versibus, quod apud illos calcio, apud antiquos vero Arpastum appellatur, Venedig 1611, A2 recto.

88 Maria Kloeren, Sport und Rekord (Diss. Köln 1935), Münster 1985, 14–16.

89 Simone Clarke, Olympus in the Cotswolds. The Cotswold Games and Continuity in Popular Culture, 1612–1800, in: The International Journal of the History of Sport 14 (1997) 40–66.

90 Johann Heinrich Krause, Gymnastik und Agonistik der Hellenen aus den Schriften und Bildwerken des Altertums, Leipzig 1841.

91 Norbert Conrads, Ritterakademien in der Frühen Neuzeit, Göttingen 1982, 28 und 326–333 (Quelle).

92 Von offentlicher Disciplin der Jungen vom Adel, in: Ebd., 326–333, S. 328.

93 Friedrich Koldewey, Die Ritterakademie zu Wolfenbüttel, in: Ders., Beiträge zur Kirchen- und Schulgeschichte des Herzogtums Braunschweig, Wolfenbüttel 1888, 1–83.

94 Johann Schwarz, Geschichte der Savoyschen Ritterakademie in Wien vom Jahre 1746 bis 1778, Wien 1897.

95 Norbert Conrads, Ritterakademien in der Frühen Neuzeit, 112.

96 Der geöffnete Ritter-Platz, Hamburg 1706. – Valentin Trichter, Curiöses Reit-, Jagd-, Fecht , Tanz- oder Ritter-Exercitien-Lexicon, Leipzig 1742.

97 Ludwig Ditzinger / Johann Ch. Neyffer, Illustrissimi Wirtembergici Ducalis Novi Collegii, quod Tubingae qua situm qua exercita accurata delineatio, s. l., s. d. [Tübingen ca. 1606].

98 Bruno Mahler, Die Leibesübungen in den Ritterakademien, Erlangen 1921, 8, 11–12, 21–22.

99 Karl Waßmannsdorff, Die Turnübungen in den Philanthropinen zu Dessau, Marschlins, Heidesheim und Schnepfenthal. Ein Beitrag zur Geschichte des neueren Turnwesens, Heidelberg 1870, 6–7.

100 Gernot Heiß, «Ihro keiserliche Mayestät zu Diensten ... unserer ganzen fürstlichen Familie aber zur Glori». Erziehung und Unterricht der Fürsten von Liechtenstein im Zeitalter des Absolutismus, in: Evelin Oberhammer (Hg.), Der ganzen Welt ein Lob und Spiegel. Das Fürstenhaus Liechtenstein in der frühen Neuzeit, Wien 1990, 155–181.

101 Gottfried Wilhelm Leibniz, Werke, hg. von Onno Klopp, Bd. 5, Hannover 1866, 21, 65.

102 Carlo Bascetta, Sport e giuochi. Trattati e scritti del XV al XVII secolo, 2 Bde., Mailand 1978.

103 Heiner Gillmeister, Fifteen Love. The origin of scoring by fifteens in Tennis, in: L. S. Butler / P. J. Wordie (Hg.), The Royal Game, Stirling 1989, 88–99.

104 Andre Pauernfeindt, Ergrundung ritterlicher Kunst der Fechterey, Wien 1516.

105 Karl Waßmannsdorff, Aufschlüsse über Fechthandschriften und gedruckte Fechtbücher des 16. Jahrhunderts, Berlin 1888.

106 Fabian von Auerswald, Ringerkunst, Wittenberg 1539.

107 Antonio Manciolino, Opera nuova [...] nel mestier de l'armi, Venedig 1531.

108 Nikolaus Wynmann, Colymbetes, sive de arte natandi dialogus, Augsburg 1538.

109 Everard Digby, De arte natandi libri duo, Cambridge 1587.

110 Roger Ascham, Toxophilus. The School of Shooting, London 1545.

111 Francisco Alcocer, Tratado del juego [...] y las apuestas, suertes, torneos, iustas, juegos de caña, toros y truhanes, Salamanca 1559.

112 Federico Grisone, Gli ordini di cavalcare, Neapel 1550.

113 Ders., Künstliche Beschreibung [...] die Pferdt [...] geschickt und vollkommen zu machen, Augsburg 1566. – Auflagen unter dem Obertitel «Ippokomike»: 1570, 1573, 1580, 1585, 1590, 1599, 1623.

114 Antoine de Pluvinel, Le maneige royal, Paris 1623.

115 Antonio Scaino, Trattato del giuoco della palla, Venedig 1555.

116 Stefan Größing, Pallone – ein aristokratisches Ballspiel, in: Homo ludens 6 (1996) 79–107, S. 82.

117 Jan van den Berghe, De Kaetspel Ghemoralizeert (1431), hg. von Jacobus A. R. Frederikse, Leiden 1915.

118 Jean Gosselin, Déclaration de deux doutes qui se trouvent en comptant le ieu de la paume (1579), in: Charles Hulpeau (Hg.), Le Ieu Royal de la Paulme, Paris 1632, 1–9.

119 Jean Forbet L'Aisne, L'utilité qui provient du jeu de la paume au corps et à l'esprit, avec les règles du jeu de prix, Paris 1592.

120 Archangelo Tuccaro, Trois dialogues de l'exercice de sauter et voltiger en l'air, Paris 1599.

121 Giocondo Baluda, Trattato del modo di volteggiare e saltare il cavallo di legno, 1620.

122 Johann Georg Pasch, Kurtze jedoch gründliche Beschreibung des Voltesierens. Sowohl auf dem Pferde als auch über den Tisch, Halle 1661.

123 Cees de Bondt, Royal Tennis in Renaissance Italy, Turnhout/Belgien 2006, 165 ff.

124 Rinaldo Corso, Dialogo del ballo, Venedig 1555, hg. von Alessandro Arcangeli, Verona 1987.

125 Fabritio Caroso, Il Ballarino, Venedig 1581.

126 Cesare Negri, Nuove invencioni di Balli, Mailand 1604.

127 Doris Weickmann, Der dressierte Leib. Eine Kulturgeschichte des Balletts, Frankfurt/Main 2002.

128 Thoinot Arbeau [= Jehan Tabourot], Orchésographie, Langres 1588. – Paris 1589.

129 Gervase Markham, The Discourse of Horsemanshippe, London 1593. – Ders., Cavelarice, or the English Horseman, London 1607. – Ders., Country Contentments, or, the husbandman's recreation, Containing the whole Art of Riding [...], of Hunting [...], Shooting, Bowling, Tennis [...], London 1615. – Ders., The Young Sportsman's Instructor, London s. d. [ca. 1615]. – Ders., The Art of Archery, London 1634.

130 Robert Johns, A Treatise on Skating, London 1772.

131 Valentin Trichter, Curiöses Reit-, Jagd-, Fecht-, Tanz- oder Ritter-Exercitien-Lexicon, Leipzig 1742.

132 Gerhard Ulrich Anton Vieth, Versuch einer Encyklopädie der Leibesübungen, Theil 1: Beiträge zur Geschichte der Leibesübungen, Halle 1793.

133 Johann Christoph Friedrich Gutsmuths, Gymnastik für die Jugend, Schnepfenthal 1793.

134 Joseph Strutt, The Sports and Pastimes of the People of England [...] from the earliest period to the present times, London 1801.

135 Alessandro Arcangeli, Exercise for Women. Paper at the Conference «Sport in Early Modern Europe», London 17.–19. 11. 2011.

136 Rodrigo da Fonseca, Del conservare sanità, Florenz 1603.

137 Sandra Cavallo/Tessa Storey, The Conceptualization and Practice among the Roman Aristocracy in the 17th Century. Paper at the Conference «Sport in Early Modern Europe», London 17.–19. 11. 2011.

138 Robert Dallington, The View of France, London 1604.

139 Antonio Scaino, Trattato del giuoco della palla, Venedig 1555, 2.

140 Erwin Mehl, «Von siebenerley unterschiedlichen Förm und Nutzbarkeit des Ballenspiels», in: Die Leibeserziehung (1957) 200–207.

141 Giacomo Franco, Habiti delle donne venetiane, Venedig 1610.

142 Luigi Roffare, La Repubblica di Venezia e lo sport, Venedig 1931, 102 und 112–114.

143 Alison Weir, Elizabeth the Queen, London 1998, 14, 22, 56.

144 Maria Kloeren, Sport und Rekord (Diss. Köln 1935), Münster 1985, 34–35.

145 Samuel Pepys, Die Tagebücher, Berlin 2010, I, 110.

146 Ebd., III, 173.

147 Ebd., VIII, 213.

148 The Sporting Magazine 1 (1792/93) 9.

149 Maria Kloeren, Sport und Rekord, 44–46.

Die Erfindung des Sports

1 Alison Weir, Elizabeth the Queen, London 1998, 208.

2 Ebd., 389.

3 Samuel Pepys, Die Tagebücher I, 256.

4 Ebd., III, 312.

5 Ebd., III, 524.

6 Heiner Gillmeister, Tennis. A Cultural History, London 1998.

7 Christian Jaser, Capital Distractions. Urban Sport Spaces and Facilities in Paris (15th–16th Centuries), Paper at the Conference «Sport in Early Modern Europe», London 17.–19. 11. 2011.

8 Stefan Größing, Pallone – ein aristokratisches Ballspiel, in: Homo ludens 6 (1996) 79–107.

9 Antonio Scaino, Trattato del giuoco della palla, Venedig 1555, hg. von Giorgio Nonni [s. l., ca. 2001].

10 Stefan Größing, Pallone, 82.

11 Hippolytus Guarinonius, Die Grewel der Verwüstung menschlichen Geschlechtes, Ingolstadt 1610, hier zit. nach: Erwin Mehl, Von siebenerley unterschiedlichen Förm und Nutzbarkeit des Ballenspiels, in: Die Leibeserziehung (1957) 200–207, S. 205.

12 Horst Bredekamp, Florentiner Fußball: Die Renaissance der Spiele, Berlin 2001.

13 Martin Dolch, Das Ballonspiel auf dem großen Wandteppich im Pfalzgrafensaal, Kaiserslautern 1978.

14 Georg Gumpelzhaimer, Gymnasma de exercitiis academicorum, Straßburg 1652, 363.

15 Traiano Boccalini, Ragguali di Parnasso [Venedig 1612], hg. von Giuseppe Rua, Bari 1934, 159.

16 «Affinis pilae exercitio est ille ludus, Italis Palli Malli á pila & malleo dictus, non multi ab hinc annis in Regno Neapolitano inventus, nunc in universae Europae valdè familiaris, ob singularem eius fructum»: Georg Gumpelzhaimer, Gymnasma de exercitiis academicorum. In quo per discursus disseritur de eorum necessitate, modo, tempore, personis, utilitate, hg. von Johann Michael Moscherosch, Straßburg 1652, 369.

17 Cees de Bondt, Pallacorda or Tennis at the Italian Renaissance Courts 1450–1650, in: The Proceedings of the Fourth Congress of the History of Sports in Europe, Florenz 1999, 94–99.

18 Giovanni de' Bardi, Discorso sopra il giuoco del calcio fiorentino, Florenz 1580. – Reprint in: Carlo Bascetta (Hg.), Sport e giuochi. Trattati e scritti dal XV al XVIII secolo, Bd. 1, Mailand 1978, 127–162. – Deutsche Übers. zit. nach Bredekamp 2001, 68.

19 Horst Bredekamp, Florentiner Fußball, Berlin 2001.

20 Giorgio Coresio, Narratio inclyti certaminis Florentinorum graecis versibus, quod apud illos calcio, apud antiquos vero Arpastum appellatur, Venedig 1611, B3 verso.

21 Die Reise des Kronprinzen Władisław Wasa in die Länder Westeuropas in den Jahren 1624/25, hg. von Adam Przybos, übers. von Bolko Schweinitz, München 1988, 196–197.

22 Alle Angaben in diesem Abschnitt, soweit nicht anders angegeben, nach: Horst Bredekamp, Florentiner Fußball, Berlin 2001, 186–212.

23 Philippe de Commynes, Memoiren, hg. von Fritz Ernst, Stuttgart 1972, 395.

24 Wim Blockmans, Philipp I., in: Brigitte Hamann (Hg.), Die Habsburger, München 1988, 382–385, S. 385.

25 Heiner Gillmeister, Tennis. A Cultural History, London 1998.

26 www.real-tennis.nl/czech.

27 Bernhard Baader, Der bayrische Renaissancehof (…), Leipzig 1943, 67–71.

28 Martin Dolch, Das Ballonspiel auf dem großen Wandteppich im Pfalzgrafensaal, Kaiserslautern 1978.

29 Sönke Lorenz (Hg.), Das Haus Württemberg. Ein biographisches Lexikon, Stuttgart 1997.

30 Anton Wilhelm Ertl, Kur-Bayerischer Atlas, München 1687, hg. von Hans Bleibrunner, Passau 1968, 112–113.

31 John Bowle, Henry VIII., London 1965.

32 Simon J. Thurley, The Royal Palaces of Tudor England. Architecture and Court Life, 1460–1547, London 1993, 186.

33 Alison Weir, Henry VIII. The King and His Court, New York 2001, 105–113 «All Goodly Sports».

34 Gerd Treffer, Franz I. von Frankreich, Regensburg 1993, 113.

35 Alison Weir, Henry VIII., 209–217.

36 Ebd., 234–237.

37 Ebd., 241.

38 Ebd., 304.

39 Ebd., 323–324.

40 Ebd., 361.

41 Das Tagebuch Ott Heinrichs, in: Hans Rott (Hg.), Die Schriften des

Pfalzgrafen Ott Heinrich, in: Mitteilungen zur Geschichte des Heidelberger Schlosses 6 (1912) 46–133, S. 95.

42 Ebd., 98–99.

43 Friedrich Zoepfl, Ein Tagebuch des Pfalzgrafen Wolfgang Wilhelm von Pfalz-Neuburg aus dem Jahr 1593, in: Jahrbuch des Historischen Vereins Dillingen 37 (1924) 136–146. – Ders., Ein Tagebuch des Pfalzgrafen Wolfgang Wilhelm von Pfalz-Neuburg aus dem Jahr 1600, in: Jahrbuch des Historischen Vereins Dillingen 38 (1925) 72–99. – Ders., Ein Tagebuch des Pfalzgrafen Wolfgang Wilhelm von Pfalz-Neuburg aus dem Jahr 1601, in: Jahrbuch des Historischen Vereins Dillingen 39 / 40 (1926 / 27) 173–209.

44 Martin Dolch, Das Ballonspiel auf dem großen Wandteppich im Pfalzgrafensaal, Kaiserslautern 1978.

45 J. Wille (Hg.), Das Tagebuch und Ausgabenbuch des Churfürsten Friedrich IV. von der Pfalz, in: Zeitschrift für die Geschichte des Oberrheins 3 (1880) 201–295, S. 203–243.

46 Ebd., 244–295.

47 Alison Weir, Elizabeth the Queen, London 1998, 14.

48 Roger Ascham, Toxophilus. The School of Shooting, London 1545.

49 Ders., The Schoolmaster, London 1570.

50 Alison Weir, Elizabeth the Queen, London 1998, 300.

51 Ebd., 157.

52 Ebd., 56.

53 Ebd., 455.

54 [Samuel Tuke], A Character of Charles the Second, Written by an Impartial Hand, and Exposed to Publick View for Information of the People, London 1660. – Auch zit. in: Jenny Uglow, A Gambling Man. Charles II and the Restoration, London 2009, 51–52.

55 Jenny Uglow, A Gambling Man, 59–62.

56 John Evelyn, Diary, hg. von William Bray, 2 Bde., London 1973, 360–361.

57 Edmund Waller, On St. James' Park, as Lately Improved by His Majesty (1661), zit. nach: Jenny Uglow, A Gambling Man, 62.

58 Ebd., 450–452.

59 Hans Erhard Escher, Beschreibung des Zürich-Sees, sambt der daran gelegenen Orthen, Zürich 1692.

60 Giorgio Crovato / Maurizio Crovato, Regate e regatanti. Storia e storie della voga a Venezia, Venedig 2004.

61 J. B. Masüger, Schweizer Buch der alten Bewegungsspiele, Zürich 1955.

62 Samuel Pepys, Die Tagebücher, Berlin 2010, II, 136.

63 Robert C. Davis, The War of the Fists, Oxford 1994.

64 Ders., The Spectacle Almost Fit for a King: Venice's Guerra de' Canne of 26 July 1574, in: Ellen E. Kittel / Thomas F. Madden (Hg.), Medieval and Renaissance Venice, Chicago 1999, 181–212.

65 John Evelyn, Diary, hg. von William Bray, 2 Bde., London 1973, 65.

66 John McClelland, Einleitung, in: Arnd Krüger/John McClelland (Hg.), Die Anfänge des modernen Sports in der Renaissance, London 1984, 9–18, S. 14–15.

67 Konrad Eisenbichler, The Boys of Archangeli. A Youth Confraternity in Florence, 1411–1785, Toronto 1998.

68 Cees de Bondt, «Heeft yemant lust met bal, of met reket te spelen». Tennis in Nederland, 1500–1800, Hilversum 1993.

69 Elisabeth Belmas, Jeu et civilisation des mœurs: le jeu de paume à Paris du XVIᵉ au XVIIIᵉ siècle, in: Ludica 3 (1997) 162–176.

70 John Lough, France Observed in the Seventeenth Century by British Travellers, Boston 1984, 118.

71 Samuel Pepys, Die Tagebücher, Berlin 2010, I, 286 und IV, 171–172 (dort das Zitat).

72 Heiner Gillmeister, A Tea for Two. On the Origins of Golf, in: Homo ludens 6 (1996) 17–38.

73 Natalia Ginzburg, Lessico familiare, Turin 1963.

74 Antonio de Beatis, The Travel Journal 1517–1518, hg. von John Hale, London 1979, 93–94.

75 Wolfgang Brunner, Städtisches Tanzen und das Tanzhaus, in: Alfred Kohler/Heinrich Lutz (Hg.), Alltag im 16. Jahrhundert. Studien zu Lebensformen in mitteleuropäischen Städten, Wien 1987, 45–65.

76 Livio Galafassi, I diversi giochi di palla praticati nella Mantova Gonzaghesca, in: Civiltà Mantovana 35 (2000) 69–80.

77 Cees de Bondt, The Court of the Estes, Cradle of the Game of Tennis. Trattato del giuoco della palla (1555) di Antonio Scaino, in: Schifanoia 22/23 (2002) 81–102.

78 Ders., Ballhaus, in: Werner Paravicini (Hg.), Höfe und Residenzen im spätmittelalterlichen Reich, Ostfildern 2005, 205–207.

79 Harald Tersch, Freudenfest und Kurzweil. Wien in Reisetagebüchern der Kriegszeit (ca. 1620–1650), in: Andreas Weigl (Hg.), Wien im Dreißigjährigen Krieg, Wien 2001, 155–249.

80 Wolrad von Waldeck, Des Grafen Wolrad von Waldeck Tagebuch während des Reichstags zu Augsburg 1548, hg. von Karl L. P. Tross [= Bibliothek des Literarischen Vereins Stuttgart, Bd. 59], Stuttgart 1861. – Nachdruck Hildesheim/New York 1980, 53, 107, 110.

81 Berndt Ph. Baader, Der bayerische Renaissancehof Herzog Wilhelms V. (1568–1579). Ein Beitrag zur bayerischen und deutschen Kulturgeschichte des 16. Jahrhunderts, Leipzig 1943, 67.

82 Matthaeus Merian, Topographia Provinciarum Austriacarum, Frankfurt/Main 1649, 142–144.

83 Hans Georg Ernstinger, Raißbuch von 1570–1610, hg. von Ph. A. F. Walther, Stuttgart 1877.

84 Norbert Nail, «… ganz ruinieret und zum Ballspielen untauglich gemacht». Zur Geschichte des Marburger Ballhauses, in: Claudia Mauelshagen / Jan Seifert (Hg.), Sprache und Text in Theorie und Empirie. Festschrift für Wolfgang Brandt, Stuttgart 2001, 209–221.

85 Günther G. Bauer, Das fürstliche Salzburger Hofballhaus 1620 / 25–1775, in: Homo ludens 6 (1996) 107–148.

86 Johann Friedrich Penther, Ausführliche Anleitung zur Bürgerlichen Baukunst, Augsburg 1748, Bd. 4, 101.

87 Cees de Bondt, Royal Tennis in Renaissance Italy, Turnhout / Belgien 2006, 221.

88 Wilhelm Streib, Geschichte des Ballhauses, in: Leibesübungen und körperliche Erziehung 54 (1935) 373–382, 419–432, 448–464, S. 375.

89 Robert Dallington, The View of France, London 1604, hg. von Humphrey Milford, Oxford 1936. – John Lough, France Observed in the Seventeenth Century by British Travellers, Boston 1984, 117–118.

90 Samuel Pepys, Die Tagebücher VIII, 525.

91 Antoine de Pluvinel, Le Maneige Royal, Paris 1623. – Paris 1624. – Paris 1660. – Deutsche Übers. Braunschweig 1626. – Neu-auffgerichtete Reut-Kunst, Frankfurt / Main 1670.

92 Die Reise des Kronprinzen Władisław Wasa in die Länder Westeuropas in den Jahren 1624 / 1625, München 1988, 184–186.

93 Ebd., 194–195.

94 Thomas Platter der Jüngere, Beschreibung der Reisen durch Frankreich, Spanien, England und die Niederlande 1595–1600, hg. von Rut Keiser, Basel 1968, 581.

95 F. Koldewey, Die Ritterakademie zu Wolfenbüttel, in: Ders., Beiträge zur Kirchen- und Schulgeschichte des Herzogtums Braunschweig, Wolfenbüttel 1888, 1–83.

96 Bruno Mahler, Die Leibesübungen in den Ritterakademien, in: Zeitschrift für Geschichte der Erziehung und des Unterrichts 8 / 9 (1918 / 19) 170–219, S. 191–193.

97 Heute Hiers-Brouage, zurückentwickelt zu einem Dorf mit weniger als 700 Einwohnern (Dept. Charente-Maritime).

98 Thomas Platter der Jüngere, Beschreibung der Reisen, 452–453.

99 Leonhard Christoph Sturm, Durch einen großen Theil von Teutschland […] gemachte Architectonische Reise-Anmerckungen, Augsburg 1720.

100 Norbert Conrads, Ritterakademien in der Frühen Neuzeit. Bildung als Standesprivileg im 16. und 17. Jahrhundert, Göttingen 1982, Abbildung 4 (vor S. 249).

101 Johann Schwarz, Geschichte der Savoyschen Ritterakademie in Wien vom Jahre 1746 bis 1778, Wien 1897, 90.

102 Samuel Pepys, Die Tagebücher IV, 13.

103 Alison Weir, Elizabeth the Queen, London 1998, 241–243.

104 Thomas Platter der Jüngere, Beschreibung der Reisen, 844–845.

105 Michael Hörmann, Ringrennen am Stuttgarter Hof. Die Entwicklung des Ritterspiels im 16. und 17. Jahrhundert, in: Sozial- und Zeitgeschichte des Sports 3 (1989) 50–69, S. 63–64.

106 Roswitha von Bary, Henriette Adelaide, Kurfürstin von Bayern, Regensburg 2004, 190.

107 Antonio Scaino, Trattato del giuoco della palla, Venedig 1555, 282.

108 Thomas Platter der Jüngere, Beschreibung der Reisen, 105.

109 Thomas Coryate, Die Venedig- und Rheinfahrt 1608, Stuttgart 1970, 173–176.

110 Johann Wilhelm von Archenholtz, England und Italien, Leipzig 1785, Teil II, 60–61.

111 Antoine de Brunel, Voyage d'Espagne (1655), in: Revue Hispanique 30 (1914) 119–376, Kap. XVII.

112 Marcelin Defourneaux, Daily Life in Spain in the Golden Age, Stanford / Ca. 1979, 132–135.

113 Christoph Daigl, «All the World is but a Bear-Baiting». Das englische Hetztheater im 16. und 17. Jahrhundert, Berlin 1997, 65–108.

114 Thomas Platter der Jüngere, Beschreibung der Reisen, 792–793.

115 Samuel Pepys, Die Tagebücher IV, 177.

116 Ebd., VIII, 78.

117 Ebd., 302–303.

118 Christoph Daigl, «All the World is but a Bear-Baiting», 152.

119 Georges Vigarello, The Upward Training of the Body from the Age of Chivalry to Courtly Civility, in: Michael Fehe (Hg.), Fragments for a History of the Human Body, 2, New York 1989, 149–199.

120 F. K. Mathys, Spiel und Sport im alten Basel, Basel 1954, 25–27.

121 Richard Mulcaster, Positions, Wherein those primitive Circumstances can be Examined, which are necessarie for the Training up of Children, London 1581.

122 Antonio Scaino, Trattato del giuoco della palla, Venedig 1555, 9–10.

123 Ingrid Hanack (Hg.), Die Tagebücher des Herzogs Johann Friedrich von Württemberg aus den Jahren 1615–1617, Göppingen 1972, 10.

124 Berndt Ph. Baader, Der bayerische Renaissancehof, 70.

125 Julius Richter, Das Erziehungswesen am Hofe der Wettiner Albertinischen (Haupt-)Linie [= Monumenta Germaniae Paedagogica Bd. LII], Berlin 1913, 220–221.

126 Ludwig Ditzinger / Johann Ch. Neyffer, Illustrissimi Wirtembergici Du-

calis Novi Collegii, quod Tubingae qua situm qua exercita accurata delineatio, s. l., s. d. [Tübingen ca. 1606].

127 Thomas Platter der Jüngere, Beschreibung der Reisen, 27 (Genf), 39
(Lyon), 78 (Montpellier), 118–127 (Avignon), 419–421 (Brouage), 459 (La
Rochelle), 580–581, 594–596 (Paris), 657–658 (Brüssel), 682 (Antwerpen),
788–789 (London), 844 (Windsor), 867 (Richmond).

128 Wilhelm Streib, Geschichte des Ballhauses, in: Leibesübungen und körperliche Erziehung 54 (1935) 373–382, 419–432, 448–464, S. 375.

129 Samuel Kiechel, Die Reisen des Samuel Kiechel, übertragen und hg. von
Hartmut Prottung, München 1987, 40 und 52.

130 Christoff Weigel, Abbildung der Gemein-Nützlichen Haupt-Stände, Regensburg 1698, 175–178 (Fechtmeister), 179–182 (Tanzmeister), 183–185
(Ballmeister).

131 Johann Georg Bender, Kurtzer Unterricht deß lobwürdigen, von vielen
hohen Stands-Personen beliebten Exercitii deß Ballen-Spiels, denen so
Lust haben, solches zu erlernen, sehr nützlich gestellet durch Johann Georg Bender, Ballen-Meister in Nürnberg, Nürnberg 1680.

132 *Pars pro Toto* die beiden Leipziger Tanzmeister: Johann Pasch, Beschreibung wahrer Tantz-Kunst, Frankfurt 1707. – Gottfried Taubert, Tantz-
meisters zu Leipzig, Rechtschaffener Tantzmeister, oder gründliche
Erklärung der frantzösischen Tantz-Kunst, Leipzig 1717.

133 Norbert Nail, «ganz ruiniret (...)», 209–221.

134 Hans Khevenhüller, Geheimes Tagebuch 1548–1605, hg. von Georg Khe-
venhüller-Metsch, Graz 1971.

135 Christoph Daigl, «All the World is but a Bear-Baiting», 166.

136 Thomas Schnitzler, Die Kölner Schützenfeste des 15. und 16. Jahrhunderts. Zum Sportfest in «vormoderner» Zeit, in: Jahrbuch des Kölnischen
Geschichtsvereins 63 (1992) 127–142, S. 137–138.

137 Richard Mulcaster, Positions, Wherein those primitive Circumstances
can be Examined, which are necessarie for the Training up of Children,
London 1581 (online).

138 Hermann Wiesflecker, Kaiser Maximilian I., München 1986, Bd. V, 391.

139 Roy Strong, Feste der Renaissance, 1450–1650. Kunst als Instrument der
Macht, Freiburg 1991.

140 Vera Jung, Körperlust und Disziplin. Studien zur Fest- und Tanzkultur
im 16. und 17. Jahrhundert, Köln 2001, 65–195.

141 Gustav Freytag, Bilder aus der deutschen Vergangenheit, Bd. III, Aus
dem Jahrhundert der Reformation, 2. Teil, Leipzig o. J. [ca. 1910], 420–
464. – F. K. Mathys, Spiel und Sport im alten Basel, Basel 1954, 19–21.

142 Walter Endrei, Spiele und Unterhaltung im Alten Europa, Hanau 1988, 160.

143 Ingrid Hanack (Hg.), Die Tagebücher des Herzogs Johann Friedrich von
Württemberg aus den Jahren 1615–1617, Göppingen 1972.

144 Max Radlkofer, Die Schützengesellschaften und Schützenfeste Augsburgs im 15. und 16. Jahrhundert, in: Zeitschrift des Historischen Vereins für Schwaben und Neuburg 21 (1894) 87–138.

145 Gustav Freytag, Bilder aus der deutschen Vergangenheit, Bd. III, Aus dem Jahrhundert der Reformation, 2. Teil, Leipzig o. J. [ca. 1910], 420–464, S. 446.

146 Pia Maria Grüber (Hg.), Kurzweil (…), 241–251.

147 Ronald Gobiet (Hg.), Der Briefwechsel zwischen Philipp Hainhofer und August d. J. von Braunschweig-Lüneburg, München 1984, Briefe Nr. 215, 223–227, 229, 232, 234, 236, 238–239.

148 Andreas Gugler, Feiern und feiern lassen. Festkultur am Wiener Hof in der zweiten Hälfte des 16. und der ersten Hälfte des 17. Jahrhunderts, in: Frühneuzeit-Info 11 (2000) 68–176.

149 Ludwig Krapf / Christian Wagenknecht (Hg.), Stuttgarter Hoffeste. Texte und Materialien zur höfischen Repräsentation im frühen 17. Jahrhundert, Tübingen 1979.

150 Alain Landurant, Montgomery, le régicide, Paris 1988.

151 Ingrid Hanack (Hg.), Die Tagebücher des Herzogs, 34.

152 Eric Dunning, Sport. Readings from a Sociological Perspective, London 1971.

153 www.real-tennis.nl / czech.

154 Christoph Daigl, «All the World is but a Bear-Baiting», 147–151.

155 Horst Bredekamp, Florentiner Fußball, 115.

156 Alan Dundes / Alessandro Falassi, La Terra in Piazza. An Interpretation of the Palio of Siena, Berkeley 1975.

157 Rosemarie Aulinger, Das Bild des Reichstags im 16. Jahrhundert. Beiträge zu einer typologischen Analyse schriftlicher und bildlicher Quellen, Göttingen 1980.

158 Hermann von Weinsberg, Das Buch Weinsberg. Kölner Denkwürdigkeiten aus dem 16. Jahrhundert, 2 Bde., hg. von Konstantin Höhlbaum [= Publikationen der Gesellschaft für Rheinische Geschichtskunde], Leipzig 1886–1887. – 3. Bd., bearbeitet von Friedrich Lau, Bonn 1897, 97–107.

159 Fürstin Louise von Anhalt-Dessau, Die Englandreise im Jahre 1775, hg. von Johanna Geyer-Kordesch, Berlin 2007, 78.

160 Felix Platter, Tagebuch 1536–1567, hg. von Valentin Lötscher [= Basler Chroniken, Bd. 10], Basel / Stuttgart 1976. – Felix Platter, Beloved Son Felix. The Journal of Felix Platter, a Medical Student in Montpellier in the Sixteenth Century [1552–1557], übers. von Seán Jennett, London 1961, 126.

161 Thomas Platter der Jüngere, Beschreibung der Reisen, 334.

162 Michel de Montaigne, Essais [1592]. Erste moderne Gesamtübers. von

Hans Stillett, Frankfurt / Main 1998 [2. Buch, Essai 17, Über den Dünkel], S. 319.

163 John McClelland, Montaigne and the Sports in Italy, in: Renaissance and Reformation 27 (2003) 41–51.

164 John Evelyn, Diary, hg. von William Bray, 2 Bde., London 1973, 172.

165 Ebd., 213.

166 Ebd., 175–176.

167 John McClelland, Montaigne and the Sports in Italy, in: Renaissance and Reformation 27 (2003) 41–51.

168 Girolamo Cardano, De propria vita [1576], Paris 1643. – Amsterdam 1654. Lyon 1666. – Des Girolamo Cardano von Mailand eigene Lebensbeschreibung. Aus dem Lateinischen übers. von Hermann Hefele, Jena 1914. – 2. Aufl. Kempten 1969, 30–31.

169 Cees de Bondt, Ballhaus, in: Werner Paravicini (Hg.), Höfe und Residenzen im spätmittelalterlichen Reich, Ostfildern 2005. – (online-Version auf der Homepage der Residenzen-Kommission der Akademie der Wissenschaften zu Göttingen).

170 Walter Endrei, Spiele und Unterhaltung im Alten Europa, Hanau 1988, 147–148.

171 Eberhard Werner Happel, Größte Denkwürdigkeiten der Welt. Oder sogenannte Relationes Curiosae, Hamburg 1684, hg. von Uwe Hübner und Jürgen Westphal, Berlin 1990, 282–286.

172 Peter Volk, Barocke Rennschlitten am Münchner Hof, in: Staats- und Galawagen der Wittelsbacher. Kutschen, Schlitten und Sänften aus dem Marstallmuseum Schloß Nymphenburg, Bd. 2: Staats- und Galawagen der Wittelsbacher, hg. von Rudolf Wackernagel, o. O. 2002, 106–108.

173 Claudia Schnitzer / Petra Hölscher (Hg.), Eine gute Figur machen. Kostüm und Fest am Dresdner Hof, Dresden 2000, 100–333, S. 141 und S. 182–186.

174 Wolfgang Behringer, Schlitten, in: EDN 11 (2010) 769–771.

175 Die Reise des Kronprinzen Władisław Wasa in die Länder Westeuropas in den Jahren 1624 / 25, München 1988, 48–52.

176 Johann Wilhelm von Archenholtz, England und Italien, Teil II, Leipzig 1785, 89.

177 Richard Tames, Sporting London, London 2005, 64–81.

178 Michael De-la-Noy, The King Who Never Was. The Story of Frederick, Prince of Wales, London 1996.

179 A New and Accurate History of Boxing, in: The Sporting Magazine, 1 (London 1793), 11–14, S. 12.

180 The Sporting Magazine 1 (1792 / 93) 8.

181 Dave Day, Developing «Science» and «Wind»: Eighteenth Century Sports Training. Paper at the Conference «Sport in Early Modern Europe», London 17.–19. 11. 2011.

182 Max Schmeling, Ich boxte mich durchs Leben, Stuttgart 1967.

183 Dave Day, Developing «Science» and «Wind»: Eighteenth Century Sports Training. Paper at the Conference «Sport in Early Modern Europe», London 17.–19. II. 2011.

184 Mendoza, The Art of Boxing, London 1789.

185 Thomas Parkyns, Wrestling Manual, London 1713.

186 Dave Day, Developing «Science» and «Wind»: Eighteenth Century Sports Training. Paper at the Conference «Sport in Early Modern Europe», London 17.–19. II. 2011.

187 Pierce Egan, Boxania, 5 Bde., London 1813–1828.

188 The Sporting Magazine 1 (London 1793) 11–14, S. 11–12.

189 The Sporting Magazine 2 (1793 / 94) 43.

190 Ebd., 10–12.

191 James B. Roberts / Alexander Skutt, The Boxing Register: International Boxing Hall of Fame Official Record Book, Ithaca / New York [4]2006, 25.

192 Domenico Angelo, L'école des armes, London 1763. – [2]1765. – [3]1767.

193 Richard Tames, Sporting London, 20–21.

194 David Chapman, Sandow the Magnificent. Eugen Sandow and the Beginnings of Bodybuilding, Champaign / Illinois 1994. – [2]2006.

195 Charles Henry Timperley, A Dictionary of Printers and Printing, London 1839, 878.

196 Nachgedruckt in: Nimrods German Tour (1828), Wismar 2006.

197 The Sporting Magazine 1 (1792 / 93) III–VIII.

198 Johannes Caius, De canibus Britannicis, London 1570. – Of Englishe Dogges: The Diuersities, the Names, the Natures, and the Properties, London 1576.

199 George Aitken, Life and Works of John Arbuthnot, Oxford 1892.

200 Handbuch für Hetzliebhaber, Wien 1796.

201 Karl Möseneder (Hg.), Feste in Regensburg. Von der Reformation bis zur Gegenwart, Regensburg 1986.

202 John Evelyn, Diary, hg. von William Bray, 2 Bde., London 1973, II, 49.

203 Elisabeth Hardouin-Fugier, Bullfighting: A Troubled History, Chicago 2010, 115.

204 John Martin, Clay Pigeon Shooting, in: E I BRS (2005) 64–65.

205 Jakob Philipp Bielfeld, Freundschaftliche Briefe nebst einigen andern, 2 Bde., Leipzig 1765, Bd. 1, in: Michael Maurer, «O Britannien, von deiner Freiheit einen Hut voll», München 1992, 113–122, S. 115.

206 Ebd., 116.

207 Zacharias Conrad von Uffenbach, Merkwürdige Reisen durch Niedersachsen, Holland und Engelland, Bd. 2, Ulm 1753, in: ebd., 43–74, Zit. S. 55–65.

208 Friedrich Justinian von Günderode, Beschreibung einer Reise aus

Teutschland durch einen Teil von Frankreich, England und Holland, 2 Bde., Breslau 1783, Bd. 1, in: ebd., 205–224, S. 222.

209 Johann Wilhelm von Archenholtz, England und Italien, Teil I, Leipzig 1785, 538.

210 Peter Thomson, Cockpit Theatre, in: Martin Banham (Hg.), The Cambridge Guide to Theatre, Cambridge 1995, 225.

211 Jason Scott-Warren, When Theaters were Bear-Gardens; Or, What's at Stake in the Comedy of Humours, in: Shakespeare Quarterly 54 (2003) 63–82.

212 E. K. Chambers, The Elizabethan Stage, 4 Bde., Oxford 1923.

213 Wilhelm Streib, Geschichte des Ballhauses, in: Leibesübungen und körperliche Erziehung 54 (1935) 373–382, 419–432, 448–464.

214 Joachim K. Rühl, Die «Olympischen Spiele» Robert Dovers, Heidelberg 1975.

215 Celia Haddon, The First Ever English Olimpic Games, London 2004.

216 Annalia Dubrensia, hg. von M. Walbancke, London 1636 (Reprints 1736, 1877, 1878, 1962).

217 Simone Clarke, Olympus in the Cotswolds. The Cotswold Games and Continuity in Popular Culture, 1612–1800, in: The International Journal of the History of Sport 14 (1997) 40–66.

218 Gerald Redmond, Toward Modern Revival of the Olympic Games: The Various ‹Pseudo-Olympics› of the 19th Century, in: OGT (1988) 71–88.

219 Erhard Hirsch, Die Dessau-Wörlitzer Reformbewegung im Zeitalter der Aufklärung. Personen – Strukturen – Wirkungen, Tübingen 2003.

220 Johann Christoph Friedrich Gutsmuths, Gymnastik für die Jugend, Schnepfenthal 1793, 126–127.

221 Johanna Geyer-Kordesch (Hg.), Die Englandreise der Fürstin Louise von Anhalt-Dessau im Jahre 1775, Berlin 2006.

222 Roland Naul, Olympische Erziehung, Aachen 2007, 44–54.

223 Richard D. Mandell, The First Modern Olympics, Berkeley 1976, 33–34.

224 Elisabeth Badinter / Robert Badinter, Condorcet (1743–1794), Paris 1988.

225 X. L. Messinesi, A Branch of Wild Olives. The Olympic Movement and the Ancient and Modern Olympic Games, New York 1973, 52.

226 Johann Amos Comenius, Orbis sensualium pictus, Nürnberg 1658.

227 Ders., Didactica Magna (1657), hg. von Andreas Flitner, Stuttgart 1992, 99.

228 John Locke, Essay Concerning Human Understanding, London 1690.

229 Ders., Some Thoughts Concerning Education, London 1693.

230 Ders., Two Treatises of Government, London 1689.

231 Thomas Pangle, The Spirit of Modern Republicanism. The Moral Vision of the American Founders and the Philosophy of Locke, Chicago 1988.

232 Johann Bernhard Basedow, Das in Dessau errichtete Philanthropinum, Leipzig 1774.

233 Ebd.

234 Johann Bernhard Basedow, Das Elementarwerk, Leipzig ²1785.

235 Karl Waßmannsdorff, Die Turnübungen in den Philanthropinen zu Dessau, Marschlins, Heidesheim und Schnepfenthal. Ein Beitrag zur Geschichte des neueren Turnwesens, Heidelberg 1870.

236 Johann Christoph Friedrich Gutsmuths, Gymnastik für die Jugend, Schnepfenthal 1793.

237 Ders., Spiele zur Übung und Erholung des Körpers und Geistes für die Jugend, ihre Erzieher und alle Freunde unschuldiger Jugendfreuden, Schnepfenthal 1796.

238 Ders., Turnbuch für die Söhne des Vaterlandes, Frankfurt/Main 1817.

239 Fritz Osterwalder, Pestalozzi – ein pädagogischer Kult. Pestalozzis Wirkungsgeschichte in der Herausbildung der modernen Pädagogik, Weinheim 1996.

240 Arnd Krüger, The Origins of Pierre de Coubertin's *Religio Athletae*, in: Olympika. The International Journal of Olympic Studies 2 (1993) 91–102.

241 Michael McCrum, Thomas Arnold, Headmaster, Oxford 1989.

242 Tobias Pilz, Der Einfluss der Philanthropen auf die Turnbewegung von Friedrich Ludwig Jahn, Hamburg 2007.

243 Wolfgang Behringer, Turnen, in: EDN 13, 839–841.

244 George S. Williamson, What Killed August von Kotzebue? The Temptations of Virtue and the Political Theology of German Nationalism, 1789–1819, in: JMH 72 (2000) 890–943.

245 Ernst Frank, Friedrich Ludwig Jahn. Ein moderner Rebell, 1972.

246 Ernst Jung, Wartburgfest 1817. Aufbruch zur deutschen Einheit, Stuttgart 1991.

247 Heinrich Best/Wilhelm Weege, Biographisches Handbuch der Abgeordneten der Frankfurter Nationalversammlung 1848/49, Düsseldorf 1998.

248 Joachim Burkhard Richter, Hans Ferdinand Maßmann. Altdeutscher Patriotismus im 19. Jahrhundert, Berlin/New York 1992.

249 Oliver Ohmann, Turnvater Jahn und die Deutschen Sportfeste, Erfurt 2008.

250 Adolf Spieß, Die Lehre der Turnkunst, 4 Bde., Basel 1840–1846.

251 Johannes Niggeler, Turnschule für Knaben und Mädchen, 2 Bde., 1860–1861.

252 Hannes Neumann, Die deutsche Turnbewegung in der Revolution 1848/49 und in der amerikanischen Emigration, Schorndorf 1968.

253 Carl Schurz, Lebenserinnerungen. Vom deutschen Freiheitskämpfer zum amerikanischen Staatsmann. Mit einem Vorwort von Theodor Heuss, Zürich 1988.

254 Gertrud Pfister, The Role of German Turners in American Physical Education, in: International Journal of the History of Sport 26 (2009) 893–925.

255 Henry Metzner, History of the American Turners, Rochester / NY 1974.

256 Anne Bloomfield, Martina Bergman-Osterberg. Creating a Professional Role for Women in Physical Training, in: History of Education 34 (2005) 517–534.

257 Grant Jarvie, Highland Games. The Making of a Myth, Edinburgh 1991.

258 John Burnett / Grant Jarvie, Highland Games, in: ETBRS (2005) 148–151.

259 Correspondance inédit de Mabillon et de Montfaucon avec l'Italie, hg. von M. Valery, Bd. 3, Paris 1846, 213–214.

260 Richard Chandler, Travels in Greece, London 1776. – Reisen in Griechenland, Leipzig 1776.

261 Johann Joachim Winckelmann, Geschichte der Kunst des Alterthums, 1767.

262 Martin Gabriel, Philhellenismus, in: EDN 9, 1089–1092.

263 Ernst Curtius, Olympia, Berlin 1852.

264 Ders. / Friedrich Adler, Ausgrabungen zu Olympia, 3 Bde., Berlin 1877–1878.

265 Gerald Redmond, Toward Modern Revival of the Olympic Games: The Various ‹Pseudo-Olympics› of the 19th Century, in: Jeffrey O. Segrave / Donald Chu (Hg.), The Olympic Games in Transition, Champaign 1988, 71–88, S. 67.

266 Ake Svahn, Olympic Games in Sweden 1834, in: ICSPE Review 3 (1980) 35–36.

267 Ann Donaldson, The Scottish Highland Games in the United States, Gretna / LA 1986.

268 Kristine Toohey / Anthony James Veal, The Olympic Games. A social science perspective, Cambridge / Mass. 2007, 33–34.

269 Andreas von Dall'Armi, Das Pferderennen zur Vermählungsfeier Seiner Königlichen Hoheit des Kronprinzen von Baiern, München 1811.

270 Karl Lennartz, Kenntnisse und Vorstellungen von Olympia und den Olympischen Spielen in der Zeit von 393–1896, Schorndorf 1974, 66–69.

271 Gerda Möhler, Das Münchner Oktoberfest. Brauchformen des Volksfestes zwischen Aufklärung und Gegenwart, München 1980, 130–135.

272 Johann Heinrich Krause, Theagenes oder wissenschaftliche Darstellung der Gymnastik, Agonistik und Festspiele der Hellenen, Halle 1835. – Ders., Olympia oder Darstellung der großen Olympischen Spiele und der damit verbundenen Festlichkeiten, Wien 1838. – Ders., Die Gymnastik und Agonistik der Hellenen aus den Schriften und Bildwerken des Altertums, Leipzig 1841.

273 Ernst Curtius, Olympia, Berlin 1852.

274 Jakob Philipp Fallmerayer, Olympia (1853), in: Ders., Gesammelte Werke, hg. von Georg Martin Thomas, Bd. 2, Leipzig 1861, 419–440, hier Zit. 419–420.

275 Die neuen Olympien in Griechenland, in: Deutsche Turn-Zeitung 4 (1859), Heft 5, 21–22.

276 Deutsche Turn-Zeitung 5 (1860) Heft 1, 8. – Ediert in: Karl Lennartz, Kenntnisse und Vorstellungen von Olympia, 194–195.

277 Sam Mullins, British Olympians. William Penny Brookes and the Wenlock Games, London 1986.

278 Ernst Georg Ravenstein, A Handbook of Gymnastics and Athletics, London 1867.

279 Kristine Toohey / Anthony James Veal, The Olympic Games, 32.

280 Pierre de Coubertin, Olympism. Selected Writings, Lausanne 2000, 281.

281 Sam Mullins, British Olympians, London 1986.

282 Maro Kardamitsi-Adami, Classical Revival: The Architecture of Ernst Ziller 1837–1923, Athen 2006.

283 J. P. Mahaffy, The Olympic Games at Athens in 1875, in: Macmillans's Magazine 32 (1876) 325–327.

284 David C. Young, A Brief History of the Olympic Games, London 2004.

285 Konstantinos Georgiadis, Die ideengeschichtliche Grundlage der Erneuerung der Olympischen Spiele im 19. Jahrhundert in Griechenland und ihre Umsetzung 1896 in Athen, Kassel 2000, 13–37.

Der Sport in unserer Zeit

1 Doping: Betrug im Sport. Schneller, höher, weiter – oft mit Hilfe verbotener Substanzen, in: Spiegel Online Wissenschaft, 1. Dezember 2011.

2 Henning Eichberg, Der Weg des Sports in die industrielle Zivilisation, Baden-Baden 1979.

3 Ders., Sport im 19. Jahrhundert – Genese einer industriellen Verhaltensform, in: Horst Überhorst (Hg.), Geschichte der Leibesübungen, Bd. 3 / 1, Wuppertal 1980, 350–412.

4 Christiane Eisenberg (Hg.), Fußball – Soccer – Calcio, München 1997.

5 Eric Dunning / Kenneth Sheard, Barbarians, Gentlemen and Players. A Sociological Study of the Development of Rugby Football, Oxford 1979.

6 Gerhard Schulze, Die Erlebnisgesellschaft. Kultursoziologie der Gegenwart, Frankfurt / Main 1992, 22.

7 Allen Guttmann, Games and Empires. Modern Sports and Cultural Imperialism, New York 1996.

8 Héctor López Martínez, Plaza de Acho: Historia y Tradición, Lima 2005.

9 Roger Hutchinson, Empire Games: The British Invention of Twentieth-Century Sport, London 1996.

10 Tom Fort, The Grass is Greener: Our Love Affair with the Lawn, London 2000.

11 Franz Bosbach / John R. Davis (Hg.), Die Weltausstellung von 1851 und ihre Folgen, München 2002.

12 Richard Tames, Sporting London, London 2005, 122–124.

13 Archibald Maclaren, A Military System of Gymnastic Exercises for the Use of Instructors, London 1862.

14 Max Robertson, Wimbledon 1877–1977, London 1977.

15 Manuela Müller-Windisch, Aufgeschnürt und außer Atem, München 2000, 25.

16 Lily Cheetham, Skating, the Ladies' Chapter, in: D. Adams (Hg.), Skating, London 1890, 70–86.

17 Donald Walker, Exercises for Ladies, London 1837.

18 Bettie Rayner Parkes, Remarks on the Education of Girls, London 1854, 11, zit. nach: Manuela Müller-Windisch, Aufgeschnürt und außer Atem, 36.

19 Concordia Löfving, On Physical Education, and its Place in a Rational System of Education, London 1882.

20 Jennifer Hargreaves, Sporting Females, London 1997, 77.

21 www.tennisfame.com/hall-of-fame/mary-outerbridge.

22 Robert M. Quackenbush, Who's That Girl With the Gun? A Story of Annie Oakley, New York 1988.

23 History of Women in Sports Timeline: www.nothnet.org/stlawrenceaauw/timelne2.htm.

24 Violet Greville (Hg.), The Gentlewoman's Book of Sports, London 1893.

25 Manuela Müller-Windisch, Aufgeschnürt und außer Atem, 25–29.

26 Gertrud Pfister, Vom Turnrock zum Bodystocking. Zur Entwicklung der Frauenturn- und Sportbekleidung, in: Sportswear, Krefeld 1992, 45–55.

27 Jeffrey Pearson, Lottie Dod – Champion of Champions. Story of an Athlete, London 1988.

28 Marion Tinling, Lady Florence Dixie, 1855–1905, in: Dies., Women into the Unknown, Westport 1989, 105–111.

29 John J. MacAloon, This Great Symbol. Pierre de Coubertin and the Origins of the Modern Olympic Games, Chicago 1981.

30 Pierre de Coubertin, L'éducation en Angleterre, Paris 1888.

31 Michael L. Smith, Olympics in Athens 1896. The Invention of the Modern Olympic Games, London 2004.

32 March L. Krotee, Organisational Analysis of the IOC, in: OGT (1988) 113–148.

33 Richard D. Mandell, The First Modern Olympics, Berkeley 1976, 112.

34 www.olympiastatistik.de.

35 Karl Lennartz (Hg.), Die Olympischen Spiele 1896 in Athen, Kassel 1996.

36 Pascal Ory, Les Expositions universelles de Paris, Paris 1982.

37 Karl Lennartz/Walter Teutenberg, Olympische Spiele 1900 in Paris, Kassel 1995.

38 André Drevon, Paris 1900, in: EMOM (2004) 27–32.

39 www.olympiastatistik.de.

40 www.sports-reference.com/olympics/athletes.

41 Kristine Toohey / Anthony J. Veal, The Olympic Games. A Social Science Perspective, Cambridge / Mass. 2007, 27.

42 Kevin B. Wamsley / Kevin Young, Coubertin's Olympic Games, in: GO (2004) xiii–xxv.

43 John Horne / Wolfram Manzenreiter (Hg.), Sports Mega-Events. Social Scientific Analyses of a Global Phenomenon, Malden / Ma. 2006.

44 Pierre de Coubertin, Why I Revived the Olympic Games (1908), in: OGT (1988) 101–106, S. 104.

45 Benedict Anderson, Imagined Communities. Reflections on the Origin and Spread of Nationalism, London 1991.

46 Mark Dyreson, Making the American Team. Sport, Culture, and the Olympic Experience, Urbana 1998.

47 Arnd Krüger, The Nazi Olympics of 1936, in: GO (2005) 43–57.

48 Heinz Florian Oertel / Kristin Otto, Vancouver 2010. Unser Olympiabuch, Berlin 2010.

49 de.wikipedia.org / wiki / World_Games.

50 Christiane Eisenberg, «English Sports» und deutsche Bürger, Paderborn 1999, 152–214.

51 Fuchs war ein Deutscher jüdischen Glaubens, der 1937 emigrieren musste. In Kanada nannte er sich Godfrey Fochs. Sepp Herberger nannte ihn «den Franz Beckenbauer seiner Jugend»: Harald Kaiser, Als Fuchs auf Torjagd ging: Zehn Treffer in einem Spiel, in: Der Kicker, 29. Juni 2009, 78–79.

52 Cesar R. Torres / Mark Dyreson, The Cold War Games, in: GO (2005) 59–82, S. 61.

53 Ross McKibbin, Classes and Cultures. England 1918–1951, Oxford 1998, 377–379.

54 Ebd., 345.

55 Ebd., 381.

56 Hart Cantelon, Amateurism, High-Performance Sport, and the Olympics, in: GO (2005) 83–102, S. 90.

57 Lord J. Killanin, My Olympic Years, London 1983, 61.

58 Cesar R. Torres / Mark Dyreson, The Cold War Games, 59–82.

59 Hart Cantelon, Amateurism, 83–101.

60 Richard Mandell, The First Modern Olympics, 135–141.

61 Hans W. Giessen / Heinz-Helmut Lüger, Ein Grenzgänger der ersten Stunde. Michel Bréal: Vom Marathon zum Pynx, in: Dokumente. Zeitschrift für den deutsch-franz. Dialog 4 (2008) 59–62.

62 Joschka Fischer, Mein langer Lauf zu mir selbst, Köln 1999.

63 Leslie Heywood, Third Wave Feminism, Global Economy, and Women's Surfing: Sport as Stealth Feminism in Girl's Surf Culture, in: Anita Harris (Hg.), Next Wave Cultures: Feminism, Subcultures, Activism, London 2008, 63–82.

64 Leslie Heywood / Shari L. Dworkin, Built to Win: The Female Athlete as Cultural Icon, Minneapolis 2003, xv.

65 Karen Karbo, The Ubergirl Cometh, in: The Outsider, Oktober 1995, 60–66.

66 David E. Martin / Roger W. H. Gynn, The Olympic Marathon. Running through the Ages, Illinois 2000, 22.

67 Kevin B. Wamsley / Gertrud Pfister, Olympic Men and Women, in: GO (2005) 103–125.

68 Charles Little, «What a freak-show they made!» Women's Rugby League in 1920s Sydney, in: Football Studies 4 / 2 (2001) 25–40 (online).

69 John Williams / Jackie Woodhouse, Can Play, Will Play? Women and Football in Britain, in: John Williams / Steven Wagg (Hg.), British Football and Social Change, Leicester 1991, 85–111.

70 Zeitungsausschnitt aus: Sport und Sonne 6 (1925), nach: Eduard Hoffmann / Jürgen Nendza, Verlacht, verboten und gefeiert. Zur Geschichte des Frauenfußballs in Deutschland, Weilerswist 2005.

71 Gertrude Pfister, «Must Women Play Football?» Women's Football in Germany, Past and Present, in: Football Studies 4 / 2 (2001) 41–57.

72 Eduard Hoffmann / Jürgen Nendza, Verlacht, verboten und gefeiert, Weilerswist 2005.

73 Hannelore Ratzeburg et al., Frauen Fußball Meisterschaften. 25 Jahre Frauenfußball, Kassel 1995.

74 Gail J. Newsham, In a League of their Own!, London 1997.

75 Gertrude Pfister, «Must Women Play Football?», 49–51.

76 de.wikipedia.org / wiki / Fußball_Weltmeisterschaft_der_Frauen_2007.

77 de.wikipedia.org / wiki / Fußball_Weltmeisterschaft_der_Frauen_2011.

78 Bild-Zeitung, 12. 2. 1979, S. 7 (abgebildet in: Klein / Pfister 1985).

79 Angela Gebhardt, Neuer Sport-BH, in: Bild-Zeitung, 29. 8. 1979, S. 7.

80 Marie-Luise Klein / Gertrud Pfister, Goldmädel, Rennmiezen und Turnküken. Die Frau in der Sportberichterstattung der BILD-Zeitung, Berlin 1985, 109.

81 Eva Herzog, «Frisch, frank, fröhlich, frau». Frauenturnen im Kanton Basel-Landschaft. Ein Beitrag zur Sozialgeschichte des Breitensports, Liestal 1995, 389–396.

82 Herbert Marxen, Der Sport veredelt die Frau: Weltmeisterinnen, Karikatur von 1931.

83 Alfred Richartz, Sexualität – Körper – Öffentlichkeit. Formen und Umformungen des Sexuellen im Sport, in: SZGS 3 (1990) 56–72, S. 69.

84 Frank Becker, Die Sportlerin als Vorbild der «neuen Frau». Versuche zur Umwertung der Geschlechterrollen in der Weimarer Republik, in: SZGS 3 (1994) 34–55.

85 Barbara Cox / Shona Thompson, Facing the Bogey: Women, Football and Sexuality, in: Football Studies 4 / 2 (2001) 7–24.

86 Eike Emrich et al., Zur Situation der Sportvereine im Deutschen Sportbund (1996): www.dosb.de / fileadmi / fm-dsb / arbeitsfelder / wiss-ges / Dateien / FISAS-Kurzfassung.pdf.

87 Jeré Longman, The Girls of Summer. The U. S. women's soccer team and how it changed the world, New York 2000.

88 de.wikipedia.org / wiki / Liste_der_Mitglieder_des_Internationalen_ Olympischen_Komitees.

89 Alle Auswertungen dieses Abschnitts nach den Daten auf den Websites von: de.wikipedia.org / wiki / Fußball-Weltmeisterschaft.

90 Bill Malon, The 1904 Olympic Games. Results for all Competitors in all Events, with Commentary, Jefferson 1999, 12.

91 William J. Baker, Traditional Sports: Africa, in: Encyclopedia of World Sport. From Ancient Times to the Present, 3 Bde., hg. von David Levinson et al., Santa Barbara / Ca. 1996, Bd. 3, 1062–1067.

92 Alan Trevithick, Traditional Sports: Asia, in: Encyclopedia of World Sport, Bd. 3, 1067–1070.

93 Christopher McDougall, Born to Run, New York 2009.

94 Kendall Blanchard, Traditional Sports: America, in: Encyclopedia of World Sport, Bd. 3, 1075–1083.

95 Marie Ellen Miller, The Ballgame, in: Record of the Art Museum / Princeton University 48 (1989) 22–31.

96 Amy Bushnell, «That Demonic Game». The Campaign to Stop Indian Pelota Playing in Spanish Florida, 1675–1684, in: The Americas 35 (1978) 1–19.

97 Thomas Vennum, American Indian Lacrosse: Little Brother of War, Washington D. C. 1994.

98 George Catlin, A Choctaw Ball Game, in: Margaret Mead / Nicolas Calas (Hg.), Primitive Heritage. An American Anthropology, New York 1953, 289–295.

99 Kendall Blanchard, Traditional Sports: America, in: Encyclopedia of World Sport, Bd. 3, 1075–1083.

100 Jeffrey Powers-Beck, The American Indian Integration of Baseball, 1897–1945, in: American Indian Quarterly 25 (2001) 508–538.

101 Reet Howell, Traditional Sports: Oceania, in: Encyclopedia of World Sport, Bd. 3, 1083–1091.

102 www.sports-reference. com / olympics / athletes / ew / ray-ewry-1. html.

103 Erhard Wunderlich (Hg.), Handball. Die Welt eines faszinierenden Sports, München 2006.

104 Bernd-Volker Brahms, Handbuch Badminton, Aachen 2009.

105 Jürgen Schmicker, Das große Buch vom Tischtennis, Schwalmtal 2000.

106 Eu-min Ko, Taekwondo, München 1980.

107 Emma Lile, Sack Racing, in: ETBRS (2005) 235.

108 www.sports-reference.com / olympics / athletes / he / ed-hennig-1html.

109 Ulrich Salchow, Das Kunstlaufen auf dem Eise, Leipzig 1925.

110 Theo Stemmler, Vom Jeu de Paume zum Tennis, Frankfurt / Main 1988.

111 Marcus Rosenstein, Das Ballsportlexikon, Berlin 1997, 52–58.

112 Keven McQueen, Cassius M. Clay. Freedom's Champion. The life-story of the famed Kentucky emancipationist, Paducah / Kentucky 2001.

113 Jan Philipp Reemtsma, Mehr als ein Champion. Über den Stil des Boxers Muhammad Ali, Reinbek ²2002.

114 Manning Marable, Malcolm X. A Life of Reinvention, New York 2011.

115 David Remnick, King of the World. Der Aufstieg des Cassius Clay, oder: Die Geburt des Muhammad Ali, Berlin 2010.

116 Mark Kram, Ghosts of Manila, New York 2001.

117 Peter Kemper, Muhammad Ali. Leben, Werk, Wirkung, Berlin 2010.

118 www.deaflympics.com / news / pressreleases.asp / ID=1542.

119 Susan Goodman, Spirit of Stoke Mandeville: The Story of Sir Ludwig Guttmann, London 1986.

120 Joan Scruton, Stoke Mandeville: Road to the Paralympics, Aylesbury 1998.

121 Arnold Schwarzenegger / Douglas Kent Hall, Arnold: The Education of a Bodybuilder, New York 1977. – Dies., Arnold's Bodyshaping for Women, New York 1979. – Arnold Schwarzenegger / Bill Dobbins, The New Encyclopedia of Modern Bodybuilding, New York ²1998. – Arnold Schwarzenegger, Bodybuilding für Männer: Das perfekte Programm für Körper- und Muskeltraining, München 2004.

122 Michael Blitz / Louise Krasniewicz, Why Arnold Matters: The Rise of a Cultural Icon, New York 2004.

123 Christiane Eisenberg (Hg.), Fußball – Soccer – Calcio. Ein englischer Sport auf seinem Weg um die Welt, München 1997.

124 Konrad Koch, Fußball. Regeln des Fußball-Vereins der mittleren Klassen des Martino-Katherineums zu Braunschweig, Braunschweig 1875.

125 Kurt Hoffmeister, Der Wegbereiter des Fußballspiels in Deutschland: Prof. Dr. Konrad Koch (1846–1911). Eine Biografie, Braunschweig 2011.

126 Karl Planck, Fusslümmelei. Über Stauchballspiel und englische Krankheit, Stuttgart 1898. – Reprint Münster 2004.

127 Martin Furgler et al., Ein Jahrhundert FC St. Gallen 1879–1979.

128 Dietrich Schulze-Marmeling, Barça, oder die Kunst des schönen Spiels, Göttingen 2010, 26.

129 Christiane Eisenberg u. a., FIFA 1904–2004: 100 Jahre Weltfußball, Göttingen 2004.

130 Franz Josef Brüggemeier, Zurück auf den Platz. Deutschland und die Fußball-Weltmeisterschaft 1954, München 2004.

131 Petar Radenkovic, Das Spielfeld ist mein Königreich, München 1966.

132 Sepp Maier, Wer mit dem Ball tanzt, Hamburg 2000.

133 Jürgen Busche, Der FC Bayern ist unbeliebt, in: Norbert Seitz (Hg.), Doppelpässe. Fußball & Politik, Frankfurt / Main 1997, 109–114.

134 Geboren in Wien, machte Kohn eine internationale Trainerkarriere. Er trainierte u. a. eine Mannschaft in Uruguay, Hertha BSC Berlin, 1925 die Vorläufermannschaft von Dinamo Zagreb (Vizemeister), 1926 den First Vienna FC (Vizemeister), 1926–1927 den FC Barcelona, 1927–1928 KS Warszawianka, 1928–1930 den TSV 1860 München, 1930–1931 den VfR Mannheim, 1931–1933 Bayern München, 1933 Grasshoppers Zürich, 1934 FC Barcelona, 1935 FC Basel, danach in mehreren Perioden Feyenoord Rotterdam: 1935–1939, 1951–1952 und 1955–1956, mit dem er 1936 und 1938 Meister wurde. 1997 wurde nach ihm die Richard Dombistraat in Rotterdam benannt: Andreas Wittner, Richard Little Dombi – Kleine Eminenz, vom Himmel gesandt, in: Dietrich Schulze-Marmeling (Hg.), Strategen des Spiels – Die legendären Fußballtrainer, Göttingen 2005, 54–63.

135 Nils Havemann, Fußball unterm Hakenkreuz, Frankfurt / Main 2005, 216–218 und 277–278.

136 Ein Leben für den Fußball. Wer war Kurt Landauer?, in: www.hagalil. com / archiv / 2009 / 07 / 21 / landauer /.

137 Sebastian Fischer, Ungeliebte Vereinsgeschichte: Bayern Münchens jüdischer Meistermacher, in: einestages. Zeitgeschichten auf Spiegel online.

138 David Schelp, Das Gebrüll der Löwen, in: Jüdische Allgemeine v. 26. 8. 2010, online in: www.juedische -allgemeine.de / article / view / id / 8491.

139 Lutz Hachmeister, Schleyer. Eine deutsche Geschichte, München 2004.

140 Nils Havemann, Fußball unterm Hakenkreuz, 213–225.

141 Anton Löffelmeier, Die «Löwen» unterm Hakenkreuz. Der TSV 1860 München im Nationalsozialismus, Göttingen 2009.

142 Franz Beckenbauer, Ich. Wie es wirklich war, München 1992.

143 de.wikipedia.org / wiki / Gerd_Müller (24. Dez. 2011).

144 Paul Breitner, Ich will kein Vorbild sein, München 1980. – ²1981. – Paul Breitner, Kopf-Ball, Frankfurt / Main 1982. – ²1984.

145 Nick Golüke / Uli Köhler, Uli Hoeneß. Attacke mit Herz; TV-Dokumentation, 45 Minuten, BR, Erstausstrahlung 2. Januar 2010.

146 Sonja Brandmaier, Die Kommerzialisierung des Sports, Hamburg 1998. Christoph Bausenwein, Das Prinzip Uli Hoeneß, Göttingen 2009. – Patrick Strasser, Hier ist Hoeneß, München 2010.

147 Ralf Grengel / Rafael Jockenhöfer, 100 Jahre FC Bayern München … und ein Paar Titel mehr, Berlin 2001.

148 Torsten Geiling / Niclas Müller, Das FC-Bayern-Hass-Buch, Frankfurt / Main 2002.

149 Nils Havemann, Fußball unterm Hakenkreuz, 222–224.

150 de.wikipedia.org / wiki / Fritz_Szepan.

151 Zahlen nach: www.transfermarkt.de / de / statistiken.

152 Richard Mandell, The First Modern Olympics, Berkeley 1976, 134.

153 Jesse Owens / Paul G. Neimark, The Jesse Owens Story, New York 1970.

154 Armin Hary, 10,0, München 1960.

155 Kinofilm *Klitschko* von Sebastian Dehnhardt, deutsches Debüt Juni 2011. Vgl. ferner die arte-Reihe *Lebt wohl, Genossen!* sowie György Dalos' gleichnamiges Buch, München 2011.

156 Florian Schafroth, Die Sportmetaphorik in der politischen Kommunikation (Zusammenfassung): www.imb-uni-augsburg.de / files / zusammenfassung_schafroth.pdf.

157 Kay D. Woelfel, Sports Metaphors as a Motivational Leadership Strategy, in: Academic Leadership. The Online Journal: www.academicleadership. org / article / sports-metaphors-as-a-motivational-leadership-strategy.

158 Stephan R. Walk, The Footrace Metaphor in American Presidential Race, in: Sociology of Sport Journal 1 (1995) 36–55.

159 Robert A. Palmatier / Harold L. Ray, Sports Talk. A Dictionary of Sports Metaphors, Santa Barbara / Ca. 1989.

160 Torsten Heidemann, Ein doppelter Blick: Metaphern in der deutschen und französischen Fußballberichterstattung, in: Wolfgang Settekorn (Hg.), Fußball – Medien. Medien – Fußball. Zur Medienkultur eines weltweit populären Sports, Hamburg ²2007, 70–84.

161 Sportmetaphern oder warum Teenager Baseball verstehen sollten, in: USA Erklärt (8. Juli 2009), in: usaerklaert.wordpress.com / 2009 / 07 / 08 / sportmetaphern. – Alvin L. Hall / Thomas L. Altherr, Eros at the Bat: American Baseball and Sexuality in Historical Context, in: The Cooperstown Symposium on Baseball and American Culture 1998, s. l. 2000, 157–182.

162 De la Hoya vs. Mayweather, Der teuerste Kampf der Geschichte, in: Spiegel online, 10. 5. 2007.

163 Markus Alexander, Cristiano Ronaldo – Der neue Fußballgott, Rostock 2009.

164 Zinédine Zidane / Dan Franck, Der mit dem Ball tanzt, München 2005.

165 sportbild.de / SPORT / fussball / 2010 / 03 / 17 / geld-rangliste-top-20-gehaelter / das-verdienen-die-mega-stars.html.

166 www.spiegel.de / sport / fussball / 0,1518,616591,00.html.

167 Der Werbespot ist auf youtube.com einsehbar.

168 www.gutefrage.net / frage / wie-viel-verdient-man-so-als-profi-tennisspieler.

169 www.lohnspiegel.org / osterreich / home / vip-gehalt / gehalt-tennisspieler.

170 www.forbes.com / profile / rafael-nadal.

171 www.forbes.com / wealth / celebrities / list?ascend=true&sort=money Rank.

172 www.lohnspiegel.org / osterreich / home / vip-gehalt / gehalt-sportler.

173 www.forbes.com / wealth / billionaires.

174 John Horne / Wolfram Manzenreiter (Hg.), Sports Mega-Events. Social Scientific Analyses of a Global Phenomenon, Malden / Ma. 2006.

175 John Horne / Wolfram Manzenreiter, An introduction to the sociology of sports mega-events, in: ebd., 1–24.

176 Kimberley S. Schimmel, Deep Play: Sports Mega-Events and Urban Social Conditions in the USA, in: ebd., 160–174.

177 Xin Xu, Modernizing China in the Olympic Spotlight: China's National identity and the 2008 Beijing Olympiad, in: ebd., 90–107.

178 Andrew Morris, «To Make the Four Hundred Million Move»: The Late Qing Dynasty. Origins of Modern Chinese Sport and Physical Culture, in: CSSH 42 (2000) 876–906, S. 876.

179 Mit Grönland (5).

180 Inklusive Persien und der Arabischen Halbinsel.

181 Mit Russland (167), der Ukraine (106), der Türkei (181), Armenien (10) und Georgien (17).

182 Daten nach: www.worldstadiums.com.

183 Daten nach: www.worldstadiums.com, korrigiert nach: de.wikipedia. org / Liste_der-größten_Stadien_der_Welt.

184 Pennsylvania State University.

185 Daten nach: www.worldstadiums.com, korrigiert nach: de.wikipedia. org / Liste_der-größten_Stadien_der_Welt.

186 Angelo Spampinato, Stadi del mondo, 2004.

187 de.wikipedia.org / wiki / Deutscher_Fußball-Bund.

188 en.wikipedia.org / wiki / The_New_York_Athletic_Club.

189 Wolfgang Kaschuba, Sportivität: Die Karriere eines neuen Leitwertes. Anmerkungen zur «Versportlichung» unserer Alltagskultur, in: Sportwissenschaft 19 (1989) 164–171.

190 Ernst van Aaken, Dauerbewegung als Voraussetzung der Gesundheit, Düsseldorf 1974.

191 Kenneth H. Cooper, Bewegungstraining, Frankfurt / Main 1970.

192 Jane Fondas Fitness-Buch, Stuttgart 1983.

193 Detlef Lienau / Arnulf von Scheliha, Fitnessstudio / Gesundheit, in: Dietrich Korsch / Lars Charbonnier (Hg.), Der verborgene Sinn. Religiöse Dimensionen des Alltags, Göttingen 2008, 118–128.

194 de.wikipedia.org / wiki / Ewiger_Medaillenspiegel_der_Olympischen_ Sommerspiele.

195 Thomas Hahn, Eine böse Laune. Zum Tode von Sarah Burke, der Pionierin, Wegbereiterin und Akkord-Gewinnerin des Freeskifahrens, in: Süddeutsche Zeitung, 21. / 22. Jan. 2012, 37.

196 Joachim Bumke, Höfische Kultur, München 2005, 344.

197 Karl Lennartz, Olympische Spiele 1908 in London, Kassel 1998.

198 Barbara Cox / Shona Thompson, Facing the Bogey: Women, Football and Sexuality, in: Football Studies 4 / 2 (2001) 7–24, S. 7–8 (online).

199 Ebd., S. 13.

200 Kathrin Zehnder, Zwitter beim Namen nennen. Intersexualität zwischen Pathologie, Selbstbestimmung und leiblicher Erfahrung, Bielefeld 2010.

201 de.wikipedia.org / wiki / caster_semenya.

202 Stephan Bernhard Marti, Androgynität, in: EDN 1 (2005) 377–382.

203 Lorraine Daston, The Nature of Nature in Early Modern Europe, in: Configurations 6 (1998) 149–172.

204 Makeover for Southafrican Gender-Row Runner, in: BBC News, 8. September 2009.

205 Alexander Huber / Thomas Huber / Reinhold Messner, The Wall. Die neue Dimension des Kletterns, München 2000.

206 Andreas Gottlieb Hempel, Die Messner Mountain Museen. Architektur und Berge, München 2011.

207 Reinhold Messner, Berge versetzen. Das Credo eines Grenzgängers, München 2010.

208 Stefano Ardito, Mont Blanc. Die Eroberung eines Bergmassivs, Erlangen 1996.

209 Conrad Gesner, Über die Bewunderung der Gebirgswelt (1541), hg. von Traugott Schiess, St. Moritz 1901.

210 Karlheinz Stierle, Francesco Petrarca. Ein Intellektueller im Europa des 14. Jahrhunderts, München 2005.

211 Arno Borst, Alpine Mentalität und europäischer Horizont im Mittelalter, in: Ders., Barbaren, Ketzer und Artisten. Welten des Mittelalters, München 1988, 471–527.

212 Tenzing Norgay, Der Tiger vom Everest. Die Autobiographie Sherpa Tenzings, niedergeschrieben von J. R. Ullman, Wiesbaden 1955.

213 Reinhold Messner, Mein Weg, München 2006.

214 Joe Tomlinson, Extreme Sports, Augsburg 1997.

Epilog: Was ist Sport?

1 Aurelius Augustinus, Confessiones / Bekenntnisse, lat. / dt., Hamburg 2000, 25 (Buch 11, 14).

2 de.wikipedia.org / wiki / Liste_der_vom_IOC_anerkannten_Sportarten.

3 Jürgen Schwier, «Do the right things» – Trends im Feld des Sports, in: dvs-information 13,2 (1998) 7–13.

4 David Le Breton, Lust am Risiko. Von Bungee-Jumping, U-Bahn-Surfen und anderen Arten, das Schicksal herauszufordern, Frankfurt / Main 1995.

5 Iain Borden, Skateboarding, Space and the City: Architecture and the Body, Oxford 2001.

6 Heiner Gillmeister, Fifteen Love. The Origin of Scoring by Fifteens in Tennis, in: L. S. Butler / P. J. Wordie (Hg.), The Royal Game, Stirling 1989, 88–99.

7 Jacob Burckhardt, Griechische Kulturgeschichte, Frankfurt / Main 2007, 744.

8 Khushwant Singh, Turbaned Tornadoe. The Oldest Marathon Runner Fauja Singh, Kalkutta 2011.

9 Eric J. Hobsbawm, Inventing Traditions, in: Eric J. Hobsbawm / Terence Ranger (Hg.), The Invention of Tradition, Cambridge 1983, 1–14, S. 1.

10 Bob Pegg, Rites and Riots. Folk Customs of Britain and Europe, Blandford 1981.

11 Stephen Vlastos (Hg.), Mirror of Modernity: Invented Traditions of Modern Japan, Berkeley 1998.

12 Tony Collins, Invented Traditions, in: ETBRS (2005) 171–173.

13 Omar Gisler, Fußballderbys – Die 75 fußballverrücktesten Städte der Welt, München 2007.

14 Marco Sievers, The Highland Myth as an Invented Tradition of the 18th and 19th Century and its Significance for the Image of Scotland, Norderstedt 2005.

15 James I., The King's Majesty's Declaration to his Subjects Concerning Lawful Sports to be Used (1618), London 1633. – L. A. Govett, The King's Book of Sports. A History of the Declarations of King James I and King Charles I as to the Use of Lawful Sports on Sundays, London 1890.

16 Michael Hörrmann, Ringrennen am Stuttgarter Hof. Die Entwicklung des Ritterspiels im 16. und 17. Jahrhundert, in: Sozial- und Zeitgeschichte des Sports 3 (1989) 50–69.

17 Stephan Oettermann, Läufer und Vorläufer, Frankfurt / Main 1984.

18 Henning Petershagen, Zünftige Lustbarkeiten. Das Ulmer Fischerstechen. Der Bindertanz, Ulm 1994.

19 Thomas S. Henricks, The Democratization of Sport in Eighteenth Century England, in: Journal of Popular Culture 18 (1984) 3–20.

20 Arnd Krüger / John McClelland, Ausgewählte Bibliographie zu Sport und Leibesübungen in der Renaissance, in: Dies. (Hg.), Der Anfang des modernen Sports in der Renaissance, London 1984, 132–180.

21 Christine Gerber, Paulus und seine Kinder, Berlin 2005, 192–197.

22 Eduard Jacobs, Die Schützenkleinodien und das Papageienschießen, Wernigerode 1887.

23 François Rabelais, Gargantua und Pantagruel [1534], Frankfurt / Main 1974, 91–95 und 95–104.

24 Johann Fischart, Affentheurlich Naupengeheurliche Geschichtklitterung (Gargantua). Text der Ausgabe letzter Hand von 1590, hg. von Ute Nyssen, Darmstadt 1977, 238–251 und 251–270.

25 Paul G. Brewster, Games and Sports in Shakespeare, in: FFC 72 (1959) 3–26.

26 Thomas Coryate, Die Venedig- und Rheinfahrt 1608, Stuttgart 1970, 227.

27 Ebd., 67.

28 Christoph Daigl, «All the World is but a Bear-Baiting». Das englische Hetztheater im 16. und 17. Jahrhundert, Berlin 1997.

29 Giovanni Andrea dell'Anguillara, De le Metamorfosi d'Ovidio libri III, Venedig 1561.

30 Rose-Marie Hagen / Rainer Hagen, Giovanni-Battista Tiepolo: Der Tod des Hyacinth. Tennis-Match mit Gott Apoll, in: art. Das Kunstmagazin 7 (1985) 66–71.

31 Cees de Bondt, Tiepolo's «The Death of Hyacinth» and the Image of the Game of Tennis in Art (1500–1800), in: Studi Veneziani 47 (2004) 381–403.

32 David Inglis, Theodor Adorno on Sport. The Jeu d'Esprit of Despair, in: Richard Giulianotti (Hg.), Sport and Modern Social Theorists, New York 2004, 81–96.

33 Cheryl L. Cole / Michael D. Giardina / David L. Andrews, Michel Foucault. Studies of Power and Sport, in: ebd., 207–224.

34 David Rowe, Antonio Gramsci: Sport, Hegemony and the National-Popular, in: ebd., 97–110.

35 Pierre Bourdieu, Sport and Social Class, in: Social Science Information 17 (1978) 819–840.

36 Ders., Die feinen Unterschiede, Frankfurt / Main 1982, 332–354.

37 www.forbes.com / wealth / celebrities / list?ascend=true&sort=money Rank.

38 Leslie Heywood, Third Wave Feminism, Global Economy, and Women's Surfing: Sport as Stealth Feminism in Girl's Surf Culture, in: Anita Harris (Hg.), Next Wave Cultures, London 2008, 63–82, S. 81–82.

39 Gerhard Schulze, Die Erlebnisgesellschaft. Kultursoziologie der Gegenwart, Frankfurt / Main 1992 (^{2}2005).

40 Thorstein Veblen, The Theory of the Leisure Class, New York 1899.

41 Jürgen Schwier, «Do the right things» – Trends im Feld des Sports, in: dvs-information 13,2 (1998) 12.

42 www.indianapolissuperbowl.com.

43 Ist Schach Sport?, in: Berliner Zeitung, 28. Jan. 2002, S. 26 (online).

44 Jürgen Schwier, Jugend – Kultur – Sport, Hamburg 1998, 9–29.

45 Eike Emrich et al., Zur Situation der Sportvereine im Deutschen Sportbund (1996): www.dosb.de / fileadmi / fm-dsb / arbeitsfelder / wiss-ges / Dateien / FISAS-Kurzfassung.pdf.

46 Gerhard Schulze, Die Erlebnisgesellschaft, Frankfurt / Main 1992, 54.

47 Wolfgang Behringer, Vergnügung, in: EDN 14 (2011) 106–108.

48 Sack Racing, in: ETBRS (2005) 235.

49 There's nobody like him ... except you, me, everyone, in: Sunday Times, 20. 7. 2007.

Abkürzungen

AAA	Amateur Athletic Organisation	
AD	Anno Domini («Im Jahre des Herrn» = christliche Zeitrechnung)	
ADB	Allgemeine Deutsche Biographie	
amt.	amtierte, Amtszeit	
Bd., Bde.	Band, Bände	
BRD	Bundesrepublik Deutschland	
ca.	circa	
CSSH	Comparative Studies in Society and History	
DDR	Deutsche Demokratische Republik	
DFB	Deutscher Fußball-Bund	
DFG	Deutsche Forschungs-Gemeinschaft	
DOSB	Deutscher Olympischer Sport-Bund	
EDN	Enzyklopädie der Neuzeit	(siehe Lit.)
EHR	English Historical Review	
EMOM	Encyclopedia of the Modern Olympic Movement	(siehe Lit.)
at al.	et alii / und andere	
ETBRS	Encyclopedia of Traditional British Rural Sports	(siehe Lit.)
EWS	Encyclopedia of World Sport	(siehe Lit.)
FA	Football Association	
FFC	Folklore Fellows Communications	
FIFA	Fédération Internationale de Football Association	
GHI	German Historical Institute	
GO	Global Olympics	(siehe Lit.: Young)
Hg.	Herausgeber bzw. herausgegeben von	
Jh.	Jahrhundert	
JMH	The Journal of Modern History	
JSTOR	Journal Storage (digitales Zeitschriftenarchiv)	
m	Meter	
KLL	Kindlers Literatur Lexikon, 14 Bde., München 1986	
km	Kilometer	
Lit.	Literaturauswahl im Anhang	
LMA	Lexikon des Mittelalters	(siehe Lit.)

Nd.	Neudruck	
NOK	Nationales Olympisches Komitee	
IOC	International Olympic Committee	
OGT	The Olympic Games in Transition	(siehe Lit.: Segrave)
reg.	regierte, Regierungszeit	
s	Sekunden	
S.	Seite	
s. a.	sine anno / ohne Jahresangabe	
s. l.	sine loco / ohne Ortsangabe	
SZGS	Sozial- und Zeitgeschichte des Sports	
UdSSR	Union der Sozialistischen Sowjet-Republiken	
UEFA	Union of European Football Associations	
UK	United Kingdom	
UNO	United Nations Organisation	
USA	United States of America	
v. Chr.	vor Christus (vor Beginn der christlichen Zeitrechnung)	
WM	Weltmeisterschaft	
ZHF	Zeitschrift für historische Forschung	

Literatur- und Quellenauswahl

Alessandro Arcangeli, Recreation in the Renaissance. Attitudes Towards Leisure und Pastimes in European Culture, c. 1425–1675, New York 2003.

Carlo Bascetta (Hg.), Sport e giuochi. Trattati e scritti dal XV al XVIII secolo, 2 Bde., Mailand 1978.

Johann Bernhard Basedow, Das Elementarwerk, Leipzig ²1785.

Wolfgang Behringer, Arena and Pall Mall. Sport in the Early Modern Period, in: German History 27 (2009) 331–357.

Kendall Blanchard, The Anthropology of Sport, Westport 2005.

Gustav Adolf Erich Bogeng (Hg.), Geschichte des Sports aller Völker und Zeiten, 2 Bde., Leipzig 1926.

Cees De Bondt, Royal Tennis in Renaissance Italy, Turnhout/Belgien 2006.

Pierre Bourdieu, Die feinen Unterschiede. Kritik der gesellschaftlichen Urteilskraft, Frankfurt/Main 1982.

Ders., Sozialer Sinn, Frankfurt/Main 1987.

Dennis Brailsford, British Sport. A Social History, Cambridge 1992.

Horst Bredekamp, Florentiner Fußball. Die Renaissance der Spiele, Frankfurt/Main 1993.

Franz Josef Brüggemeier, Zurück auf den Platz. Deutschland und die Fußball-Weltmeisterschaft 1954, München 2004.

Joachim Bumke, Höfische Kultur. Literatur und Gesellschaft im hohen Mittelalter, 2 Bde., München 1986; 11. Auflage 2005.

Alan Cameron, Circus Factions. Blues and Greens at Rome and Byzantium, Oxford 1976.

Baldassare Castiglione, Das Buch vom Hofmann [Il Cortegiano, 1528]. Übersetzt und erläutert von Fritz Baumgart, München 1986.

Norbert Conrads, Ritterakademien in der Frühen Neuzeit. Bildung als Standesprivileg im 16. und 17. Jahrhundert, Göttingen 1982.

Pierre de Coubertin, Olympische Erinnerungen [1931], Frankfurt/Berlin 1996.

Wolfgang Decker, Sport und Spiel im Alten Ägypten, München 1987.

Ders., Sport in der griechischen Antike. Vom minoischen Wettkampf bis zu den Olympischen Spielen, München 1995.

Der Neue Pauly. Enzyklopädie der Antike, (Hg.) Hubert Cancik/Helmuth Schneider, 16 Bde., Stuttgart 1996–2003 (= Der Neue Pauly).

Eric Dunning (Hg.), Sport and Society. A Selection of Readings, London 1971.

Henning Eichberg, Geometrie als barocke Verhaltensnorm. Fortifikation und
Exerzitien, in: Zeitschrift für Historische Forschung 4 (1977) 17–50.

Christiane Eisenberg, «English Sports» und deutsche Bürger. Eine Gesellschaftsgeschichte 1800–1939, Paderborn 1999.

Norbert Elias/Eric Dunning, Sport im Zivilisationsprozess, Münster 1981.

Encyclopedia of Traditional British Rural Sports, (Hg.) Tony Collins/John
Martin/Wray Vamplew, London 2005 (= ETBRS).

Encyclopedia of World Sport. From Ancient Times to the Present, 3 Bde. (Hg.)
David Levinson/Karen Kristensen, Santa Barbara/Ca. 1996 (= EWS).

Encyclopedia of the Modern Olympic Mouvement, (Hg.) John E. Findling/Kimberley D. Pelle, Westport 2004 (= EMOM).

Enzyklopädie der Neuzeit, (Hg.) Friedrich Jäger, 16 Bde., Stuttgart 2005–2012
(= EDN).

Ernst Freys (Hg.), Gedruckte Schützenbriefe des 15. Jahrhunderts, 2 Bde.,
München 1912.

Alison Futrell, Blood in the Arena. The Spectacle of Roman Power, Austin 1997.

Clifford Geertz, The Interpretation of Cultures. Selected Essays, New York
1973.

Heiner Gillmeister, Kulturgeschichte des Tennis, München 1990.

Richard Giulianotti (Hg.), Sport and Modern Social Theorists, New York 2004.

Hippolytus Guarinonius, Die Grewel der Verwüstung Menschlichen Geschlechtes, Ingolstadt 1610 (leider noch nicht online).

Georg Gumpelzhaimer, Gymnasma de exercitiis academicorum. In quo per
discursum disseritur de eorum necessitate, modo, tempore, personis, utilitate, Straßburg 1621.

Johann Christoph Friedrich Gutsmuths, Gymnastik für die Jugend, Schnepfenthal 1793.

Allen Guttmann, Vom Ritual zum Rekord. Das Wesen des modernen Sports,
Schorndorf 1979.

Ders., A Whole New Ballgame. An Interpretation of American Sports, 1988.

Ders., Sports. The first Five Millennia, Amherst/Mass. 2004.

Albert Hauser, Was für ein Leben. Schweizer Alltag vom 15. bis 18. Jahrhundert, Zürich ³1990.

Nils Havemann, Fußball unterm Hakenkreuz: Der DFB zwischen Sport, Politik und Kommerz, Frankfurt/Main 2005.

Leslie Heywood/Shari L. Dworkin, Built to Win. The Female Athlete as
Cultural Icon, Minneapolis 2003.

Johan Huizinga, Homo Ludens. Versuch einer Bestimmung des Spielelements
in der Kultur, Basel 1944.

Charles Hulpeau (Hg.), Le Ieu Royal de la Paulme, Paris 1632.

Friedrich Ludwig Jahn, Die deutsche Turnkunst zur Einrichtung der Turnplätze, Berlin 1816.

472 James I., The King's Majesty's Declaration to his Subjects Concerning Lawful Sports to be Used (1618), London 1633.

Jean-Jules Jusserand, Les sports et jeux d'exercise dans l'ancienne France, Paris 1901.

Arnd Krüger / John McClelland (Hg.), Die Anfänge des modernen Sports in der Renaissance, London 1984.

Karl Lennartz, Kenntnisse und Vorstellungen von Olympia und den Olympischen Spielen in der Zeit von 393–1896, Schorndorf 1974.

Lexikon des Mittelalters, 9 Bde. und ein Registerband, München 1980–1999 (= LMA).

Rebekka von Mallinckrodt (Hg.), Bewegtes Leben. Körpertechniken in der Frühen Neuzeit, Katalog Wolfenbüttel 2008.

Michael Mandelbaum, The Meaning of Sports. Why Americans Watch Baseball, Football, and Basketball and What They See When They Do, New York 2004.

G[ervase] M[arkham], The Young Sportsman's Instructor, in Angling, Fowling, Hawking, Hunting [...], London s. a. [ca. 1615].

Friedrich Karl Mathys, Spiel und Sport im alten Basel, Basel 1954.

John McClelland / Brian Merrilees (Hg.), Sport and Culture in Early Modern Europe. Le sport dans la civilisation de l'Europe pré-moderne, Toronto 2009.

Peter C. McIntosh (Hg.), Sport and Society, London 1963.

Ross McKibbin, Classes and Cultures. England 1918–1951, Oxford 1998.

Robert A. Mechikoff, A History and Philosophy of Sport and Physical Education. From Ancient Civilizations to the Modern World, New York [5]2010.

Jean-Michel Mehl, Les jeux au royaume de France du XIIIe au début du XVIe siècle, Paris 1990.

Hieronymus Mercurialis, Artis Gymnasticae apud antiques celeberrimae, nostris temporis ignoratae, libri sex, Venedig 1569 (leider noch nicht online).

Richard Mulcaster, Positions, Wherein those Primitive Circumstances can be Examined, which are Necessarie for the Training up of Children, London 1581 (online).

Manuela Müller-Windisch, Aufgeschnürt und außer Atem. Die Geschichte des Frauensports, München 2000.

Stephan Oettermann, Läufer und Vorläufer. Zu einer Kulturgeschichte des Laufsports, Frankfurt / Main 1984.

Gherardo Ortalli, Dal medioevo all'età umanistica: quando il gioco diventa serio, in: Carlo Petrini / Ugo Volli (Hg.), Cibo, festa, moda [= Luigi Luca Cavalli Sforza (Hg.), La cultura italiana, 10 Bde., Bd. 6], Turin 2009, 238–283.

Thomas Platter der Jüngere, Beschreibung der Reisen durch Frankreich, Spa-

nien, England und die Niederlande 1595–1600, (Hg.) Rut Keiser, Basel **473**
1968.

Antoine de Pluvinel, Le Maneige Royal, Paris 1623 (online).

Steven W. Pope / John R. Nauright (Hg.), Routledge Companion to Sports History, London 2010.

James Riordan, Sport and Physical Education in China, London 1999.

Ders. / Arnd Krüger (Hg.), The International Politics of Sport in the 20th Century, London 1999.

Luigi Roffare, La Repubblica di Venezia e lo sport, Venedig 1931.

Marcus Rosenstein, Das Ballsport-Lexikon. Die Ball- und Kugelspiele der Welt, Berlin 1997.

Antonio Scaino, Trattato del giuoco della palla, Venedig 1555, (Hg.) Giorgio Nonni, Urbino 2000.

Walter Schaufelberger, Der Wettkampf in der alten Eidgenossenschaft. Zur Kulturgeschichte des Sports vom 13. bis ins 18. Jahrhundert, 2 Bde., Bern 1972.

Sandra Schmidt, Kopfübern und Luftspringen. Bewegung als Wissenschaft und Kunst in der Frühen Neuzeit, München 2008.

Gerhard Schulze, Die Erlebnisgesellschaft. Kultursoziologie der Gegenwart, Frankfurt / Main 1992 (^{2}2005).

Dirk Schümer, Gott ist rund. Die Kultur des Fußballs, Frankfurt / Main 1998.

Jeffrey O. Segrave / Donald Chu (Hg.), The Olympic Games in Transition, Champaigne / Illinois 1988 (= OGT).

Ulrich Sinn, Olympia. Kult, Sport und Fest in der Antike, München 1996.

Joseph Strutt, The Sports and Pastimes of the People of England [...] From the Earliest Period to the Present Times, London 1801.

Richard Tames, Sporting London. A Race through the Times, London 2005.

Georg Tanzer, Spectacle müssen sein. Die Freizeit der Wiener im 18. Jahrhundert, Wien 1992.

Tertullian, De spectaculis / Über die Spiele, (Hg. und übers.) Karl-Wilhelm Weeber, Stuttgart 1988.

Norah M. Titley, Sports and Pastimes. Scenes from Turkish, Persian and Mughal Paintings, London 1979.

Valentin Trichter, Curiöses Reit-, Jagd-, Fecht-, Tanz- oder Ritter-Exercitien-Lexicon, Leipzig 1742.

Arcangelo Tuccaro, Trois dialogues de l'exercise de sauter et voltiger en l'air, Paris 1599.

Horst Ueberhorst (Hg.), Geschichte der Leibesübungen, 6 Bde., Berlin 1971–1989.

Jenny Uglow, A Gambling Man. Charles II and the Restoration, London 2009.

Jacques Ulmann, De la gymnastique aux sports moderne: Histoire des doctrines de l'éducation physique, Paris 1982.

Literatur- und Quellenauswahl

Thomas Vennum, American Indian Lacrosse: Little Brother of War, Washington D.C. 1994.

Paul Veyne, Brot und Spiele. Gesellschaftliche Macht und politische Herrschaft in der Antike, Frankfurt / Main u. a. 1988.

Gerhard Ulrich Anton Vieth, Versuch einer Encyklopädie der Leibesübungen, Theil 1: Beiträge zu einer Geschichte der Leibesübungen, Halle 1793.

Vitruv, De architectura libri decem. Zehn Bücher über Architektur, übers. und mit Anmerkungen versehen von Dr. Curt Fensterbusch, Darmstadt ⁵1996.

Alison Weir, Henry VIII. The King and his Court, New York 2001.

Michael Whittington (Hg.), The Sport of Life and Death. The Mesoamerican Ballgame, New York 2001.

Sally Wilkins, Sports and Games of Medieval Cultures, London 2002.

Francis Willughby, Book of Games [ca. 1665]. A Seventeenth Century Treatise on Sports, Games and Pastimes, (Hg.) David Cram / Jeffrey L. Forgeng / Dorothy Johnston, Aldershot 2003.

Kevin Young / Kevin B. Wamsley (Hg.), Global Olympics. Historical and Sociological Studies of the Modern Games, Amsterdam / Oxford 2005 (= GO).

Johann Heinrich Zedler (Hg.), Großes vollständiges Universal-Lexicon aller Wissenschaften und Künste, 64 Bde. und 4 Ergänzungsbde., Halle / Leipzig 1732–1754. – Reprint Graz 1961. – online: http: // mdz.bib-bvb.de / digibib / lexika / zedler / (= Zedler).

Amy Zoll, Gladiatrix. The True Story of History's Unknown Woman Warrior, New York 2002.

Abbildungsnachweis

Seite 31: Läufer bei den Panathenäischen Spielen, Vasenmalerei, ca. 530 v. Chr. Preisamphore, Staatliche Antikensammlung, München; Seite 41: Das auf dem antiken Grundriss für die erste Olympiade der Neuzeit neu gebaute Panathinaikos-Stadion von Athen, Griechenland; Seite 51: Überreste des Circus Maximus, Rom; Seite 69: Das Kolosseum in Rom, erbaut 72–80 n. Chr. unter Kaiser Vespasian; Seite 80: Polo am Hof Schah Mahmuds von Persien, Täbris 1546. Persische Buchillustration zu dem Gedicht «Guy u Chawgan» in: «Der Ball und der Polo-Schläger»; Seite 96: Meister der Heiligen Sippe (der Jüngere), Martyrium des hl. Sebastian, Altarbild ca. 1493, Augustiner-Eremiten-Konvent St. Anton in Köln, heute Wallraf-Richartz-Museum, Köln; Seite 149: Ringleinstechen auf dem Roßmarkt in Frankfurt am Main, Kupferstich von 1658; Seite 159: Michael Sweerts, Ringkampf, Rom 1649. Staatliche Kunsthalle, Karlsruhe; Seite 196: The Book of Sports, as Set Forth by King Charles I., with Remarks Upon the Same, London 1633; Seite 225: Nach einem Brand 1993 in den ursprünglichen Bauzustand zurückversetzte gewaltige Ballhaus von Schloss Neugebäude bei Wien, heute 11. Bezirk Wien Simmering; Seite 246: Prozess gegen Ludwig XVI. im Manegesaal (Königliches Reithaus), Dezember 1792; Seite 308: Herbert Marxen, Der Sport veredelt die Frau, Weltmeisterinnen, Karikatur von 1931; Seite 329: Beachvolleyball Classic 2007 – *WikiCommons – «public domain»*

Seite 326: Bob Beamon bei seinem Weltrekordsprung über 8,90 m in Mexiko 1968; Seite 336: Statistik zum Boxkampf im Schwergewicht Sonny Liston – Cassius Clay am 25. Februar 1964, Miami / Florida © *Bettmann / Corbis*

Seite 88: Große Heidelberger Liederhandschrift (Codex Manesse), Detail: Herr Dietmar der Setzer, Zürich, 1305–1340, Cod. Pal. germ. 848, fol. 321v © *Universitätsbibliothek Heidelberg*

Seite 216: Der Schießplatz zu Augsburg Nikolaus Solis, 6. Oktober 1567 © *Germanisches Nationalmuseum Nürnberg, Graphische Sammlung*

Seite 272: Zwei ehrliche Ehrenmedaillen, 2004 © *Götz Wiedenroth*

Seite 345: 3-m-Synchronspringen bei der Olympiade Peking 2008. Das chinesische Siegerinnenpaar Guo Jingjing und Wu Minxia am 10. 8. 2008; Seite 362: Usain Bolt siegt im 200m-Lauf in 19,30 s bei den Olympischen Sommerspielen in Peking 2008 © *Reuters*

Seite 356: Uli Hoeneß und Paul Breitner posieren in Badehosen, 5. 6. 1973 © *picture-alliance / dpa – Sportreport*

Seite 372: Rafael Nadal feiert den Sieg bei den Olympischen Spielen in Peking, 17. 8. 2008 © *MCT via Getty Images*

Seite 385: Gymnastik im Münchner Westpark, 15. 6. 2004 © *Süddeutsche Zeitung Digitale Medien GmbH*

Seite 403: Nordic Turmspringen © *Volker Dornemann*

Leider war es nicht bei allen Abbildungen möglich, die Inhaber der Rechte zu ermitteln. Wir bitten deshalb gegebenenfalls um Mitteilung. Der Verlag ist bereit, berechtigte Ansprüche abzugelten.

Personenregister

Kursive Seitenzahlen verweisen auf Bildunterschriften.

Aaken, Ernst van (1910–1984) 386
Aamodt, Kjetil André (* 1971) 390
Abbot, Margaret Ives (1878–1955) 286
Abera, Gezahegne (* 1978) 303
Adimari, Alessandro (1579–1649) 161
Adorno, Theodor W. (1903–1969) 18,
   306, 411 f.
Agesilaos II., spart. König (ca.
   443–359 v. Chr., reg. 399–359) 65
Agis II., spart. König (reg. 427–400
   v. Chr.) 65
Agrippina (ca. 15–59) 66
Agüero, Sergio (* 1988) 360
Al Maktum, Ahmed bin Hasher
   (* 1963) 389
Alarich, got. König (ca. 370–410) 74
Alba, Herzog von 1548 Vizekönig
   von Neapel 201, 204
Alberti, Leon Battista (1404–1472)
   139
Albertus Magnus (ca. 1200–1280) 86
Alboin, langob. König (ca. 525–573,
   reg. ca. 560–573) 400
Albrecht Stanisław Radziwiłł
   (1593–1656) 205
Albrecht V., Herzog von Bayern
   (1528–1579) 184
Alexander der Große, maked. König
   (356–323 v. Chr., reg. 336–323) 43,
   47
Alexander I., maked. König (reg.
   498–454) 47

Ali, Muhammad (* 1942) 336–341,
   364, 366 f., 374, 387
Alkibiades (ca. 451–404 v. Chr.) 25
Alleyn, Edward (1566–1626) 244
Almighty Voice 327
Ambrosius (339–397) 72, 411
Amenophis II. (1438–1414 v. Chr.) 35
Amman, Simon (* 1981) 391
Anastasius I., röm. Kaiser (430–518,
   reg. 491–518) 76
Anderson, Andrea (* 1977) 363
–, Bill (* 1937) 260
Angelo, Domenico (1717–1802) 235 f.
–, Henry Charles William (1756–
   1835) 236
Angerer, Nadine (* 1978) 310
Anguillara, Giovanni Andrea dell'
   (1517–1570) 413
Anguissola, Sofonisba (1532–1625) 177
Anne de Foix, Königin von Böhmen
   u. Ungarn (1484–1506) 170
Anne, Prinzessin von England
   (* 1950) 312
Antisthenes (ca. 445–ca. 365) 43
Anton von Florenz (1389–1459) 119
Antonius, Marcus (ca. 83–30 v. Chr.)
   47
Apperley, Charles James (1777–1843)
   237
Appian (ca. 90–160) 64
Appleby, James (18. Jh.) 231
Arbuthnot, John (1667–1735) 239

Archenholtz, Johann Wilhelm von (1743–1812) 243
Archidamos II., spart. König (reg. 469–427 v. Chr.) 65
Arco, Antonio d' († 1603) 184
Arculanus, Johannes († 1484) 154
Arduin III. der Kühne, Markgraf von Turin (918–977, reg. 962–977) 400
Aristoteles (384–322 v. Chr.) 40, 43, 86, 143, 162, 252
Armstrong, Lance (* 1971) 374
Arndt, Ernst Moritz (1769–1860) 254
Arnold, Thomas (1795–1842) 253
Ascham, Roger (1515–1568) 96 f., 166, 194
Asti, Bonifacio Rotario d' (14. Jh.) 400
Auerswald, Fabian von (1462–1540) 166
August II. d. J., Herzog von Braunschweig-Lüneburg (1579–1666, reg. 1635–1666) 216
Augustinus (354–430) 72 f., 403, 411
Augustus, röm. Kaiser (63 v. Chr.–14 n. Chr., reg. 24–14) 47, 54 f., 57, 61, 68
Aumann, Raymond (* 1963) 358
Axayacatl, aztek. Kaiser (reg. 1469–1482) 83

Baader, Franz Xaver von (1765–1841) 261
Bach, Thomas (* 1953) 313
Backhaus, Helga (* 1953) 305
Bacon, Francis (1591–1651) 161
Bakti III., Pharao (11. Dynastie) 34
Baldini, Stefano (* 1971) 303
Baldwin, Caleb (1769–1827) 235
Baluda, Giocondo (16. / 17. Jh.) 167
Bardi, Giovanni de' (1534–1612) 181, 199
Barlow, Francis (ca. 1626–1704) 197

Barthel, Josy (1927–1992) 389
Basedow, Johann Bernhard (1724–1790) 250, 252 f.
Basilios I., byz. Kaiser (ca. 812–886, reg. 867–886) 77
Batiatus, Gaius Cornelius Lentulus (1. Jh. v. Chr.) 63
Bauer, Sibyl (1903–1927) 307
Bayerus 154
Beamon, Bob (* 1946) 326, 387 f.
Beatis, Antonio de (15. / 16. Jh.) 132
Beckenbauer, Franz (* 1945) 351, 353, 355 ff., 373
Beckham, David (* 1975) 372, 374
Bekele, Kenenisa (* 1982) 304
Belisarius, Flavius (ca. 500–565) 77
Belousowa, Ludmilla (* 1935) 334
Bender, Johann Georg (17. Jh.) 213
Bergman-Österberg, Martina (1849–1915) 278 f.
Bernhardin von Siena (1380–1444) 85, 114, 139
Berthold, Mönch (12. Jh.) 90, 393
Bielfeld, Jakob Philipp (1711–1770) 242
Bikila, Abebe (1932–1973) 303
Biondi, Matt (* 1965) 388
Bisticci, Vespasiano da (1421–1498) 139
Björndalen, Ole Einar (* 1974) 390
Black Eagle (19. / 20. Jh.) 327
Black Hawk (19. / 20. Jh.) 327
Blanchard, Kendall 323
Blankers-Koen, Fanny (1918–2004) 395
Blatter, Sepp (* 1936) 371
Bleibtrey, Ethelda (1902–1978) 296
Boccalini, Traiano (1556–1613) 179
Bochatay, Nicolas (1964–1992) 335
Bogeng, Gustav Adolf Erich (1881–1960) 14

Bogislaus, Graf von Schwerin (1764–1834) 262
Bogner, Caspar (16. Jh.) 191
Bokel, Claudia (* 1973) 313
Boland, John Pius (1870–1958) 284
Bolden, Jeanette (* 1960) 363
Boleyn, Anne (1501 / 07–1536) 171, 191, 194
Bolt, Usain (* 1986) 361 f.
Bonhof, Rainer (* 1952) 357
Bordin, Gelindo (* 1959) 303
Borst, Arno (1925–2007) 400 f.
Bourdieu, Pierre (1930–2002) 10, 414
Bowerman, Bill (1911–1999) 386
Bracciolini, Poggio (1380–1459) 132
Brady, Tom (* 1977) 374
Brandon, Charles, Duke of Suffolk (1484–1545) 189
Brandt, Willy (1913–1992) 355
Bréal, Michel (1832–1915) 301
Breitner, Paul (* 1951) 355 ff.
Briggs, Shannon (* 1971) 366
Brisco-Hooks, Valerie (* 1960) 363
Brookes, William Penny (1809–1895) 267 ff.
Broughton, Jack (1704–1789) 231 ff.
Brueghel, Pieter (1525 / 30–1569) 223
Brüggemeier, Franz Josef (* 1951) 349
Brundage, Avery (1887–1975, amt. 1952–1972) 299 f.
Brunichild, westgot. Prinzessin (ca. 545–613) 111
Brunnenmeier, Rudi (1941–2003) 350
Bryant, Kobe (* 1978) 374
Buck, Timothy (* 1680) 230
Buffalo Bill (1846–1917) 279
Bumke, Joachim (1929–2011) 94
Burckhardt, Jacob (1818–1897) 28, 65, 138, 405
Burgkmair, Hans (1473–1531) 103
Burke, Sarah (1982–2012) 393
–, Thomas (1875–1929) 284, 360

Burrell, Peter, Lord Gwydir (1754–1820) 259
Burton, Robert (1577–1640) 154
Busche, Jürgen (* 1944) 351
Bush, George (* 1924) 346
–, George W. (* 1946) 341
Button, Jenson (* 1980) 374
Byrd, Chris (* 1970) 365 f.
Byron, Lord George Gordon (1788–1824) 236

Caesar, Gaius Iulius (100–44 v. Chr.) 54, 57, 60, 64, 140
Čajkovski, Zlatko «Čik» (1923–1998) 351, 353, 395
Caligula, röm. Kaiser (12–41, reg. 37–41) 52
Camerarius, Joachim (1500–1574) 144
Cardano, Girolamo (1501–1576) 221
Caroline von Brandenburg-Ansbach (1683–1737) 228
Caroso, Fabritio (ca. 1525 / 35–1605 / 20) 167, 169
Carroll, Lewis (1832–1898) 276
Carter, Jimmy (* 1924) 10
Caspar von Lamberg (ca. 1460–1544) 128
Cassius Dio (163–229) 48
Castiglione, Baldassare, Graf von Novilara (1478–1529) 147, 156, 167, 221
Catlin, George (1796–1872) 321, 323
Censorinus (3. Jh.) 30
Chandler, Richard (1738–1810) 260
Chapuys, Eustache (1489–1556) 191
Charny, Geoffroy du (ca. 1300–1356) 89
Chodowiecki, Daniel (1726–1801) 253
Christie, Agatha (1890–1976) 276
Christine von Lothringen (1565–1636) 182
Christine von Pizan (1365–1430) 111

Christoph der Starke, Herzog von Bayern (1449–1493) 100

Christopher, Henry (1767–1820) 64

Chruschtschow, Nikita (1894–1971) 291

Churchill, Winston (1874–1965) 9 f.

Cierpinski, Waldemar (* 1950) 303

Claudius, röm. Kaiser (10 v. Chr.–54 n. Chr.) 58

Clay, Cassius Marcellus (1810–1903) 336

–, Cassius siehe Ali, Muhammad

Coe, Sebastian (* 1956) 394

Collins, Tony (* 1959) 407

Comăneci, Nadia (* 1961) 333

Comenius (Jan Amos Komenský, 1592–1670) 251 ff.

Commodus, röm. Kaiser (161–192, reg. 180–192) 58

Commynes, Philippe de (1447–1511) 184

Condorcet, Marquis de (Marie Jean Antoine Nicolas Caritat) (1743–1794) 251

Conen, Edmund (1914–1990) 348

Connolly, James (1865–1957) 284

Constantinus III., röm. Kaiser (reg. 407–411) 75

Cooper, Charlotte Reinagle (1870–1966) 307

–, Kenneth H. (* 1931) 386

Coresio, Giorgio (16. / 17. Jh.) 161, 182

Corso, Rinaldo (1525–1582) 167

Cortese, Paolo (1465–1510) 140 ff.

Coryate, Thomas (1577–1617) 209, 411 f.

Cotton, John (17. Jh.) 161

Coubertin, Pierre de Frédy, Baron de (1863–1937) 253, 262, 269, 281 ff., 285, 289, 295, 299, 317, 330

Cranach, Lucas (ca. 1475–1553) 104, 166

Crassus, Marcus Licinius (115–53 v. Chr.) 64

Crawford, Shawn (* 1978) 363

Cruyff, Johan (* 1947) 357

Curtius, Ernst (1814–1896) 261, 264 f.

Cusanus, Nikolaus (1405–1464) 86

Daehlie, Björn (* 1967) 388 f.

Daei, Ali (* 1969) 315

Dallington, Robert (1561–1637) 170, 199, 202

Danquard, Pepe (* 1955) 398

Daruma Taishi (6. Jh.) 81

David, Jacques-Louis (1748–1825) 203

Davis, Champion (* 1680) 230

Day, David 231

Defoe, Daniel (ca. 1660–1731) 229

Degas, Edgar (1834–1917) 286

Dei, Benedetto (1418–1492) 132

Devers, Gail (* 1966) 362

Dibaba, Tirunesh (* 1985) 304

DiCaprio, Leonardo (* 1974) 373

Diem, Carl (1882–1962) 287, 290

Dietmar der Setzer (13. Jh.) 88

Digby, Everard (ca. 1578–1606) 166

Dimmock, Thomas (18. Jh.) 233

Dinnie, Donald (1837–1916) 259 f.

Diocles von Korinth (8. Jh. v. Chr.) 53

Diokletian, röm. Kaiser (ca. 240–312, reg. 284–305) 181

Dixon, Thomas (17. Jh.) 161

Djoser, Pharao (3. Dynastie, reg. ca. 2720–2700 v. Chr.) 33

Dod, Annie (19. / 20. Jh.) 280

–, Charlotte «Lottie» (1871–1960) 280

–, Willy (1867–1954) 97, 280

Domitian, röm. Kaiser (51–96, reg. 81–96) 47, 52 f., 66

Douglas, Florence Caroline, Baroness Dixie (1855–1905) 281

Dover, Robert (1575–1641) 247 ff.
Drake, Francis (ca. 1540–1596) 175
Drayton, Michael (1563–1631) 248
–, William Henry (1742–1779) 250
Drewry, Arthur (1891–1961, amt.
    1956–1961) 296
Dschingis Khan (1162–1227) 78, 319
Dudley, Robert, Earl of Leicester
    (1532–1588) 171, 194
Dunning, Eric (* 1936) 19
Dürer, Albrecht (1471–1528) 103 f.
Dworkin, Shari L. (* 1968) 306

Ebenböck, Fritz (1901–?) 353
Eduard I., engl. König (1272–1307) 89
Eduard II., engl. König (1284–1327,
    reg. 1307–1327) 117
Eduard III., engl. König (1312–1377,
    reg. 1327–1377) 89, 117
Eduard VI., engl. König (1537–1553,
    reg. 1547–1553) 213
Eduard VII., engl. König (1841–1910)
    301
Eichberg, Henning (* 1942) 18
Eisenberg, Christiane (* 1956) 10, 295
El-Ouafi, Boughera (1898–1959) 302
Eleonora Álvarez de Toledo
    (1522–1562) 180
Eleonora von Aragón, Herzogin von
    Ferrara (1450–1493) 170
Elias, «Dutch» Sam (1775–1816) 235
–, Norbert (1897–1990) 18, 193, 402
Elizabeth I., engl. Königin (1533–
    1603, reg. 1558–1603) 96, 171, 175,
    194 f., 208, 214, 237
Elisabeth von Österreich (1554–1592)
    156
Elyot, Thomas (1490–1546) 148
Erasmus von Rotterdam (1465–1536)
    158
Eratosthenes von Kyrene (ca. 275–194
    v. Chr.) 30

Este, Alfonso I. d' (1476–1534) 186
–, Alfonso II. d' (1533–1597, reg.
    1559–1597) 166
–, Beatrice d' (1475–1497) 170
–, Ercole I. d' (1431–1505) 139, 141
–, Leonello d' (1407–1450) 139
–, Luigi d', Kardinal (1538–1586) 140
–, Niccolò II. d', Markgraf von
    Mantua (1338–1388) 122
–, Niccolò III. d', Markgraf von
    Ferrara (1383–1441) 139
Eto'o, Samuel (* 1981) 371
Eumenes II., König von Pergamon
    (221–158 v. Chr.) 45
Euripides (ca. 485–406 v. Chr.) 25
Evelyn, John (1620–1706) 52, 198,
    219 f., 240
Ewry, Ray (1873–1937) 326
Eyser, George (1871–?) 341

Fallmerayer, Jakob Philipp (1790–
    1861) 265
Farndone, Nicholas de (13. / 14. Jh.) 117
Faur de Saint-Jory, Pierre (Petrus
    Faber) (1532–1600) 160
Federer, Roger (* 1981) 373 f.
Federico da Montefeltro, Herzog
    von Urbino (1422–1482) 138, 201
Felix, Allyson (* 1985) 363
Feltre, Vittorino Ramboldini da
    (1378–1446) 139
Ferdinand I., Kaiser (1503–1564, reg.
    1556–1564) 201, 224
Ferdinand II., Erzherzog von Tirol
    (1529–1595, reg. 1564–1595) 191, 201
Ferdinand II., Kaiser (1578–1637, reg.
    1619–1637) 144, 225
Ferdinand III., Kaiser (1608–1657, reg.
    1637–1657) 225
Ferdinand Maria, Kurfürst von
    Bayern (1636–1679, reg. 1651–1679)
    209

Fernelius (Jean-François Fernel, ca. 1497–1558) 154
Fesl, Fredl (* 1947) 354
Figg, James (1695–1734) 231
Fischart, Johann (1546–1591) 410
Fischer, Birgit (* 1962) 388
–, Joschka (* 1948) 305
Fitzstephen, William († 1191) 107, 117, 124, 131
Flamma 59
Flat Iron 327
Fletcher, Rosamund (1908–1993) 395
Foden, John (* 1926) 305
Fonda, Jane (* 1937) 386
Fonseca, Rodrigo de (1550–1622) 153, 169
Foreman, George (* 1949) 338 f.
Foucault, Michel (1926–1984) 414
Francesco Novello da Carrara (1359–1406) 138 f.
Franco, Francisco (1892–1975, reg. 1939–1975) 300
–, Giacomo (1550–1620) 170, 220
Franz I. Stefan, Kaiser (1708–1765, reg. 1745–1765) 183, 226
Franz I., franz. König (1494–1547, reg. 1515–1547) 9, 187 f., 201
Franz II., franz. König (1544–1560, reg. 1559–1560) 135
Franz II., Kaiser (1768–1835, reg. 1792–1806 / 35) 227
Fraser, Shelly-Ann (* 1986) 363
Frazier, «Smokin'» Joe (1944–2011) 338 ff.
Fredegunde von Soissons († 597) 111
Friedrich Barbarossa, Kaiser (1122–1190, reg. 1152–1190) 90 ff.
Friedrich Christian, Graf von Schaumburg-Lippe (1655–1728) 412

Friedrich I., Herzog von Württemberg (ca. 1562–1608, reg. 1593–1608) 162
Friedrich II., Kaiser (1194–1250, reg. 1220–1250) 92
Friedrich II., Kurfürst von der Pfalz (1482–1556, reg. 1544–1556) 191
Friedrich III., Kaiser (1415–1493, reg. 1452–1493) 103
Friedrich IV. von der Pfalz, Kurfürst (1574–1610, reg. 1583–1610) 9, 192
Friedrich Ludwig von Hannover, Fürst von Wales (1707–1751) 228, 413
Friedrich Wilhelm III., preuß. König (1770–1840, reg. 1797–1840) 255
Friedrich Wilhelm IV., preuß. König (1795–1861, reg. 1840–1861) 255
Fuchs, Gottfried (1889–1972) 296
Fuchsius, Leonhard (1501–1566) 154
Fuller, Francis (1670–1706) 156

Gabriel I. de Lorges, Graf von Montgomery (1526–1574) 135
Galbert von Brügge († 1134) 88
Galenos von Pergamon (ca. 130–ca. 200) 141, 145, 151 f., 154 f., 157
Galilei, Galileo (1564–1642) 182
Gamper, Hans (1877–1930) 348
Garbo, Greta (1905–1990) 276
Garnier, Robert (1544–1590) 161
Garsault, François Alexandre de (1691–1776) 111
Gates, Bill (* 1955) 374
Gebrselassie, Haile (* 1973) 304
Geertz, Clifford (1926–2006) 15, 239, 376
Georg I., griech. König (1845–1913, reg. 1863–1913) 269, 282
Georg von der Pfalz (1486–1539) 191
Georg von Griechenland (1869–1957) 301

George II., engl. König (1683–1760, reg. 1727–1760) 228

George III., engl. König (1738–1820, reg. 1760–1801) 235

George IV., engl. König (1762–1830, reg. 1820–1830) 259

Gerhard, Hans (16. Jh.) 107

Geronimo (1829–1909) 327

Gesner, Conrad (1516–1565) 399

Ginzburg, Natalia (1916–1991) 200

Giustinian, Sebastian (1460–1543) 187

–, Vincenzo (1564–1637) 153

Glockendon, August 133

Goethe, Johann Wolfgang von (1749–1832) 178

Gonzaga, Elisabetha (1471–1526) 147

–, Federico II., Herzog von Mantua (1500–1540, reg. 1519–1540) 176

–, Gianfrancesco II. (1466–1519) 186

–, Giulio Cesare (1552–1609) 184

–, Vespasiano (1531–1591) 160

Gorman, A. (* 1680) 230

Gottwald, Felix (* 1976) 391

Grabowski, Jürgen (* 1944) 357

Gramsci, Antonio (1891–1937) 413

Gregor XIII., Papst (1502–1585, reg. 1572–1585) 240

Greville, Violet (1842–1932) 279

Griffith-Joyner, Florence (1959–1998) 363

Grings, Inka (* 1978) 310

Grisone, Federigo (1507–1570) 166

Groß, Ricco (* 1970) 335

Guarino da Verona (1370–1460) 139

Guarinonius, Hippolytus (1571–1654) 145, 155, 170, 178

Guérin, Robert (1876–1952, amt. 1904–1906) 295

Guevara, Antonio de (ca. 1481–1545) 148

Guillaume le Maréchal (1144–1219) 88

Gumpelzhaimer, Georg (1596–1643) 146

Gundeharius, burgund. König († 436) 111

Günderode, Friedrich Justinian (1747–1785) 243

Guntram von Orléans (ca. 532–592) 111

Guo Jingjing (* 1981) 345

Gustav Eriksson Wasa, schwed. König (1496–1560, reg. 1523–1560) 127

Gustav II. Adolf, schwed. König (1594–1632, reg. 166–1632) 179

Gutsmuths, Johann Christoph Friedrich (1759–1839) 250, 253 f., 257

Guttmann, Allen (* 1932) 14 ff., 174, 401

–, Ludwig (1899–1980) 342 f.

Haakon Haakonsson (Haakon IV.), norw. König (1204–1263, reg. 1217–1263) 127

Hackl, Georg (* 1966) 392

Hadrian VI., Papst (1459–1523, reg. 1522–1523) 166

Hagenaw, Jan (17. Jh.) 183

Hahn, Archie (1880–1955) 361

Haile Selassie (1892–1975) 303

Hainhofer, Philipp (1578–1647) 216

Half Moon 327

Hammerstein, Franz von 193

Hannibal (246–183 v. Chr.) 401

Hansell, Ellen (1869–1937) 280

Happel, Eberhard Werner (1647–1690) 223

Harper, Dawn (* 1984) 363

Hary, Armin (* 1937) 361

Haugwitz, Friedrich Wilhelm Graf von (1702–1765) 207

Hayes, Joanna (* 1976) 363

Heinrich I., ostfränk. König (ca. 876–936, reg. 919–936) 87, 97
Heinrich II., franz. König (1519–1559, reg. 1547–1559) 135 f., 199, 217, 409
Heinrich III., franz. König (1551–1589, reg. 1574–1589) 122, 136, 167
Heinrich III., Graf von Löwen (ca. 1060–1095) 88
Heinrich IV., franz. König (1553–1610, reg. 1589–1610) 136, 157, 167
Heinrich VIII., engl. König (1491–1547, reg. 1509–1547) 9, 11, 96, 147 f., 171, 184–190, 194, 201, 207, 222, 243
Heinrich von Veldeke (ca. 1150–1200) 89
Heintz, Joseph (1600–1678) 115
Helix, T. Aurelios (3. Jh.) 46
Hennig, Edward (1879–1960) 332
Henry, Thierry (* 1977) 372 f.
Henslowe, Philip (ca. 1550–1616) 244
Herberger, Sepp (1897–1977) 349
Herodot (490–424 v. Chr.) 25 f., 30, 36, 158 f., 305
Heyden, Margareta, geb. Haller 131
Heynckes, Jupp (* 1945) 356
Heywood, Leslie 306, 413
Hide, Herbie (* 1971) 365
Hill, Albert (1889–1969) 296 f.
Hillary, Edmund (1919–2008) 400
Hines, Jim (* 1946) 361
Hippias von Elis (ca. 460–nach 399 v. Chr.) 31
Hippokrates (ca. 460–370 v. Chr.) 153, 157
Hirschmann, Carl Anton Willem 295
Hitler, Adolf (1889–1945) 327, 358, 361
Hleb, Aliaksandr (* 1981) 372
Hobsbawm, Eric. J. (* 1917) 406
Hoeneß, Dieter (* 1953) 355 f.
–, Uli (* 1952) 355 ff.

Hoffmann, Friedrich (1660–1742) 156
Hofmann, Fritz (1871–1927) 360
Hogarth, William (1697–1764) 221
Hogenberg, Frans (1535–1590) 210
Hogg, James (1770–1835) 259
Holbein, Hans d. J. (1497 / 98–1543) 185
Hollar, Wenzel (1607–1677) 210
Holmes, Larry (* 1949) 341
Holyfield, Evander (* 1962) 366, 370
Hölzenbein, Bernd (* 1946) 357
Homer (um 850 v. Chr.) 28, 36 f., 42, 154, 403
Honeyball, Nettie (ca. 1871–1901) 280
Höttges, Horst-Dieter (* 1943) 356
Howard, Dwight (* 1985) 374
–, Sherrie (* 1962) 363
–, Thomas, Duke of Norfolk (1536–1572) 194
Hoya, Oscar de la (* 1973) 370
Huber, Alexander (* 1968) 399, 401
–, Thomas (* 1966) 399, 401
Huizinga, Johan (1872–1945) 15
Hulley, John (1832–1875) 268
Humphries, Richard (ca. 1760–1827) 232
Hypatius, Flavius († 532) 76 f.

Ibragimow, Sultan (* 1975) 366
Ibrahimović, Zlatan (* 1981) 371
Inagaki, Sumie (* 1966) 305
Isava Fonseca, Flor (* 1921) 312

Jackson the Runner 230
Jackson, John (1769–1845) 236
Jacques, John (1823–1898) 275 f.
Jahn, Friedrich Ludwig (1778–1852) 157, 253–257, 281, 311
Jakob I., engl. König (1566–1625, reg. 1603–1625) 12, 70, 161, 195 f., 244, 247, 415

Jakob II. engl. König (1633–1701, reg. 1685–1688) 196

Jakobe, Herzogin von Bayern-Straubing-Holland (1401–1436, reg. 1417–1433) 112

Jeanne d'Arc (1412–1431) 112

Jegorowa, Ljubow (* 1966) 390

Johann Casimir, Rheingraf von Salm-Kyrburg (1577–1651) 193

Johann Friedrich, Herzog von Württemberg (1582–1628) 150, 185, 215, 217

Johann Georg I., Kurfürst von Sachsen (1585–1656, reg. 1611–1656) 212

Johann II. der Gute, franz. König (1319–1364, reg. 1350–1364) 89

Johann von Luxemburg, böhm. König (1296–1346, reg. 1310–1346) 94

Jolie, Angelina (* 1975) 374

Jones, Inigo (1573–1652) 244

Jonson, Ben (1572–1637) 248

Joseph I., Kaiser (1678–1711, reg. 1705–1712) 226

Joseph II., Kaiser (1741–1790, reg. 1765–1790) 210, 226

Joyner-Kersee, Jackie (* 1962) 363

Joyner, Al (* 1960) 363

Julian, röm. Kaiser (reg. 361–363) 73

Julius II., Papst (Giuliano della Rovere, 1443–1513, reg. 1503–1513) 142

Justinian I., röm. Kaiser (483–565, reg. 527–565) 76

Justinian II., byz. Kaiser (668–711, reg. 685–695, 705–711) 77

Juvenal (ca. 60–130) 51, 66, 151, 252, 412

Kahn, Oliver (* 1969) 358

Kaká (* 1982) 372 f.

Kano, Jigoro (1860–1938) 81

Karbo, Karen (* 1951) 306

Karl der Große, Kaiser (747 / 48–814, reg. 800–814) 87

Karl der Gute, Graf von Flandern (ca. 1085–1127) 88

Karl der Kühne, Herzog von Burgund (1433–1477) 150

Karl I., engl. König (1600–1649, reg. 1625–1649) 195 f., 244, 248, 415

Karl II., engl. König (1630–1685, reg. 1660–1685) 195, 197, 207, 249

Karl V., Kaiser (1500–1558, reg. 1519–1558) 9 f., 147 f., 176, 184, 186, 188 f., 224, 322

Karl VI., franz. König (1368–1422, reg. 1380–1422) 111

Karl VI., Kaiser (1685–1740, reg. 1711–1740) 226

Karl VIII., franz. König (1470–1498, reg. 1483–1498) 184

Karl IX., franz. König (1550–1574, reg. 1560–1574) 136, 156 f.

Katharina von Aragon (1485–1536) 11, 186–190

Katō, Sawao (* 1946) 388

Kennedy, John F. (1917–1963) 337, 344

–, Rose Marie (1918–2005) 344

Kersee, Bob 363

Ketterer, Emil (1883–1959) 353

Kiechel, Samuel (1563–1619) 213

Kim Il-Sung (1912–1994, reg. 1948–1994) 381

Kinue Hitomi (1907–1931) 307

Kiplagat, Edna Ngeringwony (* 1979) 304

Kirsten, Ulf (* 1965) 354

Klammer, Franz (* 1953) 390 f.

Klein, Marie-Luise (* 1953) 311

Kleopatra II., ägypt. König (ca. 185–ca. 116 v. Chr.) 45

Klinsmann, Jürgen (* 1964) 354, 358

Klitschko, Vitali (* 1971) 364–367
–, Wladimir (* 1976) 364 ff.
Koch, Konrad (1846–1911) 347
Kohn, Richard (1888–1963) 352
Kolehmainen, Hannes (1889–1966)
302
Konstantin I., griech. König
(1868–1923, reg. 1913–1917,
1920–1922) 301
Konstantin I., röm. Kaiser (272–337,
reg. 306–337) 61, 73 f.
Kostelić, Janica (* 1982) 390
Kouros, Yannis (* 1956) 305
Kraenzlein, Alvin (1876–1928) 287 f.
Krafftheim, Johann Crato von
(1519–1585) 154
Kramnik, Wladimir (* 1975) 364
Krause, Johann Heinrich (1800–1882)
265
Kremers, Erwin (* 1949) 356
Krüger, Arnd (* 1944) 19
Kuzorra, Ernst (1905–1990) 359
Kyd, Thomas (1542–1595) 161
Kyniska von Sparta (* ca. 442) 65

Ladislaus V., ungar. König (1440–
1457) 86
Lady Gaga (* 1986) 373
Lahm, Philipp (* 1983) 372
Lampard, Frank (* 1978) 372
Landauer, Kurt (1884–1961) 351 f.
Landucci, Gostanco (15. / 16. Jh.) 105
–, Luca (1436–1516) 105 f., 125
Lane, Francis (1874–1927) 284
Lattek, Udo (* 1935) 351, 355
Latynina, Larissa (* 1934) 387
Laudehr, Simone (* 1986) 310
Laurens, Henry (1723–1792) 251
LeBron, James (* 1984) 374
Lee, Willis A. (1888–1945) 296
Leibniz, Gottfried Wilhelm
(1646–1716) 164

Lemnius, Levinus (1505–1568) 154
Leo X., Papst (Giovanni de' Medici,
1475–1521, reg. 1513–1521) 105 f., 239
Leopold I., Kaiser (1640–1705, reg.
1657–1705) 226
Leopold II., Kaiser (1747–1792, reg.
1790–1792) 183, 227
Leopold III. Friedrich Franz, Fürst
von Anhalt-Dessau (1740–1814)
250
Lepidus, M. Aemilius (280–216
v. Chr.) 57
Lewis, Carl (* 1961) 361, 387 f.
–, Lennox (* 1965) 365 f.
Liechtenauer, Johann (14. Jh.) 104
Lightfoot 327
Ligorio, Pirro (1514–1583) 169
Lincoln, Abraham (1809–1865, reg.
1860–1865) 88, 256, 336
Ling, Pehr Henrik (1776–1839) 257
Lippomano (16. / 17. Jh.) 202
Liston, Sonny (1932–1970) 336 f.
Livius, Titus (59 v. Chr.–17 n. Chr.)
400
Locke, John (1632–1704) 252 f.
Lodbrok, Ragnar († 845) 127
Löfving, Concordia (19. Jh.) 278
Löhneysen, Georg Engelhard von
(1552–1622) 146
Lopez, Jennifer (* 1969) 374
Lottini, Giovanni Francesco
(1512–1572) 180
Louis, Spiridon (1873–1940) 301
Louise von Anhalt-Dessau (1750–
1811) 218
Ludovico da Canossa (1476–1532) 147
Ludwig Friedrich, Herzog von
Württemberg (1586–1631) 211
Ludwig I., bayer. König (1786–1868,
reg. 1824–1848) 255, 263 f.
Ludwig V., Kurfürst von der Pfalz
(1478–1544, reg. 1508–1544) 191

Ludwig IX. der Heilige, franz. König
(1214–1270, reg. 1226–1270) 89
Ludwig X., franz. König (1289–1316,
reg. 1314–1316) 119
Ludwig XIII., franz. König (1601–
1643, reg. 1610–1643) 157, 166
Ludwig XIV., franz. König (1638–
1715, reg. 1643–1715) 199, 226, 246
Ludwig XVI., franz. König (1754–
1793, reg. 1774–1792) 246 f.
Luigi III., Markgraf von Gonzaga
(1414–1478) 139
Luise, Fürstin von Brandenburg-
Schwedt (1750–1811) 250
Lukian von Samosata (ca. 180–120
v. Chr.) 26
Luther, Martin (1483–1546) 140, 143
Lydiard, Arthur (1917–2004) 386

MacGee, William J. (1853–1912) 316
MacHardie, Allister (19. Jh.) 259
Madonna (* 1958) 417
Magalotti, Lorenzo (1637–1712) 196
Maget, Franz (* 1953) 353
Maier, Sepp (* 1944) 351, 353, 355 ff.
Makau Musyoki, Patrick (* 1985) 304
Malcolm X (1935–1965) 337 f.
Mallinckrodt, Rebekka von (* 1971)
23
Man Afraid Soap 327
Manciolino, Antonio (16. Jh.) 166
Mandelbaum, Michael 16
Manetti, Gianozzo (1396–1459) 137
Manuel I. Komnenos, byz. Kaiser
(1118–1180, reg. 1143–1180) 91
Mao Zedong (1893–1976) 10
Maradona, Diego (* 1960) 371, 417
Margarethe, Gräfin von Tirol-Görz
(1318–1369) 112
Margot (15. Jh.) 111, 177
Maria Magdalena von Habsburg
(1589–1631) 182

Maria Stuart, schott. Königin
(1542–1587, reg. 1542–1567) 175
Maria Theresia von Österreich
(1717–1780) 183, 226
Markham, Gervase (1568–1637) 168
Maro, T. Aelius Aurelius (2. Jh.) 47
Marshall, Mary (1850–1944) 279
Martin, Richard (1754–1834) 240
–, Sam «Butcher» (18. Jh.) 235
Marx, Karl (1818–1883) 64
Marxen, Herbert (1900–1954) 308
Mary I. Tudor, engl. Königin
(1516–1558, reg. 1553–1558) 189,
214
Maßmann, Hans-Ferdinand
(1797–1874) 157, 255
Matthäus von Paris (ca. 1200–1259)
94
Matthäus, Lothar (* 1961) 357
Matthews, Stan (1915–2000) 399
Matthias, Kaiser (1557–1619, reg.
1612–1619) 217, 225
Maurikios, byz. Kaiser (539–602,
reg. 582–602) 77
Maximilian I., Joseph, bayer. König
(1756–1825, reg. 1799–1825) 263
Maximilian I., Kaiser (1459–1519, reg.
1486–1519) 103, 134, 176, 184, 224
Maximilian II., Kaiser (1527–1576,
reg. 1564–1576) 144, 153, 156, 184,
225
Maximilian, Kurfürst von Bayern
(1579–1651, reg. 1597–1651) 223
Mayweather, Floyd (* 1977) 370
McClelland, John 19
McGrory, Amanda (* 1986) 406
Mechikoff, Robert 86
Medici, Katharina de' (1519–1589)
136, 168
–, Alessandro de' (1510–1537) 180, 182
–, Cosimo I. de' (1519–1574, reg.
1537–1574) 180, 182, 220

–, Cosimo II. de' (1590–1621, reg. 1609–1621) 182 f.

–, Ferdinando I. de' (1549–1609) 153, 182 f.

–, Francesco de' (1594–1614) 182

–, Francesco I. de' (1541–1587, reg. 1574–1587) 181 f.

–, Giovanni de' siehe Leo X., Papst

–, Giuliano de' (1453–1478) 105 f.

–, Giulio (Papst Clemens VII., 1478–1534, reg. 1523–1534) 106

–, Lorenzo I. de' (1449–1492) 105 f., 140

–, Maria de' (1575–1642) 198

–, Pietro de' (1554–1604) 182

Meier, Christian (* 1929) 27

Meldemann, Nikolaus († 1552) 133

Mendoza, Daniel (1764–1836) 232, 235

Mercurialis, Hieronymus (1530–1606) 151–155, 157, 159, 169

Merian, Matthäus (1593–1650) 178, 208 f.

Merkel, Angela (* 1954) 21

–, Max (1918–2006) 350

Messi, Lionel (* 1987) 327, 348, 360, 371, 373 f.

Messner, Reinhold (* 1944) 399, 401 f.

Meyfahrt, Ulrike (* 1956) 311

Michelet, Jules (1798–1874) 138

Mickelson, Phil (* 1970) 374

Miez, Georg (1904–1999) 391

Miller, James (* 1689) 230

Mittal, Lakshmi (* 1950) 374

Mittermaier, Rosi (* 1950) 392

Mobutu Sese Seko (1930–1997) 339

Molinari, Pompeio (17. Jh.) 212

Möller, Andreas (1684–1762) 232

Montaigne, Michel de (1533–1592) 219 ff.

Montfaucon, Bernard de (1655–1741) 260

Montigiano, Marcantonio (1485–1555) 141

Morgenstern, Thomas (* 1986) 391

Moritz, Landgraf von Hessen-Kassel (1572–1632) 148

Morris, Michael, Lord Killanin (1914–1999, amt. 1972–1980) 300

Moser-Pröll, Annemarie (* 1953) 390

Mosey, Phoebe Anne (1860–1926) 279

Mulcaster, Richard (1531–1611) 212, 214

Müller, Gerd (* 1945) 351, 353–357

–, Thomas (* 1989) 359

Mummius, Lucius (2. Jh. v. Chr.) 47

Nadal, Rafael (* 1986) 372 ff.

Nadi, Nedo (1894–1940) 296

Napoleon Bonaparte (1769–1821) 227, 254

Narses (478–573) 77

Ndereba, Catherine (* 1972) 304

Nehru, Jawaharlal (1889–1964) 401

Neid, Silvia (* 1964) 310

Nero, röm. Kaiser (27–68, reg. 54–68) 47 f., 52, 60, 66, 68

Netzer, Günter (* 1944) 356

Neuer, Manuel (* 1986) 359 f.

Newton, Isaac (1643–1727) 10

Nielsen, Sophus (1888–1963) 295

Niggeler, Johann (1816–1887) 256

Night Hawk 327

Niketas Choniates (ca. 1150–1215) 91

Nixon, Richard (1913–1994) 337

Nora, Prinzessin von Liechtenstein (* 1950) 312

Norbeck, Edward (1915–1991) 15

Norgay, Tenzing (Namgyal Wangdi) (1914–1986) 401

Norheim, Sondre (1825–1897) 126

Norton, Ken (* 1943) 338 ff.

Noue, François de la (1531–1591) 162

Nsekera, Lydia (* 1967) 313
Nurmi, Paavo (1897–1973) 302, 387
Nutton, Vivian (* 1943) 152

Obama, Barack (* 1961) 10
Olaus Magnus, Bischof (1490–1557) 126 f.
Ortalli, Gherardo 19
Ottey, Merlene (* 1960) 363
Ottheinrich, Kurfürst von der Pfalz (1502–1559, reg. 1505 / 1556–1559) 191
Otto I., griech. König (1815–1867, reg. 1832–1862) 261, 263–268
Otto V., Graf von Schauenburg (1614–1640) 200
Otto von Freising (ca. 1112–1158) 89
Outerbridge, Mary Ewing (1852–1886) 279
Overath, Wolfgang (* 1943) 357
Ovid (43 v. Chr.–17 n. Chr.) 412
Owens, Jesse (1913–1980) 361

Palamas, Kostis (1859–1943) 290
Palladio, Andrea (1508–1580) 160
Palmieri, Matteo (1405–1475) 158
Parkes, Bessie Rayner (1829–1925) 277
Parkin, Terence (* 1980) 342
Parrot, James (18. Jh.) 231
Passe, Crispijn de (1593–1670) 206
Patrick, Danica (* 1982) 374, 415
Patterson, Floyd (1935–2006) 337
Paulus Diaconus (ca. 725–ca. 798) 400
Pausanias (115–180) 158
Peacham, Henry (1578–1644) 136
Pearce, Kevin (* 1987) 393
Pechstein, Claudia (* 1972) 390
Peisistratos (ca. 600–528 v. Chr.) 44
Pelé (* 1940) 418

Pepys, Samuel (1633–1703) 137, 146, 171 f., 175, 200, 202, 211, 244
Pernstein, Johannes von (1561–1597) 184
Perry, Fred (1909–1995) 297
Pestalozzi, Johann Heinrich (1746–1827) 253
Peter III. der Große, König von Aragon (1240–1285, reg. 1276–1285) 400
Peter, Samuel (* 1980) 366
Petrarca, Francesco (1304–1374) 400
Petronio 153
Petronius, Titus (ca. 14–66) 66
Pfister, Gertrud (* 1945) 311
Phelps, Michael (* 1985) 374, 387
Pheraios, Rigas (1757–1798) 263
Philipp I., span. König (1478–1506, reg. 1504–1506) 176, 184
Philipp II., span. König (1527–1598, reg. 1576–1598) 240
Philipp III., span. König (1578–1621, reg. 1598–1621) 195
Philipp V., maked. König (238–179 v. Chr., reg. 221–179) 399
Philipp VI. von Valois, franz. König (1328–1350) 89
Philipp von der Pfalz (1480–1541) 191
Philipp, Herzog von Burgund (1396–1467) 112
Philipp, Landgraf von Hessen (1504–1567) 191
Phillips, André (* 1959) 363
Philostratos von Lemnos (ca. 170–ca. 245) 46
Phokas, byz. Kaiser (ca. 547–610, reg. 602–610) 77
Picard, Alfred (1844–1913) 285
Picart, Bernard (1673–1733) 172
Piccolomini, Enea Silvio (1405–1464) 108, 123, 132
–, Silvio (1543–1610) 221

Pico della Mirandola, Giovanni (1463–1494) 137

Pierpont, James Lord (1822–1893) 244

Pindar (ca. 520–445 v. Chr.) 27, 30, 45, 158, 161

Pino (16. Jh.) 157 f.

Pius II., Papst (1405–1464, reg. 1458–1464) 108, 122, 132

Pius V., Papst (1504–1572, reg. 1566–1572) 180, 239

Planck, Karl (1857–1899) 347

Platon (427–347 v. Chr.) 9, 25, 43, 45, 86

Platter, Felix (1536–1614) 218

–, Thomas d. J. (1574–1628) 205 f., 208 f., 211, 213

Plutarch (ca. 45–125) 63, 154

Pluvinel, Antoine de (1555–1620) 166, 204 ff., 247

Pompeius Magnus, Gnaeus (106–48 v. Chr.) 60, 64

Poseidonios (135–51 v. Chr.) 44

Powell, Asafa (* 1982) 362

–, Mike (* 1963) 388

Presley, Elvis (1935–1977) 338

Preuilly, Geoffroy II. de (1015–1067) 88

Prévost, Antoine-François (1697–1763) 173

Prinz, Birgit (* 1977) 310

Probus, röm. Kaiser (232–282, reg. 276–282) 61

Prokopius von Caesarea (ca. 500–565) 77

Protopopow, Oleg (* 1932) 334

Ptolemäus, Claudius (ca. 100–ca. 180) 160

Quirini, Angelo Maria (1680–1755) 260

Rabelais, François (ca. 1494–1553) 148, 410

Radenković, Petar (* 1934) 350

Rahn, Helmut (1929–2003) 349

Rain in Face 327

Ranger, Terence (* 1929) 406

Ranke, Leopold von (1795–1886) 9

Rathgeb, Jakob (ca. 1562–1621) 162

Ratzeburg, Hannelore (* 1951) 309

Ravenstein, Ernst Georg (1834–1913) 268

Red Jacket 327

Reece, Gabrielle (* 1970) 306

Renata von Lothringen (1544–1602) 212

René I. d'Anjou (1409–1480) 150

Revithi, Stamatha (1866–nach 1896) 306

Ribéry, Franck (* 1983) 359, 372

Richard Löwenherz, engl. König (1157–1199, reg. 1189–1199) 89, 91

Richard von Cornwall (1209–1272) 92

Richartz, Alfred (* 1953) 312

Richter, Annegret (* 1950) 363

Riesch, Maria (* 1984) 392

Rimet, Jules (1873–1956) 296, 349

Ritter, Moriz (1840–1923) 9

Roba, Fatuma (* 1973) 304

Robben, Arjen (* 1984) 359, 372

Robert von Gloucester (ca. 1100–1147) 88

Robinson, Betty (1911–1999) 362

Rodin, Auguste (1840–1917) 286

Rodnina, Irina (* 1949) 334

Rodriguez, Alex (* 1975) 374

Roeck, Bernd (* 1953) 19

Rogge, Jacques (* 1942) 300, 376

Ronaldinho (* 1980) 372 f.

Ronaldo, Cristiano (* 1985) 354, 359, 371, 374

Roosevelt, Eleanor (1884–1962) 307
–, Franklin D. (1882–1945) 361
Rosenzopf, Johann (* 1939) 294
Roth, Franz «Bulle» (* 1946) 351
Rudolf II., Kaiser (1552–1612, reg.
    1576–1612) 184, 225
Rudolph, Wilma (1940–1994) 362
Rummenigge, Karl-Heinz (* 1955)
    352, 354, 357

Sachs, Hans (1494–1576) 158
Sahlins, Marshall (* 1930) 16
Sailer, Toni (1935–2009) 391
Saizew, Alexander (* 1952) 334
Salchow, Ulrich (1877–1949) 334
Salimbene da Parma (1221–1288) 400
Sallust (86–ca. 35 v. Chr.) 154
Salvianus (ca. 400–480) 154
Salzmann, Christian Gotthilf
    (1744–1811) 250, 253
Samaranch, Juan Antonio (1920–
    2010, amt. 1980–2001) 269, 300
Samaras, Spyros (1861–1917) 290
Sand, Karl Ludwig (1799–1820) 254
Sanders, Corrie (* 1966) 365
Sandow, Eugen (1867–1925) 236
Sartorius, Francis (1734–1804) 237
Saussure, Césare de (1705–1783) 173
Savonarola, Girolamo (1452–1498) 85
Scaino, Antonio (1524–1612) 140 f.,
    153, 166, 170, 178, 199, 209, 212, 214
Scamozzi, Vincenzo (1548–1616) 160
Scharapova, Maria (* 1987) 392
Schartau, Gustav Johann (1794–1852)
    262
Schattner, Angela 23, 131
Schimmel, Kimberley S. 376
Schleyer, Hanns Martin (1915–1977)
    353
–, Waltrude, geb. Ketterer (1916–
    2008) 353
Schlierenzauer, Gregor (* 1990) 391

Schmal, Adolf (1872–1919) 285
Schmeling, Max (1905–2005) 231
Schneider, Vreni (* 1964) 391
Schnellinger, Karl-Heinz (* 1939) 371
Scholl, Mehmet (* 1970) 358
Schön, Helmut (1915–1996) 358
Schorer, Christoph (1618–1671) 102
Schreber, Daniel Gottfried (1708–
    1777) 111
Schuhmann, Carl (1869–1946) 284
Schuk, Stanislaw (1935–1998) 334
Schulz, Axel (* 1968) 365
Schumacher, Michael (* 1969) 374
Schümer, Dirk (* 1962) 402
Schurz, Carl (1829–1906) 256
Schütz, Thoman 99
Schwarzenbeck, Georg (* 1948) 356 f.
Schwarzenegger, Arnold (* 1945)
    236, 344 ff., 386
Schweinsteiger, Bastian (* 1984) 359
Scolten, Johann 305
Scorpus (1. Jh.) 53
Scott, Walter (1771–1832) 259
Sebald Beham, Hans (1500–1550) 133
Seeler, Uwe (1936) 354
Seitz, Norbert (* 1950) 351
Seizinger, Katja (* 1972) 392
Seneca (ca. 1–65) 47, 57
Septimius Severus, röm. Kaiser
    (146–211, reg. 193–211) 67
Sforza, Francesco II., Herzog von
    Mailand (1495–1535) 170
–, Ludovico, Herzog von Mailand
    (1452–1508) 170
Shakespeare, William (1564–1616)
    244, 282, 410
Sharapova, Maria (* 1987) 374
Sheen, Charlie (* 1965) 374
Shirobei, Akiyama (16. Jh.) 81
Shriver, Eunice, geb. Kennedy
    (1921–2009) 344
–, Maria (* 1955) 345

Sigibert I. von Reims, Frankenkönig (ca. 535–575) 111

Singh, Fauja (* 1911) 406

Sitting Bull (ca. 1831–1890) 279

Skoblikowa, Lidja (* 1939) 390

Smallwood, Thomas (18. Jh.) 233

Smith, James 230

Snake Eater 327

Solon (ca. 640–560 v. Chr.) 40

Son Kee-chung (Son Kitei) (1912–2002) 302

Song Taizu, chin. Kaiser (927–976, reg. 960–976) 79

Soutsos, Panagiotis (1806–1868) 264

Spartakus (ca. 109–71 v. Chr.) 62 ff.

Specht, Lotte (1911–2002) 309

Spielberg, Steven (* 1946) 373

Spieß, Adolf (1810–1858) 256

Spinks, Leon (* 1953) 340 f.

Spitz, Mark (* 1950) 387

Spotted Tail 327

Stalin, Josef (1878–1953) 291

Stecher, Renate (* 1950) 363

Steele, Richard (1672–1729) 230

Stephan von Blois, engl. König (1097–1154) 88

Stephens, Helen (1916–1994) 362

Stoiber, Edmund (* 1941) 352

Stokes, Elizabeth (18. Jh.) 173

Strabon (63 v. Chr.–23 n. Chr.) 27, 160

Straet, Jan van der (Jacopo Stradano, 1523–1605) 181

Strauß, Franz Josef (1915–1988) 355

Strutt, Joseph (1749–1802) 12

Sturm, Johannes (1507–1589) 144

–, Leonhard Christoph (1669–1719) 207

Subowo, Rita (* 1948) 313

Sueton (70–122) 48, 66, 68

Şükür, Hakan (* 1971) 315

Sulla (ca. 138–78 v. Chr.) 60

Sverre Sigursson, König (ca. 1151–1202, reg. 1177–1202) 127

Sweerts, Michael (1618–1664) 159

Sydenham, Thomas (1624–1689) 156

Szepan, Fritz (1907–1974) 359

Tabourot, Jehan (1519–1595) 168

Takács, Károly (1910–1976) 341

Tarquinius Priscus, etrusk. König (616–579 v. Chr.) 54

Taylor, George (1716–1758) 231 f.

–, Henry (1885–1951) 395

Tendulkar, Sachin (* 1973) 374

Tertullian (eig. Quintus Septimius Florens Tertullianus), Kirchenvater (ca. 150–230) 70 ff., 85, 174, 238, 322

Thalhoffer, Hans (ca. 1420–ca. 1490) 103

Théato, Michel (1878–1919) 389

Themistokles (ca. 525–460 v. Chr.) 29

Theoderich der Große, Ostgotenkönig (ca. 451/56–526) 61, 69

Theodora, röm. Kaiserin (ca. 500–548) 76

Theodosius I., röm. Kaiser (347–395, reg. 379–395) 48, 74

Theodosius II., röm. Kaiser (401–450, reg. 408/416–450) 74

Therese von Sachsen-Hildburghausen (1792–1854) 263

Theune-Mayer, Tina (* 1953) 310

Thiersch, Friedrich Wilhelm von (1784–1860) 261

Thofelt, Sven (1904–1993) 335

Thomas von Aquin (1225–1274) 86

Thompson, Jenny (* 1973) 388

Thomson, Alfred (1894–1979) 395

Thugwane, Josia (* 1971) 304

Thukydides (ca. 460–400 v. Chr.) 25, 30

Thutmosis III., Pharao (1486–1425 v. Chr.) 34 f., 74
Tiberius, röm. Kaiser (42 v. Chr.–37 n. Chr., reg. 14–37) 58, 65
Tiepolo, Giovanni Battista (1696–1770) 412 f.
Tilke, Hermann (* 1954) 380
Timaios von Tauromenion (ca. 345–250 v. Chr.) 30
Tiridates I., armen. König (reg. 52/53–60, 61–ca. 75) 66
Titus, röm. Kaiser (39–81, reg. 79–81) 61, 68
Tomba, Alberto (* 1966) 390
Trajan, röm. Kaiser (53–117, reg. 98–117) 54, 58, 61
Traun, Fritz (1876–1908) 284
Tschagajew, Ruslan (* 1978) 366
Tuccaro, Archangelo (1535–1602) 156 f., 167
Tuke, Samuel (1610–1673) 195
Turek, Toni (1919–1984) 349
Tyson, Mike (* 1966) 370
Tyus, Wilma (* 1945) 362

Uffenbach, Zacharias Conrad von (1683–1734) 242
Ulanow, Alexei (* 1947) 334
Ulrich von Aquileia (1055–1121) 85
Ulrich von Liechtenstein (ca. 1200–1275) 89

Vara Calderón, Gabriel Díaz (1621–1676) 322
Varazdates von Armenien 74
Varro, Marcus Terentius (116–27 v. Chr.) 30
Vaughan, Cuthbert († 1563) 214
Venne, Adriaen van de (1589–1662) 192, 199
Vergerio, Pietro Paolo (1370–1444) 138 f.

Verrepäus, Simon (1523–1598) 145
Vesalius, Andreas (1514–1564) 154
Vespasian, röm. Kaiser (9–79, reg. 69–79) 68 f.
Vettel, Sebastian (* 1987) 374, 380
Victoria, engl. Königin (1819–1901, reg. 1837–1901) 240, 259, 276, 279, 374
Vikelas, Demetrius (1835–1908) 270, 282
Virgilius Polydorus (1470–1555) 158
Vitruv (1. Jh. v. Chr.) 25, 55 ff., 67 f., 160
Vives, Juan Luis (1492–1540) 147
Vogts, Berti (* 1946) 356 f.
Volkart von Auersperg 128
Völler, Rudi (* 1960) 354

Walker, Donald (19. Jh.) 277
Wallenstein, Adam (1570–1638) 217
Waller, Edmund (1606–1687) 197
Walter, Fritz (1920–2002) 349
Wanjiru, Samuel Kamau (1986–2011) 304 f.
Webb Ellis, William (1806–1872) 407
Weiditz, Christoph (1498–1559) 322
Weigel, Christoff (1654–1725) 213
Weingärtner, Hermann (1864–1919) 284 f.
Weinsberg, Hermann (1518–1597) 218
Weishaupt, Adam (1748–1830) 64
Weller 231
Welser, Philippine (1527–1580) 201
Weule, Karl (1864–1926) 14
Wheble, John (1746–1820) 237
Whitehead, Levi (1688–1787) 230 f.
Widukind von Corvey (ca. 925–973) 87
Wiedenroth, Götz (* 1965) 272
Wilberforce, William (1759–1833) 240

Wilhelm Friedrich, Graf von
Schaumburg-Lippe (1724–1777)
413
Wilhelm II., dt. Kaiser (1859–1941,
reg. 1888–1918) 279
Wilhelm IV., Herzog von Bayern
(1493–1550, reg. 1508–1550) 191, 212
Wilhelm V. der Fromme, Herzog
von Bayern (1548–1626, reg.
1579–1597) 184, 201
Williams, John (17. Jh.) 161
Williams, Serena (* 1981) 374
–, Venus (* 1980) 374
Wimmer, Herbert (* 1944) 356
Winckelmann, Johann Joachim
(1717–1768) 260
Winfrey, Oprah (* 1954) 373
Wingfield, Walter (1833–1912) 277
Władisław IV. Wasa, poln. König
(1595–1648, reg. 1632–1648) 204, 225
Woffington, Peg (1720–1760) 235
Wolde, Mamo (1932–2002) 303
Wolfgang Wilhelm, Herzog von
Pfalz-Neuburg (1578–1653, reg.
1614–1653) 178, 191 f.

Woods, Tiger (* 1975) 373 f.
Woolfall, Daniel Burley (1852–1918)
295
Wu Di, chin. Kaiser (156–87 v. Chr.)
79
Wu Minxia (* 1985) 345
Wynmann, Nikolaus (16. Jh.) 165 f.

Xylander, Wilhelm (1532–1576) 160

Yang Yang (* 1977) 313

Zabala, Juan Carlos (1911–1983) 302
Zappas, Evangelis (1800–1865) 263,
265 ff., 270
Zátopek, Emil (1922–2000) 302 f.
Zedler, Johann Heinrich (1706–1751)
12 f.
Zhou Ming 377
Zidane, Zinédine (* 1972) 371
Ziller, Ernst (1837–1923) 269
Zoll, Amy 66
Zopyros, Aurelios (4. Jh. v. Chr.)
48
Zwingli, Ulrich (1484–1531) 143 f.